직무유기

직무유기

초판 1쇄 인쇄일 2026년 3월 12일
초판 1쇄 발행일 2026년 3월 20일

지은이 H. R. 맥마스터
역　자 김원태
펴낸이 양옥매
디자인 송다희 표지혜
교　정 조준경
마케팅 송용호

펴낸곳 도서출판 책과나무
출판등록 제2012-000376
주소 서울특별시 마포구 방울내로 79 이노빌딩 302호
대표전화 02.372.1537　팩스 02.372.1538
이메일 booknamu2007@naver.com
홈페이지 www.booknamu.com
ISBN 979-11-6752-778-3 (03300)

직무유기

H. R. 맥마스터 지음 | 김원태 옮김

책나무

차례

역자 서문

전역한 지 어느덧 3년이 되어 간다. 그사이 우리 군은 적지 않은 변화를 겪었다. 지난 3년을 돌아보면 그 격동은 33년의 현역 시절보다 더 크게 느껴졌다. 변화의 속도는 너무나 빨랐고, 방향은 이게 맞는가 하는 생각이 들 때도 적지 않았다. 지금 이 순간에도 그 소용돌이 한가운데에서 묵묵히 임무를 수행하고 있을 후배들을 떠올리며 이 책의 서문을 쓴다.

우리 군의 역사를 돌아보면, 가장 큰 대가를 치른 순간은 무능 때문만은 아니었다. 오히려 말해야 할 때 침묵했을 때, 군의 전문적 판단이 필요한 자리에 정치적 계산이 스며들었을 때, 조직의 안위를 위해 진실을 덮었을 때 어김없이 위기는 시작되었다. 개인의 안위를 위한 침묵은 때로 조직에 대한 충성처럼 보였지만, 결국 조직을 안에서부터 썩게 만들었다. 침묵은 사고를 막는 방패가 아니라, 책임을 미루는 장막이 되었다.

군이 해야 할 일은 어찌 보면 너무나 단순하다. 불편하더라도 사실을 보고하고, 잘못된 판단이 굳어지기 전에 바로잡기 위해 책임 있는 의견을 제시하는 것이다. 침묵하지 않는 용기, 그것이 조직의 명예를 지키고 국민의 신뢰를 유지하는 최소한의 조건이다.

초고를 출판사에 넘기려던 즈음에 우리도 첫 문민 국방부 장관을 맞이하게 되었다. 이런 변화에는 시대적 전환의 무게가 담겨 있었다.

- 문민 통제의 본질은 무엇인가?
- 단지 민간 출신 인사의 임명만으로 그 의미가 완성되는가?
- 군과 정치의 건강한 관계란 어떤 모습이어야 하는가?

이런 질문들은 자연스럽게 이 책『직무 유기(Dereliction of Duty)』가 던지는 문제의식과 이어졌다.

■

이 책은 베트남전이라는 역사적 사건을 통해 국가적 실패의 본질을 추적한다. 그러나 그것은 단지 과거 미국의 전쟁을 분석한 기록이 아니다. 저자 H.R. 맥매스터는 전쟁터에서의 패배 이전에 이미 정책 결정 과정에서 실패가 시작되고 있었다고 지적한다. 민간 지도자의 오만, 숫자와 이론에 갇힌 전략, 그리고 무엇보다 이를 바로잡지 못한 군 수뇌부의 침묵이 그 출발점이었다. 그는 군을 정치적 목적에 활용하려는 흐름을 알면서도 공개적으로 문제를 제기하지 않았던 고위 장성들을 "침묵했던 다섯 명의 대장(Silent Five General)"이라 부르며, 그 침묵을 '직무유기'라고 규정한다.

여기서 우리가 직면해야 할 불편한 질문이 있다. 군인의 충성은 어디까지인가, 명령에 대한 복종은 어디에서 멈추어야 하는가와 같은 질문들이다. 문민 통제는 군 위에 군림하기 위한 장치가 아니다. 그것은 군이 정치의 도구로 전락하지 않도록 보장하기 위한 제도적 장치다. 민간 지도자는 군의 전문성을 존중해야 하며, 군인은 충직하고 정직한 조언을 통해 정책 결정 과정에 책임 있게 참여해야 한다. 그러나 이 균형이 무너질 때, 가장 먼저 시험대에 오르는 것은 바로 장군들의 용기다.

우리 역사에도 권력의 결정 앞에서 자신의 의견을 분명히 밝힌 사례가 있었다. 전두환 대통령이 계엄을 하고자 하였을 때, 계엄에 대해 반대 의견을 분명히 전달했을 뿐만 아니라 군의 역할과 한계를 명확히 하며 자신의 소신을 분명히 밝혔던 장군에 관한 일화가 전해진다. 그 판단의 정치적 맥락을 떠나, 중요한 사실은 최고 권력자 앞에서 군인으로서의 소신과 전문적 판단을 숨기지 않았다는 점이다. 장군의 계급은 명령을 집행하는 권위이기 이전에, 잘못된 방향에 대해 "안 된다"고 말해야 할 책임을 포함한다는 것을 그 사례는 보여준다. 침묵했던 다섯 명의 대장과, 권력 앞에서 직언했던 한 장군. 이 대비는 단순한 역사적 일화가 아니다. 그것은 군 조직이 어디에서 무너지고, 어디에서 지켜지는지를 보여주는 분기점이다.

오늘날 우리 사회는 깊은 대립 속에 서 있다. 어느 정부이든, 어느 진영이든 군의 상징성과 권위를 필요로 할 때가 있다. 정책의 추진력을 확보하거나 대중의 신뢰를 얻기 위해 군 경력과 제복의 무게가 활용되는 장면은 세계 여러 나라에서 반복되어 왔다. 그러나 장군의 계급은 특정 진영의 정당성을 보증하는 장식이 되어서는 안 된다. 군 경력은 정치적 자산이 아니라, 국가와 군에 대한 책임의 기록이어야 한다.

정권이 누구의 것이든, 이념이 어느 쪽이든 군인들의 충성 대상은 오직 국가이어야 한다. 정치적 목적을 묵인하는 침묵은 신중함이 아니라 또 다른 형태의 직무유기일 수 있다. 장군이라는 자리는 권력에 가까이 서 있는 위치이지만, 동시에 권력과 가장 위험하게 가까운 자리이기도 하다. 그 거리를 스스로 조절하지 못하는 순간, 군은 정치의 도구로 기울기 시작한다.

『직무 유기』가 던지는 질문은 과거 미군 장군들에게만 향하지 않는다. 오늘날 우리의 군과 우리 사회를 향해 이렇게 질문하고 있다.

- 우리는 과연 말해야 할 때 말하고 있는가?
- 우리는 군을 정치적 계산으로부터 지켜내고 있는가?
- 우리는 침묵을 충성으로 착각하고 있지는 않은가?

■

사실 나는 과거 두 권의 번역서를 출간한 적이 있다. 그 과정이 매우 고되고 지쳐 '다시는 번역서를 내지 않겠다'고 다짐한 적도 있다. 하지만 이 책만큼은 예외였다. 처음 이 책을 접한 건 2013년, 5군단 정보통신단장으로 근무하던 시절이었다. 베트남전 관련 자료를 찾던 중 우연히 제목을 알게 되었고, 이후 2018년 영화 〈더 포스트(The Post)〉를 보며 다시 떠올렸다. 영화 속 언론의 역할, 국가 권력의 진실 회피, 그리고 침묵하지 않는 리더십의 중요성을 보며, 이 책이 한국 사회와 군에 주는 메시지를 다시 생각하게 되었다.

이후 연합사와 합참에서 부장으로 근무하고, 2022년 전역을 앞두고 33년의 군 생활을 정리하며 자연스레 이 책을 다시 꺼내 들었다. 그리고 이번에는 단순한 독서가 아니라, 이 책이 우리 국방 시스템에 던지는 메시지를 전하고 싶다는 책임감으로 번역을 결심하게 되었다.

공간적으로는 미국과 대한민국, 시간적으로는 1960년대와 2025년이라는 간극이 있지만, 민간 장관의 임명, 문민 관료들과 현역 군인의 갈등, 자군(自軍)의 이익을 우선시하는 합참의 문화 등은 너무나도 유사했다. 그런 점에서 이 책은 우리에게 매우 중요한 교훈을 줄 수 있는 책이라고 확신하게 되었다.

■

『직무 유기』는 누군가를 단죄하려는 책이 아니다. 이 책은 묻는다. "지휘관이 침묵할 때, 누가 말해야 하는가?" "군의 역할은 단지 복종에 있는가, 아니면 국가의 잘못된 선택을 바로잡는 데도 있는가?" 이 질문은 지금 우리가 던져야 할 물음이다. 독자들이 이 책을 통해 우리가 놓치고 있는 중요한 교훈을 발견하길 바란다. 그것이 '국방'이라는 단어에 걸맞은 무게를 다시 새기는 출발점이 될 수 있을 것이다.

『직무 유기』는 H.R. 맥매스터라는 인물이 단지 전직 장군이나 백악관 보좌관이라는 타이틀을 넘어, 군사 전략가이자 역사적 성찰을 요구하는 지식인으로서 분명한 역할을 하고 있음을 행동으로 보여준다. 맥매스터는 걸프전에서 탱크 지휘관으로 활약한 전투형 장교였고, 이라크와 아프가니스탄에서도 실전을 경험했다. 동시에 그는 역사학 박사로서 이론과 실전을 겸비한 드문 인물이며, 이 책은 그의 박사학위 논문을 바탕으로 한다.

1997년 출간 이후 이 책은 미국 군과 학계, 언론에 큰 반향을 일으켰다. 현역 소령이 미국 현대사에서 가장 민감한 주제 중 하나인 베트남전 전략 결정을 정면으로 비판했다는 점에서 매우 이례적인 일이었다. 특히 그는 단순한 전술적 실패가 아닌, 국가 리더십 구조 자체의 붕괴를 고발했다. 그는 베트남전이 북베트남의 전략 때문이 아니라, 미국 내부의 지도자들이 집단적으로 〈직무유기〉했기 때문에 패배한 전쟁이라고 단언한다. 책임의 당사자는 포드 자동차 사장 출신의 국방부 장관 맥나마라, 대통령 존슨, 케네디 행정부의 문민관료들, 그리고 합참의 4성 장군들이었다.

맥나마라는 경영 전문가 출신으로, 복잡한 전쟁을 통계와 수치, 전산 모델로 환산하려 했다. 그는 군사적 현실보다는 정치적으로 감당 가능한 전쟁을 설계했고, 군 수뇌부는 이를 효과적으로 반박하지 못했다. 오히려 침묵하거나 수동적으로 협조함으로써 실패에 동조한 셈이 되었다.

이 책은 기밀 해제된 정부 문서, 회의록, 보고서 등 방대한 1차 사료를 기반으로 집필되었다. 맥매스터는 역사 기술자의 냉철함과 전략가의 통찰을 동시에 보여주며, 다음과 같은 구조적 문제를 강조한다.

첫째, 문민 통제의 오용 — 통제는 군을 억누르는 도구가 아닌, 정책과 현실 간의 균형 장치여야 한다. 당시에는 정치적 계산이 우선시되었고, 군사적 판단은 철저히 배제되었다.

둘째, 군 수뇌부의 침묵과 복종 — 고위 장성들은 비판적 견해를 갖고 있었음에도 조직 논리나 진급 우려로 침묵했고, 결과적으로 그 침묵이 전쟁의 오판을 낳았다.

셋째, 거짓 보고와 왜곡된 정보 체계 — 백악관과 국방부는 실패를 은폐하고, 국민에게 '우리가 이기고 있다'는 허상을 심었다. 이는 결국 신뢰와 전쟁 수행 의지의 붕괴로 이어졌다.

이 책은 과거를 반성하는 데 그치지 않는다. 맥매스터는 모든 리더와 제도의 중심부에 있는 이들에게 '책임의 시점'은 언제인가를 묻는 통렬한 메시지를 남겼다. 특히 민주주의 사회에서 군이 어떻게 균형 잡힌 목소리를 낼 수 있는지를 되짚으며, 자정 기능이 무너졌을 때의 결과를 경고한다.

『직무 유기』는 군사 전략서이자 조직 윤리서이며, 동시에 리더십과 공직자의 책무에 관한 현실적 교훈서다. 이후 맥매스터는 이라크 주둔군 사령관, 육군 미래전력개발 사령부 수장, 트럼프 대통령의 국가안보보좌관 등을 역임하며, 실전 경험자이자 정책 결정자, 그리고 권력에 맞서는 군인으로 평가받는다. 그러나 이 책은 그가 〈어떤 직책을 맡았느냐?〉보다, 〈어떤 질문을 던졌느냐?〉에 주목하며 지금까지도 유효한 텍스트로 남아 있다.

∎

『직무 유기』는 단지 베트남전에 관한 기록이 아닌, 국방이라는 이름 아래 벌어질 수 있는 침묵, 복종, 책임 회피의 위험성을 경고하는 살아 있는 역사적 경고문이다. 이 책이 한국 사회, 특히 군과 국방 분야에 던지는 메시지는 명확하다. "국방은 단지 군인의 몫이 아니다. 올바른 의사결정과 책임 있는 리더십이 있을 때에만 전투력은 의미를 가진다."

우리는 지금 복잡하고 빠르게 변하는 안보 환경 속에서, 과거보다 정교하고 성숙한 민군 협력이 요구되는 시대에 살고 있다. 민간 출신 국방부 장관의 지명은 그 변화의 한 단면일 뿐이다. 진정한 문민 통제는 정치적 중립과 군의 전문성이 균형을 이루는 건강한 구조 위에서만 실현될 수 있다. "모두가 침묵할 때, 누가 말을 해야 하는가?"라는 질문은 지금 우리에게도 여전히 유효하다. 이 책은 단지 군인을 위한 것이 아니라, 정책 결정자, 국방 관료, 언론, 시민 모두가 함께 읽고 성찰해야 할 메시지를 담고 있다.

∎

번역 작업을 시작하며 가장 고민했던 부분은 단순한 언어의 옮김이 아닌, 맥매스터가 전하려는 문제의식과 분노, 역사에 대한 경고를 어떻게 잘 전달할 것인가였다. 원문은 학술적이면서도 서사적이고, 단호하면서도 절제된 문체를 지닌다. 이를 한국어로 옮기되, 독자가 내용에 몰입할 수 있도록 군더더기 없는 문장과 맥락에 맞는 어휘를 선택했으며, 원문의 감정을 해치지 않도록 문체 유지에 심혈을 기울였다.

문화적 맥락이나 제도 용어는 역주나 각주로 보완했고, 군사 용어는 비교적 직관적인 해석을 선택했다. 일부 문장은 문맥을 고려해 유연한 의역을 택했지만, 원문의 논리 흐름과 저자의 의도가 왜곡되지 않도록 신중히 검토하고 교차 확인하는 과정을 거쳤다.

이 책의 번역이 마무리되기까지 많은 분들의 도움이 있었다. 그분들께 감사의 마음을 전하며, 무엇보다 나를 지지해 준 가족들, 그리고 국방의 미래를 고민하는 모든 이들에게 이 책이 지적 자극과 도덕적 성찰을 줄 수 있기를 간절히 바란다.

독자 여러분께 꼭 당부드리고 싶은 것이 있다. 이 책을 단지 '미국 이야기'로 읽어서는 안 된다는 점이다. 권력이 책임을 회피할 때, 침묵이 참사가 되는 구조는 어느 나라, 어느 시대에나 존재한다. 『직무 유기』는 군인에게는 명예와 용기를, 정책 결정자에게는 책임과 경계심을, 시민에게는 깨어 있는 질문을 요구하는 책이다.

그것이 내가 이 책을 번역한 이유이며, 지금 이 시대 우리에게 필요한 이야기라고 믿는 이유다.

2026년 3월

김 원 태

주요 등장인물

린든 B. 존슨 (Lyndon B. Johnson)

- 제36대 미국 대통령, 1963년 JFK 암살 이후 대통령직 승계.
- 베트남 전쟁의 의도와 과정에서 전략적 신중함을 보였으나, 정책 실행에
  서는 정보통제 실패와 전략적 유연성을 상실한 지도자.
- 베트남전의 장기적 실패를 자초한 인물이며, 냉전 논리의 함정과 정치적
  계산 사이에서 비극적인 결정을 내린 대통령으로 평가됨.

맥조지 번디 (McGeorge Bundy)

- 제5대 미 국가안보보좌관, 존 F. 케네디에 의해 발탁.
- 뛰어난 지성과 정치적 감각을 갖춘 전략 참모였으나, 베트남 전쟁 초기
  개입과 확대 국면에서의 오판과 침묵으로 인해 역사적으로는 '전략적
  실패의 상징'으로 미국식 냉전 사고의 전형.
- 지식인 관료 엘리트가 국가 정책을 오도할 수 있는 대표 사례.

로버트 맥나마라 (Robert McNamara)

- 제8대 미 국방부 장관, 케네디가 임명한 포드자동차 사장 출신의 장관.
- 냉정하고 분석적인 문민장관으로서 전통적인 군부 권한을 축소하고 시스템적 접근
  을 도입하는 등 다수의 성공적 정책을 수행.
- 그러나 베트남 전쟁의 복잡성과 비정형성 앞에서는 군 수뇌부와의 갈등 속에서 전
  략적 유연성을 잃고 국민을 속이기까지 한 인물로 평가됨.
- 군의 문민 통제 구현자이자, 동시에 그 한계를 보여줌.

딘 러스크 (Dean Rusk)

- 제5대 국무부 장관, 트루먼 시절부터 외교관 경력과 정책 관련 경험자.
- 전형적인 냉전 매파적 외교관으로서, 군사 개입 확대에 대한 비판적 견
  해 없이 지지하는 역할을 했음.
- 군부와는 긴밀한 정책 동맹을 유지하면서 전략적 대안 제기에는 소극적
  이거나 조용히 대통령의 결정에 비판 없이 동조하였음.
- 베트남 파병의 외교적 정당화를 주도했으며, 외교적 해법 제시에는 부족
  했다는 평가를 받는 인물임.

조지 볼 (George Ball)

- 국무부 차관. 유럽 문제 전문가. 반대 의견을 꾸준히 제기한 내부 인물.
- 베트남 전쟁 정책 결정 과정 속에서 가장 선명하고 일관된 반대 입장을
  견지한 고위 관료였음.
- 군부의 전략적 접근에 대해 회의적인 시각을 갖고, 문민 조직 내부에서
  도 유일하게 실질적 대안을 제시했던 인물.
- 그러나 내부에서 고립된 채 정책 결정 과정에서 영향력을 행사하지 못
  했으며, 그의 경고는 전후 가장 현실적이고 정확했던 것으로 평가됨.

존 맥콘 (John McCone)

- 제5대 CIA 국장. 에너지 · 정보 분야 출신의 기술관료.
- 베트남 전쟁 초기 전략 설계 시, 군부와 백악관의 낙관주의와는 달리 비교적 신중하고 회의적인 분석을 유지했던 정보기관 수장.
- 군부와의 정보 공유에는 협조적이었지만, 전략적 결론에 있어서는 일정한 거리를 유지하는 태도를 보였음.
- 전쟁 초기에 다른 목소리를 냈던 소수 인사 중의 한 명.

맥스웰 테일러 (Maxwell D. Taylor)

- 제19대 미 육군 참모총장. 은퇴 후 제5대 합참의장으로 재임명.
- 은퇴 후, 베트남 주재 미 대사 역임.
- 대통령에게 충성도가 높았으며, 군사 전략가보다는 정치적 중재자 역할.
- 베트남 정책 관련 강경 매파와 신중론 사이에서 명확한 입장을 취하지 않았으며, 이러한 태도는 정책 결정의 불명확성을 키우고 확전 논리에 힘을 실어주는 데 영향을 미쳤음.
- 특히 대통령으로 전달되는 비판적 조언을 차단하고 국방부와의 전략적 견제도 효과적으로 수행하지 못했다는 점에서 강한 비판을 받음.

얼 휠러 (Earle Wheeler)

- 제23대 미 육군 참모총장, 맥스웰 테일러의 후임으로 제6대 합참의장.
- 베트남 전쟁 시 최고위 군사 직책에 있었지만, 정책 결정에는 소외되고 전략적 비전이나 최고위 군사 고문 역할을 스스로 포기한 인물.
- 군사적 판단과 조언 보다는 정치적 판단을 우선시 했던 군인.
- 대통령과 국방부 장관에게 군사적 입장을 제대로 전달하지 못하는 등 군부의 책임성 약화에 가장 큰 역할을 한 인물로 기록됨.

해럴드 K. 존슨 (Harold K. Johnson)

- 제24대 미 육군 참모총장.
- 전형적인 원칙적 군인이자 병사의 생명을 최우선에 두려 했던 지휘관.
- 대통령과 국방부 장관 사이에서 전략적 오류를 알면서도 침묵으로 일관.
- 군부의 독립성과 윤리적 책임을 다하지 못한 장군으로 비판받는 인물.

데이비드 L. 맥도날드(David L. McDonald)

- 제17대 미 해군 참모총장.
- 베트남 전쟁 시, 해군의 이익에 충실했던 조용한 관료형 군 지도자.
- 대통령 및 국방부 장관에게 충성스럽고 유연한 태도를 견지했으나, 전략 · 정책 논의 과정에서도 적극적 개입보다는 관망적 태도를 유지.
- 해군의 위상을 정치적으로 확장하려는 시도도 제한적이었음.
- 해군 내부에서는 존경받았지만, 전쟁 전반의 정책 설계자 또는 비판자로서는 역사적 존재감이 희미한 인물로 평가됨.

커티스 르메이 (Curtis LeMay)

- 공군 참모총장, 2차 세계대전 시 전략폭격 전술로 명성있는 인물.
- 전쟁 초기 전면 폭격론과 총력전을 주장한 대표적인 강경파
- 대통령/국방부 장관과 많은 갈등을 겪었으며, 군의 정치적 유연성과 조화의 한계를 보여준 상징적 인물.
- 공군 내에서는 전쟁 영웅으로 존경받았지만, 베트남 전쟁이라는 정치·전략적 상황에서는 구시대적 전쟁관을 고수한 인물임.

데이비드 M. 슈프 (David M. Shoup)

- 제22대 해병대 사령관.
- 베트남 전쟁의 전략적 정당성과 도덕적 기반에 가장 날카롭게 도전한 고위 군 장성 중 한 명.
- 대통령과 국방부 장관의 전략을 반대하고, 문민 통제 아래에서도 군인의 윤리적 판단과 언행의 책임을 주장한 유일한 장성.
- 퇴역 후 반대 입장을 밝히며 많은 어려움을 겪었지만, 이후에는 정치/권력에 순응하지 않은 군인의 양심으로 재조명받은 인물.

월리스 M. 그린 Jr.(Wallace M. Greene Jr.)

- 슈프 장군의 후임으로 제23대 해병대 사령관(1964~1967).
- 조직적 기획력, 내부 개혁 의지, 그리고 미래 지향적 사고 등 긍정적으로 평가되는 부분도 많았지만,
- 베트남 전쟁 확대의 중심기에 사령관 역할을 수행한 만큼 비판의 여지도 있는 인물.

윌리엄 웨스트모어랜드 (William Westmoreland) :

- 육군 출신 주베트남 미군 사령부(MACV) 사령관.
- 제2차세계대전과 한국전쟁에도 참가한 전쟁 영웅이었지만, 베트남전에 있어서는 명확한 전략 없이 병력 증원 요구하거나 승산 없는 전술에 매몰되며 군사적 실패를 가속화한 인물.
- 이후 육군 참모총장으로 복귀, 1972년에 은퇴.

위 인물들은 대부분 미 정부의 정책 결정의 핵심적인 위치에 있었고, 이들이 저지른 실수는 단순히 정책 실패가 아니라, 제도적·윤리적 실패로 확대되어 미국의 베트남 개입 전반을 좌초시킨 원인이 되었다.

특히 전략적 비전 부재, 권력 분산 실패, 진실의 침묵, 군의 특수성과 전문성 비하, 심지어 국민을 상대로 기만까지 일삼으며 비극적 전쟁 확대를 불러왔다는 점에서, '책임회피의 역사'에서 '직무유기의 역사'에서 주연을 담당했던 인물들이다.

추천의 글

● "로버트 S. 맥나마라(前 미 국방부 장관)가 쓴 책에는 다른 곳에서는 결코 읽을 수 없었던 진실이 여기 담겨 있다. 베트남전은 단순히 그냥 일어난 일이 아니었다. 이는 냉전이란 상황 속에서 우연한 충돌로 58,000명의 미군과 100만 명의 베트남 사람이 목숨을 잃은 것이 아니다. 권력과 책임을 지닌 이들이 이 참혹한 전쟁을 야기했으며, 그들의 이름과 비밀리에 주고받은 말들, 그리고 그들이 내린 결정들이 이 책에 모두 기록되어 있다. 맥매스터는 새로 기밀 해제된 기록들을 철저히 조사하여, 당시 최고로 똑똑하고 유능했던 사람들이 '일급비밀(Top Secret)'이라는 명목과 거짓의 방패막이 뒤에 숨어서 어떻게 미국을 전쟁과 쓰라린 패배로 몰아넣었는지 새롭게 조명한다." – **조지프 L. 갤러웨이**, 《We Were Soldiers Once… and Young》 공동 저자, 뉴욕타임스 베스트셀러 작가 및 U.S. News & World Report 수석 기자

● "철저한 연구와 명확한 판단이 돋보이는 인상적인 연구 서적이다. 맥매스터는 이 책에 그의 대담한 해석과 통렬한 통찰을 담고 있으며, 그의 분석은 명료함과 간결함의 모범 답안을 보여준다. 이 책은 베트남전 당시 민군 관계를 오싹할 만큼 기묘하고, 때로는 비잔틴 제국의 역사처럼 복잡한 모습으로 조명해 준다." – **로버트 앤더슨**, 필라델피아 인콰이어러

● "베트남전으로 향하는 길을 결정지은 초기의 판단들을 거칠 만큼 직설적으로 파헤친다. 맥매스터의 이 책은 그 시대를 이해하고, 당시 내렸던 주요 결정들을 이해하는 데 있어 없어서는 안 될 자료이다." – **프레더릭 프랭크스 장군**(미 육군 예비역), 뉴욕타임스 베스트셀러 《Into the Storm》 공동 저자

● "가장 충격적이고… 역사 기록에 관한 철저하면서도 파괴적인 재평가이다. 맥매스터 소령은 독창적인 연구와 손에 땀을 쥐게 하는 서술로 찬사를 받을 만하다. 《직무 유기(Dereliction of Duty)》를 읽고 나면 베트남전은 더 이상 예전처럼 보이지 않을 것이다. 이 책은 분명히 기념비적인 작품이다." – 매큐빈 토머스 오언스, 워싱턴타임스

● "탁월한 연구 업적이다. 이 책은 베트남전 연구에 완전히 새로운 장을 열어줄 것이다." – 톰 클랜시

● "철저한 연구, 명확한 문장력, 그리고 강력한 논증이 돋보이는 작품이다." – 브라이언 밴더마크, 《Into the Quagmire》저자, 로스앤젤레스타임스 북 리뷰

● "맥매스터의 신작 《직무 유기》는 특히 철저한 자료 조사와 날카로운 고발이 돋보인다. 이 책은 베트남전 참사의 근본 원인에 대해 가장 명확하고 설득력 있는 주장을 펼친다." – 에드워드 M. 코프먼, 《The War to End All Wars》 및 《The Old Army》 저자

● "탁월하다… 날카로운 분석이다." – 샌프란시스코 크로니클

● "대단히 소중한 책이다. 읽기 쉬우면서도 세밀하게 기록된 역사를 담고 있다." – 해리 G. 서머스 주니어 대령(미 육군 예비역), 《On Strategy: A Critical Analysis of the Vietnam War》 저자, Vietnam 매거진 편집장

● "맥매스터의 책은 전문가들로부터 높은 평가를 받고 있다. 그의 끈질긴 연구는 다른 역사학자들과 작가들이 접근할 수 없었던 수천 쪽에 달하는 자료를 발굴해냈다." – 에드 오플리, 시애틀 포스트 인텔리전서

● "섬뜩할 만큼 날카로운 고발이다. 베트남전에 관한 책은 많지만, 린든

존슨, 로버트 맥나마라, 맥스웰 테일러가 합참의장들의 직무 수행을 조직
적으로 방해한 과정을 이토록 치밀하게 파헤친 책은 없었다.” – **마이클 바
로운**, 《Our Country: The Shaping of America from Roosevelt to Reagan》 저자

● “아주 강렬하다. 미국 국민이 어떻게 기만당했는지를 적나라하게 보여
준다.” – **데이비드 H. 해크워스 대령**(미 육군 예비역), 뉴욕타임스 베스트셀러 《About
Face》 공동 저자, 뉴스위크 칼럼니스트

● “맥매스터는 치밀하고 탁월한 연구를 통해, 로버트 맥나마라가 뒤늦
게 “나는 틀렸다, 완벽하게 틀렸다”고 고백했음에도 불구하고 여전히 문
제의 핵심을 짚지 못했음을 명확히 증명해 냈다. 맥나마라가 진정으로 했
었어야 하는 말은 ‘나는 무능했고, 완전히 무능했으며, 기만적이었고, 완
벽하게 기만적이었다’라는 것이다.” – **루이스 소를리**, 《Thunderbolt: General
Creighton Abrams and the Army of His Times》 저자

● “압도적이다. 《직무 유기》는 격렬하면서도 학문적 깊이를 가진 폭로서
다. 반드시 읽어야 할 책이다.” – **러시 림보**

● “펜타곤 고위 장성들 사이에서 가장 뜨거운 화제를 모은 책은 《직무 유
기》다.” – **월스트리트 저널**

● “맥매스터는 다른 역사학자들이 할 수도 있었지만, 하지 않았던 일을
해냈다. 그의 연구는 철저하고 체계적이며, 결론 또한 인상적이다.” – **빅
터 H. 크루락 중장**(미 해병대), Marine Corps Gazette

● “고통스러운 역사의 한 장면을 생생하고 도발적으로 풀어낸 이 책은 헌
법과 대통령, 의회, 그리고 군에 대한 고위 장교들의 책임을 되묻는다.
반드시 읽어야 할 베트남전 관련 핵심 서적이다.” – **앨런 C. 케이트 중령**(미

육군 지휘참모대학), Military Review

● “강렬하고 신랄하며, 치밀하게 논리적이고 탄탄한 참고문헌을 갖춘 뛰어난 책이다.” – 폴 F. 브라임 박사(미 육군 예비역 대령), Parameters

● “이 책은 논쟁적이고 도발적이며, 무엇보다도 충격적이다. 맥매스터는 이 작업을 통해 탁월한 성과를 거두었고, 이 책은 고위 군 수뇌부에 대한 신랄한 고발이자 베트남전 사료 연구에 커다란 기여를 한 작품이다.” – 콜 C. 킹시드 대령(미 육군), Army Magazine

● “철저한 조사에 기반한 강력한 책이다.” – 존 H. 쿠시먼 중장(미 육군 예비역), Proceedings

● 《직무 유기》는 날카로운 고발이다. 오늘날의 군 지도자들은 이 책을 반드시 읽어야 하며, 맥매스터의 다음 저작도 기대하게 만든다.” – 스티븐 메츠 박사(미 육군 전쟁대학 헨리 L. 스팀슨 군사학 석좌교수), Parameters

● “과거를 잊은 자는 과거를 반복할 운명이다. 이 책은 펜타곤과 미 국민, 모두에게 경종을 울린다. 특히 고위 군 관계자들에게는 귀중한 교훈서가 될 것이다. 훌륭한 역사서는 과거를 해독하고 현재를 이해하게 해주는데, 이 책이 바로 그렇다.” – 어니스트 블레이저, 워싱턴 타임스 펜타곤 특파원

● “맥매스터 소령은 철저히 도발적인 훌륭한 책을 써냈다. 우리는 이 책을 통해 역사로부터 배워야 한다.” – 더글러스 키나드 준장(미 육군 예비역), 정치학 명예교수(버몬트대학교), 《The War Managers》 저자

● “무능, 기만, 오만으로 얼룩진 미국 고위 관료들의 실체를 새롭게 드러낸 충격적인 책이다. 맥매스터는 흩어진 조각들을 하나로 모아 셰익스피

어 비극에 비견될 만한 거대한 음모를 보여준다. 그의 연구와 서술은 모범적이며, 논거는 일관되고 설득력 있으며, 역사 기록상 매우 중요한 의미를 갖는다." – **피터 아넷**, Washington Monthly

● "장군들이 보통은 영관급 장교의 글을 진지하게 읽지 않는다. 그러나 1997년 공군 참모총장 로널드 포겔만은 《직무 유기》를 읽고 사임을 결심했다고 한다. 맥매스터는 베트남전 초기 미국의 민군 지도부를 신랄하게 고발하며, 독특한 도덕적 권위를 지녔다. 걸프전 참전 경험을 통해 얻은 그 권위로, 그는 지도자들에게 높은 전문성과 정직성을 요구했다. 이에 주목한 포겔만 장군뿐만 아니라, 합참의장 헨리 셸턴 역시 맥매스터를 초청해 최고위 장성들에게 강연을 열게 했다." – **일리엇 코언 교수**(존스홉킨스대학교 고등국제학대학원 전략학)

● "도발적이고 흥미롭고 중요한 책이다. 고통스러운 진실을 파헤치는 정성 어린 노력과 설득력 있는 서술이 돋보인다. 이 책은 존슨 행정부의 무관심과 기만, 그리고 맥나마라 측근들의 오만을 반박할 수 없게 고발한다." – **마이클 데시**, Orbis

● "1997년 말, 뉴욕타임스는 공군 참모총장 로널드 포겔만의 사임 기사에서 《직무 유기》를 언급했다. 이 책은 미국 역사상 가장 큰 군사적 실패를 다룬 가장 논란 많은 저작이 될 것이다." – **에드워드 샤피로**, 세튼홀대학교 역사학 교수, 《The World and I》 저자

● "철저한 연구를 바탕으로 한 매혹적인 책이다. 맥매스터는 지성과 절제, 공정함을 갖춰 훌륭한 성과를 거두었다." – American Historical Review

● "《직무 유기》는 열성적인 지지층을 형성하며 높은 평가를 받고 있다." – The New Republic

"맥매스터 소령은《직무 유기》를 통해 공군협회(AFA)가 수여하는 1998년 길 롭 윌슨 상을 받았다.

수상 이유는 다음과 같다. '통찰력과 용기를 담아 저술한《직무 유기》는 군 지도자와 전문가들 사이에서 이례적일 만큼 높은 관심과 신뢰, 영향력을 얻었다. 미국이 베트남전에 개입하게 된 과정을 치밀하게 연구하고 분석한 이 책은 최근 수년간 출간된 군사 관련 서적 중 가장 중요한 작품으로 평가된다.'"

《직무 유기》는 1997년 뉴욕 군사사(軍事史) 심포지움 선정, '군사사(軍事史) 부문 올해의 책'으로도 선정되었다.

저자에 관하여

H. R. 맥매스터는 스탠퍼드 대학교 후버 연구소의 후아드 & 미셸 아자미[1] 수석 연구원이다. 또한 스탠퍼드 프리먼 스폴리 국제문제연구소의 수전 & 버나드 리오토[2] 연구원이자, 스탠퍼드 경영대학원 강사로도 활동하고 있다. 그는 「민주주의 수호재단」 산하에 있는 '군사·정치 연구센터' 자문위원회 의장을 맡고 있으며, 허드슨 연구소 일본 담당 연구원도 겸임하고 있다.

필라델피아 출신인 그는 1984년 미국 육군사관학교인 웨스트포인트를 졸업했다. 34년간 미 육군 장교로 복무했으며, 2018년에 중장으로 전역했다. 복무 중에는 제26대 미국 대통령 국가안보보좌관으로 재직했다. 웨스트포인트에서 역사학을 가르쳤으며, 노스캐롤라이나 대학교 채플-힐 캠퍼스에서 역사학 박사 학위를 취득했다.

《직무 유기》의 저자 H. R. 맥매스터는, 1998년 공군협회가 수여하는 예술 및 문학 부문 최고상인 길 롭 윌슨 상을 수상했으며, 수상 사유는 다음과 같다.

1　Fouad and Michelle Ajami : 후아드 아자미(Fouad Ajami)는 레바논 태생의 미국 정치학자이자 국제 문제 전문가이며, 특히 중동 정치, 아랍 세계 현대사를 연구한 세계적인 석학이었다. 존스 홉킨스 대학교에서 오랫동안 교수로 재직했으며, 후버 연구소에서도 수석 연구원으로 활동했다. 미셸 아자미(Michelle Ajami)는 그의 부인이다. 버연구소에서 후아드 아자미의 연구 업적과 정신을 기리기 위해 그의 이름을 딴 기금과 연구 직위를 만들었는데, 후아드 & 미셸 아자미 선임 연구원(Fouad and Michelle Ajami Senior Fellow)이라는 직위가 만들어진 것이다.

2　Susan and Bernard Liautaud : 버나드 리오토(Bernard Liautaud)는 프랑스 기업가이다. 수전 리오토(Susan Liautaud)는 그의 부인이며, 사회 활동가이자 윤리학자로 알려져 있다. 이 부부가 스탠퍼드 대학교에 큰 기부를 해서, 그 기금으로 "Susan and Bernard Liautaud Fellow" 라는 기금 명의의 연구직이 만들어진 것이다. 즉, 맥매스터는 리오토 부부가 만든 기금으로 지원받는 연구원이라는 의미이다.

"《직무 유기》를 집필하며 보여준 통찰과 용기에 대해 수여합니다. 이 책은 군 지도자와 전문가들 사이에서 이례적일 정도로 높은 관심, 신뢰, 영향력을 끌어냈습니다. 맥매스터 소령은 미국이 베트남전에 개입하게 된 과정을 철저히 연구하고 고품질로 분석하여, 최근 수년간 출간된 군사 분야 저서 중 가장 중요한 책으로 평가받고 있습니다."

또한 《직무 유기》는 1997년 뉴욕 군사사(軍事史) 심포지움으로부터 올해의 군사 역사서상을 수상했다.

감사의 글

이번 작업은 많은 이들의 직간접적 도움 덕분에 완성될 수 있었다. 1992년 시작 단계에서 허버트 샌들러(Herbert Schandler) 박사, 찰스 브라우어(Charles Brower) 미 육군 대령, 콜 킹시드(Cole Kingseed) 미 육군 대령의 조언은 대단히 중요한 부분이었다. 조지프 갤러웨이(Joseph Galloway)는 모범적 삶과 깊은 우정으로 지금까지도 나에게 큰 영감을 주고 있다.

초고(草稿)를 읽고 조언을 아끼지 않은 분들께도 깊은 감사를 전하고 싶다. 조지 헤링(George Herring) 교수, 존 게이츠(John Gates) 교수, 도널드 케이건(Donald Kagan) 교수, 프레더릭 프랭크스(Frederick Franks) 미 육군 예비역 대장, 줄리어스 벡턴(Julius Becton) 미 육군 예비역 중장, 톰 클랜시(Tom Clancy), 윌리엄 Y. 스미스(William Y. Smith) 미 공군 예비역 대장, 페리 스미스(Perry Smith) 미 공군 예비역 소장, 해리 젠킨스(Harry Jenkins) 미 해병대 예비역 소장, 토마스 뷔엘(Thomas Buell) 미 해군 예비역 중령, 부이 디엠(Bui Diem) 대사, 더글러스 맥그리거(Douglas MACgregor) 미 육군 대령, 토비 그린(Toby Green) 미 육군 소령, 피터 브래스트럽(Peter Braestrup), 마이클 펄먼(Michael Pearlman) 박사, 마크 레이더(Mark Rader), 프레드 그리핀(Fred Griffin), 피어스 오도넬(Pierce O'Donnell), 로널드 글래서(Ronald Glasser) 박사, 제이 피터 핀들렌(J. Peter Findlen), 윌리엄 코일 주니어(William Coyle, Jr), 마거릿 허버트(Margaret Herbert), 존 K. 트로터(John K. Trotter) 판사, 케빈 트로터(Kevin Trotte) 등이 그들이다.

노스캐롤라이나 대학교 채플힐 캠퍼스와 듀크 대학교의 여러 교수님들께도 특별히 감사드린다. 특히 리처드 콘(Richard Kohn), 마이클 헌트(Michael Hunt), 돈 히긴보섬(Don Higginbotham), 타미 데이비스 비들(Tami Davis Biddle), 알렉스 롤런드(Alex Roland), 테리 설리번(Terry Sullivan) 교수님, 마크 클로드펠터(Mark Clodfelter) 미 공군 중령께 감사드린다.

캘리포니아 대학교 산타바바라 캠퍼스의 프레드 로게발(Fred Logevall) 박사는 책을 집필하는 동안 사려 깊은 비평과 공감 어린 조언을 아끼지 않았다. 내 친구 루이스 소를리(Lewis Sorley) 박사는 귀중한 편집 조언을 해주었고, 아내 지니(Ginny)와 함께 연구를 위해 워싱턴 지역을 방문하는 동안 숙소를 제공해 주는 등 큰 격려가 되었다. 하퍼콜린스 출판사의 버즈 와이엇(Buz Wyeth)과 수잔 H. 르웰린(Susan H. Llewellyn)은 편집 관련하여 훌륭한 조언을 아끼지 않았다.

이 책을 집필하는 동안 미국 육군사관학교 역사학과에서 근무할 수 있었던 것은 큰 행운이었다. 특히 찰스 브라우어(Charles Brower) 대령, 데이비드 포투아(David Fautua) 중령, 케빈 패럴(Kevin Farrell) 소령, 유제니아 키슬링(Eugenia Kiesling) 교수, 클리프 로저스(Cliff Rogers) 교수께 감사드린다.

원고를 최종 정리하는 과정에서는 프레드 케이건(Fred Kagan) 교수와 그의 아내 킴(Kim)이 시간과 노력을 아끼지 않고 도움을 주었다. 그들은 마감일을 맞추는 데 큰 힘이 되었을 뿐만 아니라 원고의 명료성과 완성도를 높여주었고, 무엇보다 큰 정신적 지지자가 되어주었다.

리사(Lisa)와 톰 코넬(Tom Cornell), 그리고 그들의 자녀인 제인(Jane)과 맷(Matt)은 내가 집필에 집중하는 동안 우리 가족과 시간을 보내며 지원을 아끼지 않았다. 멜리사 밀스(Melissa Mills)와 칼라 메이저스(Carla Majors) 역시 교육과 행정 업무를 수월하게 처리할 수 있도록 도와주어 글쓰기에 더 많은 시간을 쏟을 수 있었다. 또 웨스트포인트와 뉴욕주 뉴버그에 있는 마운트 세인트 메리 칼리지(Mount Saint Mary's College) 학생들과 함께 역사 연구와 새로운 사실을 탐구하는 과정을 나눈 것도 큰 힘이 되었다.

책을 쓰는 동안 정말 많은 기록보관소 직원들과 역사학자들로부터 도움을 받았다. 특히 텍사스 오스틴에 위치한 린든 베인스 존슨 도서관의 레지나 그린웰(Regina Greenwell,), 테드 기팅거(Ted Gittinger), 제레미 듀발(Jeremy Duvall), 린다 핸슨(Linda Hanson), 필립 스콧(Phillip Scott), 앨런 피셔(Allen Fisher), 워싱턴 D.C.의 국방대학교 도서관의 수잔 렘케(Susan Lemke), 티나 라바토(Tina Lavato), 펜실베이니아 칼라일 배럭스에 있는 미 육군 군사사연구소의 리처드 소머스(Richard Sommers) 박사, 데이비드 키오(David Keogh), 파멜라 체니(Pamela Cheney), 워싱턴의 해병대 역사센터의 프레드 그라보스크(Fred Graboske), 베니스 프랭크(Benis Frank), 에드윈 시먼스(Edwin Simmons) 해병대 예비역 소장, 워싱턴 해군 역사센터의 에드 마롤다(Ed Marolda) 박사, 제프리 바로우(Jeffrey Barlow) 박사, 국립 기록보관소의 캐리 콘(Cary Conn) 박사, 팀 넨닝거(Tim Nenninger) 박사, 미 육군 군사사센터의 빈센트 데마(Vincent Demma), 조엘 마이어슨(Joel Meyerson) 등 많은 분들께 진심으로 감사드린다.

합동참모본부 역사실의 월터 풀(Walter Poole) 박사는 원고를 비평해주며 귀중한 조언을 아끼지 않았다. 미 육군사관학교 도서관의 폴 너겔로빅(Paul Nergelovic), 마거릿 태킷(Margaret Tackett), 딘 하우(Dean Hough)도 연구 지원과 자료 정리에 큰 도움을 주었다.

또한 인터뷰에 응해주고 조언을 주신 많은 분들께 진심으로 감사드린다. 왈트 로스토우(Walt Rostow) 박사, 윌리엄 웨스트모어랜드(WilliamWestmoreland) 미 육군 예비역 대장, 앤드류 굿패스터(Andrew Goodpaster) 미 육군 예비역 대장, 버나드 로저스(Bernard Rogers) 미 육군 예비역 대장, 빅터 크루락(Victor Krulak) 미 해병대 예비역 중장, 에드윈 시먼스(Edwin Simmons) 미 해병대 예비역 소장, 시어도어 마택시스(Theodore Mataxis) 미 육군 예비역 준장, 존 존스(John Johns) 미 육군 예비역 준장 등이다. 특히 전 해병대 사령관 월리스 그린(Wallace Greene) 대장은 그의 개인 문서를 열람할 수 있도록 배려해 주었다.

이 프로젝트는 워싱턴에 있는 해병대 역사재단으로부터 1995년 '레뮤

얼 C. 셰퍼드 주니어 장군 펠로우십(General Lemuel C. Shepherd, Jr., Fellowship)' 지원을 받았다. 또 린든 베인스 존슨 재단과 미국 육군사관학교 교수진 개발기금에서도 초기 지원을 받았다.

가족 덕분에 이 작업이 힘든 과업이기보다 의미 있고 즐거운 시간이 될 수 있었다. 어머니 마리 C. 맥매스터(Marie C. McMaster)는 훌륭한 교육자였으며, 역사에 대한 사랑과 가르치고 글을 쓰고자 하는 열망을 내게 심어주었다. 비록 가장 객관적인 독자는 아니었지만, 언제나 원고에 대해 격려를 아끼지 않았다. 아버지 허버트 R. 맥매스터(Herbert R. McMaster)와 함께 늘 나의 든든한 버팀목이 되어주었다. 나의 누이이자 가장 친한 친구인 레티샤 맥매스터(Letitia McMaster)는 가장 필요한 순간에 큰 도움을 주었다.

무엇보다 아내 케이티(Katie)의 사랑과 지원 없었다면 이 책은 단지 미완의 꿈으로 남았을 것이다. 지난 4년간 내가 연구와 집필에 몰두할 수 있도록, 대부분의 육아를 도맡아준 아내에게 깊이 감사한다.

아름다운 딸 캐서린(Katharine), 콜린(Colleen), 캐러그(Caragh)의 존재는 내가 가능한 한 빨리 일을 끝내고 놀이터, 축구장, 그리고 잠자리 동화 읽기 시간으로 돌아가고 싶게 만드는 가장 큰 원동력이 되어주었다. 마감에 쫓길 때나 복잡한 자료들을 정리할 때마다 아이들의 환한 웃음 덕분에 이 모든 과정의 의미를 다시 새길 수 있었다.

물론 이 책에 남아 있는 모든 실수와 부족한 점은 오롯이 내 책임이다. 그리고 이 책에 담긴 모든 견해는 순전히 개인적인 것으로, 국방부나 그 산하기관, 미국 육군사관학교 그리고 미 육군 지휘참모대학의 공식 입장과는 무관함을 밝힌다.

저자 서문

　수많은 책에서 베트남 전쟁을 다뤘지만, 정작 미국이 왜, 그리고 어떻게 이 전쟁에 직접 뛰어들게 되었는지는 여전히 뚜렷하게 설명되지 않는다. 시간이 지난 지금도 베트남 전쟁은 여전히 대중의 관심을 끄는 주제이다. 돌아보면, 미국이 치른 대가는 너무나도 컸기 때문이다. 설령 미국이 '승리'했다 하더라도, 그 과정에서 감당해야 했던 대가는 너무나 컸다. 이 전쟁으로 5만 8천 명의 미국인과 100만 명이 넘는 베트남인이 목숨을 잃었고, 베트남은 폐허가 되었다. 미국 역시 막대한 자산을 쏟아붓느라 경제가 거의 무너질 뻔했다. 전쟁은 미국 사회를 극심하게 분열시켰고, 남북전쟁 이후 가장 뼈아픈 정치적 트라우마를 남겼다. 실제로 이 전쟁의 후유증은 그 충격만큼이나 깊고도 오래 지속되었다. 미국인들은 이 전쟁을 계기로 자국 정부의 정직성과 책임성에 대해 그 어느 때보다도 강하게 의문을 품게 되었다. 냉전이 끝나고 30년이 지난 지금까지도 베트남 전쟁에서의 경험은 미국 외교와 군사 정책, 그리고 사회 전반에 깊은 그림자를 드리우고 있다.[1]

　1984년, 장교 임관을 앞둔 한 육군 소위에게 베트남 전쟁의 경험은 결코 외면할 수 없는 문제였다. 나 역시 전투 상황에서 부하들을 잘 이끌기 위해 다른 이들의 경험에서 꼭 배워야 한다고 생각했다. 가장 최근의 대규모 전쟁이 바로 베트남 전쟁이었기에, 그 이야기가 출발점이 됐다. 물론 장교들이 쓴 수많은 개인 회고록을 읽어보긴 했지만, 막상 군에 들어가 보니 의외로 베트남 전쟁 이야기는 거의 나오지 않았다. 전쟁에서 받은 상처가 너무 크고 깊었기 때문인지 참전용사들조차 자신의 경험을 굳이 꺼내려 하지 않았다. 현역에 남아 있던 이들은 오히려 다음 전쟁에 대비해 조직을 새롭게 만드는 데 몰두했다. 1991년 페르시아만 전쟁에서 기갑정찰대 중대장으로 참전했을 때, 내가 몸소 겪은 일들은 이전에 읽었던 베트남 전쟁 이야기들과는 전혀 다른 모습이었다.[2] 우리는 각자의 전투 임무가 전략적 목표에 어떻게 이어지는지 뚜렷하게 알 수 있었고, 그 목표들도 충분히 현실적이고 달성 가능하다고 느꼈다. 그런데 베트남 전쟁에선 전투라는 게 결국 적의 시체를 더 만드는 것 외에는 다른 의미가 없어 보인다는 생각이 강하게 들었다. 그래서 나는 도대체 어떻게, 그리고 왜 베트남 전쟁이 '미국의 전쟁(American War)'이 되었는지, 또 수많은 병사들이 자신들의 행동이나 희생이 전쟁의 끝에 어떤 영향이 있는지도 모른 채 싸워야 했던 이유가 무엇인지 궁금해졌다. 1992년, 노스캐롤라이나 채플힐에서 미국사 대학원 과정을 시작하며 이 궁금증의 실마리를 찾아보기로 했다.

당시 조사하면서 알게 된 사실은 베트남 전쟁 시기 의사결정 과정에서 군의 역할이 제대로 조명되지도 않았고, 거의 무시되고 있었던 점이었다.[3] 법적으로 합참은 대통령, 국가안보회의, 국방부 장관의 핵심 군사 고문이었지만,[4] 베트남 전쟁이 확대되던 시기에는 이 역할을 제대로 하지 못했던 것이다. 그래서 나는 대통령과 주요 민간 보좌관들, 그리고 합참의장단이 당시 의사결정에 어떻게 관여했는지 꼭 들여다봐야겠다고 생각했다.

마침 그 무렵, 기밀이 해제된 문서들과 새로운 미공개 자료들과 베트남 전쟁 당시 합참의 공식 기록이 속속 공개됐다. 덕분에 나는 이전에는 볼 수 없었던 수천 건의 문서에 접근할 수 있었고, 주요 정책 결정자들의 인터뷰는 물론, 녹음된 회의와 통화 기록, 그리고 군과 민간의 핵심 인물들이 남긴 회고록, 구술 자료도 함께 살펴볼 수 있었다. 이런 자료들을 당시 인물들의 관계 맥락 속에서 읽으면서, 그동안 몰랐던 사실이 하나둘 드러났다. 이 과정에서 나는 적지 않게 충격을 받았고, 이런 내용을 더 많은 이들과 반드시 나눠야겠다는 사명감이 생겼다.

미국이 베트남 전쟁에 어떻게, 왜 깊이 개입하게 되었는지 이해하려면 20세기 미국 외교정책의 가장 큰 실패 중 하나로 꼽히는 이 전쟁의 책임 문제를 짚지 않을 수 없다. 누구의 책임인지를 따지는 것도 중요하다. 하지만 더 중요한 건 왜 그런 판단이 내려졌고, 어떤 과정을 거쳐 그런 결정에 도달하게 됐는지를 깊이 살펴보는 일이다. 결과적으로 그런 선택들이 미국을 '정치적으로 받아들일 수 있는 수준'에서 결코 이길 수 없는 전쟁에 스스로 빠져들게 만든 셈이다.

1 뉴 프런티어맨과 올드 가드(1961-1962.10월)

여러 상황을 고려하더라도, 전형적인 '뉴-프론티어맨'은 대략 46세쯤 된다. 그는 에너지가 넘치고, 자기 생각을 또렷하게 말할 줄 아는 사람이다. 이상주의적인 면도 신선하게 다가온다. 결국 그는 미국 국민이 대통령으로 뽑은 인물과 많은 점에서 닮아 있다.

— M. B. SCHNAPPER. 1961[1]

희망으로 가득했던 10년의 시작은 베트남 전쟁의 참극과 함께 미국인들의 기억에 깊게 남게 되었다. 1960년 대선에서 존 F. 케네디(John F. Kennedy)는 당시 부통령이었던 리처드 닉슨(Richard Nixon)을 근소한 차이로 꺾고 대통령에 올랐다. 표 차이는 크지 않았지만, 새로 선출된 케네디는 자신감이 넘쳤다. 그의 힘찬 외침, "새롭게 시작합시다! (Let us begin a new!)"라는 구호는 번영과 기회의 새로운 시대가 열릴 것이라는 희망을 불러 일으켰다.[2] 케네디는 닉슨보다 다섯 살 어렸지만, 43세의 그의 모습은 아이젠하워 정부의 '올드 가드(Old Guard)'에 비해 한층 젊고 활기차게 다가왔다. 재치와 매력을 갖춘 그는 제2차 세계대전 참전용사이자 퓰리처상을 받은 작가였고, 하원과 상원에서 다양한 정치 경험도 쌓아왔다. 그의 연설은 미국 청년들에게 "어떤 대가라도 치르고, 어떤 무게라도 감당하라"며 도전 정신을 불어넣었고, 미국의 이상이 세계 곳곳에 알려지길 바랐다.[3] 하지만 당시 거의 관심을 받지 못했던 베트남이라는 낯선 지역에서, 케네디가 내세웠던 그 이상주의는 결국 무너지고 말았다.

∎

케네디가 열정을 쏟으며 내세운 주요 선거 공약 중 하나는 국가 방위 전략과 국방부 운영을 대대적으로 개혁하겠다는 의지였다. 트루먼 행정부에서 국방부 장관을 지낸 로버트 러벳(Robert Lovett)은 케네디에게 국방부 개혁은 분명 쉽지 않겠지만 이미 진작 이뤄졌어야 할 일이라고 조언했다. 그는 국방부 장관은 중복되고 지나치게 거대해진 조직을 정리할 수 있는 분석적이고 통계에 밝은 전문가여야 한다고 강조했다.[4] 러벳은 당시 대통령 당선인이던 케네디에게 포드 자동차의 44세 사장이었던 로버트 스트레인지 맥나마라(Robert Strange McNamara)를 국방부 장관 후보로 추천한다.

제2차 세계대전이 발발했을 당시, 맥나마라는 하버드대 경영학부 교수로 재직하며 통계 분석을 경영에 어떻게 적용하는지 가르치고 있었다. 그는 시력 검사에서 탈락해 초반에는 군 복무에서 제외되었으나, 육군 항공대의 보급 체계를 개선하기 위한 통계 기반 통제 시스템을 개발하는 전쟁부 자문으로 참여하게 되었다. 전쟁 첫해에는 육군 항공대에서 통계 통제 장교를 양성하는 학교에서 강의를 맡기도 했다. 이후 그는 영국에 주둔하던 제8항공군으로의 파견을 자원했고, 1943년 2월 영국에 도착한 지 불과 3주 만에 교수 신분에서 군 장교로 전환되었다. 새로 배치된 그는 유지·보수, 물류, 작전상의 문제를 분석하고, 물류 유통에 대한 통계 관리를 담당하는 팀에서 일했다. 이 팀은 영국을 비롯해 인도, 중국, 태평양 지역 등 여러 전선을 오가며 활동했다. 맥나마라가 도입한 새로운 방식은 종종 보수적인 군 장교들의 반발을 불러일으켰다. 결국 1945년에는 중령으로 전역하며, 군 조직에도 체계적인 통계적 관리가 필수적이라는 확신을 품은 채 군문을 떠났다.[5]

전쟁이 끝난 후 맥나마라는 육군 항공대 시절 함께했던 몇몇 통계 전문가들과 함께 포드 자동차에 입사한다. 사람들은 이들을 '위즈 키즈(Whiz Kids)'라고 불렀는데, 이후 맥나마라가 국방부로 데려온 젊은 분석가들을 가리킬 때도 이 별명이 쓰여졌다. 포드에 있을 때 맥나마라는 디트로이트 교외의 전통적인 기업 문화보다는 앤아버의 자유로운 학문적 분위기를 더 선호했다. 강한 추진력과 야망, 그리고 뛰어난 분석 능력 덕분에 1960년

11월, 포드 가문 출신이 아님에도 불구하고 회사 사장으로 발탁되었다. 그러나 한 달 뒤, 존 F. 케네디의 매형인 R. 사전트 슈라이버(R. Sargent Shriver)가 대통령을 대신해 맥나마라를 찾아왔다. 원래는 포드에 남을 생각이었던 맥나마라였지만, 케네디와 직접 만나보겠다는 마음으로 주저 없이 비행기에 올랐다.[6]

케네디가 특히 중요하게 여긴 자질 중 하나는 강한 자기 확신이었다. 두 번째 만남에서 맥나마라는 특유의 단호함으로 대통령 당선인 케네디와 그의 동생 로버트에게 깊은 인상을 남겼다. 그는 잭 케네디(Jack Kennedy)에게 국방부 인사에 대한 전권을 자신에게 맡기고, 사교 행사에는 참석하지 않아도 된다는 조건을 명시한 문서를 제시했다. 케네디는 문서를 읽고 나서 서명하지 않고 동생에게 넘겼다.[7] 맥나마라는 국방부 장관직에 더없이 적합한 인물로 비쳐졌다. 케네디 형제는 그를 조지타운의 벽돌집 정문 앞으로 데려가, 겨울 추위 속에 기다리고 있던 기자들 앞에서 국방부 장관 지명자로 직접 소개했다.

가장 고심이 컸던 인사는 국무부 장관 임명이었다. 케네디는 핵심 민주당 지지층이 소외감을 느끼지 않도록 하기 위해, 모두가 '차선책'이라고 평가하던 딘 러스크(Dean Rusk)를 결국 선택했다. 조지아 출신의 로즈 장학생이었던 러스크는 1940년 캘리포니아 밀스 칼리지에서 정치학 교수이자 교수단 학장으로 일하다 미 육군 대위로 현역 입대 명령을 받았다. 처음에는 워싱턴에서 정보 분석가로 근무하다가 미국이 제2차 세계대전에 본격적으로 참전하면서 중국-버마-인도 전구 본부로 옮겨갔다. 당시 젊은 참모 장교였던 러스크가 전쟁부에 보낸 전문의 수준이 뛰어나 육군 참모총장 조지 C. 마셜(George C. Marshall)의 눈에 띄게 되었다. 마셜 장군은 그를 워싱턴으로 불러들였고, 이후 러스크는 조지 A. 링컨(George A. Lincoln) 대령이 이끌던 전략·정책 그룹에 들어가 장기적인 정치·군사 비상계획 수립을 도왔다. 1946년에는 국무부에 합류했고, 1950년부터는 국무부 장관 딘 애치슨(Dean Acheson)의 극동 담당 보좌관으로 일했다. 1952년 국무부를 떠난 후에는 록펠러 재단 총재가 되었다. 오랜 공직

생활 내내 러스크는 민주당 주류 안에서 충성심과 신뢰를 쌓으며 탄탄한 명성을 얻었다. 외모나 성격이 두드러지지 않고 내성적이었던 그는, 자신감 넘치고 단호한 맥나마라와 뚜렷한 대조를 이뤘다. 러벳과 애치슨은 러스크를 적극적으로 추천했고, 짧은 면담 끝에 케네디는 그를 국무부 장관으로 임명하기로 결정했다.[8]

케네디는 한때 국무부 장관 후보로 맥조지 번디(McGeorge Bundy)를 고려했지만, 그가 지나치게 젊다고 판단해 임명을 보류했다. 1953년 번디는 불과 34세의 나이에 하버드대학교 인문과학부 학장이 되었고, 그로튼, 예일, 하버드 등 미국 북동부의 대표적 명문 학교에서 교육받으며 성장했다. 또 20세기 미국에서 가장 영향력 있는 여러 인물과 교류하며 경력을 쌓았다. 번디는 헨리 스팀슨(Henry Stimson)[1]의 회고록 집필을 도왔고, 딘 애치슨(Dean Acheson)의 개인 문서 모음집 출간 작업에도 힘을 보탰다. 번디는 자신이 지적으로 열등하다고 생각한 이들에게는 다소 거칠고 고압적인 태도를 보이기도 했지만, 사교적인 자리에서는 다정하고 매력적인 모습도 있었다.[9] 케네디는 결국 그를 국가안보 특별보좌관(일반적으로 '국가안보보좌관'이라 불림)으로 임명했다.

케네디는 학문적 역량과 뛰어난 지성을 중요하게 여겼다. 맥나마라, 러스크, 번디 모두 훌륭한 학문적 배경을 가진 인물들이었다. 케네디는 자신과 대화를 나누며 폭넓은 관심사를 공유하고, 자유로운 분위기 안에서 토론할 수 있는 참모를 원했다. 어쩌면 각자의 영향력은 대통령과의 개인적 유대에 크게 좌우되었을지도 모른다. 기존 관례와 절차를 중시하던 러스크는 케네디의 자유로운 행보에 쉽게 적응하지 못했고, 대통령과도 사적으로 가깝지 않아 케네디가 이름 대신 성으로만 부른 유일한 고위 참모였다. 반면 맥나마라와 번디는 대통령의 신임과 애정을 얻는 데 훨씬 능숙한 모습을 보였다.[10]

---

1 헨리 스팀슨(Henry L. Stimson) : 윌리엄 하워드 태프트 대통령 시절 전쟁부 장관, 허버트 후버 대통령 시절 국무장관, 프랭클린 루스벨트 대통령 시절 다시 전쟁부 장관을 역임했던 인물.

　대통령의 개인적 성향은 백악관 참모진이 국가안보 사안을 결정하는 방식에도 직접적인 영향을 미쳤다. 행정 수반으로서의 경험이 없었던 케네디는 대규모 참모 조직을 운영하는 데 익숙하지 않았고, 아이젠하워 행정부 시절의 국가안전보장회의(NSC) 구조를 번거롭고 불필요한 것으로 여겼다. 취임 직후 그는 NSC 산하 기획위원회(Planning Board)와 작전조정위원회(Operations Coordinating Board, OCB)를 폐지하며 NSC의 하부 구조를 해체했다. 또한 1947년 국가안보법이 규정한 형식적 자문 기능 외에는 NSC를 적극적으로 활용할 의지도 크지 않았다. 아이젠하워가 공식 절차와 체계를 중시했던 것과 달리, 케네디는 국가안보와 외교정책을 둘러싼 문제들을 비공식적이고 가까운 참모 중심의 방식으로 풀어갔다. 특정 사안이 생기면 TF를 만들어 운영했고, 신뢰하는 보좌관들과 깊이 있는 이야기를 나누기도 했다. 이렇게 내부 그룹과 필요할 때마다 비정기적으로 만나, 공식적인 자리보다는 자유롭게 의견을 나누고 다양한 대안의 장단점을 함께 검토했다.[11]

　이처럼 케네디가 NSC 체계를 축소하면서 합참의 국가안보 관련 발언권도 자연스럽게 약화되었다. 아이젠하워 행정부 아래에서는 합참과 관련된 군 장교들이 기획위원회와 작전조정위원회에 보직되었으며, 이 대표자들을 통해 합참은 군의 중요한 사안들을 NSC 의제에 올릴 수 있었다. 아이젠하워는 회의 자리에서 폭넓은 의견을 듣고, 합참의장단 모두가 참여한 가운데 결정을 내렸다. 반면 케네디 재임기에는 소수의 최측근 참모들과 편하게 의견을 나누고, 이미 내려진 결정을 대규모 회의에서 확인하는 운영 방식이 자리 잡았다. 이런 변화는 이후 린든 존슨 행정부의 베트남 관련 의사결정 과정에도 그대로 이어졌다. 케네디-존슨 체제에서는 합참이 대통령과 직접 접촉할 기회를 잃었고, 그 결과 더 이상 과거처럼 실질적 영향력을 행사하지 못하게 되었다.[12]

　이는 케네디가 고위급 군사 고문단을 어떻게 인식했는지를 보여준다.

케네디와 젊은 뉴-프론티어맨들은 아이젠하워 시절 합참을 신뢰하지 않았다. 국방부 개혁과 외교정책에서 여러 압박이 겹치면서 고위 군 관계자와 문민 관료들 사이에도 점차 불신이 깊어졌다. 케네디가 집권한 지 두 달 만에, 카리브해에서의 외교적 실수는 뉴-프론티어맨과 올드-가드 사이의 긴장을 더욱 크게 만들었다. 이런 흐름 속에서 펜타곤의 올드-가드들은 결국 영향력을 잃고 밀려나게 된다.

■

피그스만 침공은 워싱턴에 입성한 뒤 몇 달 동안 뉴-프론티어맨들을 감싸고 있던 희열과 희망의 분위기를 단숨에 꺾어버렸다.[13] 1960년 초, 아이젠하워 정부는 CIA에 쿠바의 피델 카스트로(Fidel Castro) 정권을 전복시키기 위해 쿠바 망명자 부대를 조직하고 무장시켜 훈련하도록 승인했다. 케네디가 대통령에 취임했을 무렵, 약 1,500명 규모의 이른바 '해방군'은 과테말라의 비밀 기지에 주둔하고 있었다. 그러나 반(反) 카스트로 훈련 캠프의 존재가 외부에 알려지자, 과테말라 대통령 미겔 이디고라스 푸엔테스(Miguel Ydigoras Fuentes)는 케네디에게 4월 말까지 해당 부대를 자국에서 철수시켜 달라고 요청했다. 케네디는 망명자 부대를 실제 작전에 투입할지 여부를 결정해야 했고, 결국 미국의 직접 개입 사실을 부인할 수 있는 여지를 남겨둔 채 침공 지원 계획을 승인했다.[14]

1961년 4월 16일 밤이 지난 후, 침공군은 쿠바의 피그스만으로 향했다. 그러나 곧 이들은 자신들을 호위하던 미국 구축함이 쿠바 본토에서 20마일 이내로는 접근할 수 없다는 사실을 알게 되었다. 기습에 대한 기대는 헛된 것이었다. 케네디 행정부는 미국이 후원하는 침공 계획을 폭로한 언론 보도를 막으려 했으나 실패했고, 침공 소식은 하바나 거리에서 공공연히 회자되고 있었다. 카스트로는 4월 17일 새벽 1시, 여단이 상륙했다는 보고를 받고 잠에서 깨어났다. 국적 표시조차 없는 구식 전투기들이 쿠바 공군 기지를 폭격했으나, 카스트로 측의 공군 전력을 크게 약화시키지는 못했다. 미군의 공중 지원도 거부되면서, 상륙군을 지원하던 선박들은 침몰하거나 급히 현장을 이탈해야 했다. 카스트로군의 전투기들은 상공에서 침공군을 공격했고, 동시에 지상군은 해방군을 압박해 해안 쪽으로 몰아붙였다. 이 시점에서 해방군은 이미 탄약이 바닥난 상태였다.

4월 18일, 국방부 장관 맥나마라의 지지를 받은 케네디는 합참의 각 군 참모총장들[2]과 그 외 관계자들이 요청한 미국의 직접적인 군사 지원을 거부했다. 다음 날에도 전투는 이어졌고, 결국 지원을 받지 못한 해방군 여단은 항복할 수밖에 없었다. 실제 해변에 상륙했던 약 1,300명 가운데 약 1,200명이 포로로 잡혔고, 백여 명이 교전 중 목숨을 잃었다.[15]

케네디는 피그스만 침공을 승인할 당시 그 결과를 충분히 검토하지 못했다. 대통령의 비공식적이고 허술한 의사결정 방식이 쿠바 침공 계획을 체계적으로 검토하는 데 가로막는 요인이 되었다. 아이젠하워 행정부 시절에는 백악관 내 정보 조직이 CIA의 모든 계획과 작전을 면밀히 감독했으며, 아이젠하워는 침공 계획의 수립과 준비 단계까지만 승인했을 뿐이었다. 그러나 케네디가 운영조정위원회 산하의 정보국을 해체하면서, 참모진은 이전 행정부의 정책과 프로그램을 제대로 파악하고 통제할 수 있는 능력을 잃었다. 이 공백을 틈타 CIA는 침공 계획을 마치 전임 대통령이 이미 결정한 사안인 것처럼 포장해 보고할 수 있었다.[16]

비록 케네디 대통령이 피그스만 침공 실패에 대해 공식적으로 책임을 인정하긴 했지만, 그는 이 참사의 상당 부분을 합참의 부실한 군사 조언 탓으로 돌리며 분노했다. 그는 고위 군사 고문들이 작전의 성공 가능성에 대해 훨씬 더 강하게 의문을 제기했어야 했다고 생각했기 때문이다.[17] 반대로 합참 측은 대통령의 분노가 부당하다고 보았다. 케네디가 이미 침공을 결정한 뒤에야 합참과 상의했기 때문이다. 군은 CIA에게 특수 임무를 수행할 인력을 제공하긴 했지만, 그들의 실제 활동 내용은 정확하게

2　당시 합참의 모습은 현재와 같은 참모 조직이 잘 갖추어진 것이 아니라, 명목상 합참의장과 각 군의 총장과 해병대 사령관으로 구성된 회의체의 성격이었다.

알지 못했다. 합참은 애초부터 이 작전의 성공 가능성이 낮다고 평가했으며, 상륙 작전의 성패는 제공권 확보 여부에 달려 있다고 분명히 인식하고 있었다. 군 지도부는 대통령이 자신들과 충분한 논의를 거치지 않은 점과 상륙군을 해변에 남겨두기로 한 결정에 대해 강하게 비판했다.[18] 피그스만 침공의 참패는 대통령과 군 수뇌부 사이의 불신을 더욱 심화시켰고, 동시에 케네디에게 카스트로 정권을 반드시 전복해야 한다는 집념을 키우는 계기가 되었다.[19]

한편, 라오스에서도 또 다른 외교 정책 문제가 불거졌다. 라오스는 중국, 캄보디아, 태국, 그리고 남·북베트남 사이에 위치한 동남아시아 내륙 국가다. 아이젠하워 행정부 시절부터 미국은 파테트 라오(Pathet Lao)[3]가 라오스를 장악하는 것을 저지하려 했다. 미국은 비엔티안의 라오스 정부에 군사 지원을 제공하는 한편, 때로는 그 정부의 영향력을 약화시키는 조치도 병행했다. 1961년 1월, 케네디가 대통령에 취임할 무렵, 파테트 라오는 전략적으로 중요한 항아리 평원(Plain of Jars)[4]의 주요 거점을 장악하며 미국의 지원을 받던 분움(Boun Oum) 왕자 정부를 위협하고 있었다. 4월 말이 되었을 때 케네디는 라오스에 대한 미국의 군사 개입을 본격적으로 검토하기 시작했다.

피그스만 침공 이후 합참은 자신들이 부당한 비판을 받았다고 느껴, 향후 미국 군사력이 투입되는 상황에서 더 이상 모호하거나 제한적인 대응을 반복하지 않겠다는 입장을 분명히 했다. 합참은 케네디에게 라오스에 군사적으로 개입할 경우 미국이 동남아시아에서 대규모 지상전에 휘말릴 수 있으며, 최악의 경우 중국과 직접 충돌할 위험도 있다고 경고했다. 또한 미군을 파병한다면 최소 6만 명 이상의 병력이 필요하다고 권고

---

3 파테트 라오(Pathet Lao) : 1950~70년대 라오스에서 활동한 공산주의 혁명 세력. 북베트남 군과 함께 호찌민 루트를 통해 남베트남으로 병력과 보급품을 보내는 데 중요한 역할을 함으로써, 베트남 전쟁에서 라오스도 사실상 전쟁터가 되었음.

4 항아리 평원(Plain of Jars) : 라오스 중북부에 위치한 고대 유적지. 라오스 내전과 베트남전이 겹치면서, 주요 전투 격전지가 되었음. 미 공군은 이 지역을 집중적으로 폭격하기도 했음.

했다.[20] 합참의장인 라임언 렘니처(Lyman Lemnitzer) 육군 대장과 육군 참모총장 조지 H. 데커(George H. Decker) 또한 대통령이 핵무기 사용까지 각오하지 않는 한 어떠한 군사 행동도 시작해서는 안 된다고 강하게 경고했다.[21] 라오스에 대한 군사 개입은 두 장군에게 한국전쟁 당시 겪었던 제한적이고 소모적이며 끝이 보이지 않았던 악몽을 떠올리게 했다. 국무부에서 열린 라오스 관련 회의에서 국무부 장관 러스크와 합참의장 렘니처는 이렇게 서로 묻고 답했다. "렘, 101 공정사단을 거기에 투입할 수 있을까?", "투입하는 건 문제없습니다. 하지만 철수시키는 것이 문제입니다."[22]

라오스 위기 국면에서도 케네디 대통령은 다시 한 번 합참의 조언에 만족하지 못했다. 그는 이들의 사고방식을 구시대적이며 전략적 사고가 부족하다고 여겼다. 합참이 제시한 병력 규모가 지나치게 크다고 판단한 케네디는, 일본에 주둔 중이던 해병대 1만 명에게 라오스 파병을 대비한 준비 태세만 갖추도록 지시하며 제한적인 대응을 택했다. 케네디는 군사 전략에서 아무 대응도 하지 않거나 대규모 개입으로 치닫는 양극단을 피하고, 보다 유연한 선택지가 필요하다고 보았다. 실제로 해병대 파병 준비와 외교적 노력이 함께 이뤄지자, 이러한 움직임은 소련에도 영향을 미쳤다.[23] 결국 소련의 수상 니키타 흐루쇼프(Nikita Khrushchev)가 라오스의 중립화 협상에 동의하게 된다.

1961년 5월, 라오스 문제를 논의하기 위한 국제회의가 스위스 제네바에서 열렸고, 이 회의는 이듬해 7월까지 이어졌다. 그러나 미국 정부는 회의 결과에 대해 전반적으로 만족스럽지 않다는 평가를 내렸다.[24] 외교적 합의에 따라 파테트 라오(Pathet Lao)는 국토 절반 가까이를 장악하게 되었고, 이 지역은 북베트남이 남베트남의 베트콩(Viet Cong)을 지원하고 보급하는 통로로 활용되었다.[25] 이처럼 불리한 라오스 합의와 해병대 파병 준비가 소련의 협상 참여에 영향을 준 경험은, 케네디로 하여금 합참의 조언이 실질적인 해법을 제시하지 못한다고 인식하게 만든 계기가 되었다. 그 결과 대통령과 고위 군사 참모들 사이의 신뢰는 더욱 흔들리게

되었다.[26]

뉴 프런티어 진영 인사들은 실행력을 특히 중시하는 성향이 강했다. 이 때문에 대규모 병력 투입은 물론 제한적인 군사 조치에도 소극적인 합참의 태도에 강한 불만을 품었다. 국무부 차관보 로저 힐스먼(Roger Hilsman)과 전임 국방부 장관의 아들인 백악관 보좌관 마이클 포레스탈(Michael Forrestal)은 군부를 "너무 물러터졌다"고 할 정도였다. 실제로 힐스먼은 라오스 사태를 두고 1962년에 이런 말을 남겼다. "싸움이 시작되기 전에는 마치 뭐든 할 수 있을 것처럼 가슴을 두드리며 으스대지만, 막상 싸움이 시작되면 뒤로 물러선다."[27]

라오스에서는 공산주의 세력과의 대치가 명확한 전선 형태로 드러나지 않았고, 이로 인해 미국의 동남아시아 정책의 중심축은 점차 남베트남으로 이동하게 되었다. 이러한 흐름 속에서 케네디는 훗날 두 명의 대통령에 걸쳐 베트남 개입 확대에 결정적인 영향을 미치게 될 인물을 자신의 행정부에 직접 영입하게 된다.

∎

피그스만 침공 이후 거센 여론의 비판이 이어지자, 케네디는 합참과의 관계 역시 점점 불편해지고 있음을 느꼈다. 그는 참모진에게 이렇게 털어놓았다. "내가 최고사령관으로서 어리석은 실수를 저지르지 않도록 조언해 줄 사람이 필요합니다."[28] 정국이 흔들리는 가운데, 케네디 대통령은 군사 자문은 물론 백악관 참모진과 국방부, 정보기관 사이의 복잡한 조율까지 맡길 적임자로 전임 육군 참모총장 맥스웰 데이븐포트 테일러(Maxwell Davenport Taylor)를 지명했다.

테일러는 전형적인 정치군인의 모습을 연상케 했다. 그는 남부 연합 출신이었던 할아버지로부터 남북전쟁 이야기를 들으며 자랐고, 어린 시절부터 군인이 되기를 꿈꿨다. 초등학교 6학년 때 장래 희망을 묻는 질문에도 망설임 없이 '육군 소장(少將)'이라 적었다. 그리고 12년 뒤인 1922년,

웨스트포인트를 4등으로 졸업했다. 언어 능력 또한 뛰어나 이후 웨스트포인트에서 스페인어와 프랑스어를 가르쳤고, 중국과 일본 근무 시절에는 일본어까지 익혔다.[29] 이처럼 군인으로서의 뛰어난 역량뿐 아니라 학자다운 면모까지 더해져, 케네디 대통령에게 강한 인상을 남겼다.

테일러는 2차 세계대전 당시 유능한 전투 지휘관으로 크게 주목받았다. 전쟁 초기에는 마셜 장군의 비서실에서 근무했으나, 곧 유럽 전선의 제101공정사단 사단장으로 발탁되었다. 이후 1953년, 한국전쟁이 막바지에 접어들 무렵 다시 아시아로 돌아와 미8군을 지휘했다.

1955년, 매튜 리지웨이(Matthew Ridgway) 육군 참모총장이 아이젠하워 행정부와의 갈등으로 2년 임기를 다 채우지 못하고 퇴임하자, 테일러가 그 뒤를 이었다.[30] 그러나 리지웨이와 마찬가지로 테일러 역시 곧 한계를 느끼게 된다. 그는 더 크고 강력한 육군이 미국의 국가안보에 필요하다는 점을 대통령뿐 아니라 우유부단했던 국방부 장관 찰스 윌슨(Charles Wilson)에게조차 설득하지 못했기 때문이다. 테일러는 결국 4년 임기를 다 채우고 은퇴했는데, 아이젠하워에서 케네디로 대통령직이 넘어가기 약 18개월 전부터 이미 군을 떠난 상태였다. 당시 그는 58세였고, 장성 계급으로만 16년을 복무했다. 훗날 테일러는 그 시절 펜타곤과 그 운영 방식에 깊은 회의감을 느꼈다고 회고했다.[32] 이러한 인식의 배경에는 아이젠하워 대통령이 군사 정책을 미국 내 경제적 사정에 맞추려 했던 점이었다. 아이젠하워는 소련과의 장기 경쟁 속에서 미국이 냉전에서 승리하려면 경제력을 아끼고 비축해야 한다고 판단했기 때문이다.[33]

1953년 7월 26일 한국전쟁이 끝난 뒤, 아이젠하워는 국방비를 절감하면서 운용하는 새로운 국가방위 전략인 뉴-룩(New Look) 전략을 내놓았다. 이 전략은 리지웨이와 테일러가 주장했던 균형 잡힌 군사력 유지론—즉, 미국의 군사력이 소련과 병력 숫자나 형태에서 균형을 이뤄야 한다는 주장—을 받아들이지 않았다. 대신 대량보복(Massive Retaliation)이라는 군사 교리를 중심에 두었다. 대량보복 전략은 공산권의 침략을 억제하기 위해 공군력과 핵무기에 국방예산을 최우선적으로 배분하는 방식이었다.

그 결과 육군은 20개 사단에서 14개 사단으로 축소되고, 병력도 약 50만 명이 감축되었다. 반면 공군은 115개 비행단에서 137개로 늘었고, 병력도 약 3만 명 증강되었다.[34] 뉴-룩 전략은 국가안보와 경제 효율성을 동시에 추구하면서, 핵전력, 동맹, 예비군, 심리전, 비밀 작전들을 유기적으로 연계하는 방식이었다.[35] 1954년 1월 12일, 국무부 장관 존 포스터 덜레스는 미국 외교협회 연설에서 이렇게 밝혔다. "우리는 즉각적인 보복 능력에 주로 의존할 것입니다. 이는 과도한 부담 없이 최대 수준의 억지력을 확보하겠다는 의미입니다."[36] 이 전략은 단순히 비용을 줄이려는 목적만 있었던 것은 아니었다. 한국전쟁을 겪으며 미국 국민이 먼 나라에서 오랫동안 이어지는 지속적이고 소모적인 전쟁을 더 이상 지지하지 않는다는 현실 역시 중요한 요인이었다.[37]

아이젠하워와는 달리, 케네디는 기존의 대량보복 전략 대신 테일러가 주장한 '유연대응(Flexible Response)'이라는 새로운 군사 전략을 지지했다. 테일러는 육군 참모총장에서 퇴임 직후 출간한 『불확실한 나팔 소리(The Uncertain Trumpet)』라는 책에서 아이젠하워의 국방정책을 신랄하게 비판했다. 그는 이 책에서 대량보복 교리는 무조건 폐기되어야 한다며 다음과 같이 주장했다. "적의 공격에 맞설 때마다 핵으로 지구상에서 지워버리겠다고 위협하는 전략 아래서는, 결국 우리에게 남는 선택지는 함께 파국을 맞거나 물러나는 길뿐이다." 테일러가 제안한 유연대응 전략의 핵심은 정치 지도자들에게 훨씬 다양한 선택지를 제공하는 데 있었다. 테러나 게릴라전 같은 은밀한 작전부터 제한적 전쟁, 그리고 전면적인 핵전쟁까지, 각기 다른 위협의 수준에 맞게 대응할 수 있도록 한다는 게 주 내용이었다. 그는 미국이 재래식 전쟁 수행 능력을 회복하려면 해외에 파견할 지상군을 증강하는 동시에, 본토에는 지상군과 공군으로 구성된 강력한 전략 예비군을 유지해야 한다고 강조했다.[38]

케네디는 이러한 테일러의 견해에 큰 관심을 보였다. 대통령 선거 출마를 공식 선언하기 약 2주 전, 그는 테일러의 편집자였던 에반 토마스(Evan Thomas)에게 직접 편지를 보내 『불확실한 나팔 소리』를 읽고 느낀 생각을 전했다. 케네디는 이 책을 통해 미국이 더 이상 시대 변화에 걸맞은 재래식 전쟁 수행 능력을 충분히 갖추지 못하고 있다는 점을 확신하게 되었고, 테일러가 미국의 국방 정책과 군 구조를 날카롭게 비판한 이 저작을 모든 미국인이 읽어야 할 만큼 중요한 책으로 평가했다.[39]

이것이 계기가 되어 두 사람은 처음 인연을 맺었고, 곧 서로를 깊이 신뢰하는 가까운 사이로 발전했다. 실제로 테일러의 전략적 구상은 케네디가 처음으로 발표한 대통령 국방정책 연설에서도 잘 드러났다. 케네디는 연설에서 다음과 같이 강조했다. "자유 세계가 어디에서 공격을 받든, 잠재적 침략자가 어떤 무기를 사용하든, 미국의 대응은 정확하고 선택의 폭이 넓으며, 신속하고 효과적이어야 한다는 점은 분명하다."[40]

테일러는 케네디가 미국의 국방 전략을 근본적으로 재편하는 과정에서 핵심적인 역할을 했다. 이러한 변화는 결과적으로 미국의 베트남 전쟁 개입이 점차 심화되는 데에도 영향을 미쳤다. 하지만 그에 앞서 케네디는 테일러와 힘을 합쳐 합참과의 갈등 관계부터 바로잡아야 했다.

■

4월 21일, 뉴욕에 새로 문을 연 링컨 센터(Lincoln Center) 공연예술 복합단지의 초대 이사장으로 막 자리를 옮긴 테일러에게 케네디 대통령이 직접 전화를 걸었다. 피그스만 침공 사건으로 큰 충격을 받은 케네디는 "즉시 워싱턴으로 와서 도와달라"고 요청했다. 9주가 지난 뒤, 테일러는 다시 현역 군인 신분으로 복귀해 백악관의 대통령 군사대표(Military Representative of the President)라는 전례 없는 자리를 맡게 됐다.

대통령은 테일러의 임무에 대해 다음과 같이 설명했다.

1. 군사대표는 대통령이 미 최고사령관의 자격으로 접하게 되는 군사 문제에 대해 조언하고 지원하는 참모 장교이다. 군사대표는 국방부 장관, 합참, NSC와 같은 법률상 대통령의

고문이나 자문기관으로 지정된 조직 사이에 개입하지 않으며, 이들과 긴밀한 연락을 유지하면서 대통령이 결정을 내리는 데 도움이 될 수 있도록 개인적인 의견을 제공할 준비가 되어 있어야 한다. 또 대통령이 국내외에서 고위급 군사대표를 따로 필요로 할 경우, 군사대표가 대신 그 역할을 수행할 수도 있다.

2. 정보 분야에서도 군사대표는 유사한 조언과 지원 역할을 한다. 대통령과 CIA 국장, 정보기관 사이에 직접적으로 개입하지 않는다. 대신 정부의 정보 체계가 제대로 움직이고 있는지 살펴보며, 그것이 대통령의 현재와 미래 요구를 충분히 충족시키는지 점검한다.

3. 냉전 관련 계획이나 활동과 관련해서는 군사대표가 군사 및 정보 자산이 실제로 어떻게 운용되는지 확인하는 일을 맡는다. 이를 통해 그 자산들이 효과적으로 통합되고 운용되는지 직접 점검한다.

4. 군사대표는 자신의 사무실 밖에서는 어떤 지휘 권한도 가지지 않는다. 하지만 본인의 임무를 수행하는 데 필요한 정보를 얻기 위해서는 정부 어느 부처나 기관과도 직접 연락할 수 있는 권한은 가진다. [41]

본문에 명시된 제한 사항들은 케네디 대통령이 합참의 법적 권한을 침해한다는 비판을 피하려는 의도를 드러낸다. 실제로 합참 내에서는 테일러가 자신의 영역을 넘어 영향력을 넓히려 한다는 의심이 일 만한 이유도 있었다. 테일러가 과거 육군 참모총장 시절 합참 조직의 근본적인 개혁을 직접 제안한 적이 있기 때문이다. 아이젠하워 행정부 시절, 그는 민

간 관료와 합참 장성들과의 끊임없는 갈등 끝에 결국 자리를 떠난 것이었다.[42]

테일러가 겪은 이러한 어려움은 미국 민주주의 체제 안에 내재한 제도적 마찰에서 비롯된 경우도 많았다. 2차 세계대전 이후에 국방정책을 둘러싼 논쟁은 항상 행정부와 의회 간의 힘겨루기와 맞물려 중요한 쟁점이 됐다. 특히 합참 군인들이 내는 반대 의견은 대통령의 위치를 약화시키고 행정부 정책 결정을 흔들 수 있는 요소였다. 아이젠하워는 합참이 법적으로 의회에 이의를 제기할 수 있는 권한을 '합법화된 불복종'이라 일컬었지만, 테일러는 군 장성들이 대통령의 의중에 무작정 따르거나 반대했던 정책에도 책임져야 한다는 것엔 동의하지 않았다. 그는 아이젠하워가 '충성과 팀워크'를 지나치게 강조했다고 보았고, 행정부 관료들이 이미 결정된 정치-군사 노선을 합참에 강요하는 분위기에도 강한 비판을 쏟았다. 테일러는 군이 궁극적으로 충성을 바쳐야 할 대상은 대통령 개인이 아니라 헌법과 국민, 즉 이들을 대표하는 의회라고 믿었다. 그래서 국가의 최고 군지휘관들이 내는 반대 의견도 의회와 국민이 반드시 알 권리가 있다고 강조했다.[43] 그러나 정부로 돌아와 케네디 행정부에서 일하게 된 뒤에는 테일러는 군과 대통령(최고사령관) 사이에 바람직한 관계가 무엇인지 테일러 역시 다시 고민하게 되었다.

합참의 창설은 국가안보 정책 결정 과정에 군사적 자문을 체계적으로 통합할 필요성과, 동시에 국방 분야에 대한 민간 통제 원칙을 유지하려는 요구가 맞물리면서 형성된 긴장의 산물이었다. 1942년 1월, 프랭클린 D. 루스벨트 대통령(Franklin D. Roosevelt)은 영국과 새롭게 맺은 군사 동맹의 요구에 맞춰 합참을 설립했다. 제2차 세계대전 당시 합참은 미국의 군사 전략을 수립하고 지휘했으며, 군수 물자와 병력을 관리하고 동맹국과 협력을 조율하는 데 핵심 역할을 맡았다. 1944년 의회는 전후(戰後) 국방 조직 개편 문제를 다루기 위해 청문회를 열었고, 전쟁이 끝난 뒤 본격적인 논의가 이어졌다.[44] 약 2년에 걸친 논의 끝에, 1947년 의회는 국가안보법안을 제정했다. 이 법안은 '미국의 미래 안보를 위한 종합적인 프로그램' 마련을 목표로 삼았다. 그리고 1949년 개정까지 이루어지면서, ① CIA 설립, ② 대통령의 정책 조율 기구로서 NSC 설치, ③ 국방부 장관 산하에 각 군을 느슨한 구조의 연합체로 두는 방안 등 여러 내용이 포함되었다.

새로 출범한 국방부는 국방부 장관실, 합참, 그리고 육·해·공군과 각 군 부처(해병대는 여전히 해군 소속으로 남음) 등으로 구성되었다. 이 법안은 기본적으로 육군과 해군의 기존 조직 논리를 절충해 만들어졌으며, 각 군 부처 장관의 권한을 줄이고 국방부 장관에게 군사 분야의 통제권을 부여했다. 또 합참의장과 육군·해군·공군의 각 군 수뇌를 합참의 상임 구성원으로 두도록 규정했다. 다만 해병대 사령관은 해병대 관련 안건에 한해서만 투표권을 행사할 수 있도록 제한되었다. 그리고 합참이 자문과 집행 역할을 원활하게 수행하도록 별도의 전담 참모 조직도 함께 신설되었다.[45]

의회는 합참을 대통령, NSC, 국방부 장관이 신뢰할 수 있는 주요 군사 자문기관으로 지정했다.[46] 당시 입법자들은 육군, 해군, 공군 등 각 군을 대표하는 최고위급 전문 장교들이 한자리에 모여야 국가 통수권자에게 걸맞은 수준의 군사 자문을 제공할 수 있다고 봤다. 1946년 5월 1일, 상원 해군위원회에서 해군장관 제임스 V. 포레스탈(James V. Forrestal)은 모든 판단의 무게를 단 한 명의 탁월한 군사 전문가에게 맡기기보다는 각 군 수뇌부가 함께 모여 다양한 관점을 교환하는 방식이 더 신중하고 균형 잡힌 결론으로 이어질 수 있다고 강조했다. 동료들 앞에서 각자 자신의 입장을 설득력 있게 설명하다 보면 자연스레 깊이 있는 토론과 검토가 이루어진다는 것이다.[47] 이러한 논리에 의회도 설득되었고, 결국 합참이 단일 집단으로 논의하는 구조가 가장 바람직하다고 판단을 내렸다.

그러나 제한된 자원을 둘러싸고 각 군이 서로 경쟁하다 보니, 합참이 국가안보라는 공동의 목표를 위해 협력하는 데 부정적인 영향을 주었다. 합참 내부의 주요 갈등은 각 군의 임무와 역할을 어떻게 규정할 것인가를 둘러싼 이견에서 비롯되었다. 각 군이 임무와 역할을 어떻게 정의하느냐에 따라 부대 규모와 구조, 그리고 새로운 무기체계의 연구·개발·조달 방향까지 달라질 수밖에 없었다. 그 결과 중복과 비효율이 발생했고, 이는 곧 각 군 간 갈등으로 이어지곤 했다. 아이젠하워 대통령은 두 번째 임기 동안, 합참이 각 군의 편협한 이해관계를 넘어서 제대로 협력하지 못할 경우, 전쟁의 복잡성을 제대로 이해하지 못하는 국방부 장관과 같은 문민 관료들이 그 공백을 대신하게 될 수도 있다는 점을 점점 더 우려하게 되었다.[48]

아이젠하워는 각 군 사이에서 발생하는 편협한 이해관계와 구조적 비효율성을 근본적으로 해결하고자 했다. 그 결과 1958년, 국방부 개편법이 제정되었다. 이 법의 목적은 각 군을 더 강력하게 중앙에서 통제하고 중복되는 부분을 줄이며, 지휘 체계를 단순화하고 국방부 내의 문민 통제력을 강화하는 것이었다. 의회는 이 법을 통해 합참이 군사 자문과 지휘권 통합의 중심을 맡아 군사작전 계획의 책임 소재가 더욱 분명해질 것으로 기대했다. 그러나 실제 법 시행 이후의 구조는 이러한 기대와는 다소 다른 방향으로 전개되었다. 국방부 장관실이 합참과 함께 자문 기능을 수행하게 되면서 합참은 대통령에서 현장 지휘관으로 이어지는 공식 지휘 체계에서 제외되었다. 그 결과 합동 지휘권은 국방부 장관의 지시에 따라 움직이게 되었고, 합참은 장관의 방침을 군사 명령과 지시로 구체화해 전달하고 집행하는 행정적 역할에 머무르게 되었다. 형식적으로는 합참이 주요 군사 자문기관이라는 지위를 유지했지만, 국방 행정의 효율성을 명분으로 국방부 장관에게 권한이 대폭 집중되었다. 이로 인해 의지가 강한 장관이라면 군사 정책 전반에 상당한 영향력을 행사할 수 있는 구조가 형성되었다.[49] 아이젠하워가 우려했던 대로 이러한 변화 속에서 합참의 권한과 영향력은 점점 약화되었다. 그러나 권한이 국방부로 집중되었다고 해서 각 군 간 경쟁이 완화된 것은 아니었다. 오히려 아이젠하워의 개혁은 군들 사이의 경쟁과 갈등을 새로운 방식으로 심화시키는 결과를 낳기도 했다.

이와 관련해 테일러는 『불확실한 나팔 소리』에서 합참의 자문 책임을 더욱 중앙집중화해야 한다고 주장했다. 그는 합참 내부에 존재하는 깊은 갈등을 인식하고 있었으며, 기존 제도의 한계를 지적하며 보다 급진적인 개편을 대안으로 제시했다. 그가 제안한 국방참모본부 체계의 핵심은 국방참모의장을 미국 군 전체를 대표하는 최고위 장교로 두고, 국방부 장관과 대통령에게 직접 보고하도록 하는 구조였다. 또, 각 군이 행사하는 압력이 합참 구성원들의 자문을 편향되게 만든다는 점도 인식하고 있었다. 개별 군을 대표하는 최고위 장교가 조직의 이해관계와 다른 판단을 내릴 경우, 동료들로부터 신뢰와 존경을 잃을 수 있다는 현실적 한계 역시 문제로 보았다. 이러한 이유로 테일러는 완전히 독립된 자문 기구로서 '최고 군사위원회' 신설을 제안했다. 이 위원회는 각 군을 대표하는 은퇴 장교나 마지막 보직을 수행 중인 고위 장교들로 구성되어야 하며, 현역 지휘 체계와 일정한 거리를 둔 상태에서 보다 독립적이고 균형 잡힌 군사 자문을 제공해야 한다는 구상이었다. [50]

■

　테일러의 이런 견해를 잘 알고 있던 합참의장 렘니처 대장은 테일러가 대통령의 군사대표가 되는 것에 그다지 달가워하지 않았다. 이에 케네디 대통령은 국방부 안팎에서 제기될 수 있는 반발을 사전에 잠재우기 위해 조치를 마련했다. 대통령의 군사보좌관인 체스터 테드 클리프턴(Chester Ted Clifton) 준장은 국방부 장관 맥나마라의 군사보좌관에게 직접 전화를 걸어, 테일러를 백악관 참모로 임명하기로 한 대통령의 공식 발표 방안을 논의했다. 클리프턴은 테일러의 임무를 매우 신중하게 정할 것이며, 이로 인해 의회와 언론에서 합참의 자문 권한을 침해한다는 오해가 생기지 않도록 하겠다고 덧붙였다. 백악관은 공식 발표문에서도 이 사안을 국방부 장관 및 합참과 사전 협의를 거친 인사 조치라는 정도로만 제한적으로 밝히기로 했다. 그러나 케네디 대통령은 이러한 공식적 절차 관리와는 별도로 상징적 메시지의 중요성도 놓치지 않았다. 그는 렘니처 대장에게 공식 발표 자리에 직접 참석해 테일러의 임명을 적극적으로 환영하라는 지시를 내렸고, 맥나마라 국방부 장관에게도 공개적으로 지지 의사를 표명해 달라고 당부했다.[51]

케네디 대통령은 비공식적인 자리에서 테일러에게, 본래 그에게 부여된 임무는 국방부의 고위 장성들 역시 충분히 할 수 있는 일이라고 솔직하게 털어놓았다.[52] 그러나 그는 합참이 제공하는 군사적 조언에 만족하지 못했고, 다른 참모진이나 내각 인사들과는 비교적 쉽게 신뢰 관계를 형성한 반면, 합참과는 그러한 유대감을 쌓지 못하고 있다는 점에서 답답함을 느끼고 있었다. 대통령의 눈에 장군들과 제독들은 지나치게 형식적이고 경직되어 있으며, 기존의 관행에 깊이 얽매여 있는 인물들로 비쳐졌다. 맥조지 번디(McGeorge Bundy)는 테일러의 핵심 보좌관에게, 케네디가 자신과 같은 세대의 신뢰할 만한 젊은 장군들이 군 수뇌부를 채울 때까지는 군(軍)에 대해 완전히 신뢰하지 못할 것이라고 말한 적이 있다고 전했다. 번디는 케네디에게 있어 군 고위 인사들이 대통령과 자유롭게 대화를 나눌 수 있어야 하며, 그 과정에서 신뢰와 심리적 안정감을 얻는 것이 무엇보다 중요하다는 점을 잘 알고 있었다.[53] 테일러는 바로 이 공백을 메우기 위한 존재였다. 테일러는 대통령을 지적이고 인간적인 따뜻함과 주변의 충성을 자연스럽게 이끌어내는 특별한 매력을 지닌 지도자로 인식했다. 그는 곧 대통령과 깊은 신뢰 관계를 형성했을 뿐 아니라, 케네디의 가족들과도 친밀한 우정을 나누게 되었다.[54]

테일러는 합참과 국방부 장관이 자신을 국가안보 문제에서 자신을 일종의 경쟁 상대로 바라보고 있다는 점을 의식하고 있었다. 퇴역 장군이었던 그는 혹시 있을지 모를 반감을 사전 차단하기 위해 직접 행동에 나섰고, 오랜 친구인 렘니처에게도 자신이 경쟁자가 아니라 협력자로 남을 생각임을 분명히 전달했다. 또 대통령 및 측근들과의 개인적인 친분이 오히려 합참의 조언이 대통령에게 더욱 효과적으로 전달되는 데 도움이 될 수 있다고 말했다.[55]

1961년 4월 22일 워싱턴에 도착한 테일러는 첫 임무로 피그스만 침공 결정 과정에 대한 진상 조사에 착수했다. 그는 합참이 이 무리한 작전에 대해 직접적인 책임은 없었다고 결론 내렸지만, 위험성에 대해 대통령에게 좀 더 명확히 경고하지 않았던 점은 분명히 지적했다. 당시 행정부가 군사작전의 세부 사항을 질의했을 때 합참은 그 범위 내에서는 충실히 답했지만, 작전 전반에 대한 종합적 판단이나 평가를 제시하지는 않았다고 보았다. 그러한 평가를 요구받지 않았다는 점이 이유였다. 테일러는 이 과정을 통해 대통령, 즉 최고사령관과 합참의 관계가 이미 위기 국면에 접어들었다고 판단했다.[56]

이 문제를 바로잡기 위해 테일러는 대통령이 군사 자문을 받을 때 합참이 수행해야 할 역할을 정리한 문서를 작성했다. 여기서 그는 합참이 단순히 요청에 대응하는 역할에 머무르지 않고, 주도적으로 의견을 제시하는 적극적 역할을 수행해야 한다고 명확히 했다. 또한 군의 요구사항은 언제나 국가 전체의 맥락 속에서 제시되어야 하며, 정부가 직면한 가장 큰 과제는 여러 자원을 통합해 효율적으로 운용하는 것임을 합참 스스로 인식해야 한다고 강조했다. 대통령은 테일러의 이 보고서를 바탕으로 1961년 5월 27일 합참과 회의를 열었고, 그리고 한 달 뒤 일부 내용을 수정한 문서에 최종 서명함으로써 이를 NSAM[5] 55호로 공식 채택했다.[57]

테일러의 보고서는 그가 케네디 백악관에 들어간 지 불과 몇 주 만에, 합참의 자문 역할에 대한 그의 인식이 얼마나 크게 변화했는지를 잘 보여준다. 아이젠하워 행정부를 떠날 당시까지만 해도 그는 합참이 군사 문제에만 집중해 제한적인 조언을 제공하면 충분하다고 믿었다. 정치나 경제와 같은 영역은 각 부처가 담당해야 할 사안이며, 군이 합참이 개입할 필요는 없다고 생각했다.[58] 그러나 대통령과 합참 사이에 누적된 반감과 불신에서 비롯된 위기를 직접 목도하면서 테일러는 합참이 상급자의 감정

---

5 NSAM (National Security Action Memorandum, 국가안보조치각서) : 미국 대통령이 국가 안보와 외교정책과 관련하여 행정부의 주요 인물들과 부처에 내리는 지침 또는 명령. 이는 백악관에서 발행되는 일종의 정책 지시서로, 특히 존 F. 케네디와 린든 B. 존슨 대통령 시절 (1961~1969)에 자주 사용되었다.

이나 입장을 고려하지 않아야 한다는 기존의 생각이 바뀌게 되었다. 오히려 그는 대통령과 합참이 우정과 상호존중을 바탕으로 가까운 거리에서 자연스럽게 소통하는 관계를 형성하는 것이 무엇보다 중요하다는 사실을 깨달았다. 아울러 테일러는 육군 참모총장 시절부터 간직해 온 또 하나의 신념, 즉 합참은 특정 행정부가 아니라 헌법과 국민에게 가장 충실해야 한다는 원칙 역시 다시금 되새기게 되었다.[59]

■

테일러가 워싱턴에 도착했을 무렵, 합참은 새로 부임한 국방부 장관의 요구에 대응하느라 분주히 움직이고 있었다. 맥나마라 국방부 장관은 기존 정책과 여러 프로그램에 대해 구체적인 수치와 근거 자료를 요청했고, 합참은 이에 맞춰 관련 자료를 준비했다. 케네디 대통령은 맥나마라에게 30일의 기한을 제시하며 국방 정책과 국방부 조직 전반에 대해 철저한 검토를 지시했다. 맥나마라는 낭비와 비효율을 제거할 방안을 제시해야 했고, 이를 통해 기존과는 다른 적극적이고 창의적이며 결단력 있는 리더십을 보여주고자 했다. 그는 아이젠하워 행정부 시절 국방부 장관들이 각 군 간 갈등을 중재하는 데 그쳤던 소극적 역할에서 벗어나고자 했으며, 이러한 문제의식 속에서 국방부 전반에 대한 전면적인 분석에 착수했다.[60]

그러나 합참은 맥나마라 장관의 요구에 즉각적으로 부응하지 못했다. 복잡하고 비효율적인 내부 행정절차는 행정부 내에서 합참에 대한 불신을 더욱 키웠다.[61] 합참에 안건이 상정되면, 먼저 각 군(육군, 해군, 공군, 해병대)의 실무 장교들에게 회람되어 제안서 초안을 중심으로 검토가 시작되었다. 실무 장교들 사이에서 의견이 모이면, 해당 안건은 버프 페이퍼(Buff Paper)로 인쇄되어 각 군의 경험 많은 대령급 참모(기획관)들에게 전달되었다. 이들은 각 군의 입장을 반영한 문서를 작성해 그린 페이퍼(Green Paper) 형태로 상신했고, 이후 문서는 각 군의 3성 장군급 작전 부

참모에게 넘어갔다. 이들이 문서 내용에 동의할 경우, 합참을 대표해 필요한 조치가 취해졌다. 하지만 의견이 갈리거나 사안이 중대한 경우에는 합참 수뇌부에 직접 상정되었다. 최종적으로도 합의에 이르지 못하면 반대 의견을 가진 구성원들은 부동의 의견서를 작성해 국방부 장관에게 최종 결정을 위임했다. 이러한 다단계 절차 속에서 타협이 반복되다 보니, 제안서의 내용이 점차 모호해지고 본래의 취지가 희석되는 경우가 적지 않았다.[62]

각 군 간 경쟁은 이미 복잡했던 합참의 행정 체계를 더욱 경직시키는 요인이었다. 1947년 공군이 독립군으로 분리된 이후, 1920년대 초부터 이어져 온 군 항공력의 조직과 운용을 둘러싼 갈등은 오히려 심화되었다. 역사학자 얼 틸포드 주니어(Earl Tilford, Jr.)는 공군이 마치 가족 모임에 끼어든 서자(庶子)처럼 자신의 기원에 대해 불편함을 느꼈으며, 전략폭격 이론이라는 아직 충분히 입증되지 않은 논리에 정당성을 의존하고 있었기 때문에 이러한 불안이 더욱 컸다고 지적했다.[63] 해병대 역시 육군으로부터 지속적인 위협을 느끼고 있었고, 해군·공군·육군은 각각 미국의 핵 전략과 본토 방어에서 자기 군의 역할과 중요성을 확보하기 위해 경쟁했다. 각 군은 다른 군에게 역할을 빼앗길지도 모른다는 불안, 조직 구조와 전력 체계가 약화될 수 있다는 우려 속에서 움직였다. 이로 인해 합참 내부에서도 군별 이해관계에 따라 의견이 갈리는 일이 빈번했다. 한 군이 특정 무기체계의 개발이나 조달 필요성을 주장하면, 다른 군이 즉각 반박하는 식이었다.[64] 이러한 비생산적인 경쟁은 때로는 자기주장만을 고집하는 어린아이들의 말다툼을 연상시켰고, 그 결과 합참이 자문기관으로서 지녀야 할 신뢰와 권위는 더욱 약화되었다.

맥나마라 국방부 장관은 합참의 비협조적인 태도와 끊이지 않는 내부 갈등에 점차 인내심을 잃어갔다. 그는 군 내부에 뿌리 깊게 자리 잡은 분파주의와 행정적 비효율을 해결하기 위해, 자신에게 익숙한 방식인 국방부 장관실 권한 강화로 방향을 잡았다.[65] 케네디 대통령 역시 새 국방부 장관에게 전권을 부여했고, 맥나마라는 이를 적극적으로 활용했다. 자신이 경험한 분석 기법과 통계 활용을 바탕으로 기존 국방부에서는 시도하지 않았던 새로운 관리 방식을 과감히 도입했다. 또한 유능한 젊은 분석가들을 대거 영입해 보좌진을 꾸렸다. 아울러 맥나마라는 1958년 국방개편법이 국방부 장관에게 부여한 광범위한 권한을 활용해, 군 조직을 모델로 한 자체 참모 조직을 구축했다. 이러한 변화로 국방부는 더 이상 합참의 분석에 크게 의존하지 않는 구조로 재편되었고, 맥나마라는 이전까지 군이 주도하던 영역에까지 민간 차원의 통제력을 확고히 행사할 수 있게 되었다.[66]

■

맥나마라의 핵심 참모진은 젊은 엘리트 인재들로 구성되어 있었다. 그 구성원을 살펴보면, 하버드 로스쿨 교수 출신으로 1963년 폴 니체(Paul Nitze)의 뒤를 이어 국제 안보 담당 국방 차관보를 역임한 존 맥노턴(John McNaughton), 케네디 대통령의 오랜 보좌관이자 국방부 장관 특별보좌관이었던 애덤 야르몰린스키(Adam Yarmolinsky), 캘리포니아 대학교 총장을 지낸 찰스 J. 히치(Charles J. Hitch), 그리고 위즈 키즈의 수장으로 명명된 알랭 앙토벤(Alain Enthoven) 등이 있었다. 맥나마라는 이들을 위해 체계분석국이라는 별도의 조직을 신설했다. 그는 국방부 장관으로서 이 팀에 전폭적인 신뢰와 지원을 아끼지 않았고, 젊은 민간 엘리트들 역시 그 기대에 부응하며 강력한 권한을 책임감 있게 행사했다.[67]

맥나마라의 위즈 키즈는 정량적 분석, 즉 숫자와 데이터를 중시하는 그의 성향을 함께 가지고 있었고, 군사 경험에만 의존해 작성된 제안에 의문을 제기하는 공통된 사고방식을 가지고 있었다.[68] 그들 대부분은 RAND 연구소 같은 싱크 탱크나 연구 기관에서 근무한 경험을 바탕으로 자신들의 분석 기법을 국방부의 문제 해결을 위해 적용하고자 했다. 테일러는 당시 국방부의 분위기를 회고하며, 사무실 벽마다 비용 대비 효과를 나타내는 도표가 붙어있었고, 합참에는 끝없이 정보 요청과 자문 요구가 쏟아져 들어왔다고 회상했다.[69] 이 시기 국방부에서 실질적인 영향력을 행사하던 핵심 부서는 폴 니체(Paul Nitze)가 이끄는 국제안보국과 알랭 앙토벤(Alain Enthoven)이 주도한 체계분석국, 이 두 곳이었다.

특히 알랭 앙토벤(Alain Enthoven)은 국방부 내 민간 주도의 통제 시스템을 확립하는 데 핵심 역할을 맡으며, 맥나마라의 최측근으로 빠르게 자리 잡았다. 그는 뛰어난 정량 분석 능력을 갖춘 인물이었지만, 동시에 자신의 우월감을 숨기지 않는 태도로도 악명이 높았다.[70] 군사 경험의 가치를 과소평가하고, 군 장교들을 지적으로 낮게 보는 경향이 있었다. 특히 군사 결정을 오직 전문 군인에게만 맡기는 관행을 사회복지사에게 복지 프로그램 설계를 전적으로 맡기는 것에 빗대 비판하기도 했다. 그는 군 경험이 시야를 넓히는 데 오히려 장애물이 될 때가 있으며, 몇 년간의 군 복무 경력이 전략 기획 분야에서 하버드 비즈니스 스쿨 출신 인물들보다 더 나은 자격을 부여하는 것은 아니라고 단언하기도 했다. 앙토벤과 그의 동료들은 국방부 구성원 다수가 각자의 병과와 부서, 조직적 이해관계만을 우선시한다고 믿었다. 그는 방대한 통계 자료를 활용해 국방 프로그램과 주요 현안을 분석했고, 이를 국방부 장관과 대통령의 핵심 의사결정 자료로 제공했다. 나아가 자신의 분석 기법이 적용될 수 있는 분야에 사실상 한계가 없다고 여겼다.[71]

그러나 맥나마라의 독단적인 리더십과 젊은 민간 보좌진들의 거만한 태도는 합참과 펜타곤 내 다수의 군 장교들에게 강한 반감을 불러일으켰다. 군 내부에서는 앙토벤을 포함한 맥나마라의 참모진 전체를 사실상 적대 세력으로 인식하는 분위기가 형성되었다. 합참과 맥나마라가 이끄는 국방부 사이에서는 새로운 경영 기법의 도입, 군사 예산 배분, 무기 조달 문제 등을 둘러싸고 갈등이 끊이지 않았다. 군 장교들은 젊은 민간 참모들이 군사적 전문성과 경험을 존중하지 않는 태도에 분노했고, 이들을 비꼬아 '맥나마라를 기분 좋게 해주는 꼬마 핫도그들(happy little hotdogs)'이라고 부르기도 했다.[72] 공군 참모총장 커티스 르메이(Curtis LeMay)는 당시 상황을 다음과 같이 회상했다.

"맥나마라의 위즈 키즈는 내가 살아오면서 본 사람들 중 가장 자
만심이 강했다. 그들은 군을 믿지도, 존중하지도 않았다. 하버
드식 비즈니스 방법으로 세상 모든 문제를 해결할 수 있다고 확
신했고, 자신들이 더 나은 교육을 받았으니 우리보다 우월하다
고 생각했다."[73]

합참은 맥나마라와 그의 참모진에 대한 공통된 불만을 공유하고 있었
지만, 정작 핵심 국방 현안을 둘러싸고는 여전히 의견이 엇갈렸다.[74]

과감한 문제해결을 약속했던 맥나마라 장관은 합참 간 입장이 충돌할
때마다 직접 개입해 조정을 시도했다. 특히 모든 군이 공동으로 사용할
전투기를 개발하려는 논란의 TFX(Tactical Fighter Experimental) 사업[6]을
놓고 공군과 해군의 거센 반발에 정면으로 맞섰다.[75] 맥나마라는 앙토벤
등과 함께 핵 억지력 운용 방식에 있어 유인 폭격기보다 잠수함이나 무인
미사일이 더 효과적이라는 판단을 내리고 있었고, 이러한 시각은 유인 항
공기를 핵전력의 중심으로 삼아온 공군의 인식과 정면으로 충돌했다. 그
는 B-70 전략폭격기 프로그램에 반대했고, 이로 인해 1965년 커티스 르
메이(Curtis LeMay)가 퇴직할 때까지 공군과의 관계는 극도로 악화되었
다.[76]

반면, 아이젠하워 행정부 시절 상대적으로 소외되었던 육군은 맥나마
라 취임 이후 다시 주목받기 시작했다. 맥나마라는 제한전 수행의 전제로
강력한 재래식 전력이 필요하다고 보았기 때문이다. 그는 임기 1년 반도
채 되지 않아 육군 병력을 30만 명 이상 증강시켰다.[77] 결과적으로 국방
예산과 군 구조 개편을 둘러싼 이견은 합참의 영향력을 약화시키는 한편,

---

6 TFX(Tactical Fighter Experimental) 사업 : 1961년 로버트 맥나마라가 공군(USAF)과 해
군(USN)에 한 가지 기본 설계를 공유하는 공동 전투기(전술기) 개발을 강하게 밀어붙인 합
동 항공기 개발/조달 프로그램을 말한다. 결과적으로 General Dynamics의 F-111(공군형
F-111A / 해군형 F-111B 시도)로 이어졌고, 한 기체로 두 군 요구를 동시에 만족시키려다
요구조건 충돌과 성능, 중량 문제 등으로 논란이 컸던 사업이다.

국방부 장관과 민간 분석가들의 입지는 더욱 강화되는 결과를 낳았다. 맥나마라가 국방예산을 편성하는 방식[7]은 모든 군에서 불만을 불러일으켰다. 각 군 수뇌부는 새 예산 시스템에 강하게 반발했지만, 그럼에도 맥나마라는 각 군이 필요하다고 판단하는 사업을 제한 없이 예산 요구안으로 제출하라고 지시했다. 이 조치는 방위비 배분을 둘러싼 합참 내부의 의견 차이를 더욱 심화시켰고, 합참은 이전보다 더 큰 분열을 겪게 되었다. 위즈 키즈는 이렇게 조율되지 않은 예산안들을 검토해 어떤 제안을 수용하고 무엇을 삭감할지 맥나마라에게 권고했다. 합참은 예산 과정에서 자신들의 의견이 전혀 반영되지 않고 있다고 느꼈다. 이후 해군의 데이비드 라마 맥도널드(David Lamar McDonald) 제독은 맥나마라가 예산 상한선의 필요성을 끝내 인정하지 않았다고 비판하며 불만을 공개적으로 드러냈다. 그는 "위즈 키즈들은 우리와 상의 한마디 없이 우리가 필요 없는 것이 무엇인지 멋대로 결정해 버렸습니다. 그리고 실제로 전쟁에 필요한 무기와 장비까지 잘라내면서도 왜 그런 결정을 내렸는지 설명조차 하지 않았습니다"라고 말하면서 분통을 터뜨렸다.[78]

테일러 장군의 참모진은 케네디 행정부가 군의 국방정책 영향력을 의도적으로 축소하고 있다고 경고했다. 윌리엄 Y. 스미스(William Y. Smith) 공군 소령 역시 국방정책 결정 과정에서 군 지도자들의 영향력이 점점 약해지고 있는 분위기가 감지된다고 지적했다. 그는 이러한 상황에 대해 합참도 일정 부분 책임이 있다고 보았다. 합참이 각 군의 이익에만 집착하는 태도를 버리지 못하고 정책 전반을 넓은 시각으로 바라보지 못한다면, 그리고 조언의 방향을 외부와 상부로 적극적으로 넓히지 않

7　PPBS (Planning-Programming-Budgeting System)를 최초로 제안한 인물이 바로 맥나마라였다. 맥나마라는 경영학과 계량 분석을 기반으로 '효율성과 성과' 중심의 군사 계획을 강조하면서 국방도 기업처럼 숫자와 논리에 따라 관리되어야 한다는 접근 방식을 적용하였다. 무기체계 도입에 있어 비용-효과 분석(cost-effectiveness analysis)이 필수가 되었으며, 불필요한 중복 무기 개발 억제 및 전력 효율성 향상, 장기 국방 전략과 연계된 합리적 자원 분배가 가능해졌다는 장점도 있다.

는다면 문민관료들과 군이 조화롭게 협력하기 어려워질 것이라고 경고했다.[79] 테일러의 핵심 참모인 줄리안 유얼(Julian Ewell) 대령은 맥나마라의 민간 참모 그룹이 국방 현안을 주도하는 현실이 합참의 영향력을 약화시키는 주요 요인이라고 보았다. 또한 합참이 내부적으로 아무리 시스템을 개선하더라도 맥나마라 체제 아래에서 강화되는 중앙 통제 구조 때문에 이런 노력이 쉽게 무력화될 수 있다는 번디의 의견에 동의했다.[80]

테일러는 맥나마라가 종종 합참의 조언을 묵살하고 민간 분석가들의 의견을 더 중시한다는 사실을 알게 되었다. 여러 국방 현안에서 맥나마라는 합참에 자문조차 구하지 않거나, 합참의 견해를 백악관에 제대로 전달하지 않는 경우도 있었다. 테일러의 참모진은 맥나마라가 합참을 지나치게 통제하고 있을 뿐 아니라, 케네디 백악관의 중앙집권적 움직임이 군사적 조언이 대통령에게 직접 전달되는 통로를 막고 있다고 판단했다. 실제로 대통령은 번디와 맥나마라를 비롯한 핵심 측근들과의 비공식 회의에 점점 더 의존하게 되었고, 주요 국방 현안은 비공식 위원회에서 비공개로 논의된 뒤 그 결과만이 대통령에게 보고되는 일이 잦아졌다. 유얼 대령은 백악관, 국방부, 국무부의 2급 실무자들 사이에 느슨한 네트워크가 형성되어 있어, 이들이 공식 조직을 우회해 개인적으로 협력을 이어가면서 자신들만의 국방 의제를 추진하고 있다고 지적했다. 이들은 서로를 '클럽 멤버'라 칭하며, 뜻이 맞을 것 같은 인물을 적극적으로 끌어들이기도 했다. 케네디의 핵심 그룹인 뉴-프론티어맨들은 자신들의 정책 구상을 일종의 신념처럼 지나치게 확신했고, 정책 변화를 추진하기 위해서는 전환 과정에서 발생하는 충돌 정도는 감수해야 한다고 여겼다. 유얼 대령은 이러한 도덕주의적 접근이 케네디의 최고 참모진에게도 영향을 미쳐 현실과 동떨어진 판단을 내리게 했다고 평가했다.[81]

케네디 대통령은 점차 합참이 국방정책 수립에 도움이 되기보다는 오히려 장애물이 되고 있다고 인식하게 되었다. 결국 그는 아이젠하워 행정부 시절부터 이어져 온 기존 합참 수뇌부를 교체하고, 자신의 국방 노선을 지지하는 인물들로 재편하려 했다.[82] 당시 합참의장이었던 렘니처 대장은 라오스 사태를 둘러싸고 강경한 입장을 고수하며, 미국이 본격적으로 개입하기에 앞서 전력을 총동원할 준비가 필요하다고 주장했다.[83] 그러나 이러한 렘니처의 조언은 아이젠하워 시절의 대규모 보복 전략에는 부합했을지 모르나, 케네디와 테일러가 지향한 유연대응 전략과는 분명한 거리가 있었다.

1962년 9월, NATO 사령관 로리스 노르스타드(Lauris Norstad) 장군이 은퇴 의사를 밝히자, 케네디는 렘니처를 그의 후임으로 지명해 사실상 그를 합참의장직에서 물러나게 했다.[84] 이어 케네디는 기존의 육군-해군-공군 순으로 진행되던 순환 보직의 관례를 깨고 테일러를 새로운 합참의장으로 임명했다. 테일러는 이미 4년 전 공식 은퇴한 상태였으며, 과거 아이젠하워가 합참 수뇌부를 교체했을 때 이를 공개적으로 비판했던 인물이기도 했다. 그럼에도 이번에는 자신이 후임이 될 것이라 예상했던 조지 앤더슨(George Anderson) 제독을 제치고 합참의장직에 올랐다.[85] 이와 동시에 케네디와 맥나마라는 육군 참모총장 조지 데커(George Decker)도 퇴임시켰다. 데커는 1961년 4월 맥나마라에게 동남아시아에서는 재래식 전쟁으로 승리하기 어렵다는 견해를 전달한 바 있었고, 이 문제를 계기로 결국 취임 2년 만에 자리에서 물러나게 되었다.[86] 맥나마라는 테일러의 추천을 받아 유럽사령부 부사령관이었던 얼 G. 휠러(Earle G. Wheeler)를 데커의 후임으로 임명했다.[87] 이제 케네디 대통령은 자신이 직접 발탁했던 테일러를 합참의장으로 임명함으로써 백악관 내에 별도로 두었던 대통령 개인 군사대표직을 더 이상 유지할 필요가 없게 되었다. 테일러가 국방부(펜타곤)로 옮기자, 그 직책은 공식적으로 폐지되었다.

1962년 10월 1일, 테일러는 합참의장으로 공식 취임했다. 그러나 취임 직후 그가 마주한 현실은 순탄치 않았다. 피그스만 침공 이후 케네디 대통령으로부터 부당한 비판을 받았다고 여전히 느끼고 있던 합참 수뇌부는 국방부 장관실의 문민 관료들과 계속해서 충돌하고 있었다. 합참의장단은 테일러의 임명을 두고, 대통령이 자신의 측근을 군의 독립적 자문기구

에 무리하게 끼워 넣은 조치로 받아들였다.[88]

이러한 분위기와는 대조적으로, 테일러는 펜타곤 내에서 강한 반감을 사고 있던 맥나마라 국방부 장관과 오히려 빠르게 가까워졌다.[89] 두 사람은 펜타곤 행정 혁신의 필요성과 유연대응 전략에 대한 접근, 나아가 대통령에 대한 충성심에 이르기까지 여러 측면에서 인식이 잘 맞아떨어졌다. 테일러 역시 맥나마라와 마찬가지로 군 내 경쟁과 행정 비효율을 해소하려면 합참의장과 국방부 장관에게 권한을 집중해야 한다고 보았다. 과거 아이젠하워 시절 국방부 장관들이 우유부단했다는 점을 아쉬워했고, 맥나마라가 국방부의 복잡한 난제들에 정면으로 대응하는 점을 높이 평가했다.[90] 두 사람은 서로를 깊이 신뢰하며 강한 유대감을 쌓았고, 맥나마라는 테일러를 '자신이 만나 본 군인 가운데 가장 현명하고 지적인 인물 중 하나'라고 칭찬했다.[91] 그러나 이들의 관계는 합참 내 다른 수뇌부에게 상당한 불만과 당혹감을 안겼다. 테일러는 국방부 장관과 대통령 모두에게 압도적인 영향력을 행사했고, 그의 의견에 반대한다는 것은 사실상 의미 없는 일이 되어버렸다.[92]

역사학자 로버트 디바인(Robert Divine)은 베트남 전쟁은 냉전의 맥락 속에서만 제대로 이해될 수 있다고 지적했다.[93] 실제로 케네디 대통령 임기 초기에 벌어진 여러 냉전 위기는 백악관 내부의 자문 구조를 더욱 긴밀하게 만들었고, 그의 대외정책 결정에도 적지 않은 영향을 미쳤다. 그리고 1963년 11월 암살될 때까지 케네디는 이러한 자신의 방식에 대한 확신을 굽히지 않았다.

케네디는 아이젠하워 행정부로부터 물려받은 고위 장성들을 신뢰하지 못하는 분위기 속에서 피그만 침공과 라오스 위기를 겪으며 국방부의 세대교체 필요성을 절실히 느꼈다. 피그만 침공의 실패와 라오스에서의 미흡한 합의, 분단된 베를린을 둘러싼 소련과의 갈등, 그리고 니키타 흐루쇼프(Nikita Khrushchev) 소련 수상의 위협적인 발언 등은 모두 케네디에게 "미국의 힘이 여전히 신뢰할 만하다는 점을 증명해야 한다"는 각오를 갖게 만들었다. 그리고 그는 "베트남이 바로 그 무대다"고 결론을 내렸다.[94] 하지만 그때까지만 해도 베트남은 정책의 우선순위에 놓여있지 않았다. 케네디의 핵심 참모였던 '뉴-프론티어맨'은 곧 카리브해에서 발생할 냉전의 향방을 결정짓는 가장 중대한 위기에 맞닥뜨리게 된다.

  하바나와 하노이(1962.10월-1963. 11월)

> "맥나마라, 그는 제대로 발굴된 인재였다. 그의 지휘 아래 국방부 내 이른바 '맥나마라 사단'은 미국이 다른 나라와 벌이는 정규군 간 전투는 물론 비정규전까지도 대응할 수 있는 전투 능력을 크게 끌어올렸다. 그에 못지않게 중요한 것은 맥나마라가 국방부 장관이라는 민간인의 권한을 군 전체 지휘 체계 위에 확고히 자리 잡게 했다는 점이다. 당시 미국인들은 '군국주의 국가'가 떠오르는 데 점점 더 불안해하던 시기였기에, 맥나마라의 이러한 성취는 케네디 시대의 가장 중요한 변화 중 하나로 기록될 것이다."
>
> — 윌리엄 E. 루흐텐버그(William E. Leuchtenburg) 1963.[1]

테일러가 합참의장으로서 첫 근무를 시작하던 날, 그는 동료들과 함께 소련이 쿠바에 탄도미사일을 배치했을 가능성에 대한 정보 브리핑을 받았다. 그러나 CIA 국장 존 맥콘(John McCone)과 일부 중간급 분석가들을 제외하면, 행정부 내에서는 이 가능성을 심각하게 받아들이는 분위기가 아니었다. 다가오는 중간선거를 의식한 케네디 대통령은 쿠바 문제가 정치적으로 부각되는 것을 원하지 않았다. 피그스만 사건 이후 케네디와 민주당은 공산주의에 나약하게 대응한다는 비판을 받아왔고, 비평가들은 이 젊은 대통령을 순진하다며 몰아붙였다. 일부에서는 케네디의 퓰리처상 수상작의 제목에 빗대어 "껍데기만 있고 알맹이는 없다"고 조롱하기도 했다.[1]

---

1 케네디는 〈Profiles in Courage〉라는 책을 통해 양심과 용기를 지킨 정치인의 모습을 찬양한 바 있으며, 이를 통해 퓰리처상을 수상하게 된다. 그러나 피그스만 침공 이후, Profiles in Courage? More like Profiles without Courage.(용기 있는 사람들? 용기 없는 사람들의 껍데기 프로필만 가득하다) 또는 It's all profile, but no courage.(겉모습만 있고, 실제 용기는

뉴욕 출신 공화당 상원의원 케네스 키팅(Kenneth Keating)은 소련 기술자들과 대공미사일이 쿠바로 유입되고 있다는 보고를 근거로, 케네디를 '아무것도 하지 않는 대통령'이라고 공개적으로 비난했다.[2] 이러한 비판을 잠재우기 위해 케네디 행정부는 소련의 군사력 증강이 단지 방어 목적에 불과하다는 공식 입장을 내놓았다. 정보 유출을 우려한 케네디는 관련 기밀을 가장 신뢰하는 소수의 측근들에게만 제한적으로 공유했다. 1962년 10월 11일, 맥콘 국장이 소련제 IL-28 폭격기로 추정되는 대형 상자가 찍힌 사진을 가져오자, 케네디는 적어도 선거가 끝날 때까지는 이를 공개하지 말라고 지시했다.[3]

한편 케네디는 쿠바와 피델 카스트로(Fidel Castro) 문제에 거의 집착에 가까운 관심을 보이고 있었다. 그의 행정부는 '몽구스 작전(Operation Mongoose)'이라는 암호명 아래, 쿠바 정부를 전복과 반란 선동, 나아가 카스트로 암살까지 염두에 둔 비밀 프로그램에 몰두하고 있었다.[4] 케네디에게 카스트로는 피그스만 침공의 치욕을 끊임없이 상기시키는 존재였다. 1961년 11월, 로버트 케네디(Robert Kennedy) 법무부 장관은 카스트로 제거를 담당하는 '특별 부서'에 쿠바 문제가 미국 정부의 최우선 과제이니 시간과 자금, 인력 모두를 아끼지 말라고 지시했다.[5] CIA는 카스트로 암살과 반란 선동 방안을 모색했고, 합참은 쿠바 본토에 대한 전면 침공 계획을 세웠다. 각 군은 침공 가능성에 대비해 대규모 훈련에 돌입했으며, 그중 최대 규모였던 '스위프트 스트라이크 작전(Operation Swift-Strike)'에는 무려 7만 명이 넘는 병력이 동원되었다. 그리고 1962년 10월, 합참이 쿠바 침공 계획을 구체화하던 바로 그 시점에 소련의 군인과 고문단, 그리고 각종 군사 장비가 대거 쿠바로 유입되기 시작했다.[6]

쿠바 내 소련 미사일의 존재를 입증하는 증거가 잇따라 확인되자, 맥나마라 국방부 장관은 합참에게 단순히 미사일만 없애는 것뿐만 아니라 카스트로 정권의 축출까지 염두에 둔 계획을 마련하라고 촉구했다. 이에 합

<hr>

없다. 즉, 껍데기만 있고 알맹이는 없다)라는 식으로 비판을 받게 된다.

참은 맥나마라에게 쿠바 상공 U-2 정찰 비행에 대한 대통령 승인을 요청했다. 병력 배치, 상륙 지점, 비행장, 지대공 미사일 기지 등에 대한 정보를 수집하려는 목적이었다.[7] 그러나 정찰 비행에 대한 대통령의 승인은 즉각적으로 내려지지 않았다.

합참은 백악관이 정찰기가 쿠바 상공에서 격추될 경우 발생할 정치적 우려에 지나치게 얽매여 있다고 판단하며 불만을 키워갔다. 러스크 국무부 장관 역시 미주 지역 동맹국들과 유엔에서 거센 항의가 일어날 수 있다며 우려를 표했다. 이러한 상황을 고려해 케네디 대통령은 쿠바 해안선에서 최소 25마일(약 40km) 이상 떨어진 지점까지만 정찰 비행을 허가했다. 그러나 이 거리에서 촬영한 사진은 각도와 해상도의 한계로 인해 지나치게 흐릿해 실질적인 정보로 활용하기 어려웠다. 그 사이 현지 정보원들의 보고가 연이어 워싱턴에 전달되면서, 쿠바 내 소련 미사일에 관한 정황 증거는 더 축적되어 갔다. 결국 1962년 10월 14일, 케네디는 마침내 U-2 고공 정찰 비행을 공식 승인했다.[8]

행정부가 미사일 존재에 대한 결정적 증거 확보에 집중하는 동안, 합참은 점차 전시 태세로 전환하고 있었다. 이미 몇 주 전 의회를 통해 15만 명의 예비군 동원이 승인되었고, 공군은 전투기를 플로리다로 이동시킨 뒤 폭탄과 탄약 등 각종 보급품도 비축하기 시작했다. 그리고 10월 14일, U-2가 미사일 설치 장면을 포착하자 합참은 쿠바에 대한 군사적 조치가 불가피해졌다고 판단했다. 이에 따라 합참은 쿠바 내 주요 군사 표적을 겨냥한 대규모 공습, 카스트로 정권을 외부 지원으로부터 고립시키기 위한 해상 봉쇄, 그리고 미사일 위협과 함께 카스트로 체제 자체를 동시에 제거할 수 있는 전면 침공안을 차례로 권고하게 된다.[9]

1962년 10월 15일, 국가사진해석센터²에서 U-2 정찰기가 촬영한 사진에 대한 분석이 완료되자, 케네디 대통령은 미국 국가안보를 위협하는 이 중대한 사안에 대응하기 위해 최측근 참모들을 긴급히 소집했다.

---

2   국가사진해석센터 : NPIC, National Photographic Interpretation Center

이들은 국가안전보장회의(NSC) 산하에 비밀리에 별도의 실행위원회(Executive Committee, EXCOM)를 꾸려 정치·군사적 대응 방안을 신중히 논의하기 시작했다. 위원회에는 로버트 케네디(Robert Kennedy) 법무부 장관, 딘 러스크(Dean Rusk) 국무부 장관, 맥나마라 국방부 장관, 맥콘 CIA 국장, 더글러스 딜런(Douglas Dillon) 재무부 장관, 맥조지 번디(McGeorge Bundy) 국가안보보좌관, 시어도어 소렌슨(Theodore Sorensen) 백악관 특별법률고문, 조지 볼(George Ball) 국무부 차관, 알렉시스 존슨(U. Alexis Johnson) 정치담당 국무부 차관보, 에드윈 마틴(Edwin Martin) 중남미 담당 국무부 차관보, 르웰린 톰슨(Llewellyn Thompson) 소련 담당 전문가, 로스웰 길패트릭(Roswell Gilpatric) 국방부 부장관, 폴 니츠(Paul Nitze) 국제안보 담당 국방부 차관보, 그리고 테일러 합참의장 등이 참여했다. 맥나마라의 보좌관과 국방부의 작전계획 담당자들도 참석했지만, 전문적인 군 경력을 가진 인물은 테일러 장군이 유일했다.[10]

10월 16일, 맥나마라 장관은 합참이 제안한 전면 공습, 해상 봉쇄, 침공 이라는 세 가지 선택지에 대해 새로운 대안을 제시했다. 그는 위원회가 군사적 대응과 외교적 압박 사이에서 하나만 택해야 한다는 이분법적 사고에 빠져 있다고 지적하며, 쿠바로 향하는 선박을 검문하고 공격 무기를 차단하는 방식의 해상 봉쇄를 제안했다. 이른바 '제3의 선택지'로 불린 이 방안은 즉각적인 군사 행동을 단번에 감행하기보다는, 해상 격리 조치와 카리브해 상공 정찰 비행, 대규모 병력 동원 등 군사적 수단을 단계적으로 활용해 압박을 가하는 전략이었다. 맥나마라는 자신의 주장을 자신감 있고 설득력 있게 펼쳤고, 위원회 구성원들 역시 점차 그의 논리와 현실적인 분석에 동의하기 시작했다.[11] 처음에는 참모 다수가 군사적 조치를 선호했지만, 논의가 이어지면서 의견은 점차 맥나마라의 제안 쪽으로 기울어갔다. 그리고 10월 18일 저녁, 케네디 대통령은 공식적으로 공습 대신 해상 봉쇄를 선택하겠다고 발표했다.[12]

한편 합참은 위원회 논의 과정에서 자신들이 사실상 배제되었다고 느끼며 강한 불만을 품고 있었다.[13] 위기가 고조되던 시기, 테일러 합참의장은 매일 밤 백악관에서 돌아와 긴장된 표정으로 합참 참모들과 마주해야 했다. 참모들은 테일러가 미사일 기지를 공습하고 즉각 지상군을 투입해 쿠바를 침공해야 한다는 합참의 권고를 대통령에게 제대로 전달했는지 집요하게 확인했다. 이에 테일러는 케네디 대통령에게 합참이 직접 의견을 밝힐 기회를 달라고 요청했다. 피그스만 침공 실패의 책임을 상당 부분 떠안았던 합참으로서는 이번 위기에서만큼은 분명히 자신들의 목소리를 내고 싶었던 것이다.[14] 그러나 대통령이 해상 봉쇄를 선택하기로 한 결정은 이미 내려진 뒤였고, 10월 19일 케네디와 합참의 만남은 합참의 공식적인 반대를 막기 위한 명목상의 자리일 뿐이었다.[15]

회의 초반, 케네디는 쿠바에 대한 군사적 공격이 유럽 내 미국 동맹국들이 등을 돌리고 소련의 베를린 보복을 촉발할 수 있다고 우려했다. 그러나 합참은 정반대의 주장을 펼쳤다. 쿠바에서 단호한 조치를 취하지 않을 경우, 소련이 오히려 베를린과 다른 지역에서 더 대담하게 나올 것이라는 경고였다.

공군 참모총장 커티스 르메이(Curtis LeMay)는 대통령에게 군사적 조치 외에는 실질적인 해결책이 없다고 강하게 주장했다. 그는 해상 봉쇄를 뮌헨에서의 히틀러에 대한 유화 정책에 빗대며 최악의 선택이라고 비판했고, 이러한 소극적 대응은 소련의 추가 도발을 부추겨 결국 미국이 더 불리한 조건에서 전쟁에 휘말리게 될 것이라고 경고했다. 르메이는 미국이 단호하게 행동한다면 소련 역시 물러설 수밖에 없으며, 베를린이나 다른 지역에서 보복에 나서지도 못할 것이라고 확신했다. 다른 합참 구성원들 역시 르메이의 주장에 힘을 보탰고, 기습적인 공습과 해상 봉쇄, 침공이야말로 가장 '위험이 적은 선택'이라고 거듭 강조했다. 테일러 합참의장 또한 겉으로는 이러한 입장에 동조하는 듯 보였고, "우리가 베를린에서, 그리고 세계 어디에서든 영향력을 행사할 수 있는 이유는 결국 신뢰 덕분"이라고 말했다.[16] 그러나 합참 내부에서는 테일러가 실은 자신들과 생각이 다르며, 위원회 회의에서도 합참의 입장을 제대로 대변하지 않았던 것 아니냐는 의혹이 제기되었다.[17]

합참의 우려에는 나름의 이유가 있었다. 실제로 테일러 합참의장은 합참의 공식 입장과 거리를 두고 있었기 때문이다. 10월 27일, 쿠바에 대한 해상 격리 조치가 시행된 지 사흘 뒤 테일러는 다시 한번 합참의 권고대로 공습 후 지상 침공 계획을 제시했다. 테일러와 가까웠던 로버트 케네디(Robert Kennedy)는 이를 듣고 "그건 정말 뜻밖이군요"라고 비꼬듯 말했고, 웃음이 잦아든 뒤 회의는 더 이상 합참 의견을 거론하지 않은 채 이어졌다. 이후 테일러는 개인적인 생각을 밝히며, 군은 침공 계획을 계속 준비해야 하지만 대통령은 섣불리 결정을 내려선 안 된다고 말했다.[18] 결국 그는 미사일 철수를 유도하기 위한 맥나마라의 단계적 압박 전략, 즉 봉쇄 조치를 유지하는 방안을 지지하게 되었다.[19]

한편 로버트 F. 케네디(Robert F. Kennedy) 법무부 장관은 소련 대사 아나톨리 도브리닌(Anatoli Dobrynin)과 비밀리에 만나 터키에 배치된 주피터 미사일(Jupiter missile)³을 철수하는 '상호 교환' 방안을 논의했다. 이 협상은 맥나마라가 제안한 소련에 대한 점진적 군사 압박, 이른바 '나사 조이기 전략'과 맞물리면서 미국이 원하는 방향으로 전개되는 듯 보였다. 결국 소련은 쿠바에서 미사일을 철수하는 대신, 미국으로부터 쿠바를 침공하지 않겠다는 공식 약속과 함께 터키에 배치된 미국의 중거리 미사일을 비공개로 철수하겠다는 약속을 받아내는 선에서 합의가 이루어졌다.

위기가 수습되고 난 뒤, 케네디 대통령은 백악관 보좌관이자 역사학자인 아서 슐레진저 주니어(Arthur Schlesinger, Jr.)에게 이렇게 말했다. "우리가 운이 좋았던 건, 펜타곤에 맥나마라가 있었다는 사실이야."[20]

케네디 대통령은 쿠바 미사일 위기에서 맥나마라가 수행한 역할을 높이 평가했으나, 그 과정에서 군사 고문들에 대한 불신은 더욱 깊어졌다.

---

3 주피터 미사일(Jupiter missile) : 냉전 초기에 미국이 실전 배치한 지상발사형 중거리 탄도미사일로, 미 공군이 운용했다. 1950년대 후반~1960년대 초에 터키(및 이탈리아)에 전진 배치되어 소련을 사거리 안에 두는 억지 수단이었지만, 액체연료 사용(발사 준비에 시간 필요), 고정/반고정 발사기지에 대한 취약성, 잠수함발사 SLBM 등 대안 전력의 등장 때문에 군사적 가치가 낮았다.

위기가 마무리될 때까지 합참이 일관되게 군사력 사용을 고집하는 모습을 보며, 케네디는 "그건 정말 미친 짓"이라고 생각하기에 이를 정도였다. 실제로 1962년 11월 15일, 쿠바 미사일 위기 당시 합참의 대응을 되짚는 자리에서 케네디는 "내가 후임 대통령에게 해줄 첫 번째 조언은 '장군들을 잘 감시하라'는 것이야. 군복을 입었다고 해서 그들의 모든 조언이 항상 옳은 건 아니니까"라고 말하며 경계심을 밝혔다.[22] 합참이 계속해서 전면적인 군사적 조치를 권고한 태도는 정치적 맥락과 소련과의 핵 충돌 위험을 충분히 고려하지 않은 것으로 비쳐졌기 때문이다.

그러나 케네디의 불만 뒤에는 보다 근본적인 목표와 목적의 충돌이 자리하고 있었다. 대통령과 문민관료들은 '미사일 철수'라는 비교적 제한적 목표를 최우선으로 삼은 반면, 합참은 이번 위기를 아예 '몽구스 작전'의 최종 목적인 카스트로 정권 전복을 달성할 기회로 보았다. 맥나마라는 쿠바에서 카스트로를 제거하기 위한 군사작전 계획을 합참에 지시했고, 케네디 본인은 쿠바 침공 의사가 없었지만 정치적 반대 세력으로부터 '소극적'이라는 비판을 피하기 위해 합참에게 일정 수준의 작전 준비 태세를 유지하도록 허용했다. 언제든 군사 개입이 가능하다는 인상을 주고자 했던 것이다.[23] 그러나 군사력 사용의 목적에 대한 공감대가 형성되지 않은 상태에서, 전면전으로의 확전을 피하려는 대통령의 제한적 기준이 충분히 공유되지 않으면서 합참은 케네디가 과도하다고 여겼던 조치들까지 계속해서 제안하게 되었다. 쿠바 미사일 위기에서 드러난 이러한 인식의 간극은 훗날 베트남전 전략을 둘러싼 갈등에서 더욱 심각한 장애물로 작용할 가능성을 예고하고 있었다.

쿠바 미사일 위기는 외형상 '승리'로 평가되었지만, 케네디 대통령은 소련과의 타협이 자신을 유약하거나 지나치게 유화적인 지도자로 보이게 만들 수 있다는 점을 우려했다. 그는 터키에 배치된 미국 미사일을 철수하기로 한 사실을 철저히 비밀에 부쳤고, 언론에도 미국의 승리를 과도하게 부각하지 말라고 지시했다. 워싱턴에서 자화자찬이 이어질 경우, 소련 지도부가 자극을 받아 NATO나 터키와의 사전 협의 없이 미사일 철수 합

의를 공개할 수 있다고 판단했기 때문이다.[24]

케네디는 맥나마라가 의회에서 터키에 배치된 미사일을 철수하는 것과 미사일 위기 해결은 무관하다고 증언해 줄 것이라는 점에 안도했지만, 합참은 여전히 골칫거리였다.[25] 합참의 불만을 누그러뜨리기 위해 그는 장성들을 다시 백악관으로 초청해 위기 동안의 조언과 행동을 치하했다. 그러한 이러한 '이중적 칭찬'의 속내를 간파한 해군 참모총장 앤더슨 제독은 동료들에게 "우리가 완전히 당했군"이라고 말한 것으로 전해진다. 공군 참모총장 르메이 장군은 미사일 교환 협상과 소련군 및 비핵무기가 여전히 쿠바에 남아 있다는 사실을 두고 "미국 역사상 가장 큰 패배"라고 혹평했다.[26] 테일러 합참의장의 개인 참모였던 공군 소속 윌리엄 Y. 스미스 (William Y. Smith) 소령 역시 훗날 "이번 미사일 위기는 대통령의 문민관료 보좌진과 군 지도부 사이의 관계를 이전보다 훨씬 더 악화시켰다"고 회고했다.[27]

한편 쿠바 미사일 위기는 맥나마라 국방부 장관에게는 전략 기획 분야에서 강한 자신감을 심어준 계기가 되었다. 1963년 2월, 테일러 합참의장의 백악관 보좌관 가운데 한 명은 "맥나마라는 이제 병력이나 물자 계산에만 집착하던 초기의 모습에서 벗어나, 군사 전략과 작전 계획 전반에서 훨씬 더 주도적인 인물이 되었다"고 평가했다.[28] 맥나마라 자신도 이 시기를 거치며 더 이상 군사 전문가들의 조언에 전적으로 의존하지 않고도 전략적 선택지를 구성할 수 있다는 확신을 갖게 되었다.

그는 미사일 위기 해결 과정에서 터키 미사일 철수라는 대가가 있었음을 의도적으로 축소하는 한편, 소련에 대한 정찰 비행과 병력 동원, 전력 전개, 해상 봉쇄 등 일련의 군사적 압박 조치가 자신의 주도로 이루어졌다는 점을 강조했다. 1987년 한 인터뷰에서 맥나마라는 국방부 장관 취임 초기에는 자신이 전략 분야에서 미숙했음을 인정하고, 국가안보 문제에 정통한 인물들로 팀을 꾸려 많은 것을 배웠다고 회고하며 "나는 좋은 학생이었고, 쿠바 미사일 위기 즈음에는 나의 전략적 관점이 상당히 자리를 잡았다. 그리고 그 관점은 지금도 거의 변하지 않았다"라고 말했다.[29] 맥나마라는 쿠바 미사일 위기에서 자신이 주도한 대응을 일종의 개인적 성공으로 인식했고, 이후 동남아시아 문제에 집중하는 과정에서도 카리브해에서 얻은 이 자신감을 바탕으로 더욱 강한 영향력을 행사하게 된다.

■

국방부 장관이 된 뒤 맥나마라는 스스로를 전략 기획의 최고 책임자라고 여겼고, 그 역할을 방해할 만한 장애물은 기꺼이 제거하겠다는 태도를 보였다. 쿠바 미사일 위기 동안 그는 쿠바 주변에서 검역 작전을 수행하던 함정, 잠수함, 항공기를 직접 세밀하게 통제하며 미국의 결연한 의지를 소련에 분명히 보여주려 했다. 실제로 10월 16일부터 27일까지 그는 거의 펜타곤에서 상주하다시피 했다. 군이 이번 작전을 단순한 군사적 조치로만 받아들이고, 실상은 케네디와 흐루쇼프 간의 소통을 위한 훈련이라는 본질을 이해하지 못할까 봐 우려했기 때문이었다.

해군 참모총장 앤더슨 제독은 맥나마라의 이러한 개입을 해군의 전문성과 고유 권한을 침해하는 것으로 받아들였고, 점차 불쾌감을 드러냈다. 맥나마라가 해군 작전 상황실인 '플래그 플롯(Flag Plot)[4]'까지 들어와 구체적인 지시까지 내리자, 앤더슨은 더 노골적으로 반발했다. 그는 해군은 이미 존 폴 존스(John Paul Jones)[5] 시대부터 봉쇄 작전에 정통했다며, "국방부 장관은 사무실로 돌아가고 해군의 작전은 해군에게 맡기라"고 말하며 반발했다. 이에 맥나마라는 자리에서 벌떡 일어나 이건 단순한 봉쇄

---

4   플래그 플롯(Flag Plot) : 미군에서는 장성급을 Flag Officer라고 부른다. 왜냐하면, 장군기라는 깃발을 가진 계급이기 때문이다. 그래서, 장군이 지휘한다는 의미와 작전을 지휘하는 과정에서 지도위에 위치 · 상황을 찍어가며 표시하는 '플로팅(plotting)'을 하는 장소를 의미하는 Plot이 합쳐진 것이다.

5   존 폴 존스(John Paul Jones, 17471792) : 미국 해군의 창시자 중 한 명으로 불리는 인물이다. 그는 미국 독립전쟁 당시 대담한 전투 스타일과 전략적 리더십으로 미국 해군 역사에 길이 남은 전설적인 지휘관이다.

작전이 아니라 케네디와 흐루쇼프 간의 소통훈련이라고 반박하며, 자신의 명확한 승인 없이는 어떠한 무력도 사용하지 말라고 명령했다. 그리고 앤더슨에게 자신의 지휘권을 인정하라고 요구한 뒤 자리를 떠났다.

맥나마라는 이미 TFX 전투기 개발을 비롯한 여러 국방 현안을 둘러싸고 앤더슨 제독과 갈등을 겪어왔으며, 이번 사태를 계기로 그를 합참에서 물러나게 하는 것이 불가피하다고 판단했다. 이 과정에서 테일러 합참의장도 맥나마라의 편을 들었다. 케네디 대통령은 앤더슨이 퇴역 후 공개적으로 행정부를 비판하는 상황을 피하고자, 그의 임기가 종료될 때까지 기다린 뒤 포르투갈 대사직을 제안했다. 결국 앤더슨은 쿠바 미사일 위기 직후 해군을 떠나 이베리아반도의 한적한 대사관으로 옮겨가게 되었다.[30]

쿠바 미사일 위기와 같은 비상 상황에서 군사작전을 효과적으로 통제하기 위해, 대통령과 국방부 장관은 군이 전통적으로 고유 영역으로 간주해 온 군사 문제에 대해서도 문민 관료의 감독이 가능해야 한다고 보았다. 케네디는 이미 합참의장과 육군 참모총장, 해군 참모총장을 교체하여 합참의 체질 개선을 시도한 바 있다.[6] 케네디는 앤더슨뿐 아니라 르메이 공군 참모총장까지 교체하는 방안도 검토했지만, 맥나마라는 두 사람을 동시에 내보내는 것은 지나치게 급진적인 조치가 될 수 있다며 이를 만류했다.[31]

국방부 장관실과 백악관이 군사작전을 더욱 밀접하게 통제하고자 했던 움직임은 원거리 군사 활동까지 세밀히 감시할 수 있게 해주는 통신 기술의 발전과 맞물려 강화되었다. 피그스만 사건 이후 백악관에 설치된 새로운 통신 장비 덕분에 케네디는 쿠바 미사일 위기 당시 집무실 책상에 앉아서도 군사작전을 직접 살피고 통제할 수 있었다.[32] 국방부는 대용량 통신망과 데이터 전시 시스템을 구축해 백악관 상황실에서 군사 배치와

---

6 당시 합참의 모습은 현재와 같은 모습이 아니라, 각 군의 참모총장들이 모여서 주요 의사결정을 하는 회의체 성격이 더 강했다.

작전 활동의 기술적 세부 사항까지 실시간으로 파악할 수 있도록 지원했다.[33] 그 결과 봉쇄 임무를 단순히 군에 일임하기보다는 맥나마라와 대통령이 미 해군 함정들의 구체적인 작전 활동까지 직접 조율하고 통제했다.[34]

쿠바 미사일 위기는 케네디 행정부 초기 발생한 여러 냉전 충돌 가운데서도 가장 널리 알려진 사건이었다. 1962년의 쿠바 위기와 1961년의 베를린 위기[7]는 두 초강대국 간의 직접적인 대결이었다. 그러나 1961년, 소련의 흐루쇼프 수상은 냉전의 무대가 단순히 초강대국 간의 충돌에 국한되지 않을 것임을 예고했다. 그는 개발도상국에서 '민족 해방 전쟁'을 벌이는 공산주의 반군들을 적극적으로 지원하겠다는 입장을 공개적으로 밝혔다. 1961년 라오스 사태와 1961년부터 1963년까지 이어진 콩고 위기는 흐루쇼프의 약속이 실제 행동으로 옮겨진 대표적인 사례였다. 이에 미국도 유엔과 협력해 군사 사절단을 파견하며 소련의 지원을 받는 반군 세력이 취약한 국민 정부를 전복하지 못하도록 대응했다.

케네디 대통령은 라오스 사태에서 끝내 타협을 선택할 수밖에 없었던 경험을 계기로 동남아시아와 그 밖의 지역에서 벌어지는 공산주의 반란을 차단할 전략에 훨씬 더 큰 관심을 기울이게 되었다.[35] 그는 비정규전에 관한 다양한 자료를 탐독하며, 새롭게 등장한 위협에 대응할 수 있는 방안을 모색했다. 1962년 웨스트포인트 졸업식 연설에서 케네디는 "자유를 지키기 위해선 완전히 새로운 전략, 전혀 다른 유형의 군사력, 그리고 이전과는 다른 훈련과 헌신이 필요"하다고 강조했다.[36] 그럼에도 불구하고 케네디 행정부는 공산주의 세력이 지원하는 반란에 어떻게 대응할 것인지에 대해 여전히 명확한 교리나 실행 개념을 확립하지 못하고 있었다. 당시 윌리엄 Y. 스미스(William Y. Smith) 소령은 반란 진압에 관한 교리가 불분명하고, 관련 정부 기관들 사이의 협력 역시 부족하다고 비

판했다.[37]

　이러한 상황 속에서 남베트남은 미국이 반란 진압 프로그램과 기법을 시험하는 사실상의 실험장이 되었다. 케네디 행정부는 사이공(Saigon)에 세워진 미국이 후원하는 정부에 대해 경제·군사적 지원을 대폭 확대했고, 1963년 여름까지 남베트남에는 16,500명에 이르는 군사 고문단이 파견되어 있었다. 사실 1963년까지만 해도 베트남은 미국의 국가안보 측면에서 우선순위가 높지 않은 지역이었다. 그러나 공산주의 확산을 저지해야 한다는 미국의 책임 의식으로 인해, 원래라면 정책적 관심 밖에 머물렀을 변방의 땅이었지만 미국을 점점 더 깊숙이 끌어들이는 계기가 되었다.

　제2차 세계대전 이전까지만 해도 미국은 베트남에 거의 관심을 두지 않았다. 베트남은 아시아 대륙 끝자락에 위치한 길고 좁은 나라로, 남북으로 길이가 약 1,600km에 달한다. 당시 베트남과 캄보디아, 라오스는 모두 프랑스의 식민 지배 아래에 있었다. 그러나 1940년 일본군이 베트남에 진입하면서 미국도 베트남을 주목하기 시작했다. 일본에게 베트남은 중국 침략을 위한 통로이자, 석유가 풍부한 네덜란드령 동인도 진출의 교두보였기 때문이다. 처음에는 동남아 지역의 민족주의자들 상당수가 일본군을 '해방자'로 받아들였지만, 곧 일본이 해방자가 아니라 식량과 자원을 수탈하는 또 다른 지배자라는 사실을 깨달았다. 일본이 쌀을 본국으로 대량 반출하는 동안, 베트남에서는 수백만 명이 굶주림으로 목숨을 잃었다. 당시 모스크바에 체류하던 베트남의 민족주의자 호치민(Ho Chi Minh)은 "일본을 해방자로 받아들이는 것은 앞문으로 호랑이를 내쫓고 뒷문으로 늑대를 들이는 것과 같다"며 경계심을 드러냈다. 1941년, 그는 중국 기자로 위장한 채 30년 만에 베트남 땅을 다시 밟았다.[38]

　호치민(Ho Chi Minh)은 베트남 민족주의 세력에게 단결을 호소하며 일본에 맞선 저항운동을 조직했다. 공산주의 이념을 기반으로 결성된 베트민(Vietminh)은 여러 민족주의 집단 가운데에서도 가장 강력한 세력으로 떠올랐다. 1945년 8월 일본이 패망하자, 베트민(Vietminh)은 권력 공백을 메우며 정국을 주도했고, 그해 9월 2일 호치민(Ho Chi Minh)은 베트남의 독립을 공식 선언했다.

루스벨트 대통령은 생전에 전후 세계 질서를 구상하며 민족자결권을 중요한 원칙으로 삼았다. 그의 구상에 따르면, 베트남을 비롯한 식민지 국가들은 서방의 지도(指導) 아래 또는 신탁통치 형태를 거쳐 점진적으로 자치를 확대해 가며 점진적으로 독립을 향해 나아가도록 설계되어 있었다.[39] 그러나 제2차 세계대전 이후 루스벨트의 후임자인 해리 S. 트루먼(Harry S. Truman) 대통령은 이러한 신탁통치 구상을 사실상 포기하고 프랑스와의 관계 회복을 포함한 유럽 재건을 우선시했다.

호치민(Ho Chi Minh)은 자신의 공산주의적 성향을 전면에 내세우기보다 민족주의적 목표를 강조하려 했지만, 미국은 결국 프랑스가 인도차이나를 다시 식민지화하는 과정을 사실상 방관했다. 프랑스는 남부 인도차이나에 이어 북부까지 재점령을 시도했고, 긴장이 고조된 끝에 1946년 12월 중순 무력 충돌이 발생했다. 이 과정에서 베트민(Vietminh)은 점차 프랑스에 맞선 저항의 중심 세력으로 자리 잡게 된다.[40]

제1차 인도차이나 전쟁이 발발하자, 공산주의 확산에 대한 우려와 유럽 동맹국을 지켜야 한다는 미국의 전략적 판단은 프랑스를 지원하는 선택으로 이어졌다. 미국이 인도차이나에서 프랑스의 목표에 동조하고 지원한 것은 이미 서유럽에서 공산주의 확장에 맞서 형성되고 있던 동맹 전략의 연장선에 있었다.[41] 1940년대 말 유럽에 철의 장막이 드리워지고 소련이 원자폭탄 실험에 성공했으며, 중국까지 공산화되자 트루먼 행정부는 호치민(Ho Chi Minh)을 소련의 지원을 받는 공산주의 세력으로 규정하게 되었다.

한편 프랑스는 호치민(Ho Chi Minh)에 맞서 미국의 지지를 끌어내기 위해 바오다이(Bao Dai) 황제를 앞세워 '독립'이라는 외형만 갖춘 꼭두각시 정부를 세우려 했다. 그러나 북쪽의 호치민(Ho Chi Minh)과 남쪽의 황제는 뚜렷한 대비를 이루었다. 호치민(Ho Chi Minh)은 오랜 프랑스 식민지 지배에 맞서 싸워온 베트남 민중의 고난과 저항을 상징하는 인물로 여겨졌다. 서방 여러 나라에서 활동하며 다양한 영향을 받았음에도, 그는 끝까지 자신의 뿌리를 잊지 않고 소박한 농민의 모습과 생활 방식을 유지했다.

미국과 프랑스의 18세기 혁명, 그리고 1917년의 러시아 혁명에서 사상적 영감을 얻은 그는 금욕적이고 검소한 태도로 평생을 배움과 베트남 민중을 위한 헌신에 바친 인물로 평가받았다. 이러한 삶의 방식은 화려한 사생활과 잦은 여성 편력, 나아가 프랑스·일본과의 협력 전력까지 지닌 바오다이(Bao Dai) 황제와 뚜렷한 대조를 이루었다. 실제로 바오다이(Bao Dai) 황제는 스스로도 자신의 친프랑스적 성향을 인정하며, 그들이 말하는 '바오다이(Bao Dai) 해법'이란 결국 '프랑스 해법'일 뿐이라고 언급한 바 있다.[42]

미국 관리들 가운데 일부는 이 정부가 오래 유지되지 못할 것이라 예상했지만, 미국은 결국 1950년 바오다이(Bao Dai) 정부를 공식 승인하고 프랑스를 지원하기 위한 군사적·경제적 원조를 본격화했다. 같은 해 6월 발발한 한국전쟁은 아시아에서 공산주의 확산을 저지하는 것이 왜 중요한지를 다시 한 번 각인시켰고, 그에 맞춰 미국의 프랑스 지원도 점점 확대되었다.

미국의 지원이 확대되었음에도 프랑스군의 베트남 전쟁 수행 능력은 흔들리기 시작했다. 전투력이 크게 향상된 베트민(Vietminh)은 중국 공산당이 제공한 장비와 보급품을 등에 업고 프랑스군에 계속된 패배를 안겼다. 1952년까지 프랑스군 사망자가 9만 명을 넘어섰고, 비록 베트민(Vietminh) 측의 피해가 더 컸음에도 1953년 무렵에는 프랑스가 장기적으로 버티기 어렵다는 분위기가 확산되었다. 프랑스 국내 여론 역시 식민지 전쟁에 대한 피로감이 누적되면서, 멀고도 낯선 인도차이나 밀림에서 끝없이 이어지는 이 전쟁을 '더러운 전쟁(Dirty War)'이라 부르기 시작했다.

이러한 상황 속에서 1952년 초 트루먼 대통령이 소집한 국가안전보장회의(NSC)는 "동남아시아 국가들 가운데 어느 한 곳이라도 공산주의 세력에 넘어갈 경우, 그 파장은 심리적, 정치적, 경제적으로 엄청날 것"이라는 가정을 제시했다. 당시 미국의 지역 정책 목표는 해당 국가들이 공산주의 진영에 편입되는 것을 저지하고, 각 나라가 안팎으로 공산주의에 맞서 싸울 수 있는 의지와 역량을 갖추도록 지원하는 데 있었다.[43] 이는 이른바 '도미노 이론'을 처음으로 명확히 제시한 것으로, 이후 미국이 동남아시아에서 공산주의와 맞서 싸워야 한다는 지속적 명분이 되었다.

1953년, 한국전쟁을 종결하겠다는 대선 공약을 이행하기 위해 아이젠하워(Dwight D. Eisenhower) 대통령은 트루먼 행정부가 추진해 온 인도차이나에서의 프랑스 지원 정책을 계승하고, 이를 한층 더 확대했다.

1954년 초가 이르러 인도차이나에서 프랑스의 군사 상황은 사실상 벼랑 끝에 몰려있었다. 프랑스군은 전통적인 전면전을 유도하려 했지만, 베트민은 디엔비엔푸(Dien Bien Phu)에 주둔한 프랑스군을 포위하며 오히려 전장의 주도권을 장악했다. 3월 말 무렵에는 프랑스군을 구하기 위해서는 미국의 직접적인 군사 개입 외에는 다른 선택지가 없다는 비관적인 전망까지 확산되었다.

합참의장 아서 래드포드(Arthur Radford) 제독과 공군 참모총장 네이선 트와이닝(Nathan Twining) 장군은 궁지에 몰린 프랑스군을 지원하기 위해 대규모 공습을 단행해야 한다고 주장했다. 그러나 육군 참모총장 매튜 리지웨이(Matthew Ridgway) 장군은 이에 반대했고, 해병대 사령관 레뮤얼 셰퍼드(Lemuel Shepherd) 장군도 "성공 가능성이 거의 없다"며 리지웨이의 우려를 지지했다.[44]

베트남에서 통제 불가능한 군사 개입으로 빠져들 수 있다는 우려와 영국의 소극적인 태도, 그리고 프랑스와 미국 사이의 외교적 마찰이 겹치면서 개입론은 점차 힘을 잃어갔다. 결국 1954년 4월, 아이젠하워 대통령은 동맹국의 확고한 지지 없이 사단 규모의 병력을 투입해야 하는 전쟁에 미국이 단독으로 뛰어들 수는 없다며, 프랑스의 직접적인 군사 지원 요청을 최종적으로 거부했다.[45] 그 결과 1954년 5월 7일, 베트민 군은 프랑스의 디엔비엔푸(Dien Bien Phu)에 주둔하던 프랑스군을 함락시켰다. 15,000명이 넘는 프랑스 병력 가운데 생존자는 73명에 불과했고, 베트민 전사자는 약 25,000명으로 추산되었다. 그러나 호치민(Ho Chi Minh)은 전쟁 초기에 프랑스 측 인사에게 "당신이 내 병사 10명을 죽이는 동안 나는 당신 병사 1명을 죽일 수 있을 뿐입니다. 하지만 그 비율로 계속 싸운다면, 결국 당신은 지고 나는 이깁니다"라고 말했다.[46]

프랑스의 패배는 미국에게도 새로운 국면을 의미했다. 결국 1954년 7월, 미국은 제네바 협정에 공식 서명하지는 않았지만 구두로 동의하며 베트남에서의 적대 행위 중단에 사실상 참여했다. 이 협정은 베트남을 북위 17도를 기준으로 잠정 분단하고, 외국 군대의 추가 파병을 제한하는 한편, 1956년 7월까지 총선을 실시해 국가를 통일한다는 내용을 담고 있었다.

제네바 회담이 진행되던 동안, 바오다이(Bao Dai)는 파리에 머물고 있던 응오딘디엠(Ngo Dinh Diem)을 남베트남 총리로 임명했다. 젊은 시절 디엠(Diem)은 관료와 정치인의 길을 걸으며 경력을 쌓았으나, 프랑스의 식민 통치에 환멸을 느끼고 결국 독립운동가의 길을 택했다. 그는 베트남의 독립을 일관되게 주장해 왔지만, 호치민(Ho Chi Minh)이 추구하던 공산주의 국가 모델에는 동의하지 않았다.

1945년 베트민(Vietminh)은 여러 이유로 디엠(Diem)을 약 6개월간 억류했고, 그가 짧게 호치민(Ho Chi Minh)을 만난 뒤에야 석방되었다. 수감 중 디엠(Diem)은 베트민(Vietminh)이 자신의 형제 코이(Khoi)와 아들을 살해했다는 사실을 알게 되었고, 이는 그의 반공적 신념을 더욱 굳히는 계기가 되었다. 독신이자 독실한 가톨릭 신자였던 디엠(Diem)은 이후 베트남을 떠나 뉴저지주 레이크우드에 있는 메리놀 신학교에서 약 2년을 보낸 뒤 다시 유럽으로 건너갔다.

1953년까지 유럽에 머물던 디엠(Diem)은 총리로 임명되면서 다시 베트남으로 돌아왔다. 그는 곧 친형 응오딘누(Ngo Dinh Nhu)의 도움을 받아 바오다이(Bao Dai)를 권좌에서 끌어내기 위해 국민투표를 추진했다. 그러나 이 투표는 곳곳에서 조작이 이루어졌고, 일부 지역에서는 실제 유권자 수보다 많은 표가 디엠(Diem)에게 몰릴 정도였다. 비민주적인 절차에도 불구하고 디엠(Diem)은 동남아시아에서 공산주의 확산을 막고자 했던 미국에게는 그 시대가 요구하는 '필수 동맹'이었다. CIA는 여러 차례 쿠데타 시도를 저지하며 디엠(Diem)을 보호했고, 아이젠하워 행정부 역시 취약한 남베트남 정권을 떠받치기 위해 수백만 달러 규모의 경제적, 군사적 지원을 아끼지 않았다. 1956년에는 미국이 남베트남군의 훈련과 장비 지원을 전적으로 책임지기 시작하면서 사이공(Saigon)에 군사 지원 및 자문단(MAAG, Military Assistance and Advisory Group)을 설립했다.[47] 한편 아이젠하워 행정부는 제네바 협정의 틀 밖에서도 심리전과 비밀 작전을 전개하며, 호치민(Ho Chi Minh)이 이끄는 북베트남의 영향력을 약화시키려는 다양한 활동을 전개했다.[48] 디엠(Diem) 역시 미국 정부의 승인 아래 제네바 협정이 규정한 통일 선거를 거부했고, 그 결과 남북 베트남 간의 분단선은 '자유 세계'와 '공산주의 세계'를 가르는 새로운 전선으로 굳어지게 되었다.

1950년대 후반에 이르러 디엠(Diem)은 한때 남베트남에서 기적을 이룬 지도자처럼 보이기도 했다. CIA의 지원과 북부에서 이주해 온 가톨릭 신자들의 도움을 바탕으로 그는 정치적 통제를 강화했고, 『타임』지 표지에 등장하며 국제적 주목을 받았고, 미국의 후원자들 역시 이 상황을 의미 있는 성과로 받아들이며 만족해했다.

그러나 이러한 성공은 겉으로만 그럴듯해 보였을 뿐, 곧 닥쳐올 폭풍을 잠시 가려놓은 것에 불과했다. 디엠(Diem)의 폐쇄적인 정치 운영 방식과 프랑스 식민지 시절 소수 종교였던 가톨릭 신앙을 기반으로 한 권력 구조는 광범위한 대중적 지지를 확보하는 데 분명한 한계를 드러냈다. 고위 민간 및 군사 직책 임명에서도 능력보다는 개인적 충성심이 더 우선시 되었고, 이는 체제 내부의 불만과 부패를 더욱 키웠다. 무엇보다도 디엠(Diem)은 베트민(Vietminh) 잔존 세력을 실질적으로 제압하지 못했다. 한편 당시 호치민(Ho Chi Minh)은 북부의 경제 재건과 정치 권력 강화에 집중하고 있었기 때문에, 남베트남을 하노이(Hanoi)의 통제하에 통일하겠다는 목표에는 아직 전면적으로 나서지 못하고 있었다.

1959년 케네디가 민주당 대통령 후보 지명을 준비하기 시작할 무렵, 베트남 공산주의자들은 공산당 중앙위원회 제15차 전원대회에서 제시된 새로운 전략 노선을 따르고 있었다. 그해 1월, 공산당 중앙위원회는 다음과 같이 선언했다.

> "남베트남 혁명을 발전시키는 근본적 길은 폭력 투쟁뿐이다. 대중의 힘을 결집하고, 필요에 따라 군사적 수단을 병행해 제국주의와 봉건 세력의 지배를 무너뜨리고 인민의 혁명적 권력을 세워야 한다."[49]

하노이(Hanoi)는 베트남 통일을 달성하기 위해서는 단순한 군사 행동만으로는 부족하며, 남부 주민들의 지지를 끌어내는 정치적 접근이 필수적이라고 판단했다. 이에 따라 베트남 공산주의자들은 정치 활동과 군사 행동을 상황에 맞게 병행하는 복합 전략을 구사하며, 남부 민중의 충성과 참여를 확보하려 했다.

한편 미국에서는 1960년 대통령 선거가 본격화되면서 케네디 상원의원과 닉슨 부통령이 국내 유권자의 관심을 끌기 위한 다양한 정책 이슈를 놓고 치열한 경쟁을 벌이고 있었다. 이와 동시에 남베트남에서는 디엠(Diem) 정부가 점차 조직력을 강화해 가는 베트콩(Viet Cong)에 맞서 반란 진압에 국가적 역량을 집중하고 있었다.

■

케네디는 미국 군사 고문단을 남베트남에 파견하고, 북베트남과 캄보디아, 라오스에서 비밀 작전을 수행하는 데에는 동의했지만, 미 전투 병력의 직접 파병에는 분명한 선을 그었다. '고문단'이라는 표현 자체가 전투의 주체가 미군이 아니라 남베트남군임을 전제하는 것이었다. 만약 전투 병력이 본격적으로 투입되면, 전쟁은 곧 미국의 전쟁으로 성격이 바뀌게 되고 미군 사상자의 증가와 함께 의회 및 국민 사이에서 행정부 정책을 둘러싼 큰 논란이 일어날 수 있었다.

1961년 11월 11일, 케네디는 마침내 1954년 제네바 협정에서 허용된 범위를 넘어서는 미군 고문단을 남베트남에 보내기로 결정했다. 그는 남베트남과 라오스에서 점점 활발해지는 베트콩(Viet Cong) 활동이 더 이상 '방치할' 수 없는 수준에 이르렀다고 판단해 이 결정을 정당화했다. 그 이후 20개월 동안 큰 정책 논의 없이 남베트남 주둔 미군의 숫자는 빠르게 불어났다. 그러나 당시 미국 내부에서는 민권운동이나 여러 외교정책 위기 등 체감되는 현안들이 더 시급하게 다가왔기 때문에, 미국의 베트남 개입 확대는 국내 여론의 큰 관심을 끌지 못했다.[50] 실제로 미군 고문단들은 남베트남군과 함께 전투에 참여하고 있었고, 미군 조종사들 역시 남베트남 상공에서 전투 임무를 수행하고 있었다. 그럼에도 케네디 대통령은 미국이 직접 전투에 나서고 있다는 사실을 공식적으로 인정하지 않았다. 베트남 문제는 미국 내에서 큰 뉴스로 다뤄지지 않았고, 국민들은 여전히 정부가 상황을 솔직하게 설명하고 있다고 믿고 있었다.[51]

1963년 초가 되었을 무렵, 미국의 고문단 규모가 전년 대비 거의 세 배로 확대되면서 베트남 정세는 한동안 안정된 국면에 접어든 듯 보였다. 그보다 1년 앞서 디엠(Diem) 정권은 '전략촌 프로그램'[8]을 시행했는데, 이는 남베트남 농촌 주민들을 특정 마을로 집단 이주시켜 베트콩(Viet Cong)의 영향력을 차단하려는 시도였다. 이 프로그램은 군사·행정·사회개발을 아우르는 대(對)반란(counterinsurgency) 전략으로 기획되었지만, 현실을 고려하지 않은 설계와 실행 과정에서의 심각한 문제로 인해 결과적으로 실패한 정책으로 남았다. 그럼에도 당시에는 미국의 군사 지

---

8 전략촌 프로그램(Strategic Hamlet Program) : 베트남 전쟁 초기 남베트남 정부와 미국이 공산주의 게릴라 세력인 베트콩의 확산을 막기 위해 시행한 대(對)반란(counterinsurgency) 정책이다. 주요 목적은 농촌 지역 주민들을 통제·보호하고, 베트콩의 영향력을 차단하는 것이었다. '군사+행정+사회개발'을 결합한 대반란 전략이었지만, 현실적 한계와 실행 오류로 인해 베트콩과의 전쟁에서 실패한 정책으로 기록되고 있다.

원이 대폭 확대되면서, 그 당시에는 베트콩(Viet Cong)과 북베트남에 상당한 압박을 가하는 효과가 나타난 것처럼 보였다.[52]

이 시기 남베트남을 방문한 미국 관리들 역시 대체로 낙관적인 소식을 본국에 전했다. 1월에 베트남을 찾은 육군 참모총장 얼 휠러(Earl Wheeler)는 현재의 추세가 유지된다면 미국과 남베트남이 점차 주도권을 확보할 수 있을 것이라고 보고했으며, 기존 정책을 수정해야 할 뚜렷한 이유는 보이지 않는다는 결론을 내렸다.[53] 베트남 주둔 미 군사원조사령부(MCAV)[9] 사령관 폴 D. 하킨스(Paul D. Harkins) 장군도 주기적으로 낙관적인 상황 보고를 올렸다.

그러나 1963년 5월, 가톨릭 신자인 디엠(Diem) 정권에 반대하는 불교도들의 대규모 시위가 발생하면서 상황은 급변했다. 디엠(Diem) 정권이 이에 대해 잔혹한 탄압으로 대응하자, 그동안 유지되던 낙관적 평가는 금세 색이 바랬다. 미국은 디엠(Diem)과 그의 동생이자 비밀경찰 수장이었던 응오딘누(Ngo Dinh Nhu)가 불교도들을 강경하게 탄압하는 흐름을 막지 못했다. 6월 11일에는 불교 승려의 첫 분신 항의가 발생했고, 이어 8월에는 누(Nhu)의 부대가 사이공(Saigon)의 사원을 기습해 승려들을 체포하고 성지를 심각하게 훼손하는 사건까지 벌어졌다. 이 일련의 사태는 미국 주요 신문의 1면을 장식했다.

케네디 행정부 내부에서는 남베트남 국민 다수가 누(Nhu)의 완고하고 냉혹한 태도를 미국의 정부 지원과 연결 짓고 있다는 점에서 우려가 빠르게 커졌다. 남베트남 주재 신임 미국 대사 헨리 캐벗 로지(Henry Cabot Lodge)는 국무부 장관 러스크에게 보낸 전문에서 "최근 며칠간의 사태를 두고, 미국의 장비 지원이 없었더라면 이런 일이 벌어질 수 있었겠냐는 비판이 베트남 사회 곳곳에서 나오고 있습니다. 미국이 왜 이런 상황을 막지 않느냐는 질문도 점점 늘고 있습니다"라고 보고했다. 로지는 이어 많은 베트남인들이 디엠(Diem) 정권과 그 가족의 퇴진을 암시하거나

---

9 베트남 주둔 미 군사원조사령부 : MACV, Military Assistance Command Vietnam

노골적으로 요구하고 있다고 전했다.[54] 당시 국방부 국제 안보 담당 차관보였던 맥조지 번디(McGeorge Bundy)의 형인 윌리엄 번디(William Bundy)는 1963년 8월 중순 이후로 케네디 행정부가 그 어느 때보다 베트남 문제에 깊이 빠져들게 되었다고 훗날 회고했다.[55]

이 몇 주 동안 케네디 대통령과 보좌관은 디엠(Diem) 정권의 향후 거취를 두고 여러 방안을 논의했다. 합참은 전임(前任) 주월 대사 프레더릭 놀팅(Frederick Nolting)의 의견을 지지하며 디엠(Diem)을 대체할 만한 현실적인 대안이 없다고 판단했고, 미국이 남베트남 정부 교체에 직접적으로 개입해서는 안 된다는 입장을 고수했다. 그러나 케네디의 핵심 측근이었던 로저 힐스먼(Roger Hilsman), 민주당 원로 애버렐 해리먼(Averell Harriman), 그리고 마이클 포레스탈(Michael Forrestal) 등은 정반대의 판단을 내렸다. 그들은 디엠(Diem)을 축출하는 것만이 최선의 해결책이라고 판단했다. 그리고 케네디 행정부 내부에서 자주 그랬듯, 이들은 자신들이 생각하는 해결책을 비밀리에 추진했다.

힐스먼은 케네디 대통령이 머물던 케이프 코드(Cape Cod) 자택으로 전문 초안을 보내왔다. 이 전문에는 로지 대사에게 디엠(Diem)과 그의 동생 누(Nhu)를 반대하는 군 내부 인물들에게 직접 지원을 지시하라는 내용이 담겨 있었다. 목표는 디엠(Diem) 가문을 제거하고, 보다 유능한 군·정치 지도자들로 정권을 교체하는 것이었다. 힐스먼은 대통령의 핵심 참모들이 워싱턴을 비운 주말을 택해 이 전문을 발송했고, 케네디는 그 조치가 불러올 파장을 충분히 숙고하지 못한 채 이를 승인했다.[56]

이후 남베트남 장군들과의 초기 접촉을 통해, 반(反) 디엠(Diem) 쿠데타에 대한 남베트남 내부의 지지가 거의 없다는 사실이 드러났다. 8월 27일 대통령과의 회의에서 놀팅은 케네디 대통령과 참모들에게 "현재로서는 쿠데타에 대한 군사적 지지가 없습니다"라고 보고했다. 며칠 뒤 힐스먼 역시 두 명의 장군과의 접촉 결과를 전하며, 예상했던 것보다 지지 기반이 훨씬 취약하다고 평가했다. 로지 대사 또한 남베트남 군 내부의 미약한 지지 상황을 인지하고 있었지만, 국무부 장관 러스크에게 보낸 전문에서 "우리는 이제 체면을 지키며 되돌아갈 수 없는 길에 접어들었습니다. 그 길은 바로 디엠(Diem) 정부를 무너뜨리는 것뿐입니다"라고 밝혔다.

미국이 디엠(Diem) 축출에 어느 수준까지 개입해야 하는지를 두고 워싱턴에서는 격렬한 논쟁이 벌어졌다. 테일러와 맥나마라는 모두 정권 교체에 대한 직접 개입에 반대했지만, 대통령은 명확한 결정을 내리지 못한 채 우유부단한 태도를 보였다.[57]

한편 디엠(Diem) 축출이 불가피하다고 확신한 로지 대사는 쿠데타 가능성을 지속적으로 타진하며 장군들과의 접촉을 이어갔다. 러스크 국무장관은 디엠(Diem)의 무능함과 불교도 탄압으로 인해, 올해 상반기만 해도 국면이 바뀌고 성공적인 결과를 기대할 수 있을 것 같았던 긍정적인 흐름이 완전히 사라졌다고 평가했다. 그는 로지에게 장군들과의 공모 사실이 외부에 드러나지 않도록 각별히 주의할 것을 조건으로 상당한 재량권을 부여했다.[58] 로지 대사는 베트남이라는 거대한 배가 서서히 침몰하고 있다고 느꼈고, 이 위기에서 벗어날 수 있는 유일한 출구는 결국 급진적인 정권 교체뿐이라는 결론에 이르게 되었다.[59]

한편 사이공(Saigon)에서는 이미 쿠데타 준비가 본격적으로 진행되고 있었다. 이런 상황에서 케네디 대통령은 9월 23일부터 10월 2일까지 테일러 합참의장과 로버트 맥나마라 국방부 장관을 베트남에 파견했다. 이들에게 베트콩(Viet Cong)을 제압하기 위한 군사 및 준군사 작전의 실태를 점검하는 임무가 주어졌으며, 동시에 가능하다면 미국 정부에 유리한 결론을 도출해 주기를 바라는 암묵적인 기대도 함께 따랐다. 하지만 맥나마라-테일러 사절단 내부에서는 하킨스 장군의 낙관적인 분석을 지지하는 인사들과 남베트남 상황을 심각하게 보는 인사들 사이에서 의견이 크게 갈렸다. 보고서는 모든 구성원이 받아들일 수 있게 급히 작성된 탓에 모순이 많았고, 명확한 결론도 없었다. 도시가 불안정하다는 점을 인정하면서도 농촌에서는 상당한 진전이 있었다고 평가를 완화하는 식이었다.

케네디는 디엠(Diem) 정권에 대한 압박을 강화하는 동시에, 미국 국내 여론에는 남베트남이 베트콩(Viet Cong)에 맞서 주도권을 잡고 있다는 인상을 주고자 했다. 크리스마스까지 미군 고문단 1,000명을 철수시키겠다고 발표했으며, 동시에 1965년 말까지 모든 미 군사고문단을 베트남에서 철수시키겠다는 계획도 내비쳤다. 동시에 디엠(Diem)이 불교도 탄압을 지속하지 못하도록 압박하기 위해 로지 대사에게 미국 원조의 중단을 일부 지시했다.[60]

그러나 케네디 자신도 디엠(Diem) 정권에 대한 정책 방향을 명확히 세우지 못하고 있었다. 맥나마라와 테일러는 쿠데타를 부추겨서는 안 된다고 조언했지만, 초기에 로지 대사에게 디엠(Diem)을 상대로 비밀리에 움직일 수 있는 재량을 부여한 뒤였다. 이와 관련해 케네디는 10월 4일 조지 볼(George Ball)에게 "우리가 그 일을 망친 것 같다"고 토로하기도 했다.

그럼에도 케네디는 로지 대사에게 상반된 지침을 반복해서 전달했고, 로지 역시 남베트남 정권을 약화시키는 조치를 계속 이어갔다. 10월 6일 케네디는 로지에게 "쿠데타를 비밀리에 적극적으로 조장하는 어떤 조치도 주도적으로 하지 말라"고 지시했다. 그러나 바로 다음 날에는 대체 정권이 현실적이고 실행 가능해 보인다면 정권 교체를 막을 필요는 없다는 또 다른 지침이 전달되었다.[61] 이런 혼란스러운 상황 속에서, 10월 29일 케네디는 디엠(Diem)의 향후 거취를 두고 참모들과 머리를 맞대고 논의를 시작했다.

테일러는 로지 대사가 하킨스와 의논도 없이 독단적으로 행동하고 있다며, 하킨스가 대사관과 CIA의 움직임을 전혀 파악하지 못하고 있는 현실에 깊은 답답함을 토로했다. 그는 워싱턴의 주요 인사들이 쿠데타 준비 과정을 마치 풋볼 경기를 지켜보듯 관전하고 있다는 느낌마저 받았다고 했다. 테일러는 합참의 입장을 대표해 디엠(Diem)을 축출할 경우 전쟁 수행 전반에 심각한 차질이 생길 수 있다고 경고했다. 맥콘 CIA 국장과 로버트 케네디(Robert Kennedy)도 테일러 역시 이 우려에 동조했다.

반면 러스크, 해리먼, 힐스먼, 포레스탈은 쿠데타를 예정대로 진행해야 한다는 입장을 고수했다. 대통령의 판단은 쉽게 정리되지 않는 듯 보였다. 케네디의 형인 로버트 케네디(Robert Kennedy)와 테일러의 충고에 거의 마음이 기우는 듯했지만, 회의 말미에 그는 로지가 테일러와 로버트 케네디(Robert Kennedy)의 우려를 따를 경우에만 쿠데타를 저지하겠다는 다소 미온적인 태도를 보였다.[62]

그러나 10월 31일, 맥조지 번디(McGeorge Bundy)는 로지 대사에게 "책임 있는 지도부 아래에서 쿠데타가 이미 시작되었다면, 미국의 이익을 위해 반드시 성공해야 한다"는 지침을 보냈다.[63] 이로써 디엠(Diem) 정권의 운명은 사실상 결정된 것이나 다름없었다.

쿠데타는 사이공(Saigon) 시간 11월 1일 정오를 조금 지난 시각에 시작되었고, 얼마 지나지 않아 장군들은 미국 측 인사들에게 상황을 알렸다. 그로부터 몇 시간 뒤 디엠(Diem)은 로지 대사에게 직접 전화를 걸어 미국 정부의 입장을 물었다. 로지는 상황을 잘 알지 못하는 듯 응대하며, 디엠(Diem)에게 그의 용기와 국가에 대한 공헌을 칭찬하는 형식적인 말을 건넸다. 디엠(Diem)은 다소 날카로운 어조로 질서를 반드시 회복하겠다고 말한 뒤 전화를 끊었다.[64]

■

1963년 11월은 베트남 전쟁의 흐름을 바꾼 중대한 전환점이었다. 미국이 남베트남 정권 교체에 직접 개입함으로써 새로운 정권에 대한 안정과 성패에 대한 책임까지 떠안게 되었기 때문이다. 남베트남이 혼란에 빠진 사이, 베트콩(Viet Cong)과 그들을 지원하던 북베트남 세력은 더욱 자유롭게 활동할 수 있었고, 상황의 악화는 결국 미국이 전쟁에 점점 더 깊숙이 개입하게 되는 결과로 이어졌다. 그러나 운명의 총성이 울리면서 이 모든 결정의 무게는 존 F. 케네디(John F. Kennedy) 대통령이 아닌 그의 후임자, 부통령 린든 존슨(Lyndon Johnson)의 손으로 넘어가게 되었다.

린든 존슨(Lyndon Johnson)은 베트남 문제라는 거대한 정책 과제뿐 아니라, 케네디가 남겨놓은 핵심 참모진과 그들 사이에 얽힌 복잡한 권력

관계까지 그대로 떠안게 되었다. 당시 합참과 군사 자문 역할을 맡은 문민 지도부 사이의 관계는 이미 깊은 불신으로 얼룩져 있었다. 대통령의 개인적 신임을 바탕으로 임명된 합참의장은 다른 군 수뇌부보다 국방부 장관과 훨씬 밀접한 관계를 유지하고 있었고, 이러한 구조는 군 내부의 분열을 더욱 심화시켰다.

쿠바 미사일 위기 이후 전략 기획에서 자신감을 얻게 된 맥나마라는 대통령에게 군사 문제 전반을 조언하는 핵심 인물로 자리 잡을 준비가 되어 있었다. 그는 군 경험에만 의존한 군사력 운용에 관한 조언은 이미 시대에 뒤떨어졌을 뿐 아니라, 오히려 위험할 수 있다고 판단했다. 이에 따라 자신의 정량적 분석 능력과 미사일 위기에서 얻은 경험을 토대로, 미국의 군사력 운용에 대한 새로운 접근법을 모색하고자 했다.

결과적으로 존 F. 케네디(John F. Kennedy)가 구축해 온 자문 구조는 그대로 린든 존슨(Lyndon Johnson)에게 승계되었다. 이는 대통령의 측근 집단에 실질적인 정책 영향력이 집중되는 형태였으며, 합참은 신뢰할 만한 핵심 자문기관이 아닌 잠재적 반대 세력으로 취급되었다.

3 새로운 전쟁, 새로운 리더(1963.11월-1964.1월)

> 대통령은 변화무쌍한 사건 속에서 휩쓸리는 존재가 아니라, 기억을
> 지닌 한 인간이며, 역사라는 무게를 안고 살아가는 사람이다.
>
> — 제임스 데이비드 바버(James David Barber), 『대통령의 캐릭터』[1]

1963년 11월 1일 새벽 3시, 펜타곤의 국가군사지휘센터(National Military Commander Center, NMCC)에서 걸려 온 전화가 합참의장 테일러 장군을 잠에서 깨웠다. 사이공(Saigon) 현지 정오 무렵, 남베트남에서 응오딘디엠(Ngo Dinh Diem) 대통령과 그의 형 응오딘누(Ngo Dinh Nhu)에 대한 쿠데타가 시작되었다는 긴급 보고였다. 테일러는 급히 옷을 챙겨 입고 버지니아주 포트 마이어(Fort Meyer, Virginia)의 자택을 떠나 펜타곤으로 향했다.[2] 사무실에 도착했을 때, 그의 신임을 받던 보좌관 버나드 W. 로저스(Bernard W. Rogers) 중령은 이미 관련 전문(電文)들을 정리해 놓고 그를 기다리고 있었다.[3] 테일러는 합참 구성원들과 남베트남 사태의 결과를 논의하기에 앞서 전문을 꼼꼼히 검토했다.[4]

테일러와 합참 간의 관계는 늘 순탄치 않았다. 그는 공군 참모총장 커티스 르메이(Curtis LeMay)와의 의견 차이를 조율하는 데 상당한 시간을 들여야 했다. 르메이는 테일러가 저서 『불확실한 나팔 소리』에서 공군의 역할을 강하게 비판한 일을 마음에 담아두고 있었기 때문이다.[5] 군사 문제라면 폭격이 궁극적 해결책이라고 굳게 믿었던 르메이의 강경한 태도는 그를 '통제 불능의 인물'로 보이게 만들었다. 국방부 부장관 길패트릭은 한 보좌관에게 "르메이라는 이름만 들어도 케네디 대통령은 거의 발작을 일으킨다"고 말했을 정도였다.

그럼에도 르메이가 쌓아온 전투 경험과 지휘 실적은 그를 합참에서 쉽게 배제할 수 없게 만드는 요인이었다. 그의 첫 2년 임기가 끝났을 때 케

네디 대통령은 르메이의 재임을 두고 의회 내 지지 세력의 반발을 의식해 임기를 단 1년만 연장하는 절충안을 택했다. 이는 사실상 르메이에게 '이 제 물러날 때가 다가오고 있다'는 신호이기도 했다.[6]

테일러는 1963년 9월 체결된 제한적 핵실험 금지 조약을 지지하도록 르메이를 설득하는 데 상당한 노력을 기울였다. 이 조약은 미국과 소련이 핵실험을 지상과 대기권에서는 금지하고 지하 실험으로만 제한하자는 내용을 담고 있었다.[7] 두 사람은 결국 형식적인 합의에 이르렀지만, 그 과정에서 우호적 관계는 완전히 무너졌다. 르메이는 테일러에 대한 적개심을 숨기지 않았고, 인터뷰에서는 "가끔은 한 대 갈겨주고 싶다"는 심정도 털어놓았다.[8] 테일러 역시 르메이를 정치적으로 지나치게 순진한 인물로 평가했고, 그가 공군 참모총장으로 임명된 것 자체를 실책으로 여겼다.[9]

합참 회의에서 르메이는 늘 테일러의 오른쪽 자리에 앉아 있었다. 덥수룩한 눈썹과 처진 볼, 앞으로 돌출된 턱은 그의 완고한 성격을 그대로 드러내는 듯했다. 테일러가 담배 연기를 싫어하는 사실을 잘 알면서도 르메이는 회의 내내 길고 검은 시가를 물고 테일러 쪽으로 두꺼운 연기를 내뿜었다. 게다가 두 사람 모두 청력이 좋지 않았던 탓에 사소한 오해와 불편함은 회의가 거듭될수록 쌓여만 갔다.[10]

르메이의 오른편, 테이블의 짧은 쪽 끝에는 해병대 사령관인 데이비드 슈프(David Shoup) 장군이 앉아있었다. 그는 아이젠하워 행정부 때부터 남아 있던 마지막 인물이었으며, 거친 언행과 포커를 즐기는 성격으로 알려져 있었다. 슈프는 전임 합참의장 렘니처 장군이 맥나마라 국방부 장관의 논란 많은 업무 방식에 정면으로 문제를 제기하지 않았던 점을 못마땅하게 여겼고, 합참이라는 조직 자체에도 큰 애착이나 기대를 두지 않고 있었다.

그러나 슈프 장군은 제2차 세계대전 태평양 타라와(Tarawa)섬 전투에서 보여준 공로로 명예훈장을 받은 전쟁 영웅이었으며, 오랜 군 생활을 마치고 1964년 1월 은퇴를 앞두고 있었다. 그는 합참에서의 역할에는 큰 흥미를 느끼지 못했고, 해병대 사령관으로서의 책무를 무엇보다 중시했다. 이 때문에 해병대와 직접적인 관련이 없는 안건에는 회의 참석조차 꺼렸지만, 베트남 문제에 대해서만큼은 분명하고 확고한 입장을 갖고 있었다. 1962년 남베트남을 직접 방문한 이후, 슈프는 "어떠한 경우에도 미국은 동남아시아에서의 지상전에 개입해서는 안 된다"고 확고하게 마음을 굳혔다.[11]

군 수뇌부 사이에서의 의견 충돌은 대개 전쟁을 바라보는 근본적인 철학적 차이에서 비롯되었다. 예컨대 르메이는 미국이 안보 위협에 대응하려면 대규모 공중 보복을 통해 강력한 억지력을 유지해야 한다고 믿었지만, 반면 슈프는 미국의 중대한 이익이 직접적으로 걸려 있지 않은 한, 군사력 사용 자체를 극도로 신중하게 제한해야 한다는 입장이었다.[12] 이러한 관점은 오랜 실전 경험에서 나온 것이었다. 한국전쟁을 겪으며 미국은 장기적이고 제한적인 전쟁을 효과적으로 수행하기 어렵다는 결론을 내렸다.[13]

반면 테일러는 동남아시아에서 본격적인 지상군 참전 없이도 충분히 군사적 조치를 취할 수 있다고 판단했다. 그는 제한전 수행이야말로 핵전쟁이라는 파국이나 공산주의 침략에 대한 무조건적인 굴복이라는 극단적 선택을 피하기 위한 유연대응 전략의 핵심이라고 보았다.[14] 이러한 이유로 테일러는 유연대응 전략을 반대하는 르메이와 슈프의 입장을 답답하게 여겼다. 그는 르메이가 공군력 중심 사고에 지나치게 매몰되어 있다고 생각했으며, 슈프와 같은 '지상전 개입 반대론자'들은 한국전쟁에 대한 미국 내 정치적 반응을 과도하게 일반화하고 있다고 판단했다. 또 나아가 테일러는 이러한 단순화된 접근 방식이 복잡한 국제 문제를 지나치게 이분법적으로만 해결하려는 미국 사회의 고질적인 사고방식을 반영한다고 보았다.[15]

한편 해군은 이 논쟁에서 비교적 한발 물러난 채 중립적인 태도를 유지했다. 이는 논의의 결과가 육군이나 공군에 비해 해군의 이해관계에 미치는 영향이 상대적으로 제한적이었기 때문이다. 제한전에 무게가 실릴 경우, 아이젠하워 행정부 시절 대량보복 전략이 공군의 전략 핵전력을 강화하고 육군을 약화시켰던 것과 달리 이번에는 공군의 전략 핵전력이 오히려 축소될 가능성이 컸다. 그러나 이러한 변화가 해군의 역할과 위상에 미치는 영향은 상대적으로 크지 않았다. 그 결과 해군은 기존의 전략적 위치를 유지할 수 있었고, 데이비드 맥도널드(David McDonald) 제독 역시 역대 해군 참모총장들과 마찬가지로, 미국이 세계 해양에서 우위를 확립하고 유지하는 데 가장 큰 관심을 두고 있었다.[16]

비록 해군은 맥나마라가 앤더슨 제독을 해군 참모총장에서 해임한 데 대해 여전히 불만을 품고 있었지만, 후임으로 임명된 맥도널드 제독은 케네디 행정부 아래에서 비교적 순조로운 경로를 밟았다. 1963년 4월, 그는 자신보다 선임인 중장 28명을 제치고 대장으로 진급하며 유럽 작전지역의 미 해군 전체를 지휘하는 중책을 맡게 되었다. 그러나 이 임무를 맡은 지 한 달도 채 지나지 않아, 케네디 대통령의 지명을 받아 해군 참모총장으로 발탁되었다. 맥도널드는 앤더슨보다 정치적으로 더 노련했고, 정부 내에서 해군의 입지를 지키는 데 적합한 인물로 평가되었다. 그는 해군의 이익을 지킬 수 있다면 타협도 마다하지 않는 현실주의자였다. 누군가 그에게 어떤 철학을 갖고 있느냐고 묻자, 그는 이렇게 답했다. "옳은 사람이 되겠다고 나선 사람도 있었지만, 대통령이 되겠다고 한 사람이 결국 대통령이 되었습니다." 이 발언은 정치에서 도덕적 당위보다 권력의 현실이 우선함을 인식하고 있던 그의 태도를 보여준다.[17] 어차피 피할 수 없는 흐름이라면 이를 받아들이고 그 안에서 최선의 결과를 끌어내려 했던 맥도널드의 유연함과 정치적 감각은, 맞은편에 앉아있던 고집스럽고 직선적인 르메이와 뚜렷한 대조를 이루었다.

육군 참모총장 휠러 장군은 맥도널드 제독 옆, 테일러 장군과 마주하는 자리에 앉아있었다. 휠러는 합참 내에서 비교적 신참에 속하는 인물이었다.[18] 르메이나 슈프가 대부분의 경력을 지휘관으로 보낸 것과 달리, 휠러는 주로 참모장교로 복무했으며 제2차 세계대전 이후 군 생활의 절반 가까이를 워싱턴에서 보냈다.[19] 그는 맥도널드와 마찬가지로 관료적 환경에 익숙했고, 이해관계가 충돌하는 상황에서도 절충점을 찾아내는 데 능했다.[20] 테일러는 이러한 점을 높이 평가해 휠러를 육군참모총장으로 행정부에 추천했고, 그가 자신의 정책 노선을 충실히 뒷받침해 줄 것이라 기대했다. 1963년 1월, 남베트남군이 아프박(Ap Bac) 마을 전투에서 소규모 베트콩(Viet Cong) 부대로부터 큰 피해를 입자, 테일러는 휠러를 현장에 파견해 상황을 조사하도록 했다. 그러나 휠러는 남베트남군의 전투 능력이 부정적으로 평가될 경우 자신이 주도해 온 대반란 활동 전체에 의문이 제기될 수 있다는 점을 잘 알고 있었다. 그래서 그는 현지 조사에서 사태를 지나치게 비판적으로 바라보기보다 논란을 일정 부분 완화하고 관리하는 데 집중했다.[21]

∎

의견 차이는 있었지만, 각 군 참모총장들은 디엠(Diem) 정권을 상대로 한 쿠데타에 대해서만큼은 한목소리로 반대했다. 디엠(Diem)이 불교도를 거칠게 탄압하고 그의 형제 응오딘누(Ngo Dinh Nhu)의 잔혹한 행태가 불안감을 키우고 있었지만, 군 지도부에게 더 중대한 문제는 남베트남이 베트콩(Viet Cong)과 벌이고 있는 전쟁 그 자체였다. 그들은 오랫동안 지원해 온 디엠(Diem) 정권을 무너뜨리는 행위가 미국의 노력 전체를 허사로 만드는 일이라고 생각했고, 디엠(Diem)을 대체할 만한 뚜렷한 지도자도 없다고 생각했다.[22] 행정부가 군 지도부의 조언을 무시한 채 쿠데타를 극비리에 추진한 점에 대해서도 강한 불만을 드러내며, 이를 비꼬아 '아시아판 피그스만 침공'이라 부르기도 했다.[23]

그럼에도 이번 쿠데타는 각 군 총장들에게 남베트남의 현실을 다시 들여다보고 재평가할 계기를 제공했다. 합참 회의에 보고된 내용에 따르면, 두엉반민(Duong Van Minh) 장군을 중심으로 한 장성들이 사이공(Saigon) 주둔군의 지원을 받아 대통령궁을 공격한 것으로 확인되었다. 총장들이 두엉반민(Duong Van Minh) 장군의 리더십에 대해 말을 나누던 중, 한 장성이 "나약하고 멍청하고 게으른 것만 빼면, 남베트남 대통령으로 아주 적합합니다"라고 빈정거리듯 말하기도 했다.

총장들은 베트남 상황이 점점 악화하고 있다는 점에는 모두 동의했다.[24] 1963년 초의 낙관론은 자취를 감췄고, 이번 쿠데타가 대(對)반란(게릴라) 작전에 어떤 영향을 미칠지 다시금 숙고해야 했다. 합참 회의가 끝날 무렵에도 쿠데타는 여전히 진행 중이었다.

그날 아침, 케네디는 디엠(Diem)과 누(Nhu) 형제의 죽음 소식을 뒤늦게 전해 들었다. 한 보좌관이 대통령에게 전한 바에 따르면, 한때 미국의 소중한 동맹이었던 두 형제는 손이 묶인 채 미군 장갑차 뒷좌석에 누워 있었고, 마치 처형당한 듯 머리 뒤쪽에 총을 맞아 숨졌다고 했다. 이 소식은 케네디에게 큰 충격으로 다가왔다. 그는 자신이 로지 대사에게 명확한 지침을 내리지 않았던 결정이 이처럼 참혹한 결과로 이어질 것이라고는 예상하지 못했다.[25] 그럼에도 케네디는 형제의 죽음에 대해 공개적으로 깊은 죄책감을 표하지는 않았다. 11월 2일이 되자 그는 남베트남의 안정을 조속히 회복하는 문제와, 이번 사태를 미국 국민들에게 어떻게 설명할지에 대해 방안을 찾는데 온 신경을 쏟았다. 케네디는 디엠(Diem) 축출이 오로지 실용적 판단에 따른 조치였음을 분명히 했다. 그의 가장 큰 관심은 새로 들어설 정부가 베트콩(Viet Cong)과 맞서 싸울 능력과 의지를 갖추고 있는가 하는 문제였다. 어느 순간 미국이 동남아시아 전체에서 하룻밤 사이 입지를 잃을지도 모른다는 우려 속에서,[26] 보좌관들에게 "겉모양만 그럴듯한 정부보다는 실제로 일할 수 있는 정부가 더 중요하다"고 말했다.[27] 한편 맥나마라는 대통령에게 베트콩(Viet Cong)이 사이공(Saigon)의 혼란을 틈타 움직이지 못하도록 하기 위해 미군 병력이 베트남으로 향하고 있다고 보고했다.[28]

번디는 쿠데타가 마침내 성공적으로 마무리되었다는 사실에 안도하며, 대통령 측근들에게 "이제 우리 사이를 가로막을 만한 건 없게 됐다"는 말을 남겼다.[29] 그러나 번디의 발언은 지나치게 낙관적이었다. 디엠(Diem) 정권에 대한 쿠데타와 암살은 행정부 내 부처와 개인들 간의 통합을 촉진하기보다는 오히려 분열과 반감을 남겼다. 쿠데타 직후 맥나마라가 언급했던 병력은 즉각 남베트남에 상륙하지는 않았지만, 미국이 폭력적인 정권 교체를 사실상 촉진했다는 점은 분명했다. 이는 미국의 군사적·정치적 개입이 디엠(Diem) 이후의 권력자에게까지 확대되는 계기가되었다. 무엇보다 악화일로에 놓인 남베트남의 내부 사태에 효과적으로 대응하기 위해서는 문민 관료와 군 지도부 사이의 긴밀한 협력이 필수적이었다. 그러나 '아시아판 피그스만 침공'으로 불린 이번 쿠데타는 오히려 케네디 행정부와 합참 사이의 긴장을 더욱 심화시켜 협력을 한층 더 어렵게 만들었다.

■

1963년 11월 22일, 테일러는 하와이에서 빡빡한 일정을 소화하고 막 워싱턴으로 돌아온 참이었다. 그날 그는 맥나마라 국방부 장관, 러스크 국무부 장관, 그리고 사이공(Saigon)에서 막 도착한 로지 대사, 하킨스 장군 등 관계자들과 함께 베트남 정세를 논의했다. 새로 수립된 남베트남 정부가 과연 안정을 유지할 수 있을지, 공산주의 세력이 어떤 방식으로 대응할지는 여전히 불확실한 상황이었다. 회의에서는 특히 민(Minh) 장군이 디엠(Diem) 정권 인사들을 지나치게 성급하게 숙청하면서, 베트콩(Viet Cong)과 싸우는 데 필요한 유능한 인물들까지 배제하고 있다는 우려가 제기되었다.[30] 회의가 끝난 뒤 테일러는 무거운 심정으로 자리를 떠났다. 그날 오후에는 서독 참모총장과 그의 후임자를 접대하는 일정이 예정되어 있었는데, 오히려 그 만남이 더 마음 편한 자리로 느껴졌을지도 몰랐다.[31]

그날 점심 무렵, 합참 식당에서 각 군 총장들과 독일에서 온 방문객들이 식사를 마치고 있을 즈음, 케네디 대통령의 차량 행렬은 댈러스 러브필드(Love Field, Dallas)를 떠나 운명의 길을 나서고 있었다. 식사 후 테일러는 평소처럼 사무실 소파에 기대 잠시 눈을 붙이려 했다. 그러나 그가 채 잠들기도 전, 로저스가 사무실로 찾아와 케네디 대통령이 총격을 당했다는 소식을 전했다.

충격을 받은 테일러는 즉시 각 군 참모총장들을 소집해 사태의 파장을 논의했고, 맥나마라 장관과 함께 전 세계 미군 지휘관들에게 경계 태세를 강화하라는 지시를 내렸다. 잠시 뒤 총장들은 다시 독일 장교들과의 회의에 복귀했지만, 회의 도중 테일러는 대통령이 사망했다는 공식 통보를 받았다. 그는 회의를 중단시키지 않기 위해 테이블 아래에서 조용히 쪽지를 건네 각 군 총장들에게 이 사실을 알렸고, 회의가 끝난 뒤에야 직접 독일 장교들에게 이 비보를 전했다. 훗날 테일러는 그 순간 느꼈던 슬픔은 지극히 깊었으며, 평생 처음 겪는 감정이었다고 회상했다.[32]

■

케네디가 암살된 지 약 두 시간 후, 린든 베인스 존슨(Lyndon Baines Johnson)은 미국의 새로운 대통령으로 취임했다. 이틀 뒤, 온 나라가 케네디의 죽음을 애도하던 가운데, 존슨은 호놀룰루 회의를 마치고 워싱턴으로 돌아온 로지 대사와 백악관에서 회담을 가졌다. 당시 존슨은 국회의사당 로툰다 홀(Rotunda Hall)에서 열린 케네디 추도식을 마치고 막 돌아온 직후였다. 이 회담에는 국무부 장관 러스크, 국방부 장관 맥나마라, 국무부 차관 조지 볼(George Ball), 그리고 CIA 국장 맥콘 등이 배석했다.

쿠데타를 주도한 로지 대사는 전체 상황을 낙관적으로 평가했지만, 맥콘의 견해는 전혀 달랐다. 상반된 보고를 들은 존슨은 잠시 깊은 생각에 잠긴 뒤, "우린 한 말은 지킬 거야. 그래도 마음이 편치 않아. 미끼에 걸린 큰 갈고리를 문 물고기처럼 느껴진다니까!"라고 혼잣말처럼 말했다.[33] 그럼에도 그는 참모들에게 케네디 행정부의 정책을 그대로 이어가겠다는 입장을 분명히 했다. 이어 로지 대사에게 미국의 지지 의사를 민(Minh) 장군에게 직접 전달하라고 지시하며, 과거 중국의 공산화를 지켜보기만 했던 전임 대통령들처럼 동남아시아까지 내버려두는 대통령이 되고 싶지 않다고 강조했다.[34]

존슨이 남베트남에 대한 미국의 개입을 흔들림 없이 지지한 것은 그동안의 정치 경험을 돌아볼 때 그리 놀라운 일은 아니었다. 트루먼 대통령 재임 기간 동안 중국이 공산화된 이후, 민주당은 공화당으로부터 끊임없는 비판을 받았고, 아시아에서 또다시 공산주의가 승리하면 젊은 트루먼 행정부처럼 자신도 위태로워질 수 있다고 우려하고 있었다.[35] 1961년 부통령 자격으로 동남아시아를 순방한 뒤에도 그는 이 경험이 본래의 신념을 한층 더 확고하게 만들어 주었다고 케네디에게 말한 바 있다. 그의 결론은 분명했다. "공산주의와의 싸움은 동남아시아에서 힘과 결단으로 대응해야 하며, 남베트남 문제는 미국이 주도하지 않으면 해결책이 없습니다."[36]

갑작스럽게 대통령직을 떠맡은 존슨은 정책의 연속성을 최우선 원칙으로 삼았고, 케네디 행정부의 기존 참모진이 그대로 남아 국정을 뒷받침해 주기를 원했다. 그는 평소 러스크 국무부 장관과 맥나마라 국방부 장관 모두를 유능한 인물로 평가해 왔고, 특히 러스크에게 개인적으로 친밀감을 느끼고 있었다. 러스크는 케네디의 소수 핵심 참모 그룹과 일정한 거리를 유지해 왔고, 케네디가 부통령이던 존슨에게 국제 정세를 수시로 보고하라고 지시한 이후에도 그 역할을 성실히 수행해왔다. 부통령 시절 존슨은 맥나마라의 능력도 일찍이 눈여겨봤고, "머리에 헤어크림을 바르고 머리를 빗어 넘긴 저 사람이 케네디 참모진 중에서 가장 뛰어나다네!"라며 칭찬한 적도 있었다.[37]

그러나 케네디 시절 막강한 영향력을 행사하던 참모들은 존슨 취임 이후 그 힘이 크게 약해졌다. 존슨은 케네디가 선호하던 비공식적이고 유연한 자문 체계를 어느 정도 이어가긴 했지만, 실제로는 자신이 편안하게 느끼는 사람들과 논의하기를 선호하며 그들의 의견을 더 중시했다. 특히 그는 처음부터 디엠(Diem)을 축출하자고 주장한 이들의 조언은 받아들이지 않았다. 8월 31일 국무부 회의에서 당시 부통령이었던 존슨은 이들의 주장을 정면으로 반박하며, 자신은 남베트남 대통령의 축출을 주장한 인사들에게 자신은 그 생각에 결코 동의한 적이 없고 오히려 미국이 디엠(Diem) 정권과의 관계를 더욱 강화해야 할 것을 일관되게 생각해 왔다고 밝혔다.[38] 쿠데타 이후 존슨은 미국이 자신이 한때 '아시아의 처칠'이라 칭하며 높게 평가했던 인물을 사실상 죽음으로 몰아넣었다고 느꼈고, 그 책임이 로지 대사에게 있다고 판단했다.[39] 이 사건 이후 그는 로지를 포함해 국무부 내 기존 인맥들마저 거의 신뢰하지 않게 되었다.

1963년 11월 26일, 케네디 대통령의 장례식 다음 날 존슨 대통령은 NSAM 273에 서명했다. 이 문서는 공산주의 세력의 지원을 받는 남베트남이 반드시 승리할 수 있도록 미국이 지속적으로 지원하겠다는 의지를 재확인하는 내용이었다. 동시에 북베트남을 상대로 한 비밀 국경 침투 작전을 신속히 수립해 보고하라는 지시도 포함되어 있었다. 존슨은 디엠(Diem) 사건을 계기로 케네디 행정부에서 드러난 내부 분열을 깊이 의식하고 있었고, 따라서 자신의 행정부의 구성원들에게 기존 베트남 정책을 전폭적으로 지지하며 서로 책임을 떠넘기지 말 것, 그리고 더는 내부 갈등이 벌어지지 않도록 할 것을 분명히 지시했다.[40]

■

같은 날, 테일러 장군과 각 군 총장들은 새로 취임한 대통령에게 경의를 표하는 서한을 보내며, 앞으로 대통령으로부터 직접 지침을 받을 수 있는 기회를 허락해 달라고 요청했다.[41] 이어 11월 29일, 존슨 대통령은 취임 이후 처음으로 각 군 총장들과 대면했다. 이 자리에서 그는 무엇보다 국방예산 감축의 필요성을 강조하며, 구체적인 절감 방안을 마련해 달라고 요청했다. 이에 테일러는 예산 문제를 포함한 군사 자문이 단순한 군사 논리나 비용 계산에 그쳐서는 안 된다고 지적하며, 케네디 대통령이 NSAM 55를 통해 정립한 합참의 자문 원칙을 존슨 역시 계승하는 것이 바람직하다고 건의했다. 숙고 끝에 존슨은 이 지침을 계속 이어가기로 결정했다.[42]

존슨 대통령이 처음으로 참석한 합참 회의는, 갑작스러운 권력 승계로 인해 느끼던 불안감과 신중함을 여실히 드러낸 자리이기도 했다. 회의 말미에 존슨은 각 군 총장들에게 자신의 사진을 따로 보내달라고 요청했다. 그는 그 사진들을 액자에 넣어 백악관 벽에 걸어두고 수시로 보겠다고 말했다.[43] 이 일화는 존슨의 성격과 군사 고문들을 대하는 그의 태도를 상징적으로 보여준다. 그는 자신이 늘 그들을 주시하고 있으며, 그에 상응하는 절대적 충성을 기대하고 있다는 메시지를 간접적으로 전달하고자 했던 것이다.

■

존슨은 본질적으로 인정과 확신을 갈망하는 사람이었고, 그 기대를 주변에 강하게 요구하는 성향이 있었다. 특히 자신이 대통령직에 올랐다는 사실에 대해서는 늘 불안함을 떨치지 못했다. 평생 꿈꿔온 자리였지만 국민적 지지를 통해 쟁취한 것이 아니라 전임 대통령의 암살이라는 비극적 사건의 결과로 얻게 된 자리였기 때문이다. 이러한 배경은 그를 끊임없이 괴롭혔다. 훗날 그는 한 전기 작가에게 이렇게 털어놓았다. "나는 마치 정당하지 않은 존재, 대통령의 외투도 제대로 걸치지 못한 벌거벗은 사내, 왕좌를 사칭하는 사람, 불법적인 찬탈자처럼 느껴졌다."

존슨은 자신을 끌어내리려는 사람들이 있다는 생각에 두려움을 느꼈으며, 스스로도 대통령의 자리에 오른 것이 견딜 수 없을 만큼 괴로웠다고 고백했다.[44] 이러한 불안과 자신감 결여는 결국 주변 인물들을 온전히 신뢰하지 못하는 태도로 이어졌다. 훗날 존슨 행정부에서 국가안보보좌관을 지낸 맥조지 번디(McGeorge Bundy)는 당시를 회상하며 다음과 같이 말했다.

"존슨은 미지의 세계에 대해 언제나 불안해했고, 세상에 얼마나 많은 불확실한 요소가 존재하는지, 인생이 얼마나 복잡한지를 잘 알고 있었어요. 실패를 피하는 유일한 방법은 항상 경계하는 것이라 믿었는데, 그런 의미에서 제가 알고 있는 사람들 중 신뢰에 관해 가장 경계심이 많은 인물이었습니다."[45]

　새로 취임한 대통령이 합의와 통일된 의견에 집착했던 이유 역시 이러한 깊은 불안감에서 비롯되었다. 이 불안은 참모들을 쉽게 신뢰하지 못하게 만들었고, 때로는 반대 의견에 과민하게 반응하는 모습으로 드러나기도 했다.[46] 존슨이 다양한 정책 논의보다 자신의 확신과 지지 여부를 우선시하는 태도는 합참과 여러 고문들과의 관계는 물론, 베트남 정책을 누가 실질적으로 주도할 것인가라는 문제에도 결정적인 영향을 미쳤다.

　존슨은 특히 군사 분야의 고문들을 완전히 신뢰하지 못했다. 그의 군과의 첫 접점은 1941년 텍사스에서 상원의원 선거에 도전했을 때로 거슬러 올라간다. 그는 선거운동에 보수적 이미지를 더하기 위해 국방 문제를 전면에 내세우며, 루스벨트 대통령의 뉴딜 정책에 대한 우려를 희석시키고자 했다. 하지만 이 전략은 뜻대로 되지 않았고, 그는 결국 선거에서 패배했다. 이후 존슨은 하원의원직을 잠시 내려놓고, 선거 유세 과정에서 했던 약속을 지키기 위해 자원입대했다.[47]

　제2차 세계대전에 참전한 경험은 존슨이 정치적 성장의 발판을 다지는 데 중요한 역할을 했다. 그는 미 해군 예비역 중령으로 임관한 뒤, 루스벨트 대통령의 지시에 따라 3인 관찰단의 일원으로 태평양 전선에 파견되었다. 루스벨트의 한 보좌관은 일기에, 존슨이 정치적으로 유리한 이미지를 얻기 위해 위험한 지역에 가고 싶어 안달이 나 있었다고 기록했다. 실제로 존슨은 뉴기니(New Guinea)의 한 공군기지에서 B-26 폭격기에 올라 실전 임무에 참여했다. 목표 지점에 접근하던 중 그가 탄 비행기는 기계 결함에 더해 일본 전투기의 공격까지 받았지만, 다행히 조종사가 손상된 비행기를 가까스로 기지로 되돌려 무사히 착륙시켰다.

　같은 시각, 원래 존슨이 타기로 되어 있던 다른 비행기는 바다에 추락해 탑승자 전원이 목숨을 잃었다. 그 비행기에 대신 타게 된 프랜시스 스티븐스(Francis Stevens) 중령 역시 전사했다. 다음 날 존슨은 미국으로 귀국하기로 결정했다. 귀국길에 호주에 들렀을 때 남서태평양 사령관 더글

러스 맥아더(Douglas MacArthur) 장군을 만났고, 맥아더는 존슨의 B-26 탑승 경험을 높이 평가하며 은성훈장(Silver Star Medal)을 수여하겠다고 약속했다. 이 훈장은 실제로 비행기를 조종했던 조종사조차 받지 못한 명예였다. 미국에 돌아온 뒤 불과 일주일 만에 존슨은 다시 제복을 벗고 다시 하원의원직에 복귀했다.[48]

이처럼 실제 전투 경험은 제한적이었음에도, 존슨은 마치 격전지를 수차례 누빈 노병처럼 행동했다. 그는 언론에 일본군의 자살 공격과 포화 속에서 돌아오는 비행의 공포를 생생하게 묘사했고, 언론도 전시 분위기에 휩싸여 그의 남태평양 복무 이력을 과장해 보도했다. 존슨의 발언에 의문을 제기하는 이들은 없었다. 특히 그는 텍사스 농촌 유권자들 앞에서 그 끔찍한 시간들을 견뎌내고 살아 돌아온 것만으로도 감사해야 한다고 말하곤 했다.

1942년 12월, 한 기자가 그에게 정말 전투에 참여했느냐고 묻자 "예, 저도 참전했습니다. 5월, 6월, 그리고 7월 초까지 그곳에 있었죠. 우리는 꽤 자주 일본군과 '인사'를 나눴습니다. 그들은 거의 매일 우리를 찾아왔거든요"라고 대답했다. 존슨은 단순한 엔진 고장조차 적의 공격 탓으로 바꾸어 말했고, 자신과 함께한 제22 폭격단 동료들이 자신을 '공격대원 존슨'이라고 불렀다고 말하기도 했다. 한편으로는 어떤 언론인에게 자신이 은성훈장을 받을 자격이 없다고 말하면서도, 다른 자리에서는 훈장을 거절했다고 주장했다. 그러나 실제로는 여러 차례 대중 앞에서 훈장을 받는 장면을 연출했다.[49] 이처럼 전쟁 경험을 정치적으로 활용하며 사실을 왜곡하는 모습에서 존슨은 거짓말도 서슴지 않는 성향이었음을 엿볼 수 있다. 그의 자기 의심과 진실을 외면하는 태도는 이후 주요 군사 고문들과의 관계에도 영향을 미쳤고, 궁극적으로는 미국이 베트남 전쟁에 점점 더 깊이 개입해 가는 과정에도 그림자를 드리우게 된다.

해군 복무를 마친 뒤, 존슨은 군사력 증강을 위한 정치적 행보에 본격적으로 나섰다. 하원 해군 군사위원회 의장이었던 칼 빈슨(Carl Vinson)은 그를 전쟁 상황을 점검하는 새 소위원회 책임자로 임명했다. 이 역할을 수행하며 존슨은 해군 정책 전반을 비판적으로 검토했고, 비교적 짧은 시간 안에 국방 문제에 정통한 인물로 자리매김했다. 해군 고위 장교들과 반복적으로 접촉하는 과정에서 그는 이들이 충분한 리더십과 통찰을 갖추지 못했으며, 조직 운영에서도 심각한 비효율을 안고 있다고 판단했다. 빈슨 의원의 회고에 따르면, 해군 본부의 방대한 행정 인력과 자원 낭비는 존슨에게 특히 큰 충격을 주었다고 한다.[50]

1950년 상원의원에 당선된 직후, 존슨은 한국전에 파병된 미군의 실태를 조사하기 위해 '국방 준비 소위원회'를 구성하며 군사 문제를 감시하는 이른바 '워치독(watchdog)' 역할로 대중적 주목을 받기 시작했다. 그는 합참이 요청한 항공력 증강안을 트루먼 대통령이 거부하자 이를 공개적으로 비판했고, 한국전쟁 기간 트루먼 행정부가 유지하던 '임시 동원 체제'에 대해서도 "우리는 전쟁 중이지만, 실제로 우리가 발을 담그고 있는 전쟁에 적극적으로 뛰어들지 않으려 애쓰는 것 같다"라고 지적하며 공개적으로 비난하기도 했다.

존슨은 군을 지지하는 태도를 보이면서도, 고위 군 장성들에 대해서는 불신과 경멸을 숨기지 않았다. 그는 위원회 청문회에서 장성들이 두서없고 오류가 많은 보고를 하는 모습을 보며 실망감을 표했고, 1958년 제임스 개빈(James Gavin) 육군 중장이 사임했을 때는 "이제 육군이 2류 인물들에게 맡겨질 것"이라며 혹평하기도 했다.[51] 이러한 태도는 군을 존중하되 반드시 감시하고 통제해야 한다는 존슨의 확고한 인식을 드러낸다. 그는 이 신념 하에 대통령이 된 이후에도 고위 장교들을 낮게 평가하며 군사 문제에 직접 개입하려는 습관을 그대로 이어갔다.

대통령 취임 직후에도 존슨은 군에 대한 불신을 숨기지 않았다. 그는 맥조지 번디(McGeorge Bundy) 보좌진 중 군 출신 보좌관 네 명 가운데 세 명을 즉시 해임했고, 이 결정은 곧바로 국방부에 전달되어 강한 반발을 불러왔다. 이에 존슨 대통령은 국방부 부장관 길패트릭에게 "그 제독과 장군들에게 전하시오. 전쟁 중에 어떤 전략을 쓸지, 평화기에 어떤 결정을 내려야 하는지를 그들의 부하들이 내게 압박하려 든다면, 자신들이 누구를 상관(총사령관)으로 두고 있는지도 모르는 겁니다"라는 말을 하기도 했다. 길패트릭이 군 지도부가 "아직 배울 점이 많다"고 하자, 존슨은 크게 공감하는 반응을 보였다. 그는 부통령 시절 일부 군 장성들로부터 무시당했다고 느꼈던 경험을 여전히 마음에 두고 있었고, 이러한 감정은 그가 군을 더욱 경계하게 만드는 요인이 되었다.

그는 이어 합참에 지시해, 해임된 번디 보좌관들이 의회나 언론을 통해 불만을 제기하거나 내부 사안을 외부로 흘리지 못하도록 철저히 단속하라고 명령했다.[52] 오랜 정치 경력을 지닌 그는 야심 있는 정치인들이 군사 문제를 빌미로 행정부를 공격할 수 있다는 점을 누구보다 잘 알고 있었다. 그래서 실제로 군사 고문들과 긴밀히 협력하지 않으면서도 겉으로는 군과의 관계를 안정적으로 관리하는 모습을 의도적으로 연출하려 했다.

∎

대통령에 취임한 지 불과 일주일 만에, 존슨은 국방부 개혁을 자신의 정치적 자산으로 활용하려고 나섰다. 그는 국방예산을 줄여야만 의원들이 값비싼 국내 복지정책에도 동의할 것이라고 판단했다. 이에 따라 12월 2일에 주요 상·하원의원들에게 연달아 전화를 걸어 국방비 삭감의 장점을 강조했다. 상원의원 존 맥클레런(John McClellan)에게는 국방비 절감이 국내 지출 확대의 여지를 넓힐 수 있다고 설득했고, 오랜 동료인 칼 빈슨(Carl Vinson)에게는 국방예산에서 불필요한 요소를 철저히 제거하겠다고 약속했다. 이 밖에도 하원의원 빌 도슨(Bill Dawson), 잭 브룩스(Jack Brooks), 그리고 상원의원 존 스테니스(John Stennis) 등에게 잇따라 연락해 자신의 구상을 전달했다.[53]

존슨 대통령은 국방 지출을 통제할 수 있는 자신의 능력에 정치적 명운을 걸고 있었고, 그 과정에서 맥나마라의 국방 개혁을 최대한 정치적으로 활용하고자 했다.[54] 그가 이러한 자신감을 보일 수 있었던 배경에는 맥나마라가 이미 10억 달러의 예산을 절감했고, 1967년까지 추가로 40억

달러를 더 줄일 계획이 있었기 때문이다. [55]

맥나마라는 상급자의 기대에 부응하려는 욕구가 강했고, 존슨은 자신의 확신을 뒷받침해 줄 조언자를 필요로 했기에 이 두 사람 사이에는 즉각적으로 공감대가 형성되었다. 대통령은 이미 국방부 장관으로서의 맥나마라를 높이 평가하고 있었고, 맥나마라는 곧 존슨 행정부에서 없어서는 안 될 핵심 인물로 자리 잡았다. 존슨은 의원들과 통화할 때마다 맥나마라가 국방부에서 얼마나 탁월하게 일하고 있는지를 반복해서 언급했다.

대통령 취임 한 달 뒤, 존슨은 1964 회계연도 국방예산에서 약 4억 달러의 초과 지출이 발생할 수 있다는 보고를 받고 우려를 드러냈다. 이에 숫자에 밝았던 맥나마라는 하나의 해결책을 제시했다. 국방비 지출을 의도적으로 낮게 추산해 두었다가, 나중에 예산이 초과되면 이를 불가피한 사안으로 처리하자는 방식이었다. 이 전략은 대통령이 의회에서 정치적 곤경에 처하는 것을 막아주었고, 맥나마라는 이를 통해 존슨의 신뢰를 더욱 굳혔다. [56] 맥나마라는 대통령의 위신을 지키기 위해서라면 군 장교들을 희생양으로 삼는 것도 주저하지 않았다. 공화당 하원의원 제럴드 포드(Gerald Ford)가 일부 해군 조선소가 정치적 이유로 폐쇄 대상에서 제외되었다고 비판하자, 맥나마라는 그 책임을 무능한 해군 장교들에게 돌렸다. 그는 대통령에게 "해군은 자기 엉덩이와 땅에 난 구멍도 구분 못 합니다"라고 말했다고 자랑했고, 이에 존슨은 "훌륭하군. 정말 훌륭해! 고맙소"라며 만족을 표했다. [57]

존슨은 맥나마라를 자신의 행정부에서 '가장 가치 있는 인물'이라 칭하며, 사전트 슈라이버(Sargent Shriver)에게 "그는 항상 답을 줍니다. 협조도 잘하고, 무엇이든 해내는 사람이죠"라고 극찬했다. [58] 이후 베트남 전쟁에 대한 개입이 본격화되며 막대한 비용이 발생하자, 존슨은 그 부담을 의회와 국민에게서 가급적 감추고자 했다. 이 과정에서 맥나마라의 '어떤 일이든 결국 처리해 내는' 성향과 숫자를 다루는 능력은 점점 더 중요한 역할을 하게 되었다.

한편 테일러 장군은 케네디 대통령과 그 가족과 개인적으로 매우 가까운 사이였는데, 이러한 관계는 존슨 대통령에게는 다소 부담스럽게 느껴졌을지도 모른다. 겉으로 두 사람 사이의 미묘한 긴장이 즉각 드러나지는 않았지만, 테일러가 합참의장으로서 자신의 권한을 확대하려면 대통령의 확고한 지원이 반드시 필요했다.

테일러는 기존 합참 구조를 개혁해야 한다고 보고, 의회가 기존 합참을 해체하고 대신 국방참모총장(Defense Chief of Staff)과 최고군사위원회(Supreme Military Council)를 신설해야 한다고 생각하고 있었다. 국방참모총장은 국방부 장관과 대통령에게 직접 보고하는 구조로, 큰 영향력이 있는 자리였다.[59] 테일러는 합참의장에 오른 뒤, 자신이 사실상 이 국방참모총장의 역할까지 수행할 수 있을 것이라 기대했다.

합참의장에 취임한 그는 기존 관행을 바꾸기 시작했다. 가장 먼저 정책담당 특별보좌관이었던 앤드루 굿패스터(Andrew Goodpaster) 소장에게 파격적으로 더 큰 권한과 책임을 부여했다. 굿패스터는 아이젠하워 대통령 시절 국가안보 특별보좌관을 지낸 경험이 있었기에 사실상 합참차장의 역할을 수행할 수 있는 적임자였다. 이전까지는 합참의장이 자리를 비우면 각 군 중 가장 선임인 참모총장이 대리 역할을 맡는 것이 관례였지만, 테일러는 자신의 부재 시 굿패스터가 백악관과 고위 정책 회의에 참석하도록 했다. 이로써 테일러는 대통령에게 전달되는 합참의 자문을 실질적으로 통제할 수 있게 되었고, 각 군 참모총장들이 대통령과 직접 접촉하며 영향력을 확대할 여지는 크게 줄어들었다.[60] 테일러의 이러한 조치는 장기적으로 미군 지휘체계 전반에 구조적 개편의 필요성을 제기하는 계기가 되었고, 약 25년 뒤 의회가 합참차장 직위를 공식 신설하는 제도 개혁으로 이어지게 된다.

이제 테일러는 굿패스터의 지위를 제도적으로 공식화하기 위해 그를 중장으로 진급시키고, 직함을 '합참차장'으로 변경하려 했다. 그러나 이는 정치적으로 지지 없이는 추진하기 어려운 사안이었다. 12월 초, 테일러는 이 문제를 놓고 맥조지 번디(McGeorge Bundy) 백악관 국가안보보좌관과 리처드 러셀(Richard Russell) 상원의원에게 도움을 요청했다. 번디에게 보낸 편지에서 테일러는 굿패스터의 승진과 직책 변경이 단순한 인사 문제가 아니라, 이미 확대된 역할과 책임을 제도적으로 정당화하는 조치라고 설명했다. 동시에 이 변화가 합참의 권한이 지나치게 강화된 것처럼 보이거나 각 군 참모총장들의 반발을 불러일으킬 수 있다며, 대통령의 확실한 지원을 얻는 데 있어 번디에게 힘을 보태달라고 부탁했다. 반면 러셀 상원의원에게 보낸 편지에서는 같은 사안을 훨씬 간결하게 설명했다. 그는 이를 합참의 행정 효율을 높이기 위한 조정 정도로 묘사하며, 각 군 참모총장들 역시 이를 지지하고 있다는 인상을 주려 했다.[61]

그러나 각 군 참모총장들은 테일러가 권한을 확대하려 한다는 의도를 곧바로 간파했고, 즉각 반대 입장을 밝혔다. 사실 테일러는 애초부터 다른 참모총장들의 조언을 충분히 반영하지 않은 채 굿패스터를 보좌관으로 임명했다. 1962년 8월, 케네디 대통령이 테일러를 합참의장 임명을 공식 발표했을 당시, 해군과 공군 참모총장들은 테일러에게 특별보좌관을 둘 것을 권유했으며, 특히 앤더슨 제독은 육군이 아닌 해군이나 공군 출신의 유능한 준장급 장군을 선임할 것을 제안했다.[62] 하지만 테일러는 이 권고를 따르지 않고 자신과 같은 육군 소속의 소장(少將)인 굿패스터 장군을 임명했다. 과거에도 합참의장이 자신이 속한 군 출신 인사를 보좌관으로 임명한 사례가 없었던 것은 아니지만, 테일러가 참모총장들의 제안을 공개적으로 거부하면서 반발은 더욱 거세졌다. 르메이(공군), 맥도널드(해군), 슈프(해병대)는 모두 테일러(육군)의 조치를 반대했고, 오직 휠러(육군)만이 그를 지지했다. 특히 맥도널드는 굿패스터의 직책이 공식화될 경우, 합참의장이 부재 시 최선임 군종(軍種) 참모총장이 대리 의장을 맡아 오던 기존 관행이 사라질 것이라고 강하게 비판했다. 각 군 참모총장들의 강한 반발에 직면한 테일러는 굿패스터의 직함을 '합참의장 보좌관'으로 다소 축소된 형태로 변경했다. 그러나 명칭만 바뀌었을 뿐 실제 업무 범위와 영향력은 거의 그대로 유지되었고, 실질적인 권한 축소는 이루어지지 않았다.

이런 가운데 테일러의 계획을 좌절시키려는 움직임도 있었다. 참모총장들 중 한 명이 뉴욕타임스의 군사 전문 기자 핸슨 볼드윈(Hanson Baldwin)에게 관련 내용을 흘린 것이다. 해당 기사에는 굿패스터 임명을 둘러싸고 각 군 참모총장들이 강한 불만을 품고 있다는 사실이 비교적 구체적으로 담겼다.[63] 이 소식은 곧 하원 군사위원회 위원장 칼 빈슨(Carl Vinson)에게도 전해졌다.

언론 유출에 더해 의회와의 비공식 접촉까지 이어지자 테일러는 격분했다. 그는 이를 전례 없는 조직 기강 위반으로 규정하며 각 군 참모총장들을 강하게 질책했다. 물론 과거 테일러 자신도 다른 참모총장들에게 알리지 않은 채 개인적으로 지지를 구한 적이 있었지만, 이번 사태를 계기로 그는 군 수뇌부 전원에게 향후 모든 내부 논의는 철저히 비밀로 유지할 것을 약속받았다.[64]

12월 11일, 군 수뇌부 간 갈등이 절정에 이르렀을 무렵 존슨 대통령은 펜타곤에서 민간과 군 고위 관계자들을 한자리에 모아 연설을 했다. 그는 이 자리에서 테일러 장군에 대한 각별한 신뢰를 공개적으로 강조하며, 테일러와 각 군 참모총장들이 임무를 수행하는 데 필요한 모든 지원을 아끼지 않겠다고 약속했다. 실제 연설문 초안에는 다음과 같은 문구가 괄호 안에 적혀 있었다. "이 문장은 테일러 장군이 굿패스터 관련 문제에서 대통령의 개인적 지지를 조용하지만 분명하게 전달하기 위한 것입니다."

존슨이 테일러의 자문 권한 강화 움직임을 지지한 것은 그가 일관되게 강조해 온 '통일된 입장과 일관된 대응'이라는 통치 원칙과 정확히 맞아떨어졌다. 테일러는 앞으로 행정부 정책을 둘러싼 논쟁에서 각 군 참모총장들의 이견을 최소화하고 민감한 사안에 대한 합참의 접근을 조율하는 역할을 맡게 될 예정이었다. 이날 존슨 대통령은 국방부의 문민관료와 군 지휘관들을 한자리에 모아놓고 "미국의 국가안보 정책을 실천할 때 어느 분야든 통일된 모습이 필요합니다"라고 말하며, 이어 "내 목표는 분열된 국방부가 아니라, 하나로 뭉친 행정부입니다. 우리는 단지 취임 선서로만 맺어진 것이 아니라, 그 선서에 기반한 충성으로도 함께 묶여 있는 것입니다"라고 자신의 생각을 덧붙였다.

이처럼 존슨 대통령은 테일러의 권한 강화를 지지했을 뿐 아니라, 그와 함께 일하는 맥나마라 등 핵심 인사들에게도 전폭적인 신임을 보냈다.[65] 테일러는 이러한 신뢰에 깊은 감사를 표했으며, 과거 케네디에게 보였던 것과 같은 충성을 존슨에게도 아끼지 않았다. 그 결과 다른 군 참모총장들과 합참 조직 전반은 위상과 영향력 면에서 상대적으로 밀려나게 되었다. 비록 굿패스터에게 공식적인 '합참차장' 직함이 부여되지는 않았지만, 그는 실질적으로 그 역할을 계속 수행했다. 베트남 정세가 점점 불안정해질수록 존슨 행정부 내에서 테일러와 맥나마라가 합참을 장악하는 구조는 더욱 공고해져 갔다.

■

연설 말미에서 존슨 대통령은 남베트남에서 벌어지고 있는 공산주의자들의 반란 활동을 시급히 해결해야 할 과제로 꼽았다. 그의 발언은 베트콩(Viet Cong)의 공세가 강화되고, 라오스와 캄보디아를 경유해 북베트남으로부터 남부 반군에게 무기와 보급품이 지속적으로 유입되는 상황에 대한 우려가 커지고 있었음을 보여주었다.[66] 12월 첫째 주 내내 그는 주요 관료들에게 "베트남 문제 해결을 위해 내가 더 할 수 있는 일이 무엇인가?"를 스스로에게 묻고, 각자 답을 고민해 보라고 지시했다.[67] 그러나 워싱턴으로 보고되는 정보들은 서로 엇갈렸고, 핵심 참모들 사이의 인식 차이도 컸다. 그 결과 백악관 내 베트남 관련 회의는 명확한 방향을 잡지 못한 채 혼란스러운 분위기 속에서 진행될 수밖에 없었다.[68] 사이공(Saigon) 주재 미국 대사관의 상황은 더욱 심각했다. 베트남 주둔 '컨트리팀(Country Team)'의 최고위 인사였던 하킨스 장군과 로지 대사는 디엠(Diem) 정권에 대한 쿠데타 이전부터 갈등을 빚어왔고, 쿠데타 이후에는

관계가 사실상 파탄에 이르렀다.[69]

이런 상황에서 대사관 보고의 신뢰성까지 의심받게 되자, 존슨 대통령은 맥나마라와 테일러에게 직접 남베트남을 방문해 현지 상황을 확인해 달라고 요청했다. 1963년 12월 18일, 두 사람은 사이공(Saigon)으로 향해 이틀간 남베트남에 머문 뒤 귀국했다. 그러나 그들의 시각은 대(對)반란 프로그램이 무조건 성공할 것이라는 전제를 깔고 있었고, 이는 현지 상황을 냉정하게 평가하는 데 큰 장애가 되었다. 케네디 행정부 시절부터 테일러와 맥나마라는 부정적인 정황을 축소하거나 보고에서 제외해 온 전례가 있었다. 9월의 남베트남 방문 역시 의회를 설득할 자료를 마련하려는 정치적 목적이 강했으며, 케네디 대통령 또한 로지 대사에게 두 사람의 군사적 평가가 의회 설득의 근거가 될 것이라고 전했다.[70]

예상대로 테일러와 맥나마라가 귀국 후 제출한 보고서에는 여러 비관적인 사실들이 누락되어 있었다. 당시 남베트남에서 존경받던 부통령 응우옌응옥토(Nguyen Ngoc Tho)가 미국의 지원을 비이성적이라고 비판한 점이나, 디엠(Diem) 정권의 탄압으로 인해 국민들이 점점 등을 돌리고 있다는 지적은 보고서에서 완전히 제외되었다. 대신 맥나마라는 남베트남의 군사 프로그램이 큰 진전을 이루었다고 평가하며, "미국의 군사 고문단과 지원 노력이 자랑스러울 정도의 성과를 냈다"고 보고했다.[71] 이처럼 두 사람은 대통령의 국내 정치적 상황을 고려해 실제 상황보다 지나치게 낙관적인 보고서를 제출했다. 이런 보고 방식은 존슨 대통령에게 있어 테일러와 맥나마라가 유능하고 믿을 만한 인물이라는 인상을 심어주었지만, 두 사람 모두 기존 관점에서 벗어나 남베트남의 현실을 근본적으로 재평가하지는 못했다. 특히 왕복 1만 6천 마일이 넘는 거리에 짧은 일정 속에서 이루어진 방문이었기에, 남베트남 사회와 정치·군사 상황을 깊이 있게 파악하기에는 제약이 컸다.

그럼에도 12월에 제출된 보고서만큼은 맥나마라와 테일러조차 베트남 상황이 분명히 악화되고 있다는 사실을 더 이상 부인할 수 없게 만들었다. 맥나마라가 작성한 문건 전반에는 불길한 분위기가 짙게 드러났고,

평가 또한 이전보다 훨씬 비관적이었다. 그는 현 상황이 매우 심각하다며, 향후 2~3개월 안에 뚜렷한 반전이 없으면 남베트남이 공산주의에 세력에 넘어갈 가능성이 크다고 경고했다. 또한 새로 들어선 남베트남 정부가 매우 불안정하다는 점을 강조했고, 로지 대사가 이끄는 현지 미 대사관 '컨트리 팀' 내부에서도 심각한 갈등이 벌어지고 있다고 보고했다. 특히 로지 대사와 하킨스 장군 사이의 불화는 로지의 무능과 독단적인 태도에서 비롯되었다는 평가도 덧붙였다.[72]

그러나 맥나마라는 이처럼 대(對)반란 작전의 취약성이 뒤늦게 드러난 책임을 자신이나 테일러에게 돌리기보다는, 하킨스 장군의 지나치게 낙관적인 현지 보고 탓으로 돌렸다. 그는 군 조직이 예산과 자원을 더 확보하거나 기존 입장을 정당화하기 위해 군사 정보를 선택적으로 활용한다고 의심했으며, 앞으로는 하킨스가 지휘하는 베트남 주둔 미군사령부(MACV)에서 올라오는 보고를 주요 판단 근거로 삼지 않기로 했다.[73] 그 대신 베트남 상황을 평가하는 데 있어, 군 내부 보고서보다는 자신이 직접 구성한 민간 분석가 팀의 분석에 더 크게 의존할 계획이었다.

∎

디엠(Diem) 정권이 쿠데타로 무너지기 전까지 케네디 행정부 내부에는 미국의 대(對)반란 전략을 일관되게 이끌 핵심 인물이 사실상 부재했다. 윌리엄 번디(William Bundy) 역시 "베트남 문제에 관해서 모두가 믿고 따를 만한 인물이 없었다"고 당시를 회상했다.[74] 하지만 바로 그 무렵부터 맥나마라가 점차 주도권을 쥐기 시작했다. 그는 베트남 전반의 상황을 다시 면밀히 검토하기로 결심하고, 악화되는 국면을 반전시키기 위한 일련의 조치를 내놓기 시작했다. 맥나마라는 지난 1년 넘게 남베트남 정부와 현지 관리들이 정보를 제공하고 이를 바탕으로 미 사절단이 보고해 온 통계 자료들이 심각할 정도로 부정확했다는 사실을 인정했다. 그럼에도 불구하고 그는 여전히 수치로 제시되는 지표가 전쟁의 실상을 객관적으로 파악할 수 있는 유일한 수단이라고 확신했다.[75] 베트남 주둔 미군사령부(MCAV)가 "매주 전황을 의미 있게 측정하는 것은 사실상 불가능하다"며 반발했음에도, 그는 주간 진척 보고서를 반드시 작성하라고 강하게 밀어붙였다. 이 보고서에는 전쟁의 흐름을 수치로 보여줄 수 있는 기준들이 포함되어야 했고, 맥나마라는 이를 통해 자신이 추진한 프로그램이 얼마나 효과를 내고 있는지를 검증하겠다는 의도를 드러냈다.[76]

맥나마라는 단순히 정보를 수집하는 데 그치지 않고 직접 행동에 나서기 시작했다. 워싱턴으로 돌아오자마자 그는 합참을 통하지 않고 하와이에 머물고 있던 태평양 사령관 해리 펠트(Harry Felt) 제독에게 직접 전문을 보냈다. 이 전문에서 맥나마라는 해군이 메콩(Mekong)강 델타 지역의 핵심 거점에 적의 침투를 막기 위해 특수작전팀을 비밀리에 투입해 적의 침투를 차단하는 방안을 제안했다.[77] 남베트남군이 보다 적극적으로 군사 활동을 전개하고, 여기에 미국이 비밀리에 지원을 보태면 베트콩(Viet Cong)과의 전투에서 눈에 띄는 성과를 거둘 수 있으리라는 것이 그의 생각이었다.

맥나마라는 이처럼 점진적으로 군사 행동의 강도를 높여 가는 전략을 선호했다. 그러나 합참 내부에서는 이러한 제한적인 비밀 작전이 실제로 얼마나 효과가 있을지에 대해 깊은 회의가 존재했다. 당시 합참의 각 군 참모총장들은 태평양사령부와 함께 1963년 초부터 북베트남을 겨냥한 비밀 기습 타격 계획을 논의해 왔으며, 11월에는 맥나마라가 베트남 주둔 미군사령부(MCAV)와 사이공(Saigon) 주재 CIA 현지 사무소에 필요할 경우 미국의 관여 사실을 부인할 수 있는 기밀 작전을 위한 종합 프로그램을 마련하라고 지시한 상태였다.[78]

하지만 르메이 공군 참모총장은 이른바 '핀-프릭 작전(Operation Pinprick, 바늘로 찌르듯 국지적이고 제한적인 공격)'이 과연 효과가 있을지에 대해 의문을 가지고 있었다. 그는 다른 합참 참모들에게 보다 과감하고 공개적인 군사 행동을 추진할 수 있도록 행정부에 허가를 요청하자고 촉구했다. 남베트남 상황이 계속 악화되자 르메이는 해병대 사령관 슈프 장군을 설득했고, 슈프 역시 이 견해에 동의하게 되었다. 이러한 분위기는 휠러와 맥도널드 참모에게도 영향을 미쳤다.[79] 르메이 장군은 또한 명의 든든한 우군인 태평양사령관 펠트 제독의 지지도 받고 있었다. 하지만 펠트 제독은 북베트남과 그 지원 세력을 겨냥한 OPLAN 34A의 특수부대 작전이 거의 모든 표적을 타격한다고 해도 그것만으로는 북베트남의 남부 반군(베트콩, Viet Cong)의 지원 의지를 꺾기는 어렵다고 판단하고 있었다.[80]

반면 행정부 내부에서는 북베트남을 겨냥한 비밀 작전이 시간이 지나면 북베트남 정권에 압박을 가해 베트콩(Viet Cong) 지원을 축소하도록 만들 수 있을 것이라고 판단한 인물들도 있었다. 1963년 12월 11일, 대통령의 극동 담당 특별보좌관 마이클 포레스탈(Michael Forrestal)은 존슨 대통령에게 보낸 보고서에서 북베트남 내 특정 표적을 겨냥한 대규모 작전을 검토해 볼 필요가 있다고 제안했다. 이는 북베트남 정권으로부터 실질적인 반응을 이끌어 내기 위한 것이었다. 포레스탈은 북베트남에 대한 군사적 압박을 포함한 외교적 시나리오를 함께 구상해 보자고 제안했으며, 국방부 장관 맥나마라와 국무부 정책기획위원회의 월트 로스토우(Walt Rostow) 역시 북베트남을 겨냥한 비밀 작전의 효과에 큰 관심과 기대를 걸고 있었다.[81]

르메이와 펠트 제독이 이 작전에 회의적인 입장을 보였음에도 불구하고, 북베트남을 대상으로 한 비밀 작전 계획은 계속해서 추진되었다. 1963년 12월 21일, 존슨 대통령은 해병대 중장 빅터 크룰락(Victor Krulak)이 이끄는 부처 간 협의 그룹에 지시를 내려 북베트남 대상으로 하는 비밀 작전계획을 본격적으로 검토하라고 지시했다. 특히 그는 미국의 관여 사실이 노출될 위험이 적은 표적을 선별하라고 명확히 지침을 내렸다.[82]

이러한 비밀 작전은 비교적 적은 비용으로 추진할 수 있다는 점에서 맥나마라와 존슨에게 매력적인 선택지로 보였다. 그러나 미국이 북베트남을 상대로 직접 비밀 작전에 나선다는 것은 미국의 전쟁 개입 방식이 근본적으로 바뀌는 중대한 전환점을 의미하기도 했다. 더구나 이 구상이 크룰락이 주도한 검토 과정을 통해 합참을 사실상 배제한 채 추진되었다는 점은 또 다른 문제였다. 계획 수립 과정에서 합참의 각 군 참모총장들은 철저히 소외되었고, 르메이는 훗날 이를 두고 "우리는 그 결정 과정에 전혀 관여하지 못했습니다. 테일러가 얼마나 개입했는지는 알 수 없지만, 그와 우리의 입장은 우리의 생각과 대부분 일치하지 않았습니다"라고 회상했다. [83]

■

한편 미 행정부는 사이공(Saigon) 주재 미국 대사관의 컨트리 팀 내부에서 통합과 협력을 이끌어내야 하는 또 다른 과제에 직면해 있었다. 12월 말, 테일러는 존슨 대통령에게 보낸 개인 서한에서 "로지 대사가 자리를 지키는 한, 문제(남베트남 상황)에 대한 해결책은 없을 것입니다"라고 밝혔다. 테일러는 충동적이고 귀족적인 성향을 지닌 매사추세츠 출신 정치인 로지 대사와는 누구도 효과적으로 협력할 수 없다고 판단했다. 그래서 군사 경험이 풍부하고, 베트남 내 미국의 모든 활동과 군사작전까지 총괄할 수 있는 사람을 새로운 대사로 임명하라고 조언했다. [84] 그러나 이 제안은 사실상 결국 '테일러와 비슷한 인물'을 원한다는 뜻이었고, 존슨 대통령은 이 편지를 받고도 로지 대사를 교체하는 데 무려 7개월이나 걸렸다. 로지는 공화당 출신으로 과거 케네디와 정치적 라이벌 관계에 있었던 인물이었으며, 그를 대사로 기용한 케네디의 본래 의도는 베트남 정책에 대한 초당적 지지를 확보하려는 데 있었다. 이런 배경 때문에 디엠(Diem) 정권 쿠데타 직후 대통령 선거를 앞둔 시점에서 로지 대사를 성급히 해임하는 것은 정치적으로 부담이 컸다. 이로 인해 로지 대사의 교체는 정치적 파장을 최소화하기 위해 시간적 여유를 두고 자연스러운 사임의 형태로 이루어질 필요가 있었다.

행정부는 사이공(Saigon) 주재 미국 대사관의 컨트리 팀 자체에 대한 불신이 컸던 탓에, 베트남 정책의 핵심 결정 상당수가 현지와의 긴밀한 조율 없이 워싱턴에서 이루어졌다. 충성심 부족을 늘 우려하던 존슨 대통령은 자신이 신뢰하는 소수 인물들의 판단을 우선시했고, 그중에서도 맥나마라에게 점점 더 의존하게 되었다. 맥나마라의 개인적 신념 역시 대통령의 이러한 성향과 잘 맞아떨어졌다. 그는 "정부 부처 책임자들이 국가 지도자의 결정에 공개적으로 반기를 드는 순간, 강대국의 정부는 정상적으로 기능할 수 없다"고 굳게 믿고 있었다.[85] 비록 두 사람은 전혀 다른 배경을 지녔지만, 공통점은 분명했다. 둘 다 일에 대한 집요한 몰입과 과도한 헌신을 보였으며, 필요하다면 정치적 목적을 위해 사실을 축소하거나 왜곡하는 데도 주저하지 않았다.[86] 크리스마스 당일, 존슨 대통령은 텍사스의 농장에서 맥나마라에게 직접 전화를 걸어 감사의 뜻을 전했다. 그는 국방부 장관에게 이렇게 말했다. "이번 크리스마스에서 가장 기쁜 일 중 하나는 바로 당신이 곁에 있다는 사실입니다. 정부 안에서 당신만큼 중요한 사람은 없습니다. 이 말을 꼭 전하고 싶었습니다."[87]

■

　이처럼 대통령과 핵심 참모진 사이의 결속이 점점 공고해지는 동안, 베트남의 상황은 근본적으로 악화되고 있었다. 디엠(Diem) 정권을 무너뜨린 쿠데타는 베트남 전쟁의 흐름을 바꾼 중대한 전환점이었다. 그동안 컨트리 팀에서 추진하던 전략촌 프로그램(Strategic Hamlet Program)[1]은 붕괴되고 있었으며, 쿠데타 이전 남베트남 영토의 30% 미만을 장악하고 있던 베트콩은 1964년 3월에는 그 지배 범위를 40~45%까지 확대했다.[88]

1　전략촌 프로그램(Strategic Hamlet Program): 베트남 전쟁 초기 남베트남 정부와 미국이 공산주의 게릴라 세력인 베트콩의 확산을 막기 위해 시행한 대(對)반란(counterinsurgency) 정책이다. 주요 목적은 농촌 지역 주민들을 통제·보호하고, 베트콩의 영향력을 차단하는 것이었다. '군사+행정+사회개발'을 결합한 대반란 전략이었지만, 현실적 한계와 실행 오류로 인해 베트콩과의 전쟁에서 실패한 정책으로 기록되고 있다.

이처럼 전황이 급격히 악화되는 국면에서는 정치 고문과 군사 고문 사이의 긴밀한 협의와 솔직한 정보 공유가 무엇보다 중요했다. 그러나 현실은 정반대였다. 민간과 군사 지도부 간에는 현 상황을 냉정하게 평가하거나 새로운 대응 방안을 자유롭게 논의하기 어려운 분위기가 팽배해 있었다. 합참 내부에서는 각 군 참모총장들 간의 갈등이 심화되었고, 행정부와 군 지도부 사이의 긴장감도 더 고조되고 있었다. 전황이 악화되고 미국의 개입이 확대될수록 이러한 균열은 더욱 뚜렷하게 드러났다

이러한 환경 속에서 테일러 합참의장은 동료 군 수뇌부의 집단적 견해보다 행정부의 요구에 더 귀 기울이기 시작했고, 동시에 국방부 장관 맥나마라는 펜타곤 내 행정 개혁을 마무리하며 새 대통령의 확고한 신임을 얻고 있었다. 이후 맥나마라는 분석 능력을 토대로 미국의 베트남 전략을 구상하고 방향을 제시하는 데 점점 더 중심적인 역할을 맡게 된다.

맥나마라가 베트남 정책 결정 과정의 핵심으로 부상한 데에는 다음과 같은 세 가지 이유가 있었다.

① 합참이 자문기구로서 비효율적이고 영향력이 약했다는 점
② 존슨 대통령이 깊은 불안감을 품고 있었던 점
③ 이 불안감과 맞물려 대통령이 자신과 다른 견해, 특히 기피했다는 점

무엇보다 존슨 대통령에게는 확신이 필요했다. 그는 자신이 듣고 싶어 하는 말을 해주고, 명확한 답이 없는 상황에서도 해결책을 제시하려 애쓰는 참모들을 선호했다. 반면, 불편한 소식을 전하거나 대통령의 우선순위와 충돌하는 의견을 내는 인물들은 점차 정책 결정의 중심에서 밀려났다. 맥나마라는 이러한 대통령의 심리를 누구보다 빠르게 간파했고, 그 기대에 부응함으로써 자신의 영향력을 꾸준히 확대해 나갔다. 그 결과 그는 결국 존슨 대통령에게 베트남 문제의 '오라클(oracle)', 즉 가장 결정적인 조언자이자 해결사로 자리 잡게 되었다.

4 점진적 압박(1964.1월~3월)

맥나마라와 국방부의 핵심 보좌관들은 전통적인 군사력 사용 방식이 이제는 현대의 복잡한 전략·정치에 부합하지 않는다고 확신하고 있었다. 이들은 1962년 쿠바 미사일 위기에서 직접 겪었던 경험(이 사건이 그들의 전략적 사고에 결정적 영향을 미쳤음), 그리고 수치와 데이터에 기반한 분석을 토대로 베트남에 적용할 새로운 접근법을 구상했다.

맥나마라가 제시한 '점진적 압박' 전략에서 군사력의 목적은 단순히 적을 패배시키는 데 있지 않았다. 핵심은 군사 행동을 단계적으로 높여 미국의 의지를 명확히 전달하고, 그 압박을 통해 상대가 스스로 행동을 수정하도록 유도하는 데 있었다. 존슨 대통령은 이러한 접근에 강한 매력을 느꼈다. 이 전략은 국내 정치적 부담을 최소화하면서도 대외적으로는 단호한 태도를 유지할 수 있게 해주었기 때문이다. 비록 대선까지는 10개월이나 남아 있었지만, 존슨은 베트남 정책을 잘못 다룰 경우 선거에서 치명적인 약점이 될 수 있다고 판단했다. 그는 베트남 개입을 자신의 정치적 자산으로 활용하려 했고, 대중에게 '중도적이고 책임 있는 지도자'로 비쳐질 수 있는 조치들만을 선별해 실행하려 했다.

한편 대통령은 고위 군 지휘관들을 깊이 불신하고 있었고, 이는 군이 직접 의사결정 과정에 개입하지 못하도록 하는 각종 자문단 회의 운영 방식에서 그대로 드러났다. 회의 과정에서 참모총장들의 의견은 축소되거나 맥락이 왜곡된 형태로 전달되곤 했고, 맥나마라 이러한 구조 속에서 전략의 허점이 충분히 검증되지 않은 채 합의로 귀결되는 데 사실상 동조했다. 그 결과, 전쟁의 장기적 비용과 결과에 대한 충분한 검토 없이 미국의 베트남 개입은 점점 더 깊어져 갔다.

■

1963년 말, 존슨 대통령은 텍사스 농장에서 휴가를 보내며 새해에 맞닥뜨릴 과제들을 곰곰이 고민하고 있었다. 대통령직을 승계한 이후 그는 베트남 문제를 간헐적으로만 살폈고, 대부분의 시간은 케네디가 남긴 미완의 입법 과제와 자신의 국내 정치 일정에 집중하고 있었다.[2]

그러나 해가 바뀌기 직전인 12월 31일, 존슨은 다시 베트남 문제를 정면으로 마주하게 된다. 그는 남베트남 군사혁명평의회 의장인 두엉반민(Duong Van Minh) 장군에게 서한을 보내 베트남 전쟁의 1차적 책임은 어디까지나 남베트남 정부에 있다고 분명히 못 박았다. 동시에 민(Minh) 장군에게는 베트콩(Viet Cong) 반군에 대해 보다 적극적이고 단호하게 대응할 것을 촉구하면서, 미국 역시 남베트남이 승리할 수 있도록 필요한 군사 인력과 물자를 계속 지원하겠다고 약속했다. 나아가 민(Minh) 장군이 제시한 대(對)반란 작전 강화 계획에도 직접 “매우 만족스럽다”는 평가를 덧붙였다. 이 서한 전반에는 희망과 낙관적 분위기가 깔려 있었고, 말미에는 다음과 같이 글을 맺었다. “귀국 정부가 이러한 침략에 스스로 대응할 수 있는 군사력을 점점 더 갖추게 되면, 미국도 군사력을 서서히 철수할 수 있을 것 같습니다.”[3]

그러나 같은 날, 그는 사이공(Saigon) 주재 로지 대사에게 전혀 다른 분위기의 전문을 보냈다. 이 전문에서 존슨은 자신과 로지 대사 사이의 불화설은 근거 없는 이야기라고 일축하면서, “우리가 추가로 취할 수 있는 조치가 무엇인지 적극적으로 보고하고, 필요한 사항이 있다면 주저하지 말고 요청하라”는 메시지를 워싱턴의 관계자들에게 전해 달라고 지시했

다.[4]

한편 미 해병대 신임 사령관 월러스 그린(Wallace Greene) 장군은 베트남 정세에 대한 종합적인 평가를 대통령에게 제시해야 한다며 합참 동료들을 적극적으로 설득했다. 그는 전임자 슈프 장군보다 합참 내 정책 논의에 훨씬 능동적으로 참여하려는 의지를 보였고, 아이젠하워 시절 NSC 참모진으로 활동하며 국가안보 사안 전반에 대한 폭넓은 경험도 쌓은 인물이었다. 무엇보다 그린은 슈프 장군과 달리 아시아 대륙에서의 지상전 자체를 부정적으로 보지 않았고, 이후에는 공군 참모총장 르메이와 함께 북베트남의 베트콩(Viet Cong) 지원에 대해 미국이 보다 강경한 군사적 대응에 나서야 한다고 주장하기도 했다.[5]

그러나 합참의 각 군 총장들은 점점 더 깊은 좌절감을 느끼고 있었다. 베트남에서 공산주의 세력과 맞서 반드시 승리해야 한다는 데에는 이견이 없었지만, 정작 대통령이 베트남에서 무엇을 '목표'로 삼고 있는지는 명확히 전달받지 못했기 때문이다. 1964년 1월 8일 열린 회의에서 합참은 베트남 전쟁의 목표를 대통령과 행정부로부터 공식적으로 확인해야 한다는 데 의견을 모았다. 명확한 목표 선언 없이는 국방부 장관과 대통령에게 어떤 전쟁 수행 방안을 건의해야 할지 판단하기 어렵다고 보았기 때문이다.[6]

정책 목표가 불분명하고 군사 상황에 대한 진단 역시 일관되지 않았지만, 합참은 미군의 군사력 사용에 걸린 제약을 걷어내고 베트남 전쟁을 끝까지 밀어붙이겠다는 행정부의 확고한 약속을 받아내기 위해 본격적으로 움직이기 시작했다. 1964년 1월 22일, 합참은 맥나마라 국방부 장관에게 베트남과 동남아시아 관련 종합 보고서를 전달했다. 이 보고서는 1963년 11월 26일자 NSAM[1] 273호를 참조하고 있었다.

1　NSAM (National Security Action Memorandum, 국가안보조치각서) : 미국 대통령이 국가안보와 외교정책과 관련하여 행정부의 주요 인물들과 부처에 내리는 지침 또는 명령. 이는 백악관에서 발행되는 일종의 정책 지시서로, 특히 존 F. 케네디와 린든 B. 존슨 대통령 시절 (1961~1969)에 자주 사용되었다.

이 두 문서를 나란히 놓고 봤을 때, 대통령과 군의 최고 고문들 사이의 사고방식의 차이가 분명히 드러났다. NSAM 273호가 남베트남을 지원하겠다는 미국의 기존 약속을 재확인하면서 목표를 "남베트남 국민들이 공산주의 음모와 싸워 이길 수 있도록 돕는 것"으로 규정한 데 비해, 합참 보고서는 훨씬 공격적이었다.[7] 합참은 미국의 최종 목표는 어디까지나 '승리'여야 한다고 못 박았고, 이를 달성하기 위해 미국이 스스로 설정해 둔 각종 제약을 제거하고 보다 과감한 군사 행동에 나서야 한다고 주장했다. 물론 그 과정에서 더 큰 위험이 따를 수 있다는 점도 인정했지만, 합참은 현재의 제한적 군사작전이야말로 베트남 내에서의 임무를 더 복잡하고 더 많은 시간과 비용이 소요되게 만든다고 주장하며, 보다 적극적인 작전 승인을 요청했다. 그들이 제시한 계획에는 ① 라오스·캄보디아 영공을 비행하며 작전 정보를 수집할 것, ② 미국의 자원을 동원해 북베트남의 주요 목표를 폭격하고, 그에 대한 전적인 책임을 수용할 것, ③ 북베트남 해상 접근로에 기뢰를 부설할 것 등이 포함되어 있었다. 합참은 현재 미국이 적이 설정한 조건 아래서 전쟁을 치르고 있다며, 남베트남 내 전투 지원만으로는 승리를 기대할 수 없다고 경고했다. 결국 북베트남에 대한 직접적인 군사 행동으로 전쟁의 범위를 확대해야 한다는 것이 그들의 결론이었다.[8] 이어 행정부에 명확한 '승리 목표'를 설정하고, 그에 부합하는 작전계획을 승인해 달라고 요구했다.

그러나 행정부는 이미 전략적 방향을 정해 놓은 상태였다. 그 목표는 남베트남이 패배하지 않을 정도의 최소한의 전력만 투입하는 것이었고, 전면적 확전에 대해서는 끝까지 신중한 태도를 유지하는 것이었다.[9] 만약 합참과 대통령 간에 투명한 소통이 이루어졌더라면, 이러한 시각 차이를 일정 부분 조율하며 전략적 일관성을 유지할 여력도 있었을 것이다. 그러나 대통령과 군사 고문들 사이의 불신과 단절된 의사결정 구조는 그러한 논의 자체를 허용하지 않았다. 결국 합참과 행정부는 점점 서로 다른 길을 향해 움직이게 되었다.

합참이 맥나마라에게 보고서를 제출한 지 나흘 뒤, 남베트남에서는 또 하나의 중대한 사건이 발생하며 미국 정부를 다시 긴장 상태로 몰아넣었다. 1964년 1월 30일 사이공(Saigon) 시간 새벽 4시, 남베트남 전차부대와 보병부대가 남베트남 합참본부를 신속히 포위한 뒤, 빅 민(Big Minh) 장군과 정부 핵심 인사들을 체포한 것이다. 이번 쿠데타의 주도자는 베트남 제1군단 사령관 응우옌칸(Nguyen Khanh) 장군이었다. 그는 민(Minh) 정부가 북베트남과 중립화 협정을 추진하고 있다는 소문에 강하게 반발하며, 미국 대사관조차 예상하지 못한 방식으로 무혈 쿠데타를 단행해 권력을 장악했다. 이 사건으로 존슨 대통령은 새로 등장한 쿠데타 세력을 인정할지 여부를 다시 놓고 고심했지만, 이번에는 명시적인 승인이나 공개적 언급을 최대한 자제하기로 결정했다.

존슨 대통령도 케네디 대통령과 마찬가지로 남베트남이 베트콩(Viet Cong)에 맞서 싸움을 지속할 수 있는 안정적인 정부가 되기를 바랐다. 그래서 민(Minh) 장군에게 서한을 보낸 지 한 달도 채 지나지 않아, 그는 공산주의와의 싸움에서 새로운 파트너가 된 칸(Khanh) 장군에게도 서한을 보내 강경한 대응을 촉구했다. 존슨은 이 서한에서 베트남 국민이 정부를 신뢰할 수 있도록 미국 역시 군사적 압박을 강화하고, 남베트남군의 사기를 높이는 데 필요한 지원을 계속하겠다고 약속했다. 로지 대사는 이 메시지를 전하기 위해 칸(Khanh) 장군을 직접 찾아가 "미국은 승리를 이끌어낼 수 있는 능력을 기준으로 평가할 것이며, 결국 성공과 실패는 여기에 달려있다고 볼 수 있습니다"라며 다시 한번 강조했다.[10] 존슨 대통령이 추구한 방향은 미국의 직접적 개입은 최소화하되, 남베트남이 스스로 전투 역량을 강화하도록 유도하는 것이었다.

그러나 칸(Khanh) 장군의 쿠데타는 디엠(Diem) 정권 붕괴 이후 더 이상 행정부 내부의 갈등이 진정되기를 바랐던 맥조지 번디(McGeorge Bundy)의 기대를 무너뜨렸다. 베트남 정세가 악화될수록 행정부 내부의 분열은 오히려 심화되었다. 워싱턴'과 사이공(Saigon) 양측에서 올라오는 조언은 서로 충돌했고, 행정부는 일관된 방향을 잡기 어려웠다. 번디는 대통령에게 "워싱턴과 사이공(Saigon) 모두에서 조직 개편이 이뤄지지 않는다면, 미국은 동남아시아에서 목표 달성에 큰 어려움을 겪을 것입니다"라고 보고했다.

로지 대사와 하킨스 장군 사이의 갈등 역시 해소되지 않았고, 그 여파로 대사관 직원들과 베트남 주둔 미군사령부(MCAV) 간의 협력도 크게 흔들렸다. 국방부 내부에서는 국무부 극동 담당 차관보 힐스먼을 향한 불신과 반감이 확산되고 있었다. 힐스먼이 디엠(Diem) 정권에 대한 쿠데타를 적극 지지했던 인물이라는 점이 주요한 원인이었다. 대통령의 극동 담당 특별보좌관 포레스탈은 이 시기를 돌아보며, 국방부 내부 갈등과 더불어 국방부와 국무부 사이의 '이중 갈등'이 동시에 심화되고 있었다고 회고했다.

1964년 2월 4일 화요일, 존슨 대통령은 번디, 맥나마라, 러스크 국무부 장관과 함께 오찬 회의를 열고 베트남 정책을 둘러싼 행정부의 대응 체계를 어떻게 정비하고 조율할지를 논의했다.[11] 이 자리에서 지난해 12월 테일러가 제안했던 로지 대사 교체 문제가 다시 수면 위로 떠올랐다. 참석자들과 대통령 모두 사이공(Saigon) 주재 컨트리 팀의 운영을 가로막는 가장 큰 장애물이 로지 대사라는 점에 의견을 같이했다. 그러나 존슨 대통령에게 로지 대사를 즉각 해임하는 것은 정치적으로 부담스러운 선택이었다. 로지는 케네디 행정부가 베트남 정책의 초당적 지지를 얻기 위해 기용했던 공화당 인사였기 때문이다. 이에 번디는 로지 대사를 당장 교체하기보다는, 대사직은 유지하되 사이공(Saigon) 컨트리 팀의 군사적 지휘 구조를 먼저 조정하자는 방안을 제안했다. 테일러 장군의 추천을 받아 하킨스 장군의 부사령관으로 근무 중이던 윌리엄 C. 웨스트모어랜드(William C. Westmoreland) 중장을 조기에 승진시켜 하킨스 장군을 대체하자는 것이었다.[12]

테일러 장군이 윌리엄 C. 웨스트모어랜드(William C. Westmoreland),

일명 '웨스티(Westy)'를 처음 만난 것은 제2차 세계대전 당시 시칠리아 (Sicily) 전투였다. 당시 웨스트모어랜드 중령은 테일러가 지휘하던 공수 부대를 지원하는 포병대대장이었는데, 자신감 있게 부대를 통솔하는 그 의 모습은 테일러에게 강한 인상을 남겼다. 이후 테일러는 늘 들고 다니 던 검은 수첩에 그의 이름을 적어둘 만큼 그를 눈여겨보았다.

1955년 테일러가 육군 참모총장에 취임하자, 그는 웨스트모어랜드를 자신의 비서실장으로 발탁했다. 웨스트모어랜드는 이후 소장으로 진급해 미 육군 101공정사단을 지휘했고, 1960년에는 테일러의 영향력 아래 웨 스트포인트 육군사관학교 교장으로 임명되었다. [13] 1963년에 접어들면서 테일러는 대통령과 국방부 장관이 현실 인식이 지나치게 낙관적이라고 평 가하던 하킨스 장군을 가능한 한 빨리 교체하기를 원했고, 오랫동안 후계 자로 점찍어 두었던 웨스트모어랜드를 하킨스의 부사령관으로 직접 추천 해 발탁했다. [14]

∎

맥조지 번디(McGeorge Bundy)는 대통령에게 베트남 문제를 연구하고 해결책을 제안하는 동시에, 행정부 내 의견을 조율할 수 있는 임시 위원 회 구성을 제안했다. 이 위원회에는 베트남 정책에 관여하는 주요 부처의 대표자들이 참여할 예정이었으며, 이는 디엠(Diem) 정권에 대한 쿠데타 와 그 이후의 처리 과정을 둘러싸고 누적된 내부 갈등을 정리하는 것이 핵 심 목적이었다. 번디는 이를 통해 대통령이 개별 부처의 이해관계나 왜곡 된 보고에서 벗어나, 보다 독립적인 정보와 분석을 제공받을 수 있는 별 도의 창구를 마련하고자 했다. 나아가 위원회가 행정부 내 여러 파벌을 하나의 틀로 묶어, 수개월간 이어져 온 논쟁과 분열을 종식시키는 계기가 될 것이라는 기대도 담겨 있었다. 오찬 회의가 열린 지 10일 뒤, 존슨 대 통령은 남베트남에서의 미국 정책과 작전 관리를 전담할 소규모 위원회 구성을 공식 지시했다. 번디는 이 위원회의 위원장으로 대통령의 극동 담당 특별보좌관이었던 마이클 포레스탈(Michael Forrestal)을 추천했지만, 대통령은 이를 수용하지 않고 국무부 소속의 경력 외교관 윌리엄 설리번(William Sullivan)을 위원장으로 임명했다.

설리번은 극동 지역 문제에 정통한 외교관으로, 방콕, 캘커타, 도쿄 등 주요 거점에서 근무한 경력을 갖고 있었으며, 1961년에는 헤리먼 대표단의 일원으로 제네바 라오스 회담에도 참여한 바 있다. 이후 그는 1964년 12월 라오스 주재 미국 대사로 임명되어 북베트남이 라오스를 경유해 남베트남으로 구축해 온 보급로를 차단하기 위한 미국의 비밀 작전을 총괄하게 된다. 설리번이 이끄는 위원회에는 포레스탈을 비롯해 국방부, CIA, 국제개발처 대표들이 포함되었다. 대통령은 위원회의 권한이 흔들리지 않도록 "설리번의 결정에 대해 부처별 이의 제기는 최소화하라"는 지침까지 직접 내렸다. 당시 미국이 직면한 유일한 전쟁이었던 베트남 전쟁을 보다 조직적이고 일관되게 관리하는 데 이 위원회가 기여하길 바랐던 것이다.[15]

그러나 위원회 출범은 합참 각 군 참모총장들에게 또 다른 불안 요인으로 작용했다.[16] 이들은 이미 테일러와 맥나마라를 중심으로 자문 구조가 재편되는 과정에서 영향력이 축소되고 있다고 느끼고 있었고, 새로운 위원회가 출범함으로써 자신들의 역할이 더욱 제한될 가능성에 대해 우려했다. 설리번이 위원장으로 임명된 지 닷새 뒤, 그는 참모총장들과 회동을 가졌다. 이 자리에서 공군 참모총장 르메이 장군은 그에게 왜 이런 위원회가 구성되었는지 물었다. 이에 설리번은 대통령이 "책임을 물을 수 있는 단일 창구"를 원하고 있으며, 만약 남베트남이 공산주의 세력에 넘어가는 사태를 미국이 막아내지 못할 경우 그 책임을 묻게 될 것이라고 답했다. 이 발언은 훗날 설리번이 라오스에서 군사작전에 적극적으로 개입하게 되는 행보를 예고하는 말이기도 했다. 설리번은 이어 각 군 참모총장들에게 "베트남에서 군사적 선택지를 검토하는 권한이 꼭 군의 독점적 영역일 필요는 없습니다. 대반란 작전은 지금까지 어느 누구도 성공적으로 수행한 적이 없으니까요"라고 말했다.[17]

설리번은 자신이 대통령으로부터 철수에서 대규모 미군 투입에 이르기까지 폭넓은 선택지를 검토하라는 임무를 부여받았다고 밝혔다. 그러나 이후 이어진 논의 과정에서 그가 실제로 다룰 수 있는 정책 선택의 범위는 극히 제한적이라는 사실이 드러났다. 설리번의 역할은 미군의 전면적 개입 여부를 새로 결정하는 데 있다기보다는, 이미 진행 중인 군사·외교적 조치들을 어떤 조합과 속도로 조정할 것인지 검토하는 데 초점이 맞춰져 있었다.

이에 대해 테일러 장군은 남베트남 내에서 군사 자문을 제공하거나, 북베트남을 겨냥한 책임 회피성 비밀 작전만으로는 적에게 실질적인 타격을 가하기 어렵다고 경고했다. 그는 "앞으로 얼마나 더 많은 노력이 필요할지 가늠할 수 없습니다"라며 솔직한 우려를 드러냈다. 반면 르메이 장군은 한층 직설적인 어조로 말했다. "지금 정책을 계속 고집한다면 미국은 끝을 알 수 없는 긴 전쟁에 말려들게 될 것이고, 그 결말이 어디로 향할지는 아무도 모를 것입니다."[18]

설리번은 이 자리에서 장군들에게 미국이 이러한 제한적 정책을 과연 얼마나 오래 유지할 수 있을지에 대해 의견을 물었다. 이에 테일러 장군은 1965년 말이 지나면 미국 국민들이 더는 제한적인 전쟁 방식을 지지하지 않을 가능성이 크다는 비관적인 전망을 내놓았다. 그러나 설리번은 이에 동의하지 않았다. 그는 베트남에 미군이 주둔한다고 해서 곧바로 대규모 병력 투입을 의미하는 것은 아니라며, 제한전 역시 상당 기간 지속 가능하다는 입장을 고수했다.

사실 합참의 참모총장들은 현 정책이 지닌 구조적 한계와, 그 정책을 뒷받침할 국내 여론의 불확실성에 대해 반복적으로 우려를 제기하고 있었다. 그러나 이러한 문제 제기는 정책 결정 과정에 거의 영향을 미치지 못했다. 존슨 대통령은 설리번에게 오직 하나의 선택지만을 검토하도록 했고, 어떤 결과가 나오든 그 방안을 무조건 따르도록 지시했기 때문이다. 대통령 특별보좌관이었던 포레스탈은 훗날, 설리번이 이미 "폭격 압박을 매우 서서히 단계적으로 높여가는 구상"을 전제로 작업하라는 지침을 받은 상태였다고 회고했다.[19] 합참이 보다 대담하고 직접적인 군사 행동을 요구한 것과 달리, 설리번 위원회가 맡게 된 역할은 북베트남을 상대로 한 점진적이고 절제된 압박 전략을 구체화하는 것으로 좁혀졌다.[20]

∎

설리번 위원회가 꾸려졌음에도, 행정부 내부에서는 여전히 베트남 국면을 타개하기 위해 미국이 직접 군사력을 투입해야 한다는 요구가 끊이지 않았다. 특히 그린 장군과 르메이 장군은 특히 더 강력한 군사 개입을 촉구했다. 그린 장군은 이제 미국이 남베트남에서 철수하거나, 아니면 모든 자원을 동원해 승리를 추구하거나 둘 중 하나를 선택해야 할 시점에 이르렀다고 보았다. 그는 동료 장군들에게 미 해병대의 공식 입장은 "성공을 위해서는 총력 투입이 불가피하다"는 것임을 분명히 했다.[21]

그린 장군은 참모대학 순회 강연에 나서면서까지 단호한 군사적 행동만이 베트남 문제를 해결할 수 있다는 점을 설득하려 했다.[22] 그는 합참이 전쟁 수행을 위한 구체적인 작전계획을 충분히 마련하지 못하고 있다고 비판하며, 참모들에게 여러 작전계획안을 준비하라고 지시했다. 그중 가장 대표적인 것이 24개 항목으로 구성된 작전계획이었다. 이 계획은 미 해병대가 남베트남 주요 해안선을 장악해 베트콩(Viet Cong)이 인구 밀집 지역으로 침투하는 것을 원천적으로 차단하자는 내용이었다. 그의 작전 참모였던 헨리 뷰스(Henry Buse) 중장에 따르면, 이 계획은 해안에 교두보를 구축해 방어막을 형성하는 '엔클레이브 원칙'에 기반을 두고 있었다. 그린 장군은 해병대 병력이 대규모로 투입될수록 미국이 성공할 가능성도 그만큼 높아질 것이라 확신했다. 그러나 테일러 장군은 이 구상이 해병대 중심의 편협한 접근이라고 판단해 이를 국방부 장관이나 대통령에게 보고하지 않았다.[23]

군사력 확대를 요구하는 목소리는 합참 내부에만 머물지 않았다. 1964년 2월 20일, 로지 대사는 대통령에게 전문(전보)을 보내 북베트남에 대해 다양한 형태의 압력을 가함으로써 남베트남에 대한 잔혹한 침략 행위를 중단시키도록 해야 한다고 촉구했다.[24] 이 전문을 받은 존슨 대통령은 러스크 국무장관, 맥나마라 국방장관, 테일러 합참의장, 맥콘 CIA 국장, 볼 차관, 그리고 설리번 위원회 구성원들을 긴급히 소집했다. 대통령은 참석자들에게 로지 대사가 보낸 전문에 신속히 답변할 것을 지시했다. 그러나 이는 로지 대사가 현 정책에 대한 불만을 공개적으로 드러내는 상황을 막기 위한 조치일 뿐이었다.[25]

존슨 대통령은 로지 대사에게 그의 평가에 대체로 동의한다는 내용의 완곡한 전문을 회신했다.[26] 그러나 실제로 대통령은 워싱턴에서 로지 대사의 권고와는 다른 방향으로 움직이고 있었다. 그는 로지의 군사 개입 확대 압박에 대비해 신속한 검토 작업을 지시했고, 3월 초에는 테일러와 맥나마라를 사이공(Saigon)에 보내 상황을 직접 파악하도록 했다. 두 사람은 로지의 조언뿐 아니라 대반란 작전의 전체적 실효성까지 함께 재검토한 뒤 조속히 결론을 내리겠다는 입장을 대통령에게 전달했다.[27]

그러나 비공식 통화에서 존슨 대통령의 태도는 훨씬 냉소적이었다. 그는 러스크 장관에게 "로지는 스스로를 순교자처럼 여기고 있다"고 말하며, 로지를 마치 신(神)처럼 떠받들며 그의 판단을 극진히 존중하고 있다는 점을 문서로 남기라고 지시했다.[28] 이어 맥나마라에게도 정치적 부담을 거듭 강조하며 이렇게 말했다. "나는 지금 정치적으로 판단할 수밖에 없습니다. 내가 군사 전략가는 아니지만, 로지를 그 자리에 두고 그의 권고를 따르는 것이 그나마 옳다고 생각합니다. 그렇지 않으면 우리가 제대로 대비하지 못한 채 더 어려운 국면에 처하게 될 수 있습니다."[29]

1964년 3월 4일, 존슨 대통령은 참모총장들과 회의를 열었다. 이 자리에서 그린 장군과 르메이 장군은 대통령에게 단호한 입장을 밝혔다. 미국이 베트남에서 군사 행동을 시작한다면, 어떤 대가를 치르더라도 반드시 성공으로 이끌어야 한다는 것이었다. 그들은 선택지가 단 두 가지뿐이라고 보았다. "들어가든지, 아니면 빠져나오든지."[30] 그러나 존슨 대통령은 1964년 대선이 끝날 때까지 베트남 문제와 관련해 어떠한 중대한 결단도 내리지 않겠다는 입장을 굳히고 있었다. 이 점을 잘 알고 있던 테일러 합참의장은 두 장군의 압박을 조심스럽게 완화하며, 대통령이 불필요한 정치적 위험에 노출되지 않도록 중재 역할을 했다. 그 자리에서 존슨 대통령은 합참에 이렇게 말했다.

"지금 우리에게는 전쟁을 함께해 줄 의회의 지지도 없고, 아들들을 전장으로 보내줄 어머니들의 지지도 없습니다. 나는 이번 선거에서 반드시 이겨야 합니다. 그렇지 못하면 닉슨이나 다른 누군가가 대통령이 될 겁니다. 선거가 끝난 뒤에야 비로소 제대로 된 결정을 내릴 수 있을 겁니다. 그때까지는 우리가 할 수 있는 일들을 찾아 적을 혼란스럽게 만들고, 라오스를 통해 들어오는 보급을 차단하며, 몇몇 목표만 선별해 제한적으로 압박하는 수준에 머물러야 합니다. 또 다른 한국전쟁이 벌어지지 않도록 각별히 조심해야 합니다."[31]

테일러 장군 역시 북베트남의 공군과 해군을 상대로 한 점진적이고 선별적인 공격 방안을 지지했다. 그는 그린 장군과 르메이 장군이 주장한 전면 공세와 달리, 이러한 제한적 군사 행동은 전면전으로 확산될 가능성이 낮다고 판단했다.[32] 테일러 장군은 대통령이 안고 있는 정치적 부담과 우려를 충분히 이해하고 있었고, 미국이 베트남에서 보다 단호한 군사 행동을 취하지 못하는 이유를 설명하는 서한을 대통령 명의로 미리 작성해 두기까지 했다.[33]

또한 테일러 장군은 합참 동료 장군들에게 북베트남을 겨냥한 점진적 군사 전략에 대해 공개적으로 강한 의구심을 드러내지 말라고 조언했다. 새로운 최고통수권자인 대통령이 내부 의견이 갈리는 상황을 극도로 꺼린다는 점을 이미 경고해 둔 것이다.[34] 대통령과의 회의가 불과 일주일도 남지 않은 시점에서, 테일러는 합참 장군들에게 베트남 전쟁 수행의 기본 방향에 대해 반드시 공통된 입장을 마련하라고 압박했다. 그는 남베트남 내부에서 안정적인 정치 기반을 구축하는 것이 우선이라는 점에는 모두가 동의해야 한다고 강조하는 한편, 이후의 군사적 조치는 단계적으로 강도를 높여갈 수 있다는 여지를 남겼다. 이어 "점진적 공격과 전면적 타격에 대해서는 입장을 유연하게 가집시다"라고 신중한 태도를 당부했다. 또한 공군이나 해군의 단독 작전을 과도하게 부각할 경우 전략의 균형이 무너졌다는 비판을 받을 수 있다며 주의를 촉구했다. 아울러 베트남 상황이 더 악화된다면 미군 동원령이 내려질 가능성도 배제할 수 없음을 내비쳤다.[35] 이러한 조율 덕분에 테일러는 대통령과의 회의를 앞두고 합참 내부에 쌓여 있던 불만을 상당 부분 누그러뜨리는 데 성공했다. 맥도널드 장군과 휠러 장군은 그린 장군과 르메이 장군의 강경한 노선을 지지하지 않았지만, 합참 내부에서 노선 갈등이 표면화되는 것을 피했다. 회의가 끝난 뒤 테일러 장군은 공개적 이견이 없었다는 근거로, 자신이 제안한 북베트남 관련 조치에 대해 합참 내부의 전반적인 동의를 얻었다고 기록했다.[36]

테일러 장군의 노력에도 불구하고 존슨 대통령은 여전히 로지 대사, 합참, 그리고 언론으로부터 베트남 정책에 대한 명확한 입장을 밝히라는 압박을 받고 있었다. 그는 최근 군과 행정부 내부에서 흘러나온 각종 정보들이 언론을 통해 보도되면서 자신이 무능한 대통령처럼 비춰지고 있다며 우려하며 불만을 토로했다.[37] 특히 1964년 3월 4일에 회의에서 군 내부에 전쟁 확대를 지지하는 여론이 존재한다는 취지의 보도가 나오자 존슨은 크게 격분했다. 그는 합참에 앞으로 이런 일이 되풀이되지 않도록 철저히 단속하라고 지시했다. 같은 날 존슨은 국무부 정책기획위원회 위원장 월트 로스토우(Walt Rostow)에게 직접 전화를 걸어, 최근 기사에서 로스토우의 이름이 언급된 점을 문제 삼았다. 대통령은 로스토우가 행정부의 입장을 충분히 일관되게 대변하지 않는 것처럼 보인다며 불신을 드러냈고, 앞으로는 언론과의 접촉을 일절 삼가게 하라고 강하게 경고했다.[38]

존슨 대통령은 언론이 자신에게 비우호적인 수준을 넘어, 의도적으로 신뢰를 떨어뜨리려는 움직임을 보이고 있다고 생각했다.[39] 이러한 그의 불신에 가장 적극적으로 동조한 인물이 바로 맥나마라 국방부 장관이었다. 그는 대통령에게 뉴욕타임스 사설이 시온주의자들의 영향을 받고 있고, 대통령을 '전쟁광'으로 몰아가려 한다고 말해 대통령의 경계심을 더욱 자극했다.[40]

이 시기 맥나마라 장관의 사이공(Saigon) 방문 목적 역시 베트남 정책을 둘러싸고 대통령이 직면한 정치적 압박을 완화하는 데 더 큰 목적이 있었다. 존슨 대통령은 합참 및 잠재적 비판 세력을 잠재우기 위해서는 합의된 보고서가 반드시 필요하다고 판단했다. 그는 맥조지 번디(McGeorge Bundy)에게 "이번에 다녀온 사람들이 서로 다른 계획을 들고 오게 해선 절대 안 됩니다"라고 당부했다. 특히 대통령은 CIA 국장 맥콘이 이견을 품은 채 귀국할 가능성을 가장 우려했다.[41]

이러한 우려 속에서 대통령은 맥나마라에게 전 해병대 사령관 슈프를 이번 사이공(Saigon) 방문에 동행시키는 방안을 제안했다. 명예훈장 수훈자이자 오랜 실전 경험을 지닌 슈프 장군의 존재가 국방부 장관의 보고서에 군사적 권위를 더해 주어 행정부를 향한 외부 비판을 누그러뜨릴 수 있을 것이라고 본 것이다. 대통령은 "슈프 장군은 그냥 뒷방에 앉혀놓고 신경 안 써도 되네. 하지만 그가 여기 돌아오면 맥나마라의 입장을 지지해 주고, '이게 정답입니다'라고 한마디 해줄 수 있는 거 아닌가!"라고 했다.[42] 그러나 슈프 장군은 사이공(Saigon) 출장에 동행하지 않았다. 이로써 대통령의 의도를 실현해야 할 책임은 오롯이 맥나마라와 테일러 장군에게 맡겨지게 되었다.

맥나마라 국방부 장관은 이번 사이공(Saigon) 방문의 목적에 맞춰, 베트남에서 미국이 앞으로 어떤 방식으로 개입해야 할지에 대한 권고안을 현지 조사가 시작되기도 전에 미리 준비하기로 결정했다. 그는 국방부 국제안보담당 차관보 존 맥노턴(John McNaughton)에게 사고의 기본 틀을 제시하며, 귀국 후 대통령에게 제출할 보고서의 골격이 될 초안 작성을 지시했다. 맥노턴과 새로 임명된 국무부 극동담당 차관보 윌리엄 번디(William Bundy)는 설리번 위원회의 결론과 맥나마라의 지침을 반영해 초안을 완성했고, 1964년 3월 5일, 윌리엄 번디(William Bundy)는 이 초안을 맥나마라의 사이공(Saigon) 방문 일행 전원에게 전달했다.[43]

현지 방문이 시작되기도 전에 보고서가 이미 마련되어 있었다는 사실은 맥나마라와 존슨 대통령이 이번 출장을 통해 새로운 정보를 얻거나 정책 방향을 재검토할 의도가 거의 없었음을 분명히 보여준다. 실제로 맥나마라는 사이공(Saigon) 방문단 구성원들에게 보낸 지침에서 워싱턴의 그 어떤 부서나 기관에도 중간보고를 하지 말고 자신의 승인 없이는 어떠한 문건도 발송하지 말라고 지시했다. 그는 또한 주요 사안에 대해서는 가능한 한 모든 고위 참석자가 만장일치 의견을 내길 바란다고 덧붙였다.[44]

1964년 3월 2일, 맥나마라 장관은 곧 있을 사이공(Saigon) 방문을 앞두고 참모총장들과 회의를 열었다. 그는 보고서 초안이 정부의 공식 정책으로 확정되기 전까지 합참에도 의견을 개진할 기회를 주겠다고 약속했다. 또 북베트남에 대한 점진적 압박을 강화할지, 아니면 보다 강력한 군사 조치로 나아갈지 아직 최종 결정을 내리지 않은 것처럼 보이기도 했다. 그러나 같은 날, 국무부의 윌리엄 번디(William Bundy)는 이미 첫 번째 보고서 초안을 관련 인사들과 공유하고 있었다. 그 초안은 '눈에는 눈, 이에는 이(tit for tat)'방식의 보복 조치를 포함해, 북베트남을 상대로 단계적이면서도 공개적인 군사 압박을 가해야 한다는 권고가 담겨 있었다.

그리고 3일 후, 번디의 두 번째 초안은 합참의 검토를 거치기도 전에 백악관으로 전달되었다. 존슨 대통령은 이 문서를 주의 깊게 읽었고, 3월 8일 맥나마라가 베트남에서 현지 조사를 시작한 바로 그날 다시 한 번 이 초안을 검토하길 원했다.[45] 결국 각 참모총장들이 이 대통령 보고서 초안을 받은 시기는 맥나마라와 테일러 장군이 사이공(Saigon)에서 귀국한 뒤인 3월 13일이 되어서였다.[46]

전통적 군사 경험은 맥나마라 국방부 장관에게 더 이상 큰 설득력을 갖지 못했다. 핵과 초강대국 간 경쟁이 군사 전략의 중심이 된 시대에는 그 한계가 더욱 분명해 보였다.[47] 맥도널드 제독은 과거 국방부 장관이 자신에게 "이제 그런 정면승부만 믿는 구식 사고는 버리세요! 현대전은 다릅니다. 좀 더 창의적으로 생각해 보세요"라고 충고했던 말을 떠올렸다. 또 맥나마라의 한 보좌관은 맥도널드 제독에게 "당신네 군인들이 늘 '양발을 들이밀고 빨리 끝내 버리자'는 방식으로 훈련받아 온 것은 이해하지만, 이번 전쟁은 그런 방식으로 접근할 수 있는 성격의 전쟁이 아닙니다"라고 지적하기도 했다.

군(軍)이 베트남 전쟁의 전개를 지나치게 낙관적으로 평가하는 태도는 맥나마라로 하여금 전통적 군사 경험의 유효성에 대한 의구심을 더욱 키우게 만들었다. 그는 이 전쟁을 완전히 새로운 형태의 전쟁으로 인식하고 있었다.[48] 맥나마라의 이러한 시각에 발맞춰 테일러 합참의장 역시 1964년 3월 2일 합참 회의에서 "백악관은 남베트남을 단지 이번 전쟁에 국한된 사안으로 보지 않고, 앞으로 전 세계에서 벌어질 다양한 형태의 대반란전에 대비하는 실험장으로 삼으려 합니다"라고 말했다.[49] 결국 맥나마라는 이와 같은 문제의식 위해서 '새로운 점진적 압박 전략(New Strategy of Graduated Pressure)'의 핵심 설계자로 부상했다. 이 전략은 베트남 전쟁에서 본격적으로 시험대에 오르게 되었다.[50]

■

맥나마라 국방부 장관은 새로운 유형의 전쟁에서는 전통적 군사 경험이 크게 중요치 않다고 보았지만, 쿠바 미사일 위기에서의 경험만큼은 예외로 여겼다. 1962년 10월, 그는 합참의 강경한 조언을 따르지 않고도 전쟁 없이 소련의 미사일 철수를 이끌어내는 데 성공했으며, 이 사례는 그의 전략적 판단에 깊은 흔적을 남겼다.[51] 실제로 1964년 3월 초, 맥나마라가 대통령에게 보고하기 위해 작성한 문건의 부속 문서인 《북베트남에 대한 미국의 군사적 조치 분석》의 부록 A에는 쿠바 미사일 위기에 대한 직접적인 언급이 여러 차례 등장한다.[52]

맥나마라는 합참의 기존 조언이 더 이상 베트남의 현실에 부합하지 않는다고 판단했지만, 냉전 체제하의 외교 정책에서 미군이 차지하는 비중은 여전히 크다고 믿었다. 그는 북베트남의 베트콩(Viet Cong) 지원을 공산 진영이 추진하는 '민족해방전쟁'의 일환으로 이해했고, 이를 미국의 세계적 이해관계에 대한 중대한 도전으로 받아들였다. 국무부 장관 러스크 역시 비슷한 입장이었다. 그는 "미국이 베트남을 포기하는 일은 상상조차 할 수 없습니다. 그렇게 된다면 미국은 국제사회에서 위신을 완전히 잃게 될 것입니다" 라고 말했다.[53]

이러한 인식 아래에서 맥나마라와 러스크는 공산주의 세력이 지원하는 민족해방전쟁에 대응하기 위해 미국이 단호한 태도를 유지해야 한다고 확신했다. 그러나 실제 군사적 대응 방안을 논의하는 과정에서 정작 합참의 조언은 자주 배제되었다. 미국의 국제적 위신을 지키려는 필요성과 공산주의 확산을 저지해야 한다는 목표는 베트남 철수를 받아들일 수 없게 만들었고, 동시에 대량살상무기 같은 핵전쟁으로 비화될 위험이 있는 극단적 선택지들을 처음부터 고려 대상에서 제외하게 만들었다. 이 두 극단 사이에서 맥나마라는 점진적 압박 전략이 가장 현실적인 절충안이라고 판단했다. 그는 쿠바 미사일 위기에서 얻은 핵심 교훈을 다음과 같이 요약했다. "점진적 압박 전략은 전통적인 전쟁과 핵전쟁이라는, 발생 가능성은 낮지만 치명적인 결과를 낳을 수 있는 두 선택지 사이에 일종의 방화벽을 쳐주는 것입니다." 러스크 국무부 장관 역시 맥나마라의 생각에 동의했다. 그는 이 전략이 중국이나 소련이 베트남에 직접 개입할 정도의 급격한 변화를 초래하지 않을 것이라고 보았고, 신중하고 단계적인 군사력 사용을 통해 전쟁을 베트남 내부에 국한시킬 수 있다고 판단했다.[54]

반면 일부 참모총장들은 점진적 압박 전략이라는 새로운 군사 교리를 쉽게 받아들이지 못했다. 이로 인해 문민 관료들과의 간극은 더욱 벌어졌다. 문민 관료들이 거의 신념에 가까운 열의로 이 전략을 추진한 데 반해, 르메이 공군 참모총장과 그린 해병대 사령관은 명확한 승리를 전제로 하지 않는 무력 사용 자체에 강하게 반대했다. 당시 공군성 장관이었던 유진 주커트(Eugene Zuckert)는 그 시절을 회고하며, "베트남 문제에 있어 군인들, 특히 르메이 장군은 점진주의를 전혀 이해하지 못했습니다. 르메이는 전쟁이 시작되면 당연히 승리해야 한다고 믿었죠. 상황에 따라 전쟁을 다르게 관리해야 한다는 전략 논리를 끝내 받아들이지 못했습니다"라고 말했다.[55]

르메이는 테일러 합참의장이 이 새로운 전략을 지지하고, 육군 참모총장 휠러와 해군 참모총장 맥도널드 제독까지 이에 동의하는 상황을 못마땅하게 여겼다.[56] 테일러의 시각에서 보면, 점진적 압박 전략은 과거 자신과 육군이 과거 아이젠하워 대통령의 대규모 보복 전략을 대체하기 위해 제안했던 유연대응 전략을 한 단계 더 발전한 형태로 인식되었을 것이다. 두 전략 모두 군사적 충돌의 단계에서 여러 군사적 선택지를 활용할 수 있는 전력 구조를 전제로 했기 때문이다.

하지만 두 전략 사이에는 분명한 차이도 있었다. 유연대응 전략이 위기 단계별로 군사력 사용 수준을 비교적 명확하게 설정하는 방식이었다면, 점진적 압박 전략은 낮은 수준의 압박에서 출발해 상황에 따라 점차 규모와 강도를 높여가는 접근이었다. 또한 전통적 군사 전략이 적에게 자신의 의지를 강제로 관철하는 데 초점을 맞췄다면, 점진적 압박 전략은 오히려 적이 스스로 비용과 이익을 다시 계산하도록 유도하는 데 방점을 두었다. 그럼에도 두 전략 모두 본질적으로 일정한 모호성을 안고 있었으며, 특히 점진적 압박 전략처럼 상황 변화에 따라 조정이 잦은 전략에서는 두 전략의 경계를 명확히 구분하기가 쉽지 않았다.

맥나마라 국방부 장관은 이러한 전략 구상을 추진하면서 합참의 입장을 철저히 배제한 채 자신의 방안을 밀어붙였다. 그는 합참이 자신의 구상안에 반대하거나 뚜렷한 대안을 제시하지 못하는 상황이 될 때까지 기다렸다가 전략을 공개했다. 합참 입장에서는 맥나마라의 이런 방식에 속수무책일 수밖에 없었다. 이유는 두 가지였다. 첫째, 합참 내부에서 해당 사안에 대한 의견이 여전히 엇갈리고 있었고, 둘째, 합참 특유의 비효율적인 행정과 의사결정 구조가 맥나마라에게 유리하게 작용했기 때문이다.

결국 맥나마라는 베트남 전략 수립 과정 전반을 사실상 직접 주도했다. 그는 전략안 개발을 신뢰하는 핵심 참모들에게만 맡겼고, 대통령에게 보고가 이루어지기 전에는 반대 의견이 제기될 여지를 사전에 차단했다. 국제안보담당 차관보실의 부차관보였던 아서 W. 바버(Arthur W. Barber)는 상관인 존 맥노턴(John McNaughton)의 방식을 다음과 같이 회상했다. "맥노턴은 거의 린든 존슨의 스타일을 그대로 답습한 것 같았습니다. 자신의 방향성을 숨긴 채 여러 사람과 의논하다가 어느 순간 갑자기 결론을 내놓는 식이었죠"라고 회상했다.[57] 맥나마라는 이러한 운영 방식을 통해 대통령에 대한 자신의 영향력을 공고히 했고, 합참이 공식적으로 의견을 제출하기도 전에 초안 보고서를 먼저 대통령에게 전달하는 일이 반복되었다.

■

1964년 3월 8일부터 12일까지 사이공(Saigon)을 방문한 맥나마라 국방부 장관과 테일러 합참의장은 칸(Khanh) 정부가 사실상 사면초가에 몰려 있다는 점을 확인했다. 베트콩(Viet Cong)의 활동은 급격히 증가하고 있었고, 남베트남 정부는 농촌 지역에 대한 통제력을 점점 상실하고 있었다. 테일러는 당시 상황을 두고 "적은 명백히 11월과 1월에 발생한 두 차례 쿠데타로 초래된 정치적 혼란과 군사적 약화를 최대한 활용하고 있었다"고 회고했다.

당시 남베트남의 중앙정부와 지방을 잇는 정치 네트워크는 거의 붕괴된 상태였다. 41개 지방자치단체장 가운데 35명이 새로 임명된 인물이었고, 고위 군 지휘부의 대부분도 전년도 10월 이후 두 차례나 교체되었다. 남베트남군의 탈영은 꾸준히 늘었으며, 지방 곳곳에서 치안 유지 능력에 대한 신뢰도 급격히 낮아지고 있었다. 반면 베트콩(Viet Cong)은 현지에서 모집한 병력으로 세력을 키웠고, 북베트남의 장비 지원도 강화되면서 전력이 점차 향상되고 있다는 징후가 여러 곳에서 포착되었다.[58] 이 같은 현지 보고를 접한 맥나마라는 기존에 준비해 두었던 보고서 초안을 수정해 백악관에 제출했다. 새 보고서에는 미국이 베트남 전쟁에 추가로 개입해야 한다는 논리적 근거가 담겨 있었고, 그는 1964년 11월 대선까지 남은 약 8개월 동안 실행할 수 있는 여러 대안을 제시했다. 그 안에는 북베트남을 겨냥한 직접적 군사 조치까지 포함되어 있었다.

맥나마라는 이러한 대응 방안을 ① 국경 통제 작전, ② 보복 작전, ③ 남베트남군과 미군에 의한 북베트남에 대한 점진적 공개적 군사 조치 등 세 범주로 구분해 정리했다. 그가 구상한 군사적 압박의 궁극적 목적은 북베트남 지도부가 베트콩(Viet Cong)에 대한 지원을 중단하도록 압박하는 데 있었다. 국경 통제 작전에는 라오스와 북베트남 일대에서의 정찰 활동 확대, 그리고 남베트남군에 의한 라오스 내 주요 표적에 대한 공습과 지상 공격이 포함되었다. 보복 작전은 정찰 비행으로 출발해, 북베트남 내 핵심 표적 폭격과 항구 기뢰 부설 등으로 단계적으로 강도를 높이는 방식이었다. 그러나 맥나마라는 이러한 점진적 압박이 국내외 정치적 반발과 전면전으로의 확산 위험을 최소화하는 방식으로 신중하게 시행되어야 한다고 강조했다. 북베트남에 대한 전면 공격에는 반대하면서, 대신 미국의 자문과 지원을 점진적으로 확대하는 방향에 무게를 두었다.[59] 이러한 맥나마라의 구상은 대선 이전까지 베트남에서 미국의 본격적인 군사 개입 확대를 피하고자 했던 존슨 대통령의 정치적 입장과도 잘 맞아떨어졌다.

1964년 3월 14일 아침, 합참은 전날 처음 전달받은 맥나마라 장관의 보고서에 대해 논의하기 위해 회의를 열었다. 그린 해병대 사령관은 이미 보고서에 대한 의견서를 제출하며, "반쪽짜리 대책으로는 남베트남에서 승리할 수 없다"고 지적했다.[60] 육군 참모총장 휠러 역시 보고서에 담긴 조치들만으로는 전쟁에서 전쟁에서 승리를 보장하기 어렵다고 주장했다. 해군 참모총장 맥도널드도 이에 동의하며, 미국이 보다 강력한 조치에 나서야 한다고 강조했다.

맥도널드는 즉각적인 대응책으로 베트콩 게릴라를 캄보디아 국경 너머까지 추적해 타격하는 핫 퍼슈트(hot pursuit)² 작전의 승인을 촉구했다.

---

2 Hot Pursuit : 공격 후 도주하는 적을 국경선이나 경계에 관계없이 즉시 추적 및 소탕하는 작전 개념

남베트남에서 발생한 베트콩(Viet Cong)의 공격에 대해서는 북베트남을 상대로 즉각적인 보복 타격이 뒤따라야 한다고 주장했다. 이에 테일러 합참의장은 보복 타격 전에 72시간의 유예 기간을 두자는 맥나마라의 제안을 지지하며, 이는 적절한 표적을 신중하게 선정하기 위한 최소한의 시간이라고 설명했다. 그러나 맥도널드는 여기서 한발 더 나아가, 미군과 민간인, 그리고 그 가족들을 베트남에서 철수시키는 방안까지 제안했다. 이 말에 테일러는 깜짝 놀라며, "정말로 사이공(Saigon)을 전쟁 중인 수도처럼 보이게 만들 작정인가?"라고 물었고, 이에 맥도널드와 르메이는 주저 없이 그렇다고 답했다. 맥도널드는 이미 베트남은 사실상 전쟁터이고, 미군은 동맹군과 남베트남 국민 모두에게 명확한 결단을 보여줘야 한다고 주장했다. 결국 그는 핫 퍼슈트(hot pursuit), 메콩(Mekonga)강 델타지역에서의 강경 대응, 베트콩 은신처와 남베트남 외곽 보급로에 대한 정찰 강화 등 다양한 추가 조치를 보고서에 포함해야 한다고 강조했다.

그린 장군 역시 이에 동의했다. 그는 군사 상황을 보다 종합적으로 평가한 뒤, 그에 상응하는 미군의 조치를 결정해야 한다고 거듭 강조하며, 해병대를 남베트남 주요 해안 거점에 투입할 것을 다시 한 번 권고했다. 르메이 장군 역시 그린과 맥도널드의 주장을 지지했다. 그는 맥나마라의 보고서가 전쟁을 본격적으로 수행하기에는 턱없이 부족하다고 평가했으며, 남베트남의 정치적 기반이 여전히 불안정한 상황에서 북베트남을 상대로 한 공개적 군사 행동 없이 안정을 기대하는 것은 비현실적이라고 보았다. 따라서 그는 즉각적인 대북 공격을 개시해야 한다고 강하게 주장했고, 그는 미국 국민들 또한 이러한 강경 조치를 지지할 것이라 내다봤다.

평소 감정을 드러내지 않던 휠러 장군마저도 이 문제에 대해 우려를 표했다. 그는 테일러 장군에게 "나는 미국의 목표를 현실과 동떨어진 방식으로, 마치 요술 부리듯 달성하겠다는 제안에는 결코 동의할 수 없습니다"라며 경고했다. 한편 르메이 장군은 테일러와 맥나마라가 합참의 우려를 대통령에게 제대로 전달하지 않고 있다고 판단했다. 그는 합참 명의의 독립적인 보고서를 따로 작성해 대통령에게 직접 제출해야 한다고 주장했

다.[61]

그러나 테일러는 르메이의 제안을 받아들이지 않았고, 맥나마라 보고서에 대한 공식 입장 역시 대통령에게 올리지 않았다. 같은 날 오후, 그는 국방부 장관에게 보고서를 제출했으나, 그 문서는 겉으로 보기에는 합참의 의견을 정리한 것처럼 보였을 뿐 실제 내용은 극히 형식적이었다. 테일러는 합참의 권고 사항을 구체화하지 않고 애매한 표현으로 흐렸으며, 남베트남 내에서 베트콩(Viet Cong)을 상대로 전세를 뒤집기 어렵다는 판단과 북베트남 정부를 상대로 조기에 '확실한 조치'를 취해야 한다는 원론적 의견만을 전달했다. 그러나 여기서 말한 '확실한 조치'가 무엇을 의미하는지에 대해서는 아무런 설명도 덧붙이지 않았다.

이어 합참이 핫 퍼슈트 (hot pursuit)[3] 작전과 보복 공격의 대응 시간과 관련해, 맥나마라 제안한 구체적 권고에는 동의하지 않는다고만 언급했을 뿐, 보고서의 핵심 전제나 주요 권고에 대해 합참이 가지고 있던 보다 근본적인 문제의식은 전혀 드러내지 않았다. 합참이 맥나마라의 프로그램만으로는 기대한 성과를 거두기 어려울 것이라는 판단 역시 의도적으로 모호하게 처리되었다.[62] 더 나아가, 맥나마라는 테일러가 작성한 이 보고서마저 대통령과 NSC에 전달되지 않도록 차단해 버렸다.

1964년 3월 17일, 존슨 대통령은 NSC 회의를 소집해 맥나마라의 보고서에 대해 논의했다. 이 회의에서 테일러 장군은 유일한 군 대표로 참석했다.[63] 맥나마라 국방부 장관은 자신의 보고서가 이미 충분한 내용을 담고 있다며 별다른 추가 설명을 하지 않았고, 대신 테일러 장군에게 보고서에 포함된 군사적 조치들을 설명해 달라고 요청했다.

그러나 테일러는 합참이 요구해왔던 보다 단호하고 강력한 군사 조치의 필요성은 강조하지 않았다. 오히려 북베트남에 대한 가장 제한적인 조치조차도 전쟁 확대의 위험을 수반할 수 있다는 점을 강조했다. 나아가

---

3 Hot Pursuit : 공격 후 도주하는 적을 국경선이나 경계에 관계없이 즉시 추적해 소탕하는 작전 개념

그는 합참이 맥나마라 보고서를 지지하고 있다고 밝혔다. 테일러가 언급한 합참의 유일한 이견은 보복 타격을 시행하기 전에 허용되는 대응 시간이 지나치게 길어, 기존 72시간을 24시간으로 단축하자고 권고했다는 점이었다. 실제로는 맥도널드 제독이 3일이 아니라 3시간으로 단축해야 한다고 주장했지만, 이러한 내용은 회의에서 구체적으로 전달되지 않았다.

맥나마라는 이어 각 부처와 기관이 보고서의 권고 사항을 대체로 이견 없이 받아들였다고 덧붙였다. 대통령은 모든 의견이 일치한 듯 보이자 만족감을 드러냈으며, 로지 대사도 보고서 내용을 승인한 것으로 알고 있다고 말했다. 이어 존슨 대통령은 북베트남에 대한 직접적인 군사 개입을 주장해온 로지 대사의 우려를 누그러뜨리기 위해, 해결되지 않은 부분에서는 "대사에게 얼마든지 거짓말을 해도 좋다"고 농담 섞인 말을 던지기도 했다. 이는 선거를 앞두고 베트남 문제가 정치적 부담으로 작용하는 것을 무엇보다 경계하던 존슨 대통령의 심리를 잘 보여주는 대목이었다. 이를 뒷받침하듯, 맥나마라는 보고서에 담긴 조치를 실행하는 데 추가 예산은 필요하지 않을 것이라고 자신 있게 말했다. 그는 테일러와 마찬가지로 합참의 우려를 고려하는 듯한 태도를 보이며, 보복 타격 시행 전 대기 시간을 줄이는 방안도 검토해 보겠다고 너그럽게 동의하는 모습을 보였다.

이 자리에서 존슨 대통령은 맥나마라에게 "당신의 계획대로라면 현재 남베트남의 악화된 상황을 되돌릴 수 있겠는가?"라고 물었다. 이에 맥나마라는 합참이 그의 프로그램만으로는 전세를 바꾸기 어렵다고 지적했던 부분을 의도적으로 언급하지 않은 채, 자신감 있게 "정부가 이 제안을 적극적으로 추진한다면, 칸(Khan) 정권은 상황이 더 악화되는 것을 막을 수 있을 것이며, 4~6개월 점차 나아지기 시작할 겁니다"라고 답했다.

테일러 장군은 합참이 권고안을 받아들일 수는 있겠지만, 이것만으로 베트남 문제가 해결할 수 있을지는 확신하기 어렵다고 조심스럽게 운을 뗐다. 이어 상황이 악화될 경우 합참은 북베트남에 대한 군사 조치까지도 검토해야 한다는 입장이라고 덧붙였다. 이는 현행 프로그램만으로는 부족할 수 있으며, 추가 조치가 필요하다는 가능성을 내비친 것이었다. 하지만 테일러의 발언만으로는 합참의 입장이 충분히 전달되기 어려웠고, 단계적 압박 전략에 대한 내부의 잠재적 반대 역시 제대로 드러나지 못했다. 바로 그 틈을 맥나마라가 파고들었다. 그는 칸(Khanh) 장군이 북베트남으로의 전면적 확전을 반대하고 있으며, 그 이유는 남베트남 지도자로서 아직 정치적 기반이 불안정하기 때문이라고 설명했다. 그러나 이 발언은 칸(Khanh) 장군의 진정한 의사를 반영한다기보다는, 맥나마라가 사이공(Saigon)에서 어려운 협상 끝에 받아낸 일종의 양보에 가까웠다. 맥나마라는 이를 근거로 삼아, 칸(Khanh) 장군이 북베트남에 대한 적극적 군사 행동을 요구하는 목소리를 선제적으로 차단하고자 했던 것이다. [64]

맥나마라의 보고는 꽤 설득력이 있었다. 존슨 대통령은 내각 회의실에 모인 인사들에게 현재 검토 중인 방안이 사실상 유일하게 현실적인 대안이라고 강조했다. 국방부 장관 맥나마라 역시 합참의 비관적 평가에도 흔들리지 않고 확신에 찬 태도를 보였다. 존슨 대통령 또한 맥나마라의 계획이 최소한의 손실로 최대한의 효과를 거둘 수 있을 것이라는 기대를 품게 되었다.

맥나마라가 제시한 '단계적 압박 전략'은 공산주의 반군(베트콩, Viet Cong)에 맞서 미국이 일정 수준 개입해야 한다는 행정부의 주장과, 전쟁이 더 크게 확산되는 위험을 최소화해야 한다는 주장을 절묘하게 결합한 해법처럼 보였다. 이 전략은 더 나아가, 재선을 앞둔 존슨 대통령이 상황 악화를 피하고자 하는 정치적 부담과 남베트남의 악화된 정세를 수습해야 한다는 국가적 책임 사이에서 느끼던 압박까지도 덜어주는 방안이었다.

회의가 마무리될 즈음, 존슨 대통령은 맥나마라의 제안을 따르더라도 상황이 기대만큼 호전되지 않을 경우에는 언제든 추가 조치를 취할 수 있다는 점을 분명히 했다. 이어 참석자들에게 보고서에 대한 이견이 있는지 물었지만, 그 자리에서 공개적으로 반대 의견을 제시한 사람은 아무도 없었다.

■

한편 백악관의 주요 민간 참모들은 베트남 전쟁과 관련해 대통령의 '주요 군사 자문 그룹'인 합참이 실제로 어떤 생각을 갖고 있는지 제대로 파악하지 못한 채, 소문이나 전언에 의존할 수밖에 없는 상황이었다. 대통령이 내각 회의실에서 NSC와 회의를 진행하던 그 시각, 최근 진급한 공군 중령 윌리엄 Y. 스미스(William Y. Smith)는 상관인 맥조지 번디(McGeorge Bundy)를 위해 한 보고서를 작성하고 있었다. 그 문서에는 합참이 맥나마라의 계획을 지지하지 않는다는 내용이 담겨 있었다. 스미스 중령은 이 보고서를 번디에게 전달해야 할지 잠시 고민했지만, 장기적으로 보았을 때 잘못된 판단이 이어지는 상황을 막는 데 도움이 될 수 있다고 판단해 결국 전달하기로 결심했다. 그는 보고서 서두에 이렇게 적었다.

"베트남 문제와 관련하여 펜타곤 내부의 특정한 분위기에 대해 알고 계시면 좋을 것 같아 이렇게 보고 드립니다. 아직 미미한 수준이지만, 최근 맥나마라 장관의 베트남 출장 보고서를 계기로 회의적 기류가 점점 확산되고 있다는 점도 말씀드립니다. 사실 저 역시 이 정도의 내용을 알기 힘든 위치에 있지만, 그래도 공유해 드리겠습니다."[65]

스미스는 자신이 펜타곤 내부에서 복도 대화를 통해 알게 된 내용이라 밝히며, 합참 내부에 베트남 상황에 대한 비관론이 확산되고 있다고 보고했다. 합참은 이제 미국의 입지를 지키기 위해서는 보다 단호하고 강력한 조치가 필요하다고 믿고 있으며, 맥나마라 장관이 제시한 온건한 대응 방안은 보고서에 묘사된 절박한 현실과 부합하지 않는다는 인식이 퍼지고 있다고 했다. 이는 실제로 3월 14일 합참 회의에서 맥도널드 제독이 언급했던 말과 일치했다. 또한 합참은 강경한 조치가 실행되지 않을 것이라고 판단하고 있었는데, 그 이유로 합참은 테일러와 맥나마라 같은 대통령의 핵심 측근들이 국가적 이익보다는 정치적 고려, 특히 대통령의 재선 가능성을 우선시하며 의사결정을 이끌고 있다고 보고 있다는 점을 들었다. 합참은 이들이 테일러와 맥나마라가 대통령에 대한 충성심 때문에 강경한 군사 조치만이 남베트남 상황을 바꿀 수 있다는 점을 대통령에게 솔직히 전하지 못하고 있다고 보고 있었다. 스미스는 이러한 인식이 더 확산될 경우 베트남 문제가 행정부 내부에서 정치적 도구로 전락할 위험이 있다며, 각별한 주의가 필요하다고 조언하며, 이를 소홀히 할 경우 결국 가장 큰 피해를 입는 건 존슨 대통령이 될 것이라고 경고했다.[66]

이후 스미스는 대통령과 합참 간의 공개적 갈등이 정치적으로 어떤 파장을 불러올 수 있을지를 정리한 두 번째 보고서를 작성했다. 그는 베트남 문제가 '1964년 대선의 미사일 갭 이슈'처럼 비화될 수 있다고 경고했다. 1960년 대선 당시 케네디 후보는 아이젠하워 대통령이 소련이 핵미사일 분야에서 미국보다 우위에 놓일 때까지 방치했다고 비판했지만, 이는 사실과 달랐고 실제로는 미국이 해당 분야에서 이미 압도적인 우위를 유지하고 있었다. 스미스는 이러한 선례를 들어, 대통령이 베트남 문제를 전임 대통령들과 협의함으로써 초당적 성격을 강화하고, 행정부 안팎의 여론 주도층이 정부 정책을 공개적으로 지지하도록 이끌 필요가 있다고 조언했다. 그는 앞으로 8개월 동안 위기 상황을 정치적으로만 모면하는 것은 쉽지 않을 것이라고 지적하며, 대통령이 단호하게 움직일 경우 국민도 그 결정을 지지할 것이라고 언급했다. 이어 행정부가 베트남 문제를 단순한 대선 캠페인의 정파적 이슈로 전락시키지 않고, 보다 높은 수준에서 논의될 수 있도록 필요한 조치를 취해야 한다고 촉구했다.[67]

이틀 후, 대통령의 군사보좌관 체스터 클리프턴(Chester Clifton) 준장은 합참의 불만과 실망을 맥조지 번디(McGeorge Bundy)에게 확인해 주었다. 클리프턴은 신뢰할 만한 정보원으로부터 합참의 평가를 전달받았는데, 그 내용은 맥나마라의 계획이 베트남에서 필요한 최소한의 군사력에도 미치지 못한다는 것이었다. 합참 위원 중에서는 테일러 장군만 맥나마라의 계획에 동의했고, 나머지 위원들은 북베트남에서 베트콩(Viet Cong)으로 이어지는 보급선을 차단하기 위해서는 훨씬 강력한 군사 조치가 필요하다는 입장이었다. 클리프턴은 합참의 한 위원이 맥나마라의 계획을 과거 피그스만 작전 수준에 빗대어 평가했다고 전하며, 다른 위원들 역시 같은 견해라면 대통령에게 현 계획이 군사적으로 적합하지 않다는 의견이 존재한다는 사실을 알려야 한다고 번디에게 조언했다.[68]

스미스의 보고서를 매우 흥미롭게 읽은 포레스탈은 이후 맥조지 번디(McGeorge Bundy)에게 합참 내부의 불만을 뒷받침하는 추가 증거를 전달했다. 설리번이 2월 초 합참과 회의했을 당시, 합참은 북베트남을 상대로 미국이 공개적이고 강력한 군사 조치를 취해야 한다며 격한 반응을 보였고, 특히 맥도널드 제독이 가장 강경했다. 다른 위원들도 대체로 동의하는 분위기였다. 설리번은 또, 베트남 주둔 미군 사령부(MCAV)의 장교들과 자신이 소속된 위원회 소속 군 장교들 역시 맥나마라의 보고서를 강하게 비판했다고 전했다.

이에 포레스탈은 대통령이 합참과의 공개적 충돌을 피하려면, 행정부가 이미 더 강경한 조치를 완전히 배제했다는 인상을 주지 않도록 신경써야 한다고 조언했다. 또, 북베트남에 대한 추가 조치 여부가 국방부와 국무부에서 계속 논의되고 있다는 점을 강조하라고 덧붙였다.[69] 포레스탈은 합참이 아직 어떤 중요한 결정도 내려지지 않았다고 느낀다면, 이러한 지속적인 협의 과정만으로도 합참의 공개적 반발을 사전에 막을 수 있을 것이라고 설명했다.

한편 테일러는 합참 내부의 불만이 백악관 참모진에게까지 전해졌다는 사실을 알게 되었다.[70] 이에 그는 3월 20일 합참 위원들을 소집해 회의를 열고, 국방부 장관에게 제출할 추가 권고안을 준비하고 있는지 날카롭게 물었다. 회의 자리에서 테일러는 합참 위원들에게 압박을 가하며 "합참 위원들은 지금 무엇을 권고할 준비가 되어 있는가?" 라고 질문했다. 그리고 이어서 그들에게 ""대통령께서 '남베트남 내 프로그램이 확실히 자리를 잡아야만 다른 조치를 취할 수 있다'고 말씀하신 점을 꼭 명심하시

오"라고 강조했다. [71]

이러한 분위기 속에서 합참 위원들은 자신들의 실제 의견을 충분히 밝히지 못한 채 회의장을 떠날 수밖에 없었다. 테일러와 맥나마라가 시간을 끌며 합참의 반발을 누그러뜨리려 했던 전략이 효과를 발휘한 것이다. 합참 위원들 대부분은 여전히 맥나마라의 계획에 동의하지 않았지만, 맥도널드와 휠러는 이미 최고위층에서 방향이 정해진 정책에 공개적으로 맞서는 데 주저하는 모습을 보였다. [72] 이번에도 테일러는 맥나마라의 정책에 대한 직접적인 반발을 효과적으로 억눌렀다. 이러한 억제 방식은 점차 노골적인 우회 전략으로 이어졌고, 테일러와 맥나마라는 합참 내부의 분열마저 활용해 자신들에게 유리한 방향으로 협력했다.

1964년 1월, 각 군의 역할과 임무를 둘러싸고 합참 위원들 사이에서 끝내 합의가 이뤄지지 않자, 테일러는 각 군에서 선발한 참모 장교들로 별도의 팀을 꾸려 합참 의견과 무관하게 독자적인 제안서를 작성하게 했다. 이 보고서를 들고 맥나마라 장관실을 찾은 테일러에게, 맥나마라는 "당신이 좋다고 한다면 지금 당장 서명하겠다"고 말했다. 그러자 테일러는 자신이 보고서 작성에 관여했다는 사실을 이미 알고 있는 사람들이 있으니, 장관이 검토한 것처럼 보일 수 있도록 당분간 책상 서랍에 넣어 두라고 조심스럽게 요청했다. 그 결과 이 역할·임무 보고서는 몇 주 뒤 맥나마라가 직접 서명하기 전까지 외부에 공개되지 않았다. [73]

1964년 3월, 맥나마라는 미 공군이 새로운 유인 폭격기 도입을 주장하는 움직임을 차단하기 위해 다시 한번 직접 개입했다. 그는 존슨 대통령에게 "해군성 장관 니체와 맥도널드 제독의 서명을 받아 다음과 같은 성명을 발표할 계획입니다. '공군 미사일이든 폭격기든, 신뢰성이 있든 없든 상관없다. 해군만으로도 전쟁에서 이길 수 있다'는 내용입니다"라고 보고했다. 이 말을 듣고 존슨 대통령은 그러면 해군과 공군 사이에 싸움이 벌어지지 않겠느냐며 우려를 표했지만, 맥나마라는 웃으며 이렇게 답했다.

"글쎄요, 사실 전 그런 상황이 오히려 더 좋습니다. '분열시켜 지배하라'는 전략이 이런 때는 꽤 쓸 만하거든요. 솔직히 말해 지난 몇 주 동안

저도 그런 식으로 움직여 왔는데, 지금까지는 꽤 잘 통하고 있습니다."[74]

　합참이 창설된 이후 육·해·공군은 끊임없이 주도권 경쟁을 벌여 왔다. 이러한 구조적 갈등은 합참의 집단적 정당성과 조정 기능을 약화시키는 요인이 되었고, 그 틈을 이용해 테일러와 맥나마라가 전략적으로 주도권을 행사하기는 한층 수월해졌다. 행정부 입장에서도 합참 위원들 가운데 누군가가 자신이 속한 군의 이해관계에 치우친 제안을 내놓을 경우, 이를 합참 전체의 통일된 판단으로 받아들이기는 어려웠다. 앞서 살펴본 것처럼, 그린 장군은 해병대를 투입해 베트남 해안 지역을 점령하고 그곳에 방어 거점을 구축하는 것이 가장 타당하다고 판단해 해안선을 따라 안전지대를 설치해야 한다고 제안했다. 르메이 장군은 공군력이 결정적이라는 인식 아래 공군의 역할을 강조했고,[75] 맥도널드 제독은 항구 기뢰 설치, 메콩 델타(Mekong Delta) 수로 정찰, 해군 항공기를 활용한 정찰과 공습을 확대할 필요가 있다고 주장했다. 반면 휠러 장군의 입장은 조금 달랐다. 아이젠하워 행정부 시절에 비해 육군의 전략적 위상이 높아진 상황이었고, 자신 역시 테일러 장군의 지원 덕에 현직에 오른 만큼, 행정부의 정책을 지지하는 태도를 가질 수밖에 없었다.

　군종 간 경쟁은 주요 인사 보직 결정 과정에서도 그대로 드러났다. 합참이 베트남 문제에 대한 자문을 제공하던 시기에도, 웨스트모어랜드 장군의 참모장을 누구로 임명할지를 두고 치열한 논쟁이 벌어졌다. 르메이 장군은 베트남 주둔 미군사령부(MCAV)의 주요 보직 가운데 공군이 대표되지 않고 있다며, 참모장직만큼은 반드시 공군 장교가 맡아야 한다고 강하게 주장했다. 반면 테일러와 휠러 장군은 웨스트모어랜드 장군이 선호하는 육군 소장 리처드 G. 스틸웰(Richard G. Stilwell)을 직접 선택할 수 있어야 한다며 맞섰다. 앤더슨 제독과 그린 장군 역시 스틸웰 장군 쪽에 손을 들어주었지만, 사이공(Saigon)의 최고 군사 직위 세 자리가 모두 육군에게 돌아가는 상황에는 '원칙의 문제'라며 거듭 우려를 표했다. 결국 최종 결정을 내려야 했던 맥나마라 국방부 장관은 테일러 장군의 권고를

받아들여 스틸웰을 참모장으로 임명했다.[76]

합참은 다시 한 번 펠트 제독의 후임으로 누가 태평양사령관에 임명될지를 두고 격렬한 논쟁에 휩싸였다. 태평양사령부는 워싱턴과 베트남 주둔 미군사령부(MCAV) 간 명령과 통신이 오가는 핵심 기지이었다. 1964년 2월 20일, 합참은 육군·해군·공군 후보들을 대상으로 평가를 진행해 순위를 매겼고, 그 결과를 최종 취합한 사람은 테일러 장군이었다. 종합 결과 1위로 선정된 인물은 공군 소속의 제이콥 E. 스마트(Jacob E. Smart) 장군이었다.

이 결과는 해군 참모총장 맥도널드 제독에게 큰 충격을 안겼다. 전통적으로 해군이 지휘해 온 태평양사령부의 지휘권이 공군으로 넘어갈 가능성이 커졌기 때문이다. 특히 자신과 오랫동안 전략적 파트너십을 유지해 온 해병대 사령관 그린 장군이, 이번처럼 해군과 국방부 전체의 이해가 걸린 중대한 사안에서 해군이 아닌 공군 후보를 지지했다는 사실은 맥도널드에게 더욱 뼈아프게 다가왔다. 그러나 그린 장군은 군종을 떠나 스마트 장군이 해당 직책에 가장 적합한 인물이라고 판단했다. 회의 직후 두 사람은 전화 통화에서 격렬한 언쟁을 벌였다. 분노한 맥도널드 제독은 해병대가 중시하는 사안에서 반드시 대가를 치르게 하겠다고 경고했고, 이 다툼은 두 사람 사이에 오랫동안 회복되지 않는 깊은 감정의 골을 남겼다. 통화를 마치자마자 맥도널드 제독은 곧바로 맥나마라 국방부 장관의 집무실을 찾아가 자신의 입장을 강하게 피력했다. 맥나마라는 그의 말을 경청한 뒤, 그날 바로 맥도널드 제독의 요구를 수용해 해군 소속 울리시스 S. 올리 샤프(Ulysses S. Oley Sharp) 제독을 태평양사령관의 후임으로 결정했다.[77] 그러나 맥나마라의 이러한 해군 측 입장 수용에는 분명한 대가가 따랐다. 그동안 그의 베트남 정책과 점진적 압박 전략에 공개적으로 반대해 왔던 맥도널드 제독은, 이 결정 이후 합참 공식 회의를 제외하고는 더 이상 맥나마라의 정책에 대해 공개적으로 이견을 제기하지 않게 되었다.

참모총장들이 각자 자신이 속한 군의 이해관계를 앞세우는 태도는 합참이 일관된 군사 자문을 제공하는 데 근본적인 걸림돌로 작용했다. 특히 태평양사령관 인선 문제에서 맥나마라의 지원을 받은 이후, 맥도널드 제독은 그에게 일종의 빚을 졌다고 느끼게 되었다. 그는 이번 인사 문제가 자신의 리더십과 역량을 시험하는 자리라고 생각하며, 해군 장교들과 수병들 앞에서 자신의 위상과 신뢰를 지키기 위해 애쓰고 있었다. 만약 태평양사령관 자리를 지키지 못했다면, 해군은 전략적 요충지에 대한 지휘권을 상실할 뿐 아니라, 해군 조직 전체의 위신에도 심각한 타격을 입었을 가능성이 컸다. 맥도널드는 이러한 상황 속에서 국방부 문민 관료들과의 관계 역시 의식하지 않을 수 없었다. 마침 국방부는 최근 정책을 개정해, 해군 장성(3성 장군) 이상의 배우자라면 누구나 미 해군 함정의 진수식에서 함명(艦名)을 부여하는 의식에 참여할 수 있도록 허용했다.[78] 이 제도는 상징적 조치에 불과했지만, 고위 장교 사회에서는 국방부가 해군의 위상과 전통을 존중하고 있다는 신호로 받아들여졌고, 맥도널드에게도 문민 지도부와의 관계를 원만히 유지해야 할 또 하나의 이유로 작용했다.

이처럼 태평양사령부 사령관 인선을 둘러싼 논쟁은, 맥도널드 제독이 합참 회의에서는 맥나마라 국방부 장관의 계획에 불만을 드러내면서도 정작 장관이나 대통령 앞에서는 공식적으로 반대하지 못했던 이유를 잘 보여준다. 현실주의자였던 그는 고위직 장교라면 상황과 조건에 따라 행동 방침을 조정해야 한다고 보았다. 해군의 사기와 직결되는 중요한 사안에서 국방부의 지지를 얻은 만큼, 그는 이를 일종의 '빚'으로 받아들였던 것이다. 국방부 장관의 지원이 있었기에 해군이 가장 중요하게 여기는 사안들에서 조직적 뒷받침을 받을 수 있었고, 그만큼 마음의 빚을 느꼈던 것이다.[79] 그래서 그는 덜 본질적인 문제에서는 한발 물러나더라도, 해군의 이해가 걸린 핵심 사안에서는 최소한 국방부 장관의 묵인이나 지지를 확보하려는 태도를 유지했다.

이러한 상황 속에서 합참 내 각군 참모총장들은 자신들을 하나로 묶어줄 강력한 리더를 절실히 필요로 했다. 그 역할을 맡을 수 있는 사람은 합참의장뿐이었다. 그러나 테일러 의장은 대통령에게 서로 다른 목소리가 전달되는 상황을 피하고자 했고, 그 결과 합참 내부의 의견을 조율해 하나의 권고로 만드는 본래의 역할보다는, 맥나마라 장관과 보조를 맞추며 자신의 정책적 영향력을 유지하는 데 더 많은 신경을 썼다. 그는 오히려 합참 내부의 분열을 관리하고 활용하는 방향으로 움직였다. 그 결과 합참은 집단적 판단을 바탕으로 한 일관된 조언을 제시하지 못했고, 각 군의 이견은 국방부 장관과 합참의장 단계에서 걸러졌다. 이렇게 필터링된 구조 속에서, 합참은 미국의 베트남전 군사 개입 전략에 대해 맥나마라가 구상한 방향에 실질적인 이의를 제기할 수 없는 상태로 점점 밀려나게 되었다.

■

대통령은 군사 고문들을 전적으로 신뢰하지는 않았지만, 행정부 내부의 단결을 유지하는 데에는 각별한 주의를 기울였다. 그는 합참 수뇌부가 자신의 베트남 정책에 공개적으로 반대하는 상황만큼은 반드시 피하고자 했다. 합참의 조언 내용 자체에는 큰 관심을 두지 않았지만, 그들이 노골적인 반감을 드러내는 모습 역시 원치 않았던 것이다. 겉으로는 자문 절차를 존중하는 듯 행동했으나, 실제로는 이미 결정을 내려 둔 상태에서 그 사실을 철저히 숨겼다. 때로는 장차 북베트남에 대해 더 강경한 조치를 취할 수도 있다는 식의 암시를 흘리며 합참을 달래기도 했다. 당시 대통령의 최대 관심사는 재선이었고, 남베트남의 공산화를 막을 수만 있다면 필요한 최소한의 조치만 취하겠다는 계산을 하고 있었다. 결국 그는 자신의 정치적 목표에 부합하는 조언, 즉 맥나마라와 테일러가 제시하는 논리만을 선택적으로 받아들였다. 사실상 듣고 싶은 군사적 조언만 골라 들은 셈이었다.

맥나마라의 점진적 압박 전략은 베트남을 잃지 않으면서도 전면전 확대에는 나서지 않으려 했던 대통령의 고민을 해결해 주는 묘책처럼 보였다. 만약 합참이 북베트남을 굴복시키기 위해서는 보다 강력한 군사 행동이 필요하다고 일관되게 주장했더라면, 대통령은 전쟁 확대와 남베트남 철수 사이에서 어려운 선택을 해야 했을지도 모른다. 그러나 합참 수뇌부는 끝내 확고한 입장을 하나로 모으지 못했고, 테일러와 맥나마라가 주도권을 쥔 채 전략 수립이 진행되는 동안 점차 영향력을 상실해 갔다. 그 결과 합참은 이미 대통령이 승인한 정책이 공개된 뒤에야 뒤늦게 문제를 제기하는 난처한 상황에 놓이게 되었다. 결국 미국의 베트남전 개입은 합참이 실질적으로 전략 설계 과정에 참여하지 못한 채, 맥나마라와 대통령 중심의 방향 속에서 토대가 마련되었다.

5 　불신에서 기만으로(1964. 3월-7월)

"그것을 '맥나마라의 전쟁(McNamara's War)'이라고 부른다 해도 저는 기꺼이 받아들이겠습니다. 오히려 이 전쟁이 매우 중요한 의미를 지닌다고 생각하며, 제 이름이 이 전쟁과 함께 언급되는 것 또한 영광으로 생각합니다. 승리를 위해 제가 할 수 있는 모든 것을 다할 것입니다."

— 로버트 S. 맥나마라(Robert S. McNamara), 1964년[1]

"스스로에게 한 번 거짓말을 허락한 사람은 두 번째, 세 번째 거짓말도 훨씬 쉽게 하게 된다는 사실을 곧 깨닫게 됩니다. 시간이 지나면 거짓말이 습관이 되고, 어느새 무의식적으로 반복되죠. 결국 진실을 말하더라도 사람들은 더 이상 믿지 않게 됩니다. 혀로 시작된 거짓은 마음의 거짓으로 이어지고, 그렇게 되면 결국 내면의 선한 성향마저 무너지고 맙니다." –토머스 제퍼슨(Thomas Jefferson), 1785년[2]

1964년 3월 말, 대통령이 맥나마라의 '단계적 압박 전략'을 승인하자, 그동안 억눌려 있던 합참 내부의 불만이 점차 수면 위로 떠오르기 시작했다. 맥도널드 해군 참모총장, 그린 해병대 사령관, 르메이 공군 참모총장은 합참의장 테일러가 자신들의 의견을 대통령에게 왜곡해 전달하고 있다며 의심하며, 각각 비공식 경로를 통해 대통령의 군사보좌관 체스터 클리프턴 장군에게 연락을 취했다. 클리프턴은 이 상황을 대통령에게 보고하며, "맥나마라의 베트남 계획을 둘러싸고 합참 내부에서 위험한 조짐이 나타나고 있다"고 전했다. 그는 합참이 구체적인 대응 방식에서는 의견이 갈리지만, 남베트남의 현 상황을 반드시 개선해야 한다는 문제의식만큼은 공유하고 있다고 덧붙였다.

맥나마라와 테일러가 남베트남의 정치적 안정이 선행되어야 한다고 본 것과 달리, 합참은 북베트남 폭격을 그러한 조건에 종속시킬 필요가 없다고 판단했다. 르메이와 그린 장군은 프랑스가 과거 50만 명의 병력을 투입하고도 베트남을 장악하지 못했던 전례를 상기시키며, 제한된 규모의 미군 작전만으로는 의미 있는 성과를 기대하기 어렵다고 보았다. 따라서 전쟁의 범위를 북베트남으로 확대하지 않는 한, 전세를 바꾸기 어렵다는 것이 이들의 판단이었다. 특히 OPLAN 34A에 따른 초기 비밀 작전이 실패한 이후, 합참은 미군 항공기를 투입해 북베트남의 주요 석유 저장 시설을 타격할 것을 권고했다. 아울러 라오스와 캄보디아를 경유하는 북베트남의 보급로를 차단하고, 필요하다면 경우 국경을 넘어 베트콩(Viet Cong)을 추격해 타격해야 한다고 주장했다.[3] 합참은 단순한 '현상 유지'에 머무르는 현 정책으로는 부족하며, 이러한 기조가 지속될 경우 미국의 외교정책 전체가 중대한 실패로 귀결될 수 있다고 경고했다.

클리프턴 장군은 또 다른 중요한 징후도 대통령에게 전했다. 합참 내부에서는 단계적 압박 전략을 '아시아판 피그스만 침공'에 비유하며, 향후 실패의 책임을 떠안지 않기 위해 공식적인 반대 입장을 기록으로 남기고 있다는 것이다. 그는 특히 르메이 장군의 예정된 전역이 대통령에게 정치적 위험 요소가 될 수 있다고 경고했다. 르메이는 북베트남의 안전지대에 대해 보다 강력한 군사 조치를 취해야 한다는 확고한 신념을 지니고 있었으며, 이 문제가 충분히 논의되지 않았거나 합참의 모든 참모들이 의견을 개진할 기회조차 없었다고 느낄 경우, 그의 태도는 더욱 강경해질 가능성이 컸다.[4] 다만 클리프턴은 르메이가 현역에 있는 동안에는 군 통제권 약화를 우려해 정부 정책에 공개적으로 반기를 들지는 않을 것이라고 판단했다. 그러나 전역 이후에는 군인 신분에서 벗어나는 만큼, 행정부의 베트남 정책을 공개적으로 강하게 비판할 가능성이 높다고 예견했다.

또한 클리프턴은 존슨 대통령에게 로지 대사와 하킨스 장군으로 인해 발생할 수 있는 정치적 리스크에 대해서도 경고했다. 합참의 각 군 참모총장들은 하킨스 장군이 부당하게 희생양이 되고 있다고 느끼고 있었으며, 전역 이후 로지 대사와의 갈등을 공개적으로 언급할 가능성을 우려하고 있었다. 합참은 로지 대사가 11월까지 대사직을 유지하는 현 전략에도 회의적이었고, 그가 귀국한 뒤 베트남 정책을 쟁점 삼아 대선에서 존슨 대통령에게 도전할 가능성까지 배제하지 않았다. 클리프턴의 보고에 따르면, 새로 임명된 웨스트모어랜드 장군 역시 성격이 유연하고 순응적인 인물로 평가되었는데, 합참 내부에서는 그 또한 하킨스처럼 곤란한 상황에 놓일 수 있다는 우려가 조심스럽게 제기되고 있었다.

이 복잡한 상황을 두고 클리프턴 장군은 대통령에게 여러 대응 방안을 제시했다. 우선, 맥나마라가 작성한 보고서를 각 군 참모총장들에게 직접 전달해 개별적인 의견에 대해 들어볼 것을 권했다. 또한 동일한 보고서를 로지 대사와 하킨스 장군에게도 공유해, 두 사람이 현재의 정책 방향에 보다 협조적인 태도를 보일 수 있도록 유도해야 한다고 조언했다. 더 나아가 그는 대선 전까지 현 상황을 어느 정도 유지할 수 있을지를 점검할 필요가 있다며, 합참에 두 가지 분석 보고서를 요청하자고 제안했다. 하나는 대선 이전의 성공과 실패 가능성을 평가하는 단기 보고서였고, 다른 하나는 11월까지 별다른 위기가 발생하지 않는다는 가정하에 작성하는 장기 전망 보고서였다.

아울러 클리프턴은 베트남 주둔 미군사령부(MCAV) 지휘관 자리에 웨스트모어랜드보다 더 단호한 성향의 지휘관을 임명하는 방안도 언급했다. 하킨스 장군에 대해서는 다른 직책을 부여하거나 외교적 역할을 맡기는 방식으로 잠재적 불만을 해소할 필요가 있다고 조언했다. 마지막으로 그는 대통령과 합참이 비공식적으로 회동해, 각 군 참모총장이 자신의 견해를 대통령에게 직접 전달할 수 있는 자리를 마련하자고 제안했다.

이 보고서는 존슨 대통령으로 하여금 자신과 군 수뇌부의 관계를 보다 명확히 규정하게 만드는 계기가 되었다. 그러나 존슨은 클리프턴의 조언처럼 실제로 합참의 의견을 정책 결정에 반영할 생각은 없었다. 그는 베트남 정책과 관련해 일부 사안에서 군의 의견을 '경청하는 모습'만 연출했을 뿐, 정작 그 조언을 따를 의도는 없었다. 이는 어디까지나 군부가 공개적으로 이견을 표출하지 못하도록 견제하기 위한 형식적 절차에 가까 웠다.

무엇보다 존슨 대통령은 잠재적인 반발을 사전에 차단하기 위해, 필요할 경우 더 강경한 군사 행동도 검토할 수 있다는 신호를 흘리며 군 수뇌부를 회유하려 했다. 이러한 접근 방식은 과거 포레스탈이 제안했던 방식과도 유사했다.[5] 통합을 중시하고 공개적인 갈등이나 체면 손상을 극도로 꺼렸던 존슨에게 군 수뇌부는 언제든 정치적으로 부담될 수 있는 잠재적 위험 요소였다. 그의 최대 관심은 눈앞으로 다가온 11월 대선이었고, 실제 군사 전략이나 외교적 판단보다 선거 전략이 베트남 관련 결정에 더 큰 영향을 미치고 있다는 사실을 합참에게 솔직히 밝히는 걸 숨기고 있었다.

■

존슨 대통령이 가장 먼저 해결해야 할 과제는 행정부 내부에서 가시 같은 존재로 여겨졌던 르메이 공군 참모총장을 어떻게 처리할지 결정하는 일이었다. 공군 장관 유진 주커트(Eugene Zuckert) 역시 르메이를 그런 존재로 평가했다. 1964년 1월, 르메이의 연임 여부를 두고 고심하던 존슨 대통령은 곧 국방부 부장관에서 물러날 예정이던 길패트릭에게 의견을 구했다. 뉴욕 출신의 변호사이자 트루먼 행정부에서 공군 차관을 지낸 경험이 있던 길패트릭은 르메이가 "최고위 군사 자문 역할을 맡을 적임자는 아니다"라는 평가를 내렸다. 길패트릭은 르메이 역시 테일러 장군과 마찬가지로 전략가적 기질이나 사상적 깊이가 부족하다고 지적하면서, 언론 노출을 최소화하기 위해 해외 주둔 미군이나 동맹국 공군기지 시찰과 같은 임무로 그를 바쁘게 두는 방안이 바람직할 것 같다고 조언했다.[6]

1월 28일, 클리프턴 장군은 단순한 시찰 임무는 르메이의 흥미를 끌기 어렵다고 보고, 대신 초음속 수송기 개발을 위한 대통령 자문 역할을 맡기는 방안을 제안했다. 한편 테일러 장군은 공군 참모총장 자리에 보다 유연한 성향의 인물이 필요하다 보고, 르메이의 후임을 물색하기 시작했다. 이 과정에서 렘니처 장군에게 존 P. 맥코넬(John P. McConnell) 장군이 적합한지 의견을 묻기도 했다.[7]

그해 초봄, 르메이는 공군 장관 주커트로부터 맥나마라 국방부 장관이 자신의 재임명을 고려하지 않고 있다는 사실을 전해 들었다. 그 이유는 르메이가 국방부 문민 관료들과 원만한 관계를 유지하지 못했다는 점이었다. 이 소식을 접한 르메이는 특유의 태도로 "그럴 줄 알았어. 도대체 무엇 때문에 그렇게 걱정하는 거요?"라며 담담하게 반응했다.[8] 그러나 3월 말, 클리프턴 장군이 이 문제를 존슨 대통령과 논의한 이후, 대통령은 르메이를 어떻게 처리할지 다시 한 번 신중하게 고민할 필요가 있다고 느끼게 되었다.

1964년 4월 3일, 르메이 장군은 백악관에서 열린 칵테일 리셉션에 참석했다. 이 자리에서 존슨 대통령은 르메이에게 전역 후 어떤 계획이 있는지 조심스럽게 물었다. 아마도 그는 과거 케네디 대통령이 앤더슨 제독을 외교직으로 보내며 사실상 해임했던 일을 떠올렸던 것으로 보인다. 그래서 르메이에게 대사직을 제안했지만, 르메이는 별다른 관심을 보이지 않았다. 그러자 존슨은 며칠 더 생각할 시간을 달라고 요청했고, 나흘 뒤 르메이에게 공군 참모총장 임기를 1년 연장해 재임명하겠다는 뜻을 전했다. 존슨은 르메이가 민주주의 체제에서는 군을 통제하는 최종 권한이 민간에 있다는 원칙을 인식하고 있는 인물이라는 점을 잘 알고 있었다. 따라서 르메이가 군복을 입고 있는 한, 정부의 공식 정책에 공개적으로 반기를 들 가능성은 크지 않다고 판단했다.[9]

■

한편 선거가 다가오면서 존슨 대통령은 자문 체계를 더욱 소수 정예로 재편하기 시작했다. 그는 매주 화요일 가장 가까운 참모들과 오찬 회의를 열었는데, 주요 참석자는 러스크 국무부 장관, 맥조지 번디(McGeorge

Bundy) 국가안보보좌관, 그리고 맥나마라 국방부 장관이었다. 1964년부터 이후 이른바 '화요일 오찬 회의'는 대통령이 외교·안보를 비롯한 국내외 핵심 정책 전반을 논의하는 대통령의 중심 회의체로 자리 잡았다. 첫 회의는 존슨 대통령 취임 11주 후인 2월 4일 열렸고, 그해 봄과 여름 동안 스무 차례가 넘게 이어졌다. 월트 로스토우(Walt Rostow)에 따르면, 화요일 오찬 회의는 국가안보 정책 결정의 실질적인 중심이었고, 그 자리에 참석할 수 있는 사람들은 대통령이 가장 듣고 싶어 하는 조언을 해줄 인물들뿐이었다고 한다. 이 회의에서는 베트남 정책과 대통령 선거 전략 등이 많이 논의되었다. 이 소규모 회의에는 군 장성이 정기적으로 초대되는 일은 거의 없었고, 심지어 합참의장 테일러 장군조차 상시 참석 대상이 아니었다.[10]

이 화요일 오찬 회의는 주요 정책에 대한 의견을 집중적으로 조율하는 동시에, 논의 내용이 의회나 언론에 새어나가지 않도록 철저히 비공개로 운영되었다.[11] 백악관 특별보좌관 포레스탈도 그렇게 회상했다.

"그 시절 정부 내부에는 무겁고 답답한 분위기가 짙게 깔려 있었습니다. 모두가 서로를 경계했고, 어떤 의견이든 밖으로 새어 나가기라도 하면 큰일이 날까 봐 늘 긴장했지요. 특히 그 말이 대통령 귀에 들어가면, 대통령이 크게 분노하고 결국 누군가는 책임을 뒤집어쓰게 될 거라는 두려움이 팽배했습니다. 이런 분위기 탓에 내부 정보가 자유롭게 공유되지 못했고, 그 결과 대통령에게 반드시 전달됐어야 할 중요한 내용들조차 보고되지 않는 일이 잦았습니다."[12]

이러한 환경 속에서 고문들은 대통령 앞에서 단합된 모습을 보이기 위해 사전에 의견을 맞추는 경우가 많았다. 러스크는 이를 "대통령은 고위 참모들 사이에서 심판 역할을 하는 것을 싫어하셨습니다. 대통령이라면 스스로 내렸을 법한 결론을 참모들이 미리 합의해 가져오길 원하셨죠" 라고 회상했다. 러스크는 트루먼 행정부 시절, 외교 정책을 놓고 자주 대립하던 국무부 장관 딘 애치슨(Dean Acheson)과 국방부 장관 루이스 존슨(Louis Johnson) 사이에서 연락관 역할을 맡았던 경험이 있었다. 이 경험을 통해 그는 외교·안보 정책을 책임지는 두 부처가 대통령에게 보고하기 전에 반드시 입장을 조정해야 한다는 확신을 갖게 되었다. 러스크는 "저는 맥나마라와 함께 대통령께 보고하기 전에 반드시 서로 의견을 조율했습니다. 하나의 결론을 도출하는 것은 우리에게 당연한 절차였죠"라며 당시를 회상했다.[13] 러스크, 맥나마라, 번디는 국무부와 국방부가 모든 단계에서 긴밀히 협력하며 소통하도록 이끌었고, 월트 로스토우(Walt Rostow)에 따르면 이 세 사람은 스스로를 하나의 팀, 나아가 가족처럼 생각했다고 한다. 이들은 자신들을 한 팀, 또는 가족처럼 여겼다고 한다.[14] 특히 맥나마라는 대통령 주변 참모 가운데 가장 단호하고 주도적인 인물이었고, 회의의 방향과 분위기를 이끄는 데 큰 역할을 했다.[15]

하지만 이 화요일 오찬 회의는 정책 기획과 의사결정 과정에서 합참을 더욱 주변화시키는 결과를 낳았다. 대통령에게 전달되는 조언은 이미 국무부와 국방부 장관이 사전에 합의한 내용이었기에, 다른 문민 참모들이 이를 문제 삼거나 의문을 제기할 여지는 거의 없었다. 그 결과 대통령은 합참의 시각을 충분히 접할 기회를 잃었고, 합참 역시 행정부가 실제로 베트남 정책을 어떤 방향으로 이끌고 있는지 명확히 파악하지 못한 채 점점 더 소외되어 갔다.

■

맥나마라가 3월에 제출한 '점진적 압박 전략' 보고서를 놓고 불만을 품었던 합참은 이 전략의 전제가 과연 타당한지 직접 검증해 보기로 했다. 이에 따라 합참은 일종의 모의 군사작전, 즉 '워게임'을 실시하기로 결정했다.[16] 1964년 4월 6일부터 9일까지 합참 산하의 워게임 부서는 'SIGMA 1-64'라는 이름의 모의 작전을 진행했다. 이 실험의 목적은 미국과 남베트남이 북베트남을 상대로 점진적으로 군사적 압박을 강화할 경우, 하노이(Hanoi)가 어떤 방식으로 대응할지를 가상 환경에서 검증하는 것이었다. 여러 군 장교들이 미국, 북베트남, 중국, 소련 등의 역할을 나누어 맡아 다양한 시나리오를 연출했다.

이 워게임의 결과는 놀라울 정도로 비관적이었다. 북베트남과 베트콩(Viet Cong)은 미국의 압박이 강화될수록 오히려 남베트남 내 공격 수위를 높였고, 미국 시설과 인원을 겨냥한 테러 역시 끊이지 않았다. 최종 보고서는 '작전은 소규모 폭격으로 시작되었지만, 결국 미국은 북베트남을 굴복시키기 위해 막대한 병력과 자원을 투입하게 되었고, 그 사이 남베트남 내부의 전쟁은 상대적으로 적은 관심과 지원 속에서 계속되었다'고 결론지었다. 보고서는 또한 점진적 압박 전략이 미국 국민과 의회의 지속적인 지지를 얻기 어렵다는 점을 경고했다.

특히 이 워게임에서 북베트남 지도부 역할을 맡았던 장교들은 미국이 결정적인 순간에 단호한 행동에 나서지 않을 것이라는 확신을 바탕으로 더욱 과감한 대응 전략을 구사했다. 참가자 다수는 공중 폭격만으로 북베트남이 베트콩(Viet Cong)에 대한 지원을 중단하도록 만들기는 사실상 불가능하다는 데 의견을 같이했다.[17] 이 시뮬레이션은 점진적 압박 전략이 지닌 근본적 한계를 적나라하게 드러냈다. 첫째, 북베트남은 미국의 군사적 확대에 맞서 지상전을 더욱 격화시키는 방식으로 충분히 대응할 수 있음이 확인되었다. 둘째, 미국은 북베트남의 결의와 저항 의지를 심각하게 과소평가하고 있었다는 사실도 명확히 드러났다.

참가자들은 이 난관을 해결할 수 있는 방안으로 두 가지를 제시했다. 하나는 베트남에서 완전히 철수하는 것이었고, 다른 하나는 북베트남이 미국의 결의를 의심할 여지를 주지 않도록, 초기 단계부터 압도적이고 단호한 군사 행동에 나서는 것이었다. 이 워게임의 결론은 점진적 압박 전략이 르메이 장군이 처음부터 우려했던 것처럼 성공 가능성이 희박한 장기적 군사 개입으로 이어질 가능성이 크다는 점을 명확히 보여주었다.

참가자들이 게임 결과를 바탕으로 결론을 내리려고 노력했던 모습은

"만약 우리가 이 시뮬레이션 결과처럼 물러선다면, 우리는 결국 베트남을 잃게 될 겁니다. 다른 전술을 사용해야 합니다. 제 생각에는 누군가 이런 침략적인 시도를 한다면, 그들에게 정말 큰 대가를 치르게 만들어야 한다고 봅니다"라고 했던 참가자의 아쉬운 말에서도 드러난다.[18]

SIGMA I 테스트는 점진적 압박 전략을 베트남 전쟁에 적용할 경우 직면하게 될 군사적·정치적 제약을 명확히 드러냈다. 그러나 이 시점에서 존슨 대통령은 이미 합참의 조언이 효과적으로 전달될 수 있는 통로를 대부분 차단해 둔 상태였다. 그 결과 펜타곤에서 실시한 이번 워게임의 분석과 결론 역시 대통령에게 제대로 보고되지 못했다.

맥나마라는 합참과 대통령 사이의 모든 소통 경로를 사실상 끊어내려 했고, 합참과 클리프턴 준장 사이에 유지되던 비공식 연락망까지 차단했다. 국방부 장관으로서 군사 정보와 자문 흐름을 통제할 수 있는 권한을 적극적으로 행사했다. 합참이 독자적으로 영향력을 행사하는 가능성을 원천적으로 봉쇄하기 위한 조치였다. 그 결과 백악관과 합참 간의 모든 소통은 반드시 맥나마라의 사무실을 거쳐야만 가능해졌다.

1964년 5월 초, 클리프턴 준장이 각 군의 비용 절감 방안이나 여성의 군 복무 확대 같은 베트남과 직접 관련이 없는 사안에 대해 대통령에게 별도로 보고하자, 맥나마라는 클리프턴이 합참과 직접 접촉한 방식에 강한 불만을 표했다. 결국 존슨 대통령도 맥나마라의 입장을 지지하며, 참모들에게 군 관련 일정과 결정은 모두 국방부 장관을 통해 보고하라는 지침을 내렸다.[19] 그러나 맥나마라는 자신이 구상한 베트남 전쟁 수행 방침을 뒷받침하는 평가와 정보만을 선별해 대통령에게 전달했다.

맥나마라는 SIGMA I 워게임 결과에도 큰 관심을 보이지 않았다. 이미 자신이 설계한 베트남 전략이 별다른 반대 없이 승인된 상태였고, 정보를 수집하고 분석하는 다른 체계적 수단들도 충분히 확보하고 있다고 판단했기 때문이다. 정치학자 알렉산더 조지(Alexander George)는 사람들이 예측할 때 추상적인 정보보다 구체적인 정보에 더 의존하는 경향이 있다고 지적한 바 있다.[20] 실제로 SIGMA 워게임은 군사적 경험과 외교적 판단에 기반한 주관적 요소가 큰 실험이었고, 이러한 특성은 정량적 분석과 체계적 모델을 중시하던 맥나마라의 사고방식과는 잘 맞지 않았다.

맥나마라는 베트남 내 대반란 활동의 변화를 시간의 흐름에 따라 그래프로 정리해 분석했다. 양측의 전사자 수, 베트콩(Viet Cong)의 공격 빈도, 노획 무기량, 항공기 출격 횟수, 북베트남 해군 활동, 남베트남 순찰선의 작전 투입 비율 등 다양한 지표를 체계적으로 기록했다. 이러한 데이터를 해석하기 위해 맥나마라는 시스템 분석 전문가 팀을 적극 활용했는데, 이 작업의 중심에 있었던 인물이 바로 국방부 시스템 분석 부서장이었던 알랭 엔토벤(Alain Enthoven)이었다. 엔토벤은 국방부 내에서 상당한 권한을 행사했으며, 자신이 사용하는 분석적 접근법이 군사작전에 그대로 적용될 수 있다고 굳게 믿고 있었다. 엔토벤은 전쟁 관련 프로그램의 실행 가능성을 평가하면서 정량적 분석을 생략하는 것은 "자살 행위와 다름없다"고까지 단언하기도 했다.[22] 맥나마라도 이러한 관점에 전적으로 동의했고, 수집된 정량적 데이터가 전쟁 수행의 실질적 진전을 객관적으로 보여준다고 확신했다.

맥나마라는 주요 정보원으로 엔토벤과 국방부 장관실의 다른 문민 참모들을 활용했기 때문에, 합참과의 협의에는 상대적으로 적은 시간을 할애했다. 그린 장군의 작전참모였던 뷰스 중장은, 맥나마라가 1963년에는 매주 월요일마다 합참과 회의를 했지만 1964년에 들어서는 회의 빈도가 크게 줄었다고 회상했다. 국방부 부장관 로스웰 길패트릭(Roswell Gilpatric)이 간혹 장관을 대신해 합참 회의에 참석하기도 했으나, 시간이 흐를수록 장관은 물론 부장관조차 회의에 모습을 드러내지 않게 되었다. 뷰스 중장은 결국 맥나마라가 모든 핵심 논의와 업무를 사실상 테일러 장군 한 사람과만 처리하고 있다고 느꼈다.[23]

맥도널드 제독의 눈에도 맥나마라 장관은 합참 회의에 참석하더라도 실질적인 논의에 참여하기보다 단순히 얼굴만 비추기 위해 오는 것처럼 보였다고 한다.[24] 휠러 장군의 작전참모로 회의에 배석했던 해럴드 K. 존슨(Harold K. Johnson) 중장 역시, 맥나마라와의 드문 회동은 실질적

소통과는 거리가 먼 '보여주기식 행사'에 불과했다고 평가했다. 이는 장관과 군 수뇌부 사이의 소통 부재에 대한 비판을 피하기 위한 형식적 절차에 지나지 않았다는 것이다. 존슨 장군은 이러한 협의 과정을 '칠면조들의 짝짓기 춤'[4]에 비유했는데, 겉으로는 화려하고 복잡해 보이지만 실제로는 정해진 동작을 반복하는 의례적 행동에 지나지 않는다는 의미였다. [25]

1964년 4월 초, 합참은 점진적 압박 전략을 준비하는 과정에서 백악관으로부터 충분한 정치적 지침을 받지 못했다며 강한 불만을 표출했다. [26] 이에 백악관 특별보좌관 마이클 포레스탈(Michael Forrestal)은 합참을 달래기 위해 외교적 대응 방안과 국내 정치적 고려 사항을 상세히 정리한 목록을 전달했다. 맥나마라는 북베트남을 상대로 제한적 타격을 우선 검토하고 있었지만, 이 목록에는 초기 단계부터 보다 강도 높은 군사 조치를 취하는 선택지도 함께 포함되어 있었다. 예컨대 북베트남 항구에 대한 기뢰 부설, 해상 포격, 북베트남 내 보급기지·훈련장·석유 저장시설에 대한 지속적 공습 등이 그것이었다. [27]

그러나 포레스탈은 이러한 대규모 조치들이 대통령의 실제 승인으로 이어질 가능성이 낮다는 사실을 알고 있었다. 그럼에도 그는 이를 합참에 명확히 알리지 않은 채, 북베트남에 대한 직접적이고 강력한 공격까지 포함한 다양한 방안을 검토 중이라는 인상을 심어주면 당분간 합참의 불만을 누그러뜨릴 수 있을 것이라고 판단했다.

한편 새로 국제안보담당 국방부 차관보로 임명된 존 맥노턴(John McNaughton)은 포레스탈과 논의한 끝에, 국방부 내부 일부 인사들 사이에서 백악관 참모들이 이른바 '허수아비 전략'을 쓰고 있다고 의심하고 있

---

4 칠면조들의 짝짓기 춤 : 칠면조 수컷은 암컷을 유혹하기 위해 꽤 복잡하고 화려한 구애 동작을 하게 되는데, 깃털을 부풀리고, 빙빙 돌며, 소리를 내고, 자세를 취하는 등 겉으로 보기에는 아주 열정적이고 복잡한 '쇼'를 벌인다. 그런데 이런 행동은 대부분 형식적이고 본능적인 반복 행동일 뿐이며, 꼭 진심이나 실질적 소통을 동반하는 것은 아니다. 따라서 이 표현이 가진 뉘앙스는 보여주기 위한 형식적 절차, 또는 실속 없는 의례적 행동 등 요식행위에 지나지 않는다는 의미이다.

다는 점을 맥나마라에게 경고했다. 이러한 오해가 더 커지기 전에 포레스탈이 작성한 목록을 합참에 공식적으로 회람하여, 정치적 지침이 제공되고 있다는 인상을 분명히 남기자고 제안했다.[28]

합참이 베트남 군사 개입 확대를 위한 첫 심화 계획을 수립할 당시, 그들이 전제로 삼았던 정치적 시나리오는 존슨 행정부가 실제로는 승인할 가능성이 낮은 조치들까지도 '실행 가능한 선택지'로 검토하고 있다는 가정에 기반하고 있었다. 그러나 백악관과 국방부의 문민 관료들은 의도적으로 이러한 인식을 바로잡지 않은 채, 합참의 판단을 흐리게 만드는 방식으로 베트남 개입의 성격을 모호하게 유지했다. 그 결과, 어느 정도의 군사력이 실제로 필요할지에 대해 정확히 판단하지 못했고, 합참은 현실과 어긋난 전제 위에서 계획을 세우게 되었다.[29]

1964년 4월, 합참은 포레스탈이 제공한 정치적 시나리오를 토대로 맥노턴을 위한 군사 옵션 목록을 작성했다. 이후 맥노턴은 포레스탈, 그리고 국무부 베트남 특별보좌관인 설리번과 협력해, 미국의 베트남 개입을 점진적으로 확대하는 방안을 담은 정치·군사 시나리오를 구체화했다. 이 시나리오는 남베트남의 상황이 더욱 악화될 것이라는 가정과, 이에 대해 북베트남이 일정한 방식으로 대응할 것이라는 전제를 바탕으로 설계되었다. 그 안에는 남베트남 내 대반란 작전 강화부터 북베트남의 공격에 대응하기 위한 다양한 조치까지 단계적으로 포함되어 있었다.[30]

맥나마라의 점진적 압박 전략에 대해 합참은 여전히 의구심을 갖고 있었음에도, 합참은 이 전략을 군사적으로 뒷받침할 세부 작전을 마련해야 했다. 그 결과 1964년 4월 17일, 합참은 맥나마라에게 OPLAN 37-64를 제출했다. 이 계획은 북베트남을 대상으로 한 점진적 공세 전략을 구체화한 것으로, 라오스와 캄보디아를 경유하는 베트콩(Viet Cong)의 침투 경로를 차단하고 북베트남의 주요 표적을 단계적으로 타격하는 방안을 세 단계로 나누어 제시했다.

① 1단계 : 남베트남 내 공습과 지상 작전을 통해 적군을 라오스

와 캄보디아 국경까지 핫 퍼슈트(hot pursuit)[5]방식으로 추격.

② 2단계 : '눈에는 눈, 이에는 이(tit for tat)'원칙에 따라 공습, 공중 및 해상 상륙작전, 항공 기뢰 설치 등을 활용해 북베트남 내 주요 표적을 타격.

③ 3단계 : 단계적 공세로 전환해, 북베트남에 대한 공습 강도를 단계적으로 높이고 추가 군사 조치를 수행. 단순한 보복이 아닌 한층 강한 압박 전략.

이 계획은 미군이나 공군이 취해야 할 구체적 작전 강도까지는 명시하지 않았지만, 부록에는 북베트남 내 91개 표적 목록이 상세히 정리되었다. 이후 1년 동안 맥나마라와 존슨 대통령은 이 계획을 지속적으로 수정·보완하며 공습 표적을 선별했고, 이를 실제 '점진적 압박 전략'의 근간으로 삼아 실행에 옮겼다. 합참은 보다 신속하고 강력한 단일 타격이 전략적으로 더 효과적일 것이라고 주장했지만, 실제 정책은 단계적으로 군사 행동을 확대하는 방향으로 굳어졌다. 맥나마라는 합참의 강경한 권고를 채택하지는 않았으나, 역설적으로 합참이 작성한 이 작전계획을 활용해 자신이 구상한 점진적 압박 전략을 한층 더 구체화해 나갔다.[31]

■

점진적 압박 전략은 제한적 군사력만으로도 북베트남을 협상 테이블로 끌어낼 수 있다는 가정 위에 세워진 전략이었다. 이 전략의 논리는 군사적으로 '완전한 승리'를 달성하지 않더라도, 언제든 더 큰 군사적 대응으

---

5 Hot Pursuit : 공격 후 도주하는 적을 국경선이나 경계에 관계없이 즉시 추적해 소탕하는 작전 개념

로 전환할 수 있다는 가능성 자체가 충분한 압박이 될 수 있다는 데 있었다. 전략의 핵심은 북베트남이 협상에 나올 것인지 여부가 아니라, 언제 협상에 나설지를 앞당기는 데 있었다.

1964년 4월 19일과 20일, 국무부 장관 러스크, 휠러 장군, 그리고 국무부 극동담당 차관보 윌리엄 번디(William Bundy)는 사이공(Saigon)을 방문해 로지 대사와 함께 OPLAN 37-64에 대해 논의했다. 이 자리에서 러스크는 로지 대사가 제안한 북베트남과의 외교적 접촉 시도를 지지했다. 귀국 후 러스크는 캐나다 외교관 J. 블레어 시본(J. Blair Seaborn)을 통해 북베트남에 경고 메시지를 전달했다. 메시지의 핵심은, 남베트남에서의 게릴라 지원을 지속할 경우 북베트남은 심각한 대가를 치르게 될 것이라는 경고였다. 이처럼 군사적 압박과 외교적 메시지를 동시에 활용해 북베트남을 흔들어 보려는 이러한 시도는 이번이 처음이었으며, 이후 대베트남 전략에서 반복되는 미국의 전략적 접근 방식의 출발점이 되었다. 그러나 이 첫 시도는 실질적인 성과를 내지 못한 채 실패로 끝났다.[32]

휠러는 귀국 후 테일러 합참의장, 각 군 참모총장, 그리고 퇴임을 앞둔 태평양사령관 펠트 제독과 회의를 가졌다. 이 자리에서 르메이 장군은 펠트 제독에게 "이 전쟁에서 승리하려면 무엇이 필요하며, 북베트남에 대한 군사적 조치가 불가피한가?"에 대해 물었다. 이에 대해 펠트 제독은 "승리를 위해서는 남베트남 내에서 비교적 안전한 근거지를 확보해야 합니다. 그리고 궁극적으로는 반드시 북베트남을 공격해야 합니다"라고 답했다.

한편 존슨 대통령은 군 내부의 불협화음을 최소화하기 위해, 합참과 참모총장들이 자신이 군사작전 확대 방안을 진지하게 검토하고 있다고 믿도록 유도했다. 그러나 이러한 태도는 실제로는 미군 개입을 가능한 한 제한하려 했던 대통령의 본심과는 모순되는 행동이었다. 웨스트모어랜드 장군은 훗날, 당시 사이공(Saigon)에 머물던 미국 관리들 사이에서는 OPLAN 37은 대선 이후에나 실행될 계획이라는 인식이 일반적이었다고 회고했다.[33]

휠러 장군이 새 국방부 부장관 사이러스 밴스(Cyrus Vance)에게 베트남 주둔 미군 병력의 상한선이 설정되어 있는지를 묻자, 밴스는 이미 필요한 병력은 충분히 배치되어 있다고 답했다. 그는 추가 파병 요구가 있더라도, 구체적인 수치와 근거를 통해 필요성이 입증되는 경우에만 검토할 수 있다고 분명히 선을 그었다.[34]

윌리엄 번디(William Bubdy)는 이후 1964년 봄에 이루어진 이 같은 군사작전 계획 수립 과정이, 사실상 대통령에게 대규모 군사 개입을 주장했던 이들에게 일종의 감정적 배출구 역할을 했다고 평가했다.[35] 동시에 베트남 현안에 대한 본격적 판단을 대선 이후로 미루는 완충 장치로 작용했다.[36] 그 결과 합참은 끊임없이 바쁘게 움직였지만 정작 핵심적인 전략 결정은 계속 유보되었고, 존슨 대통령은 전쟁을 상대적으로 저강도로 관리하며 통제할 수 있었다.[37]

그러나 대통령의 이러한 관리 전략에도 불구하고, 보다 강력한 조치를 요구하는 목소리는 시간이 지날수록 커져갔다. 5월 초, 로지 대사는 이제 북베트남에 대한 군사적 조치가 이제는 더 이상 '바람직한 선택'이 불가피한 선택이라고 확신하게 되었다. 그는 남베트남의 칸(Khanh) 장군 역시 현재의 전쟁 진행 상황에 깊은 불만을 품고 있다고 보고했다. 칸(Khanh) 장군은 남북 베트남 간 전쟁 상태를 선포하고, 남베트남 전역에 계엄령을 내린 뒤 북베트남에 최후통첩을 보낼 준비가 되어 있었다. 그는 로지 대사에게 "고통만 길게 끌며 희생자가 계속 늘어나는 것은 비논리적이며 낭비일 뿐 아니라, 무엇보다도 옳지 않습니다"라고 말하며, 승리를 위해 보다 단호한 조치가 필요하다고 주장했다. 이에 로지 대사도 공감하며 "칸(Khanh) 장군은 무언가 성과를 내고 싶어 하고, 이곳에서 끝도 없이 희생자만 추가되는 상황에서 머뭇거리고 싶지 않아 보입니다. 누가 그를 비난할 수 있겠습니까? 그는 확실히 모든 어려운 문제를 직시하고 있고, 우리도 그래 주길 바라고 있습니다"라고 답했다.[38] 베트남 상황에 대한 평가가 전반적으로 점점 더 비관적으로 흐르자,[39] 대통령은 다시 한 번 맥나마라와 테일러를 남베트남으로 보내 새롭게 제기된 정책적 도전들을 진정시키고 상황을 정리하도록 지시했다.

■

　테일러는 전쟁을 좀 더 적극적으로 확대해야 한다는 요구와 맞서며, 정부의 방침을 옹호하는 익숙한 역할을 다시 수행하게 되었다. 5월 11일 오전, 그는 하킨스 장군 및 베트남 주둔 미군사령부(MCAV) 참모진과 회의를 열었다.[40] 그리고 현장에서 미군 지휘를 맡게 될 웨스트모어랜드 장군은 테일러에게 칸(Khanh) 장군을 비롯해 다수의 남베트남 장성들이 북베트남 공격을 강하게 요구하고 있다고 보고했다.[41] 베트남 주둔 미군사령부(MCAV)의 참모 장교들은 이미 1962년 초부터 미국이 남베트남을 지원하며 수행해 온 대북 비밀 작전에 걸린 각종 제한을 완화해 달라고 꾸준히 요청해 왔다. 대표적인 사례가 팜게이트(Farm Gate) 작전이었다. 이 작전에서는 임무 수행 시 반드시 미군 조종사와 남베트남 조종사가 함께 탑승해, 작전이 어디까지나 '훈련 비행'인 것처럼 위장해야 했다. 그러나 실제로는 미군 조종사가 사실상 모든 임무를 수행했고, 남베트남 조종사는 조종석에 동승한 채 사실상 '관찰자' 역할에 가까웠다. 이로 인해 미군 내부에서는 남베트남 조종사를 은어로 '모래주머니'라고 부르기도 했다.[42]

　베트남 주둔 미 공군 사령관 조셉 H. 무어(Joseph H. Moore) 소장이 이러한 불합리한 상황을 문제 삼자, 테일러는 남베트남 조종사 동승 원칙은 유지되어야 한다며 분명한 선을 그었다. 무어 소장이 또다시 고등학교 동창인 웨스트모어랜드 장군과 함께 B-57 폭격기와 A-1E 공격기 편대를 베트남에 투입하는 방안을 제안했을 때도 테일러는 이를 승인하지 않았다. 그는 또한 OPLAN 34-A에 따라 북베트남의 연료 저장시설을 공격 목표로 삼는 방안에도 회의적인 입장을 보였다. 해당 공격은 작전이 노출될 경우 미국의 직접 개입을 '그럴듯하게 부인(否認) 할 수 있는 수준의 은폐 가능성'을 확보하기 어렵다고 판단했기 때문이다.[43]

1964년 5월 12일, 국방부 장관 맥나마라는 회의에 합류해 미군이 직접 전투 행동에 개입하는 것을 제한해야 한다는 입장을 거듭 강조했다. 특히 미 공군 조종사는 원칙적으로 전투에 나서서는 안 된다고 확실하게 못 박았다.[44] 이후 웨스트모어랜드 장군이 특수부대 추가 파병을 요청하자, 맥나마라는 베트남 주둔 미군사령부(MCAV)가 공식 문서로 요청 사유를 제출할 경우에 한해, 그 필요성이 충분히 입증되었다고 판단될 때 승인할 수 있다고 답했다.[45] 그는 앞으로 제출되는 모든 요청에는 이를 뒷받침할 구체적인 수치와 데이터가 명확히 제시되어야 한다는 지침도 함께 전달했다. 이는 자신의 참모진이 각 요청의 타당성을 보다 객관적으로 검증할 수 있도록 하기 위한 조치였다.[46]

실제로 맥나마라는 베트남에서 행정부가 원하는 성과를 달성하기 위해 필요한 군사력의 규모를 과학적으로 산출할 수 있다고 믿었다. 이러한 접근이 가능하려면 군 장교들을 체계적이고 일관되게 통제할 수 있어야 했고, 그는 자신이 펜타곤에서 추진해 온 조직 개혁이 바로 그 통제의 기반을 마련해 주었다고 확신하고 있었다.

> "우리는 이제 우리 스스로 균형 잡히고 유연한 전력을 만들어내고 관리할 수 있게 되었습니다. 이렇게 방대한 인적·물적 자원을 실제로 동원해 활용 가능한 전투력으로 조직화하기 위해서는 극도로 정밀한 통제가 필요합니다. 국방력이라는 거대한 엔진은 우리가 맞닥뜨리는 어떤 위협에도 필요한 만큼의 힘을 정확히 쓸 수 있도록 잘 통제되어야 합니다."[47]

맥나마라가 점진적 압박 전략에 대해 가졌던 신념의 핵심에는 '군사력 사용은 정밀하게 통제될 수 있다'는 전제가 자리하고 있었다. 따라서 군(軍) 역시 정교하게 관리되고 통제되어야 하는 대상이 될 수밖에 없었다.

그의 통제 대상은 군 조직에만 국한되지 않았다. 이미 남베트남군과 함께 전투에 투입되어 있던 미군 고문단 역시 엄격한 규율 아래 움직여야 했다. 이는 그들의 행동이 다가오는 대통령 선거에 불리한 정치적 파장을 미치지 않도록 하기 위한 조치이기도 했다. 실제로 크룰락 중장은 맥나마라가 11월 선거가 끝날 때까지 남베트남 내 군사작전을 최대한 은폐하라는 대통령의 강한 압박을 받고 있었다고 회고했다.[48]

쿠바 미사일 위기의 경험을 통해 맥나마라는 군사력이 실제로 사용되기 시작하면 정치적 목표의 중요성이 오히려 더 커지며, 일단 개입이 이루어진 이후의 실수는 돌이킬 수 없다는 사실을 깨닫게 되었다.[49] 이 때문에 그는 군사력 통제권은 국가안보의 최종 책임자인 대통령이 반드시 쥐고 있어야 한다고 보았고, 군사 행동에 대한 제한을 강화하는 방식으로 그러한 통제력을 확보하려 했다.

1964년 5월 사이공(Saigon) 회담은 맥나마라와 군 간의 관계를 단적으로 보여주는 사례였다. 이 자리에서 양측은 모두 솔직하지 않았다. 군은 단계적으로 추가 군사 조치에 대한 장벽을 허물려는 시도를 이어갔고,[50] 맥나마라는 이러한 군의 움직임을 경계하며 병력 증강 요구를 통제하기 위해 모든 요청을 수치화된 자료와 서면 보고로 제출하도록 했다. 그러면서 맥나마라는 군 장교들과의 관계가 완전히 틀어지는 것은 조심스럽게 피하고자 했다. 논란의 소지가 크고 정치적으로 민감해 보이는 요청이 들어올 경우, 때로는 이를 비교적 쉽게 승인하는 모습을 보이기도 했다. 그는 베트남 주둔 미군사령부(MCAV)의 고위 장교들에게 필요한 것이 있으면 무엇이든 요청하라고 말하며, 남베트남에서의 승리가 자신의 최우선 과제임을 강조했다.[51] 그러나 실제로 대통령이 승인할 군사적 조치의 한계가 어디까지인지에 대해서는 철저히 숨겼다.

국방부 장관 맥나마라와 테일러 합참의장은 베트남 정책을 둘러싼 언론의 비판이 거세지는 가운데 워싱턴으로 복귀했다. 5월 13일, 월스트리트 저널은「실수 위에 실수(Error upon Error)」라는 제목의 사설을 통해 미국의 전략은 도무지 파악할 수 없으며, 현재의 모든 정황이 무계획성을 드러내고 있다고 비판했다.[52] 이틀 뒤인 5월 15일, 존슨 대통령은 이러한 비판이 더 확산되는 것을 우려한 듯, 정오에 예정되어 있던 NSC 회의 안건을 전격 취소했다. 대신 그는 여야 의회 지도자들을 백악관으로 초청하여 러스크 국무장관과 맥나마라 국방부 장관의 브리핑을 직접 듣도록 했다. 합참을 대표해 테일러 장군도 이 자리에 참석했다.

논의는 빠르게 베트남 문제로 넘어갔고, 대통령의 요청을 받은 테일러 장군은 상황을 평가하며, 합참이 그동안 북베트남에 대한 보다 적극적인 군사 행동을 꾸준히 요구해 왔음에도 불구하고, 이 자리에서 "만약 우리가 북베트남을 공격한다면, 남베트남 내 베트콩(Viet Cong)의 반격이 더욱 거세질 것입니다. 미국이 공격을 확대할수록 공산주의 세력의 대응도 강해질 것입니다"라고 설명했다. 테일러는 실제로 폭격이 단행될 경우, 맥나마라가 제시한 점진적 접근법을 지지하겠다는 뜻을 밝히며, 무엇보다 자제와 신중함이 필요하다고 강조했다. 이어 "공격의 강도가 곧 공산주의자들의 반응을 결정짓는 요소가 될 것"이라고 덧붙였다.

주목할 점은, 테일러가 불과 직전까지만 해도 이와 상반된 내용의 브리핑을 받고 있었음에도 불구하고, 이 자리에서는 맥나마라 국방부 장관과 목소리를 맞추었다는 사실이다. 맥나마라 또한 대통령이 짊어진 부담을 조금이나마 덜어주려는 듯, "미군 병사들은 베트남군을 훈련시키는 과정에서 특수한 경우가 아니라면 전투에 직접 참여하지 않습니다. 공습 역시 남베트남군이 수행하고 있기에, 우리 군인이 위험에 노출될 일은 없을 겁니다"라고 강조했다. [53]

■

1964년 5월 19일, 언론인 더글러스 케이터(Douglas Cater)는 백악관 보좌관으로서 첫 출근을 했다. 하지만 당시 국가안보보좌관 맥조지 번디(McGeorge Bundy)는 케이터에게 맡길 구체적인 업무를 아직 정해두지 않은 상황이었다. 리포터 잡지에서 국내 담당 편집장을 지낸 경력이 있었지만, 그는 하루 종일 백악관 상황실에서 특별한 임무 없이 시간을 보내야 했다. 그날 저녁, 전 국무부 장관 딘 애치슨(Dean Acheson)에게서 전화가 걸려왔고, 애치슨은 케이터를 조지타운 자택으로 초대해 칵테일을 함께 마시자고 했다. 첫 출근 날 아무 일도 하지 못했던 케이터는 '백악관 업무란 원래 이런 식으로 흘러가는 것인가' 하는 생각을 하며 그 초대를 받아들였다. 그날 밤, 애치슨은 케이터에게 꼭 대통령에게 전해야 할 메시지가 있다며 말을 꺼냈다. 그는 "지금 베트남 상황은 그야말로 엉망진창으로 치닫고 있어요. 대통령께서 의회의 지지를 얻을 수 있도록 포모사 결의(Formosa-type Resolution)[6] 같은 조치를 빨리 취하셔야 합니다. 그렇지 않으면 너무 늦어버릴 겁니다. 대선 국면이 본격화되면 모든 게 정치 소용돌이에 빠져 아무것도 해결하지 못하게 될 겁니다" 라고 말했다. 이 말을 들은 케이터는 곧장 백악관으로 돌아가 곧바로 첫 번째 메모를 작성한 뒤, 그 내용을 대통령의 야간 업무 자료(President's Night Reading)[7] 에 슬쩍 끼워 넣었다. [54]

다음 날, 케이터의 메모와 더불어 라오스에서 파테트 라오(Pathet Lao)의 공격이 거세졌다는 보고가 들어오자, 존슨 대통령은 맥조지 번디(McGeorge Bundy)에게 베트남 문제를 보다 적극적으로 검토하라고 지시했다. 이에 따라 5월 22일, 번디는 네 개의 실무 그룹이 군사와 정치 계획

---

6 Formosa-type Resolution : 1955년에 미국 의회가 통과시킨 Formosa Resolution of 1955를 말한다. Formosa는 대만(臺灣, Taiwan)의 옛 지명인데, 1950년대 초반, 중국 공산당이 대만과 그 부속 도서(진먼, 마쭈 등)를 군사적으로 위협하면서 미국이 대만 방어를 위해 적극적으로 개입할 가능성을 열어둔 결의문이다. 주요 내용에는 ① 미국 대통령에게 대만 방어를 위해 군사력을 사용할 권한을 부여, ② 중국(공산당)이 대만을 무력으로 점령하려 할 경우, 미국이 개입할 수 있다는 정치적 · 군사적 신호, ③ 본질적으로 "의회의 사전 동의"를 얻어 놓고 위기상황에 빠르게 개입할 수 있도록 한 장치 등이 있다. 이 문장에서의 의미는 "베트남 문제에 대해서도 미리 의회의 승인을 받아 군사적 개입 명분을 확보하라"는 조언을 의미한다. 실제로 Tonkin Gulf Resolution (통킹만 결의, 1964)이 있었다. 이 결의로 인해 미국은 본격적으로 베트남전에 개입할 법적 · 정치적 근거를 마련하게 된다.

7 President's Night Reading : 백악관 내부 용어로, 대통령이 하루 일과가 끝난 뒤 밤에 숙소나 서재 등에서 읽을 수 있도록 참모진이 올려놓는 중요 보고자료 · 브리핑 · 메모를 의미한다. 케이터는 애치슨의 메시지가 굉장히 정치적이고 민감한 조언이라는 걸 알았기 때문에 낮에 회의 자리에서 공식적으로 보고하지 않고 대통령이 혼자 조용히 읽고 생각해볼 수 있도록 정보를 제공한 것으로 보인다.

을 세우는 작업에 착수했다고 보고했다.

① 첫 번째 그룹은 존 맥노턴(John McNaughton)이 맡았다. 이들은 '북베트남을 '파괴(destroy)'하는 것이 아니라, 제한적인 수준에서 '손상(hurt)'을 가하는 군사 계획을 구상했다. 맥노턴은 이러한 제한적 군사 행동이 북베트남으로 하여금 남베트남의 공산주의 세력인 베트콩(Viet Cong)에 대한 지원을 축소하거나 중단하도록 압박하는 데 효과가 있을 것이라 기대했다.

② 두 번째 그룹은 윌리엄 설리번(William Sullivan)이 이끌었다. 그는 미국의 군사 · 민간 고문단 규모를 대폭 확대해 분쟁이 격화된 남베트남 각 지역에 미국인을 직접 배치하는 방안을 제안했다.

③ 세 번째 그룹은 NSC 참모인 체스터 쿠퍼(Chester Cooper)가 맡았다. 이 그룹은 미국이 군사 조치를 취할 경우, 북베트남과 베트콩(Viet Cong)이 어떤 방식으로 대응할지를 분석하고 그 가능성을 예측하는 역할을 맡았다.

④ 네 번째 그룹은 국무부 차관 조지 볼(George Ball)이 맡았다. 그는 대통령이 향후 군사적 조치를 취할 수 있도록 의회의 승인을 확보하기 위한 여러 형태의 결의안 초안을 마련했다. 이 결의안들은 대통령이 가능한 한 넓은 선택권과 재량을 확보하는 데 초점을 두고 설계되었다. [55]

4개 실무 그룹 중 3개 그룹의 주제가 명백히 군사적 함의를 지니고 있었음에도 불구하고, 합참은 이 정책 기획 과정에 직접 참여하지 못했다. 합참은 각 실무 그룹과 관련 부처에서 도출된 아이디어에 대해 사전에 의견을 제시할 기회도, 대통령에게 직접 입장을 전달할 통로도 갖지 못한 채, 최종 권고안이 대통령에게 제출되는 시점에 이르러서야 그 내용을 통보받는 위치에 머물렀다. 합참의 의견은 오직 국방부 장관을 경유하는 방식으로만 전달될 수 있었다.

맥나마라는 베트남 전략 수립 과정에서 군부뿐 아니라 문민 관료 집단까지 자신의 통제 아래 두려고 했다. 합참이 백악관과 직접 소통하는 경로는 차단된 반면, 실무 그룹들은 부처 간 2급 관료 네트워크를 활용해 백악관 안보 참모들과 직접 연계되는 통로를 확보할 수 있었다. 특히 존 맥노턴은 백악관 NSC에서 대통령의 극동 문제 특별보좌관을 맡고 있던 마이클 포레스탈(Michael Forrestal)과 긴밀한 관계를 유지하고 있었다. 두 사람 모두 자신의 지적 역량에 강한 자부심을 가지고 있었으며, 군사 자문 과정에 참여할 충분한 자격이 있다고 여겨졌다. [56]

맥나마라는 포레스탈과 맥노턴 등 2급 관료들이 주재하는 실무 회의에도 직접 참석해, 회의 결과가 자신이 구상한 '점진적 압박 전략'에 부합하도록 조율해 나갔다. [57] 그 결과 맥노턴이 이끄는 부처 간 연구 그룹의 권고안 역시 맥나마라가 그해 3월 직접 작성해 NSAM 288로 채택된 전쟁 전략의 기본 전제와 가정을 그대로 반영하는 형태로 정리되었다. [58]

1964년 5월 25일, NSC 산하 집행위원회는 「동남아시아에 대한 기본 권고안 및 향후 조치계획(Basic Recommendations and Projected Course of Action on Southeast Asia)」이라는 보고서를 작성했다. 이 문서는 맥나마라가 앞서 작성한 '점진적 압박 전략' 메모를 한층 구체화하고 정교하게 다듬은 것이었다. 다음 날인 5월 26일, 러스크, 맥나마라, 번디는 이 보고서를 놓고 존슨 대통령과 오찬을 함께하며 논의했다. [59]

이들은 대통령에게 남베트남과 라오스에서 비(非)공산주의 세력이 충분한 성과를 내지 못할 경우 미국이 북베트남을 상대로 신중하게 군사력을 단계적으로 신중하게 투입해야 한다고 권고했다. 다만 군사 조치에 앞서, 미국의 목표가 국지적이며 전면전을 의도한 것이 아니라는 점을 북베트남뿐 아니라 중국, 소련, 프랑스 등 주요 관련국에 명확히 전달해야 한다고 강조했다. 또한 북베트남에 대한 군사 행동이 단순한 '파괴'가 아닌 '억제' 효과를 극대화하는 방향으로 정밀하게 조율되어야 하며, 동시에 외교적 조율도 병행해 군사력 사용이 자체 목적처럼 확대되는 일이 없도록 철저히 통제해야 한다고 강조했다.

이러한 조치는 군사력 사용이 자칫 독자적인 논리로 확대되는 시나리오를 사전에 차단하고, 이를 정치적·외교적 목표에 종속시키겠다는 의지를 반영한 것이었다. 아울러 대통령의 자문관들은 국내 정치 상황을 고려해 민권 관련 법안이 상원에서 처리된 이후에야 의회에 결의안을 요청하는 것이 바람직하다고 제안했다. 존슨 대통령도 이 판단에 동의했으며, 그 결과 6월 1일부터 3일까지 하와이 호놀룰루에서 사이공(Saigon)과 워싱턴의 정부 고위 관료들을 소집해 전략 회의를 열기로 결정했다.[60]

호놀룰루 회의에는 테일러, 맥나마라, 러스크가 참석해 당시 미국 대사 로지와 새로 부임한 베트남 주둔 미군사령부(MCAV) 지휘관 윌리엄 웨스트모어랜드(William Westmoreland) 장군을 만났다. 로지와 웨스트모어랜드는 전반적으로 낙관적인 전망을 제시하며, 남베트남의 정치적 불안정성도 점차 진정되고 있다고 보고했다. 웨스트모어랜드는 필요한 자원이 추가로 투입된다면 상황을 반전시킬 수 있는 가능성이 충분하다고 강조하면서, 여덟 곳의 핵심 지방을 중심으로 한 평정 프로그램을 즉각 추진하겠다는 계획을 밝혔다.[61] 그러나 회의가 끝난 지 불과 3주도 지나지 않아, 웨스트모어랜드는 미군 고문단 900명의 추가 파병을 요청했다. 이 요청이 받아들여지면서, 7월 중순에는 베트남에 파견된 미군 고문단 규모가 약 4,200명까지 확대되었다.[62]

또 이번 회의에서 행정부의 베트남 정책을 정당화할 의회 결의안의 필요성과, 이를 뒷받침할 여론 형성 전략이 집중적으로 논의되었다.[63] 이에 따라 테일러와 웨스트모어랜드는 언론을 통해 미군의 베트남 개입을 정당화하고 긍정적인 여론을 조성하기 위한 행보에 나섰다. 테일러는 이미 5월 7일, 뉴욕타임스 국방 전문 기자인 한슨 볼드윈(Hanson Baldwin)과의 인터뷰에서 합참의 회의적인 시각과 달리 대선까지는 큰 문제 없이

버틸 수 있을 것이라고 밝힌 바 있었다.[64]

한편 로지 대사는 5월 28일, 베트남 주둔 미군사령부(MCAV)에 남베트남군이 얼마나 용감하게 조국을 위해 싸우고 있는지를 보여줄 수 있는 구체적인 사례와 사실, 수치를 담은 최종 보고서를 작성하라고 지시했다. 그는 이 보고서를 호놀룰루 회의에 직접 제출할 계획이었다.[65]

회의 참석자들은 점진적 압박 전략의 기본 개념을 다시 한 번 확인하고, 그 실행 계획을 보다 정교하게 조율하기로 의견을 모았다. 그러나 공격 작전의 구체적인 방향을 둘러싸고는 여전히 이견이 존재했다. 군과 문민 기획자들 모두 어떤 목표를 겨냥해야 하는지, 어느 수준까지 타격해야 하는지, 그리고 궁극적으로 무엇을 달성하고자 하는지에 대해서는 명확한 합의에 이르지 못했다.[66] 이러한 전략적 모호함은 단순한 혼란이라기보다는, 상황 변화에 따라 정치적 선택지를 최대한 넓게 유지하려는 의도적인 선택에 가까웠다. 그리고 이 과정에서 테일러는 행정부와 군 사이를 중재하며 중요한 역할을 수행했다.

■

1964년 5월 30일, 호놀룰루 회의를 앞두고 합참은 테일러 합참의장을 배제한 채 별도로 회의를 열었다. 이들은 베트남전 전략목표가 없을 뿐만 아니라, 그로 인한 혼선에 대해 우려를 담은 보고서를 작성했다. 합참은 군사 고문으로서의 책임을 강조하며, 미국의 핵심 목표는 북베트남의 의지와 능력을 약화시켜 더 이상 남베트남과 라오스 내 반란 세력을 지원하지 못하도록 만드는 데 있어야 한다고 주장했다. 단순한 압박이나 경고만으로는 이러한 목표를 달성하기 어렵고, 결국에는 북베트남의 실질적인 지원 능력을 차단해야 한다는 입장이었다. 합참은 점진적 압박 전략이 북베트남의 정책 변화를 유도하는 데 그치는 '낮은 목표'에 머물러 있으며, 이 정도 수준으로는 전쟁을 근본적으로 종결할 수 없다고 비판했다. 군사력을 단지 '정치적 메시지를 전달하는 수단'으로만 활용하려는 접근에 대해서도 강한 의구심을 드러내며, 이러한 방식은 자칫 시간과 자원만 소모한 채 실질적인 성과를 거두지 못할 위험이 크다고 경고했다. 그럼에도 불구하고 미국이 제한적인 목표를 유지하려 한다면, 최소한 초기 단계에서는 북베트남이 즉각적으로 변화를 감지할 수 있을 만큼 분명하고 강렬하며, 경우에 따라서는 과감한 수준의 군사 조치가 필요하다고 주장했다. 그래야만 미국의 결의와 의지가 북베트남에 효과적으로 각인될 수 있다는 것이었다.[67]

합참은 이런 문제의식을 담은 보고서를 맥나마라 장관이 호놀룰루로 떠나기 전에 서둘러 완성해, 회의 논의에 자신들의 우려가 반영되도록 하고자 했다.[68] 그러나 이 보고서의 상신은 테일러에 의해 가로막혔다.

1964년 6월 1일, 공군 중장이자 합참 본부장인 데이비드 버치널(David Burchinal)은 합참 회의에서 한 가지 사실을 보고했다. 테일러가 호놀룰루 회의에 출발하기 직전, 이미 국방부 장관실로 전달된 합참 보고서를 다시 회수하라는 지시를 자신에게 내렸다는 것이다. 테일러는 보고서 내용이 5월 30일 합참 회의에서 실제로 논의된 내용을 정확히 반영하고 있는지 확신할 수 없다며, 일단 보고서 전달을 유보했다는 설명을 덧붙였다.

그러나 테일러가 워싱턴을 떠난 뒤 의장 직무대행을 맡게 된 르메이 공군 참모총장은 이 조치에 강한 분노를 표했다. 해병대 사령관 그린 장군 역시, 호놀룰루 회의를 앞두고 테일러가 해당 보고서를 국방부 장관에게 제출하지 않은 것은 합참의 영향력을 의도적으로 약화시키려는 행동이라고 받아들였다. 그는 그처럼 중요한 회의에서 합참의 공식 입장이 의도적으로 배제되었다며 테일러를 강하게 비판했다.[69]

테일러는 합참의 결의와 집단적 의지를 가볍게 본 셈이었다. 합참은 곧바로 회의를 다시 열어 보고서의 일부 문구를 수정한 뒤, 수정본을 호놀룰루로 보내 테일러가 이를 맥나마라 국방부 장관에게 직접 전달해 달라고 요청했다. 해병대 사령관 그린 장군은 테일러에게 직접 전화를 걸어 "이 문서에는 베트남 문제와 관련된 매우 중요한 내용이 담겨 있습니다. 반드시 회의 참석자들과 공유되어야 합니다"라고 말하며 강하게 압박했다. 그린 장군은 동시에 태평양 해병대 사령관 크룰락 중장에게도 연락해, 호놀룰루 회의에서 테일러가 실제로 어떤 발언을 하는지 면밀히 확인한 뒤 자신에게 보고해 달라고 요청했다. 이는 워싱턴에서 합참과 나누었던 입장과 현지 회의장에서 테일러가 취할 태도가 과연 일치하는지를 확인하기 위함이었다.[70]

결과적으로 그린 장군의 의심은 빗나가지 않았다. 합참이 여러 차례 요청했음에도 테일러는 호놀룰루 회의에서 해당 문서를 끝내 배포하지 않았고, 그 내용을 회의 참석자들에게 알리지도 않았다. 오히려 그는 합참이 보고서에서 제기했던 우려와는 정반대에 가까운 주장을 내세우며 대통령과 행정부의 기존 방침을 옹호했다.

호놀룰루 회의가 모두 끝난 뒤에야 테일러는 뒤늦게 합참 보고서를 맥나마라에게 전달했다. 그러면서 자신은 이 보고서의 내용에 동의하지 않으며, 자신의 견해를 따로 정리해 제출하겠다고 밝혔다. 실제로 그는 6월 5일, 별도의 보고서를 작성했다.[71]

이 보고서에서 테일러는 합참 보고서가 활용 가능한 군사적 선택지를 충분히 포괄하지 못했을 뿐 아니라, 당시 상황을 정확히 설명하지도 못하고 있다고 비판했다. 그는 북베트남의 의지를 약화시키는 방식과 군사 능력을 무력화시키는 방식 가운데 어느 하나만을 택할 필요는 없다고 보았다. 대신 대통령이 보다 폭넓은 선택지를 검토할 수 있도록, 세 가지 공격 옵션을 제시해야 한다고 주장했다.

① 첫 번째 옵션은 북베트남 내 모든 주요 군사 표적을 대규모로 공습해, 베트콩(Viet Cong)과 파테트 라오(라오스 공산 게릴라)에 대한 북베트남의 지원 능력을 무력화하는 방안이다.

② 두 번째 옵션은 일부 표적으로 공격을 제한해 상대적으로 낮은 강도의 공격을 가하는 전략이다. 이는 북베트남으로 하여금 반란 세력 지원을 중단할 경우 오히려 이익이 된다고 느끼

게 만들고, 남베트남과 라오스에서 반란 활동을 축소하도록
협상에 나서게 하는 것이 목표다.

③ 세 번째 옵션은 기본 목표는 두 번째와 같지만, 제한된 표적
에 대해 시범적인 공격을 가함으로써 미국의 군사적 의지와
준비태세를 보여준 뒤, 이후 필요할 경우 점차 두 번째 혹은
첫 번째 옵션 수준으로 확전을 시사하는 단계적 접근이다.

테일러는 첫 번째 옵션은 확전 위험이 지나치게 크고 불필요하게 파괴
적이라며 배제했다. 그는 두 번째 옵션이 가장 바람직하다고 판단했지만,
정치적 여건상 문민 관료들이 세 번째 옵션에 더 기울 가능성이 크다고 보
았다. 따라서 합참은 세 번째 옵션의 구체적인 실행 계획을 마련하는 데
역점을 두어야 한다고 강조했다.[72] 맥나마라 역시 합참이 처음 제시한
선택지들이 정확성이나 완결성 면에서 모두 미흡하다는 테일러의 지적에
동의했다. 그리고 북베트남이 반란 지원을 멈추지 않을 경우를 염두에 두
고 점진적으로 압박 수위를 높여갈 수 있다는 점에서 세 번째 옵션이 가장
현실적인 대안이라고 결론 내렸다.[73]

테일러는 호놀룰루 회의의 중요성을 실제보다 낮춰 합참에 전달했고,
그 결과 점진적 압박 전략의 핵심 전제를 재검토할 수 있는 기회는 사실상
차단되고 말았다. 6월 3일 합참 회의에서 테일러는 이 회의가 자신이 참
석했던 회의 중 가장 과대 평가된 자리였으며, 매우 실망스러웠다고 밝혔
다. 아울러 군사적 선택지들이 충분히 논의되지 않았다고 했다.[74]

그러나 정작 맥나마라는 호놀룰루 회의 결과를 토대로, 라오스와 남베
트남에서 공산주의 세력의 확산을 억제하기 위한 시범적 군사 조치를 구
체적으로 담은 보고서를 작성했다. 이 보고서는 미국의 군사 개입 의지
를 분명히 드러내는 데 초점을 맞추고 있었으며, 점진적 압박 전략을 실
제 정책으로 옮기기 위한 절차까지 포함하고 있었다.[75] 그 안에는 라오
스 상공에서의 정찰 비행부터 남베트남 내 군사 훈련에 이르기까지 다양

한 조치들이 체계적으로 정리되어 있었다.

이러한 상황에서 테일러의 결정은 결과적으로 합참이 베트남 정책 결정 과정에서 실질적인 영향력을 행사할 수 있는 여지를 더욱 좁혀 놓았다. 더구나 그는 합참 내부에서 이루어진 정책 논의의 의미를 약화시키는 인상을 남겼고, 이는 합참을 핵심 의사결정에서 한 걸음 더 멀어지게 만드는 결과로 이어졌다. 나아가 이러한 분위기는 공개적인 이견 표출을 경계하고 합참의 역할을 제한하려 했던 맥나마라와 존슨 대통령의 기존 기조를 한층 강화하는 방향으로 작용했다.

■

호놀룰루에서 돌아온 지 불과 이틀 만에 테일러는 파리에서 열리는 NATO 회의에 참석하기 위해 유럽으로 향했다. 그러나 그가 유럽에 머무는 동안 라오스의 정세는 급격히 악화되었고, 언제 무력 충돌로 번져도 이상하지 않을 만큼 긴장이 고조되었다. 미국은 이미 5월 19일부터 라오스의 항아리 평원(Plain of Jars) 상공에 정찰기를 띄워 라오스 정부군과 파테트 라오(Pathet Lao) 간의 교전을 감시해 오고 있었다. 그러던 중 6월 6일, 파테트 라오(Pathet Lao)가 미 정찰기를 격추하는 사건이 발생했다. 조종사는 비상 탈출에는 성공했지만, 곧 파테트 라오(Pathet Lao) 부대에 생포되었다. 이전까지 합참은 이 지역에서 미군이 수색·구조 작전을 수행하는 것을 허용해 왔지만, 국방부 부장관 사이러스 밴스(Cyrus Vance)가 미국의 추가 자원 투입을 금지하면서 실제 개입은 이루어지지 않았다. 다행히 조종사는 이후 스스로 탈출해 라오스 정부군 진영으로 복귀할 수 있었다.[76]

같은 날 오전 9시, 맥나마라는 합참을 긴급 소집해 이번 격추 사건이 향후 정찰 임무에 미칠 영향을 논의했다.[77] 그러나 합참은 뚜렷한 대응책을 제시하지 못했고, 이로 인해 정책 결정 과정에서의 영향력은 더욱 약해졌다. 회의에서 르메이 장군은 정찰기를 추가로 투입하기에 앞서 먼저 적의 대공포 진지를 공습해야 한다고 주장했다. 맥나마라가 "정찰기를 몇 대나 투입할 생각인가?"라고 묻자, 르메이는 주저 없이 "우리가 가진 전부입니다"라고 답했다. 호위 전력에 대한 질문에도 그는 "보유한 전력을 모두 동원해야 한다"고 응수했다. 맥나마라는 이러한 답변을 공군 중심적 사고에서 비롯된 단순하고 깊이 없는 주장으로 받아들이고 이를 일축했다.

흥미롭게도 평소 르메이를 지지하던 해병대 사령관 그린 장군조차 이번에는 르메이의 제안 방식이 너무 직선적이고 과격해 국방부 장관에게 설득력을 줄 수 없었다고 평가했다.[78] 반면 휠러 장군은 확전 가능성을 우려하며 맥나마라의 신중한 입장에 동조했다. 그는 정찰 임무는 계속하되, 선제 공격은 피하고, 적의 공격이 있을 때만 대응해야 한다고 주장했다. 한편 맥도널드 제독은 명확한 입장을 밝히지 못한 채 우유부단한 태도를 보였다.[79] 이처럼 내부 의견이 분열되고 합참 내에서도 명확한 결론을 도출하지 못한 상황은 결과적으로 맥나마라에게 정면으로 반대 의견을 제기하기 어렵게 만드는 요인으로 작용했다.

테일러가 자리를 비운 사이, 합참 의장단과 굿패스터는 백악관에서 열린 오전 국가안보회의(NSC)에 참석했다. 이 자리에서 맥나마라 국방부 장관은 다음 날 정찰기 2대와 호위 전투기 6~8대를 투입해 공중 정찰을 재개할 것을 제안했다. 다만 작전 지침은 "적의 사격을 받았을 경우에만 반격한다"는 제한적 규칙을 따르는 것이었다. 르메이와 그린 장군은 내심 대공포 진지를 먼저 타격해야 한다고 판단했지만, 공식적으로는 국방부의 방침에 동의한다는 입장을 밝혔다. 위험 부담이 커질 수 있다는 우려는 있었으나, 정찰 임무 자체는 지속되어야 한다는 데 의견을 모은 셈이었다. 휠러 역시 조건 없이 맥나마라의 제안을 지지했다. 회의록에는 참석자 전원이 동의한 것으로 기록되었고, 존슨 대통령 또한 고문들의 만장일치 권고를 그대로 받아들였다.[80]

그러나 바로 다음 날인 6월 7일, 라오스 상공에서 또 다른 미군 호위 전투기 한 대가 격추되는 일이 발생했다. 이에 대통령은 6월 10일 맥나마라, 맥노턴, 밴스 등 주요 문민 고문들을 소집해 두 번째 격추 사건에 대한 대응 방안을 논의했다. 참석자들은 사태가 확전되는 것을 막기 위해 정찰 작전을 일시 중단하기로 합의했다.[81] 같은 날 오후 늦게는 대통령이 참석하지 않은 비공식 고문 회의가 별도로 열렸으며, 이 자리에서는 격추 사건을 언론에 어떻게 설명할지가 주요 의제로 다뤄졌다. 맥나마라는 "공격을 받았고 이에 반격했다"는 수준의 간단한 발표로 사안을 최소화하자고 제안했다. 그러나 번디는 사실과 다른 발표는 오히려 역효과를 낳을 수 있다고 경고하며, 언론의 질문에는 무응답(No Comment)으로 일관하는 편이 바람직하다고 권고했다. 참석자들은 언론의 관심이 오래 지속되지 않을 것이라는 데 의견을 같이했고, 러스크 역시 의회의 반응이 미미하다는 점을 언급하며 크게 문제 될 사안은 아니라고 평가했다. 결국 고문들은 번디의 제안을 채택하기로 결정했다.[82]

■

한편 대통령은 마침내 로지 대사를 교체할 수 있는 적절한 시점을 맞이했다. 로지는 공화당 대통령 후보 경선에 출마해 뉴햄프셔 예비선거에서 승리한 뒤, 대사직에서 물러나 본격적으로 선거운동에 전념하기를 원하고 있었다. 이에 따라 대통령 역시 서둘러 후임자를 결정해야 하는 상황이 되었다. 1964년 6월 6일, 국가안보보좌관 맥조지 번디(McGeorge Bundy)는 사전트 슈라이버(Sargent Shriver), 맥나마라, 로버트 케네디(Robert Kennedy) 등 자신을 포함한 6명의 후보를 추려 대통령에게 보고했다.[83] 그러나 존슨 대통령은 이들 가운데 누구도 선택하지 않고, 테일러를 남베트남 주재 미국 대사로 임명하기로 결정했다.

대사로 부임하기에 앞서 테일러 장군은 국방부 장관 맥나마라를 찾아가 작별 인사를 전하며, 합참의장으로 재임했던 시간을 이렇게 회고했다.

"저는 국방부 안에서 민간과 군 사이의 의견 차이를 줄이고, 나아가 없애기 위해 노력해 왔습니다. 우리가 쌓아온 개인적인 관계 역시 주변 사람들에게 좋은 본보기가 되었고, 진정한 팀워크를 만드는 데 큰 역할을 했다고 믿습니다. 무엇보다 지난 1년 9개월 동안 당신과 함께 일할 수 있었다는 사실이 제게 얼마나 큰 기쁨이었는지 모릅니다. 육군 참모총장 시절 저는 끊임없는 갈등에 지쳐 있었습니다. 그때는 그런 갈등을 조정해 줄 국방부 장관이 절실했는데, 비로소 그런 지도자를 만났다고 느낍니다. 저는 이제 만족합니다."[84]

7월 2일, 테일러는 합참과 마지막 회의를 가졌다. 이 자리에서 그는 1961년 6월 28일 케네디 대통령의 지시로 작성했던 NSAM 55 문서의 일부를 낭독했다. 해당 문서에는 합참이 군사적 조언을 제공할 때 전술·작전 차원에만 머물지 말고, 보다 넓은 국가적 맥락을 함께 고려해야 한다는 점이 강조되어 있었다. 테일러는 장교들에게 언제나 '넓은 시야'를 유지하라고 당부하며, 군사적 요소뿐 아니라 외교·정치·국내 여론까지 함께 염두에 두어야 한다고 강조했다. 나아가 국가안보 문제는 늘 '대통령의 입장'에서 바라보아야 한다며 합참 동료들에게 이렇게 말했다. "여러분은 단순한 군인이 아닙니다. 국가의 전략적 판단을 맡고 있는 사람들입니다. 군인이라는 범주를 넘어서는 역할을 해내야 합니다."[85]

같은 날 테일러는 존슨 대통령과의 면담을 마친 뒤 케이프 코드(Cape Cod)로 향해 전(前) 영부인 재클린 케네디(Jacqueline Kennedy)에게 작별 인사를 전했다. 그는 케네디 대통령 가족과 오랜 기간 친밀한 관계를 유지해 온 인물이기도 했다. 그리고 7월 7일, 사이공(Saigon)에 도착한 직후 케네디 여사로부터 한 통의 편지를 받았다. 편지에서 그녀는 "당신이 잭(존 F. 케네디)에게 언제나 보여주었던 헌신을 다시금 보여주셔서 감사드립니다"라며 감사를 표하며, 케네디 대통령이 이룬 '위대함' 뒤에는 테일러의 조언과 지지가 있었다고 회고했다. 특히 피그스만 침공 실패 이후 남편이 정치적 타격에서 회복할 수 있었던 데에도 테일러의 역할이 컸다고 언급했으며, 이른바 '두 번째 쿠바 위기'로 불린 쿠바 미사일 위기 역시 그의 기여 덕분에 성공적으로 마무리될 수 있었다고 언급했다.[86]

케네디 여사의 편지는 피그스만 침공 이후 본격화된 문민 관료와 군부 사이의 긴장 관계를 다시금 환기시켰다 당시 테일러는 이미 은퇴한 장성이었지만 워싱턴으로 복귀해 케네디 행정부의 국방·안보 정책 전반에 상당한 영향력을 행사했다. 케네디 대통령은 기존 합참 지도부의 경직된 태도와 한계를 문제 삼으며, 보다 유연하고 정치·전략적 현실에 민감하게 대응할 수 있는 인물들로 군 지휘 체계를 재편하고자 했다. 이 과정에서 테일러는 핵심적인 역할을 맡았고, 하킨스 장군과 웨스트모어랜드 장군을 중용하는 데에도 직접 관여했다. 베트남에서 미국의 군사작전이 기획되고 전개되는 과정 전반을 주도적으로 이끌었다. 그는 베트남에서 미국의 군사작전이 기획되고 실행되는 전 과정을 주도적으로 이끌었으며, 특히 미국의 대베트남 군사 자문 체계를 정비하고 운영하는 책임을 맡았다. 1963년 11월까지 그는 맥나마라 국방부 장관과 함께 미군 고문단 및 남베트남군의 작전 성과를 적극적으로 옹호한 대표적인 인물이기도 했다.

하지만 테일러가 남긴 가장 중요한 유산은, 1963년과 1964년 베트남 관련 정책 결정 과정에서 대통령과 합참 간의 관계를 새롭게 재편했다는 점에 있을 것이다. 그는 오래전부터 합참의장에게 권한과 책임을 집중시켜야 한다고 주장해 왔고, 실제로 베트남 문제에 있어 군 내부에서 가장 영향력 있는 인물로 자리 잡았다. 아이젠하워 행정부 시절에는 합참 내부의 분열을 우려했던 인물이었지만, 존슨 행정부에 이르러서는 오히려 그 분열을 자신의 영향력을 강화하는 수단으로 활용했다. 필요하다면 합참뿐 아니라 언론과 국가안보회의에도 의도적으로 혼선을 주었고, 동료 장성들의 영향력을 약화시키는 한편 맥나마라가 합참의 반대에도 불구하고 점진적 압박 전략을 추진할 수 있도록 조용히 뒷받침했다.

이러한 테일러의 행보는 맥나마라에게 '합참의 조언에 구속되지 않고도 독자적으로 전략을 설계할 수 있다'는 확신을 심어주었다. 테일러는 대통령에게 절대적인 충성을 보였고, 특히 선거를 앞두고 내부 단결과 합의를 중시하던 존슨 대통령의 정치적 감각을 정확히 이해하고 있었다. 그는 정치에 서툰 동료 장성들이 대통령을 곤란하게 만들지 않도록 보호하는 동시에, 합참에게는 자신들의 의견이 충분히 반영되고 있다는 인상을 심어주는 이중적 태도를 유지했다. 그 결과 테일러는 신뢰와 기만이 교차하는 새로운 민군 관계의 모델을 형성하는 데 중요한 역할을 했다고 볼 수 있다. 실제로는 이미 결론이 내려진 사안임에도 불구하고, 합참이 여전히 전략적 영향력을 행사하고 있으며 언젠가는 자신들의 방식대로 전쟁이 전개될 수 있다는 희망 섞인 기대를 남겨두었다.

존슨 행정부의 핵심 문민 관료들과 군 지도부 사이에서 형성된 이러한 은밀하고도 기만적인 관계, 그리고 1964년 봄 내내 이어진 일련의 작전계획 수립 과정은 처음부터 '미국의 대규모 개입'을 전제로 출발한 것은 아니었다. 그러나 이러한 과정들은 그들 스스로도 전례가 없다고 여겼던 이전쟁을 수행하기 위해 잘못된 전략적 전제를 더욱 굳건히 뿌리내리게 만들었다.

6   임계선을 넘어서(1964.7월-8월)

대통령 곁에서 그가 안고 있는 문제들을 조금 더 가까이서 지켜볼 수 있었던 덕분에, 나는 대통령과 합참 내 각 군 참모총장들 사이의 우정과 상호 존중에서 비롯된 유대감이 얼마나 중요한지 새삼 깨달았다. 특히 합참의장 자리는 그 의미가 훨씬 크다. 합참의장은 자신이 섬기는 정부의 외교정책과 군사 전략을 진심으로 신뢰하는 사람이 되어야 한다. – 맥스웰 테일러(Maxwell Taylor), 1972년 [1]

1963년 11월 디엠(Diem) 정권 전복 쿠데타와 마찬가지로, 1964년 8월 초 통킹만(Gulf of Tonkin)에서 미 해군 구축함이 공격당했다는 보고에 대한 미국 정부의 대응 역시 베트남 전쟁의 중대한 분기점이 되었다. 첫 공격 직후만 해도 평화를 강조하던 존슨 대통령은 군사적 보복을 유보했다. 그러나 며칠 뒤 두 번째 공격이 있었다는 혼란스러운 보고가 접수되자, 대통령은 이를 근거로 북베트남에 대한 보복성 공습을 명령했다. 이 공습은 맥나마라가 추진하던 '점진적 압박' 전략에 따라 극히 제한적인 수준에서 이루어졌으며, 미국의 베트남 전략이 새로운 국면으로 접어드는 계기가 되었다.

통킹만(Gulf of Tonkin) 사건에 대한 이러한 대응은 존슨 대통령이 국내 정치와 재선을 최우선에 두고 베트남에서도 점진적이고 통제 가능한 개입 방식을 선호했음을 분명히 보여준다. 북베트남에 대한 공습은 미국의 개입 수준을 한 단계 끌어올린 조치였지만, 보다 결정적인 변화는 의회가 통과시킨 통킹만 결의(Tonkin Gulf Resolution)에 있었다. 이 결의를 통해 대통령은 사실상 전쟁 확대에 관한 전권을 부여받았고, 존슨은 이후 의회로부터 정책 비판이 제기될 가능성에 대비해 이 권한을 반드시 확보하고자 했다.

당시 선거 운동에 집중하고 있던 존슨 대통령은 정치적으로 유리한 선택을 우선시했다. 그는 재선을 염두에 두고 국방부 장관 맥나마라와 함께 통킹만(Gulf of Tonkin)에서 발생한 사건의 성격과 미국의 개입 실태를 국민과 의회에 부분적으로 왜곡해 전달했다. 확실치 않은 북베트남의 공격 정보를 활용해 자신의 대외정책을 정당화하는 한편, 공화당 후보 배리 골드워터(Barry Goldwater)가 제기한 "존슨은 외교적으로 나약하다"는 비판을 잠재우는 데 이 사건을 활용했다.

이러한 점에서 통킹만(Gulf of Tonkin) 사건에 대한 미국의 대응은 훗날 존슨 대통령이 대선에서 골드워터를 꺾고 전쟁을 본격적으로 확대해 나가는 과정의 일종의 예행 연습처럼 비춰졌다. 상황이 자신에게 유리할 때는 절제되고 신중한 태도를 유지했지만, 군사적 대응을 요구하는 압력이 커질 경우에는 단호하고 결단력 있는 지도자의 모습을 연출했다. 그러나 그의 결정은 종종 군사적 현실과 어긋났고, 그 결과가 가져올 파장을 충분히 고려하지 않은 채 이루어졌다. 이 일련의 과정은 존슨 대통령이 자신이 신뢰하던 핵심 군사 고문들에게 무엇을 기대했는지를 분명히 보여주었다. 그는 그들의 전문적 판단보다는 '군복이 주는 권위'를 통해 자신의 정책에 힘을 실어주는 역할을 원했던 것이다.

■

합참의 참모총장들이 존슨 대통령의 기대에 어떤 방식으로 부응할지는, 결국 테일러 합참의장의 후임이 누구로 결정되는가에 달려 있었다. 테일러의 추천에 따라, 존슨 대통령은 당시 육군참모총장이던 얼 휠러(Earle Wheeler)를 새로운 합참의장으로 임명했다. 휠러의 발탁은 화려한 전투 경력보다는 참모 경험과 정보 관리 능력을 중시하던 당시 인사 기조를 그대로 반영한 결과였다. 그는 전투 경험이 거의 없었고 대중적으로도 잘 알려지지 않은 인물이었으며, 제2차 세계대전이나 한국전쟁에서 영웅적 명성을 쌓았던 이전 합참의장들과는 성격이 뚜렷이 달랐다.[2] 제2차 세계대전 동안 휠러는 전쟁 기간의 대부분을 주 방위군 부대를 훈련시키는 임무에 투입되었고, 전쟁 말기 약 다섯 달 동안만 유럽 전선에서 사단 참모장으로 복무했다. 그의 가장 두드러진 강점은 전투 경험이 아니라 탁월한 참모 능력이었다. 휠러는 명료하고 간결한 브리핑으로 정평이 난 '행정의 달인'으로 평가받았으며, 이러한 적성 덕분에 군 경력의 상당 부분을 워싱턴 D.C.에서 보내며 정책·기획 업무에 관여했다.

1950년대 후반, 당시 육군참모총장이던 테일러는 휠러에게 육군 전략 기획 업무를 맡겼고, 이어 그를 작전차장으로 승진시켜 아이젠하워 행정부의 국방정책 개편 작업에 참여하도록 했다. 1958년에는 각 군 간 기획과 의사결정 체계를 조정하기 위해 설치된 합동위원회의 책임자로 임명되었으며, 이후 유럽사령부 부사령관을 거쳐 다시 워싱턴으로 복귀해 합참본부장으로 근무했다.[3]

1960년 대통령 선거 결과는 휠러의 군 경력에 결정적인 도약의 계기를 마련해주었다. 그는 당시 대통령 후보였던 존 F. 케네디(John F. Kennedy)에게 세계 군사 정세를 주제로 한 주간 브리핑을 제공하며 두각을 드러냈다. 케네디 역시 아이젠하워 행정부의 '뉴-룩(New Look)' 국방 정책에 비판적이었고, 휠러의 신중한 태도와 명료한 화법에 깊은 인상을 받았다. 휠러는 운동선수 출신은 아니었지만, 키가 크고 균형 잡힌 체격에 호감 가는 인상을 지닌 인물이었고, 재치와 세련된 외모를 중시하던 케네디의 개인적 취향에도 잘 부합했다. 1962년 8월, 케네디 대통령이 테일러를 합참의장으로 임명한다고 발표하자, 테일러는 자신의 전 작전차장이었던 휠러를 육군참모총장으로 추천했다. 『워싱턴 포스트』는 당시 휠러를 두고 "오늘날 미국 군 지휘관의 이상적인 모델이자, 케네디 대통령과 맥나마라 국방부 장관의 까다로운 기준에 완벽히 부합하는 인물"이라고 평했다.[4]

웨스트포인트에서 수학 강사로 근무한 경험이 있었던 휠러는 분석적 사고에 강점을 가진 인물이었다. 이러한 성향은 시스템과 수치에 기반한 접근을 중시하던 맥나마라와 빠르게 유대감을 형성하는 데 중요한 역할을 했다. 맥나마라는 독단적이고 고집 센 군사 영웅형 지휘관보다 협업과 조율에 능한 인물을 선호했는데, 새롭게 부상한 휠러는 이러한 조건에 정확히 부합하는 인재였다. 육군참모총장으로 재직하는 동안 그는 맥나마라가 중용한 '위즈 키드(Whiz Kids)'들과도 우호적인 관계를 유지하며 국방부의 각종 개혁을 안정적으로 뒷받침했다. 또한 휠러는 핵실험 금지조약이나 국방예산 개혁 등 주요 청문회에서도 맥나마라의 핵심 동맹 역할을 수행했다. 실제로 그는 청문회에서 르메이 장군이 제기한 핵실험 제한에 대한 우려를 조목조목 반박했고, 상원 세출위원회에서는 맥나마라의 예산 운용 방식을 '획기적인 진보'로 평가하며 강력한 지지를 표명했다.[5]

워싱턴에 처음 부임한 여타 고위 장교들과 달리, 휠러는 국방부, 백악관, 그리고 의회 사이의 복잡한 정치적 역학을 누구보다 정확히 이해하고 민감하게 반응하는 인물이었다. 그는 이런 환경에 익숙했으며, 변화하는 정치적 상황에 대응하는 능력 또한 뛰어났다.[6] 예컨대 웨스트모어랜드 장군이 베트남 주둔 미군사령부(MCAV)의 지휘를 맡아 사이공(Saigon)으로 떠나기 전, 휠러는 그에게 주베트남 미국 대사관과 긴밀히 협력해야 한다고 강조하며, 존슨 행정부를 곤란하게 만들 수 있는 언행은 삼가라고 조언했다. 그러면서 "만약 의회의 신뢰를 잃는다면, 이 전쟁은 워싱턴에서 패배할 수도 있습니다"라고 경고했다. 이러한 휠러의 태도는 그가 행정부와 의회 사이의 미묘한 정치적 관계를 정확히 읽고 있었음을 보여주며, 이러한 점은 존슨 대통령에게 더욱 매력적으로 비쳤다.[7]

시간이 흐르며 휠러와 대통령의 관계는 더욱 가까워졌다. 존슨 대통령은 그를 '버즈(Buz)'라고 불렀는데, 실제 별명은 '버스(Bus)'였지만 휠러는 이를 굳이 바로잡지 않았다. 대통령은 휠러를 워싱턴에서 자신이 가장 친근하게 느끼는 열 명의 인물 가운데 하나로 꼽았다고 전해진다.[8] 앤드류 굿패스터(Andrew Goodpaster) 중장은 이를 두고 "존슨 대통령은 자신만의 방식으로 사람들과 친분을 쌓았고, 그 우정을 바탕으로 논란이 많은 문제도 설득력 있게 이끌어냈다"고 회고했다.[9] 휠러는 직설적인 대립을 선호하지 않았고, 대통령의 지지와 호의에 비교적 쉽게 영향을 받는 성향을 보였다. 무엇보다도 충성심은 존슨 대통령과 맥나마라가 인사에서 가장 중시한 덕목이었으며, 두 사람은 휠러가 '팀 플레이어'로서 충분히 그 기대에 부응할 것이라 확신했다.

하지만 휠러의 임명은 국방부 내부, 특히 육군 이외의 군(軍) 출신 장교들로부터 널리 환영받지는 못했다. 해군과 공군 장교들은 이번 인사를 자신들의 군(軍)이 명백히 소외된 사례로 받아들였는데, 그 배경에는 합참의장직을 각 군이 순환해 맡아오던 관례가 또다시 무시되었다는 불만이 자리하고 있었다. 이미 테일러가 육군 출신 렘니처 장군의 뒤를 이어 합참의장에 임명될 당시에도, 해군이 그 자리를 맡을 차례였다는 반발이 제기된 바 있었다. 여기에 휠러까지 연이어 임명되면서 육군 출신 장교가 세 차례 연속으로 합참의장을 차지하게 되었고, 국방부 곳곳에서는 이번 인사가 테일러와 육군이 국방정책에서의 영향력을 지속적으로 유지하려는 조치라는 해석이 퍼졌다.[10]

특히 르메이 장군은 휠러를 거의 신뢰하지 않았다. 그는 휠러가 테일러와 지나치게 가까운 관계라는 점을 들어, 상관의 말을 그대로 따라 한다는 의미에서 조롱 섞인 별명 '폴리 패럿(Polly Parrot)'이라 부르기도 했다. 르메이는 또 휠러의 빈약한 전투 경험을 빗대어, "휠러가 받은 훈장이라곤 제2차 세계대전 때 조지아주 포트 베닝(Fort Benning, Georgia)에서 주 방위군 부대를 훈련시키다 받은 '포트 베닝 전투' 훈장 아니겠느냐"고 비아냥대기도 했다.[11] 그린 장군의 참모였던 해병대 대령 윌리엄 코슨(William Corson)도 휠러를 두고 "육군에서 가장 높은 직책을 가진 아첨꾼"이라고 노골적으로 비판했다.[12] 이처럼 휠러는 전임자인 테일러에 비해 국방부 내에서 신뢰와 존중을 받지 못했으며, 전투 경력이나 군사적 전문성 측면에서도 테일러와 뚜렷한 대조를 이루는 인물로 인식되었다.

아울러 휠러는 책임을 앞장서 밀어붙이거나 자신이 중심이 되어 국방정책을 강하게 주도해 나갈 만한 추진력과 에너지가 부족하다는 평가도 받았다.[13] 그러나 이러한 성향은 테일러의 시각에서는 오히려 바람직한 특성으로 보였을 가능성이 크다. 테일러는 자신이 떠난 뒤 후임자가 자신의 영향력을 잠식하는 상황을 경계했으며, 실제로 자신이 맡았던 직책의 위상을 의도적으로 약화시키기도 했다. 이를 잘 보여주는 사례가 1962년 10월, 테일러가 케네디 대통령의 군사 고문직에서 물러날 당시 그 직책 자체를 폐지할 것을 대통령에게 직접 제안했던 일이다.[14] 물론 그는 합참의 법적 권한 자체를 변경할 수는 없었다. 그러나 베트남으로 떠나기 직전, 테일러는 대통령으로부터 전례 없이 강력한 권한을 위임받았다. 대통령의 서명이 담긴 특별 서한에는 테일러가 단순한 외교적 대표를 넘어, 남베트남에서 수행되는 미국의 군사 작전에 대해 실질적인 전권을 행사할 수 있다는 내용이 명시되어 있었다. 서한에는 구체적으로 다음과 같은 문구가 담겨 있었다.

> "당신이 남베트남에서 미국의 활동을 총괄하게 된 만큼, 나는 당신을 전적으로 신뢰하며 모든 책임을 맡아주시길 공식적으로 요청합니다. 특히 남베트남 내 모든 군사작전은 당신의 지휘 아래 있으며, 상황에 따라 필요하다고 판단되는 수준의 지휘권과 통제권을 행사할 수 있는 권한을 부여합니다. 이 지침을 이행하기 위해 어떠한 조치를 계획하고 있는지 적절한 시점에 알려주길 바라며, 국방부를 비롯한 관련 부처가 즉시 필요한 지원을 제공할 수 있도록 하겠습니다."[15]

이른바 '위임장'이라 불린 이 서한은 기존에 군이 보유해 오던 작전 권한을 외교관 신분의 대사에게 이양한 매우 이례적인 조치였다. 이는 군사 현안에 대한 문민 통제를 대폭 강화한 사례로 평가된다. 맥조지 번디(McGeorge Bundy)는 이 서한이 테일러에게 남베트남에서 벌어지는 거의 모든 사안에 대한 실질적 전권을 부여했다는 점에 주목하며, 군이 그동안 결코 내주지 않던 권한을 사실상 이의를 제기하기 어려운 인물에게 처음으로 이양한 결정이라고 평가했다.[16] 이로써 테일러는 불과 3개월 전, 동료들의 반대를 무릅쓰고 베트남에 임명했던 웨스트모어랜드 장군과 긴밀히 협력하는 위치에 서게 되었다.[17] 결국 대통령이 테일러에게 전권을 위임하고 동시에 휠러를 합참의장으로 임명한 결정은, 베트남 군사정책과 전략 수립 과정에서 합참의 영향력을 한층 더 축소시키는 결과로 이어졌다.

다른 정부 기관들 역시 신속히 테일러의 권한을 인정하고 그를 중심으로 움직이기 시작했다. CIA 부국장 마셜 S. 카터(Marshall S. Carter) 중장은 테일러에게 보낸 서한에서 그를 베트남 현지 작전의 감독이자 '쿼터백'에 비유하며, CIA의 모든 정보와 자산을 그의 판단에 맡기겠다고 약속했다.[18] 국무부 장관 러스크 또한 테일러가 현장에서 가장 중요한 의사결정자로 자리 잡게 될 것임을 분명히 하며 신뢰를 표했다. 그는 테일러에게 군 내부 보고 체계를 통해 올라오는 단편적 정보에만 의존하지 말고, 백악관에 제출할 수 있는 간결하면서도 군사적으로 의미 있는 보고체계를 직접 구축하라고 지시했다.[19] 비록 테일러에게 막강한 권한이 부여된 것처럼 보였지만, 존슨 대통령이 그를 대사로 임명한 핵심적인 이유는 따로 있었다. 대통령은 테일러가 지닌 군사적 권위와 명성을 활용해 자신의 베트남 정책이 지나치게 소극적이라는 비판으로부터 행정부를 방어하려는 정치적 목적을 염두에 두고 있었다.[20]

대통령의 서한은 테일러에게 강한 신임을 안겨주었고, 그는 곧바로 부여된 권한을 적극 행사하기 시작했다. 테일러는 주재 중인 미국 대표단의 활동 전반을 면밀히 점검하겠다고 약속했으며, 1964년 7월 7일 사이공(Saigon)에 도착하자마자 워싱턴에 전보를 보내 자신이 주재하는 미국 대표단 운영위원회(U.S. Mission Council)의 지휘 아래 베트남 내 군사작전 체계를 재정비하겠다는 뜻을 밝혔다.[21]

그러나 현지에 도착한 직후 테일러는 상황이 워싱턴에서 예상했던 것보다 훨씬 심각하다는 사실을 곧 깨닫게 되었다. 그는 7월 15일 보고에서 남베트남 내 베트콩(Viet Cong) 병력이 기존 28,000명 수준에서 34,000명까지 증가했으며, 북부 지역에서의 활동 또한 눈에 띄게 확대되고 있다고 전했다. 테일러는 이러한 변화가 즉각적으로 통제 불가능한 단계에 이르렀다고 보지는 않았지만, 미국과 남베트남 양측 모두 대반란 작전을 더욱 강화해야 한다고 강조했다. 특히 사이공(Saigon) 인근 농촌 지역에서 진행 중이던 '합탁(HOP TAC) 작전'을 확대하기 위해서는 미군 고문단의 추가 파견이 불가피하다며, 향후 앞으로 더 많은 병력 증원 요청이 뒤따를 가능성을 시사했다.[22] 테일러의 세밀하고 체계적인 보고는 맥조지 번디(McGeorge Bundy)의 기대를 충분히 충족시켰다. 번디는 대통령에게, 테일러의 보고 수준은 전임자인 로지 대사에게서 받았던 보고들과는 비교할 수 없을 만큼 뛰어나다고 평가했다.[23]

이틀 뒤 테일러는 러스크 국무장관에게 웨스트모어랜드 장군이 요청한 약 2,000명의 추가 병력 배치 계획을 전보로 보고했다. 기존에 승인된 병력 요구분까지 모두 합산하여 자문 및 지원 부대 규모를 총 4,200명으로 확대하자는 제안이었다. 이 계획이 실행될 경우, 앞으로 6개월에서 1년 사이 베트남 주둔 미군 병력은 기존 16,000명에서 약 22,000명 수준으로 증가하게 될 전망이었다.

테일러와 웨스트모어랜드는 남베트남 전투 부대에 대한 미군 고문단의 지원을 두 배로 확대하고, 고문단 파견 지역 역시 현재의 두 배로 넓힐 구상을 하고 있었다. 이밖에도 남베트남 해군 함정에는 더 많은 미 해군 고문을 배치하고, 베트남 주둔 미군사령부(MCAV)의 참모 및 군수 지원 기능도 대폭 강화할 계획이었다. 여기에 미 공군 수송 비행대대(항공기 16대), 육군 항공기 중대(16대), 육군 헬리콥터 2개 중대(총 50대)를 추가로 투입하는 계획까지 포함되어 있었다. 테일러는 이러한 증원 계획 전반을 강하게 지지했으며, 이를 통해 향후 1년간 전개될 평정 작전을 충분히 뒷받침할 수 있을 것으로 내다봤다.[24]

■

그러나 '테일러-웨스트모어랜드'의 병력 증원 제안에 대해 합참은 끝내 실질적인 영향력을 행사하지 못했다. 이는 부분적으로 테일러 대사가 백악관과 직접 소통할 수 있는 독자적 경로를 확보하고 있었기 때문이었고, 동시에 각 군 간의 경쟁과 이견으로 인해 합참이 시기적절하고 일관된 입장을 정리하지 못했기 때문이기도 했다. 원칙적으로 웨스트모어랜드 장군의 병력 증원 요청은 태평양사령부를 거쳐 합참에 제출되어야 했지만, 테일러 대사는 해당 문서의 사본만 합참에 전달한 채 7월 17일자 전보의 공식 수신자를 러스크 국무장관과 맥조지 번디(McGeorge Bundy)로 지정해 두었다.[25] 무엇보다 합참의 가장 큰 취약점은 내부의 불협화음이었다. 7월 20일, 국방부 장관 맥나마라는 합참의 각 군 참모총장들과 추가 병력 투입 문제를 논의했으나, 합참은 병력 증원의 타당성에 대해 끝내 의견을 하나로 모으지 못했다. 결국 웨스트모어랜드 장군으로부터 보다 구체적인 보고가 도착할 때까지 결정을 보류하자는 쪽으로 결론이 정리되었다.[26]

그러나 바로 다음 날 맥나마라는 대통령, 러스크, 번디와 함께 정례 화요일 오찬 회의에 참석했다. 이 자리에서 자문 및 지원 병력 증원 문제가 첫 번째 안건으로 논의되었다.[27] 대통령과 핵심 참모들은 합참의 공식 권고를 기다릴 필요가 없다고 판단했고, 회의가 끝난 직후 러스크는 테일러에게 전화를 걸어 병력 규모를 약 22,000명 수준으로 증원하는 방안이 최고위급에서 원칙적으로 승인되었음을 통보했다. 아울러 그는 이 결정이 외부로 유출되지 않도록 각별히 주의할 것을 당부했는데, 이는 대통령이 발표 시점과 방식까지 직접 통제하려 했기 때문이다.[28] 결국 합참은 대통령이 병력 증원을 승인한 지 사흘이 지나서야 비로소 사안에 대한 공식 평가 보고서를 작성하게 되었다.[29]

특히 육군 항공기와 헬리콥터 부대 투입을 둘러싸고 합참 내부의 의견 대립은 극명하게 드러났다. 웨스트모어랜드 장군의 추가 지원 요청에 대해 합참이 공식적인 입장을 정리해 답변한 시점은 8월 4일로, 이미 상황이 급변한 뒤였다. 이 시점은 마침 북베트남 경비정이 통킹만(Tonkin Gulf)에서 미 해군 구축함 두 척을 공격해 상황이 급변한 직후이기도 했다. 휠러 합참의장과 그의 후임 육군참모총장 해럴드 K. 존슨(Harold K.

Johnson), 그리고 맥도널드 해군 참모총장은 웨스트모어랜드의 요청을 전 폭적으로 지지했다. 반면 르메이 공군 참모총장과 그린 해병대 사령관은 요청의 실효성에 강한 의문을 표하며 반대 입장을 분명히 했다. 그들은 웨스트모어랜드가 요구한 항공 전력이 실제로 어떤 작전 목적을 위해 필 요한지에 대해 구체적인 근거를 제시하지 못했다고 지적했다.[30]

육군 항공 전력 증강을 둘러싼 논쟁이 장기화되면서, 합참은 무려 2주 넘게 명확한 결론을 도출하지 못했다. 당시 육군참모총장 존슨의 작전참 모였던 브루스 파머(Bruce Palmer) 장군은 1964년 여름 이 논쟁이 극도로 격렬하게 전개되었으며, 그 여파가 베트남 정책 결정 과정 전반에까지 영 향을 미쳤다고 회고했다. 르메이와 그린 장군이 특히 강하게 경계했던 이 유는 웨스트모어랜드의 요청이 단순한 전력 보강을 넘어 육군 항공 전력 을 단계적으로 확대하는 또 다른 형태의 '점진적 압박 전략'으로 이어질 수 있다고 판단했기 때문이다.[31]

논쟁이 최고조에 이르렀던 어느 합참 회의에서는 그 긴장이 노골적으 로 표출되었다. 각 군 참모총장들이 육군 항공 전력 증강 문제를 놓고 격 렬한 설전을 벌이던 중, 르메이 공군 참모총장은 입에 물고 있던 시가를 내려놓고 존슨 육군참모총장을 뚫어지게 바라보며 도발적인 말을 던졌 다. 그는 언성을 높이며 "당신이 이 빌어먹을 휴이(Huey, 육군 헬리콥터) 를 직접 몰아보시오. 나는 F-105 전투기를 타고 나가 누가 살아남는지 제대로 겨뤄보겠다니까! 내가 당신을 격추시켜서 그 장난감 같은 헬기를 산산조각 내 땅바닥에 뿌려버릴 수도 있을 텐데"라고 말했다. 이에 존슨 참모총장 역시 자신도 비행 훈련을 받아 상대하겠다며 맞섰고, 두 사람은 훗날 시간과 장소를 정해 보자는 농담 섞인 격한 말까지 주고받았다. 결 국 존슨이 침착하게 회의를 다른 안건으로 넘기자고 제안했지만, 이미 회 의장은 상당히 과열된 상태였다. 이를 지켜보던 공군 작전부 참모는 자리 에서 일어나 르메이를 진정시키려 했고, 휠러 합참의장은 극도로 긴장된 분위기를 완화하기 위해 해당 안건을 잠정 보류하자고 제안했다. 그러나 이는 어디까지나 급한 불을 끄기 위한 임시 조치에 불과했으며, 문제의

근본적인 해결과는 거리가 멀었다.[32]

결국 합참은 웨스트모어랜드 장군의 병력 증원 요청에 대해 끝내 단일한 권고안을 마련하지 못했다. 휠러 합참의장은 대통령이 이미 결정을 내린 뒤 무려 2주가 지난 8월 4일이 되어서야, 찬반 의견이 병기된 권고안을 맥나마라 국방부 장관에게 제출했다.[33] 각 군 간의 뿌리 깊은 경쟁과 갈등을 해소하지 못한 합참은 이 과정에서 다시 한 번 전략 결정 과정에서의 영향력을 상실하고 말았다.

한편 합참이 내부 갈등으로 발이 묶여 있는 동안, 테일러 대사는 베트남 정책과 관련한 군사 고문으로서의 영향력을 눈에 띄게 확대해 나가고 있었다. 국방부는 점차 합참을 우회해 테일러에게 직접 의견을 구하기 시작했다. 실제로 7월 23일 국방부 장관실은 사이공(Saigon) 주재 테일러 대사에게 직접 전보를 보내, 메콩(Mekong) 강 일대에서 남베트남군의 침투를 어떻게 효과적으로 차단할 수 있을지에 대한 그의 견해를 요청했다.[34] 3일 후, 맥노턴은 포레스탈을 통해 테일러 대사와 라오스 주재 미국 대사인 레너드 웅거(Leonard Unger)에게 잠정적 군사 옵션 목록을 전달했다. 이 과정에서도 합참은 사실상 배제되었다. 러스크 국무부 장관 명의로 작성된 이 제안서에서 맥노턴과 포레스탈은 남베트남 침투를 지원하는 시설들을 차단하고 파괴하자는 내용과 함께, 라오스 팬핸들 지역(Panhandle, 라오스 남동부 지역)[1]에 대한 공습이 권고되어 있었다. 이 공습 제안의 핵심 목표는 군사적 성과 그 자체라기보다, 남베트남의 사기를 고양하고 북베트남에 대한 강경 대응을 요구하는 국내 여론을 잠재우는 데 있었다. 맥노턴의 계획에는 공습에 투입될 항공기 기종, 무기 종류, 출격 횟수 등 구체적인 실행 요소까지 포함되어 있었으며, 일부 항공기가

---

1 판핸들(panhandle) 지역 : 영어로 후라이팬 손잡이처럼 가늘고 긴 지형을 비유하는 표현이다. 라오스 팬핸들은 라오스 남동부 지역, 즉 라오스 영토 중 남베트남 국경과 접한 가늘고 긴 지역을 의미한다. 위치상으로 북쪽은 라오스 내륙 산악지대, 동쪽은 남베트남 국경, 서쪽은 라오스 내륙, 남쪽은 캄보디아와 접경하고 있어서, 전략적으로는 호치민 루트의 핵심 거점으로서의 가치가 있는 지역이다.

라오스 상공에서 격추될 가능성을 인정하면서도 예상 손실률은 2% 미만일 것이라고 분석했다.[35]

테일러가 보낸 답신에는 자신이 사이공(Saigon)에서 군사 계획을 직접 조율하고 통제하겠다는 의지가 분명히 드러나 있었다. 그는 라오스 팬핸들(Panhandle) 지역에 대한 즉각적인 군사 행동은 시급하지 않다고 보았으며, 오히려 남베트남군과 함께 비상 계획을 마련해 국경 너머 작전을 준비하는 편이 칸(Kahn) 장군의 요구를 잠재우는 데에도 효과적일 것이라고 판단했다. 또한 존슨 대통령이 선거를 앞둔 민감한 시기에 있다는 점을 고려해, 맥노턴의 제안처럼 전쟁 확대로 비칠 수 있는 조치보다는 그보다 낮은 강도의 대안을 모색해야 한다고 보았다. 예컨대 미 공군의 작전을 '무장 정찰'이라는 명목으로 수행한다면 국제 여론의 반발을 최소화할 수 있다는 것이다. 실제로 미 공군은 이미 5월 21일부터 라오스 내 공산 점령 지역 상공에서 저공 정찰 비행을 수행하고 있었기 때문에, 이러한 명분을 활용하는 데에도 무리가 없었다. 테일러는 정찰 임무 수행 과정에서도 맥노턴이 지목한 표적들을 타격할 기회와 명분은 충분히 확보할 수 있을 것이라고 보았으며, 이처럼 기밀 공습 계획을 수립하고 관리하기에 가장 적합한 장소는 바로 사이공(Saigon) 주재 미국 대사관이라고 덧붙였다.[36]

같은 날, 테일러 대사가 국무부로 전보를 보내던 바로 그 시각에 합참은 존슨 대통령의 지시에 따라 베트남 내 군사 조치에 대한 비상 계획 수립에 착수했다. 대통령은 국방부 장관 맥나마라를 통해 합참이 검토할 모든 군사 행동이 반드시 다음 네 가지 조건을 충족해야 한다고 분명히 지시했다.

A. 남베트남의 대반란 작전이 성공하도록 군사적으로 기여할 것
B. 국경 밖에서 적을 상대로 징벌적 조치를 취함으로써 남베트남 지도자들의 좌절감과 패배주의를 완화할 것
C. 적의 보복성 확전 가능성을 최소화할 것

D. 미군의 직접적인 전투 참여를 가능한 한 억제할 것 [37]

합참은 여러 방안을 검토한 끝에, 이 네 가지 조건을 동시에 만족시킬 수 있는 선택지는 사실상 세 가지뿐이라고 보고했다.

1. 라오스를 거쳐 남베트남으로 들어오는 침투 경로에 대한 공습
2. 라오스 내에서 공산주의 침투 활동에 대응하는 지상 작전
3. 북베트남 내 군사 목표를 비표식 항공기(미국 소속 표시가 없는 항공기)를 이용해 제한적으로 공습하는 방안

합참은 이러한 '제한적 군사 행동'이 남베트남 내 전쟁 수행에 일정 수준의 군사적·심리적 효과는 줄 수는 있다고 보았다. 그러나 동시에 이러한 조치만으로는 북베트남의 베트콩(Viet Cong) 지원 능력을 근본적으로 약화시키기는 어렵고, 특히 라오스에서는 오히려 역효과가 나타날 가능성도 배제할 수 없다고 경고했다.[38]

사실 맥나마라와 존슨 대통령은 합참으로부터 어떤 결론이 도출될지를 이미 계산해 두고 있었다. 합참에 제시된 네 가지 조건 가운데 C항과 D항은 '해서는 안 되는 것'을 명시한 부정적 제약이었으며, 이는 전쟁 확산을 억제하고 미군의 직접 개입을 최소화하려는 행정부의 의도를 군사 옵션 검토 단계에서부터 구조적으로 반영하도록 설계된 장치였다.[39] 존슨 대통령은 이러한 제약을 사전에 설정함으로써, 합참이 제출한 보고서를 자신이 선호하던 '매우 제한적인 군사 행동'에 대한 사실상의 승인으로 해석할 수 있는 여지를 확보했다. 이는 그동안 합참이 이러한 제한적 조치들에 일관되게 반대해 왔다는 점에서 더욱 의미가 컸다. 당시 베트남 정책을 담당하던 국무부 장관 특별보좌관 마이클 포레스탈(Michael Forrestal) 역시 이를 두고, "이번 합참 보고서는 상당히 중요한 진전이다. 하노이(Hanoi)가 상황을 더 악화시킬 경우, 우리가 실제로 사용하려는 바로 그 제한적 군사 행동을 합참이 잠정적으로 승인한 것으로 해석할 수 있기 때

문이다"라고 평가했다. [40]

휠러의 리더십 부재와 테일러 대사의 합참 우회, 합참 내부의 이견, 맥나마라 국방부 장관이 규정한 협소한 군사 옵션 검토 범위, 그리고 매주 열리던 화요일 오찬 회의의 폐쇄적 운영까지 이 모든 요인이 겹치며 베트남 정책 결정 과정에서 합참은 사실상 주변부로 밀려났다. 이러한 배제는 곧 외부의 비판으로도 이어졌다. 상원의원 배리 골드워터(Barry Goldwater)는 존슨 대통령이 자신의 군사 고문들을 무시하고 있다고 공개적으로 비난했다. 특히 7월 14일 열린 화요일 오찬 회의에서는 테일러와 웨스트모어랜드 장군의 요청 승인 여부를 논의하는 과정에서 공화당의 공세에 어떻게 대응할 것인가가 핵심 쟁점으로 떠올랐다. 당시 공화당은 존슨 행정부가 민간 지도부와 군의 최고 전문가들 사이의 신뢰를 약화시키고 있으며, 중요한 국가안보 사안에서 군사적 전문성을 무시하고 있다고 비판했다. 이에 대해 맥나마라 국방부 장관은 행정부의 민간 지도부와 군 수뇌부 사이의 신뢰와 이해가 그 어느 때보다 견고하다고 반박했다. 그는 쿠바 미사일 위기 당시 실행위원회에서 이루어진 긴밀한 협업을 사례로 들며, 전직 합참의장 렘니처와 테일러의 긍정적 평가를 인용해 민군 관계가 안정적으로 유지되고 있다고 주장했다. [41]

그러나 실제 상황은 이와 거리가 멀었다. 존슨 대통령은 언제나 선거 전략과 베트남 정책을 동시에 고려해야 했고, 국가안보를 최우선 가치로 삼던 합참은 이러한 정치적 계산이 깊게 개입된 논의에 적극적으로 관여하기를 꺼렸다. [42] 존슨에게 베트남 문제는 본질적으로 국가안보 사안이라기보다 선거와 직결된 정치적 과제에 가까웠다. 대선에서 패배로 이어질 수 있는 가장 큰 위험 요소가 바로 베트남이었기 때문에, 그의 최우선 관심사는 이 문제가 선거 쟁점으로 확대되지 않도록 통제하는 데 있었다. 반면 합참은 베트남 문제를 일관되게 전략적·군사적 차원의 문제로만 인식했다. 이러한 근본적인 시각 차이 속에서 합참은 대통령의 정책을 뒷받침하는 조언자라기보다, 때로는 정책 추진에 부담을 주는 존재이자 잠재적 위험 요인으로 인식될 수밖에 없었다.

■

비록 존슨 대통령이 베트남 문제를 주로 국내 정치의 맥락에서 바라보고 있었지만, 미국 국민 다수는 여전히 이를 외교와 국가안보의 문제로 인식하고 있었다. 이로 인해 대통령의 참모들은 선거 전략을 고려해 내려진 정책 결정들이 마치 국가안보의 이익과 현지 상황에 근거한 합리적 판단인 것처럼 보이도록 포장해야 하는 부담을 떠안게 되었다. 이러한 상황에서는 대통령의 단기적인 정치적 이해관계와 전쟁 확대를 둘러싼 장기 전략이 충돌할 수밖에 없었다.

참모들 사이에서는 선거 기간 동안 지나치게 온건한 메시지를 내놓았다가, 선거가 끝난 뒤 북베트남 폭격과 같은 강경 조치로 방향을 전환할 경우 정책의 일관성이 무너지고 국민의 신뢰를 잃을 수 있다는 우려도 제기되었다. 존슨 행정부 내부에서도 이러한 이중적인 태도에 대해 논의가 없었던 것은 아니다. 윌리엄 번디(William Bundy)와 마이클 포레스탈(Michael Forrestal)은 대통령의 재선을 최우선 목표로 삼는 한편, 선거 이후 베트남에서 전략적 행동의 자유를 최대한 확보하기 위해 민주당 연설자들이 어떤 방식으로 메시지를 전달해야 할지에 대해 구체적인 지침을 제시했다.

1. 베트남 문제의 본질은 남베트남 내부에 있으며, 외부 개입보다 내부 요인이 더 중요하다는 점을 강조할 것
2. 미국은 동남아시아 동맹국들을 돕기 위해 최선을 다할 것이라고 약속할 것
3. 남베트남군이 충분한 화력과 기동력을 보유하고 있음을 강조해 현지의 위기감을 완화할 것
4. 테일러 대사의 역량을 부각시켜 남베트남의 상황이 개선될 수 있다는 긍정적인 전망을 제시할 것[43]

이 연설 전략은 선거 전까지는 군사 행동을 자제하겠다는 대통령의 입장을 정당화하는 동시에, 선거 이후 필요할 경우 전쟁 확대로 방향을 전환할 수 있는 여지를 남겨두려는 치밀한 계산이었다.

번디와 포레스탈은 연설자들에게 '행정부는 평화를 지향한다'는 점을 분명히 전달하되, 향후 군사적 선택지가 완전히 배제된 것은 아니라는 메시지를 은근히 포함시키라고 조언했다. 또한 상황에 따라 미국이 추가적인 희생을 감수할 가능성도 솔직하게 언급함으로써 발언의 설득력을 높이도록 권했다. 또 '남베트남이 공산주의 지배 아래로 넘어가는 것을 막는 일은 미국 국가안보의 핵심 사안'이라는 표현을 적극적으로 사용해 행정부의 정책 노선을 정당화해야 한다고 강조했다. 민주당 후보들과 연설자들은 유권자들에게, 만약 남베트남이 붕괴될 경우 그 여파로 서쪽의 버마(미얀마)와 인도, 동쪽의 필리핀에 이르기까지 연쇄적인 불안정이 확산될 수 있다고 경고해야 했다. 결국 이 연설 전략은 명확한 입장을 단정적으로 제시하기보다는, 모호하고 조건부적인 표현을 활용해 유권자들로 하여금 각자의 방식으로 해석하도록 유도하거나 판단을 유예하게 만드는 데 초점이 맞춰져 있었다. 보고서 말미에서 번디와 포레스탈은 존슨 대통령의 신중함과 인내심을 높이 평가하며, 행정부가 추진 중인 현행 정책이 불필요한 군사적 확대 없이도 미국인과 베트남인의 인명 피해를 최소화하면서 문제를 해결할 수 있는 가장 효과적인 접근법이라고 강조하며 글을 맺었다.

∎

존슨 대통령의 핵심 문민 참모들은 그가 '평화주의자'라는 이미지를 유지하기 위해 신중한 전략을 구사하고 있었지만, 군사 고문단은 이러한 선거 전략을 충분히 공유받지 못한 상태였다. 합참의장에 임명된 지 불과 2주밖에 지나지 않았던 휠러 장군은 펜타곤을 출입하던 기자들을 상대로 한 비공식 브리핑에서 예기치 않게 민감한 질문을 받았다. 한 기자가 베트남에 미군을 추가 파병할 계획이 있는지를 묻자, 휠러는 머지않아 군사

고문단이 동남아시아로 추가 파견될 것이라고 답했다. 이 발언은 다음 날인 7월 15일 주요 신문의 1면을 장식했다. 증원 규모는 구체적으로 언급되지 않았지만, 『뉴욕 타임스』는 전년도 크리스마스 직후 16,500명 중 약 1,000명이 철수하면서 시작된 병력 감축 계획이 사실상 무산되었다고 보도했다.[44]

휠러의 이 솔직한 발언은 맥나마라 국방부 장관과 국가안보보좌관 맥조지 번디, 그리고 존슨 대통령 모두를 난처하게 만들었다. 맥나마라는 휠러가 예상치 못한 질문에 갑작스럽게 노출된 상황에서 충분히 숙고할 여유가 없었을 것이라며 그를 두둔했다. 반면 번디는 보다 냉정한 태도를 보였다. 그는 휠러가 백악관 참모진이 대응책을 마련할 시간을 벌 수 있도록 보다 신중하고 완곡한 표현으로 답했어야 했다며 실망감을 드러냈다.[45]

사실 휠러에게 기대되던 역할은 단순히 행정부의 정책을 지지하는 데 그치지 않았다. 그는 존슨 대통령의 재선 전략을 뒷받침하기 위해, 정책 가운데 민감한 사안을 대외적으로 어떤 방식으로 전달할지를 조율하는 역할까지 맡고 있었다. 그런 점에서 그의 발언은 더욱 문제적인 것으로 받아들여질 수밖에 없었다.

비록 휠러 장군이 남베트남 내 미군 고문단 증원 사실을 의도치 않게 공개했지만, 행정부는 병력 확대의 전체 규모를 공식적으로 발표할 계획은 갖고 있지 않았다. 맥조지 번디(McGeroge Bundy)는 이번 증원이 남베트남에서 추진 중인 평정 작전의 연장선상에 있는 조치일 뿐이므로, 백악관이 별도의 발표를 한다고 해서 얻을 실익은 크지 않다고 설명하며 대통령을 안심시켰다. 그러나 동시에 그는 만약 백악관이 사전에 언론에 공식 입장을 밝혔거나 최소한 휠러의 발언에 앞서 상황을 설명했더라면 불필요한 오해와 논란을 줄일 수 있었을 것이라며 아쉬움을 표했다. 이어 번디는 기자들에게 이번 소규모 병력 파견이 이미 5월과 6월에 결정된 핵심 지역 지원 조치의 연장이라는 점을 강조해 설명했을 것이라고 덧붙였다.[46]

이와 별도로 미 국무부 공보 담당 차관보 역시 휠러의 발언이 불러올 수 있는 부정적 여론을 차단하기 위한 대응책을 마련했다. 그는 사이공(Saigon) 주재 미국 대사관 공보담당 보좌관 배리 조시언(Barry Zorthian)에게 전보를 보내 언론을 상대로 사이공(Saigon)에 주둔 중인 미군 고문단 1만 6천 명에 이미 휠러가 언급한 증원 인원이 포함되어 있다고 공식 발표하라고 지시했다. 그러나 7월 27일, 훗날 사이공(Saigon) 대사관의 낙관적인 전쟁 홍보를 주도하게 되는 조시언은 이 방침이 현실적이지 않다며 반대 의견을 제시했다. 그는 추가 고문단 파견 소식이 알려진 지 얼마 되지 않은 상황에서 그들이 이미 현지에 도착해 있다고 주장하는 것은 사실과 부합하지 않는다고 지적했다. 조시언은 앞으로 병력 규모와 관련한 혼선을 막기 위해서라도 대사관은 반드시 사실에 기반한 메시지를 유지해야 한다고 조언했다.[47]

한편 7월 22일, 사이공(Saigon)발 언론 보도를 통해 존슨 대통령이 베트남 전쟁 개입을 점진적으로 확대하고 있다는 정황이 또다시 드러났다. 남베트남 공군 준장 응우옌까오키(Nguyen Cao Ky)는 기자들에게 남베트남 공군기가 이미 북베트남 상공에 파괴공작팀을 공중 투하해 왔다고 공개적으로 밝혔다. 이는 미국 정부로 하여금 보다 강경한 군사 행동에 나서도록 압박하려는 의도가 깔려 있었을 가능성이 컸다. 남베트남이 북베트남 영토에 직접 군사작전을 수행하고 있음을 공식적으로 밝힌 것은 이번이 처음이었다.[48]

이 보고에 대응해 존슨 대통령은 국가안보보좌관 맥조지 번디(McGeorge Bundy)에게 즉각 관련 정보의 사실 여부를 확인하고 최신 보고를 제출하라고 지시했다. 7월 24일, 번디는 대통령에게 지금까지 총 8차례의 공수작전이 실시되었으며, 이는 1964년 4월부터 비밀리에 추진되어 온 'Plan 34A'의 일환이라고 보고했다. 그는 이 작전들이 기대만큼의 성과를 거두지 못했으며, 사상자 비율도 상당히 높았다고 덧붙였다.[49] 그러나 실제 상황은 보고 내용보다 훨씬 심각했다. 이 공수작전들은 사실상 실패에 가까웠고, 남베트남 군 내부에서는 '자살 임무'로 불릴 만큼 위험도가 극도로 높았다. 낙하산을 타고 북베트남 지역에 침투하던 병사들 가운데 상당수는 극심한 공포에 휩싸여 작전을 회피하거나 임무를 끝내 수행하지 못한 채 주저했다. 일부 장교들은 작전 수행을 피하기 위해 술에 만취한 상태로 집결지에 나타나는 일까지 벌어졌다. 침투 과정에서 적에게 발각되어 연락이 두절된 병사들도 적지 않았으며, 그 이후의 생사조차 확인되지 않은 사례가 빈번했다.[50]

∎

Plan 34A의 초기 침투 작전이 잇따라 실패했음에도 불구하고, 국방부 장관 맥나마라는 이 프로그램을 강력히 지지했다. 이러한 비밀 침투 작전은 그가 평소 강조해 온 '수치화된 군사 관리 기법'을 실제 전장에 적용해 볼 수 있는 일종의 실험장이기도 했다. 맥나마라는 이 작전을 북베트남에 일정한 부담을 가하면서도 전면전으로 확산될 위험은 최소화할 수 있는 수단으로 평가했다. 그가 내세운 핵심 원칙인 '최소한의 위험으로 최대한의 압박'은 군사 전략에 경제학의 비용 대비 효과 개념을 접목한 접근이었다.[51] 무엇보다 이 작전이 맥나마라에게 특히 매력적으로 다가온 이유는, 대통령의 선거 전략에 부담을 주지 않으면서도 북베트남에 대해 체계적이고 지속적인 압박을 가할 수 있는 수단이었기 때문이다.

작전 개시를 서두르던 맥나마라는 Plan 34A 가운데 해군이 담당한 해상 작전, 즉 북베트남 해안에 있는 해군 기지와 항만 시설을 기습적으로 공격하는 계획이 계속 지연되자 점차 인내심을 잃어갔다. 이 작전은 남베트남 해군 병력과 파괴 공작 요원들이 소형 고속 모터보트를 이용해 수행하는 방식이었으며, 미 해군 SEAL 요원들이 이들을 직접 지휘하고 함께 탑승해 작전에 참여했다. 모터보트는 40mm 기관포와 81mm 박격포 등으로 무장한 채 목표 지점에 접근해 포격을 가하거나, 특수 요원을 투입해 폭약을 설치하는 임무를 수행한 뒤 남베트남 다낭(Danang) 기지로 복귀했다.[52]

하지만 해군 고위 장교들은 이 작전의 실효성과 안전성에 대해 지속적으로 우려를 표했다. 5월에 샤프 제독은 자신이 이 작전을 면밀히 주시해왔다고 밝히며, 초기부터 제기했던 우려들이 실제 문제로 드러나고 있다고 언급했다. 그는 북베트남이 예상보다 훨씬 강력하고 광범위한 해상 방어 능력을 갖추고 있을 가능성도 경고했다. 그럼에도 맥나마라는 이러한 반대 의견에 흔들리지 않았다. 당시 주월 미 대사 테일러와 휠러 합참의장 역시 그의 입장을 지지했다. 해군 내부에서 해상 공격이 부적절하다는 판단이 제기되었음에도 맥나마라는 미 해군 고문단의 반대를 무시한 채 미국제 순시정 도입을 강행했고, 태평양사령부에 작전 개시를 강하게 촉구했다.[53] 그 결과 5월 말까지 미국은 남베트남 해군 보트 승무원과 파괴 공작팀을 집중적으로 훈련시키는 한편, 장비와 기계적 문제를 단계적으로 해결해 나갔다. 5월과 6월에 실시된 해상 작전들은 전반적으로 일정한 성과를 거두었다. 작전 부대는 북베트남 어선 여러 척을 나포했고, 하오 몬동(Hao Mon Dong) 항구 근처에 있던 창고와 다리를 파괴하는 데도 성공했다.[54]

이러한 비밀 해상 작전은 또 다른 형태의 북베트남 압박 전략으로 이어졌다. 그것이 바로 북베트남 해안 일대에서 실시된 미 해군 구축함의 'DESOTO 순찰'[2]이었다. 이 작전은 1962년 12월부터 간헐적으로 시행되어 왔으며, 이는 적 해안 인근에서 첩보 및 감청, 정찰 임무를 수행하는 대외 정보 수집 임무였다. DESOTO 순찰의 주요 감시 대상은 북한, 중국, 북베트남 등 공산권 국가들이었다. 베트남에서 비밀 해상 작전이 본격화되면서 베트남 주둔 미군사령부(MCAV)는 북베트남 해안에 대한 더욱 상세하고 지속적인 정보 수집을 요구하게 되었고, 이에 따라 1964년 2월 이후 미 해군은 사진 정찰과 전자정보 수집을 통해 이 작전을 지원하게

---

2 DESOTO 순찰 : 미국 해군이 수행한 정보수집 정찰작전으로 정식 명칭은 'DESOTO Patrol Operations'이다. 목적은 적 해안 근처에서 첩보·감청·정찰 임무 수행 (특히 북한, 중국, 북베트남 등 공산권 국가 해안 인근)이었으며, 베트남전 초기에 미국은 북베트남 해안 지역에서 군사 활동을 감시하고, 정보 수집을 통해 후속 작전(폭격, 해상공격, MAROPS 등)을 지원하려고 하였다.

되었다. [55]

북베트남은 반복적인 해안 기습 공격에 대응해 통킹만(Tonkin Gulf) 일대의 모터건보트(소형 고속 무장선박) 전력을 증강시켰다. 이러한 상황에서 합참은 북베트남 해상 전력을 평가하기 위해 7월 31일 새로운 DESOTO 순찰을 승인했다. 한편, 7월 30일 밤부터 31일 새벽까지 남베트남 해군은 웨스트모어랜드 장군의 지시에 따라 별도의 비밀 해상 작전에 투입되었다. 순찰 보트 네 척이 다낭(Danang)을 출발해 통킹만(Tonkin Gulf)에 위치한 혼메(Hon Me)섬과 혼니우(Hon Nieu)섬을 공격한 뒤 철수했으며, 이 과정에서 남베트남 해군 병사 네 명이 부상을 입고 복귀했다. [56]

이로부터 이틀 뒤인 1964년 8월 2일 오후 3시 40분, 태평양사령관 샤프 제독은 해군참모총장 맥도날드와 합참에 긴급 전보를 보냈다. 통킹만(Tonkin Gulf)에서 미 해군 구축함 매덕스(Maddox)호가 북베트남 어뢰정 세 척의 공격을 받았다는 내용이었다. 매덕스(Maddox)호는 즉각 대응 사격에 나섰고, 어뢰정들은 여러 차례 명중탄과 근접탄을 맞으면서도 접근을 시도했다. 그러나 미군의 집중 사격으로 어뢰를 발사하지 못한 채 결국 후퇴했다. 곧이어 항공모함 티콘데로가(Ticonderoga)호에서 출격한 항공기들이 전투에 합류해 매덕스(Maddox)호와 합동 공격을 벌였고, 그 결과 어뢰정 두 척이 손상되었으며 나머지 한 척은 항행 불능 상태가 되었다. 이후 태평양사령부는 구축함 터너조이(Turner Joy)호에 매덕스(Maddox)호와 합류하라는 명령을 내렸고, 두 함정은 북베트남 해안에서 약 16마일 떨어진 해역에서 순찰을 이어갔다. [57]

■

존슨 대통령은 이번 공격이 북베트남을 겨냥한 비밀공작 OPLAN 34A에 대한 보복이라고 확신했다. 그러나 그는 사태를 더 키우지 않고 조용히 넘어가기로 결정했다. [58] 이에 따라 국방부는 공식 발표에서 북베트남과 관련된 언급을 일절 배제했다. 그날 저녁 뉴욕에서 연설 중이던 러스크 국무장관 역시, 선거철마다 반복해 온 익숙한 메시지를 다시 꺼내 들었다. 보복을 자제한 이유를 묻는 질문에 그는 "1945년 이후 수많은 사건들이 또 다른 세계대전으로 비화될 뻔한 순간들이 있었습니다. 만약 모두가 자제력을 잃었다면, 그 혼란을 막긴 쉽지 않았을 겁니다"라고 답했다.[59]

존슨 대통령은 미국 국민들에게는 절제와 침착함을 보여주고자 했지만, 동시에 북베트남 지도부에는 미국이 결코 물러서지 않는다는 신호를 분명히 보내고자 했다. 이를 위해 그는 DESOTO 순찰을 재개하고 비밀 해상 작전도 계속하라고 지시하면서 군사적 의지를 드러냈다.[60] 대통령과 회담을 마친 뒤, 휠러 합참의장은 샤프 제독에게 전보를 보내 매덕스(Maddox)호와 터너조이(Turner Joy)호가 북베트남 해안에서 최소 11마일이상 떨어진 해역에서 DESOTO 순찰을 계속 수행할 수 있도록 승인했다. 동시에 휠러는 낮에는 항공 전력을 동원해 순찰 선박에 공중 방호하고, OPLAN 34A와 관련된 해상 활동 시에는 해안에 너무 가까이 접근하지 않도록 주의하라고 지시했다.[61]

한편 테일러 대사는 대통령의 통킹만(Tonkin Gulf) 순찰 재개 발표가 지나치게 소극적이라고 판단했다. 그는 러스크 국무장관에게 보낸 전보에서, 아무런 보복 없이 사태를 넘길 경우 북베트남의 추가 도발을 부추길 수 있으며, 남베트남에는 미국이 직접 충돌을 회피하고 있다는 잘못된 신호를 줄 수 있다고 주장했다. 이에 따라 테일러는 대통령에게 다음과 같은 보다 강경한 조치를 검토할 것을 권고했다.

① 국제 수역에서 북베트남 순시정을 발견할 경우 즉각 공격한다는 공식 입장 발표
② 북베트남 해군 함정을 정기적으로 감시하기 위해 북베트남 영공 초계 비행 실시
③ 북베트남 해군 기지로 접근하는 항로에 대한 기뢰 매설

④ 남베트남 해군의 북베트남 표적 타격 능력 강화

테일러는 이러한 권고안에 대한 신속한 검토를 요청하며, 결정이 내려지는 즉시 남베트남 정부에 전달할 수 있도록 러스크 장관에게 촉구했다.[62]

그러나 테일러의 제안은 긍정적으로 받아들여지지 않았다. 8월 3일, 조지 볼(George Ball) 국무부 차관은 맥나마라 국방부 장관에게 전화를 걸어 테일러의 구상은 지나치게 공격적이며 사실상 전쟁 선언에 가까운 조치가 될 수 있다고 우려를 표했다. 이에 대안으로 포레스탈이 국방부 국제안보 담당 부서 인사들과 협력해, 겉으로는 단호해 보이되 실제로는 신중하게 계산된 '발표용 교전 규칙'을 마련하는 편이 더 바람직하다고 제안했다. 맥나마라 역시 테일러가 과도하게 반응하고 있다는 데 동의했다. 그는 새로운 교전 규칙을 공식적으로 발표할 필요는 없으며, 오히려 테일러의 전보를 별다른 조치 없이 넘기는 것이 낫다고 판단했다. 또한 이 시점에서 새로운 교전 원칙을 제시하는 것은 정치적으로도 부담이 될 수 있다고 덧붙였다. 결국 맥나마라는 대통령에게 "국제 수역에서 우리를 공격하는 어떤 세력에 대해서도 우리는 공격하고 격멸할 준비가 되어 있다"는 정도의 간결한 입장 표명이 가장 적절하다고 권고했다.[63]

조지 볼(George Ball)과 통화를 마친 직후, 맥나마라 국방부 장관은 곧바로 존슨 대통령에게 전화를 걸었다. 대통령은 자신이 가장 신뢰하는 참모의 조언을 받아들여 백악관에서 즉석 기자회견을 열기로 결정했다.[64] 기자회견에서 존슨 해군 전투기 부대와 두 척의 구축함 지휘관들에게 내린 지시 내용을 직접 공개했다. "첫째, 국제 수역에서 우리를 공격하는 모든 세력은 곧장 공격하라. 그리고 둘째, 단순히 공격을 격퇴하는 수준에 그치지 말고 확실히 제압하라."[65]

비록 테일러 대사가 사이공(Saigon)에 부임하면서 대통령으로부터 강력한 권한을 위임받았지만, 워싱턴의 정책 결정 중심에서 멀리 떨어져 있다는 구조적 한계는 쉽게 극복하기 어려웠다. 테일러가 워싱턴을 떠나 있는 동안 맥나마라는 대통령과의 관계를 더욱 공고히 하며 영향력을 확대해 나갔고, 그 과정에서 테일러의 여러 권고안이 대통령에게 직접 전달되지 않도록 조율하기도 했다. 결국 테일러가 준비했던 권고안은 채택되지 않았고, 대신 맥나마라는 조지 볼(George Ball)의 조언을 받아들여 겉으로는 강경해 보이지만 실제 행동은 절제된 형태의 발표문을 대통령이 선택하도록 유도했다. 이번 기자회견은 통킹만(Tonkin Gulf) 사건 이후 강경 대응을 요구하던 테일러와 의회 내 강경파를 일시적으로 달래려는 성격이 강했다. 그러나 맥나마라는 여전히 대통령이 지나치게 앞서 나가지 않고 신중하게 대응하는 것이 최선이라고 판단했다. 만약 보복 요구가 계속 거세질 경우, 이미 진행 중이던 북베트남 대상 비밀 작전의 일부를 제한적으로 공개함으로써 여론을 누그러뜨리는 방안까지도 염두에 두고 있었다.[66] 한편 워싱턴에서 떨어져 현장에 머물고 있던 테일러 대사는 베트남 전황이 주는 압박에 더욱 민감하게 반응하는 듯 보였고, 이러한 상황은 그가 워싱턴 내부의 정치적 흐름을 정확히 읽지 못하는 결과로 이어졌다.

테일러 대사와 맥나마라, 그리고 존슨 대통령 사이에 나타난 관계의 변화는 당시 베트남 정책 결정 구조의 성격을 단적으로 보여주었다. 워싱턴에 있을 때만 해도 테일러는 대통령과 맥나마라와 함께 베트남 정책을 긴밀히 논의하며 강한 신뢰 관계를 형성하고 있었다. 그러나 베트남 현장의 복잡한 현실을 직접 마주한 이후 그는 자신의 평가를 수정하기 시작했고, 때로는 대통령의 선거 전략과 충돌할 수 있는 조치를 권고하기도 했다. 반대로 존슨 대통령과 맥나마라는 선거와 국내 정치라는 우선순위에 깊이 묶여 있던 탓에, 테일러의 변화된 평가를 정책 전환의 계기로 삼기보다는 불편한 조언으로 받아들였다. 그 결과 테일러는 더 이상 핵심 동맹이 아니라, 필요에 따라 통제하거나 배제해야 할 잠재적인 '반대 의견의 원천'으로 인식되기 시작했다.

러스크 국무장관은 테일러 대사에게 보낸 전보에서, 자신뿐 아니라 대통령, 맥나마라, 맥조지 번디(McGeorge Bundy) 역시 그의 권고를 주의 깊게 검토했다고 전했다. 또한 대통령의 공식 발표가 테일러가 우려했던 문제를 어느 정도 해소해 주었기를 바란다고 덧붙였다. 이는 테일러가 소외감이나 실망을 느끼지 않도록 배려한 표현이었다. 아울러 러스크는 OPLAN 34A 작전이 북베트남 지도부에 실질적인 압박을 가하기 시작했으며, 매덕스(Maddox)호 공격 역시 단순한 우연이 아니라 이러한 작전에 대한 북베트남의 대응 과정에서 발생한 사건으로 해석할 수도 있다고 설명했다. 그러면서 미국은 어떠한 압력에도 흔들리지 않을 것이라는 점을 분명히 했다. 그러나 동시에 그는 테일러가 이전에 제기한 여러 정책 제안은 앞으로 더 이상 검토 대상에 포함되지 않을 것임을 명확히 했다. 전보의 말미에는 앞으로는 정책에 대한 조언 대신 대통령 발표에 대한 베트남 현지의 여론과 정치적 분위기만 보고해 달라고 요청했다. 이는 사실상 테일러의 정책 참여 권한에 선을 긋고 그 범위를 제한한 조치였다.[67]

한편 존슨 대통령은 북베트남 지도부에 보낸 서한에서 통킹만(Tonkin Gulf) 사건을 '도발 없이 이뤄진 공격(unprovoked attack)'이라고 규정했다. 그러나 실제로는 미국이 계획하고 지원한 북베트남 영토에 대한 기습 작전들이 이번 해상 교전을 불러왔다는 점을 대통령 스스로도 잘 알고 있었다. 향후 이와 유사한 사건이 다시 발생할 가능성을 줄이기 위해 맥조지 번디는 DESOTO 순찰이 비밀 작전과 직접적으로 연계된 것처럼 보이지 않도록 운용 방식을 조정할 것을 권고했다.[68]

그날 밤 휠러 합참의장은 예정된 북베트남 대상 해상 작전계획을 대통령에게 브리핑했다. 이 보고를 통해 대통령과 참모들은 일시적인 안도감을 얻었고, 회의는 비교적 신속히 마무리되었다. 존슨 대통령은 공개적인 군사 보복은 여전히 신중하게 피하되, 북베트남을 향한 비밀 작전은 계속 유지한다는 기존 방침을 재확인했다. 이러한 결정은 당시 베트남 전략의 기본 기조, 즉 겉으로는 자제하되 필요할 때는 은밀하게 압박을 강화하는 이중 전략에 부합하는 조치였다.

한편 비밀 해상 작전부대는 북베트남 해안에 또 다른 기습 공격을 준비
하고 있었다. 8월 3일 자정을 넘긴 시각, 두 척의 소형 고속 공격정이 북
베트남 빈손(Vinh Son) 인근에 위치한 레이더 기지를 향해 고폭탄 770발
을 퍼부었다. 이 작전은 미 국무부 차관보 윌리엄 번디(William Bundy)가
'규모가 작고 파급 효과도 제한적이다'고 평가했던 일련의 작전 중 하나였
다. 또 다른 공격정은 론(Ron)강 하구 근처에 있는 북베트남 경계 초소에
조명탄을 투하한 뒤 포격을 가했고, 그 결과 해당 초소는 불길에 휩싸였
다.[69]

8월 2일 사건 이후 신중한 태도를 유지하려 했던 대통령의 입장은 오래
가지 못했다. 8월 4일 오전 9시, 맥나마라 국방부 장관은 북베트남 측 무
선 교신을 감청한 긴급 정보를 보고받았다. 그 내용은 북베트남 해역을
순찰 중이던 미 해군 구축함 매덕스(Maddox)호와 터너조이(Turner Joy)호
가 다시 공격을 받을 가능성이 있다는 경고였다. 두 번째 공격 가능성은
즉시 맥나마라의 경계심을 자극했다. 그는 보고서를 받자마자 대통령에
게 전화를 걸어, 매덕스(Maddox)호가 적대 세력의 접근을 감지하고 경계
태세를 강화한 상태라고 보고했다. 이에 존슨 대통령은 맥나마라에게 북
베트남을 상대로 한 폭격을 실행하는 데 어느 정도 시간이 소요되는지를
물었고, 맥나마라는 즉각적인 준비가 가능하다고 답했다. 그 직후 그는
다시 백악관 이스트윙(East Wing) 식당으로 돌아가 민주당 지도부 의원들
과 예정된 주간 조찬 회의를 이어갔다.[70] 그러나 이 시점까지도 실제로
공격이 발생했다는 명확한 증거는 확보되지 않은 상태였다. 그럼에도 존
슨 대통령은 만약 두 번째 공격이 사실로 확인될 경우 정치적·군사적 보
복은 불가피하다고 판단하고 있었다. 그는 자신이 맥나마라와 나눈 대화
를 의회 지도부에게 전하며, 또다시 공격이 발생한다면 미국은 반드시 응
징에 나서야 한다고 강조했다. 더 나아가 보복 조치 이후 의회가 신속히

결의안을 통과시켜, 베트남 정책을 둘러싸고 행정부와 의회가 한목소리를 내고 있다는 메시지를 대내외에 분명히 보여줘야 한다고 밝혔다. 회의에 참석한 의원들 역시 두 번째 공격이 사실로 확인된다면 군사적 대응은 사실상 피할 수 없다는 데 의견을 같이했으며, 대통령이 추진하려는 결의안에도 지지를 표명했다.[71]

겉으로 보기에는 존슨 대통령이 군사적 보복을 신속하게 검토한 것이 그가 유지하려 했던 '현상 유지 전략'과 모순되는 것처럼 보일 수 있다. 그러나 그는 11월 대선을 앞두고 정치적으로 필요하다고 판단되는 순간에는 언제든 방향을 조정할 준비가 되어 있었다. 이러한 신중한 태도는 당시 여론의 흐름과도 일정 부분 부합했다. 실제 여론조사에 따르면 미국 국민의 약 3분의 2는 동남아시아 정세에 큰 관심을 두지 않았고, 1964년 7월 메릴랜드에서 실시된 또 다른 조사에서도 유권자들이 외교 현안 전반에 대해 대체로 무관심하다는 점이 확인되었다.[72] 이런 분위기 속에서 존슨 대통령은 국민적 합의가 형성된 사안은 적극적으로 부각시키는 한편, 논쟁의 소지가 큰 문제는 의도적으로 모호하게 처리하며 자신의 중도적 노선을 상대 후보의 극단적 입장과 대비시키는 전략을 구사했다. 미국 국민 대다수는 평화를 원했기에 군사력 사용은 최후의 수단으로 남겨두겠다는 인상을 주고자 했다. 이러한 접근은 안보와 군사 현안에서 강경책을 고수하던 공화당 후보 배리 골드워터(Barry Goldwater)와 뚜렷한 대비를 이뤘다.[73]

그러나 통킹만(Tonkin Gulf)에서 추가 공격이 발생할 수 있다는 가능성은 존슨 대통령에게 정치적 경쟁자를 정면으로 압도할 수 있는 결정적 기회로 다가왔다. 정치 분석가 존 바틀로 마틴(John Barlow Martin)은 존슨 대통령이 단순한 승리가 아니라, 미국 역사상 가장 큰 표 차로 압승하는 것을 목표로 하고 있었다고 평가했다.[74] 이런 맥락에서 북베트남을 상대로 한 단발적 보복 공격은 그에게 매우 매력적인 선택지였다. 평화를 지향하는 온건한 지도자의 이미지를 유지하면서도, 동시에 자신이 소극적이거나 우유부단한 대통령이 아니라는 점을 강하게 각인시킬 수 있는 수단이었기 때문이다.

민주당 의원들과의 회의가 끝난 뒤에도 존슨 대통령은 백악관 보좌관이자 케네디 대통령의 최측근이었던 케네스 오도넬(Kenneth O'Donnell)과 함께 보복 대응에 대해 논의를 이어갔다. 오도넬은 훗날 회고에서 당시 자신과 대통령 모두 정치인으로서 대통령의 리더십이 시험대에 올랐다고 인식했으며, 그 결과 단호한 대응이 필요하다는 데 의견을 같이했다고 밝혔다. 그는 골드워터에게 존슨 대통령이 우유부단하거나 결단력 없는 지도자라는 인물로 비쳐서는 안 된다고 조언했다.[75]

이 조언은 불과 5개월 전, 존슨 대통령이 오랜 친구이자 정치적 멘토였던 리처드 러셀(Richard Russell) 상원의원에게서 들었던 경고와도 맞닿아 있었다. 당시 쿠바의 카스트로가 관타나모(Guantanamo) 미 해군기지의 식수 공급을 차단하겠다고 위협했을 때, 존슨 대통령은 대응 방안을 묻기 위해 러셀에게 전화를 걸었다. 러셀은 대통령에게, 최근 미국 사회에서 외교 문제와 관련해 정부가 지나치게 소극적으로 보인다는 불만이 커지고 있다고 지적했다. 그는 골드워터의 판단력에 의문을 품는 유권자가 적지 않지만, 적절한 시점에 공격적으로 여론을 주도한다면 대통령의 재선을 위협할 수 있는 인물이라고 경고했다.[76] 그리고 8월 4일 아침, 존슨 대통령은 바로 그 위협을 선제적으로 제거할 결정적 순간을 맞이하게 되었다.

존슨 대통령이 북베트남이 미 해군 순찰함을 공격한다면 즉각 보복하겠다는 입장을 밝히자, 맥나마라 국방부 장관은 곧바로 대응 체계 구축에 나섰다. 당시 휠러 합참의장은 뉴욕에 머물고 있었는데, 이 소식을 듣자마자 워싱턴으로 급히 복귀했다. 그 사이 맥나마라는 밴스, 버치널 중장, 그리고 합참 핵심 참모들을 긴급히 소집해 즉시 작전 가능 여부를 검토했다. 맥나마라는 우선 버치널 중장에게 자신과 태평양사령관 샤프 제독 사이의 조정 담당 역할을 맡기고, 샤프가 북베트남에 대한 보복 공습을 얼마나 신속히 감행할 수 있는지 확인하라고 지시했다. 이에 버치널은 북베트남 해안에서 작전 중이던 항공모함 티콘데로가(Ticonderoga)호가 이미 필요한 준비를 갖추고 있으며, 워싱턴 시간 기준 오후 6시(현지 시간 오전 6시)까지 비무장지대 북쪽의 표적을 타격할 수 있다고 보고했다.[77]

■

30분도 채 지나지 않아, 북베트남 어뢰정이 다시 미 해군 구축함을 공격했다는 긴급 보고가 맥나마라에게 전달되었다. 그는 즉시 이 사실을 대통령에게 알렸고, 보고를 들은 존슨 대통령은 "정말입니까? 그렇다면 제 뜻을 말씀드리죠. 저는 매덕스(Maddox)호를 공격한 그 순시정들만 격침시키자는 게 아닙니다. 그 배들이 정박해 있는 항구의 함정들까지 전부 박살 내고 싶습니다. 이번에는 확실히 본때를 보여주고 싶습니다"라고 격앙된 어조로 말했다.[78] 맥나마라는 북베트남에 대한 보복 공습을 오후 6시 이전에 실행할 수 있다고 보고했다. 곧이어 백악관 언론실은 주요 방송사에 연락해, 저녁 7시 정규 뉴스 시간에 대통령이 베트남 사태와 관련한 중대 성명을 발표할 것이라고 예고했다.

그러나 펜타곤 내부에서는 항공모함 운용 경험이 풍부한 해군 장교들 사이에서 즉각적인 회의론이 제기되었다. 당시 티콘데로가(Ticonderoga) 항공모함에 탑재된 전투기들은 공대공 및 대함 임무용 무장만 장착한 상태였기 때문이다. 실제 폭격 임무를 수행하려면 항공기를 다시 무장시키는 데만 몇 시간이 필요했고, 여기에 조종사들에게 목표와 임무 절차를 설명하는 브리핑까지 포함하면 준비 시간은 더 늘어날 수밖에 없었다. 직접적으로 버치널 중장의 판단을 반박하는 이는 없었지만, 한 해군 장교는 맥나마라의 보좌관에게 "저녁 뉴스 시간에 맞춰 함대에 명령을 하달할 수 있다면, 그건 행운일 겁니다"라고 말하며 현실적인 한계를 지적했다.[79]

이와 동시에 맥나마라 국방부 장관은 북베트남에 대한 보복 공습을 위해 여러 작전 방안을 병행해 검토하고 있었다. 그는 앞선 네 가지 방안을 '신속하지만 제한적인 조치'로, 다섯 번째 방안을 '보다 장기적인 압박 작전'으로 분류했다. 그가 제시한 다섯 가지 공습 옵션은 다음과 같았다.

① 어뢰정과 그 기지에 대한 공습
② 석유 저장시설 공격
③ 다리 등 교통 기반시설 타격
④ 철강공장 등 북베트남의 상징적인 산업 시설 공습
⑤ 북베트남 해안 주요 항구에 기뢰를 부설해 지속적인 압박을
가하는 작전[80]

당시 대통령과 참모진은 매주 화요일 정례 오찬 회의를 앞두고 있었고, 맥나마라는 회의 전에 여러 보복 작전 방안을 정리해 대통령에게 보고할 계획이었다. 이를 위해 그는 러스크 국무장관, 맥조지 번디(McGeorge Bundy) 국가안보보좌관, 밴스 국방부 부장관, 그리고 휠러 합참의장을 제외한 합참 주요 장성들을 국방부 장관 집무실 내 다이닝룸으로 불러 사전 조율 회의를 열었다.[81]

맥나마라는 준비 중이던 작전 옵션을 구체화하기 위해 합참에 다양한 군사 정보를 요청했다. 논의 과정에서 그와 번디는 크게 두 가지 전략적 방향을 중심으로 검토를 이어갔다. 하나는 북베트남 지도부에 분명한 신호를 보내기 위한 '날카롭고 제한적인 타격'이었고, 다른 하나는 북베트남 해안에 기뢰를 매설해 장기간 압박을 가하는 '지속적 봉쇄 전략'이었다. 회의 말미에 맥나마라는 합참에 즉각적인 보복 공습을 위한 표적을 선정하고, 향후 24시간·48시간·60시간 단위로 단계적으로 확대할 수 있는 군사 대응 계획을 마련하라고 지시했다.[82] 합참이 이에 부합하는 세부 실행 계획을 준비하는 동안, 맥나마라는 밴스, 번디, 러스크, 그리고 윌리엄 번디(William Bundy)의 보좌관인 마샬 그린(Marshall Green)과 함께 자신의 사무실로 자리를 옮겼다. 그리고 합참 장성들이 참석하지 않은 채 별도의 회의를 열어, 실제로 실행 가능한 보복 작전을 세 가지 안으로 추렸다.

1. 어뢰정, 어뢰정 기지, 석유 저장시설 등을 정밀 타격하는 '선별적 · 제한적 공습'
2. 북베트남 해안에 기뢰를 부설해 '지속적 압박 체제' 구축
3. 위 두 가지를 결합한 복합 작전[83]

이후 맥나마라 일행은 펜타곤을 떠나 곧바로 백악관으로 향했다. 백악관에 도착했을 때 존슨 대통령은 이미 국가안보회의(NSC)를 진행 중이었다. 그러나 그는 통킹만(Tonkin Gulf) 사건과 같이 민감한 사안이 핵심 참모가 아닌 인사들 앞에서 상세히 논의되는 것을 원치 않았다. 대통령은 회의 도중 이 문제를 간단히 언급하며, 자신과 맥나마라가 대응책을 마련 중이지만 아직 최종 결정은 내려지지 않았다고 설명했다. 그리고 참석자들에게 이 사건과 관련한 어떤 정보도 외부로 유출되어서는 안 된다고 강력히 지시했다.[84]

한편 맥나마라가 백악관에 도착하자, 합참은 대통령을 만나기 전 국방부 장관에게 자신들의 입장을 반드시 전달해야 한다고 판단했다. 이에 버치널 중장에게 맥나마라에게 직접 권고안을 전달하라는 지시가 내려졌다. 합참은 '선별적 · 제한적 공습' 전략에는 원칙적으로 동의했지만, 그러나 동시에 북베트남이 도발을 이어갈 경우 미국도 훨씬 강경한 대응까지 고려할 수 있다는 점을 분명히 해야 한다고 주장했다. 즉, 미국이 취할 수 있는 최대한의 대응 범위를 명확히 제시해야 한다는 입장이었다.[85]

NSC 회의가 끝난 뒤, 맥나마라 국방부 장관과 러스크 국무부 장관, 맥조지 번디(McGeorge Bundy) 국가안보보좌관, 밴스 국방부 부장관, 그리고 CIA 국장 존 맥콘(John McCone)은 대통령과 함께 오찬 회동을 가졌다. 이 자리에서는 북베트남의 두 번째 공격이 발생한 배경에 대한 논의가 이어졌는데, 참석자들은 미국이 기획하고 지원했던 북베트남 영토 내 기습 작전이 주요 원인으로 작용했을 가능성이 크다는 데 의견을 모았다. 그러나 이러한 비밀 공작이 국제 수역에서 임무를 수행 중이던 미 해군 구축함에 대한 무력 공격을 정당화할 수는 없다는 점에서도 모두가 같은 판

단을 내렸다. 이어 맥나마라는 보복 공습의 후보 표적들을 표시한 지도를 펼쳐 보이며 구체적인 작전계획을 설명했다.

그러나 약 두 시간 동안 이어진 이 회의의 초점은 군사적 타격의 기술적 가능성보다는 정치적 파장에 훨씬 더 맞춰져 있었다. 존슨 대통령과 참모진은 배리 골드워터(Barry Goldwater)를 비롯한 정치적 경쟁자들, 미 의회, 언론, 그리고 해외 주요국 정부가 보복 공습에 어떤 반응을 보일지를 하나하나 검토하며 대응 전략을 조율해 나갔다.[86]

논의 끝에 존슨 대통령은 신중하고 제한적인 보복 공습이 필요하다는 맥나마라의 권고에 동의했다. 반면, 미국의 군사력을 과시하기 위해 보다 대규모의 타격을 가하자는 합참의 제안은 받아들이지 않았다. 러스크 국무부 장관 역시 같은 입장에서 대통령을 설득했다. 그는 공습 목표를 어뢰정 기지와 빈(Vinh) 일대의 석유 시설 정도로 한정하고, 하노이(Hanoi)나 하이퐁(Haiphong)과 같은 북베트남의 핵심 전략 거점은 공격 대상에서 제외해야 한다고 강조했다. 이러한 제한적 공격이 책임을 북베트남 지도부에 돌릴 수 있을 뿐 아니라, 국제사회에서 미국의 입장을 방어하는 데도 더 유리하다는 것이 그의 논리였다.[87]

최종적으로 존슨 대통령은 북베트남 연안의 다섯 곳 어뢰정 기지와 빈(Vinh)의 석유 저장시설을 목표로 한 제한적 보복 공습을 승인했다. 이에 맥나마라는 곧바로 펜타곤으로 돌아가 합참과 긴밀히 협의하며 작전계획을 조율하겠다고 보고했다.[88] 한편 대통령은 미국 전투기들이 4시간 이내에 목표를 타격하고, 그 소식이 저녁 7시 뉴스 시간에 맞춰 보도되기를 절실히 바라고 있었다.

■

이후 맥나마라 국방부 장관은 합참을 소집해 대통령의 보복 결정 내용을 전달했다. 공습 준비가 막 본격적으로 시작되려던 그 순간, 통킹만(Tonkin Gulf) 사건에 대한 재평가 보고가 펜타곤에 도착했다. 미 해군 구축함 전투단의 지휘관 존 헤릭(John Herrick) 대령은 "상황을 다시 검토해 보니 보고된 다수의 접촉 신호와 어뢰 발사 정황 중 상당수가 매우 의심스럽습니다. 기상 요인에 따른 레이더 오작동일 수도 있고, 음파 탐지 담당 수병의 과민 반응에서 비롯된 잘못된 보고였을 가능성도 있습니다. 매덕스(Maddox)호에서는 실제로 육안으로 확인된 사례가 전혀 없습니다. 추가 조치를 취하기 전에 보다 면밀한 평가가 필요합니다"라고 보고했다.[89]

이미 북베트남에 대한 공습 작전 준비가 상당 부분 진행되고 있던 가운데, 맥나마라 국방부 장관은 태평양 사령관인 샤프 제독에게 전화를 걸어 "이번 공격이 실제로 없었을 가능성은 전혀 없는 겁니까?"라며 신중히 의견을 구했다. 잠시 침묵하던 샤프 제독은 "그럴 가능성이 아주 조금은 있다고 생각합니다"라며 조심스럽게 답했다. 맥나마라가 다시 "그렇다면 이 상황을 어떻게 정리해야 한다고 보십니까?"라고 묻자, 샤프는 추가 정보를 더 수집한 뒤 공격 여부가 명확히 확인될 때까지 공습 명령을 잠시 보류하는 편이 낫겠다고 조언했다. 그러나 맥나마라는 준비 중이던 작전을 즉각 중단하지 않았다. 그는 공습 명령은 유지하되, 오후 6시까지 최신 정보를 다시 보고하라고 샤프에게 지시했다.[90]

오후 4시 47분, 맥나마라는 다시 합참을 소집해 회의를 열었다. 그는 구축함이 실제 공격을 받았다는 확실하고 설득력 있는 증거가 부족한 상황에서, 지금까지 확보된 정보들을 체계적으로 정리해 논리적 근거를 마련할 필요가 있다고 강조했다.[91] 이 무렵 샤프 제독의 사실 확인 요청에 대해, 헤릭 대령은 전보를 보내 "처음 발생한 기습은 분명 실제 상황이었습니다. 미 해군 수병들이 적기 조종석의 불빛을 육안으로 목격했고, 터너조이(Turner Joy)호 인근으로 어뢰 두 발이 지나간 것이 확인됐습니다"라고 보고했다. 합참과 맥나마라는 이 보고에 더해, 북베트남이 미 해군 항공기 두 대를 향해 발포했다는 통신 첩보, 그리고 자국 어뢰정 두 척이 격침됐다는 북베트남 측 교신 내용 등을 종합해 판단했다. 샤프 제독 역시 회고록에서 당시 맥나마라에게 "공격이 있었다고 결론 내릴 만한 충분한 근거는 존재한다"는 정도로만 보고했다고 밝혔다. 그럼에도 합참은 오후 5시 19분, 북베트남에 대한 보복 공습 명령을 태평양사령부에 다시 하달했다.[92]

한편 같은 시각, 워싱턴으로 복귀한 휠러 합참의장은 맥나마라 장관과 함께 백악관으로 이동해 NSC와 의회 지도부가 참석한 고위급 협의에 합류했다.[93] NSC 회의는 오후 6시 15분에 시작되어 30분이 채 되지 않아 종료되었다. 회의가 시작되자마자 맥나마라는 북베트남 어뢰정들이 통킹만(Tonkin Gulf) 국제 수역에서 미 해군 구축함 두 척을 계속 공격하고 있다고 보고했다. 그는 이어 낮게 깔린 짙은 구름으로 인해 상황 파악과 함정 보호가 한층 더 복잡해졌다고 설명했다. CIA 국장 존 맥콘(John McCone)은 예정된 미국의 보복 공습이 북베트남의 강한 반발을 불러올 가능성이 크다고 전망하면서도, 이것이 곧 전쟁을 본격적으로 확대하려는 의도에서 비롯된 조치는 아니라고 강조했다. 그는 북베트남의 반응을 자국 인근 섬들에 대한 미국의 비밀 작전에 맞선 방어적 행동이자 체면을 지키기 위한 대응으로 해석했다.[94] 사실 이 회의의 핵심 목적은, 이미 합참에서 공습 명령이 내려진 상황에서 대통령의 보복 결정에 대해 모든 핵심 인사들이 동의하고 있음을 재확인하는 데 있었다. 존슨 대통령은 참석자들에게 수사적 질문을 던지며 "우리 군함이 저들 해안에서 40마일 떨어진 곳에서 공격을 받았는데, 우리가 가만히 있을 수 있겠습니까? 지금 중요한 건 '북베트남 내 어떤 표적을 공격해야 하는가'라는 점뿐입니다"라고 말했다.[95]

NSC 회의가 끝나자마자 곧바로 의회 지도부와의 회의가 이어졌다. 백악관 참모들과 장관들이 회의장을 빠져나오는 모습을 지켜본 의원들로서는, 대통령이 방금 매우 중대한 논의를 마쳤다는 인상을 받았을 것이다. 회의를 시작하며 존슨 대통령은 이렇게 운을 뗐다. "우리 병사들 몇 명이 지금 바다 위를 떠다니고 있습니다." 그리고 이어질 내용은 모두 비밀로 유지해 달라고 당부했다.[96] 이 자리에서 의원들은 사건의 개요와 대통령의 보복 구상에 대한 설명을 들었다. 러스크 국무부 장관은 미국의 대응이 어디까지나 제한적 조치임을 거듭 강조하며 그 목적을 분명히 했다. 그는 미국이 동남아시아에서 결코 물러서지 않을 것이라는 의지를 분명히 하되, 북베트남이 분명히 이해할 수 있는 메시지를 전달하는 것이 핵심이라고 설명했다. 러스크는 이번 보복이 단순히 미 해군 함정에 대한 공격을 억제하는 데 그치지 않고, 남베트남에서 벌어지는 반란을 북베트남이 더 이상 지원하지 못하도록 하는 효과도 기대한다고 밝혔다. 그는 외교위원회 소속 공화당 간사 버크 B. 히큰루퍼(Bourke B. Hickenlooper) 상원의원에게 "우리가 전달하려는 메시지는 두 가지입니다. 첫째, 네 이웃 나라를 건드리지 말라는 것. 둘째, 그 경고를 무시한다면 우리도 본격적으로 나설 수밖에 없다는 점입니다"라고 말했다. 그러나 맥나마라 장관을 포함한 그 누구도 이번 공격의 진위 여부에 대한 의문이나, 북베트남의 행동을 촉발시켰을 가능성이 있는 Plan 34A 작전(미국이 기획한 북베트남 비밀 공작)의 도발적 성격에 대해서는 일절 언급하지 않았다.

휠러 합참의장과 합참은 북베트남에 대한 보복 공습을 둘러싼 대통령의 최종 결정 과정에서 사실상 주변부에 머물렀고, 그들이 제안했던 보다 대규모의 군사작전 방안 역시 채택되지 않았다. 그럼에도 존슨 대통령은 자신의 결정을 군사 전문가의 권위로 뒷받침하기 위해 휠러 합참의장을 의도적으로 전면에 내세웠다. 그는 "합참이 모든 상황을 면밀히 검토했습니다. 지금 이 자리에 휠러 장군이 나와 있습니다. 저는 그가 베트남에 있는 테일러 장군의 권고 사항에 대해 보고해 주길 바랍니다"라고 말했다. 테일러 장군은 제1차 통킹만(Tonkin Gulf) 사건 직후에는 신속한 군사 대응을 촉구했지만, 두 번째 공격이 보고된 이후에는 보복 작전의 구체적 설계 과정에서 거의 배제된 상태였다. 대통령이 결국 선택한 대응 방안은 어디까지나 맥나마라 장관이 주도해 설계한 것이었고, 그 판단 기준 역시 순수한 군사적 필요성보다는 미국 내 여론, 특히 유권자들의 반응을 우선적으로 고려한 정치적 판단에 더 가까웠다.

휠러 장군은 대통령의 결정을 군사 전문가의 시각에서 보완하고 정당화하는 역할을 맡았다. 그는 군사적 논리에 익숙한 의원들을 상대로 대통령의 입장을 더 설득력 있게 전달하려 노력했다. 이 과정에서 이미 해당 권고안이 태평양 함대에 '명령'의 형태로 하달되었다는 사실은 의도적으로 숨긴 채, 마치 합참이 공식적으로 제안한 방안인 것처럼 설명했다. 휠러가 공습 계획의 개요를 간략히 보고하자, 존슨 대통령은 의원들에게 "저는 여러분 한 분 한 분의 조언을 듣고 싶습니다. 함께 논의하고 협의하길 바랍니다. 우리는 합참이 권고한 조치에 따라 행동하는 것이 옳다고 판단했지만, 그 전에 의회의 동의를 구하고자 합니다"라고 말했다.

존슨 대통령은 주월 미국 대사의 의견이 합참의 공식 입장보다 자신의 판단과 더 잘 맞을 경우, 그 견해를 마치 군사 전문가 집단의 승인을 받은 것처럼 활용하곤 했다. 특히 주목할 점은, 대통령이 국무부 장관이 아니라 합참의장에게 베트남 현지 대사의 권고 사항을 의회에 직접 보고하도록 했다는 사실이다. 이는 단순한 절차상의 선택이 아니라, 대통령이 어떤 조언을 더 신뢰하고 또 어떤 방식으로 정책을 정당화하려 했는지를 보여주는 상징적 행보였다. 그는 테일러를 '테일러 대사'가 아닌 '테일러 장군'이라 부르며, 그를 외교관이라기보다 군사 고문에 가까운 존재로 인식하고 있음을 드러냈다. 실제로 테일러는 합참보다 군사력 사용에 따르는 제약을 보다 유연하게 받아들이는 인물이기도 했다.

휠러 장군은 과거 테일러처럼 합참 입장을 의도적으로 왜곡하지는 않았다. 그러나 대통령이 군사적 조언을 자신의 입맛대로 해석해 전달하더라도 별다른 이견을 제기하지 않고 사실상 침묵으로 일관했다.

이날 대통령이 대국민 성명 초안을 읽어 내려가자, 일부 의원들은 '제한적'이라는 표현이 지나치게 반복된 점을 문제 삼았다. 매사추세츠주 출신 공화당 상원의원 레버렛 솔턴스톨(Leverett Saltonstall)은 "그 짧은 성명에서 '제한적'이라는 단어가 세 번이나 나옵니다. 차라리 '결단력 있는 (decisive)'이라는 표현으로 바꾸고, 구체적인 제한 조건은 따로 설명하는 편이 더 낫지 않겠습니까?"라고 지적했다. 공화당 상원 원내대표 에버렛 디르크슨(Everett Dirksen)도 농담하듯, 그 단어는 "냉동실에 넣어두라"고 충고했다.

이에 대해 존슨 대통령은 자신은 북베트남 측에 "미국은 결코 가만히 당하고만 있진 않을 거지만, 도시를 파괴할 생각은 없다"는 메시지를 확실히 전달하고 싶다고 설명했다. 그는 이번 보복 공습이 단순한 일회성 대응이 아니라, 앞으로 미국이 유사한 상황에 직면했을 때 어떤 방식으로 행동할 것인지를 보여주는 선례가 되기를 바란다고 밝혔다. 다시 말해, 이번 공습을 통해 미국의 대응 기준과 한계를 동시에 예고하고자 했던 것이다.

회의가 끝나갈 무렵, 대통령은 조만간 의회에 베트남에서의 무력 사용을 승인해달라는 결의안을 요청할 계획임을 밝혔다. 그리고 "제가 여러분께 바라는 것이 무엇인지, 이미 말씀드렸습니다"라며 말을 맺으며 사실상 지지를 요청했다. 이후 그는 회의 테이블을 돌며 의원 한 사람 한 사람의 의견을 물었고, 참석자 전원으로부터 동의를 얻었다. 하원 공화당 원내대표 찰스 A. 핼렉(Charles A. Halleck)은 해당 결의안이 압도적인 찬성으로 통과될 것이라고 확신했다. 존슨 대통령은 이후 곧바로 백악관 오벌 오피스(Oval Office)로 자리로 옮겨 전국 TV 연설 준비에 들어갔다.

·

한편, 휠러 합참의장과 맥나마라 국방부 장관이 펜타곤으로 복귀했을 때, 두 사람은 공습이 예정보다 지연되고 있다는 사실을 확인했다. 해군 항공기들의 무장 재정비가 아직 끝나지 않았고, 콘스텔레이션(Constellation) 항공모함은 공격에 합류하기 위해 최고 속도로 통킹만(Tonkin Gulf)을 향해 항해 중이었다. 이로 인해 대통령의 대국민 성명은 이미 저녁 7시 정규 뉴스 시간대를 놓쳤고, 자칫하면 밤 11시 뉴스 이후로 밀릴 가능성도 커졌다. 그렇게 되면 동부 해안 주요 신문의 인쇄 마감 시한까지 넘길 수 있어 대통령이 기대했던 정치적 효과가 크게 약화될 수 있었다. 시간이 지날수록 존슨 대통령의 초조함은 커져갔다. 그는 맥나마라에게 수차례 전화를 걸어, 정확히 언제 연설을 시작할 수 있는지를 거듭 확인했다. 마침내 밤 11시가 무렵, 더는 분노를 억누르지 못한 존슨 대통령은 전화기 너머로 "밥! 지금 저는 완전히 무방비 상태입니다. 더는 기다릴 수 없으니 지금 당장 연설해야 합니다!"라며 고함을 질렀다.[97]

밤 11시 36분, 존슨 대통령은 침착하면서도 결연한 표정으로 오벌 오피스의 책상에 앉아 텔레비전 카메라를 응시하며 대국민 연설을 시작했다. 그는 통킹만(Tonkin Gulf) 사건이 단순한 군사 충돌이 아니라 '동남아시아 평화와 안보를 위한 투쟁'으로 봐야 한다고 강조했다. 대통령은 국민에게 "남베트남의 평화로운 마을들을 향한 테러가 이제는 공해상에서 미국을 직접 겨냥한 공개적 공격으로 확대되었습니다"라고 발표했다. 이어 그는 이번 보복 공습은 제한적이면서 정당한 조치임을 강조하면서, 미국은 더 큰 전쟁을 바라지 않는다고 거듭 밝혔다. 그러나 평화를 지키기 위해서는 때로는 단호한 행동이 불가피하다는 점도 분명히 했다. 연설 마지막에는 "저의 리더십 아래서 내리는 모든 단호한 조치는 언제나 절제와 신중함 속에서 이뤄질 것입니다"라며 국민에게 약속하듯 말을 맺었다.[98]

대통령이 공식적으로 공격 명령을 발표한 지 약 1시간 30분 후, 미 해군 전투기들은 북베트남의 지정 표적 상공에 도달했다. 전투기 편대는 북베트남 해군 함정과 빈(Vinh) 지역의 석유 저장시설을 향해 총 64회에 걸친 공습을 감행했다. 그 결과, 목표로 삼았던 34척의 선박 가운데 33척이 타격을 받았고, 석유 저장고 역시 대부분 파괴된 것으로 보고되었다. 하지만 작전에는 손실도 따랐다. 미국 전투기 두 대가 격추되었고, 이 가운데 리처드 C. 세이더(Richard C. Sather) 중위는 동남아시아 전선에서 전사한 첫 해군 항공 조종사가 되었다. 또 다른 조종사인 에버렛 알바레즈 주니어(Everett Alvares Jr.) 중위는 기체가 피격된 뒤 탈출에 성공했으나, 북베트남 혼게이(Hon Gay) 항구 인근에서 포로로 붙잡혔다. 그는 척추 골절로 극심한 통증을 겪은 채 하노이(Hanoi)의 포로수용소로 이송되었고, 이후 8년 반이라는 긴 세월 동안 혹독한 신체적·정신적 고문을 견뎌야 했다.[99]

통킹만(Tonkin Gulf) 사태가 일단락된 뒤, 존슨 행정부는 곧 의회 결의안 통과를 위한 정치적 작업에 착수했다. 조지 볼(George Ball) 국무부 차관은 미리 마련되어 있던 결의안 초안을 다듬었고, 최종 문안에는 "의회는 대통령이 미군 최고통수권자로서, 우리 군에 대한 무력 공격을 물리치고 추가 침략을 막기 위해 필요한 모든 조치를 자유롭게 취할 수 있도록 그 권한을 승인하고 지지한다"라는 내용이 담겼다. 결의안은 또한 베트남에서의 미국의 이익을 중대한 사안으로 규정하며, 동남아시아 동맹국들의 자유를 수호하기 위해 필요하다면 무력 사용을 포함한 모든 조치를 취할 준비가 되어 있음을 분명히 밝혔다.[100] 이 문안은 이미 러스크 국무장관과 의회 지도부 사이에서 사전 조율된 내용이었고, 이후 조지 볼(George Ball) 차관이 주요 의원들을 개별적으로 접촉하여 결의안 지지 확보에 나섰다.[101]

8월 6일, 휠러 합참의장과 맥나마라 국방부 장관, 러스크 국무장관은 상원 외교위원회와 군사위원회 연석 청문회에 출석했다.[102] 세 사람은 커다란 타원형 테이블 앞에 나란히 앉았고, 러스크와 맥나마라는 미리 준비해온 성명서를 차례로 낭독했다. 이어진 질의응답은 초반에는 비교적 차분한 분위기 속에서 진행되었다.

하지만 오리건 주의 민주당 상원의원 웨인 모스(Wayne Morse)가 발언을 시작하면서 분위기가 급격히 달라졌다. 그는 펜타곤 관계자로부터 들었다는 정보를 근거로, 사건 당시 매독스(Maddox)호가 단순한 정기 순찰이 아니라 Plan 34A 작전을 지원하기 위한 정보 수집 임무를 수행하고 있었을 가능성을 제기했다. 또한 8월 4일 매독스(Maddox)호와 터너조이(Turner Joy)호가 공격을 받았다고 보고된 당시 현장 상황이 극심한 혼란 속에 있었다는 점도 함께 지적했다.[103] 모스는 이 청문회에서 사실상 유일하게 정부의 공식 설명에 정면으로 의문을 제기한 의원이었다. 그는 Plan 34A 작전이 북베트남의 반격을 촉발했을 가능성을 문제 삼았고, 맥나마라 장관은 이에 대해 "미 해군은 남베트남의 어떤 작전에도 조금도 관여하지 않았습니다. 그런 사실을 알지도 못했고, 관련된 증거 또한 전혀 없습니다. 이 점은 확실히 말씀드릴 수 있습니다"라며 단호하게 반박했다. 이후 청문회 후반부에 이르러 맥나마라는 북베트남 인근 섬들에 대한 일부 포격이 있었음을 인정했지만, 그 사실을 미국 정부가 사전에 인지하고 있었다는 의혹에 대해서는 끝까지 부인했다. 동시에 그는 Plan 34A 작전의 성격 자체를 축소해 설명하며, 해당 작전은 북베트남 해안을 따라 순찰하며 남베트남으로의 침투를 억제하기 위한 제한적 활동에 불과했다고 주장했다. 남베트남 보트들이 수행한 작전 역시 정기적인 '초계' 수준이었다고 표현함으로써, 실상을 상당 부분 왜곡한 셈이었다. 상원 청문회는 약 1시간 40분 동안 진행됐고, 직후 맥나마라, 휠러, 러스크는 장소를 옮겨 하원 외교위원회와 군사위원회 청문회에도 출석했다. 청문회는 한 시간도 채 되지 않아 마무리되었다.[104] 결국 통킹만(Tonkin Gulf) 결의안은 상·하원 모두에서 큰 논란 없이 통과되었다.

이 과정에서 맥나마라 국방부 장관은 사실상 대통령을 대신해 가장 강력한 방어자이자 해명자 역할을 수행했다. Plan 34A 작전의 도발적 성격이나, 8월 4일에 발생한 두 번째 공격의 진위 여부를 집요하게 파고든 웨인 모스(Wayne Morse) 상원의원의 질의는 제대로 주목받지 못하고 묻혀버렸다. 맥나마라는 Plan 34A에서 미국이 맡았던 역할을 의도적으로 축소하거나 왜곡했고, 8월 4일 사건을 둘러싼 혼란 역시 명확한 설명 없이 흐릿하게 넘겼다. 그런 방식으로 그는 상·하원 의원들을 설득하는 데 성공했다.[105]

그날 오후 5시, 맥나마라는 펜타곤에서 기자회견을 열었다. 한 기자가 남베트남 선박과 북베트남 간에 충돌이 있었는지를 묻자, 그는 "아니요, 제가 아는 바로는 그런 일은 없었습니다. 그들은 서로 별개의 작전을 수행하고 있습니다. 남베트남 해군은 연안에서 의심스러운 선박을 발견하고 인원과 물자의 침투를 차단하는 임무를 맡고 있을 뿐입니다"라고 답했다. 이어 다른 기자가 "그렇다면 그 선박들이 북쪽, 즉 북베트남 해역까지 진입한 것입니까?"라고 묻자, 맥나마라는 "그들이 17도선에 점점 가까워지고 있었던 것은 사실입니다. 일부 상황에서는 침투를 보다 근원적인 지점에서 차단하기 위해 그 선을 넘어간 경우도 있었던 것으로 보입니다"라고 답변했다.[106] 이처럼 그는 기자들의 반복된 질문에 구체적 설명을 피하거나 모호하게 표현하며 논란을 관리해나갔다. 그렇게 이날 하루는 의회와 언론의 추궁 속에서도 큰 충돌 없이 상황이 정리된 하루로 남았다.[107]

■

1964년 8월 6일의 청문회에서 맥나마라 장관은 사실상 의회 질의응답 전반을 주도했다. 휠러 합참의장은 기술적 사안에 대한 몇 가지 질문에만 짧게 답했을 뿐, 책임 있는 설명이 요구되는 핵심 쟁점에는 거의 관여하지 않았다.[108] 휠러는 의원들에게 명백한 거짓말을 하지는 않았지만, 중요한 사실을 드러내지 않는 방식으로 결과적으로 대통령과 맥나마라가 의회와 대중을 오도(誤導)하는 데 협조한 셈이 되었다. 군 장성들이 민간 수뇌부의 입장을 공개적으로 반대하지 않는 것은 오래 관례였고, 휠러 역시 이러한 관례와 상관에 대한 충성심을 이유로 자신의 침묵을 정당화했을 것이다. 그러나 맥나마라 장관은 그보다 한 걸음 더 나아가, 사실을 흐리고 왜곡하는 데 적극적으로 나섰다. 과거 웨스트모어랜드 장군에게 "의회의 신뢰를 잃는 순간 전쟁은 패배한 것"이라고 경고했던 휠러조차 이날만큼은 행정부의 남베트남 정책에 불리한 정보를 공개하는 데 조심스러운 태도를 보였다.

국방부 장관 옆에서 군복을 입고 말없이 앉아있던 휠러 장군의 모습은 국회의사당의 크리스털 샹들리에 불빛 아래에서 계급장이 반짝이는 장면과 함께 상징적으로 각인되었다. 의원들은 전통적으로 합참의 판단을 정치적 이해관계에서 벗어난 군사적 전문성의 산물로 신뢰해 왔다. 그러나 이 순간 존슨 대통령과 참모들의 관심은 어디까지나 국내 정치와 선거 전략에 있었고, 그들은 보복 공습 결정을 마치 군사 전문가들의 권고에 따른 조치인 것처럼 포장했다. 그 과정에서 국방부 장관의 발언을 침묵으로 뒷받침한 휠러는 사실상 자신의 군사적 청렴성에 대한 시험대에 올라 있었다. 비록 정책 결정 과정에서 그의 실질적 영향력은 크지 않았지만, 휠러 장군은 점차 행정부의 베트남 결정을 방어하는 든든한 방패 같은 역할을 맡게 되었다.

통킹만(Tonkin Gulf) 사건의 두 번째 공격이 고의로 조작된 것은 아니었지만, 존슨 대통령과 맥나마라 장관은 선거를 앞둔 국내 정치 환경 속에서 불확실한 정보를 보복 공습의 정당한 명분으로 활용했다. 결과는 분명했다. 이 공습은 대통령에게 정치적 승리를 안겨주었다. 통킹만(Tonkin Gulf) 사건 이후 존슨 대통령의 지지율은 눈에 띄게 상승했고, 공화당 대선 후보 배리 골드워터(Barry Goldwater)가 제기해 온 '대외정책에서의 우유부단함'이라는 비판은 사실상 힘을 잃었다.[109] 당시 국가안보보좌관 윌리엄 번디(William Bundy)는 북베트남 공습 이후 행정부 전체에 일종의 만족감이 퍼져 있었다고 회상했다.[110]

8월 10일, 존슨 대통령은 백악관 캐비닛 룸에서 휠러 합참의장, 맥나마라 국방부 장관, 러스크 국무부 장관, 그리고 밴스, 볼, 맥콘, 맥조지 번디(McGeorge Bundy) 등 핵심 참모들과 회의를 열었다. 그는 의회 표결 결과와 여론조사 수치를 언급하며, 국민적 지지를 확보하는 데 국무부 장관과 국방부 장관의 역할이 결정적이었다고 높이 평가했다.[111] 비록 휠러 장군을 거명해 칭찬하지는 않았지만, 그의 존재는 맥나마라와 러스크의 청문회 증언에 군사적 신뢰성과 권위를 더해주었고, 이는 의회의 압도적 지지를 이끌어내는 데 중요한 배경으로 작용했다.

7　조작된 합의(1964.8월-9월)

"우리 정부 내에서는 단 한 번도 분열이 일어난 적이 없습니다. 판단이 틀렸을 수는 있지만, 서로 갈라선 적은 없었습니다."

– 린든 B. 존슨(Lyndon B. Johnson), 1967년[1]

북베트남 공습 이후 잠시 찾아온 만족감은 오래가지 않았다. 미국이 북베트남을 직접 타격하기로 한 결정은 곧바로 대통령과 참모들에게 '그 다음 단계에서는 어떤 조치를 취해야 하는가?'라는 더 복잡한 문제를 안겨 주었다. 남베트남 내부에서는 통킹만(Tonkin Gulf) 사건에 대한 미국의 보복 공습이 일시적으로 새로운 희망을 불러일으켰다. 일부 남베트남 지도층은 이번 공습을 17도선 이북의 적을 겨냥한 본격적 군사작전의 신호로 받아들였고, 미국이 마침내 직접 개입해 자신들이 10년 넘게 이어온 북베트남과 베트콩(Viet Cong)과의 전쟁을 끝내 줄 것이라는 기대를 품었다. 그러나 불과 일주일도 지나지 않아, 미국이 장기적이고 지속적인 군사작전을 수행할 의도가 없다는 사실이 분명해졌다. 부풀었던 기대는 빠르게 실망으로 바뀌었고, 남베트남 내부에서는 오히려 불만과 좌절이 더 커지기 시작했다.[2]

존슨 대통령은 북베트남에 대한 공격을 '제한적이고 정당한 조치'로 규정하며, 자신의 행정부는 결코 전쟁을 확대하지 않을 것이라는 메시지를 미국 유권자들에게 거듭 강조했다. 그러나 행정부 내부의 기류는 보다 복잡했다. 합참과 테일러 대사는 북베트남 지도부에 대한 압박을 계속 유지해야 한다고 판단했다. 이들은 8월 4일을 미국이 북베트남을 상대로 직접 군사행동에 나선 중대한 전환점으로 인식했지만, 이후 어떤 방식으로, 어느 수준까지 공세를 이어가야 할지를 두고는 견해 차이를 보였다.[3]

통킹만(Tonkin Gulf) 사건에 대한 미국의 대응은 맥나마라 국방부 장관이 사전에 준비해 두었던 대응 시나리오들을 단기간에 거의 소진시켰다. 그 결과 존슨 대통령과 참모들은 향후 전략을 다시 설계해야 하는 상황에 놓였다. 사실 그해 5월, 맥나마라 장관과 국가안보보좌관 맥조지 번디(McGeorge Bundy), 러스크 국무부 장관은 대통령에게 북베트남을 상대로 신중하면서도 단계적으로 군사력을 사용하는 원칙에 동의해 줄 것을 이미 건의한 바 있었다. 이들이 당시 작성한 보고서는 이러한 작전을 실행하기 위해서는 먼저 의회 결의가 필요하며, 공습 역시 파괴보다는 억제에 초점을 맞춰야 한다는 점을 명시하고 있었다. 보고서는 '작은 조치보다는 강력한 위협이 더 효과적'이라는 전제 아래, 미군 전력을 동남아 인근에 단계적으로 전진 배치해 억지력과 압박 효과를 극대화할 것을 제안했다.

8월 중순에 이르러 존슨 대통령은 이러한 권고의 상당 부분을 실행에 옮겼다. 8월 4일 북베트남에 대한 첫 공습이 단행되었고, 8월 10일에는 의회에서 통킹만(Tonkin Gulf) 결의안이 통과되었다. 이어 8월 5일, 맥나마라 장관은 이미 다음과 같은 전력 배치가 진행 중이라고 발표했다.

① 태평양 연안에 배치된 공격 항공모함 전단을 서태평양으로 이동
② B-57 전투폭격기 36대와 F-102 요격기 12대를 남베트남에 배치
③ 전투폭격기 부대를 태국으로 이동
④ 미국 본토에서 태평양 전진기지로 요격기와 전투폭격기 부대를 편성해 순차적으로 전개
⑤ 대잠수함 전력을 남중국해로 이동
⑥ 일부 육군 및 해병대 병력에 대해 이동 대비 태세 발령 및 전환[4]

그러나 이러한 조치에도 불구하고, 권고안 가운데 가장 핵심으로 꼽히던 '북베트남에 대한 단계적 추가 압박'을 언제 본격적으로 승인할 것인지

는 여전히 불투명했다. 당시 미국은 대선 캠페인이 한창 진행 중이었고, 베트남을 둘러싼 행정부 내부 논의는 두 가지 중요한 전제를 더욱 굳히는 방향으로 흘러갔다. 첫째, 남베트남에서 발생하는 주요 문제의 근원은 북베트남이 베트콩(Viet Cong)을 적극적으로 지원하고 있다는 점이며, 둘째는 북베트남 정부를 군사적·외교적으로 점진적으로 압박하면 결국 그 지원을 중단하게 만들 수 있다는 믿음이었다. 1964년 대선을 전후한 이 시기는 겉으로 보기에 비교적 안정된 국면처럼 보였지만, 존슨 행정부 내부에서는 중요한 변화가 진행되고 있었다. 바로 합참과 최고 정책결정자들 사이의 자문 관계가 성격적으로 바뀌기 시작한 것이다. 합참은 내부 이견을 끝내 조율하지 못했고, 그 결과 맥나마라 장관이 설계한 전쟁 전략 자체에 대한 근본적 반대 입장을 사실상 철회하게 되었다. 대신 합참은 전쟁 수행 과정에서 군사력 사용의 강도와 각종 제한을 완화하거나 제거하는 문제에 점차 더 많은 관심을 기울이기 시작했다.

한편, 주월 미국대사로 부임한 테일러는 시간이 흐를수록 과거 군 동료들과 마찬가지로 북베트남을 겨냥한 직접적 군사 행동을 확대해야 한다는 입장으로 기울기 시작했다. 현지에서 활동하며 그는 겉으로는 드러나지 않았지만 끊임없이 이어지는 반란과, 이를 진압하기 데 요한 복잡한 대응 과정을 직접 목격했다. 이러한 경험 속에서 누적되는 좌절감은 테일러를 점점 더 강경한 태도로 이끌었다. 그는 남베트남 지도부가 북베트남에 대한 보다 강력한 대응을 요구하는 현실적 이유를 빠르게 이해하게 되었다. 특히 남베트남의 칸(Khanh) 장군은 이 주장을 주도했다. 칸(Khanh) 장군은 남베트남 내 공산 반군 세력은 결코 독립적인 조직이 아니며, 결국 '괴물의 수족'에 불과하고 그 머리는 하노이(Hanoi)에 있다며 적의 본거지를 직접 공격해야 한다고 강하게 주장했다. 따라서 적의 본거지를 직접 타격하지 않고서는 전쟁을 끝낼 수 없다고 보았고, 미국과 남베트남이 모든 영토를 해방하기 위해 총력전을 벌여야 한다며 한층 더 적극적인 군사작전을 촉구했다.[5] 그러나 워싱턴은 여전히 전쟁의 범위와 속도를 남베트남이 주도하도록 내버려 둘 의도는 없었다.

칸(Khanh) 장군의 좌절에 공감한 테일러는 자연스럽게 워싱턴의 러스크 국무부 장관을 비롯한 고위 인사들과 의견 충돌을 빚게 되었다. 물론 테일러가 칸(Khanh) 장군처럼 즉각적인 대규모 폭격을 적극적으로 주장한 것은 아니었다. 그러나 그는 다양한 형태의 제한적 군사 행동을 일관되게 지지해 왔다. 테일러는 북베트남을 겨냥한 비밀 해상 공격을 계속 이어가야 하며, 통킹만(Tonkin Gulf) 일대에서 해군과 공군 정찰 활동을 지속해 북베트남에 압박을 가하고 미국의 의지를 분명히 보여야 한다고 주장했다. 또한 적 선박이나 항공기에 대한 미군의 대응을 보다 유연하게 허용하도록 교전 수칙을 조정할 필요가 있다고 제안했다.

그는 만약 미국이 북베트남을 정면으로 공격해 승리를 거두자는 남베트남 정부의 점점 커지는 요구를 거절할 경우, 남베트남이 북베트남과의 협상을 통한 평화 합의를 추진하거나, 심지어 미국과의 사전 협의 없이 독자적인 군사 행동에 나설 가능성도 배제할 수 없다고 경고했다. 이러한 상황을 막기 위해 그는 미국이 즉각 제한적인 군사 압박을 개시하고, 늦어도 1965년 1월 1일 이후에는 본격적인 폭격 작전을 준비해야 한다고 권고했다.[6]

그러나 존슨 대통령은 베트남 문제가 다시금 세간의 주목을 끌 만한 조치를 취하는 데 여전히 신중했다. 1964년 8월 24일로 예정된 민주당 전당대회가 임박해 있었고, 선거 운동과 국내 입법 과제가 무엇보다 시급한 현안이었기 때문이다. 8월 10일, 존슨 대통령은 통킹만(Tonkin Gulf) 결의안에 서명한 지 채 한 시간이 지나기도 전에 참모들에게 베트남 문제에 대한 구체적인 조치 계획을 마련하라고 지시했다. 그는 통킹만(Tonkin Gulf) 보복 작전을 통해 확보한 주도권을 유지하되, 모든 대응은 '최대의 효과와 최소의 위험'이라는 원칙 아래에서 이뤄져야 한다고 강조했다.

그즈음 CIA의 정보 담당 부국장 레이 클라인(Ray Cline)에게 맥조지 번디(McGeorge Bundy)는 속삭이며 "우리는 이 빌어먹을 선거가 끝날 때까지는 아무것도 하지 않으리라는 걸 서로 잘 알고 있지 않습니까?"라고 말했다. 러스크 국무부 장관은 테일러 대사에게, 칸(Khanh) 장군이 북베트남에 대한 군사적 조치를 요구하는 과정에서 미국의 입장과 엇나가지 않도록 잘 조율하라고 지시했다. 결국 베트남 정책을 추진하면서도 대통령의 재선 가능성에 부담을 주지 않도록 조율하는 책임은, 존슨 대통령이 '또 다른 번디'라고 부르던 윌리엄 번디(William Bundy)에게 맡겨졌다.[7]

윌리엄 번디(William Bundy)는 학문, 직업, 사회적 배경 어느 면에서도 흠잡을 데 없는 인물이었다. 1947년 하버드에서 법학 학위를 받은 그는 워싱턴의 유서 깊은 로펌인 커빙턴 & 벌링(Covington & Burling)에서 경력을 시작했다. 3년 뒤에는 CIA로 자리를 옮겨 정보 분석관으로 일했으며, 전임(前任) 국무부 장관 딘 애치슨(Dean Acheson)의 사위이자 백악관 국가안보보좌관 맥조지 번디(McGeorge Bundy)의 형으로서 민주당 엘리트 네트워크의 중심인물로 자리매김했다. 당시 많은 사람은 그가 머지않아 CIA 국장이 될 것이라고 예상했다.

그러나 1961년 그는 국방부로 옮겨 국제안보 담당 부차관보가 되었고, 당시 수장이던 폴 니체(Paul Nitze)가 해군성 장관으로 승진하자 그 뒤를 이어 해당 부서를 이끌었다. 그는 맥나마라 국방부 장관과 함께 일하는 데 만족하고 있었지만, 1964년 극동 담당 국무부 차관보로 지명되면서 뜻하지 않게 국방부를 떠나게 되었다.[8]

아이러니하게도 국무부 책상 앞에 앉은 이후, 그는 본격적으로 베트남전이라는 역사 속에 자신의 흔적을 남기기 시작했다. 번디는 북베트남에 대한 보다 강경한 군사 조치를 요구하는 세력과, 위험을 최소화하려는 대통령의 신중한 입장 사이에서 조정자 역할을 맡았다. 훗날 맥나마라 장관은 윌리엄 번디(William Bundy)가 1964년 8월 중순 작성한 정책 보고서가 이후 몇 달간 논의의 중심이 되었으며, 1965년 1월까지 주요 정책 판단의 기준으로 작용했다고 평가했다.[9]

비록 군사작전의 기획이나 실행 경험이 부족하긴 했지만, 번디는 자신의 분석 능력에 큰 자부심을 가지고 있었다. 그는 합참과 긴밀히 협의하기보다는 맥나마라 장관과 러스크 국무장관과 의견을 모아가며 업무를 이끌었다. 그에게 주어진 임무는 결코 단순하지 않았다. 대통령이 선거를 무사히 치를 수 있도록 뒷받침하는 동시에, 남베트남의 사기를 유지하고, 북베트남에는 적절한 압박을 가하되 전면전으로 번질 위험만큼은 철저히 통제해야 했다. 그야말로 복합적이고 정교한 전략을 설계해야 하는 자리였다.[10]

한편 합참은 8월 10일 회의에서 존슨 대통령이 휠러 장군에게 던진 질문들에 답하기 위해 검토 작업에 착수했다. 휠러 장군과 참모들은 논의를 다음의 세 가지 쟁점을 중심으로 전개했다.

① 라오스의 팬핸들(Panhandle) 지역에서 어떤 조치를 취할 것인가? 필요하다면 어떤 방식이 효과적인가?
② Plan 34A의 작전 속도를 가속화 할 필요가 있는가?
③ 북베트남을 상대로 보복 프로그램을 개시할 것인가, 아니면 더 강도 높은 조치를 취할 것인가? 그렇다면 언제, 어떠한 방식으로 실행할 것인가?

그러나 내부 의견이 엇갈리면서 합참은 뚜렷한 결론을 내지 못했다. 결국 윌리엄 번디(William Bundy)가 작성한 정책 초안이 각 부처에 공유되기 전까지 이 중요한 검토 과제들은 마무리되지 못했다. 합참 수뇌부는 독자적인 판단을 내리기보다 이미 국방부와 국무부 사이에서 조율이 진행된 번디의 초안을 참고할 수밖에 없었고, 이 과정에서 합참은 점차 정책 결정의 주도권을 상실한 채 수동적인 위치로 밀려나게 되었다.[11]

윌리엄 번디(William Bundy)는 우선 10일에서 2주 정도의 짧은 유예 기간을 두자고 제안했다. 이 기간 동안 미국은 통킹만(Tonkin Gulf) 사건을 통해 드러난 북베트남의 도발에 국제사회의 시선을 집중시키는 한편,

직접적인 군사 행동은 자제해야 한다고 보았다. 유예 기간이 끝난 뒤, 1964년 9월부터 12월 사이에 미국과 남베트남이 북베트남을 압박하는 일련의 제한적 조치들을 단계적으로 시행할 계획이었다. 주요 내용은 다음과 같았다.

① Plan 34A 작전을 강화하고, 그 사실을 공개적으로 인정
② 북베트남·캄보디아·라오스를 넘나드는 미-남베트남 간 합동작전 계획의 정보 일부를 의도적으로 유출
③ 남베트남 조종사의 제트기 훈련 강화
④ 라오스 국경을 넘는 제한적 군사작전
⑤ 통킹만 해역에서 해군 순찰 재개
⑥ 베트콩(Viet Cong)의 '비열한 행동'에 맞서 '눈에는 눈 이에는 이' 방식으로 보복
⑦ 미국 민간인 가족의 단계적 철수

윌리엄 번디(William Bundy)는 이러한 일련의 조치들을 추진함에 있어 전반적인 속도는 다소 높이되, 지나치게 이른 시점부터 강경한 행동으로 상황을 불필요하게 악화시키지 않도록 조치의 순서와 강도를 유연하게 조절해야 한다고 조언했다. 그는 이 계획이 일관된 강경 전략이라 보기는 어렵다고 인정하면서도, 일정 수준의 긴장감을 조성함으로써 북베트남 지도부로 하여금 향후 보다 조직적이고 본격적인 군사 조치가 뒤따를 수 있음을 인식하게 만드는 효과는 기대할 수 있다고 판단했다. 아울러 그는 북베트남에 대한 직접적 군사 행동을 실제로 개시할 수 있는 기준 시점으로는 테일러 대사가 제안한 1965년 1월 1일로 삼자고 제안했다.[12]

■

번디가 제안한 '제한적 압박' 조치의 암묵적 목표에 대해 합참은 내심

불만을 품고 있었지만, 이에 상응하는 대안을 제시하지는 못했다. 번디의 계획은 북베트남에 미국이 여전히 단호하게 대응하고 있다는 신호를 보내는 한편, 남베트남의 사기를 유지하고 11월 대선을 앞두고 전면전 확전을 피하는 데 초점을 두고 있었다. 합참은 기존 입장대로 작전의 궁극적 목표가 북베트남 정권의 의지와 능력을 군사적으로 약화시켜 남베트남 내 공산 반군 지원을 차단하는 데 있어야 한다고 주장했지만, 정작 북베트남을 직접 겨냥한 독자적인 군사 행동 계획은 마련하지 못한 상태였다.

이로 인해 합참은 번디가 제시한 제한적 조치 구상에 정면으로 반박하지도 못했고, 새해까지 남베트남을 지켜내기 위한 단기 전략의 실효성에 대해서도 뚜렷한 이의를 제기하지 못했다. 그저 현상 유지에 가까운 전략에 모호한 반대 의견을 내놓는 데 그쳤고, 통킹만(Tonkin Gulf) 사건 이후 조성된 유리한 환경을 활용해 필요할 경우 북베트남에 대한 압박 강도를 높여야 한다는 원론적 입장만을 반복했다. 이런 상황 속에서 1964년 8월 14일, 합참은 맥나마라 국방부 장관에게 북베트남 대응을 위한 구체적이고 실질적인 권고안을 가능한 한 빠른 시일 내에 제출하겠다고 통보했다.[13]

베트남 문제의 본질과 이를 해결하기 위한 군사적 대응의 성격을 둘러싸고 합참 내부에서는 심각한 의견 충돌이 이어지고 있었다. 육군 참모총장 해롤드 존슨(Harold Johnson) 장군은 훗날 회고록에서, 베트남 사태에 군사적 대응이 필요하다는 점에는 대체로 의견이 모였지만, 구체적인 대응 방식에서는 상당한 시각 차이가 존재했다고 회고했다.[14] 이러한 이견의 배경에는 각 군 참모총장들이 자신이 속한 군의 관점에서 문제를 해석하려는 경향이 크게 작용하고 있었다. 즉, 남베트남 내 반군(베트콩, Viet Cong)과 공산주의 반란의 원인을 종합적으로 분석하기보다는, 자군(自軍)이야말로 전쟁의 핵심적 해법을 제시할 수 있다는 전제가 판단에 영향을 미친 것이다. 예컨대 공군은 북베트남 폭격과 남베트남으로 향하는 침투 경로 차단만으로도 반군 문제를 해결할 수 있다고 보았다. 신속한 타격을 중시하는 공군은 남베트남 농촌 지역의 안정화, 정부 통제력 강화,

치안 유지와 같은 복합적이고 장기적인 과제에는 상대적으로 관심이 적었다. 반면 지상군 투입을 책임져야 할 가능성이 컸던 육군은 남베트남의 위기를 단순히 북베트남의 군사 지원 탓으로만 돌릴 수 없다고 판단했다. 육군은 정치적 접근과 군사적 치안 확보를 결합한 농촌 안정화 전략이 병행되어야 하며, 미군의 개입 역시 단기 공습이 아니라 장기적인 지상군 투입과 주둔을 전제로 해야 한다고 보았다. 오히려 무차별적인 북베트남 폭격이 남베트남 내부의 전쟁을 더욱 격화시킬 수 있다는 점을 우려하기도 했다.

1964년 2월 이후 공군 참모총장 르메이 장군은 북베트남에 대한 미 공군력의 적극적인 투입을 지속적으로 주장해 왔다.[15] 그는 통킹만(Tonkin Gulf) 보복 공습을 합참이 선정한 94개 주요 표적에 대한 장기적이고 지속적인 공중 폭격 작전의 출발점으로 삼아야 한다고 강조했다. 8월 17일에는 RAND 연구소의 분석 결과를 휠러 합참의장에게 전달했는데, 이 보고서는 남베트남 반군인 베트콩(Viet Cong)이 북베트남 지도부의 전폭적인 지원에 구조적으로 의존하고 있다는 점을 핵심으로 삼고 있었다. 보고서에 따르면 북베트남은 베트콩(Viet Cong)에게 지도력, 정치·군사 조직, 이념적 정당성, 그리고 안전한 군사 거점까지 제공하고 있었다. 르메이 장군은 이를 근거로 북베트남에 대한 군사적 압박이야말로 남베트남 내 반군을 약화시키는 핵심 수단이라고 주장하며 다른 합참 구성원들을 설득하려 했다. 그는 공군력이 전쟁에서 가장 강력한 수단이라고 확신했으며,[16] 육군이나 해병대를 남베트남에 대규모로 파병하지 않고도 승리를 거둘 수 있다고 믿었다.[17]

르메이 장군은 해병대 사령관 그린 장군에게도 북베트남을 겨냥한 보다 과감한 군사 조치에 동참해 달라고 설득했다. 그러나 그린 장군의 시각은 달랐다. 그는 공중 폭격을 보다 포괄적인 작전의 출발점으로 보았으며, 북베트남 해안에 해병대를 상륙시켜 안정적인 교두보를 확보하는 지상 작전이 반드시 병행되어야 한다고 판단했다. 실제로 해병대는 통킹만(Tonkin Gulf) 사건 직후부터 남베트남 중부 해안의 핵심 도시인 다낭(Danang)에 지상군을 배치하는 방안을 준비하고 있었다. 8월에는 해병 여단 지휘관이 다낭(Danang)의 항만 시설과 인근 지형을 사전 정찰했고,[18] 해병 부대는 해안에서 약 30마일(약 48km) 떨어진 DMZ 남쪽 지역에 통신 및 전투 전초기지를 구축하기 시작했다.[19]

이처럼 해병대가 전쟁 역할 확대를 적극적으로 모색한 반면, 육군 참모총장 해럴드 존슨(Harold Johnson) 장군은 미국의 전쟁 개입 확대 자체에 대해 회의적인 태도를 유지했다. 그는 합참 내 다른 장성들의 견해를 신뢰하지 않았고, 특히 공군과 해병대가 제시한 전쟁 수행 방식에 깊은 우려를 표했다. 존슨 장군은 해병대 특유의 정면 돌파식 사고방식이 충분한 전략적 고려 없이 무리한 작전과 불필요한 인명 손실로 이어질 수 있다고 판단했다. 그는 해병대의 기동성과 타격력은 유지하되 규모는 제한하고, 임무 역시 해군 전진기지 확보 수준에 머물러야 한다고 보았다. 또한 한국전 참전 경험과 합참 내 역할 분담 논의에 참여했던 경험은 공군력 중심 전략에 대한 반감을 더욱 키우는 계기가 되었다.[20]

존슨 장군은 동료 장성들과 자주 갈등을 빚었지만, 문민 관료 중에서 상관들에게는 비교적 협조적인 태도를 보였다. 그는 제2차 세계대전 당시 필리핀 바탄(Bataan) 반도에서 일본군에게 붙잡혀 악명 높은 '바탄 죽음의 행군(Bataan Death March)'[3]에서 살아남은 생존자였다. 그는 이후 3년 반 동안 일본군 포로수용소에 수감되었고, 해방 당시 체중은 90파운드(약 41kg)에 불과했다. 이 참혹한 경험은 사우스다코타 농촌에서의 성장 과정 속에서 형성된 그의 깊은 종교적 신앙을 다시 일깨워주었다. 이러한 정신적 인내와 신앙에 기반한 충성심은 그로 하여금 통제 밖에 있는 상황을 묵묵히 받아들이고, 주어진 여건 안에서 최선의 해법을 모색하게 했다. 그래서 존슨 장군은 미국의 남베트남 개입 확대에 적극 찬성하지는 않았지

---

3 바탄 죽음의 행군(Bataan Death March) : 제2차 세계대전 당시 1942년 4월 필리핀 바탄 반도에서 일본군에 의해 자행된 전쟁 범죄이다. 일본군이 항복한 미군과 필리핀군 포로 약 60,000 ~ 80,000명을 강제로 행군시키면서 수많은 인명을 학살하거나 굶주림 · 질병 · 탈진으로 죽게 만든 사건이다.

만, 현실적 필요 앞에서 이를 마지못해 수용하는 입장을 취하게 되었다. 합참 내부에서 그 누구도 윌리엄 번디(William Bundy)가 제안한 '북베트남에 대한 제한적 압박을 통해 남베트남을 방어한다'는 기본 전략에 공개적으로 반기를 든 이는 없었다.

■

그럼에도 합참은 1964년 8월 18일까지도 공식 입장을 확정하지 못한 상태였다. 바로 그날, 테일러 대사는 윌리엄 번디(William Bundy)가 작성한 정책 보고서에 대한 자신의 평가를 정리해 러스크 국무부 장관에게 전달했다. 테일러는 미국의 단기 목표를 세 가지로 제시했다. 첫째, 남베트남 정부가 시간을 벌 수 있도록 지원할 것. 둘째, 남베트남 국민들의 사기를 끌어올릴 것. 셋째, 북베트남의 공세를 억제할 것. 그리고 장기적으로는 1965년 1월 1일 이후에 시작될 북베트남에 대한 점진적 압박 전략에 계속 집중해야 한다는 입장이었다. 테일러는 윌리엄 번디(William Bundy)가 제안한 '제한적 압박' 전략과 궤를 같이하는 군사조치를 묶어 이를 'A 방책'이라 명명했다. A 방책에는 다음과 같은 조치가 포함되었다.

① Plan 34A 작전 재개
② DESOTO 함정의 해상 정찰 재개
③ 북베트남 전역을 대상으로 한 U-2 고공 정찰 강화
④ 라오스 경유 침투 차단을 위한 공습 및 남베트남군의 기습 지
상작전

테일러는 이 같은 제한적 조치를 본격적인 군사작전으로 확대하기에 앞서, 먼저 미국이 군사 대비 태세부터 강화해야 한다고 주장했다. 구체적으로 그는 북베트남의 보복 가능성에 대비해 미군 방공 부대와 해병대 보병부대를 남베트남에 선제적으로 배치해야 한다고 보았다. 이 같은 전

력 배치가 완료된 이후에야 비로소 북베트남의 핵심 군사 목표들에 대한 정밀 공습이 가능하다는 판단이었다. 또한 테일러는 남베트남 내 상황이 예상보다 빠르게 악화될 경우를 대비해 기존의 징벌적 조치를 더욱 강화하는 차원의 'B 방책', 즉 보다 가속화된 군사 대응 계획도 별도로 마련해 두었다고 보고했다. [21]

테일러의 이 보고서는 북베트남에 대한 군사 조치를 바라보는 존슨 행정부 내부의 시각이 변하기 시작했음을 보여준다. 그전까지 대통령 참모진은 남베트남 정부가 지나치게 불안정한 상황이기 때문에, 북베트남을 직접 공격하는 군사 행동은 오히려 역효과를 낳을 수 있다고 우려해 왔다. 그러나 1964년 늦여름에 이르러서는 제한적인 공습이 오히려 남베트남 정권의 안정을 떠받치는 데 필요한 조치일 수 있다는 쪽으로 기류가 서서히 이동하기 시작했다. 또한 테일러는 사이공(Saigon)으로 처음 떠날 당시, 베트남 문제를 논의하기 위해 주기적으로 워싱턴을 방문하겠다고 이미 대통령에게 약속한 바 있었다. 그의 귀국 일정이 다가오는 가운데, 동시에 웨스트모어랜드 장군이 본국으로 보내온 비관적인 정세 보고가 겹치면서 참모총장들은 윌리엄 번디(William Bundy)가 제안한 현상 유지 전략에 대해 보다 구체적인 대응책을 마련할 필요성을 인식하게 되었다.

이러한 배경 속에서 8월 26일부터 9월 8일까지 이어진 합참 내부 논의에서는 베트남 사태에 대해 대통령에게 어떠한 조치를 권고할 것인가를 놓고 치열하게 의견이 엇갈렸다. 이 과정에서 합참이 의견을 조율하고 결론을 도출하는 방식이 정착되기 시작했으며, 이는 이후 1965년 7월까지 이어질 합참 내부 자문 체계와 의사결정 구조의 틀을 사실상 형성하게 되는 계기가 되었다.

■

8월 26일, 휠러 합참의장이 휴가 중이던 사이 공군 참모총장 르메이 장군이 합참의 최선임자 자격으로 회의를 주재했다. 비록 회의에서 최종 합의에 이르지는 못했지만, 르메이는 자신의 판단에 부합하는 방향으로 합참의 공식 입장을 정리하겠다는 강한 의지를 드러냈다. 그는 웨스트모어랜드 장군이 최근 보고한 남베트남 정세의 점진적 악화를 근거로 들며, 테일러 대사가 제안한 'B 방책'을 가능한 한 신속히 채택해야 한다고 강하게 주장했다.[22]

르메이는 아시아에서 공산주의가 확산되는 현상이 미국의 세계적 정치적 략적 이익에 중대한 위협이 된다는 점에서 합참 구성원 모두가 문제의식을 공유하고 있다고 강조했다. 그는 피그스만 침공 이후 케네디 대통령과 테일러가 무력 사용을 논의할 때마다 외교·정치적 맥락 전체를 고려할 것을 반복적으로 요구해왔으며, 합참의장 재임 시절 테일러가 참모들에게 "대통령의 관점에서 사안을 바라보라"고 직접 당부했던 사실도 상기시켰다. 1964년 8월 말에 이르러 합참은 이 같은 조언을 이전보다 훨씬 진지하게 되새기기 시작했다.

르메이는 북베트남에 대한 군사 조치를 두고 내부 이견 때문에 주저하는 사이, 미국이 치르게 될 대가는 지나치게 클 것이라고 경고했다. 그는 베트남을 공산주의 반란을 저지할 수 있는지를 시험하는 결정적 무대로 보았다. 만약 미국이 아시아에서 전략적 주도권을 상실할 경우, 국제적 위신과 신뢰가 흔들릴 뿐 아니라 전 세계 공산주의 운동이 한층 더 대담해질 것이라는 판단이었다. 르메이는 이를 설명하기 위해 1938년 뮌헨 협정 이후 히틀러가 더욱 대담해졌던 사례를 비유로 들었다. 그는 미국이 미온적으로 대응한다면 공산주의 세력 역시 같은 방식으로 더욱 과감해질 것이라고 경고했다. 결국 그렇게 되면 미국과 서유럽의 핵심 동맹국들은 세계 자유 진영의 마지막 방어선으로 고립될 수밖에 없다는 것이 그의 판단이었다.[23] 르메이가 강조한 '뮌헨의 교훈'이란, 공산주의 침략 앞에서 미국이 절대 흔들리지 않는 단호함을 보여야 한다는 것이었다.

1964년 3월에서 7월 사이까지만 해도 합참 내부에는 북베트남을 상대로 제한적 군사 조치만으로도 상황을 반전시킬 수 있다는 낙관적 기대가 존재했다. 하지만 8월에 접어들면서 이 낙관적 전망이 힘을 잃기 시작했다. 각 군 참모총장들은 테일러 대사가 제안한 'B 방책'에 무게를 두었고, 조만간 더 강경한 군사 조치로 전환할 수 있는 정치적 승인도 뒤따를 것이라 기대했다. 합참은 대선 이후 압박을 시작하는 'A 방책'보다, 신속하고 과감한 대응을 담은 'B 방책'이 자신들의 전략적 판단에 부합한다고 보았다. 또한 동남아시아에서 미국의 전략적 입지가 무너지는 것을 막기 위해서는 'B 방책'을 가능한 한 빨리 채택해야 한다고 주장했다. [24]

표면적으로 참모총장들은 당장은 테일러의 권고, 즉 북베트남에 대한 초기 공습을 엄격히 제한해야 한다는 입장을 수용하는 듯 보였다. 그러나 장기적으로는 무력 사용 제한을 점진적으로 철회해야 한다는 의지를 분명히 내비쳤다. 이들은 'B 방책'만으로는 결정적인 성과를 기대하기 어렵다고 판단했고, 미국이 결국 더 직접적이고 강력한 군사 조치를 선택할 수 있도록 향후 선택지를 확보해 두어야 한다고 강조했다. 구체적으로 하이퐁(Haiphong)항의 항공 기뢰 매설, 라오스로의 국경을 넘어서는 작전, 캄보디아 내 베트콩(Viet Cong) 거점에 대한 국경 너머까지의 추격 허용과 남베트남 외부에 있는 적의 기지를 타격하기 위한 미군 항공 정찰 임무 등이 거론되었다. 합참은 이러한 조치들만으로는 북베트남의 행동을 근본적으로 변화시키기 어렵다는 점을 인정하면서도, 그럼에도 불구하고 즉각 실행에 옮겨야 한다고 주장했다. [25] 한편 합참은 제한적 조치의 성공 가능성에 대해 회의적인 시각을 숨기지 않았지만, 어느 수준의 군사력이 실제로 필요하다는 구체적 대안을 제시하지는 못했다. 대신 제한 조치가 실패할 경우를 전제로 점진적인 군사 개입 확대에 대한 정치적 보장을 국방부 장관과 대통령으로부터 확보하려는 방식으로 대응했다.

이처럼 합참이 명확한 실행안이나 전략적 평가를 제시하지 못하자, 베트남 정책의 주도권은 자연스럽게 '점진적 압박 전략'을 지지하는 문민 고위 관료들에게 넘어가게 되었다. 그러나 합참의 보고서가 모호하다는 점에 불만을 표하기는커녕, 맥나마라 국방부 장관은 오히려 그 내용을 만족스러워하는 듯한 반응을 보였다. 합참은 사실상 베트남 정책의 주요 입안자인 존 맥노턴(John McNaughton)에게 이후 작전 방안을 개발하는 데 활용할 수 있는 핵심 기술 자료를 제공한 셈이었다. 특히 맥노턴은 보고서에 첨부된 부록을 높이 평가했는데, 여기에는 수정된 94개 표적 목록과 함께 각 표적 타격에 필요한 탄약·연료 소요량, 가용 항공기 수와 성능, 예상 출격 횟수 등 매우 구체적인 기술 정보가 담겨 있었다. 그는 이 분석 수준이 일류급이라고 평가하며, 맥나마라에게 합참에 공식적인 칭찬 메시지를 전하라고 권하기도 했다.[26]

그리하여 1964년 8월 무렵, 합참은 독자적인 전략 구상과 정책적 조언을 주도하기보다는 국방부 기획자들을 지원하는 기술적 자문기관에 가까운 역할을 수행하게 되었다. 존 맥노턴(John McNaughton)과 윌리엄 번디(William Bundy)가 작전계획을 수립하는 과정에서 추가 정보가 필요할 때마다 이들은 국방부 장관을 경로로 삼아 합참에 자료 제공을 요청했다. 예컨대 맥노턴은 공습에 필요한 탄약과 연료 비축량이 충분한지, 공습이 라오스 및 남베트남에서 북베트남의 지원 활동에 어떤 영향을 미칠지, 북베트남이 이에 대응해 정규군을 투입하여 전쟁이 지상전으로 확대될 가능성은 어느 정도인지 등에 대해 합참의 평가를 요구했다.[27] 이 시기 합참 참모진의 주된 업무는 표적 선정, 폭탄 소요량 산정, 연료 소모 분석과 같은 기술적 계산에 집중되어 있었다. 반면, 전략적 대안의 설계와 정책적 판단은 주로 법률가 출신인 맥노턴과 번디의 손에 맡겨졌다.

합참은 기술적 정보를 제공하는 데는 능숙했지만, 베트남 문제 해결과 관련해 제기된 포괄적 정책적 쟁점들에는 여전히 제대로 대응하지 못했다. 그 내부에서 가장 큰 장애물은 공군력의 효과를 둘러싼 오래된 논쟁이었다. 9월 4일, 합참은 맥노턴의 질의에 대한 공식 답변 초안을 마련하기 위해 회의를 열었다. 이 자리에서 육군 참모총장 존슨 장군은 보고서 초안에 포함된 문구'공군력이 베트남에서 성공할 수 있는 최고의 기회를 제공한다'를 문제 삼으며 삭제를 요구했다. 그는 북베트남 폭격을 단독 해법이 아니라 더 큰 전략의 일부로 위치시켜야 한다고 주장했다. 존슨 장군은 해병대의 그린 장군과 공군의 르메이 장군이 전쟁의 본질을 오해하고 있다고 보았다. 두 사람은 전쟁의 주요 원인을 북베트남에 두었지만, 존슨 장군은 남베트남 내부의 정치·사회적 불안정이 훨씬 더 핵심적인 문제라고 판단했다. 그의 분석에 따르면, 설령 북베트남을 군사적으로 완전히 파괴하더라도 전쟁은 현재와 비슷한 수준, 혹은 그 이상으로 지속될 것이라고 내다봤다.

반면 르메이 장군은 북베트남의 94개 주요 표적을 즉각 타격해야 한다는 강경한 입장을 끝까지 고수했다. 이에 맞서 존슨 장군은 "전쟁의 판도는 결국 남베트남과 그 접경 지역에서 결정된다"는 점이 모든 권고안에 분명히 드러나야 한다고 강조했다. 논의 끝에 합참은 큰 틀에서 일정 부분 합의를 보았다. 인원과 물자가 남베트남으로 유입되는 호치민 루트(Ho Chi Minh Trail)를 중심으로 베트콩(Viet Cong)과 파테트 라오(Pathet Lao)의 보급창고, 병력 집결지, 경유지를 제거하는 공세적 차단 작전이 필요하다는 데에는 의견이 모아졌다. 그러나 구체적인 실행 방식에서는 여전히 합의에 이르지 못했다. 존슨 장군은 라오스 내 지상 작전이 보급로 차단에 가장 효과적이라고 보았고, 르메이 장군은 공중 공격이 최선의 해법이라며 지상군 투입의 필요성을 부정했다. 그린 장군 역시 르메이의 견해에 동조했다. 해군의 맥도널드 제독은 공중 차단의 효과에 대해 존슨 장군과 유사한 우려를 표하며, 군사 행동만으로는 남베트남의 정치적 안정을 담보하기 어렵다고 보았다. 다만 그는 자신의 최종 입장을 명확히 밝히지는 않았다. [28]

존슨 장군이 특히 우려한 점은 북베트남 폭격이 불필요한 확전으로 이어질 가능성이었다. 그는 해병대와 공군이 주장하는 대규모 폭격보다 훨씬 신중하고 제한적인 접근이 필요하다고 보았다. 또한 르메이 장군과 그린 장군이 말하는 이른바 '강력한 일격'이 북베트남이나 중국의 직접적인 군사 반응을 촉발하지 않을 것이라는 낙관론에도 동의하지 않았다. 그의 판단은 분명했다. 만약 온건한 압박이 북베트남으로 하여금 베트콩(Viet Cong) 지원을 중단하게 만들지 못한다면, 그보다 더 강한 압박을 가해도 상황이 달라질 가능성은 크지 않다는 것이다. 오히려 그럴수록 남베트남 내부의 반란이 더욱 확대되고 격화될 수 있다는 점을 경고했다. [29]

반면 르메이 장군은 확전에 대해 우려를 보이지 않았다. 그는 북베트남에 대한 공습이 충분히 성공 가능성이 있을 뿐 아니라, 오히려 현재와 같은 소극적 방침을 유지하는 것이 더 큰 위험을 초래한다고 확신했다. 그의 판단에 따르면, 미국이 압도적인 공군력을 과시하면 남베트남에 미군 지상군을 투입해야 할 가능성을 줄이거나 완전히 없앨 수 있다고 보았다. 중국 역시 미국 공군력의 파괴력을 확인한다면 개입을 자제할 것이라고 보았다. 오히려 남베트남에 지상군을 투입하는 선택이야말로 중국의 직접적인 대응을 촉발할 위험이 크다고 강조했다.

이처럼 각 군 참모총장들의 견해 차이는 끝내 좁혀지지 않았고, 합참은 교착 상태에 빠졌다. 명확한 합의에 이르지 못한 합참은 결국 초안 문서를 공식 권고안이 아닌 '비공식 논의 자료'로만 채택하기로 결정했다. 이 문서는 9월 8일 로버트 맥나마라 국방부 장관과 테일러 대사 간 협의에서 참고자료로 활용되었다.[30] 내부 갈등이 외부에 드러나는 것을 피하기 위해 각 참모총장은 자신의 입장을 명확히 표명하지 않은 채, 르메이와 존슨 장군의 견해를 일부씩만 문서에 반영했다. 그 결과 이 문서에는 북베트남에 대한 공중 작전, 캄보디아와 라오스에서의 공중 및 지상 작전, 남베트남 내 지상 작전 강화 등 일관성이 부족한 여러 작전 구상이 부록 형식으로 나열되었다. 내부 이견을 국방부 장관 앞에서 드러내지 않기로 결정한 탓에, 존슨 장군이 우려했던 공군력 중심 전략의 한계와 위험성은 결국 맥나마라에게 전달되지 못했다.[31]

존슨 장군이 당시 자신의 입장을 공개적으로 밝히지 못했던 데에는 두 가지 이유가 있었던 것으로 보인다. 첫째, 그는 32명의 선임자를 제치고 육군참모총장에 임명되었지만, 스스로 아직 입지가 완전히 굳건하다고 느끼지 못했다. 둘째, 그는 미국이 공산주의 확산을 반드시 저지해야 한다는 확고한 신념을 갖고 있었기 때문이다.

훗날 그는 육군참모총장 취임 초기 시절을 회고하며, 그 자리에 요구되는 위상과 경험, 정치적 인맥이 자신에게 충분하지 않다고 느껴 상당한 압박을 받았다고 밝혔다.[32] 반면 제2차 세계대전에서 이미 명성을 확립한 커티스 르메이 장군은 그런 불안과는 거리가 먼 자신감과 단호함을 보였다. 존슨 장군은 8월 26일 작성한 메모와 9월 7일 논의 자료의 부록에서 남베트남 치안 안정화 프로그램을 강화하는 방안을 제시했지만, 공중 폭격이 기대만큼 효과적이지 않을 수 있으며 오히려 전쟁을 지상전으로 확대시킬 위험이 있다는 자신의 핵심 우려는 문서에 명시하지 않았다. 이는 대담하고 직선적인 르메이와 달리, 존슨 장군은 인내와 절충을 중시하는 성향을 지녔기 때문이었다. 그럼에도 존슨 장군은 공군력 중심 전략에 회의적이었을 뿐, 동남아시아에서 공산주의 확산을 막기 위해 미국이 어떤 형태로든 조치를 취해야 한다는 큰 틀의 목표에는 동의하고 있었다. 그리고 당시 테일러 대사 역시 점차 같은 결론에 가까워지고 있었다.

■

워싱턴으로 돌아오기 전, 테일러 대사는 남베트남 상황에 대한 냉정한 평가를 본국에 보고했다. 그는 이제 남베트남에서 안정적이고 지속 가능한 정부를 세우는 것은 사실상 불가능해 보인다고 진단했다. 남베트남에는 조지 워싱턴(George Washington)과 같은 통합적 지도자가 존재하지 않으며, 그 때문에 미국이 베트콩(Viet Cong)과의 전투에서 더 큰 책임을 떠맡을 수밖에 없는 현실을 인정해야 한다고 강조했다. 테일러는 북베트남을 상대로 한 공습이 남베트남 내부의 결속을 강화하고, 장차 보다 유리한 조건에서 협상을 진행할 수 있는 환경을 조성할 것이라고 판단했다. 국제 여론을 확보하기 위해서도 통킹만(Tonkin Gulf) 사건 당시처럼, 북베트남의 명백한 도발에 대한 응징이라는 형식으로 공습을 개시하는 것이 바람직하다고 보았다. 다만 그는 이러한 공습이 무분별한 대규모 폭격이 아니라, 북베트남 지도부에 단계적으로 압박을 가하는 점진적 전략으로 설계되어야 한다고 강조했다. 그렇게 함으로써 북베트남이 남베트남과 라오스에서 벌이고 있는 반란 지원을 중단하도록 유도할 수 있다는 판단이었다. 테일러는 보고서를 마무리하며, 지금은 미국이 더 이상 상황 변화에 수동적으로 끌려다니지 말고, 국제 정세를 적극적으로 활용해 주도권을 확보해야 할 때라고 덧붙였다. [33]

테일러 대사는 사이공(Saigon)에서 현장을 지켜보며 남베트남에 안정적인 정부가 들어설 때까지 북베트남에 대한 군사 행동을 무기한 미루는 것은 현실적이지 않다고 판단했다. 그러나 워싱턴으로 복귀해 대선이 치러지는 해의 정치적 압력과 우선순위를 다시 마주하자 그의 입장은 흔들리기 시작했다. 남베트남의 정치 기반이 취약한 상황에서도 북베트남을 상대로 군사 행동을 개시해야 한다는 그의 최근 권고는, 워싱턴 안보팀 내부에서도 적지 않은 우려를 불러일으켰다.

대선을 목전에 둔 존슨 대통령은 윌리엄 번디(William Bundy)가 제안한 '현상 유지 전략(holding strategy)'을 중심으로 고위 참모들의 의견이 수렴되길 바랐다. 테일러의 강경한 권고를 수용할 경우, 선거 이전에 미국의 베트남 개입이 눈에 띄게 확대되며 정치적 부담이 커질 수 있었기 때문이었다. 9월 7일과 8일, 테일러는 러스크 국무부 장관, 맥나마라 국방부 장관, 휠러 합참의장, 번디 형제, 로버트 매닝(Robert Manning) 국무부 공보담당 차관보 등과 연속으로 회의를 열고 북베트남 공습 시점을 둘러싸고 치열한 논쟁을 벌였다. 그러나 9월 8일 대통령과의 면담을 마친 뒤, 테일러는 결국 윌리엄 번디(William Bundy)가 설계한 제한적 압박 전략을 지지하는 쪽으로 입장을 바꾸었다. [34]

같은 날, 맥조지 번디(McGeorge Bundy)는 대통령에게 테일러와 워싱턴 참모진 사이에 합의가 이루어졌다고 보고했다. 하지만 실제로는 윌리엄 번디(William Bundy)와 맥노턴이 이미 마련해 둔 '현상 유지 전략(holding strategy)'을 11월 대선까지 유지하기 위해 테일러의 형식적 동의를 확보한 데 가까웠다. 테일러의 본래 인식과 판단이 충분히 반영되거나 그의 입장과 일치하는 합의가 이뤄졌다고 보기는 어려웠다.

대통령이 북베트남에 대한 군사 조치를 늦추려는 결정을 정당화할 수 있도록, 테일러는 불과 이틀 전 자신이 제출했던 보고서보다 한층 더 긍정적인 남베트남 정부 평가를 새로 제시해야 했다. 겉으로 보기에는 이러한 조치가 향후 두 달간 칸(Khanh) 정부의 기반을 다질 기회를 제공하는 것처럼 보였지만, 실제로는 테일러 자신이 며칠 전까지만 해도 그러한 낙관적 전망은 사실상 불가능하다고 판단했던 사안이었다.

윌리엄 번디(William Bundy)는 새 보고서에서 칸(Khanh) 정부가 정권을 유지할 가능성이 높으며, 향후 2~3개월 안에 일정한 진전을 보일 수도 있다고 평가했다. 그는 또한 미국이 대선 기간 동안 베트남 문제에 대해 아무런 조치도 취하지 않는 것처럼 비치지 않기 위해서는 일부 제한적인 대응이 필요하다고 지적했다. 이에 따라 통킹만(Tonkin Gulf) 해상 정찰의 재개, 북베트남을 대상으로 한 34A 작전의 지속, 라오스 국경 지역에 남베트남 공군과 지상군을 투입하기 위한 초기 작전 계획과 지원, 그리고 북베트남이 미군을 공격할 경우 이에 상응하는 보복 대응을 준비하는 조치 등이 제안되었다. [35]

1964년 9월 9일, 존슨 대통령은 주요 참모들을 소집해 회의를 열었다. 그러나 이 회의는 다양한 정책 대안을 논의하는 자리라기보다 이미 비공식적으로 합의된 내용을 대통령에게 공식 보고하는 절차적 성격이 더 강했다. 표면적으로는 맥노턴이 각 군 참모총장들이 제출한 8월 26일자 보고서를 면밀히 검토하겠다고 밝혔지만, 실제로는 9월 7일부터 이어진 고위급 회의 과정에서 합참의 의견은 초반부터 사실상 주변부로 밀려나 있었다. [36] 맥나마라 국방부 장관은 합참 보고서에 담긴 모호한 표현들을 교묘히 활용해, 윌리엄 번디(William Bundy)가 제안한 제한적 조치들에 대한 합참의 반대 의사를 흐릿하게 만들었다. 그는 대통령에게 번디 보고서의 목표와 조치들이 "몇 가지 조정만 가한다면 합참의 지지도 충분히 얻을 수 있을 것"이라고 보고했다.

이어 맥나마라와 휠러 합참의장은 대통령에게, 공군의 그린 장군과 해군의 르메이 장군이 이미 북베트남에 대한 대규모 군사 공습이 필요하다는 쪽으로 기울었다고 전했다. 하지만 동시에 휠러는 자신과 육군의 존슨 장군, 해군의 맥도널드 제독은 현지 정세를 가장 잘 파악하고 있는 테일러 대사의 견해에 동의한다고 덧붙였다. 이들의 판단에 따르면, 북베트남에 대한 직접적인 군사 행동은 불안정한 남베트남 정부에 지나치게 큰 부담을 줄 수 있기 때문에 시기상조라는 것이었다.[37] 그러나 이는 테일러 대사가 사이공(Saigon)에서 관찰을 토대로 일관되게 유지해 온 판단이라기보다는, 대선 이전에 전면적 군사 개입을 피하려는 대통령의 정치적 계산을 뒷받침하기 위해 그의 견해를 재구성해 제시한 설명에 가까웠다.

■

1964년 9월 9일 회의는 베트남 군사 정책 결정 과정에서 맥스웰 테일러 대사가 어떻게 합참의 영향력을 상대적으로 약화시키는 역할을 했는지를 잘 보여주는 사례였다. 존슨 대통령에게 테일러는 뛰어난 군 경력과 공적을 바탕으로 군사적 신뢰성을 갖춘 인물이었을 뿐 아니라, 대통령의 정치적 이해관계에 부합하는 입장을 제시할 수 있는 적임자이기도 했다. 대통령은 이미 합참 내부가 베트남 문제를 두고 하나의 견해로 수렴되지 못하고 있다는 사실을 알고 있었고, 이러한 분열 상태를 오히려 자신의 정치적 선택지를 넓히는 데 활용했다. 즉, 엇갈린 군부 의견 중에서 자신에게 유리한 테일러의 견해를 선택함으로써, 이를 곧바로 '군사 전문가의 조언'으로 포장하며 정책을 정당화할 수 있었던 것이다.

이러한 분위기 속에서 합참의장 휠러가 테일러를 존중하고 그의 판단을 따르겠다는 입장을 밝히자, 대통령이 원하는 정책 방향은 더욱 매끄럽게 추진될 수 있었다. 시간이 지난 뒤 맥나마라 장관은 테일러를 대통령의 군사 자문단 중 한 명으로 언급하며, 당시 자문단 내부가 베트남 문제를 두고 심각한 의견 분열 상태에 있었다고 회고했다.[38] 그러나 존슨 대통령과 맥나마라 모두 그 분열의 구체적인 내용이나 원인에는 깊이 주목하지 않았다. 그들은 단지 합참이 통일된 입장을 내놓지 못하고 있다는 사실 자체에만 집중했고, 바로 그 점이 대통령에게 테일러의 견해를 선택하는 데 더없이 유리한 환경을 만들어주었다.

존슨 대통령은 테일러의 조언을 토대로 결정을 내렸다는 인상을 참모들에게 분명히 심어주고자 했다. 그는 테일러에게 왜 더 강경한 조치를 권고할 준비가 되어 있지 않은지에 대해 보다 자세히 설명해 달라고 요구했다. 이에 테일러는 사이공(Saigon)에서 보낸 전문의 내용과는 다른, 보다 낙관적인 평가를 내놓았다. 칸(Khanh) 장군이 국민 전체로부터 더 폭넓은 지지를 얻을 가능성이 있다고 말했다. 그러나 곧이어 종합적으로 보면 현 정부는 여전히 이전보다 불안정한 상태에 놓여있다고 덧붙였다. 이에 대통령은 낙관적인 톤으로 결론을 맺어달라며 사실상 압박했다. 그러면서 대통령은 테일러에게 "가장 낙담스러운 점은 우리가 그곳에 최고의 인재들을 60일간 파견했음에도 불구하고 오히려 상황이 더 악화되었다는 사실입니다"라고 불만을 토로했다.

이에 테일러는 대통령이 현지 상황을 지나치게 비관적으로 보고 있다고 반박하며, 자신과 윌리엄 웨스트모어랜드 장군이 현장에서 분명한 성과를 내고 있다고 강조했다. 그는 치안 안정화 활동이 강화되고 있으며, 남베트남군의 전술과 전투 능력이 점차 향상되고 있고, 전체 프로그램도 지방의 절반 이상에서 성공적으로 진행 중이라는 점, 나아가 사회 전반에서도 점진적인 진전이 나타나고 있다는 점을 구체적으로 설명했다. 이 설명이 끝난 뒤 대통령은 회의 참석자들에게 9월 8일 자 윌리엄 번디 보고서에 담긴 합의 사항에 이견이 있는지를 물었고, 모두가 동의 의사를 밝히자 안도한 기색을 보였다.[39]

그 후 테일러 대사는 의회에 출석해 증언했다. 모스 상원의원이 통킹만(Tonkin Gulf) 사건과 관련된 경위를 추궁하자, 테일러는 사실을 축소하거나 왜곡하며 질문을 피해 갔다. 그는 구축함에 대한 북베트남의 공격을 촉발한 Plan 34A 작전의 역할을 묻는 질문에 대해, 해당 작전에 대해 잘 알지 못한다는 듯한 태도를 보였고, 앞서 맥나마라가 그랬던 것처럼 이 작전을 단순히 해상 침투 차단을 위한 정기 순찰 활동에 불과한 것으로 인식시키려 했다.

그러나 실제로 테일러는 과거 합참의장으로 재직하며 Plan 34A 작전을 직접 감독했던 인물이었다. 그럼에도 그는 이 작전이 언제 시작되었는지

조차 알지 못한다고 주장했다. 또한 존슨 대통령으로부터 부여받은 강력한 위임 권한은 의도적으로 감춘 채, 민감한 질문이 나오면 "나는 단지 대사일 뿐이며 작전을 지휘하는 장군이 아니다"라고 선을 그었다. 그는 훗날 회고록에서 의회 지도자들에게 직접 상황을 설명할 수 있었던 점이 이번 워싱턴 방문에서 가장 만족스러웠던 순간 중 하나였다고 회상했다.[40]

그리하여 대통령 후보였던 린든 존슨(Lyndon Johnson)은 참모들로부터 자신이 원하던 결과를 이끌어냈다. 1964년 9월 10일, 그는 NSAM 314에 서명하며 다음 세 가지 조치를 공식 승인했다.

① 통킹만에서 미 해군의 순찰 재개
② Plan 34A 작전(해상 기습, 공중 투하, 전단 살포 작전 포함)
③ 라오스 국경 인근에서 남베트남군이 공중 및 지상 침투 작전
   을 수행할 수 있도록 하는 계획 수립[41]

이로써 윌리엄 번디(William Bundy)가 설계한 현상 유지 전략은 최소한 대선이 치러질 때까지 미국의 공식 노선으로 확정되었다.

그러나 존슨 대통령은 여전히 자신의 핵심 군사 자문들 사이에서 이견이 노골적으로 드러나는 상황을 매우 불편하게 여겼다. 그는 휠러 합참의장에게 르메이 장군과 그린 장군에게 자신의 입장을 전달하라고 지시했다. 대통령은 남베트남을 1라운드도 버티기 힘든 권투 선수가 10라운드 경기에 투입된 상황에 비유하며, 당장은 대규모 군사 개입에 신중할 수밖에 없다고 설명했다. 동시에 그는 상황이 허락된다면 언제든 더 강경한 조치를 취할 준비가 되어 있으며, 만약 정세 변화로 중대한 결단이 필요해지는 순간이 온다면 그 책임을 회피하지 않겠다고 덧붙였다. 이러한 우려를 반영해 NSAM 314에는 북베트남이나 베트콩(Viet Cong)이 미군 또는 남베트남을 공격할 경우 즉각 보복에 나선다는 조항도 포함되었다. 이는 북베트남 폭격 보류가 최종 결정이 아닌, 상황에 따라 지속적으로 재검토될 임시적 조치임을 분명히 한 것이었다.[42]

비공식 자리에서 존슨 대통령은 보다 솔직한 속내를 드러냈다. 그는 합참의장 휠러에게 베트남 문제가 선거에 악영향을 미치지 않기를 바란다면서도, 11월 대선이 끝난 뒤에는 반드시 필요한 조치를 취하겠다고 약속했다. 이는 사실상 대선 전까지는 큰 사건이 터지지 않기를 바라는 정치적 도박과도 같았다. 대통령은 휠러에게 "만약 지붕이 무너져 내린다면, 내가 틀렸다는 게 드러나겠지. 하지만 나는 그런 일은 일어나지 않으리라는 쪽에 내기를 걸겠네"라고 말했다.[43] 그러나 이러한 확언에도 불구하고, 존슨 대통령은 이후 NSAM 314에서 승인했던 여러 조치들을 실제로는 보류하거나 아예 실행하지 않는 쪽으로 방향을 틀었다.

■

이와 함께 합참의 군사 자문 방식은 점차 능동적인 조언에서 수동적인 추인으로 변해갔고, 대통령은 내부의 반대 의견을 관리하고 통제하려는 태도를 한층 강화했다. 그 결과 '점진적 압박'이라는 정책 기조는 충분한 비판이나 재검토 없이 그대로 유지되었다. 19세기 군사 이론가 카를 폰 클라우제비츠(Carl von Clausewitz)는 "정책이 전쟁의 본질에 어긋나는 요구를 하지 못하도록 막는 것이 전쟁술의 첫째 의무이자 권리이며, 정책이 전쟁이라는 수단을 잘못 이해해 오용하지 않도록 해야 한다"고 경고한 바 있다.[44] 합참 역시 '점진적 압박'이라는 개념이 전쟁의 본질과 조화를 이루기 어렵다고 인식하고 있었지만, 대통령과 문민 지도부의 정책적 틀에 가로막혀 결국 그 틀 안에서만 전쟁 계획을 세울 수밖에 없는 처지에 놓였다.

이후 몇 달 동안 합참의 참모총장들은 더 강경한 군사 조치를 승인받기 위해 내부의 이견을 억누른 채, 대통령과 문민 관료들과 겉으로는 합의된 것처럼 보이는 입장을 만들어냈다. 그 결과 미국의 전쟁 개입은 그 비용과 결과를 충분히 따져보지도 않은 상태에서 확대되기 시작했다. 맥나마라 국방부 장관의 점진적 압박 전략은 시간이 흐를수록 정책의 중심으

로 굳어졌고, 협상을 통한 철수나 근본적 방향 전환은 사실상 논의 대상
에서 배제되었다. 훗날 존슨 대통령은 "정부가 실수했을 수는 있지만 내
부적으로는 분열되지 않았다"고 주장했으나, 역사학자 조지 헤링(George
Herring)의 지적처럼 실제로는 정책 판단도 잘못되었고, 내부 의견 역시
깊이 갈라져 있었다. [45]

8   거부된 예언, 최소저항의 길(1964.9.월-11월)

"우리는 빠르게 움직이고 싶다는 열망에 사로잡혀, 정작 목적지
에 이르는 다른 경로를 충분히 탐색해 보지도 않았다."

– 로버트 S. 맥나마라(Robert S. McNamara), 1995[1]

대통령이 NSAM 314에 서명하고 테일러 대사가 사이공(Saigon)으로
돌아갈 준비를 하던 무렵, 미 국방부는 북베트남 폭격 시 예상되는 결과
를 예측하기 위한 시뮬레이션 작업에 착수했다. 통킹만(Tonkin Gulf) 사
건 이후 단행된 보복 공습과 전력 증강 조치는, '점진적 압박' 전략을 본
격적으로 적용하기에 앞서 수행된 일종의 예비 작전이자 시험 운용에 해
당했다. 군사적 압박과 외교적 수단을 병행해 북베트남이 베트콩(Viet
Cong) 지원을 중단하도록 유도하겠다는 이 정책은 이미 그해 2월부터
Plan 34A 작전과 함께 추진되고 있었다. 당시 미국은 항구 기뢰 부설이나
대규모 공습 같은 공개적이고 지속적인 강압 조치는 일단 유보한 채, 비
밀 작전을 중심으로 압박 수위를 점진적으로 높여가는 접근 방식을 취하
고 있었다.[2]

1964년 4월에 실시된 워-게임인 Sigma I[4] 모의훈련 결과, 공중 전력만
으로는 북베트남이 남베트남 내 반란을 지원할 수 있는 능력을 파괴할 수
없다는 결론이 내려졌다. 이에 월트 로스토우(Walt Rostow)는 핵심 쟁점
이 단지 북베트남의 지원 능력을 무력화하는 데 있는 것이 아니라, 북베
트남 지도부가 베트공 지원을 중단하도록 강요하는 데 있다고 주장했다.

---

4   SIGMA I : 1964년 4월, 베트남전 초기에 북베트남의 남베트남 내 베트콩(Viet Cong)(공산 반
    군) 지원을 차단하기 위해 미국이 항공 전력을 사용할 경우 효과가 있을지 검증하기 위한 모
    의 워게임이다. 공중 폭격만으로는 북베트남의 남베트남 지원 능력을 파괴하거나 전쟁을 끝
    낼 수 없다고 평가 결과가 나옴.

그해 9월에는 새로운 워-게임 모델인 [5] Sigma II-64[6]을 통해 이른바 '로스토우 논지(Rostow Thesis)[7]'를 시험하게 되었다.

> "반란을 외부에서 지원하는 국가를 상대로, 제한적이고 점진적인 군사적 행동을 정치적·경제적 압박과 결합해 적용함으로써, 우리는 그 국가가 반란 지원을 크게 줄이거나 완전히 중단하도록 결심하게 만들 수 있다. 이 공격과 압박의 목적은 상대 국가의 지원 능력을 파괴하는 것이 아니라, 그 국가의 이해관계에 대한 계산과 판단에 영향을 주는 데 있다. [3]

로스토우는 또한 제한적 공습이 남베트남 국민의 사기를 끌어 올리고 국제사회에서 미국의 협상력을 높이는 부가적 효과도 가져올 것이라 예상했다.[4] 합참 워-게임 담당 부서가 주관한 SIGMA II 모의전은 여러 쟁점 가운데 특히, 북베트남에 대한 폭격 작전이 북베트남 지도부의 태도와 결정에 어떤 영향을 미칠지를 평가하는 데 중점을 두고 진행되었다.

SIGMA II 모의전의 핵심 목적은 미국이 동남아시아에 지상군 투입이라는 중대한 결정을 내리기 전에 반드시 검토해야 할 정치적·군사적 쟁점을 종합적으로 점검하는 것이었다. 1964년 9월 8일부터 17일까지 열

---

5 워-게임 진행 방법 : 1960년대 SIGMA 모의전과 같은 당시 미국 국방부의 전략 시뮬레이션은 오늘날처럼 컴퓨터 기반 모델링·시뮬레이션(M&S, Modeling & Simulation)이 아니라, 철저히 인적 참여(Manual Simulation) + 전문가 기반 역할 수행(Role Playing Simulation) 방식으로 운영되었음.

6 Sigma II-64 : 1964년 9월에 실시한, 월트 로스토우(Walt Rostow)의 전략 아이디어인 '점진적 압박(Graduated Pressure)'을 실험하기 위한 후속 워게임. 공군력으로 북베트남을 완전히 파괴할 수 없다면, 제한적이고 단계적인 군사 압박과 정치·경제적 제재를 조합해 북베트남 지도부의 '결심'을 바꾸는 것을 목표로 설정하였음. 핵심은 적의 지원 능력이 아니라, 적의 의도를 바꾸는 전략이었음.

7 로스토우 논지(Rostow Thesis) : 기본 아이디어는 적의 지원 능력을 파괴하는 게 아니라, 의사결정을 변화시키라는 것, 전략 수단으로는 단계적 군사 압박과 정치·경제적 제재를 조합하는 것이며, 목적은 북베트남이 스스로 남베트남 지원을 중단하도록 강제하는 것이었음.

흘간 진행된 이 모의전에는 정부 내외의 군 장교들과 민간 전문가들이 참여해 북베트남에 대한 공중 폭격이 초래할 수 있는 결과를 가능한 한 현실에 가깝게 재현하고자 했다. 모의전을 총괄한 인물은 웨스트포인트 육군사관학교 사회과학부장을 맡고 있던 조지 링컨(George Lincoln) 대령이었다. 그는 정부와 학계 모두에서 신뢰받는 인물로, 제2차 세계대전 당시 마셜 장군의 참모로 활약하며 전략 기획을 이끌었던 것으로 잘 알려져 있었다. 모의전에 참여한 주요 인사들로는 맥조지 번디(McGeorge Bundy)와 윌리엄 번디(William Bundy)를 비롯해 CIA 국장 존 맥콘(John McCone), 국방부 정책 담당 맥노턴, 국방부 부장관 사이러스 밴스(Cyrus Vance), 그리고 합참의 핵심 인사들이 있었다. 국방부 장관 맥나마라, 국무부 장관 러스크, 국무부 차관 조지 볼(George Ball), 백악관 보좌관 월트 로스토우(Walt Rostow) 등은 직접 시뮬레이션을 참관하거나, 이후 결과에 대한 상세 브리핑을 받았다.[5]

그러나 SIGMA II 모의전의 결과는 로스토우의 이론이 현실에서 얼마나 유효할 수 있는지에 대해 심각한 의문을 제기했다. 공습이 개시된 이후 전황은 미국이 기대했던 방향과 전혀 다르게 전개되었고, 북베트남은 오히려 전면전에 대비하는 듯한 태도를 보였다. 그럼에도 미국은 공중 폭격만으로 북베트남을 굴복시키려는 기존 전략을 계속 밀어붙이려 했다. 모의전을 총괄한 링컨 대령은 개전 이후 협상이나 대안 전략에 대한 논의가 거의 이루어지지 않았다고 지적했다. 미국 측은 압박의 강도를 높이는 데만 집중한 나머지, 북베트남의 주요 산업 기반을 파괴하고 항구에 기뢰를 부설하는 등 공세적 조치를 점점 극단으로 밀어붙였다. 그러나 이러한 조치들은 기대했던 전략적 성과를 거의 거두지 못했고, 오히려 북베트남 지도부의 결의를 더욱 강화하는 결과로 이어졌다.

한편 베트콩(Viet Cong)은 사전에 비축해 둔 보급품과 민간의 지원을 바탕으로 남베트남 내 반란 활동을 지속했다. 특히 합참의장 휠러는 모의전 결과 가운데, 베트콩(Viet Cong)이 북베트남에 절대적으로 의존하지 않는 비교적 독자적인 보급 구조를 갖추고 있다는 점, 그리고 북베트남의 농업 중심 경제가 폭격 피해를 상당 부분 흡수할 수 있는 높은 회복 탄력성을 지니고 있다는 사실에 주목했다.[6]

양측 모두 자신들의 행동이 상대에게 분명한 메시지를 주고 있다고 믿었고, 동시에 상대 역시 이를 이해할 것이라 기대했다. 그러나 실제로는 어느 쪽도 상대의 의도를 제대로 해석하지 못했고, 그 결과 전쟁은 점차 확대되는 방향으로 고착되었다. 공습 폭격 전략의 한계가 점차 분명해지면서, 미군의 지상군 투입은 피할 수 없는 선택지로 떠올랐다. 모의전에서 레드팀(공산 측)은 이러한 흐름 속에서 일단 미군이 남베트남에 들어가 전투에서 사상자가 발생하기 시작하면, 미국 여론은 결국 '이미 발을 들여놓았고, 이제는 명예의 문제가 됐다'라는 논리로 더 깊은 개입을 요구하게 될 것이라고 분석했다. 모의전이 막바지에 이르렀을 무렵, 미국은 동남아시아에 10개가 넘는 지상 전투사단을 전개하고 있었고, 심지어 북베트남에 대한 상륙 작전까지 검토하는 단계에 이르렀다.[7]

궁극적으로 SIGMA II 모의전은 미국의 군사 개입이 점차 확대될수록 국내 여론의 지지가 약화될 것이라는 암울한 전망을 제시했다. 남베트남의 지속적인 정치 불안정은 미국이 지지하는 동맹 정부의 신뢰성과 정당성에 의문을 던졌고, 반면 공산 진영은 매우 계산적이고 절제된 방식으로 전략을 전개해 나갔다. 이러한 조건 속에서 미국 정부는 자국의 군사 개입을 국내외적으로 설득력 있게 정당화하기 점점 더 어려운 국면에 놓이게 되었다. 레드팀(공산 진영)은 미국 국민 다수가 장기전에 휘말리기보다는, 결국 남베트남에서 철수하는 선택을 선호하게 될 것이라고 결론지었다.[8]

SIGMA II는 점진적 압박 전략이 전제로 삼고 있던 핵심 가정 자체에 근본적 의문을 제기했다. 이 전략은 1962년 쿠바 미사일 위기에서처럼, 적이 '미국이 어떤 수준의 확전도 감수할 준비가 되어 있다'고 믿게 될 것이라는 가정에 의존하고 있었다. 다시 말해, 미국 내부와 국제사회가 이 전략을 끝까지 밀어붙이기로 정치적 합의를 이루고 있으며, 설령 북베트남이 압력에 굴복하지 않더라도 미국이 그 결과를 정치적 실패로 받아들

이지 않을 것이라는 믿음이 전제되어 있었던 것이다. [9]

국무부 차관 조지 볼(George Ball)은 SIGMA II 결과 가운데 특히 주목해야 할 대목을 지적했다. 그는 1964년 기준으로 준비된 공습 표적 목록을 모두 동원하더라도, 북베트남의 베트콩(Viet Cong) 지원 능력을 실질적으로 약화시키지 못할 가능성이 크며, 오히려 그 지원이 더 강화될 수도 있다고 경고했다. 한편 윌리엄 번디(William Bundy)는 모의전 종료 시점을 회상하며, 당시 북베트남은 이미 남베트남 내부에서 비교적 안정적인 기반을 구축하고 있었고, 미국은 불안정한 남베트남 정부와 흔들리는 민심을 떠받치기 위해 대규모 지상군 투입이라는 중대한 결정을 강요받는 상황에 내몰리고 있었다고 평가했다. [10] 결국 SIGMA II 모의전은 점진적 압박 전략이 자칫 베트남에서 재앙적인 결과로 이어질 수 있음을 분명히 경고했다. 대통령이 궁극적으로 선택할 수 있는 현실적 옵션은 두 가지뿐이었다. 하나는 대규모 장기전을 감수하는 것이었고, 다른 하나는 협상을 통한 철수였다.

그러나 SIGMA II의 결론은 진지하게 검토되지 않았고, 미국의 실제 정책에도 거의 영향을 미치지 못했다. 윌리엄 번디(William Bundy)에 따르면, 당시 베트남 전략을 주도했던 자신을 비롯한 주요 인사들에게 이 모의전이 미친 영향은 그다지 크지 않았다고 한다. [11] 행정부 내부에서는 이미 점진적 압박 전략에 대한 공감대가 굳어져 있었고, 모의전이 제시한 부정적 시나리오는 자연스럽게 뒷전으로 밀려났다. 이는 대통령과 참모들 모두가 철수도, 전면적 확전도 정치적으로 감행할 준비가 되어 있지 않았다는 현실을 반영한 것이었다. 그들의 시각에서 무모한 군사 행동은 참혹한 결과를 초래할 수 있었고, 최악의 경우 소련과의 핵전쟁으로 비화될 가능성조차 배제할 수 없었다. [12] 그러나 동시에 아무런 조치도 취하지 않는다면 남베트남에서의 패배는 거의 불가피해 보였고, 이는 미국의 신뢰성을 훼손해 서방 동맹 체제를 약화시키며, 나아가 냉전에서의 전략적 열세로 이어질 수 있다는 두려움을 낳고 있었다.

비록 SIGMA II 모의전이 점진적 압박 전략의 위험성과 한계를 분명히 드러냈음에도 불구하고, 이 전략을 지지한 이들은 그 접근법이 역사적 선례에 근거하고 있다는 점을 내세울 수 있었다. 특히 통킹만(Tonkin Gulf) 사건 이후 고조된 긴장은 케네디 행정부 시절 쿠바 미사일 위기에서 강경한 압박과 단계적 대응을 병행해 성과를 거두었던 경험을 자연스럽게 떠올리게 했다. 이런 배경 속에서 북베트남의 행동은 마치 과거 흐루쇼프(Khrushchev)가 쿠바에 핵미사일을 배치해 미국을 압박하려 했던 결단과 유사한 도전으로 인식되었다. 통킹만(Tonkin Gulf) 사건은 북베트남이 남베트남 내부 반란을 단순히 지원하는 수준을 넘어, 조직적으로 지휘하고 통제하고 있다는 믿음을 강화하는 데 결정적인 역할을 했다. 이러한 분위기 속에서 북베트남을 공세적으로 압박해야 한다는 주장이 더욱 힘을 얻게 되었다.

∎

당시 미국의 정책 결정자들은 베트남 상황을 쿠바 미사일 위기와 유사한 틀로 해석하며 일정한 안정감을 얻고 있었지만, 남베트남에서 전개되던 대리전 양상의 반란 진압은 미국에 반복적인 좌절을 안겨주고 있었다. 미군 정규부대는 게릴라전에 익숙하지 않았고, 베트콩(Viet Cong)은 유리한 시간과 장소를 스스로 선택해 싸우는 방식으로 미군의 공격을 피해갔다. 반면 북베트남은 게릴라 조직이 아니라 주권 국가였기 때문에, 미국의 압도적인 군사력에 훨씬 직접적인 타격을 받을 수 있는 대상이라고 인식되었다.

미국 전략가들의 시각에서 베트남 전쟁의 핵심 원인은 남베트남 내부의 취약성보다는 북베트남의 지속적인 지원에 있었다. 그렇다면 복잡한 반(反)게릴라전이나 남베트남 정부의 취약한 정통성 문제를 해결하려 애쓰기보다, 문제의 근원인 북베트남을 직접 압박하는 것이 훨씬 효과적인 해법처럼 보였다. 더구나 당시 남베트남 지도부는 분열된 사회를 통합하기보다 각자의 권력 유지에 몰두하고 있었기에, 안정적인 정권을 구축하는 일은 현실적으로 극히 어려운 과제였다. 이런 상황에서 발생한 통킹만 (Tonkin Gulf) 사건은 북베트남을 직접 겨냥하는 전략을 정당화하는 결정적 계기가 되었다. 전쟁 계획은 점차 미국이 상대적으로 자신 있는 정규군사작전 중심의 전쟁 방식으로 기울어 갔다. 쿠바 미사일 위기에서 흐루쇼프(Khrushchev)가 미국의 해상 봉쇄, 공중 정찰, 전면 병력 전개, 그리고 궁극적으로는 강력한 무력 사용 가능성 앞에서 결국 후퇴했던 경험은 미국 관료들에게 중요한 선례였다. 이로 인해 미국 내부에서는 호치민 (Ho Chi Minh) 역시 충분한 압박을 받게 되면 결국 비슷한 선택을 할 것이라는 기대가 점점 커졌다.

점진적 압박 전략에서 핵심은 실제 무력 사용 그 자체보다도, 언제든 무력을 사용할 수 있다는 신호를 지속적으로 보내는 데 있었다. 존슨 행정부는 공습과 병력 배치뿐만 아니라 외교적 방식을 통해서도 북베트남에 경고 메시지를 전달하고자 했다, 캐나다 특사 J. 블레어 시본(J. Blair Seaborn)은 하노이(Hanoi)를 방문해 미국의 의도가 남베트남을 게릴라 침투로부터 방어하는 데 국한되어 있음을 강조했다. 그는 또한 미 의회가 남베트남과 태국으로의 추가 공군 배치에 압도적인 지지를 보냈다는 사실을 전하며, 북베트남이 미국의 결의를 가볍게 평가할 경우 심각한 대가를 치르게 될 것이라고 경고했다.[13] 결국 이 전략의 목표는 단순히 적의 군사력을 파괴하는 데 있지 않고, 북베트남 지도부의 인식과 판단에 심리적 충격을 가해 스스로 물러나도록 만드는 데 있었다.

그러나 전쟁이 확대될 수 있다는 두려움은 합참이 베트남 문제와 관련해 내놓는 조언이 단순히 현실과 동떨어진 수준을 넘어 오히려 위험하다는 인식을 강화시켰다. 합참의 조언은 '전쟁의 올바른 군사적 목표는 적의 전투 의지와 전투 능력을 파괴하는 데 있다'는 전통적 군사 원칙에 기반해 있었다. 그러나 흐루쇼프(Khrushchev)는 존슨 대통령에게, 그린 장군과 르메이 장군이 주장하는 공격적 노선대로 움직일 경우 최악의 시나리오는 핵전쟁이 될 수 있다고 경고했다.[14] 맥조지 번디(McGeorge Bundy) 역시 르메이 장군이 전쟁 확대의 위험을 고려하지 않은 채 정책을 구상하고 있다고 지적했다. 맥나마라 또한 같은 우려를 표하며, 합참이 전쟁 확대 가능성을 지나치게 축소해 판단하고 있다고 지적했다. 그는 자신이 합참의 강경한 권고에 제동을 걸었던 가장 큰 이유가 결국 핵전쟁의 위험을 피하기 위한 것이었다고 설명했다.[15]

이처럼 '군사 행동은 외교의 연장선에서 신중하게 관리되어야 한다'는 문민 관료들의 인식은 SIGMA II 같은 워게임이 제시하는 분석을 받아들이는 데도 일정한 제약으로 작용했다. 맥노튼은 맥나마라와 번디의 입장에 동조하며, 군사력의 목적은 단순한 파괴가 아니라 적 지도부와의 의사소통에 있다고 보았다. 심지어 테일러 장군도 군사력은 메시지를 전달하는 수단이라는 관점을 받아들이기 시작했고, 이를 뒷받침하기 위해 쿠바 미사일 위기 당시의 경험을 언급했다. 테일러는 로스토우의 주장처럼 제한적이고 신중한 군사력 사용을 통해 북베트남 지도부의 태도를 변화시켜, 결국 미국과 남베트남이 수용할 수 있는 조건 아래에서 베트콩(Viet Cong) 반란을 종식시키는 방향으로 협조를 이끌어낼 수 있으리라 기대했다.[16] 즉, 전면전으로 비화할 위험을 피해야 한다는 목표와 동시에 북베트남에 미국의 결의를 분명히 보여주어야 한다는 목표가 충돌하는 상황에서, 문민 관료들은 합참의 강경한 권고를 배제하는 것이 오히려 합리적이고 불가피하다고 판단했다.

군사 행동과 외교적 메시지 전달 사이의 경계가 점점 흐려지면서 베트남 군사 전략의 중심축은 합참에서 국무부와 부처 간 협조 체계로 이동해 갔다. 이 과정에서 국무부의 윌리엄 번디(William Bundy)와 국방부의 맥노튼은 베트남 작전의 핵심 기획자로 부상했다. 두 사람 모두 쿠바 미사일 위기에서 얻은 교훈을 강조하며, 군사력 사용은 외교적 전략과 정확히 조율해야 하며 이를 위해서는 고도의 정교함과 정치적 통제가 필수적이라고 보았다. 이 두 문민관료는 맥나마라 장관과 함께 군사적·외교적 수단을 결합해 북베트남 지도부를 점진적으로 압박하는 단계별 군사·외교 혼합 전략을 구체화해 나가기 시작했다.[17]

NSAM 314에서 승인된 Plan 34A 작전은 '밀착 감시와 정치적 통제'가 군사작전에 어떻게 체계적으로 적용되었는지를 보여주는 대표적인 사례였다. 합참은 매월 세부적인 기습 작전 일정을 마련해 국방부의 맥노튼 차관보, 밴스 부장관, 백악관 국가안보보좌관 맥조지 번디(McGeorge Bundy), 그리고 국무부의 르웰린 톰프슨(Llewellyn Thompson)에게 제출해 검토를 받았다. 작전 명령이 실제 하달되기까지는 여러 단계의 승인 절차를 거쳐야 했으며, 상황에 따라 대통령의 최종 결재가 요구되기도 했다. 합참이 작전 명령 초안을 마련하더라도, 실행 승인을 받기 위해서는 맥노튼, 번디, 톰프슨 세 명의 문민 관료 모두의 서명이 필요했다. 이는 군사작전이 정치적 통제하에 있었다는 점을 단적으로 보여주었다. [18]

그러나 지구 반대편에서 전개되는 복잡한·군사·정치 상황을 워싱턴이 완벽히 통제한다는 것은 애초에 불가능에 가까웠다. NSAM 314의 지침에 따라 9월 12일 통킹만(Tonkin Gulf)에서 미 구축함의 정찰 활동이 재개되었고, 불과 닷새 뒤인 9월 17일, 구축함들은 북베트남 순찰정을 향해 사격을 가해 명중시켰다고 보고했다. 하지만 이 사건 역시 '북베트남이 먼저 공격했는가?'라는 핵심 사실관계를 둘러싸고 논란이 일었으며, 앞선 통킹만(Tonkin Gulf) 사건과 마찬가지로 사실관계는 명확히 규명되지 않았다.

존슨 대통령은 명확한 증거 없이 행동에 나서는 것을 꺼렸다. 이미 의회로부터 군사 행동을 정당화하는 결의안을 확보한 상황에서 섣부른 대응은 오히려 정치적 부담을 키울 수 있었기 때문이다. 결의안은 공화당 후보 골드워터의 비판을 잠재우는 데 도움이 되었지만, 동시에 대통령에게는 상황이 통제 불능으로 번질 위험에 대한 경계심을 키워주었다. 존슨은 보고를 들은 뒤 "젠장, 저 멍청한 수병들이 결국 날치를 쏜 걸지도 모르잖아!"라며 불신을 드러냈다.

결국 대통령은 합참과 국무부가 건의한 '보복 공습' 권고를 거부했다. 이 결정에는 언론의 경쟁적 보도가 대통령에게 성급한 결단을 강요할 수 있다는 우려도 작용했다. 국무부 차관 조지 볼(George Ball)은 대통령에게 즉각적인 작전 중단을 권고하며, 만약 구축함 한 척이라도 침몰할 경우 의회의 거센 비판과 정치적 후폭풍을 피할 수 없을 것이라고 경고했다. 볼의 우려 섞인 평가를 들은 후, 존슨 대통령은 국방부 장관 맥나마라에게 "안 하겠네, 밥. 그냥 서랍 속에 넣어둡시다"라며 결정을 못 박았다. [19]

이 시기 작전 승인 여부를 좌우한 핵심 기준은 그 작전이 적에게 어떤 군사적 타격을 줄 수 있는가보다, 워싱턴이 이를 얼마나 정밀하게 통제할 수 있는가에 있었다. 국방부의 포레스탈은 맥노튼에게 기존의 DESOTO 초계 작전을 대체할 방안으로 라오스 국경을 넘는 제한적 공습을 제안했다. 이 방안의 가장 큰 장점은 '통제 가능성'이었다. 공습 강도를 엄격히 제한하면 북베트남 지도부에는 압박 수위가 점진적으로 높아지고 있다는 신호를 보내면서도, 대규모 공습으로 전면 확전의 빌미를 제공하지 않을 수 있었다. 실제로 작전을 수행할 부대에는 "성과 압박 없이 신중하게 행동하라"는 명확한 지침이 전달되었다. [20]

미국 지도부는 베트남 전장에서의 미군 행동을 워싱턴에서 세밀하게 통제할 수 있다고 믿었고, 나아가 이런 방식으로 적의 반응까지 어느 정도 예측하고 조율할 수 있다고까지 생각했다. 실제로 9월 3일, 맥노턴은 베트남 상황을 대통령 선거 일정에 맞춰 관리하고, 남베트남을 안심시키며 동시에 북베트남에는 미국의 결의를 전달하기 위한 계획을 제안했다. 그는 다음과 같이 적었다.

> "앞으로 두 달 동안은 특정 행동의 정당성을 미국 대중에게 충분히 설명할 시간이 선거 전에는 부족합니다. 따라서 우리는 특별히 신중하게 행동해야 합니다. 북베트남에는 미국이 주도적으로 움직인다는 메시지를, 남베트남에는 정치 일정 속에서도 미국이 적극적으로 대응하고 있다는 신호를, 그리고 미국 국민에게는 우리가 분별 있고 절제된 방식으로 행동하고 있다는 인식을 심어 줘야 합니다."

맥노턴은 이 전략적 딜레마를 해결할 방법으로, 다소 역설적으로 북베트남의 반응을 의도적으로 유도할 수 있다고 보았다. 그의 논리는 이렇다. 미국이 스스로 보기에 '정당한 조치'를 취하면, 북베트남은 이를 공격으로 받아들이고 반격할 가능성이 크다. 그때 그 반격은 미국이 군사 행동의 강도를 점진적으로 높일 수 있는 명분이 될 수 있다. 즉, 북베트남의 대응을 유도함으로써 또 하나의 '통킹만(Tonkin Gulf) 사건'과 유사한 계기를 만들어낼 수 있다고 본 것이다.

훗날 이를 회고하며, 맥노튼의 동료였던 윌리엄 번디(William Bundy)는 맥노턴의 구상이 현실주의적 사고와 미국 싱크탱크 특유의 '상황을 통제하려는 강한 욕구'가 결합된 결과였다고 평가했다. 본질적으로는 필요할 때마다 새로운 통킹만(Tonkin Gulf) 사건을 만들어내려는 접근에 가까웠다는 것이다.[21]

■

SIGMA II의 워-게임 결과 경고를 던졌음에도 불구하고, 미국 정책 결정자들이 전제로 삼았던 '북베트남의 반응에 대한 가정'은 지나치게 낙관적이었고 현실과도 크게 어긋나 있었다. 이러한 오판은 이후 미국의 전쟁 전략 전반에 지속적인 영향을 미쳤다. 점진적 압박 전략의 핵심에는 최소한의 군사력만으로도 적을 충분히 압박할 수 있으며, 북베트남이 미국의 정교하게 통제된 군사적 신호에 합리적으로 반응할 것이라는 믿음이 자리 잡고 있었다. 이 전략적 전제는 전략을 설계한 인물들의 학문적 배경과 경험과도 밀접하게 맞물려 있었다. 로스토우나 맥나마라처럼 경제학, 관리학, 시스템 분석 분야에서 성장한 정책가들은 제한된 군사적 자극만으로도 충분한 정치적 효과를 거둘 수 있다고 믿었다. 그들의 사고는 대체로 다음과 같은 논리에 가까웠다. 미국이 통제된 군사 압박을 가하면, 호치민(Ho Chi Minh) 정권은 베트콩(Viet Cong) 지원을 지속할 경우 감수해야 할 비용이 점점 커진다는 사실을 인식하게 되고, 결국 남베트남 주도의 통일을 방해하는 것이 더 이상 이익이 되지 않는다고 스스로 판단하게 될 것이라는 가정이었다. 즉, 북베트남이 경제적·정치적 손익 계산에 따라 행동을 바꿀 것이라는 믿음이 이 전략의 중심이었다.[22]

또한 시스템 분석 기법이 군사 분야에도 적용 가능하다고 보았으며, 적이 극단적이거나 비합리적 선택을 할 것이라는 가정 자체를 오류로 여겼다. 대신 적 역시 미국과 유사한 논리 구조 속에서 움직일 것이라 전제했고, 이에 맞춰 전략을 설계해야 한다고 믿었다. 다시 말해, 미국이 합리적이고 제한된 방식으로 군사력을 행사하면, 적 역시 그 신호를 이해하고 가장 '합리적인 선택'을 할 것이라는 논리였다.[23] 이런 관점에서 보면 전통적인 군사 원칙, 즉 압도적인 전력을 동원하는 방식은 불필요하고 비효율적인 것으로 간주되었다. 실제로 SIGMA II 워-게임 모델에서 부정적인 결과가 나왔음에도, 로스토우는 군사력 사용의 목적이 단순히 피해를 크게 주는 데 있는 것이 아니라, 어떻게 배치하고 어떤 메시지를 만들어 내느냐에 있다고 주장했다.[24]

윌리엄 번디(William Bundy), 포레스탈, 맥노튼 등 주요 전략가들 역시 법률 분야에서 일한 경험을 공유하고 있었는데, 이들의 법적 사고방식은 이러한 전략적 가정을 뒷받침하는 데 중요한 역할을 했다. 영국 관습법 전통에서 변호사와 판사는 '합리적인 보통 사람(average reasonable person)'의 관점에서 행위를 판단하도록 훈련받는다. 이러한 사고의 틀은 자연스럽게 북베트남 지도부가 제한적 공습에 어떻게 반응할지를 예측하는 방식에도 적용되었다. 실제로 SIGMA II 결과 보고서에서 공습은 북베트남 지도부의 남베트남 승리에 대한 결의를 오히려 강화시킬 것이라는 분석이 제시되었을 때, 윌리엄 번디(William Bundy)는 이 결론을 지나치게 비관적인 것으로 받아들였다. 법률가적 사고에 익숙했던 그는 합리적인 행위자라면 치명적인 위험 앞에서 행동을 수정할 것이라고 믿었다. 따라서 북베트남 지도부 역시 공습으로 인해 태도를 바꿀 것이라 가정했고, 만약 그렇지 않다면 그것은 비합리적이고 무책임한 행동이라고 보았다.

이러한 법적 사고방식은 전략 문서에도 그대로 반영되었다. 베트남 작전 기획 문서에서 맥노턴과 윌리엄 번디(William Bundy)는 미국의 정책이 궁극적으로 폭격을 정당화할 관습법적 근거를 축적하게 될 것이라고 밝혔다. 또 다른 보고서에서 번디는 미국이 북베트남에 대해 일관된 공격 패턴을 확립한 이후에는 협상이 자연스럽게 시작될 것이라고 전망했다.[25]

그러나 이들은 북베트남 정부가 혁명전쟁에 대해 지닌 확고한 신념을 과소평가했다. 미국식 '합리적 계산'의 기준이 북베트남에도 그대로 적용될 것이라고 믿었고, 호치민(Ho Chi Minh) 정권이 감수할 수 있는 피해의 범위가 미국 관료들이 상정한 수준과 전혀 다를 수 있다는 점을 충분히 고려하지 않았다. 내부에서도 이러한 가정을 비판하는 목소리도 있었지만, 대부분 받아들여지지 않았다. 결국 모든 판단은 '호치민(Ho Chi Minh) 역시 손익을 계산해 미국의 압박에 굴복할 것'이라는 일방적인 믿음 위에 세워졌다. 1964년 가을, 굿패스터 중장은 맥나마라 국방부 장관에게 다음과 같이 항의했다. "장관님, 지금 장관님은 적이 어떻게 행동할지까지 우리가 설계하고 통제할 수 있다고 가정하고 있습니다. 그러나 그런 접근은 애초에 불가능한 일입니다. 우리는 적의 사고방식과 결정을 대신 만들어낼 수 없습니다."[26] 하지만 굿패스터의 경고는 끝내 받아들여지지 않았다.

당시 워싱턴에서는 점진적 압박 전략이 이론적으로도, 실제 정책 운영 면에서도 매력적인 선택지로 받아들여졌다. 이 전략은 무엇보다 대통령에게 즉각적이고 결단적인 선택을 미루어도 되는 정치적 여유를 제공했기 때문이다. 복잡하고 논쟁적인 결정을 뒤로 미룰 수 있다는 점은 존슨 대통령에게는 특히 유리하게 작용했다. 반면 외부에서는 전혀 다른 시각도 제기되고 있었다. 1963년 8월 이후 프랑스의 샤를 드골(Charles de Gaulle) 대통령은 줄곧 인도차이나의 중립화와 모든 외국군의 철수를 주장해왔다. 1964년 4월, 드골은 주프랑스 미국 대사 찰스 볼런(Charles Bohlen)에게 미국이 과거 프랑스가 인도차이나에서 겪었던 실패를 그대로 반복하고 있다고 경고했다. 그는 북베트남은 결의를 갖고 싸우는 반면, 남베트남은 전쟁을 지속할 의지가 부족하다고 지적하며 미국이 즉시 중립화를 추진해야 한다고 촉구했다. 그에 따르면 미국이 선택할 수 있는 길은 두 가지뿐이었다. 중립화를 공식 정책으로 받아들이거나, 북베트남은 물론 필요하다면 중국과의 전쟁 확대까지도 감수할 각오를 분명히 하라는 것이었다.[27] 같은 해 6월, 드골은 다시 볼런을 불러 같은 경고를 반복했다.[28] 이에 볼런은 훗날 "당시 대통령은 그 말에 전혀 반응하지도 않았고, 들으려고 하는 의지도 없어 보였다"고 회고했다. 당시 존슨 대통령의 관심은 무엇보다 국내 정치 기반을 다지는 데 쏠려 있었기 때문이다.[29]

결과적으로 1964년 가을 말까지 점진적 압박 전략은 최소한 임시적인 형태로나마 존슨 행정부의 공식 정책으로 자리 잡았다. 이 전략의 지지자들은 대안을 모색하자는 소수의 목소리를 억누르며 정책 주도권을 유지했다. 드골 대통령과 유엔 사무총장 우 탄(U Thant)의 외교적 해법 역시 이러한 흐름 속에서 채택되지 못했다. 이에 대응해 테일러 대사는 러스크 국무부 장관에게 협상이 미국의 이익에 부합하는 실질적 합의로 이어질 가능성은 극히 낮다고 경고했다. 그는 여전히 의미 있는 협상을 위해서는 먼저 군사적 압박이 가해져야 한다고 믿고 있었다. 존슨 대통령 역시 1964년 가을 국제회의를 개최할 경우, 미국의 행동이 제약될 뿐 아니라 11월 대선 이후 계획된 북베트남 군사작전에도 걸림돌이 될 것이라고 판단했다.[30]

■

한편 9월과 10월 사이 남베트남에서 벌어진 여러 정치적 혼란은 미국의 남베트남 지원 정책이 과연 정당한가에 대한 의문을 다시 불러일으켰다. 8월 중순 칸(Khanh) 장군이 새 헌법을 발표하자 불교계가 다시 대규모 시위에 나섰고, 반대 여론이 확산되면서 헌법은 결국 철회되었다. 이후 칸(Khanh) 장군은 한동안 신경 쇠약 증세를 보이다가 9월 3일 다시 정부로 복귀했다. 그러나 9월 중순, 테일러가 사이공(Saigon)을 비운 틈을 타 람반판트(Lam Van Phant) 준장이 쿠데타를 시도했고, 칸(Khanh)은 가까스로 권력을 유지하는 데 성공했다. 테일러가 돌아온 뒤, 그는 미국 대사관의 남베트남에 안정적인 정부 수립을 위해 전력을 다하겠다고 약속했다.[31]

그러나 10월 말이 되자, 테일러와 참모들의 노력에도 불구하고 남베트남의 정치 상황은 1년 전 디엠(Diem) 정권 붕괴 이후 가장 혼란스러운 국면으로 빠져들었다. 테일러는 이 혼란의 책임을 칸(Khanh) 장군에게 돌렸고, 그에 대한 태도는 실망을 넘어 경멸에 가까워졌다. 남베트남 정세를 더 복잡하게 만든 것은 새롭게 등장한 민간 정치인들이었다. CIA 극동지부장 윌리엄 콜비(William Colby)는 이들을 두고 서로의 야망과 권력, 정부 참여 요구가 꼬리에 꼬리를 물며 끝없이 갈라지고 분열되는 집단이라고 묘사했다.[32]

칸(Khanh) 장군은 9월 26일부터 고등국가위원회(High National Council, HNC)를 주재했고, 10월 20일에는 또 다른 새 헌법을 발표했다. 테일러 대사는 이 헌법을 검토하며 군정에서 민정으로 전환해야 한다는 요구를 핵심 내용으로 수정했다. 그는 칸(Khanh) 장군의 개혁 시도 자체에는 일정 부분 긍정적이었지만, 남베트남의 정치인들과 장성들에게 "우리가 협력할 수 없는 인물들로 구성된 정부 명단이 기정사실로 제출되는 일은 바라지 않습니다"라는 경고를 남겼다. 하지만 대사의 의견은 받아들여지지 않았고, 고등국가위원회(HNC)는 판칵수우(Phan Khac Suu)를 국가원수로 선출했다. 며칠 뒤에는 트란반흐엉(Tran Van Huong)을 차기 총리로 지명했다. 이에 테일러는 베트남 측이 자신과 사전 협의 없이 결정을 내린 점을 강하게 질책했다. 그는 수우(Suu)를 무능하다고 보았고, 흐엉(Huong) 역시 건강 문제와 고집스러운 성향 때문에 국정 운영 능력에 한계가 있다고 판단했다. 그럼에도 테일러는 이미 출범한 새 정부와 협력하기로 결정하고 각료 후보 명단을 검토했다. 새 정부가 조금이라도 존속하려면 주요 권력자들에게 출국을 권유하거나, 최소한 형식적으로라도 새 정부에 협조하도록 설득해야 한다고 보았기 때문이다.[33] 정치 현실을 조금이라도 아는 사람이라면, 남베트남 정부가 미국의 지속적인 개입 없이는 정상적으로 기능하기 어렵다는 사실을 곧바로 알아챌 수 있는 상황이었다. 이처럼 남베트남의 정치 불안정이 국제사회에까지 파장을 미치자, 미국 내부에서도 다시 협상론과 철군론이 고개를 들기 시작했다. 10월 말, 러셀 상원의원은 존슨 대통령과 CIA 국장 존 맥콘(John McCone)을 각각 찾아가 "남베트남 정부를 이끌 인물로 미국의 철군을 요구할 수 있는 사람을 내세워야 한다"고 제안했다. 그보다 일주일 앞서 윌리엄 웨스트모어랜드 장군 역시 휠러 합참의장에게 보낸 전보에서 남베트남의 정치 상황에 대해 심각한 우려를 표했다. 그는 정상적으로 기능하는 정부가 없다면 미국이 어떤 공격적 조치를 취하더라도 지금의 악화된 상황을 되돌리기 어렵다고 지적했다. 다만 아직 절망적인 단계는 아니며, 정치적 안정은 미 본토 병력이 북베트남을 상대로 대규모 공세에 나서기 위한 필수 조건이라고 덧붙였다. 단, 미군에 대한 공격이 있을 경우 그에 대한 보복 조치는 예외로 두었다.

이에 앞서 9월 25일, 샤프 제독 또한 남베트남의 정치 불안이 심화될 경우 사이공(Saigon) 자체가 방어 불가능해질 수 있다고 경고했다. 그는 상황 전개에 따라 철군 결정이 내려질 가능성도 배제할 수 없다고 보았고, 휠러 장군에게 가능한 모든 시나리오를 검토해 남베트남 주둔 미군 전략을 조속히 재평가해야 한다고 촉구했다.[34]

한편 조지 볼(George Ball)은 완전히 다른 방향에서 해법을 모색하고 있었다. 그는 미국이 베트남에서 철수해야 한다는 내용을 담은 극비 보고서를 별도로 작성하고 있었다. 대통령에게 통킹만(Tonkin Gulf)의 DESOTO 초계 임무를 중단해야 한다고 설득했고, 존슨 대통령은 곧이어 볼에게 휠러 장군이 제안한 초계 임무 지속 방안을 비판적 시각에서 검토해달라고 요청했다.[35] 10월 3일, 대통령은 볼에게 베트남 정책 전반을 비판적으로 검토하는 이른바 '악마의 대변인' 역할을 공식적으로 맡아 달라고 요청했다. 맥나마라에게는 새로운 베트남 작전계획을 지시하는 한편, 볼에게는 그 계획의 전제와 논리를 철저히 검증하라고 요청했다.[36] 이틀 뒤인 10월 5일, 볼은 총 64페이지에 달하는 보고서를 완성했다. 그는 그 보고서를 두고 "미국의 베트남 정책이 전제하고 있는 기본 가정 자체에 의문을 제기하는 보고서"라고 설명했다.

볼은 르메이와 그린이 주장한 것처럼 '강력한 일격'이 필요하다는 데는 일정 부분 동의했지만, 이들의 결론과는 달리 군사 행동의 실질적 효과에 대해 훨씬 회의적이었다. 그는 북베트남에 대한 대규모 공습이 단독으로 전쟁의 판도를 바꿀 수 없을 것이라고 보았다. 하지만 육군 참모총장 해롤드 존슨(Harold Johnson)과 마찬가지로, 볼 역시 아무리 대규모 공습을 감행한다 해도 북베트남이 남베트남에 대한 공격적 태도를 완전히 포기할 가능성은 낮다고 보았고, 오히려 공습이 북베트남의 더 큰 도발을 부를 수 있다고 우려했다. 그는 정치적으로 불안정한 남베트남의 상황을 고려할 때 군사적 압박은 위험하다고 경고했고, 공습이 남베트남 내부의 반란 분위기를 악화시키거나 미군을 겨냥한 테러를 증가시킬 가능성도 제기했다. 공군력만으로는 이런 위험에 대응하기 어렵기 때문에 결국 미국은 기지 방어를 명분으로 지상군을 투입할 수밖에 없을 것이며, 일단 지상전에 발을 들여놓는 순간 미국은 전쟁의 주도권과 부담을 고스란히 떠안게 될 것이라고 예상했다. 마지막으로 볼은 대통령에게 "우리가 어떤 군사적 행동 노선을 택하기 전에, 그 전쟁이 초래할 수 있는 잠재적 비용을 반드시 평가해야 합니다. 그렇지 않으면 사태에 끌려다니게 되고 신중하고 효과적인 정책을 선택할 자유도 잃게 되죠"라고 조언하며, "한 번 호랑이 등에 올라타면 어디서 내려올 수 있을지 확신할 수 없습니다"라며 한가지 비유를 덧붙였다.[37] 그러나 수년 뒤, 맥나마라는 이 시기를 회고하며 "그 당시엔 아무도 철군 이야기를 꺼낼 생각조차 없었다"고 했다.[38]

1964년 가을, 대통령을 보좌하는 자문 체계는 기본적으로 기존 베트남 정책에 대한 내부 합의를 유지하는 데 초점이 맞춰져 있었다. 이런 분위기 속에서 볼의 문제 제기가 정책 전반을 근본적으로 재검토하게 만들 가능성은 거의 없었다. 정보 유출을 우려한 볼은 자신의 보고서를 러스크, 맥나마라, 그리고 번디 형제에게만 제한적으로 전달했으며, 이들 역시 선거를 앞둔 대통령에게 불필요한 정치적 부담을 지우지 않기 위해 조심스러운 태도를 유지했다. 결국 윌리엄 번디(William Bundy)는 볼의 보고서에 반박문을 작성해, 점진적 압박 전략에 대한 볼의 비판을 하나하나 반론하는 방식으로 대응했다.[39]

그러나 볼의 주장을 둘러싼 논쟁은 번디의 반론만큼의 무게도 갖지 못했다. 대통령이 직접 볼에게 맥나마라의 전쟁 계획에서 허점을 찾아내는 역할을 맡긴 탓에, 그의 가장 가까운 동료들조차 볼의 문제 제기를 진지한 정책 대안이라기보다 '주어진 역할 수행'의 일환으로 받아들였기 때문이다. 이처럼 볼은 조직 내부에서 유일한 반대 의견을 담당하는 '악마의 대변인'으로 인식되었고, 그 결과 그의 경고는 구조적으로 고립되었다. 그럼에도 불구하고 볼은 감정에 치우치지 않은 채, 맥나마라의 시각과 정반대되는 논리를 차분히 제시하며 대통령에게 필요한 합리적 반론자이자 유능한 법률 고문으로서의 역할을 충실히 수행했다.[40]

합참 역시 여러 측면에서 볼과 유사한 문제의식을 공유하고 있었지만, 자신들의 입장을 다시 근본적으로 재검토하자고 공개적으로 요구하지는 못했다. 그 결과, 내심 회의적이었던 점진적 압박 전략은 오히려 더 탄력을 받는 아이러니한 상황이 벌어졌다. 볼이 보고서를 대통령의 핵심 참모들에게 제출한 지 일주일도 채 지나지 않아, 합참에서는 베트남 정세를 논의하기 위한 새로운 회의가 소집되었다.

■

르메이는 1964년 10월 초 열린 회의에 그달 첫 열흘 동안 작성된 두 건의 국가특별정보평가(NIE) 보고서를 들고 참석했다. 그는 두 보고서 모두 베트남 정세가 앞으로 더욱 악화될 것이라고 경고하고 있다며, 이는 정보 당국으로부터 받을 수 있는 가장 분명한 '재앙의 신호'라고 강조했다. 이어 지금 당장 미국이 어떤 결정적인 행동을 취하지 않는다면, 보고서가 예고한 상황을 그대로 현실로 받아들이게 될 것이라고 했다.[41] 르메이는 그동안 합참이 제시해 온 북베트남 대응 방안들이 반복적으로 묵살되어 왔다고 불만을 토로하며, "시간은 더 이상 우리 편이 아니다"라고 거듭 강조했다. 그는 동료 합참위원들에게 72시간 이내에 기존 권고안을 갱신해 대통령에게 신속한 조치를 요청하자고 촉구했다.[42]

그러나 합참은 여전히 각 군 간 이견을 조율하지 못했고, 르메이가 기대한 만큼 빠르게 움직이지도 못했다. 나흘 뒤인 10월 16일, 르메이는 다시 한 번 공군의 입장을 합참의 공식 권고안으로 끌어올리려 시도했다. 그는 워싱턴의 선거 정국과 일정한 거리를 두고 있던 테일러 대사의 최근 평가를 인용했다. 테일러는 북베트남의 침투 활동을 줄이고 궁극적으로 차단하기 위해서는 새로운 강경 조치가 필요하며, 이는 남베트남 정부의 정치적 안정 문제와는 별도로 추진되어야 한다고 주장한 바 있었다. 르메이는 이 발언을 근거로 북베트남의 활동을 '미국 동맹국 영토에 대한 적대 세력의 침공'으로 규정하고, 9월 14일부터 지속적으로 제안해 온 북베트남에 대한 대규모 폭격 작전을 즉각 실행에 옮길 것을 다시 한번 합참에 강력히 요구했다.[43]

1964년 10월 21일, 르메이는 마침내 동료 합참위원들을 부분적으로 설득하는 데 성공했다. 그는 자신이 제기해 온 위기 인식을 국방부 장관에게 제출할 보고서에 일부 반영하는 데까지는 이르렀다. 이 보고서는 미국이 구체적으로 어떤 행동을 취해야 하는지를 명시하지는 않았지만, 동남아시아에서 시간이 얼마 남지 않았다는 강한 위기의식을 담고 있었다. 합참은 그동안 자신들이 제시해 온 전쟁 확대 권고안이 계속해서 정부에서 외면받아 왔다고 지적했고, 조만간 새로운 권고안을 다시 제출하겠다고 약속했다.[44]

그러나 해롤드 존슨(Harold Johnson) 육군 참모총장을 비롯해 휠러, 맥도널드 등 다수의 합참 구성원들은 르메이가 주장하는 북베트남 폭격 계획이 지나치게 과격하다고 판단했다. 이들은 폭격 강도를 낮추는 쪽으로 의견을 모았고, 그 과정에서 르메이와 가장 첨예하게 충돌한 인물 역시 존슨 참모총장이었다. 존슨은 베트남 문제의 핵심이 북베트남의 개입 자체가 아니라, 남베트남 주민들의 신뢰와 지지를 확보하는 데 있다고 줄곧 강조해 왔다. 따라서 정치적 기반이 취약한 상황에서 북베트남을 폭격하는 것은 도움이 되지 않을 뿐 아니라, 오히려 상황을 악화시킬 수 있다는 것이 그의 판단이었다.

반면 르메이는 한 치도 쉽게 물러서지 않았다. 그는 베트남 문제의 해법이 육군이 강조하는 정치·경제·심리·군사적 복합 프로그램이 아니라, 북베트남을 향한 강력하고 지속적인 화력 투사에 있다고 주장했다. 그는 존슨 행정부 들어 합참의 강경한 태도가 흐려졌다고 공개적으로 비판하며, 지금처럼 소극적으로 행동해서는 남베트남의 정치적 안정 역시 결코 달성할 수 없다고 질책했다. 그의 논리는 단순했다. 강력한 군사 행동 없이 남베트남에서 정치적 기반을 세우려는 것은 이미 패배가 예정된 싸움이라는 것이었다.[45]

결국 휠러의 일정한 지원을 등에 업은 르메이는 동료들의 완강한 반대를 뚫고 나갔다. 1964년 10월 23일, 합참은 북베트남에 대한 군사 행동을 공식적으로 권고하는 보고서를 내놓았다. 이 보고서가 설정한 목표는 북베트남이 남베트남과 라오스의 공산 반군을 지원하는 의지와 능력을 약화시키는 것이었다.[46] 합참은 르메이 장군과 해롤드 존슨(Harold Johnson) 장군의 상반된 입장을 절충해, 다소 모호하지만 양측의 핵심 주장을 모두 담은 형태의 권고안을 만들어냈다. 그 핵심은 남베트남과 주변 지역에서 보다 빠르고 강도 높은 군사 행동을 통해 다음 네 가지 전략 목표를 뒷받침하겠다는 것이었다.

① 북베트남으로부터 베트콩(Viet Cong)에 대한 지원 차단
② 남베트남 내 베트콩(Viet Cong)을 주민들로부터 분리
③ 실행 가능한 남베트남 합법 정부 수립 지속 추진
④ 동남아시아 전역에서 억지력과 대비 태세를 유지하여 북베트
　남에 대한 압박 강화

보고서는 남베트남 내부 조치를 부록 A에, 북베트남 공습을 포함한 외

부 조치를 부록 B에 구분해 정리했다. 합참은 남베트남의 정치적 불안정성을 고려할 때, 베트남 전쟁은 치안·정치적 조치를 강화하는 노력과 군사 행동이 결합되어야 한다고 보았다. 정치적 성과가 군사적으로 활용될 수 있고 군사적 조치가 다시 정치적 안정에 기여할 수 있다는 점에서, 두 영역의 긴밀한 연계가 필수적이라고 평가했다.[47] 휠러가 제안한 이 절충안은 그동안 합참 내부에 존재하던 점진적 압박 전략에 대한 반대 기류를 상당 부분 약화시켰고, 사실상 합참이 이 전략을 수용하겠다는 신호로 작용했다.

합참은 무력 사용에 일정한 제한을 둔 상태에서 출발하되, 필요에 따라 점차 강도를 높여가는 방식을 염두에 두고 있었다. 이에 따라 군사 행동은 단계별로, 점진적으로 강도를 높이는 형태로 구성되었다. 우선 남베트남 내부 안정을 위한 6가지 조치와, 베트콩(Viet Cong)의 활동을 북베트남 중심지와 분리하기 위한 8가지 조치를 즉각 시행할 것을 권고했다. 다만 추가적인 군사 조치에 대해서는 국방부 장관과 대통령이 필요성을 분명히 인정하고 동의한 뒤에만 추진하는 것이 바람직하다고 판단하여 일단 유보하기로 했다. 이처럼 조심스러운 태도에도 불구하고, 합참 내부에서는 상황 변화에 따라 결국 더 강력한 조치가 불가피해질 것이라는 공감대가 존재했다.

남베트남 내부에서 곧바로 시행할 조치에는 치안 강화, 민사 작전 확대, 그리고 미 공군 고정익 항공기를 활용한 베트콩(Viet Cong) 공습 등이 포함되었다. 외부에서 즉각 시행할 조치로는 통킹만(Tonkin Gulf) 구축함 초계 재개, Plan 34A 작전 강화, 동남아시아 내 미군 전투부대의 전방 배치, 캄보디아 및 라오스 국경 침투 작전, 북베트남에 대한 보복 타격, 북베트남 상공에 대한 저고도 정찰, 그리고 남베트남 국경 인근의 북베트남 및 라오스 내 베트콩(Viet Cong) 보급로에 대한 국경 침투 공습 등이 제시되었다.[48]

보고서 작성 과정에서 드러난 합참 내부의 갈등은 '무엇을 할 것인가?'보다는 '얼마나 서둘러 행동할 것인가?'를 둘러싼 견해 차이에서 비롯되었다. 그린 장군과 르메이 장군은 베트콩(Viet Cong)이 단기간에 주도권을 장악할 가능성이 크다고 판단하며, 미군 지상군과 전투기 전력을 베트남 및 인접 지역에 최대한 신속히 투입하고, 남베트남 공군과 미군이 북베트남의 핵심 표적을 가능한 한 빨리 타격해야 한다고 강조했다. 반면 존슨 장군, 휠러 장군, 맥도널드 제독은 추가 항공 전력을 동남아시아에 보내고 육군 여단과 해병 여단을 각각 태국과 다낭(Danang) 등지에서 항공 기지 방어 임무에 투입하는 데는 동의했지만, 이러한 조치 역시 보고서에 제시된 8가지 외부 조치가 충분히 이행된 뒤에야 진행해야 한다고 주장했다.[49] 결국 이 보고서는 합참 내에서 점진적 압박 전략에 대한 반대 의견을 일정 부분 누그러뜨리긴 했지만, 베트남 문제를 군사적으로 해결하는 과정에서 수반될 경제적·정치적 부담에 대해서는 여전히 모호한 여지를 남긴 채 마무리되었다.

합참 보고서의 실제 목적은 남베트남의 자유와 독립을 보장하기 위한 하나의 포괄적인 '대전략'을 승인받는 데 있지 않았다. 핵심은 보고서에 열거된 각각의 개별 조치들에 대해 순차적인 승인을 얻는 것이었다. 합참은 앞으로 더 포괄적인 전략 계획이 필요해질 수 있다고 하면서도, 이번에 제시한 조치들은 공산 진영의 반응을 면밀히 관찰하고 평가한 뒤 상황에 따라 선택적으로 시행하거나 통제할 수 있도록 사전에 준비한 것이라고 설명했다. 이 조치의 마지막 단계에는 북베트남 항구에 기뢰를 설치해 봉쇄하는 계획, 북베트남 전역을 대상으로 한 전면 폭격, 해안 지역 상륙 및 공중강습을 동반한 지상군 투입, 그리고 동남아시아 전역에 미 지상군을 점진적으로 늘려가는 방안까지 포함되어 있었다. 이 권고안은 미국이 최소한의 비용으로, 그리고 미국이 통제할 수 있는 방식으로 전쟁을 수행할 수 있다는 낙관적 전제 위에 세워져 있었다. 합참은 또한 이 작전계획은 목표를 달성한 뒤 언제든 축소하거나 중단할 수 있다고 덧붙였다.[50] 그러나 당시 미국 정부 내부에서는 전쟁을 미국이 원하는 조건에서 종결할 수 있는 구체적인 방안에 대한 논의는 이루어지지 않았다. 준비된 단계들을 차례로 밟아 나가기만 하면 전쟁은 자연스럽게 미국이 의도한 방향으로 흘러갈 것이라는 암묵적 가정이 지배적이었기 때문이다.

향후 군사 행동이 초래할 구체적인 결과에 대한 검토 역시 충분하지 않았다. 당시 군사작전의 목적은 실질적인 승리를 달성하는 데 있기보다, 미국의 힘과 결의를 과시하고 파괴력을 보여주며, 압박 수위를 점진적으로 높여 북베트남이 정치적 결단을 내리도록 유도하는 데 있었다. 북베트남 상륙이나 공중강습 같은 작전조차 실제 침공을 전제로 하기보다는, 북베트남에 '실제 공격이 임박했다'는 위협을 전달하기 위한 수단에 가까웠다.[51]

합참은 일관되게 군사 행동을 단계적으로 강화하는 방식을 권고했지만, 미국이 전쟁에 본격적으로 개입할 경우 적의 대응에 따라 작전 규모가 통제 불가능하게 확대될 수 있다는 위험성은 보고서 어디에서도 언급되지 않았다. SIGMA II 모의전이 지적했던 핵심 문제, 즉 북베트남 공습이 남베트남 내 지상전 확대를 불러오고 결국 대규모 미 지상군 투입으로 이어질 수 있다는 경고 역시 완전히 배제되었다. 합참은 미국과 남베트남이 북베트남이나 북라오스를 직접 점령하지 않는 한, 그리고 중국 본토의 공군기지를 공격하지 않는 한 중국의 참전 가능성은 낮다고 판단했다. 설령 중국이 개입하더라도 미국의 군사력으로 충분히 대응할 수 있다는 낙관적 평가가 뒤따랐다.

그러나 이러한 판단은 전쟁이 본질적으로 상대의 대응을 불러오며, 그 과정에서 양측 모두 점점 더 많은 전력을 투입하게 된다는 클라우제비츠의 고전적 경고를 전혀 반영하지 않은 것이었다. 이 상황을 두고 10월 초, 볼은 "전쟁의 본질상, 각 단계에서 선택권은 상대에게 넘어가고, 불리한 쪽일수록 판돈을 키우고 싶은 유혹에 빠지기 쉽다"라는 클라우제비츠의 통찰을 인용하며 경고했다. 이어 그는 "상대의 반응을 통제할 만큼 제한된 군사 행동은 큰 효과를 내기 어렵다. 반대로 만약 군사 행동이 충분히 효과적이라면, 상대의 반응을 통제하거나 완전히 예측하는 것은 거의 불가능할지도 모른다"라고 덧붙였다.[52] 그러나 합참은 이 중요한 지적에 대해 문제를 제기하지 않았다.

한편 이 보고서를 준비하는 데 무려 6주나 걸렸고, 합참은 대통령이 이를 신속히 검토해 줄 것으로 기대했다. 하지만 실제로 맥나마라는 보고서를 곧바로 대통령에게 올리지 않았다. 그는 먼저 사이공(Saigon)의 테일러 대사에게 보고서를 보내 의견을 구하도록 했다.[53] 맥나마라는 테일러가 다시 한 번 워싱턴 내 군부 강경파를 견제해 줄 것이라 기대했던 것이다. 그러나 이 무렵 테일러는 이미 자신만의 구상을 마련해 이를 실행에 옮기고 있었다.

■

테일러는 10월 3일, 베트남 현장에서 자신이 직접 감독하는 '정책 권고 및 군사작전 조율 위원회' 신설을 제안했다. 러스크 국무부 장관은 이 제안에 전적으로 동의했지만, 미국이 정치와 군사를 아우르는 통합 지휘 체계를 노골적으로 주도하는 모습으로 비칠 수 있다며 신중을 당부했다. 이후 테일러는 10월 7일 러스크로부터 공식 승인을 받았고, 바로 다음 날 첫 회의를 소집했다. 주요 안건은 군사 문제였으며, 그중에는 미 공군을 라오스 회랑에 투입해 폭격 작전을 수행하는 방안도 포함되어 있었다. 그리고 10월 10일, 테일러는 러스크에게 해당 위원회가 '미국 동남아 임무 조정위원회(Coordinating Committee for US Mission Southeast Asia, SEACOORD)'라는 명칭으로 운영될 예정이며, 웨스트모어랜드 장군이 자신을 대신해 SEACOORD 산하 상설 군사위원회의 의장을 맡게 될 것이라고 보고했다.[54]

그러나 SEACOORD의 설치는 결과적으로 군사작전 기획과 지휘체계를 더욱 복잡하게 만들었다. 태평양사령관 샤프 제독은 합참에 보낸 보고서에서 SEACOORD가 추가되면 지휘 계통이 중첩되어 혼란이 발생하고, 그로 인해 전체 작전의 효율성도 저하될 수 있다고 경고했다. 그는 군사작전의 조정과 지휘는 본래 국가 군사 지휘체계의 핵심 기능이며, 법적으로 국방부 장관, 합참, 그리고 지역 합동전투사령관의 책임이라고 강조했다. 태평양 해병대 사령관 크룰락 중장 또한 SEACOORD는 테일러 대사가 이미 관행적으로 행사해 오던 군사적 권한을 단지 공식화한 것에 불과하다고 지적했다. 실제로 테일러는 군사 관련 주요 권고를 국방부나 태평양사령부와 합참을 거치지 않고 러스크 국무부 장관과 국무부에 직접 전달해 왔다. 이러한 방식은 기존의 군사 지휘체계를 우회하는 것이었고, 그 결과 테일러에게 집중된 광범위한 권한은 베트남에서의 지휘 구조를 더욱 혼란스럽게 만들고 있었다. [55]

■

그러나 테일러가 워싱턴의 군사 정책 논의에 본격적으로 개입해 맥나마라 장관의 요청에 따라 합참 보고서에 대한 자문을 전달하기도 전에, 사이공(Saigon) 교외에서 벌어진 한 사건이 정책 분위기를 급격히 뒤흔들었다. 1964년 11월 1일 자정 직후 베트콩(Viet Cong)이 비엔호아(Bien Hoa) 공군기지를 기습 공격한 것이다. 이 공격으로 미군 4명이 전사하고 72명이 부상을 입었다. 당시 비엔호아(Bien Hoa)에는 통킹만(Tonkin Gulf) 사건 이후 미국의 결의를 과시하기 위해 맥나마라 장관이 베트남에 파견한 B-57 폭격기 부대가 주둔하고 있었다. 폭격기들이 남베트남에 도착했을 당시, 샤프 제독은 웨스트모어랜드 장군에게 비엔호아(Bien Hoa)와 같은 공군기지에 최근 배치된 미군 항공기가 밀집되어 있어 베트콩(Viet Cong)의 박격포 공격에 매우 취약하다고 경고한 바 있었다. 그는 만약 베트콩(Viet Cong)이 이 공격에 성공할 경우 그 심리적 충격은 막대할 것이라고 지적했다. 웨스트모어랜드는 이틀 뒤 해당 경고를 검토하고 나름의 대응책을 마련하고 있다고 답변했지만, 결국 샤프의 우려는 현실이 되고 말았다. [56]

11월 1일은 공교롭게도 남베트남에서 신임 총리 트란반흐엉(Tran Van Huong)의 민간 정부 출범을 기념하는 날이었고, 미국에서는 대선을 불과 이틀 앞둔 시점이었다. 만약 베트콩(Viet Cong)이 남베트남의 정치 행사와 존슨 대통령의 마지막 선거 국면을 동시에 노린 것이었다면, 비엔호아(Bien Hoa) 공격은 절묘하게 계산된 타이밍이었다고 볼 수 있었다. 비엔호아(Bien Hoa) 기지는 사이공(Saigon) 북동쪽 약 14마일 떨어진 곳에 있었고, 베트콩(Viet Cong) 게릴라들은 논밭과 야자수 숲, 인근 마을을 은밀히 통과해 기지 외곽까지 접근했다. 그들은 사전에 박격포를 설치한 뒤 자정 직후 약 39분간 집중 포격을 가했다. 이 공격으로 미군 4명이 사망하고 72명이 부상했으며, 주둔 중이던 B-57 폭격기 36대 가운데 17대가 파괴되거나 심각한 손상을 입었다. 공격을 감행한 베트콩(Viet Cong) 부대는 미군의 추적을 피해 무사히 철수했다.[57]

이 소식을 접한 테일러는 격분했다. 그는 워싱턴으로 보낸 전문에서 이번 공격을 의도적인 확전 행위로 규정하며 "이제 게임의 판도가 바뀌었다"고 표현했고, 즉각적인 보복을 강력히 권고했다. 웨스트모어랜드와 샤프 역시 테일러의 주장에 뜻을 같이했다. 이들은 비엔호아(Bien Hoa) 공격이 불과 한 달 전 대통령이 승인한 '동등 수준의 보복' 원칙에 완전히 부합하는 사례라고 강조했다. 이 원칙에 따르면, 미국은 북베트남의 공격에 대해 가능한 한 비슷한 수준의 군사적 대응을 취해야 했다. 이에 따라 테일러는 가장 최근 MIG 전투기가 배치된 푹옌(Phuc Yen) 공군기지를 미 공군이 타격할 것을 제안했다. 동시에 남베트남 공군 역시 미군 전투기와 함께 북베트남 남부에 위치한 3곳의 병영시설을 공동 폭격하는 계획도 내놓았다. 테일러는 국무부 장관에게 매우 구체적인 군사 권고안을 전달했다. 펜타곤이 작성한 94개 표적 가운데 어느 표적을 타격할지 번호까지 명시했고, 각 표적별 출격 횟수와 공격 시간대, 투입 부대 구성까지 상세히 제시했다. 더 나아가 보복 공습 직후, 미국과 남베트남이 '향후 모든 대응은 동등 수준의 보복 원칙에 따른다'는 공동 성명을 발표해야 한다고 제안했다.[58]

일요일 아침, 워싱턴에서 휠러 장군은 먼저 르메이 장군을 만나 합참의 보복 계획과 테일러 대사의 전문에 대해 논의했다. 르메이와 그린은 휠러가 다른 참모총장들과 상의도 하지 않고 정오에 백악관 회의에 참석하려

했다는 점에 불만을 드러냈다. 르메이는 반드시 합참 전체 회의를 거쳐 입장을 정리해야 한다고 주장했고, 휠러 역시 이에 동의했다.[59]

오전 10시에 열린 합참 회의에서 각 군 참모총장들은 테일러의 전문과 그에 동조한 웨스트모어랜드의 의견만으로는 보복 공격을 단행하기에 근거가 충분치 않다고 판단했다. 그러나 동시에 그들은 이번 비엔호아(Bien Hoa) 공격을 계기로 북베트남에 대한 체계적이고 본격적인 폭격 작전을 시작할 수 있는 계기가 마련되었다고 보았다. 이에 따라 합참은 펜타곤이 이미 준비해 둔 94개 표적 전체를 대상으로 점진적인 공중 폭격을 실시할 것을 권고했다. 합참은 여기에 더해 해병대와 육군 부대를 다낭(Danang)과 사이공(Saigon)에 신속히 투입해 주요 군사 거점을 확보하는 계획도 세웠다. 미군 병력과 보급품을 먼저 사이공(Saigon)으로 수송한 뒤, 수송을 마친 항공기는 미군 가족들을 철수시키는 임무로 전환할 계획이었다. 표면적으로는 이번 공습이 단순한 보복처럼 보였지만, 실제로는 북베트남에 타격을 가하고 남하 침투로를 차단하려는 장기 공중 폭격 작전의 서막에 가까웠다. 합참은 별도의 공식 문서를 작성할 시간이 없었기 때문에, 휠러 장군에게 대통령과 국방부 장관에게 이 같은 입장을 직접 전달하도록 지시했다. 휠러는 오전 11시경 회의장을 나와 맥나마라 장관에게 보고했고, 두 사람은 다음 날 12시 30분으로 예정된 대통령 회의를 앞두고 사전 논의에 들어갔다.[60]

그러나 정작 대통령 회의에서는 상황이 예상과 다르게 전개되었다. 즉각적인 보복 공격은 논의 대상에서 완전히 제외되었고, 대통령은 윌리엄 번디(William Bundy)에게 테일러 대사에게 보복을 유보한다는 결정을 전달하라고 지시했다. 윌리엄 번디(William Bundy)는 테일러에게 대통령과 참모진이 그의 제안을 매우 신중하게 검토했으나 대통령과 참모진이 이번 비엔호아(Bien Hoa) 공습 자체를 중대한 군사적 확전으로 보지는 않았다고 설명했다. 번디는 이 사건이 미군이 그동안 겪어온 반복적인 공격들과 비교할 때 위협 수준이 상대적으로 낮으며, 전반적으로는 평시 위험의 연장선에서 이해할 수 있다고 평가했다. 다만 그는 이번 사건이 북베트남을 상대로 한 보다 조직적인 군사 행동의 시점을 앞당기는 계기가 되었음을 부인하지는 않았다.[61] 번디의 공식 보고서는 대통령의 보복 거부 결정을 정당화하는 논리를 담고 있었지만, 불과 1분 뒤 러스크 국무부 장관은 테일러에게 별도의 극비 전문을 보내 대통령이 실제로 보복을 승인하지 않은 진짜 이유를 전달했다.

러스크 국무부 장관은 테일러 대사에게 이번 결정에 선거의 영향이 불가피하게 작용했음을 인정했다. 대사의 아쉬움을 달래려는 듯, 향후 추가 조치에 대한 가능성을 언급하며 테일러의 의견이 여전히 존중되고 있다는 점을 강조했다. 또한 윌리엄 번디(William Bundy)의 판단에 동의한다며, 이제는 보다 강경한 정책을 검토해야 할 시점이라는 인식도 내비쳤다. 다만 어떤 결정이든 대선이 끝날 때까지는 유보할 수밖에 없다는 점을 분명히 했다. 러스크는 테일러가 11월 중순 워싱턴으로 돌아오면 향후 전략과 큰 방향을 함께 논의할 수 있을 것이라고 정리했다.[62]

러스크의 언급대로, 보복 공격을 미룬 대통령의 결정에는 선거라는 현실적 요인이 결정적으로 작용했다. 당시 존슨 대통령은 특별보좌관인 빌 모이어스(Bill Moyers)에게 여론조사 전문가 루 해리스(Lou Harris)의 의견을 확인하라고 지시했다. 모이어스는 해리스에게 "이 공격에 바로 대응하지 않으면 유권자들이 정부를 나약하게 보지 않겠느냐?"고 물었다. 이에 해리스는 "폭격 같은 대응은 오히려 배리 골드워터 같은 후보에게서나 기대할 일이고, 유권자들은 바로 그런 이유로 존슨 대통령을 지지하고 있다"고 답했다. 이런 반응을 고려할 때, 대통령이 테일러나 합참의 보복 권고를 받아들일 가능성은 사실상 없었다. 그린 장군은 대통령의 결정을 라디오 뉴스를 통해 처음 접했다. 그는 두 달 전 대통령이 약속했던 "미군이 공격받으면 반드시 보복하겠다"는 발언을 떠올리며, 이번 결정 역시 향후 더 큰 군사 행동을 정당화하기 위한 명분을 쌓는 과정일 수도 있다고 판단했다.[63]

되돌아보면, 비엔호아(Bien Hoa) 공습과 그에 대한 미국 정부의 대응은 베트남에서 미국이 마주한 구조적 딜레마를 잘 보여주는 사건이었다.

통킹만(Tonkin Gulf) 사건 이후 미국은 결의를 과시하기 위해 B-57 폭격기를 비엔호아(Bien Hoa) 공군기지에 전진 배치했지만, 이 조치는 오히려 미군을 적의 보복 공격에 더 취약하게 만들었다. 결과적으로 베트콩(Viet Cong)의 이번 공격은 미국에게 두 가지 선택지만을 남겼다. 물러서거나, 아니면 전쟁을 확대하거나. 미국은 처음에는 단호함을 보여주기 위해 전력을 전진 배치했지만, 그 조치가 오히려 약점을 노출시키는 결과를 낳았고, 행정부는 이후 더욱 강력한 군사 행동까지 검토해야 하는 상황에 내몰렸다.

비엔호아(Bien Hoa) 공격에 대한 대응은 이후 합참과 존슨 행정부 사이에서 반복될 전형적인 양상의 출발점이 되었다. 합참은 이 사건을 계기로 불과 일주일 전 자신들이 마련해 둔 군사 계획 가운데 일부 조치를 즉각 실행할 수 있도록 대통령의 승인을 얻고자 했다. 그러나 존슨 대통령과 핵심 참모들은 합참을 정면으로 배제하지 않으면서도, 그 요구를 즉각 수용하지 않기 위해 겉으로는 공감하는 태도를 보이되 실제로는 '추후 검토'만을 약속하는 방식으로 대응했다. 이미 9월 대통령은 합참을 현상 유지 전략에 묶어두기 위해 다음번 공격 시에는 보복을 승인하겠다고 약속한 바 있었다. 그러나 국내 정치와 보복 결정이 직접 맞물리자 그는 그 약속을 이행하지 않았다. 비엔호아(Bien Hoa) 사건 이후에도 보복 가능성은 열어두되, "보복이 정당하더라도 반드시 즉각적일 필요는 없다"는 식의 모호한 입장을 유지했다. 결국, 11월이 되자 휠러 합참의장은 다시 한번 대통령으로부터 확인을 받아냈고, 베트콩(Viet Cong)이 유사한 공격을 반복할 경우 미국도 북베트남 폭격에 나설 것이라는 점을 재확인받았다. [64]

■

대통령은 합참의 헌신을 높이 평가하며 그들의 입장을 신중히 검토했지만, 보복을 유보하기로 한 결정은 민군 관계에 긴장감을 불러일으켰다. 11월 1일, 휠러 합참의장은 맥나마라 국방부 장관에게 합참 위원들이 깊은 좌절감을 느끼고 있다고 보고했다. 합참 내부에서는 미국이 지금 북베트남에 아무런 조치를 취하지 않을 바에야 차라리 남베트남에서 미군 전력을 전면 철수하는 편이 낫다는 극단적인 생각까지 제기되고 있었다. 그들은 이 같은 입장을 공식 보고서로 정리해 대통령에게 제출해야 한다고 강하게 요구했다.[65] 이에 맥나마라는 대통령을 대신해 합참의 불만을 달래는 역할에 나섰다. 그는 합참의 권고가 정책 결정 과정에서 결코 가볍게 취급되지 않으며, 여전히 중요한 판단 기준으로 고려되고 있다는 점을 강조했다.

11월 2일 아침 열린 합참 회의에서 맥나마라는 베트남 정책을 그대로 유지할 경우 재앙으로 이어질 수 있다는 합참의 우려에 공감하는 태도를 보였다. 그는 합참에게 향후 본격적인 군사작전을 지원하기 위해 필요한 병력 규모와 물류 계획을 다시 검토하라고 지시했다. 이 자리에서 르메이는 맥나마라가 보다 강경하게 폭격 작전의 필요성을 언급한 점에서 일말의 위안을 느꼈다. 맥나마라는 나아가, 만약 미국이 북베트남의 94개 주요 표적을 파괴하는 데 성공한다면, 이후에는 마오쩌둥(Mao Tse-tung)의 초기 핵시설을 공습하는 방안까지도 검토할 수 있다는 뜻을 내비쳤다. 그러나 그는 동시에 폭격만으로는 베트콩(Viet Cong)의 전략이나 태도를 근본적으로 변화시키기 어렵다고 판단했고, 공습을 시작하기 전에 지상군 투입을 검토해야 한다는 의견을 해럴드 존슨(Harold Johnson) 육군 참모총장에게 전달했다. 그리고 미군이 앞으로 중국과 북베트남 연합군과 맞서 싸울 가능성까지도 언급했다.[66]

훗날 맥나마라는 이 시기를 돌아보며, 겉으로는 강경한 메시지를 내놓았지만 실제로는 전쟁이 통제 불능으로 확대될 가능성에 대해 두려움을 느끼고 있었다고 회고했다. 그럼에도 그는 미래 행동에 대한 모호한 약속을 반복하고 합참에게 아시아에서 벌어질 수 있는 대규모 전쟁 시나리오에 대비해 계획을 재검토하라고 지시함으로써, 당분간 보복을 주저하던 대통령에 대한 합참의 불만을 일시적으로나마 누그러뜨릴 수 있었다.

비엔호아(Bien Hoa) 공습에 대해 미국이 보복하지 않겠다는 결정은 곧 테일러 대사에게도 전달되었다. 번디는 테일러에게 연락해, 현 상황에서 어떤 조치가 북베트남에는 분명한 경고 신호를 보내면서도 남베트남 내부의 사기를 유지하는 데 도움이 될지를 물었다. 아울러 베트남에서 실행 가능한 공습 방식과 지상군 배치에 대한 의견도 구했다. 번디는 제한적 지상군 투입이 미국의 결의를 과시하는 신호가 되어 북베트남이 향후 지상 공세를 감행하려는 의지를 억제할 수 있을 것으로 보았다. 그러나 동시에 그는 지상군 투입이 미군 전사자 증가와 전반적인 위험 확대로 이어질 가능성도 우려했다. 이처럼 윌리엄 번디(William Bundy)는 행정부의 남베트남에 대한 단호한 입장을 전달하는 한편, 테일러의 판단을 수렴해 향후 취할 수 있는 추가 조치를 모색했다. 이는 얼마 전 맥나마라가 합참에게 보였던 태도와 유사한 접근 방식이었다.[67]

■

비엔호아(Bien Hoa) 공습으로 촉발된 혼란이 잠잠해지자, 테일러 대사는 10월 27일자 합참 보고서에 대한 답신을 준비할 여유를 되찾았다. 그는 11월 3일, 미국 대선 당일에 자신의 평가를 맥나마라 국방부 장관에게 전달했다. 테일러는 보고서의 각 항목을 비교적 꼼꼼히 검토하며 의견을 덧붙였지만, 그 안에 담긴 조치들이 전략적 개념 면에서 빈약하고 일관성이 부족하다는 점은 따로 문제 삼지 않았다. 또한 합참이 구상한 전쟁 수행 방식과 자신의 시각이 어떻게 다른지에 대해서도 언급하지 않았다. 대신 그는 남베트남의 상황이 계속 악화되고 있다는 점을 강조하며, 북베트남이 베트콩(Viet Cong) 지원을 중단하거나 최소한 축소하도록 압박하기 위한 제한적 군사 행동이 필요하다는 합참의 기본 취지에는 동의한다는 입장을 분명히 밝혔다. 그러나 맥나마라와 마찬가지로, 테일러 역시 합참이 제안한 단계적 조치 가운데 가장 강경한 군사 행동에는 선뜻 찬성하지 않았다. 그가 염두에 둔 것은 '결정적 타격'이 아니라, 전략적 목표 달성을 위한 제한적 수준의 무력 사용이었다.[68] 그 결과 합참과 테일러 사이에 존재하던 근본적인 전략적 차이는 본격적으로 논의되지 않았고, 겉으로 보기에는 양측 간에 큰 이견이 없는 것처럼 보이게 되었다.

그날 밤 자정이 되기도 전, 린든 존슨(Lyndon Johnson) 대통령의 압도적 승리가 확실시되었다. 그는 미국 역사상 가장 높은 득표율로 재선에 성공했고, 그 여세를 몰아 많은 민주당 후보들도 당선되었다. 이로써 민주당은 다음 회기의 상·하원 절대적 다수당의 지위를 확보하게 되었다.

워싱턴 정가에서 즉각적인 정책 변화가 드러난 것은 아니었지만, 점진적 압박 전략은 조용히 힘을 얻기 시작했고, 이는 결국 심각한 결과로 이어졌다. 대통령과 주요 보좌진은 선거에 집중하느라 협상이나 중립화와 같은 외교적 대안을 깊이 있게 검토하지 않았다. 점진적 압박 전략이 더 큰 전쟁을 피하기 위한 합리적인 선택이라는 믿음 아래, 그 전략이 실패할 가능성이나 협상을 통한 철수와 같은 소수의 경고는 자연스럽게 외면되었다.

남베트남의 정치적 불안정이 더욱 심화되는 가운데서도 미국의 개입은 계속되었다. 그러나 이 개입이 장기적으로 어떤 대가를 초래할지에 대한 근본적인 질문은 좀처럼 제기되지 않았다. 합참 역시 이러한 문제의식에 도전하기보다는, 대통령의 정책 기조에 보조를 맞춰 점진적 조치들을 제안하고 그에 대한 승인을 단계적으로 받아내는 데 머물렀다. 대통령과 핵심 문민 보좌진, 합참과 각 군 수뇌부 모두가 결과적으로는 가장 적은 정치적·제도적 저항을 감수하는 선택을 한 셈이었다. 그 결과, 미국의 베트남 개입이 과연 정당한 선택이었는지, 그리고 그 전략적 전제가 타당했는지에 대한 질문은 제기되지 않은 채 남게 되었다. 전략과 전쟁 운영에 관해 대통령에게 공식적으로 조언할 권한을 지닌 유일한 조직인 합참마저도 그 기초 전제 자체를 공개적으로 문제 삼지 못한 것이었다.

9 실패로 가는 계획(1964. 11월-12월)

> "제가 가장 먼저, 그리고 꼭 강조해서 말씀드리고 싶은 점이 있습니다. 혹시 반대되는 소문이나 주장을 들으셨다 해도, 국방부 내에서 군과 민간 지도부 사이에 심각한 불화나 갈등은 전혀 없음을 분명히 말씀드리고 싶습니다. 제 생각에 지금 군과 정부의 관계는 수년 만에 가장 원만하고 좋은 상태라고 할 수 있습니다."
>
> – 얼 휠러(Earle Wheeler) 장군, 1965년 1월 14일[1]

1964년 11월 2일, 비엔호아(Bien Hoa) 공습이 발생한 다음 날이자 린든 존슨(Lyndon Johnson)이 대선에서 배리 골드워터(Barry Goldwater)를 압도적으로 꺾기 전날, 백악관 국가안보보좌관 맥조지 번디(McGeorge Bundy)는 선거 이후 베트남 문제에 대해서는 당분간 신중한 침묵과 내부적 준비가 필요하다고 조언했다. 이에 따라 존슨 대통령은 두 차례의 짧은 워싱턴 방문을 제외하고는 거의 한 달 내내 텍사스 목장에서 머물며 휴식을 취했다.

그가 가장 우선순위에 둔 과제는 대선 기간 내내 강조해 온 '위대한 사회(Great Society)' 프로그램을 정비하고 본격적으로 추진하는 일이었다. 존슨 대통령이 구상한 이 야심찬 개혁안은 노인을 위한 의료 서비스, 청년층 교육 지원, 대기업 감세, 최저임금 인상, 농민 보조금 지급, 비숙련자를 위한 직업 훈련, 저소득층을 위한 식량과 주거 지원, 아프리카계 미국인에 대한 법적 보호, 빈곤층 소득 재분배, 그리고 이민자 수를 줄이기 위한 정책 등 사회 전반을 아우르는 내용으로 구성되어 있었다. [2] 존슨은 이 입법안들을 반드시 통과시켜 1930년대 루스벨트의 뉴딜(New Deal)에 견줄만한 대규모 사회개혁을 완성함으로써 자신의 역사적 위상까지 확고히 하겠다는 목표를 품고 있었다.

하지만 '위대한 사회' 프로그램은 당시 베트남 정책에 대한 대안적 접근을 모색하는 데 오히려 발목을 잡았다. 이미 행정부가 채택한 북베트남에 대한 점진적 군사 압박 전략이 지닌 위험성은 충분한 검토를 받지 못했다. 심지어 전략을 설계한 인사들조차 이 방식이 미국의 공식 목표인 남베트남의 자유와 독립을 실질적으로 달성할 가능성이 낮다는 점을 인지하고 있었다. 그럼에도 존 맥노턴(John McNaughton)과 윌리엄 번디(William Bundy) 등 핵심 정책 입안자들은 보다 근본적인 대안을 재검토하기보다는, 미국이 전쟁에 군사적으로 개입한 끝에 패배하는 편이 아무조치 없이 철수하는 것보다 낫다고 판단했다. 그들은 설령 결과가 바람직하지 않더라도, 미국이 외교정책을 위해 무력을 사용할 의지가 있음을 보여주는 것만으로도 국제사회에서 외교적 위신을 유지하거나 오히려 강화할 수 있다고 믿었다. 민간 자문관들 역시 점진적 무력 행사를 본격적인 군사작전이라기보다 정치적 수단으로 간주했기 때문에, 그 전략이 초래할 장기적 결과에 대해서는 깊이 숙고하지 않았다. 결국 미국의 베트남 정책을 총괄하고 책임져야 했던 이들조차 어느 정도 실패를 예상하면서도 그 전략을 추진하고 있었던 셈이다.

■

대선이 막 끝난 직후, 번디는 베트남 문제를 전담할 또 하나의 부처 간 위원회를 구성할 것을 제안했고, 존슨 대통령은 이를 승인했다. 새로 꾸려진 이 위원회는 베트남에서의 미국의 이익과 목표를 재검토하고, 현지 정세가 지역 및 국제 질서에 미치는 영향을 평가하며, 미국이 선택할 수 있는 다양한 대응 방안을 정리하고 각각의 장단점을 분석하는 임무를 부여받았다. 위원회의 실질적 운영은 윌리엄 번디(William Bundy)가 주도했다. 존슨 대통령이 텍사스 오스틴에서 선거 승리를 축하하던 동안, 워싱턴에서는 윌리엄 번디(William Bundy)가 국방부의 맥노턴과 만나 베트남 정책에 관한 논의를 이어갔다. 법률가 출신 전략가였던 두 사람은 바

쁜 정치 일정을 뒤로하고 다시 정책에 집중할 수 있게 된 상황을 반기며 논의를 이어갔다.[3] 그리고 2주 만에 위원회는 「동남아시아에서의 방책들 (Courses of Action in Southeast Asia)」이라는 제목의 초안 보고서를 완성했다.

윌리엄 번디(William Bundy)에 따르면, 이 실무 그룹은 워싱턴에서 베트남 정책을 다뤄온 핵심 인사들이 폭넓게 참여한 협의체였다. 번디와 함께 작업에 참여한 주요 인사로는 맥노턴, 그의 보좌관이자 훗날 '펜타곤 페이퍼(Pentagon Paper)' 유출로 논란을 일으킨 대니얼 엘스버그(Daniel Ellsberg), CIA의 해럴드 포드(Harold Ford), 국무부의 마이클 포레스탈 (Michael Forrestal), 마셜 그린(Marshall Green), 로버트 H. 존슨(Robert H. Johnson) 등이 있었다. 합참 측에서는 작전부 고위 장교인 로이드 머스틴(Lloyd Mustin) 제독이 대표로 참석했다. 회의는 국방부 장관 맥나마라, 국무부 장관 러스크, 국가안보보좌관 맥조지 번디(McGeorge Bundy)가 전반적으로 감독하였으며, 때때로 직접 회의에 참여하기도 했다. 그러나 실제 논의의 방향을 설정하고 권고안을 정리한 인물은 윌리엄 번디 (William Bundy)와 맥노턴이었고, 최종 권고 역시 맥노턴을 통해 보고를 받던 맥나마라의 시각에 맞춰 조정되었다.[4]

실무 그룹은 11월 3일과 5일 두 차례 회의를 열어 번디와 맥노턴의 주도로 다음과 같은 세 가지 선택지를 마련했다.

① A 방책 : 현재의 방침을 계속 유지
② B 방책 : 기존 정책에 더해, 특정 시점에서 협상으로 전환될 수 있는 조직적인 군사적 압박 프로그램을 추가하고 목표 달성까지 압박을 지속
③ C 방책 : 기존 정책에 강경한 군사적 조치를 추가하되 압박 수위를 제한적으로 유지하고, 이후 협상으로 전환하더라도 신뢰할 만한 추가 압박의 위협을 남기는 방안 [5]

합참은 위원회 논의가 시작된 초기 단계부터 자신들의 입장이 충분히 반영되지 못하고 있다는 불만을 품고 있었다. 머스틴 제독이 합참을 대표해 회의에 참석하긴 했지만, 논의가 매우 빠른 속도로 진행되어 합참이 공식 입장을 정리해 전달할 시간조차 없었다. 번디는 회고록에서, 머스틴이 합참 전체의 공식 승인을 받은 문서 없이 발언하기 어려운 상황이었기 때문에 출발부터 난처한 처지에 놓였다고 설명했다. 합참 참모진이 일부 구체적인 군사 정보를 제공하긴 했지만, 실무 그룹의 핵심 작업에는 거의 영향을 미치지 못했다. 위원회는 첫 두 차례 회의에서 논의 범위를 설정했으며, 이때 번디가 제시한 모든 선택지는 북베트남을 상대로 점진적이고 제한적인 군사력을 행사하는 방식에 초점을 맞추고 있었다.[6] 휠러 장군이 위원회의 분석 초안 문서를 처음 받아봤을 무렵에는 이미 러스크, 맥나마라, 맥조지 번디(McGeorge Bundy)가 해당 연구 범위에 대해 대통령에게 보고를 마친 뒤였다.[7] 결국 합참은 또다시 부처 간 조율을 통해 마련된 결론에 대해 사후적으로 반대 의견을 제시해야 하는 위치에 놓였다.

머스틴 제독도 합참 내부에서 충분한 지지를 확보하지 못한 상황이었기에, 각 군 참모총장들의 의견이 일치한다고 확신할 수 있을 때만 신중하게 발언했다. 이러한 태도는 앞서 테일러 장군이 참모진에게 '대통령의 관점을 고려해 조언하라'고 지시했던 기조와도 맞닿아 있었다. 이 같은 배경 속에서 위원회에 제출된 초기 자료들은 예외 없이 남베트남의 전략적 중요성과, 이 나라가 공산화될 경우 초래될 심각한 결과를 강조하는 데 초점을 맞추었다.[8]

이에 맞서 합참은 위원회의 점진적 무력 사용 방안에 대응하는 자체 대안을 마련하기 시작했다. 11월 11일, 위원회 보고서가 공식 발표되기 직전 휠러 장군은 버치널 중장, 굿패스터 중장, 머스틴 제독, 로저스 중령 등과 회의를 열었다. 당시 휠러는 위원회의 권고안이 지나치게 소극적이라는 점에 강한 불만을 드러냈다. 실제로 맥노턴은 'B 방책' 역시 'C 방책'과 마찬가지로 점진적으로 군사 압박을 높이는 접근이라고 설명했는데, 두 방책의 차이는 실질적 내용보다는 표현상의 차이에 가까웠다. 'B 방책'에는 주요 군사적·상징적 목표에 대한 공습과 군사력 시위가 포함되어 있었고, 맥노턴은 이를 점진적이되 비교적 빠르게 압박 수위를 높이는 현실적 선택으로 규정했다. 다만 중국이나 소련을 자극할 것을 우려해 북베트남의 푹옌(Phuc Yen)에 있는 MIG 전투기 기지와 같은 핵심 군사 목표는 실무 그룹이 제시한 어떤 방안에서도 공격 대상에서 제외되었다.[9]

휠러 장군은 메모지와 연필을 꺼내 북베트남에 대해 '강한 일격'으로 작전을 개시하는 방안을 간략히 적어 내려갔다. 이는 작전 시작 단계에서 최대한의 공세적 타격을 가해 적의 대응 의지를 약화시키려는 구상이었다.[10] 합참 참모진은 이 메모를 토대로 본격적인 준비에 들어갔다. 며칠 뒤인 11월 17일, 윌리엄 번디는 실무 그룹이 작성한 연구 보고서 초안을 처음으로 휠러 장군에게 전달했다. 이어 11월 23일에는 합참 참모진이 합참의 관점에서 재정리한 자체 최종 보고서를 완성했다. 이 보고서에는 다섯 가지 방책이 제시되어 있었고, 합참이 선호했던 강경한 초기 타격 방안은 'B 방책'을 수정·보완하는 형태로 반영되었다.[11] 하지만 이미 때는 늦은 상황이었다. 백악관 내부에서는 사실상 정책 방향이 정해진 뒤였다.

■

시간이 지나면서 C 방책에 대한 지지는 점차 확대되었다. 조지 볼(George Ball)은 위원회가 마치 골디락스 원칙에 따라 선택지를 구성한 것 같다고 평가했다. 즉, A 방책은 지나치게 미약했고, B 방책은 지나치게 강경했으며, 그 사이에 놓인 C 방책이 가장 적절해 보였다는 것이다.[12] A 방책은 거의 즉시 논의에서 제외되었고, 점진적 압박과 협상을 결합한 전략으로 규정된 C 방책이 점진적 압박이라는 개념에 가장 부합하는 방안으로 받아들여졌다. 맥노턴 역시 C 방책이 현행 정책을 단순히 유지하는 것보다 더 많은 선택지를 열어두고 있으며, B 방책에 비해서는 통제 가능성은 높고 위험성은 낮다는 점에서 가장 현실적인 대안이라고 판단했다.[13]

이후 맥노턴은 C 방책의 본격적인 평가 작업에 착수했다. 그는 대니얼 엘스버그(Daniel Ellsberg)와 함께 닷새 만에 20쪽 분량의 C 방책 분석 초안을 완성했다. 같은 날 윌리엄 번디(William Bundy)는 B 방책에 대한 5쪽짜리 분석 자료를 배포했다. 이 자료에서 B 방책은 신속하고 전면적인 압박으로 규정되었고, 그 단점으로 대규모 미군 인명 피해 가능성과 상당한 병력 투입이 불가피하다는 점이 명확히 지적되었다. 반면 맥노턴과 엘스버그가 작성한 C 방책 분석에는 인명 피해나 군사력 소요에 대한 구체적인 검토가 포함되지 않았다. 이러한 분석을 토대로, 11월 23일 맥노턴은 C 방책을 공식적으로 채택할 것을 권고했다.[14]

맥노턴은 C 방책을 지지하면서도, 이처럼 극도로 제한된 군사 조치만으로 북베트남이 베트콩(Viet Cong) 지원을 중단할 가능성은 낮다는 점에 점차 의문을 품기 시작했다. 그는 미국이 어떤 군사적 조치를 취하더라도, 남베트남 내부의 정치적 혼란과 민심 이반으로 인해 남베트남 정부가 베트콩(Viet Cong)의 공세를 견디지 못할 수 있다고 우려했다. 실제로 그는 11월 7일 작성한 보고서 초안에서 이미 C 방책이 바람직하지 않은 결과로 이어질 가능성을 경고한 바 있었다. 이러한 회의적인 전망은 윌리엄 번디(William Bundy)와 마이클 포레스탈(Michael Forrestal) 두 사람에게만 조심스럽게 공유되었다. 맥노턴은 거의 매일 저녁 친구이자 동료였던 포레스탈의 사무실을 찾아가, 미국의 점점 깊어지는 전쟁 개입에 대한 불안과 의문을 논의했다. 번디 역시 이러한 회의적 시각에 공감하고 있었고, C 방책이 실질적으로는 희망이라는 매우 불안정한 기반 위에 세워진 전략임을 인식하고 있었다.[15]

그럼에도 불구하고 이들은 여전히 C 방책을 지지했다. 그 이유는 이 방안이 제한적 군사력 사용을 가장 정밀하게 통제할 수 있는 선택지라고 믿었기 때문이다. 맥노턴을 비롯한 국방부와 국무부의 관료들은, 만약 북 베트남이 점진적 압박에 반응을 보이지 않으면 언제든 작전을 중단할 수 있다고 생각했다. 포레스탈은 훗날 당시를 이렇게 회상했다.

"그건 마치 서서히 번져오는 일 같았어요. 그땐 효과가 없으면 그냥 멈추면 된다고 생각했죠. 북베트남 쪽에서 어떤 신호만 오면 그걸 기다리다가 그때 작전을 중단하면 된다고 여겼던 겁니다. 계속 스스로에게 이렇게 말했죠. '안 되면 멈추면 되잖아!'"[16]

맥노턴 역시 C 방책에 대해 "이 방안은 모든 단계마다 최대한 통제가 가능하도록 하고, 적절한 시점에 협상을 위해 작전을 멈출 수 있게 설계됐다. 또 필요하면 언제든 추가로 군사 압박을 가할 수 있다는 실질적 억지력도 유지하려는 목적이 있었다"라고 기록을 남겼다. [17]

■

맥노턴, 포레스탈, 윌리엄 번디(William Bundy)는 미국이 북베트남에 대해 군사 행동을 취한 뒤 베트남에서 실패하는 편이 아무 조치 없이 철수하는 것보다 오히려 낫다고 판단했다. 이들이 바라본 군사 개입의 핵심 목표는 남베트남을 지키는 데 있다기보다, 국제사회에서 미국의 신뢰와 위신을 유지하는 데 있었다. 점진적 군사 압박은 언제든 중단할 수 있고 반드시 전면전으로 이어지는 것도 아니기 때문에 아무 행동도 하지 않은 채 철수하는 것이 더 큰 위험이라고 본 것이다. 설령 남베트남의 독립을 지키지 못하더라도, 미국이 가능한 모든 노력을 기울였다는 인식만 남는다면 외교적으로는 감내할 수 있는 결과라고 여겼다.

맥노턴은 점진적 압박 전략이 동남아시아에서 미국의 목표를 끝내 달성하지 못하더라도, 그로 인해 미국의 국제적 위상이 지금보다 더 악화되지는 않을 것이라고 내다보았다. 오히려 미군이 개입한 끝에 남베트남을 잃는 편이 아무 행동도 하지 않은 채 철수하는 것보다 국제사회에 더 나은 이미지를 남길 수 있다고 보았다. 미국이 약속을 지키고 단호하게 행동하

며, 위험과 희생을 감수하는 책임 있는 강대국이라는 인식을 외부에 각인시킬 수 있다는 판단이었다.[18]

베트남 개입의 목적을 바라보는 이러한 인식의 변화는 실무 그룹의 논의 과정에서도 분명하게 드러났다. 10월 13일까지만 해도 맥노턴은 동남아시아에서 미국이 추구하는 가장 중요한 전략 목표로 남베트남과 라오스의 독립 지원을 꼽았다. 그러나 불과 3주 뒤 번디 위원회에 제출한 보고서에서는 미국의 군사 행동 목적을 다음과 같이 다시 재정의했다.

> A. 반정부 전복 세력에 맞서 싸우는 신뢰할 수 있는 후원국으로서 미국의 위상을 유지하는 것
> B. 동남아시아에서 도미노 효과가 발생하는 것을 방지하는 것
> C. 남베트남이 공산 세력에 넘어가지 않도록 저지하는 것
> D. 과도한 무력 사용으로 인한 국제적 비난을 피하면서 이번 위기를 수습하는 것 [19]

이처럼 맥노턴과 주요 정책 결정자들에게 미국의 베트남 개입은 단순히 남베트남 정권을 지키는 문제를 넘어, 공산주의 확산을 억제하고 미국의 국제적 신뢰를 유지하는 데 더 큰 의미를 갖게 되었다. 그는 남베트남의 자유와 독립을 끝까지 지켜내지 못하더라도, 일정 수준에서 타협이 불가피할 수 있음을 시사했다.[20]

윌리엄 번디(William Bundy)와 존 맥노턴(John McNaughton)이 11월 26일에 완성한 최종 보고서는 표면적으로는 남베트남과 라오스의 자유와 독립에 대한 미국의 약속을 재확인하는 데 중점을 두고 있었다. 그러나 그 이면에는 맥노턴이 강조한 '책임 있는 강대국'이라는 개념에 부합하는 차선의 목표들이 분명히 담겨 있었다. 그 내용은 다음과 같았다.

> ① 아시아의 다른 지역을 강화할 시간을 확보하기 위해 가능한 한 현 상태를 오래 유지한다.

② 최악의 상황이 벌어지더라도, 공산주의 확산에 맞서는 주요
후원국으로서의 미국의 위상이 훼손되지 않도록 강경하게 대
응한다.
③ 베트남에서 실패하더라도, 그 원인이 열악한 식민지 유산이
나 현지의 방위 의지 부족 등 베트남 특유의 문제 때문임을 전
세계, 특히 아시아 국가들에게 분명히 알린다. [21]

위원회가 보고서 작업을 마무리하던 무렵, 맥나마라 국방부 장관은 점진적 압박 전략을 실행하기 위한 구체적 군사 계획을 합참에 요청했다. 11월 10일 그는 휠러 합참의장에게 북베트남을 상대로 통제된 방식으로 압박 강도를 점차 높여가는 방안을 마련하라고 지시했다. 합참은 C 방책에 비판적인 입장이었지만, 장관의 지시에 따를 수밖에 없었다. 합참은 제한적인 군사 개입만으로는 남베트남과 라오스의 자유와 독립을 실질적으로 보장하기 어렵고, 그 효과 역시 상징적 수준에 머물 가능성이 크다고 판단했다. 즉 미국의 결단력을 보여주는 시위 효과나 북베트남의 지원을 일정 부분 약화시키는 성과는 기대할 수 있겠지만, 북베트남의 도발을 근본적으로 제어하기에는 부족하다고 본 것이다. [22]

각 군 참모총장들 역시 C 방책만으로는 미국의 동남아 정책 목표를 달성하기 어렵다는 데 의견을 같이했다. 이들은 맥나마라에게 추가적인 군사 개입에 앞서 명확한 정책 목표부터 설정해야 한다고 강력히 촉구했다. 실무 그룹이 제시한 차선의 목표조차 충분하지 않다고 본 것이다. 합참은 일단 무력 사용을 시작한다면, 남베트남의 자유와 독립이 실질적으로 확보될 때까지 작전을 지속해야 한다고 주장했다. 점진적 압박을 통해 미국이 원하는 시점에 철수할 수 있다는 C 방책의 핵심 전제 자체를 받아들이지 않았던 것이다. 고위 군 지휘관들은 군사력이 투입되고 미군의 생명이 희생되는 상황에서는 반드시 명확하고 일관된 목표에 전념해야 한다고 믿었다. 그렇기에 이들은 외교적 체면을 위해 제한적으로 무력을 사용하면, 소위 '보여주기식 개입'에는 결코 동의하지 않았다.

참모총장들은 맥나마라에게 자신들이 선호하는 방안은 북베트남에 대한 집중적인 공중 폭격이며, 합참이 지정한 94개 표적을 파괴하는 것임을 거듭 강조했다. 이들은 이러한 강력한 초기 일격 전략을 대통령이 직접 검토할 수 있도록 전달해 달라고 요청했다. 11월 18일, 합참은 해당 계획을 맥나마라에게 제출했지만, 맥나마라는 실무 그룹의 연구가 마무리되면 대통령 역시 자연스럽게 합참의 입장을 알게 될 것이라며 보고를 미뤘다.[23] 그는 또한 합참이 요구한 정책 목표의 명확화 요청을 사실상 외면했다. 오히려 합참이 작성한 점진적 군사 강화 조치 계획을 윌리엄 번디(William Bundy)와 맥노턴에게 넘겨 C 방책의 보완 자료로 활용하도록 했다.[24]

맥나마라는 각 군 참모총장들을 주요 정책 결정 과정에서 사실상 배제하면서도, 실무 그룹의 논의가 다양한 의견을 반영하고 있다는 인상을 주려 했다. 11월 19일 그는 대통령을 비롯해 러스크 국무부 장관, 맥조지 번디(McGeorge Bundy), 윌리엄 번디(William Bundy), 사이러스 밴스 Cyrus Vance) 국방부 부장관, 존 맥콘(John McCone) CIA 국장 등이 참석한 백악관 회의에 참석했다. 회의에서 러스크와 윌리엄 번디(William Bundy)는 위원회가 도출한 세 가지 안을 소개했다. 이어 맥조지 번디는 전반적인 분위기가 점차 C 방책으로 기울고 있으며, 조지 볼(George Ball)이 제안한 협상에 의한 철수 방안은 별다른 진전을 보이지 못하고 있다고 보고했다. 이에 대해 맥나마라는 B 방책에 대한 논의 역시 상당 부분 진행되고 있다고 덧붙였고, 러스크와 윌리엄 번디(William Bundy)도 그의 의견에 동조하면서 볼의 제안 역시 일정 부분 진전이 있었다고 보탰다. 러스크는 실무 그룹이 특정 방안 하나에만 치우치지 않도록 하겠다고 대통령에게 약속했다. 그러나 이 자리에서도 맥나마라는 합참이 요구했던 정책 목표의 명확화나, 군 지도부가 주장한 강력한 초기 타격 전략에 대해서는 언급하지 않았다.[25]

대통령이 군의 자문 없이 확정적인 결정을 내리고 싶지 않다고 밝히자, 맥나마라는 군이 이미 깊이 관여해 왔으며 합참 역시 몇 주 동안 이 문제를 검토해 왔다고 설명하며 대통령을 안심시켰다. 그러나 그는 실제로 합참의 계획 수립 범위를 자신의 통제 아래 두고 있었다는 점은 밝히지 않았다. 대신 다음 주 워싱턴을 방문할 테일러 대사와의 회의에 휠러 장군이 참석할 예정이라는 점을 강조하며 대통령의 우려를 누그러뜨렸다.[26] 회의가 끝난 뒤 대통령은 텍사스 목장으로 돌아갔고, 번디와 맥노턴이 각각 작성한 두 가지 초안을 가져갔다. 하나는 강력한 초기 압박을 가하는 방안이었고, 다른 하나는 당시 가장 유력했던 점진적·통제적 압박 방안이었다.[27]

∎

한편 합참은 자신들이 선호하는 B 방책을 별도로 정리해 대통령의 핵심 참모들에게 보다 효과적으로 전달하고자 했다. 그들은 자신들의 폭격 계획이 신속하면서도 잘 통제된 작전임을 강조했지만, 이른바 '강력한 일격' 전략은 여전히 강한 반대에 부딪혀 있었다. 11월 24일, 윌리엄 번디(William Bundy)는 자신과 맥나마라가 C 방책을 지지하고 있음을 분명히 밝히는 보고서를 작성했다. 그는 강력한 일격 전략에 반대하며 "우리 중 다수는 공격이 점진적으로 이루어져야 하며, 앞으로 더 큰 압박이 이어질 수 있다는 심리적 기대감 자체가 현재 입히는 물리적 피해 못지않게 중요하다고 생각합니다"라고 주장했다. 번디는 실질적인 피해 규모보다 북베트남이 점점 궁지에 몰리고 있다는 압박감을 느끼게 만드는 것이 더 효과적이라고 보았다. 따라서 일정 기간 상대적으로 중요도가 낮은 표적을 지속적으로 타격하는 방식이 이러한 심리적 압박을 형성하는 데 유리하다고 강조했다. 그는 합참이 제안한 적극적인 공습보다 자신이 주장하는 방식, 즉 강하게 몰아붙이진 않지만 집요하게 계속 압박을 가하는 작전이 오히려 북베트남에 더 깊은 심리적 불안과 압박을 심어줄 수 있다고 생각했다.[28]

군 내부에서도 강력한 일격 전략에 관한 입장은 쉽게 통일되지 않았다.

샤프 제독과 웨스트모어랜드 장군은 합참의 입장에 반대 의견을 냈다. 특히 태평양사령부는 오히려 C 방책을 선호하는 듯한 태도를 보였는데, 이는 체계적이고 점진적으로 강화되는 절제된 군사적 압박을 통해 공산주의 세력에게 "반란 지원을 멈추지 않는 한 파괴는 계속될 것"이라는 점을 분명히 각인시키려는 전략이었다.[29] 베트남 주둔 미군 사령부(MCAV) 웨스트모어랜드 사령관은 A 방책, 즉 당분간 기존 정책을 유지하는 방안을 권고했다. 그는 사이공(Saigon) 인근 지역을 안정시키고 유지하는 작업에 집중하고 있었고, 이를 일종의 실험적 접근처럼 세심하게 관리해야 할 핵심 과제로 여겼다. 그런 그에게 북베트남 조기 공습은 남베트남 정부의 베트콩(Viet Cong) 대응 역량을 분산시킬 위험이 있는 선택이었다.[30]

이처럼 내부 의견이 쉽게 수렴되지 않는 상황에서 합참은 차선책으로 'C+ 방책'을 구상했다.[31] 이 방안은 기본적으로 C 방책과 유사하지만, 필요할 경우 미국이 목표 달성을 위해 군사 행동의 수위를 어디까지든 끌어올릴 수 있다는 점을 보다 분명히 해두려는 시도였다. 다만 합참은 C+ 방책을 통해 남베트남의 자유와 독립을 달성하기 위해 어느 정도 군사력이 필요한지에 대한 구체적 평가를 제시하지 않았다. 대신 점진적 압박이 실패할 경우 전면전으로 확대할 수 있는 여지를 남겨두는, 일종의 백지 수표를 마련해 두고자 했다. 합참은 이 방안을 적극적으로 권고하는 것은 아니라고 선을 그었지만, 만약 통제된 방식으로 압박을 강화하는 계획이 하달된다면 이를 지지할 수 있다는 입장을 정리했다. 11월 24일 회의에서 휠러 장군은 이 차선책을 직접 제시했다. 회의에는 러스크, 맥나마라, 맥콘, 조지 볼(George Ball), 번디 형제가 참석했으며, 이는 테일러 대사의 방미를 앞두고 통일된 입장을 마련하기 위한 자리였다.[32] 휠러는 필요하다면 미국이 전쟁을 원하는 수준까지 확대할 수 있다는 전제를 달아, C 방책에 대해 조건부 찬성 의사를 밝혔다.

합참은 대통령이 점진적 압박 방안인 C 방책을 승인할 경우, 폭격 강도를 단계적으로 높여 궁극적으로는 강력한 일격 전략에 가까운 수준까지 끌어올릴 수 있을 것으로 계산하고 있었다. 이들은 C 방책이 미국의 군사력을 지나치게 제약하고 있으며, 그러한 제약이 오히려 북베트남으로 하여금 미국의 점진적 대응에 맞서는 새로운 대응 수단을 모색하게 만들 것이라고 우려했다. 그 결과, 강도가 필연적으로 B 방책에 가까운 수준으로 확대될 가능성이 제기되었다. 11월 24일 회의 이후 윌리엄 번디(William Bundy)는 회의에서 논의된 주요 쟁점과 다수 의견을 정리한 보고서를 작성했다. 보고서에 따르면, 휠러 장군은 군사적 압박을 유지하는 동시에 강력한 추가 조치의 위협을 남겨두고, 협상 의지를 병행하는 접근 방식에 대해서는 특별한 이견을 제기하지 않았다.[33]

■

그러나 대통령이 행정부 내부의 합의를 유지하려는 강한 의지를 보이자, 이에 민감하게 반응한 휠러 장군 역시 공개적인 문제 제기를 자제하게 되었고, 그 결과 합참과 윌리엄 번디(William Bundy)를 중심으로 한 실무 그룹 사이의 근본적인 입장 차이는 충분히 논의되지 못했다. 이견은 단순히 군사 행동의 수단을 둘러싼 차이에 그치지 않고, 미국이 전쟁을 통해 무엇을 달성하려는지, 그리고 그 목표를 위해 어느 정도의 비용과 위험을 감수할 것인지에 대한 관점 차이로까지 확장되어 있었다. 합참은 여전히 남베트남의 자유와 독립을 확보하려면 필요할 경우 미국의 군사력을 최대한 동원해야 한다는 기존 입장을 고수하고 있었다.[34] 반면 맥나마라, 맥노턴, 윌리엄 번디(William Bundy)는 남베트남에서의 완전한 승리보다는 보다 제한된 목표 달성에 초점을 맞추고 있었다. 이들에게 핵심은 전장에서의 결정적 성과보다, 미국이 국제사회에서 신뢰를 유지하는 것이었다. 실제로 C 방책의 초기 초안에는 미국이 모든 목표를 이루지 못할 가능성도 받아들일 수 있다는 문구가 명시되어 있을 정도였다.[35] 문제는 휠러 장군이 이러한 핵심적인 전략적 차이를 문민 관료들에게 정면으로 제기하지 못했다는 점이었다. 그 결과, 미국이 무엇을 최우선 목표로 삼고, 그 목표를 위해 어느 정도의 군사적 부담을 감수할 것인지에 대한 명확한 합의 없이 전쟁 계획은 계속 추진되었다.

합참, 특히 휠러 장군은 '점진적 압박'이라는 기본 전제 자체를 공개적으로 부정하지는 않았다. 대신 그는 그 전제 안에서 군사 행동의 강도를 높일 수 있도록 제약 요소를 하나씩 제거하는 데 주력했다. 통킹만(Tonkin Gulf) 사건 이후 합참은 실무 그룹의 논의와는 별개로, 이미 승인된 군사작전을 어떻게 확대하고 강화할 수 있을지 준비하는 데 상당한 시간과 에너지를 쏟았다. 여기에는 북베트남에 대한 비밀공작 확대나 DESOTO 정찰 순찰 재개 같은 조치들이 포함되어 있었다.[36] 겉으로 보기에는 합참이 제한적 군사 행동을 수용하는 듯 보였지만, 실제로는 점진적 압박보다는 강력한 일격이 훨씬 효과적이라는 점을 정책 결정자들에게 끊임없이 설득하려 했다. 내부 보고서에서도 '점진적 압박'이라는 용어를 적극 활용함으로써, 제한적 군사 행동이라는 틀 안에서 자신들의 강경한 구상을 정당화하고자 했다. 이러한 흐름 속에서 1964년 11월 14일, 합참은 남베트남 공군이 국적 표지를 제거한 항공기를 사용해 북베트남을 공습하는 방안을 대통령에게 승인해달라고 요청했다. 합참은 이 같은 제한적 조치가 북베트남에 압박을 가하는 동시에 남베트남 정부에도 미국의 결의를 보여주는 신호가 될 수 있다고 주장했다.[37] 그러나 합참은 이처럼 개별적이고 소규모인 조치들에 점점 더 집중한 나머지, 보다 큰 전략적 구상을 주도하는 데서는 오히려 멀어지게 되었다. 그 결과 정책 결정 과정에서 합참의 영향력은 약화되었고, 아이러니하게도 이러한 움직임은 '점진적 압박'이라는 개념이 하나의 실질적 전략으로 굳어지는 데 의도치 않게 기여하는 결과를 낳았다.

■

한편 1964년 11월 26일 추수감사절, 테일러 대사는 베트남 현지 상황에 대한 평가와 구체적인 대응 방안을 담은 권고안을 들고 워싱턴에 도착했다. 이후 나흘 동안 대통령 참모진은 번디 그룹이 작성한 문건과 테일러의 최신 권고안을 하나의 종합 문서로 통합하는 작업에 착수했다. 참고로 마이클 포레스탈(Michael Forrestal)은 사이공(Saigon)에서 이미 테일러에게 실무 그룹 초안의 핵심 내용을 설명해 둔 상태였다. 테일러가 제안한 계획은 놀라울 만큼 맥노턴과 번디가 구상한 C 방책과 유사했다.[38]

테일러의 이번 귀국 목적은 새로운 전략을 마련하기보다는, 내부 정책 합의를 공고히 유지하는 데 있었다. 그는 과거 쿠바 미사일 위기 때 케네디 대통령 보좌관들이 운용했던 회의 방식을 참고하여 비슷하게 꾸려진 베트남 실행위원회 회의에 참석했다. 이 위원회에는 테일러를 비롯해 러스크, 맥나마라, 맥콘, 휠러, 조지 볼(George Ball), 번디 형제, 맥노턴, 포레스탈 등 핵심 인사들이 참여해 있었으며, 이들은 12월 1일 텍사스에서 워싱턴으로 복귀 예정인 존슨 대통령에게 제출할 정책 제안서를 준비하고 있었다.[39]

테일러의 베트남 상황 평가는 상당히 비관적이었다. 그는 웨스트모어랜드 장군이 추진 중인 치안 안정화 프로그램이 가시적인 성과를 내기 어렵다고 보았고, 남베트남 전역에 퍼진 무기력과 체념의 분위기를 심각한 문제로 지적했다. 특히 그는 베트콩(Viet Cong)이 보여주는 끈질긴 회복력과 불사조에 비견할 만한 생존력, 그리고 놀라울 정도로 흔들림 없는 사기에 깊은 충격을 받았다고 언급했다. 이러한 상황의 주된 책임은 무능한 남베트남 정부에 있다고 보았지만, 단기간에 개선될 가능성은 거의 없다고 판단했다. 따라서 북베트남에 대한 직접적인 군사 조치만이 남베트남 국민의 사기를 끌어올리고 정부를 지탱할 수 있는 마지막 수단이 될 수 있다고 보았다. 북베트남을 점진적으로, 그러나 점점 더 강하게 공습하는 것이 사실상 침체된 남베트남 정권에 생명줄을 제공하는 조치가 될 것이라는 판단이었다. 맥나마라도 이에 동의하며, 북베트남에 대한 폭격은 남베트남 정부가 무너지기 전까지 최소 몇 년의 시간을 벌어줄 수 있을 것이라고 평가했다.[40]

테일러는 이러한 입장을 바탕으로 점진적 확전 시나리오를 제안했다. 이 시나리오는 두 단계로 구성되어 있었다. 1단계는 약 30일 동안 비밀 작전, 라오스 지역 침투 표적에 대한 공습, 그리고 제한적 보복 타격을 시행해 베트콩(Viet Cong)의 활동을 억제하고 남베트남 정부와 민중의 사기를 끌어올리는 것이었다. 그리고 남베트남 정부가 이 시기를 무사히 버텨낸다면 2단계로 넘어가도록 설계되었다. 테일러는 2단계를 점차 강도를 높여가는 체계적 공습 작전으로 규정했으며, 북베트남이 이러한 압박에 직면할 경우 결국 베트콩(Viet Cong)에게 반란 중단을 지시할 것이라고 확신했다. 이에 대해 맥나마라는 남베트남 정부가 여전히 불안정한 상태라 하더라도 2단계 조치를 정당화할 수 있는지를 물었고, 테일러는 이에 동의했다.[41] 실행위원회는 이 논의를 바탕으로 테일러가 구상한 2단계 전략을 보다 구체화하는 작업을 윌리엄 번디에게 지시했다.[42]

11월 27일, 휠러 장군은 실행위원회 회의에서 돌아오자마자 곧바로 합참 회의를 소집했다. 그는 과거 테일러가 상관이자 멘토였던 관계로 실행위원회 회의에서는 합참의 입장을 적극적으로 개진하지 않았던 것으로 보인다. 혹은 애초에 강하게 주장해도 받아들여지기 어렵다고 판단했을 가능성도 있다. 휠러는 동료들에게 이제 합참만이 유일하게 B 방책, 즉 강력한 일격 전략을 지지하고 있다고 알렸다. 합참은 여전히 이 방책을 권고하기로 했지만, 동시에 남베트남의 자유와 독립을 보장하기 위해 필요한 경우 점진적 무력 사용에도 조건부로 동의할 수 있다는 입장을 다시 한 번 분명히 했다.[43]

한편, 테일러가 워싱턴에 도착한 이후에도 베트남 전략 수립의 실질적 책임은 윌리엄 번디(William Bundy)가 이끄는 실무 그룹이 맡고 있었다. 그러나 번디와 동료들에게는 군사력이 적에게 실제로 어떤 영향을 미칠지, 그리고 전쟁을 얼마나 지속할 수 있을지를 세밀하게 검토할 시간적 여유가 거의 없었다. 실무 그룹은 군사적 논리보다는 정세 변화에 더 신경을 쓸 수밖에 없었고, 미국 의회와 사이공(Saigon)뿐만 아니라 하노이(Hanoi)와 베이징(Beijing)의 반응까지 살펴야 했다. 여기에 국내 여론과 국제사회의 시선 또한 계속 고려해야 하는 요소였다. 11월 28일 회의 이후, 윌리엄 번디(William Bundy)는 1단계의 30일간 즉각적으로 시행될 조치들과 이어지는 2단계의 체계적이고 점진적인 대북 군사 압박을 담은 NSAM 초안을 작성했다. 이 초안은 테일러, 맥노턴, 러스크, 포레스탈의 검토를 거쳐 11월 29일 대통령에게 제출할 준비를 마쳤다. 이와 동시에 맥노턴은 '점진적인 군사 압박과 관련 조치'라는 제목의 별도 문서를 작성했다. 이 문서는 맥나마라의 승인을 받았으며, 시점별 군사 작전계획, 폭격 목표, 각 표적에 필요한 출격 횟수 등이 세밀하게 정리되어 있었다. 합참은 이 과정에 직접 관여하지 않았지만, 번디는 맥노턴이 체계적으로 정리한 가용 전력 분석이 당시 기준으로는 최고 수준의 성과였다고 높이 평가했다.[44]

합참은 번디의 보고서 내용에 대해 큰 수정을 제기하지 않았다. 휠러 장군이 요청한 것은 단 하나였다. 라오스에서의 미군 작전과 관련해 '무장 정찰'이라는 표현을 '공습'으로 수정해 교량 공격이 누락되는 일이 없도록 해달라는 것이었다. 합참이 이 보고서를 승인한 데에는 두 가지 이유가 있었다. 첫째, 이 문서가 향후 군사 행동의 수위를 높일 여지를 남겨두고 있었기 때문이며, 둘째, 대통령이 군사 활동을 점진적으로 확대할 의지가 있음을 암시한다고 판단했기 때문이었다. 실제로 11월 30일, 테일러는 합참 회의에서 C 방책, 즉 점진적 압박 전략의 확전 속도가 지나치게 불확실하며, 이 전략이 언제든 강력한 일격 전략으로 전환될 수 있다는 견해를 밝히기도 했다.[45] 보고서는 미국의 베트남 정책 목표를 '비공산주의 독립 국가로서의 남베트남 확보'로 명확히 규정하고 있었으며, 이에 대한 차선 목표는 언급하지 않았다. 또한 이 문서는 합참이 제안한 북베트남 내 94개 표적에 대한 공습뿐 아니라 북베트남 항구에 대한 공중 기뢰 부설과 해상 봉쇄 조치까지 허용하고 있었다.

합참이 이 보고서를 지지한 데에는 또 다른 이유도 있었다. 그들이 사전에 검토한 초안에는 강력한 일격 전략에 대한 설명이 포함되어 있었고, 합참은 이 내용이 대통령에게 제출되는 최종 보고서에도 검토 과정 그대로 반영될 것이라 기대했다. 하지만 그 기대는 빗나갔다.[46] 대통령에게 제출되기 직전, 맥나마라가 강력한 타격 전략에 대한 설명을 삭제해 버린 것이다. 이후 윌리엄 번디(William Bundy)는 이 결정에 대해 다음과 같이 밝혔다. 당시 백악관 내 주요 참모들 사이에서는 이미 중요한 합의가 형성되어 있었고, 합참의 입장은 더 이상 제도적 지지를 확보하지 못하고 있었기 때문에 해당 내용을 제거하는 것이 자연스러운 조치였다는 것이다. 그는 오히려 그 시점까지 합참의 제안이 문서 초안에 남아 있었던 것 자체가 행운에 가까웠다고 평했다. 실제로 모든 폭격 작전에서 점진적 접근 원칙이 확고하게 받아들여지고 있었기 때문이다. 번디는 이어, 오랜 시간에 걸쳐 조율된 그 합의가 마침내 공개적으로 드러난 것이라고 덧붙였다.[47]

휠러 장군은 12월 1일, 대통령과 험프리 부통령, 그리고 실행위원회 위원들과의 회의에서 강력한 일격 전략을 공식적으로 제안할 수 있는 유일한 기회를 얻었다.[48] 발언권을 얻은 휠러는 존슨 대통령에게 합참이 북베트남 푹옌(Phuc Yen)의 MIG 전투기 기지를 비롯한 주요 공군 기지와 석유 저장시설을 3일 이내에 파괴하는 강력한 군사 행동을 권고하고 있다고 보고했다. 휠러는 이러한 초기 공습이 미국이 동남아시아에서 목표를 달성하기 위해 필요하다면 최대한의 군사력을 동원할 의지가 있음을 보여주는 상징적 조치가 될 것이라고 강조했다. 또한 이 공습은 북베트남의 침투 관련 표적에 대한 타격으로 확대될 수 있으며, 궁극적으로는 북베트남 전역으로 확전될 가능성도 배제할 수 없다고 설명했다. 다만 미국의 목표가 조기에 달성될 경우, 북베트남의 전면적 파괴에 이르기 전에 작전을 중단할 수 있다고 덧붙였다.[49]

이날 휠러는 베트남 전쟁을 해결하기 위해서는 번디 위원회가 제시한 C 방책보다 훨씬 강력한 군사력이 필요하다는 합참의 분석을 보고했다. 그는 보고서의 핵심 문구를 그대로 낭독하며 합참의 기본 입장을 설명했다.

"합참은 초기 단계에서 남베트남 철수를 제외한 어떤 조치라도 결국 자신들이 제안한 방향으로 귀결될 것이라고 판단해 왔습니다. 이러한 인식은 미국이 결단을 내린 뒤 단호하게 군사 행동에 나설 경우 얻을 수 있는 전략적 이점을 보다 적극적으로 활용해야 한다는 신념을 강화시켰습니다. 다시 말해, 우리가 동남아시아에서 전쟁을 수행해야만 한다면, 시작 단계부터 미국에 유리한 조건과 최대한의 주도권을 확보한 상황에서 전쟁에 임해야 한다는 것입니다."[50]

그러나 여러 기록에 따르면, 휠러 장군은 회의 내내 합참의 입장을 적극적으로 밀어붙이지 않았다. 그는 번디 보고서에 공개적으로 이의를 제기하지 않았고, 합참이 정부의 공식 정책 합의와 다른 견해를 갖고 있다는 점도 굳이 강조하지 않았다. 대통령 보좌진 사이의 분열이나 대통령과 합참 간의 충돌이 드러날 수 있는 상황에서도 휠러는 존슨 대통령과 정면으로 맞서는 것을 피했다.

휠러 장군이 합참의 입장을 밝힌 것도 어디까지나 대통령과 합참 사이에 의견 조율이 원만하게 이루어지고 있다는 인상을 주기 위한 것이었다. 그러나 그가 발언을 시작하기도 전에 존슨 대통령은 이미 민간 보좌진이 마련한 합의안에 동의한 상태였다. 휠러가 합참의 견해를 전달하자, 대통령은 일부 항목에는 공감의 뜻을 표했지만 보다 강경한 군사 행동의 가능성에 대해서는 명확한 약속을 피했다. 군사력을 어느 수준까지 투입할 것인지 선을 긋지는 않았으나, 미국이 주도권을 쥔 상태에서 군사 행동을 전개해야 한다는 휠러의 주장에는 동의했다. 다만 대통령은 남베트남 정부의 불안정성과 현지 미국인의 안전을 이유로 즉각적인 군사 대응에는 여전히 신중한 자세를 유지했다. 동시에 휠러의 제안은 향후 다시 논의될 수 있음을 시사했다. 회의가 끝나기 직전, 대통령은 휠러 장군에게 "상황이 나아지지 않으면, 내가 당신에게 이야기하게 될 겁니다"라고 안심시키듯 말했다.[51]

회의를 마친 휠러 장군은 펜타곤으로 돌아와 르메이 장군을 비롯한 각군 참모총장들에게 대통령이 사실상 합참이 제시한 C 방책을 선택했다고 보고했다. 비록 강력한 일격 전략이 당장에는 보류되었지만, 휠러는 장기적으로 보면 결국 합참이 요구해 온 수준의 군사력 동원이 승인될 가능성이 높다고 판단했다. 그는 또한 회의 중 동남아시아의 전략적 중요성이나 합참이 주장한 미국의 목표의 정당성에 대해 이의를 제기한 인사는 없었다고 덧붙였다.[52] 그럼에도 불구하고, 합참과 대통령의 민간 보좌진 사이에서는 여전히 미국이 베트남에서 궁극적으로 달성해야 할 목표가 무엇인지, 그리고 그 목표를 위해 대통령이 어느 지점까지 군사 개입을 감수할 의지가 있는지에 대한 근본적인 이견이 해소되지 않은 채 남아 있었다. 결국 12월 3일, 존슨 대통령은 보좌관들과 다시 논의를 거쳐 전쟁 개입을 단계적으로 확대하기 위한 실행위원회의 2단계 계획을 최종 승인했다.

같은 날 대통령은 테일러 대사가 사이공(Saigon)으로 출국하기 전 마지막 지시 사항을 전달했다. 그는 남베트남 정부에 대한 강력한 개혁 요구를 테일러에게 부여했는데, 이는 테일러 스스로도 실현 가능성이 낮다고 판단했던 부분이었다. 존슨 대통령은 북베트남에 대한 공격을 시작하기 전에 남베트남 정부가 최소한의 성과 기준을 충족해야 한다고 강조했다. 그가 제시한 핵심 조건은 두 가지였다. 첫째, 남베트남 정부가 국민에 대한 통제력을 일정 수준 확보할 것. 둘째, 군이 문민 권위 아래에서 제대로 통제되는 체제를 마련할 것. 이를 실현하기 위한 구체적 지침으로 대통령은 테일러에게 다음 다섯 가지 사항을 남베트남 정부에 요구하라고 지시했다.

① 군대와 경찰의 규모 및 효율성 강화
② 무능한 지휘관 및 관료 교체
③ 시민행동 프로그램의 확대
④ 치안 안정화 사업의 성과 입증
⑤ 사이공(Saigon) 도심의 위생 정비

아울러 대통령은 북베트남에 대한 미·남베트남 합동 공습 계획 수립도 승인했다. 이는 남베트남 지도부에 미국의 의지를 분명히 보여주려는 신호였다. 즉, 남베트남 정부가 미국이 제시한 정부 효율화 기준을 충족한다면, 미국은 북베트남을 상대로 보복 폭격에 나설 준비가 되어 있다는 뜻이었다. 대통령은 "이제 말은 그만하고, 실질적인 일을 시작할 때다"라며 단호히 말했다. [53]

■

존슨 대통령이 북베트남 폭격을 쉽게 결정하지 못한 데에는 남베트남 정부의 불안정성에 대한 고민을 넘어서 훨씬 더 깊은 이유가 있었다. 당시 베트남 문제는 대통령의 지속적이고 세심한 관여를 필요로 했으나, 정작 그는 국정 전반을 해결하기 위해 가장 분주한 시기를 보내고 있었다. 곧 열릴 의회 회기를 앞두고 위대한 사회(Great Society) 입법을 마무리하는 데 온 힘을 쏟고 있었다. 단기간에 무려 150개가 넘는 법안을 통과시키겠다는 야심에 찬 목표를 세워두었고, 오랜 의회 경험을 바탕으로 취임 첫해가 국회의 협조를 이끌어내기에 가장 유리한 시기라는 점을 누구보다 잘 알고 있었다. 따라서 그는 베트남 문제가 위대한 사회(Great Society)에 쏠린 의회와 국민의 관심을 분산시킬까 봐 경계했다. [54] 이에 따라 그는 베트남 문제의 심각성이 덜 중대하게 인식되도록 관리했으며, 테일러의 출국과 그 임무가 갖는 정책적 의미 또한 의도적으로 축소하는 쪽으로 접근했다.

사실 대통령은 이미 라오스 공습, 북베트남 상공 정찰 비행 강화, 그리고 북베트남 폭격을 위한 미·남베트남의 공동 작전 계획 수립까지 모두 승인한 상태였다. 그러나 그는 이 결정들이 미국 국민에게 알려지는 것을 극도로 꺼려했다. 대통령은 NSAM을 최대한 눈에 띄지 않는 정책 문서 형식으로 발표하라고 지시했고, 베트남 관련 자문단을 지칭할 때 더 이상 '실행위원회'라는 용어를 사용하지 못하게 했다. 국무부에서 발표한 테일러 대사의 사이공(Saigon) 방문 관련 보도자료 역시 남베트남군 전력 증강 사실만 간단히 언급했을 뿐, 남베트남의 정치적 불안정성이나 베트콩 (Viet Cong)의 세력 확대에 대한 비관적 평가는 철저히 배제되었다. 대통령은 미국 대중들에게 남베트남 정부의 취약함이나 전황의 어려움을 감추려 했던 것이다. 또한 그는 맥나마라의 조언에 따라 국무부가 곧 발표할 북베트남 침투 증가 보고서와 관련된 내용을 백악관 성명서 초안에서 삭제하도록 지시했다. 1964년 12월 1일, 존슨 대통령은 보좌관들에게 "북베트남 침투 관련 정보를 흘리는 자는 해 뜨자마자 쏴 죽일 거야!"라며 거친 경고를 던지기도 했다.[55]

존슨 대통령은 자신이 추진 중인 군사 행동이 불과 두 달 전 대선 유세에서 강조했던 입장과 정면으로 충돌한다는 사실을 잘 알고 있었다. 선거 유세가 있던 그해 10월, 그는 뉴햄프셔 맨체스터에서 "폭격은 최후의 수단일 뿐이며, 미국은 남베트남 국민이 스스로 자유를 지킬 수 있도록 지원할 것"이라고 약속한 바 있었다. 이와 관련해 11월 25일 자 『뉴욕 타임스』 사설은 대통령의 선거 발언을 상기시키며 "만약 지금 발표된 새로운 정책이 실제로 시행되어 아시아에서 벌어지는 전쟁이 미국의 전쟁으로 바뀌는 것이라면, 지난 두 달 동안 어떤 중대한 변화가 있었기에 이러한 조치가 정당화되는 것인지 미국 국민은 알 권리가 있다"라는 점을 지적했다.[56] 결국 존슨 대통령은 자신이 했던 발언에 발목이 잡히며 곤란한 처지에 놓이게 되었다. 진실을 은폐하려 했던 것은 아니었지만, 이제는 오히려 숨기지 않고서는 버티기 어려운 상황에 이르게 된 것이다.

대통령이 베트남 문제를 언론의 관심에서 벗어나게 하려 했던 방침에 따라, 그의 핵심 민간 보좌진 역시 1단계 작전에서 군사적 압박을 가능한 한 제한하려 했다. 반면 합참은 지속적으로 군사 행동에 대한 제약을 완화해달라고 요구했지만, 국방부 장관과 대통령으로부터는 부분적 승인만을 얻는 데 그쳤다. 대통령이 1단계 작전 개시를 승인한 이후 한 달 동안 미군 항공기가 실제로 수행한 무장 정찰 임무는 겨우 6회였으며, 그 과정에서 북베트남 군대나 부대 수송망의 뚜렷한 활동은 전혀 발견되지 않았다. 합참은 이러한 낮은 작전 강도를 문제 삼으며, 실제 실행 수준이 대통령이 허용한 범위에도 한참 못 미친다고 불만을 제기했다. 하지만 맥나마라와 맥노턴은 합참이 추가 작전을 요청할 때마다 이를 차단했다. 맥노턴은 이와 관련해 "이번 임무의 목적은 미국의 개입이 점차 심화되고 있다는 신호를 보내는 것이며, 실제 군사 효과보다 심리적 효과가 더 크다"라고 주장했다. 합참은 군사력을 단순한 신호 수단으로 활용하는 발상 자체에 냉소적이었지만, 점진적 압박 전략의 근본 논리나 국방부 장관과 대통령과의 의견 차이를 공개적으로 문제 삼는 데에는 여전히 신중한 태도를 유지했다. [57]

10 갈림길(1964.12월-1965.2월)

"돌이켜보면, 우리는 패배할 수밖에 없는 방식으로 그 전쟁을 치렀다고 생각합니다. 사실 우리는 처음부터 끝까지 자문 역할에만 머물렀어야 했습니다. 만약 남베트남이 자문 단계에서 기대에 미치지 못했다면, 그때 미군을 투입하지 말았어야 했습니다. 자문 단계의 실패를 인정하고, 바로 그 시점에서 철수했어야 했습니다." - 볼니 F. 워너(Volney F. Warner) 장군, 1983년[1]

1964년 12월부터 1965년 2월까지, 대통령이 윌리엄 번디(William Bundy)와 그의 실무 그룹이 작성한 보고서를 승인한 이후 남베트남 내 정치와 군사 상황은 점점 더 악화되었다. 동시에 존슨 대통령의 보좌진은 미국의 군사 개입을 한층 더 확대해야 한다며 더욱 강한 압박을 가했다. 1964년 한 해 동안 마련된 여러 계획과 향후 조치를 검토하겠다는 대통령의 유보적 발언들은 결국 '점진적 압박'이라는 인위적 합의를 만들어냈고, 이는 곧 전쟁의 미국화(Americanization)로 이어지는 길을 열어주었다. 조지 볼(George Ball)이 경고했던 대로, 이제는 상황 그 자체가 미국을 끌고 가는 단계에 이른 셈이었다.[2]

■

12월 12일, 육군 참모총장 해럴드 존슨(Harold Johnson) 장군은 4일간의 남베트남 시찰을 마치고 귀국했다. 그는 현지에서 15개 지역을 방문했지만, 표면적 상황만 둘러보는 데 그쳤다. 이번 방문의 핵심 목적은 정밀한 현장 진단이 아니라, 미군 장병들에게 참모총장이 그들의 복지와 자문·지원 임무의 성과에 깊은 관심을 갖고 있다는 메시지를 전달하는 데

있었다.[3]

방문 일정과 내용을 살펴보면, 존슨 장군의 시찰은 현지 상황의 긍정적인 면만을 부각하기 위한 것으로 보였다. 현지 자문관들과 참모장교들역시 부정적인 내용을 보고하는 데 조심스러워했고, 병사들의 사기를 무엇보다 중요하게 여겼던 존슨 장군도 진행 상황에 대해 깊게 파고들지 않았다. 그가 귀국 후 맥나마라 장관에게 제출한 보고서는 이러한 분위기를반영하듯 낙관적인 평가로 가득했다.

그는 남베트남군과 정부의 여러 개선 사례를 상세히 제시했다. 전반적으로 미군의 자문과 지원 활동이 긍정적인 성과를 내고 있다고 평가하며, "정치가 안정되고 국민들이 정부를 지지한다면, 전체적으로 긍정적 측면이 부정적 측면보다 더 많아 보입니다. 이러한 분위기는 이미 진행 중인여러 프로그램의 성과와 향후 전망에 대해 어느 정도 낙관을 품게 만듭니다"라고 보고했다.[4] 그러나 그의 이러한 평가는 남베트남의 현 실태와는큰 간극이 있었고, 지나치게 이상적인 판단에 가까웠다.

■

한편 테일러 대사는 사이공(Saigon)으로 돌아온 직후 대통령으로부터전달받은 지시를 매우 엄중하게 받아들였고, 그의 대응은 마치 식민지총독을 연상케 할 정도로 강경했다. 그는 '영-턱스(Young Turks)'로 불리던 영향력 있는 장교들을 포함해 남베트남군의 고위 지휘관 수십 명을 웨스트모어랜드 장군의 관저로 초대해 스테이크 만찬을 열었다. 그 자리에서 그는 "남베트남 군부가 계속 정치적 음모에 개입한다면, 미국은 더 이상 남베트남을 지지하지 않을 것입니다"라며 단호하게 말했다. 결국 그는 장군들로부터 트란반흐엉(Tran Van Huong) 총리가 이끄는 민간 과도정부와 그 임시 입법기관인 최고국가평의회를 지지하겠다는 약속을 받아냈다. 이어 테일러는 흐엉(Huong) 총리에게도 "남베트남 정부가 최소한의 실효성을 보여준다면, 미국은 북베트남에 대한 '직접적인 군사적 압박' 전략을 개시하는 방안도 고려할 수 있습니다"라고 통보했다. 그때까지 미국은 남베트남 정부의 변화를 면밀히 지켜보면서 북베트남의 침투를 억제하고 경고의 의미를 담은 군사작전을 계속 이어가겠다는 입장을 밝혔다.[5]

그러나 웨스트모어랜드 장군의 스테이크 만찬은 남베트남 장군들에게 그저 소화불량만 안겨줬을지도 모른다. 남베트남군은 미국의 지원에 크게 의존했지만, '영 턱스(Young Turks)'로 불리던 젊은 장교들과 그들의 총사령관 응우옌칸(Nguyen Khanh) 장군은 오랜 식민 지배에 맞서 싸워온 자국의 역사적 경험을 누구보다 강하게 의식하고 있었다. 이런 자부심 강한 이들에게 미국의 일방적인 조언과 자신들이 꼭두각시처럼 보이는 상황은 심각한 모욕이었다. 이는 공산주의 선전의 도구로 악용될 위험이 있었고, 정부가 국민의 신뢰를 얻는 데도 악영향을 미칠 수 있는 일이었다. 아무리 스테이크가 훌륭하고 만찬이 성대했다 해도, 그 자리에서 남은 것은 씁쓸한 뒷맛뿐이었다.

그럼에도 테일러 대사는 자신의 조언이 긍정적으로 받아들여졌다고 오판했다. 하지만 불과 열흘 뒤인 12월 20일, 영 턱스 장교들은 칸(Khanh) 장군의 승인 아래 최고국가평의회를 해산시키고 평의회 구성원 22명을 체포해 버렸다. 이 소식을 접한 테일러는 분노를 감추지 못했다. 그는 이 사실을 명백한 배신으로 간주했으며, 무엇보다 성숙한 정치적 행보를 당부한 직후 벌어진 일이었다는 점에서 더욱 모욕감을 느꼈다.[6]

테일러는 곧바로 영 턱스 장교들을 자신의 사무실로 불러 "당신들이 이런 식으로 행동한다면, 우리가 당신들을 언제까지고 떠맡을 수는 없습니다"라며 거세게 질책했다. 그는 비꼬는 듯한 어조로 "여러분 모두 영어를 알아듣기는 하는 겁니까? 내가 웨스트모어랜드 장군의 만찬 자리에서 미국이 더 이상 쿠데타에 지쳤다고 분명히 말하지 않았습니까?"라며 되물었다. 꾸지람에 익숙지 않았던 남베트남 장군들은 강하게 반발했다. 공군 부총사령관 응우옌까오키(Nguyen Cao Ky) 장군은 "우리 모두 영어를 잘 알아들을 뿐 아니라, 우리나라를 위해 무엇이 최선인지에 대한 책임도 잘 알고 있습니다. 우리는 이 나라를 위해 옳다고 판단한 일을 한 것뿐입니다"라고 맞섰다. 그러나 테일러는 조금도 물러서지 않고, "당신들은 일을 완전히 망쳤습니다. 이제 우리가 이 혼란을 우리가 어떻게 수습할 수 있을지 두고 봐야 할 상황입니다"라고 말했다. 한참이 지난 뒤, 키(Ky) 장군은 그날의 일을 "그날 나는 마치 웨스트포인트 생도가 교장에게 호되게 혼나고 있는 기분"이었다고 회상했다.[7]

이튿날, 테일러는 칸(Khanh) 장군과도 심각한 갈등을 빚었고, 그 불화는 1965년 2월 칸(Khanh) 장군이 축출될 때까지 이어졌다. 불과 아홉 달 전만 해도 합참의장이었던 테일러는 맥나마라와 함께 사이공(Saigon)을 방문해 칸(Khanh) 장군을 총리로 지지한다는 미국 정부의 의사를 직접 전달한 인물이었다. 그러나 이제 테일러는 칸(Khanh) 장군이 더 이상 쓸모가 없다고 일갈했다. 이에 좌절한 칸(Khanh) 장군이 남베트남군 총사령관직 사임 의사를 밝히자, 테일러는 한발 더 나아가 이참에 아예 베트남을 떠나는 것이 좋겠다고 냉정하게 말하기까지 했다. 크리스마스를 앞둔 시점, 테일러 대사와 남베트남 군부 사이의 갈등은 더는 숨길 수 없는 상태에 이르렀고, 결국 공개적인 충돌로 번졌다. 칸(Khanh) 장군은 테일러가 상상을 초월한 행동을 하고 있다며 강하게 비난했고, 공식 석상에서는 그가 미국을 제대로 대표하지 못하고 있다고 몰아세웠다. 또 비공식 자리에서는 트란반흐엉(Tran Van Huong) 총리에게 테일러를 '외교상 기피 인물'(persona non grata)로 지정하자고 제안하기도 했다.[8]

12월 23일, 테일러 대사는 워싱턴에 "현재 사이공(Saigon)은 중대한 정치 위기의 한복판에 놓여 있습니다"라고 보고했다. 그는 상황을 "정부와 군부, 군부와 미국 대사, 불교도와 정부 이 세 곳 모두에서 갈등이 벌어지고 있습니다"라고 정리했다.[9] 불과 석 달 전만 해도 존슨 대통령이 승인한 1단계 작전계획이 진행 중이었지만, 남베트남 정부가 개선될 것이라는 기대는 이미 완전히 사라지고 있었다.

이런 혼란을 틈타 베트콩(Viet Cong)은 기습 공격을 감행했다. 크리스마스이브, 사이공(Saigon)에 있던 미국 미혼 장교들의 숙소(BOQ)로 사용되던 브링크스 호텔(Brinks Hotel)에서 대규모 폭발이 발생했다. 베트콩(Viet Cong) 테러범들이 주차장에 설치한 차량 폭탄이 터진 것으로, 이 폭발로 미군 2명이 사망하고 63명이 부상을 입었다.[10] 테일러 대사는 곧바로 보복 공습을 요구했지만, 여러 복합적인 요인으로 인해 즉각 대응하기가 쉽지 않았다. 당시 사이공(Saigon) 정세가 워낙 혼란스러웠던 탓에 미국 관리들 중 일부는 이 폭탄 테러가 남베트남 정부 내부 세력이 저지른 일일 가능성까지 의심하고 있었다. 게다가 남베트남 공군과 미국, 특히 공군 부총사령관 응우옌까오키(Nguyen Cao Ky) 장군과의 관계가 극도로 악화되어 있었기 때문에, 설령 공습을 실행하더라도 미국이 단독으로 감행할 가능성이 높았다. 이런 상황을 감안해 테일러는 우선 테러의 책임 소재를 조사한 뒤 보복 공습 여부를 결정하기로 했다. 그리고 마침내 12월 28일, 테일러는 북베트남에 대한 보복 공습을 공식적으로 건의했다.[11]

■

합참은 즉각 대응 의사를 밝혔고, 휠러 장군은 테일러가 지목한 북베트남 남부의 군 병영을 목표로 공습을 승인해달라고 맥나마라에게 요청했다. 그러나 당시 대통령은 연말 연휴를 맞아 텍사스 목장에 머무르고 있었고, 대신 국무부 장관 딘 러스크(Dean Rusk)가 휠러, 국방부 부장관 사이러스 밴스(Cyrus Vance), 마이클 포레스탈(Michael Forrestal)과의 회의를 주재하게 되었다.[12] 이 회의에서 맥조지 번디(McGeorge Bundy)와 러스크는 보복 공습에 반대 의견을 내놓았다. 번디는 다음과 같은 세 가지 근거를 들며 반대 입장을 밝혔다.

① 사이공(Saigon)의 정치적 혼란 속에서는, 북베트남에 보내고
  자 하는 신호가 명확하게 전달되지 않을 수 있다.
② 폭탄 테러 발생 이후 이미 나흘이 지난 지금, 보복 공습은 워

싱턴이 의도하는 메시지를 전하기엔 시기적으로 너무 늦다.

③ 미군 관사의 보안 부실 문제를 명분 삼아 북베트남을 공격하
는 것은 전략적으로도 설득력이 부족하다.

최종적으로 번디와 러스크의 반대 의견이 채택되었지만, 번디는 테일러와 합참이 제시한 보복 타격 논리 또한 정리해 대통령에게 보고서 형태로 제출했다. 12월 29일, 번디와 러스크는 텍사스 목장에 머무르고 있던 존슨 대통령을 직접 찾아갔다. 그 자리에서 대통령은 북베트남에 대한 보복 공습을 보류하기로 최종 결정했다. 이어 테일러 대사에게 전신을 보내, 이번 테러의 주체가 명확하지 않고 남베트남의 정세도 여전히 불안정하다는 이유로 보복을 유보하겠다는 미국 정부의 입장을 전달했다.[13]

휴일 동안 이어진 논의 결과, 테일러 대사가 대통령과 핵심 참모들의 신임을 상실해 가고 있다는 사실은 더욱 명확해졌다. 맥조지 번디(McGrorge Bundy)와 딘 러스크(Dean Rusk)는 공개적으로 테일러를 비판하며, 남베트남의 정치 위기와 BOQ 폭탄 테러 사건 모두 일정 부분 그의 책임이 있다고 판단하고 있었다. 러스크는 테일러가 칸(Khanh) 장군 및 영 턱스(Young Turks) 장교들과 반복적으로 충돌하면서 이미 정치적 영향력을 잃은 것 아니냐고 의문을 제기했다. 번디 또한 테일러의 보고와 조언이 지나치게 감정적이며 객관성이 떨어진다고 보았다. 그는 대통령에게 "현지에 있는 사람을 전적으로 신뢰해서는 안 된다"라는 윈스턴 처칠(Winston Churchill)의 말을 인용해 가며 조언했다. 이어 번디는 "테일러는 쉽게 용감한 결단을 내릴 수 있겠지만, 그 결정의 책임을 지는 건 결국 대통령 자신입니다"라는 말을 덧붙였다.[14] 브링크스 호텔(Brinks Hotel) 테러와 남베트남 정치권의 혼란은 러스크와 번디에게 테일러의 베트남 정책에 도전하고 그의 영향력을 견제할 수 있는 결정적인 기회를 만들어준

셈이었다.

존슨 대통령이 테일러에게 보낸 전문에는 보복 공습을 유보한 결정의 배경 설명과 함께 대사의 업무 처리 방식에 대한 날카로운 비판도 담겨 있었다. 대통령은 브링크스 호텔(Brinks Hotel) 폭발 사건과 그에 따른 보복이 무산된 책임이 테일러와 그의 현지 팀에게 있다는 뉘앙스를 풍겼다. 특히 번디가 지적했던 미군 시설의 보안 부실 문제를 그대로 거론하며, 대통령은 "나는 우리 쪽 사람들의 부주의나 경솔함 때문에 북베트남을 상대로 대규모 군사적 조치에 휘말릴 생각이 없습니다"라며 단호한 어조로 비판했다. 존슨 대통령은 이어서 테일러에게 "왜 항공기들이 박격포 공격에 무방비로 노출되어 있었는지, 왜 장교 숙소가 거대한 폭탄 위협 앞에 아무런 방어 수단 없이 노출되었는지 도무지 이해할 수 없습니다"라고 말했다. 그리고 "남베트남의 정치 지도자들과 장군들을 상대로 정치적 설득을 펼치는 데 있어, 테일러 대사가 해야 할 역할을 충분히 수행하지 못했습니다"라며 실망감을 표출했다. 끝으로 대통령은 현 상황을 타개하기 위해 베트남 문제에 정통한 전문가들의 의견을 적극적으로 구하라고 조언했다.[15]

테일러를 질책한 뒤, 존슨 대통령은 북베트남에 대한 보복 공습을 긍정적으로 검토하기 위해 먼저 충족되어야 할 선결 조건들을 열거했다. 그 내용은 다음과 같았다.

① 미군 민간인 가족의 철수
② 미군 병력 보호를 위한 자체 보안 강화
③ 남베트남 내 다양한 정치 세력과의 관계 개선을 위한 더 폭넓은 외교적 노력
④ 레인저, 특수부대 등 적절한 전력을 투입해 미군의 현지 지상 전력 강화

존슨 대통령은 테일러의 보복 공습 요구를 거절하면서도, 지상군 투입

이 오히려 악화되는 정세를 되돌리는 데 더 효과적일 수 있다는 견해를 밝혔다. 이 제안은 맥조지 번디(McGeorge Bundy)로부터 나온 것으로, 그는 이미 1964년 3월부터 대통령에게 남베트남에 미군 지상군을 투입하는 방안을 진지하게 검토해야 한다고 조언해왔다. 당시 번디는 "이 빌어먹을 전쟁이 가능하다는 것을 보여주기 위해서라도 전쟁에서 승리하기 위해서가 아니라, 지상군을 일종의 강화제(stiffener)[1]로 투입하는 방안을 고려해야 합니다"라고 말한 바 있다. 이에 대해 존슨 대통령은 테일러에게 "나는 게릴라 토벌을 강화하고 남베트남 군부대의 공격성을 전반적으로 강화하는 데 목적을 둔 미군 증원 방안에 대해서는 매우 긍정적으로 검토할 준비가 되어 있습니다"라고 말했다. [16]

하지만 테일러 대사는 대통령의 태도가 쉽게 이해되지 않았다. 비용도 적고 위험도 비교적 낮은 보복 폭격에는 신중한 입장을 보이면서, 정작 훨씬 더 중대한 결단이 필요한 미군 지상군 투입 문제에 대해서는 오히려 열린 태도를 취하는 것이 납득되지 않았던 것이다. [17] 그 당시 1964년 말에는 이미 남베트남에 2만 3천 명이 넘는 미군 군사고문단이 주둔해 있었고, 이들은 사실상 남베트남군과 함께 전투 작전에 직접 참여하고 있었다. 그해 전사한 미군은 149명, 실종 또는 포로가 된 인원은 19명에 달했다. [18] 그럼에도 본격적인 미군 지상 전투부대의 투입은 미국의 개입 성격을 근본적으로 바꾸는 전환점이 되었다. 그 순간부터 이 전쟁은'남베트남을 지원하는 미국'이 아니라, '미국의 전쟁(American War)' 그 자체가 되어버렸기 때문이다.

맥나마라는 훗날 1995년 회고록에서 대통령의 지상군 투입 제안이 갑

---

1 강화제 : 원문에는 Stiffener라고 표현이 되어 있는데, 이는 무언가를 더 단단하게 만들거나, 강하게 지지하는 역할을 하는 것을 의미한다. 여기서는 비유적인 용법으로, 남베트남 군대를 '정신 차리게 하고, 중심을 잡아주는 존재'로서의 미군 지상군을 뜻한다. 실제로 전쟁을 승리로 이끌기 위해 미군이 필요한 것이 아니라, 남베트남군에게 '우리가 진지하고, 당신들도 똑바로 싸워야 한다'는 메시지를 주기 위해, 미군 지상군을 상징적이고 심리적인 '강화재'로 투입하자는 취지이다. 쉽게 말해, 전쟁의 실질적 병력보다는 사기를 올리고 각성시키는 존재로서 미군의 역할을 상정한 표현이다.

작스럽게 나온 것처럼 적었지만, 실제로는 국방부 장관 본인과 실행위원회가 이미 1964년 11월 논의 과정에서 C 방책(점진적 압박 전략)을 논의하는 과정에서 지상군 투입 가능성을 검토한 바 있었다. 11월 24일, 러스크와 맥조지 번디(McGeorge Bundy)는 미국의 결의를 보여주는 강력한 신호로 지상 전투병력 배치를 언급하기도 했다. 그러나 맥나마라는 이에 반대했다. 점진적 압박 전략이라면 굳이 지상군 투입까지 필요하지 않다는 것이 그의 주장이었다. 이 입장은 받아들여져 실무 그룹의 최종 초안에도 그대로 반영되었다.

11월 26일 보고서에서 윌리엄 번디(William Bundy)는 "점진적 압박 초기 단계에서 지상군을 투입하면, 이후에 사용할 수 있는 패를 너무 일찍 꺼내는 셈이 될 수 있다"는 점을 언급했다. 이후 테일러 대사가 워싱턴에 도착하면서 지상군 논의는 완전히 수면 아래로 가라앉았다. 테일러 역시 맥나마라와 마찬가지로 미군 지상 전투부대의 베트남 파병에 대해 명확한 반대 입장을 갖고 있었기 때문이다. 실제로 윌리엄 번디가 작성한 NSAM에서도 지상군 투입은 언급조차 되지 않았다. 훗날 윌리엄 번디(William Bundy)는 "맥나마라와 테일러가 확고한 반대 입장을 고수한 덕분에 지상군 투입 논의는 말 그대로 조용히 막을 내렸다"고 회고했다.[19] 그러나 12월 초가 되자 상황은 다시 미묘하게 변하기 시작했다. 표면적으로는 러스크와 맥조지 번디(McGeorge Bundy)가 맥나마라와 테일러의 반대 의견을 수용하는 듯 보였지만, 브링크스 호텔(Brinks Hotel) 폭탄 테러 이후 텍사스에서 대통령을 직접 만났을 때만 해도 테일러의 의견이 뒤집힐 가능성도 충분히 열려 있었다.

대통령이 지상군 배치를 가볍게 언급한 배경에는 지상군 또한 공군력처럼 전략적 압박 수단으로 활용할 수 있다는 인식이 자리하고 있었다.. 1964년 11월 회의에서 국무부 정책기획위원회의 로버트 H. 존슨(Robert H. Johnson)과 같은 부서의 폴 카텐버그(Paul Kattenberg)는 북베트남 폭격의 대안으로 미군 지상 전투부대를 남베트남에 투입하는 방안을 제안했다. 이들의 목표는 전장에서 승리를 거두는 것이 아니었다. 오히려 지상군을 압박 수단으로 활용하여 북베트남을 협상 테이블로 불러들이고, 그 결과 미국이 남베트남에서 빠져나올 수 있는 출구를 마련하자는 전략이었다. 지상군의 존재만으로도 북베트남에게 장기적이고 고비용의 전쟁이 될 것이라는 강력한 경고가 될 수 있으며, 이는 폭격보다 지속적으로 압박을 유지할 수 있는 수단이라고 바라본 것이다. 더불어, 이들은 공습에 대해 계획했을 때와 마찬가지로 지상군 역시 엄격히 통제하며 운용할 수 있을 것이라 믿었다. 특히 로버트 존슨(Robert Johnson)은 지상군 투입이 협상 과정에서 전원 스위치를 켜고 끄듯 군사적 압박 수위를 조절할 수 있는 도구가 될 것이라고 강조했다.[20]

이 전략적 관점에서 보면, 제1해병사단이나 제82공정사단의 선발대 같은 부대는 실제 전투력 이상의, 일종의 '협상용 지렛대'로 활용될 수 있었다. 로버트 존슨(Robert Johnson)과 폴 카텐버그(Paul Kattenberg)는 지상군이 남베트남 내 반란을 지원하는 북베트남의 행동을 억제하는 데 더욱 효과적일 것이라고 판단했다. 그 이유는 공습은 협상이 시작되면 즉각 중단될 수 있지만, 지상군은 협상이 진행되는 동안에도 국제적 압력만으로 쉽게 철수되지 않기 때문이었다. 국무부 정책기획위원회 의장이었던 월트 로스토우(Walt Rostow) 역시 이 의견에 동의했다. 그는 1964년 11월 13일 맥나마라에게 보낸 편지에서 "지상군은 회담이 진행되는 동안에도 현장에 계속 남아 있을 수 있지만, 공군력이나 해군력은 시간이 갈수록 그 강도를 더 끌어올리기가 어렵습니다"라고 주장했다. 즉, 미국은 협상 과정에서 "북베트남이 남베트남 내 반란 지원을 중단하겠다고 약속한다면, 우리는 지상군을 철수하겠다" 와 같은 합리적인 조건을 제시할 수 있게 되는 것이었다.[21]

∎

테일러는 대통령의 전보에 답하기 위해 여섯 개의 항목으로 구성된 보고서를 작성하면서, 사방에서 밀려오는 위기감을 온몸으로 느끼고 있었다. 그는 남베트남에서의 미국의 입지가 머지않아 무너질 수도 있다는 경고를 받아들고 깊은 긴장 상태에 빠졌다. 남베트남 장군들이 끝없는 권력 다툼에 몰두하는 사이, 베트콩(Viet Cong)은 빠른 속도로 세력을 확장하고 있었다. 이미 남베트남 농촌 지역의 절반과 농촌 인구의 4분의 1을 장악했고, 한때 안전지대로 여겨졌던 주요 도시들까지 침투했다. 또한 중부 고원에서 남중국해 연안으로의 진출에 성공함으로써 남베트남 북부를 사실상 고립시키려는 양상을 보였다.

웨스트모어랜드가 사이공(Saigon) 주변을 안정화한 뒤 전국적으로 확대하려 했던 '평정 작전'은 완전히 정체되었다. 남베트남군은 전면 방어 태세에 몰렸고, 병력과 장비 면에서 우위를 점하고 있음에도 주요 전투에서 잇따라 패배했다. 병사들의 사기는 바닥을 쳤고, 1월 한 달 동안 탈영병 수는 무려 7,000명에 달했다.[22] 그러나 이런 상황 속에서도 테일러는 미국의 남베트남 개입을 근본적으로 재고해야 한다는 생각은 단 한 번도 하지 않았다. 그는 훗날 이 시기를 회고하며 "상황을 개선할 수 있는 군사적·비군사적 방법들이 충분히 시도되지 않고 있었습니다"라고 회고했다. 남베트남 정부는 혼란에 빠졌고 군대는 붕괴 직전이었지만, 테일러는 오히려 지금이야말로 그가 예전에 '인공호흡기 치료'라고 표현했던 비상 처방을 적용해야 할 때라고 판단했다. 죽어가는 남베트남을 살리기 위한 최후의 시도였던 것이다.

테일러는 북베트남에 대한 폭격을 지지한다는 입장을 다시 밝히는 한편, 미국 지상군을 베트남에 투입하는 것은 중대한 실수가 될 것이라고 구체적으로 강조했다.[23] 당시 미국은 이미 군사고문단을 통한 개입에서 활용 가능한 대부분의 수단을 소진한 상황이었고, 그 효과는 한계에 부딪혀 급격히 감소하고 있었다. 테일러는 웨스트모어랜드와의 오랜 논의를 거쳐 이 같은 결론에 도달했다고 설명했다. 그는 지상군 투입이 군사적으로 얻을 수 있는 이익보다 정치적 부담이 훨씬 더 클 것이라고 보았다. 남베트남군은 전쟁을 수행할 기본적 역량은 갖추고 있지만, 실제로 싸우려는 의지와 동기가 부족하다는 점이 문제였다. 미국은 지난 10년 동안 막

대한 자금과 고문단을 투입했음에도 남베트남군의 전투 의지를 끌어올리는 데 실패했으며, 이런 상황에서 미군 지상군이 투입된다고 해서 이들이 갑자기 효과적으로 싸울 가능성은 거의 없다는 것이었다. 오히려 테일러는 미군이 직접 전장에 투입되면 남베트남군이 전쟁 책임을 미국에 떠넘기고 스스로 전투를 회피할 가능성이 커진다고 우려했다. 더 나아가 대규모 미군 주둔은 과거 프랑스 식민주의의 기억을 떠올리게 함으로써, 남베트남 국민들에게 미국을 또 다른 외세로 인식하게 만들 위험도 존재했다. 결국 미군 병사들과 해병대는 적국 한가운데서 '점령군'과 다름없는 처지에 놓이게 될 것이라는 경고였다. [24]

또한 테일러는 지상군 투입이 막대한 병력과 비용 부담을 초래하고 미국 내 여론에도 큰 부담이 될 것이라고 지적했다. 웨스트모어랜드는 미군 인원과 시설을 방어하기 위해서는 34개 대대, 즉 약 7만 5천 명의 병력이 필요하다고 보고했는데, 이는 실로 방대한 규모였다. 게릴라전 양상이 지속되는 상황에서 미군 병사를 안전지대에만 묶어둘 수는 없으며, 결국 지상군은 방어선을 넘어 적극적인 작전에 나설 수밖에 없다는 점도 내다봤다. 그렇게 되면 작전 범위는 자연스럽게 확대되고 병력 소요는 예측 불가능해지며, 미군의 인명 피해도 상당할 수밖에 없고 봤고, 한 걸음 더 나아가 방어선을 넘어서는 공세 작전은 필연적으로 민간인 희생을 유발하고 반미 감정을 높이며, 백인이 황색인을 상대로 전쟁을 벌인다는 이미지를 남길 위험도 있다고 지적했다. 이어서, 지난 2년간의 작전 결과만 보더라도 베트남 전쟁이 가진 게릴라전의 특성상 미군의 대규모 전투부대를 효율적으로 운용하는 것은 사실상 불가능하다는 점이 이미 입증되었다고 결론지었다. [25]

테일러는 지상 전투부대 투입에 대해 분명한 반대 입장을 견지했지만, 당시와 같은 위기 상황에서는 어떤 형태로든 미국의 개입이 필요하다는 점은 인정했다. 미국이 현재 패배로 향하는 길을 걷고 있으니, 변화를 위해서는 일정한 위험을 감수해야 할 때라고 강조했다. 하지만 존슨 대통령이 제안한 에드워드 랜스데일(Edward Lansdale) 장군이나 CIA 사이공

(Saigon) 지부장 루시앙 코닌(Lucien Conein)과 같은 베트남 전문가의 지원을 요청하는 방안은 단호히 거부했다. 테일러는 "국민성을 단기간에 바꿀 수는 없고, 존재하지 않는 리더십을 갑자기 만들어낼 수도 없습니다. 단기간에 대규모 전투병력을 확보하는 것 역시 불가능하며, 침투를 막기 위해 국경을 완전히 봉쇄하는 일도 현실적으로 어렵습니다"라고 말했다. 이러한 문제들을 해결하는 데는 시간이 필요하며, 그 사이 남베트남이 붕괴할 가능성도 배제할 수 없다는 우려였다. 따라서 그는 워싱턴의 대통령과 고위 당국자들이 '최소한의 기준을 충족한 정부'에 만족하는 데서 더 나아가, 미국이 통제할 수 없는 여러 변수들을 보완할 새로운 정책적 요소를 추가해야 한다고 제안했다.

테일러는 미국이 보복 공습을 감행할 적절한 계기를 포착해 북베트남을 상대로 2단계에 해당하는 지속적 군사 행동을 추진해야 한다고 촉구했다. 또 북베트남의 남베트남 침투 사실을 공개하거나, 통킹만(Tonkin Gulf)에서 미 해군 구축함에 대한 도발을 유도해 미국 내 여론이 공습을 정당화하도록 만들 수 있다고 주장했다.[26] 대통령이 공중 전력만으로는 남베트남에서 전쟁을 이길 수 없다고 우려하자, 테일러는 북베트남 지도자들이 실용적인 성향을 지니고 있어 공습 위협이 현실화되면 그 위험을 피하기 위해 협상에 나설 것이라고 설명했다. 즉, 점진적이고 계획적인 군사 압박이 결국 북베트남의 태도 변화를 이끌어낼 수 있다는 논리였다.[27]

1월 6일, 존슨 대통령은 러스크, 볼, 맥나마라와 함께 테일러의 전문을 검토하며 베트남 정세를 논의하기 위해 회동했다. 이 회의에는 군 관계자는 참석하지 않았다. 러스크는 현행 정책 외에 선택할 대안이 지나치게 암담하다며 반드시 이 정책을 성공시켜야 한다고 주장했다. 반면 볼은 사실상 패배를 염두해 둔 듯한 태도로 러스크의 의견에 동의하면서도, "우리는 할 수 있는 최선을 다해야 하지만, 이미 몰락의 기운이 감도는 정권에 대해 스스로를 속여서는 안 된다"고 말했다. 이날 존슨 대통령은 앞으로 미군 부대나 시설이 다시 공격받을 경우, 북베트남을 상대로 보복

공습을 단행하겠다는 결심을 굳혔다.[28]

며칠 전 강도 높은 전문으로 테일러에게 실망을 드러냈던 대통령은, 이번에는 테일러의 감정을 달래려는 듯 그의 분석에 대해 매우 유익하고 사려 깊은 정세 판단이었다며 감사를 표했다. 아울러 앞으로 미국 인명이나 장비가 또다시 공격받을 경우 공습으로 대응하겠다는 방침도 함께 전했다. 그러나 여전히 마음에 걸리는 점이 있었다. 과연 이러한 폭격이 남베트남 국민과 군의 사기를 실제로 끌어올릴 수 있을지 확신이 서지 않았던 것이다. 그럼에도 대통령은 북베트남을 상대로 한 2단계 점진적 압박을 언제, 어느 정도 규모로 시행할지에 대해서는 여전히 결론을 내리지 못하고 있었다.[29] 한편 윌리엄 번디(William Bundy)와 맥노턴 역시 볼과 마찬가지로, 미국의 군사 개입을 더 깊이 확대해야 한다고 보면서도 그 결과의 패배 가능성까지 감수할 준비가 필요하다는 인식을 공유하고 있었다.

∎

군사력이 베트남에서 미국의 전략적 목표를 달성해 줄 것이라는 확신은 없었지만, 두 사람은 점차 미 지상군 투입을 하나의 유력한 선택지로 보기 시작했다. 1월 4일, 맥노턴은 베트남에서 미국이 지켜야 할 핵심 이해관계는 현지 정권의 유지 그 자체가 아니라, 태국과 말레이시아 인근 지역에 대한 완충지대 확보와 그리고 국제사회에서의 미국의 체면이라고 강조했다. 그는 미국이 남베트남을 계속 지원하는 것이 결국 미국의 명성을 가장 적게 훼손하는 선택이라고 보았다. 설령 전세를 뒤집지 못하더라도, 더 깊은 개입 끝에 맞는 패배는 미국이 '끝까지 버텼다'는 사실을 보여주는 증거가 되어, 국제사회가 미국의 입장을 더 잘 이해하게 될 것이라고 믿었다. 또한 만일 상황이 악화될 경우를 대비해 태국과 말레이시아 방어 계획도 이미 마련되어 있었다.

국방부 장관 역시 비슷한 결론에 도달하고 있었다. 현재 수준의 제한적 개입에서 패배하는 것보다는, 수십만 명의 미군을 투입한 뒤에 패배하는 편이 미국의 전략적 위신 측면에서는 오히려 낫다는 판단이었다. 1월 6일, 러스크가 대통령과 회담을 앞두고 있을 무렵, 윌리엄 번디(William Bundy)는 마이클 포레스탈(Michael Forrestal)과 함께 도출한 결론을 담은 보고서를 러스크에게 전달했다. 그 보고서에는 미국이 더 강력한 조치를 취해야 하며, 그래야 다음 방어선을 더 효과적으로 지킬 수 있다는 주장이 담겨 있었다. 또한 북베트남 공습은 "미국이 아시아에서 할 수 있는 최선의 노력을 다했다"는 인식을 국제사회에 심어주는 데 중요한 역할을 할 것이라는 평가도 포함되어 있었다. 윌리엄 번디(William Bundy)는 나중에 그 당시의 생각을 훗날 다음과 같이 회고했다.

"베트남은 이미 너무 멀리 나아가 되돌릴 수 없다는 느낌이 강했습니다. 그래도 미국이 마지막으로 힘을 보탰다면 최소한 태국이라는 후방 거점은 지킬 수 있었을 테고, 갈수록 중요해지는 동남아 본토에 대한 심리적 방어선도 지킬 가능성이 높아졌을 겁니다."

윌리엄 번디(William Bundy)도 맥노턴과 비슷하게 겉으론 현상 유지를 명분 삼아 지상군 파병을 반대하는 듯했지만, 실제로 반대하지는 않았다. 그는 형 맥조지 번디(McGeorge Bundy)의 견해와 마찬가지로, 북베트남 폭격이 시작되는 시점에 지상 전투부대를 투입하면 사이공(Saigon)에서는 실질적 전력이 보강되고, 하노이(Hanoi)에는 강력한 경고 메시지가 될 것이라고 판단했다. [30]

합참 역시 베트남에서 단계적으로 무력을 사용하는 전략을 원칙적으로 수용하고 있었다. 다만 이는 미국이 전쟁에 전면적으로 뛰어들고, 정부가 명확한 정책 목표를 적극적으로 추진한다는 전제 아래에서만 가능하다고 보았다. 그러나 대통령과 그의 문민관료들은 이 조건을 이행할 의도가 없었다. 이들은 존슨 대통령의 국내 정치적 제약을 염두에 두면서도, 동시에 동남아 전역을 아우르는 국제적 목표를 달성할 수 있는 별도의 정책 구상이 있다고 믿었다. 그 결과, 미국 지상군 파병 문제에 있어 합참을 건너

뛰는 방식으로 정책을 추진하기 시작했다.

비록 테일러가 단기적으로는 대통령을 설득해 지상군 투입을 저지했지만, 그 입장을 오래 유지하게 하지는 못했다. 대통령의 핵심 참모들 사이에서는 이미 테일러의 리더십에 대한 신뢰가 흔들리고 있었고, 그의 영향력도 자연스럽게 약화되기 시작했다. 맥조지 번디(McGeorge Bundy)는 자신이 과거 육군에서 참모장교로 복무했던 경험을 들어, 테일러와 웨스트모어랜드가 FM 장교답게 작전을 지나치게 관료적으로 운영한다고 비판했다. 즉 참모 조직이 지나치게 비대해져 행정 업무, 보고 체계, 순환 근무 등에 치우치고, 정작 필요한 실질적 조치는 부족하다는 지적이었다. 러스크도 이러한 시각에 동의했다. 워싱턴의 몇몇 인사들은 사이공(Saigon) 대사관이 그럭저럭 유지되는 것도 테일러 덕분이 아니라, 그의 보좌관인 알렉시스 존슨(U. Alexis Johnson)의 공이 크다고 평가했다. 1월 말이 되자 테일러를 둘러싼 비판은 워싱턴 안팎으로 퍼져갔고, 이 소식은 로버트 케네디(Robert F. Kennedy) 법무부 장관의 귀에도 들어갔다. 케네디는 테일러에게 조심하라는 메시지를 전하며, 정부 핵심 인사들 사이에서 베트남 사태의 책임을 테일러에게 떠넘기려는 움직임이 있다는 경고를 전달했다. [31]

지상군 투입 여부를 둘러싼 정책적 견해 차이도 테일러에 대한 반감이 커지는 주요 요인 중 하나였다. 맥조지 번디(McGeorge Bundy)는 윌리엄 번디(William Bundy)의 입장에 동조하며, 테일러처럼 조기 지상군 투입을 반대하는 의견에는 동의하지 않았다. 그는 대통령에게, 맥나마라가 병력 증원에 소극적인 이유는 병력이 늘어날수록 행정 부담이 급증하고 지원 조직의 비대화가 불가피해지기 때문이라고 설명했다. 1965년 1월 7일, 번디는 대통령의 지시에 따라 맥나마라에게 보낼 보고서를 작성했다. 보고서에는 행정 부담을 최소화하면서 베트남군과의 직접 협력을 강화할 수 있는 새로운 형태의 전투부대 창설 방안이 포함되어 있었다. 나아가 베트남에 지상군을 투입하는 방안들에 대한 다양한 대안을 마련해달라는 요청도 있었다. 번디는 이 보고서와 함께, 사이공(Saigon)에서 테일러와 웨스트모어랜드의 작전 운영을 비판하는 〈U.S. News & World Report〉 기사 사본도 대통령에게 제출했다. 존슨 대통령은 이 자료를 맥나마라에게 전달했다. [32]

■

맥조지 번디(McGeorge Bundy)와 러스크가 점차 테일러와 맥나마라의 대통령에 대한 영향력을 잠식해 가는 동안, 합참은 여전히 베트남 정책 재검토 과정에서 사실상 배제된 상태였다. 대통령과 핵심 참모들은 지상군 파병 문제나 테일러가 제안한 정기 폭격 작전의 개시 여부를 논의하면서도 합참으로부터 군사적 자문을 거의 구하지 않았다. 이러한 배제 분위기에 대한 불만이 합참 내부에서 퍼져나가던 중, 결국 내부 정보가 언론에 흘러나갔다. 1월 18일 자『런던 타임스』에는 "워싱턴의 핵심 자문단에서 군 장교들이 배제되었다"는 보도가 실렸다. 이 기사와 관련해 번디의 한 보좌관이 기사 사본을 건네며 다음과 같이 우려를 전했다.

> "합참 내부에서는 베트남 관련 회의에서 자신들이 연이어 배제되고 있다는 점을 두고 우려를 표하고 있습니다. 합참 참모진이 계속해서 회의용 브리핑 자료를 요청하는 걸 보면, 휠러 장군 역시 회의가 열리고 있다는 사실 정도는 이미 알고 있는 셈입니다. 물론 휠러를 배제할 정당한 사유가 있을 수도 있겠지만, 그 부재가 오히려 더 큰 문제를 초래할 위험도 있습니다. 특히 이 문제가 맥나마라에게서 비롯된 것이라는 인식이 퍼지고 있다는 점이 우려스럽습니다. 당신 책임은 아니겠지만, 맥나마라에게 이 사안에 대해 직접 한번 얘기해 보는 게 어떨까요?"[33]

맥나마라는 훗날 회고록에서, 존슨 대통령이 합참으로부터 올라오는 조언 내용이 지나치게 피상적이라며 실망감을 드러냈다고 기록했다. [34]

그러나 그는 그러한 조언이 부실하게 된 배경에 자신 또한 일정 부분 책임이 있었음을 인정했다. 즉, 대통령의 실망 속에는 맥나마라 자신의 결정 구조가 낳은 요인도 적지 않게 작용하고 있었던 셈이다.

이처럼 베트남 관련 주요 논의에서 소외되어 있었지만, 합참은 더 강경한 군사 조치와 대규모 미군 투입을 막고 있는 장애물들을 제거하기 위해 끊임없이 움직였다. 브링크스 호텔(Brinks Hotel) 폭탄 테러에 대한 보복 공격이 무산되자 큰 실망을 느낀 휠러 장군은 앞으로 비슷한 일이 다시 벌어질 경우 반드시 보복 공습이 이뤄지도록 대비책을 마련하기 시작했다. 그는 웨스트모어랜드 장군과 샤프 제독에게 보내는 전문에서, 허술한 보안이 공격을 초래할 뿐만 아니라, 오히려 베트콩(Viet Cong)의 공격을 정당화하고 보복 조치 자체를 가로막는 논리로까지 이어지고 있다고 했다. 이에 대해 샤프와 웨스트모어랜드는 자신들이 수행하는 전쟁의 특수성을 감안할 때 현재의 보안 조치가 가능한 범위 내에서는 최선이며, 이 점을 어떻게든 워싱턴의 정책결정자들에게 설득해야 한다고 강조했다. 그들은 북베트남에 대한 미국의 직접적인 군사 행동을 막고 있는 장애물들은 반드시 제거해야 하며, 지휘관들은 언제든지 보복 공격을 단행할 준비를 갖춰야 한다고 강조했다. 또 미군 가족들은 북베트남 폭격에 걸림돌이 되지 않도록 모두 철수시켜야 하며, 마지막으로 웨스트모어랜드에게는 남베트남 내부에서 군과 민간인의 갈등을 해소하고 최소한의 기능을 갖춘 정부 체제를 정비하도록 압박하라고 지시했다.[35]

이제 휠러와 합참은 미국의 직접 군사 개입 수위를 단계적으로 끌어올리는 데 목표를 두기 시작했다. 1월 15일, 합참은 1단계 압박 작전이 종료되었음을 맥나마라에게 상기시키며, 테일러 대사의 승인을 전제로 남베트남 내에서 미군 전투기를 운용할 수 있도록 허가해달라고 요청했다. 아울러 통킹만(Tonkin Gulf)에서 구축함 순찰을 재개하고, '저가치(low-value)' 군사 표적을 겨냥한 보복 공격에도 대비해 두었다. 합참이 제안한 공습 방안은 워싱턴 문민관료들이 선호하는 통제 유지와 공습 규모 제한을 반영해 고안된 것이었다. 또한 합참은 국가안보회의 참모진에 있는 한 공군 대령을 통해 라오스에서 진행되는 공습 작전인 '배럴 롤 작전[2]'에 적용되는 대한 지리적 제한을 완화해달라고 요청했다.[36]

한편 합참은 남베트남 내에서 대규모 민간 시위가 발생할 가능성에 대비해 육군 투입 계획도 병행해 준비했다. 실제로 1월 23일부터 25일까지 남베트남 주요 도시에서는 불교 세력을 중심의 시위가 벌어졌고, 이 과정에서 반미 감정이 폭발했다. 시위대는 미군 주둔의 상징물들을 공격 대상으로 삼았으며, 특히 후에(Hue)에서는 학생들이 미군 공보원 도서관을 약탈하기도 했다. 시위 군중은 "테일러는 본국으로 돌아가라"고 외쳤고, 불교 지도자들 또한 흐엉(Huong) 총리를 테일러 대사의 앞잡이라고 비난했다.

1월 25일, 합참은 상륙준비군에게 다낭(Danang) 인근에서 24시간 내 출동이 가능한 위치로 이동하라고 명령했고, 2개의 해군 전투단에게도 사이공(Saigon)에서 6시간 이내 도달 가능한 거리로 접근하라는 명령을 내렸다.[37] 이번 사태는 큰 충돌 없이 마무리되었지만, 이 사건은 미국 시민과 재산 보호 문제가 언제든지 테일러 대사의 '지상군 투입 반대' 입장을 압도해 버릴 수 있는 핵심 변수로 작동할 수 있음을 분명히 보여준 사례였다.

맥나마라는 합참의 추가 조치 요청에 반대했지만, 일부는 제한적으로 받아들였다. 1월 13일, 합참은 대규모 미군 병력 배치를 위한 준비 단계로 6,200명 규모의 육군 병참사령부를 베트남에 파견할 수 있도록 승인해 달라고 맥나마라에게 요청했다. 그러나 당시 맥나마라는 맥노턴에게 베트남 주둔 미군 병력을 현 수준에서 유지하라는 방침을 내려놓은 상태

---

2 배럴 롤 작전(Operation Barrel Roll) : 1964년 12월~1973년까지 라오스 북동부 지역에서 수행된 미국의 비밀 공습 작전으로 베트남의 병력 및 보급로 차단, 친미 라오스 정부 지원의 목적을 가지고 CIA 및 미국 공군이 비밀리에 수행던 작전임. 북베트남의 보급을 일정 부분 방해하긴 했지만, 지상군 투입 없이 공습만으로는 큰 효과를 보지 못했던 작전이며, 민간인 피해도 커졌고, 전후까지 라오스는 세계에서 가장 많은 불발탄이 남아 있는 나라 중 하나가 되게 만들었던 작전임.

였다. 이에 그는 국방부 조사단을 남베트남에 보내 실제 필요성을 점검하도록 지시했다. 이 요청은 원래 웨스트모어랜드가 먼저 제안한 것이었다. 조사단은 베트남 주둔 미군사령부(MCAV) 측에 병참 인력 125명을 우선 승인하고, 이들이 효과적으로 운용될 경우 추가로 250명을 더 파견하는 방안을 전달했다. 이런 다소 모호한 결정은, 한편으로는 군의 요구를 일정 부분 수용하면서도, 다른 한편으로는 무리한 병력 증원이 오히려 역효과를 낳을 수 있다는 맥나마라의 우려를 반영한 결과였다.[38] 이미 지난해 11월 지상군 투입 논의를 억눌렀던 맥나마라는 여전히 남베트남 문제를 북베트남에 대한 압박 강화로 해결할 수 있다고 믿고 있었다. 그는 대통령이 자신의 핵심 대선 공약인 '위대한 사회(Great Society)' 핵심 입법 과제에 집중하고 있는 상황에서, 일단 2단계 작전 실행 결정만 이끌어내면 된다고 판단했다.

■

대통령은 국내 입법 과제에 전념하느라 베트남에서의 실상을 의회와 대중에게 감추려 했다. 하지만 그런 억제 노력에도 불구하고 언론은 미국 대사와 남베트남 장군들 간의 갈등, 그리고 남베트남군이 베트콩(Viet Cong)에게 패배하고 있다는 사실을 연일 1면에 보도했다. 11월 21일, 존슨 대통령은 백악관으로 상·하원 주요 민주·공화당 의원들을 불러 회의를 열었는데, 공교롭게도 같은 시각 남베트남에서는 칸(Khanh) 장군이 미국 정부가 북베트남의 공산주의 침투를 심각하게 축소하고 있다고 공개 비판하고 있었다. 반면 백악관 회의의 목적은 남베트남 상황을 미국 정부가 긍정적으로 판단하고 있다는 인상을 의원들에게 심어주는 데 있었다.[39]

존슨 대통령은 집권 초부터 국내 입법을 성공적으로 추진하기 위해 베트남 문제의 실상을 의회와 대중에게 숨기려 했고, 국방부 장관 맥나마라 역시 이에 발을 맞추었다.[40] 누군가가 북베트남에 대한 추가 조치를 요구할 것에 대비해, 맥나마라는 미국이 이미 충분히 강경한 대응을 하고 있다는 점을 강조했다. 그는 북베트남을 겨냥한 비밀 작전인 OPLAN 34A와, 라오스 상공에서 북베트남 침투 경로를 폭격하는 '배럴 롤 작전'을 언급하며 그 성과를 실제보다 훨씬 성공적으로 포장했다.

동시에, 미국의 개입이 확장되는 것에 불안감을 가진 사람들을 달래기 위해 상반된 메시지도 함께 내놓았다. 최근 현지 보고와는 달리, 베트콩(Viet Cong)이 병력을 늘리고 있음에도 남베트남군이 오히려 더 효과적으로 전투를 수행하고 있다고 주장한 것이다. 그는 합참의 평가까지 왜곡하여 남베트남군이 1년 전보다 전력이 더 강해졌다는 것이 합참의 공식 견해라고 전했다. 미국의 개입이 큰 비용을 초래할 것이라는 우려에 대해서도 맥나마라는 미군의 손실을 의도적으로 축소해 설명했다. 지난 10년 동안 베트남에서 전사한 미군이 254명에 불과하다고 언급하면서도, 그중 절반 이상이 최근 1년간 발생했다는 사실은 일부러 언급하지 않았다. 북베트남에 대한 보복 폭격 계획은 끝내 언급하지 않았고, 미군 지상군 파병 가능성에 대해서도 필요 없다고 선을 그었다.[41]

대통령도 맥나마라의 설명에 힘을 실었다. 그는 회의 말미에 미국이 전면전을 선택하지 않는 이상 남베트남에 더 많은 미군 병력을 투입할 이유가 없다고 못 박았다. 이어 이 전쟁은 남베트남이 스스로 싸워야 할 전쟁이라며, 미국은 그들의 모든 행동을 통제할 수 없고, 결국 그들 스스로 자신의 전쟁을 수행할 것이라고 강조했다. 다음 날 《뉴욕 타임스》는 대통령과 고위 행정부 관리들이 상·하원 의원들과 국제 정세에 대해 매우 철저히 논의했다고 보도했다.[42]

그러나 행정부가 공식적으로 밝히는 내용과 실제 상황이 엇갈리는 듯 보이자, 군 내부에서는 언론의 접근을 더 엄격하게 관리해야 한다는 목소리가 나오기 시작했다. 의회 지도자들과의 회의 이틀 뒤, AP통신은 일부 해군 고위 장성들의 견해를 보도했다. 기사에 따르면, 제7함대의 일부 고위 장성들은 미국이 통킹만(Tonkin Gulf)에서 구축함 순찰을 중단함으로써 체면을 잃은 것으로 보고 있다고 전했다. 이는 1964년 8~9월 사건 이후에도 순찰은 계속되고 있다는 정부의 공식 입장을 정면으로 뒤흔드는 내용이었다. 이에 대응해 맥나마라는 태평양사령부에 공식 정책이 변한 바 없다는 점을 밝히고, 국방부의 사전 승인 없이는 기자들이 해군 작전 부대나 민감한 시설에 접근하지 못하도록 하라고 지시했다. 다만 이러한 정보 통제 방침을 공개적으로 발표하지는 않았으며, 태평양사령부에는 언론의 요청에 검토 중이라고만 애매하게 답하도록 지침을 내렸다.[43]

■

당시 대통령은 국내 정치 의제를 지키기 위해 베트남 문제가 변수로 떠오르는 것을 원치 않았다. 이에 맥나마라 역시 자신이 파악한 실제 상황과 공식 입장을 명확히 구분해 대응했다. 그는 의회 의원들에게는 긍정적인 평가를 내놓았지만, 1월 말에 이르러서는 남베트남이 곧 붕괴할 것이라는 위기감을 품고 대통령에게 보다 강력한 결단을 촉구해야 한다고 판단했다. 맥조지 번디(McGeorge Bundy) 역시 같은 의견이었다. 두 사람 모두 그동안 대통령의 '현상 유지 전략(Holding Strategy)'을 지지해 왔지만, 이제 대통령이 베트남 문제에 집중하지 않는다면 그의 우유부단함이 재앙적 패배로 이어질 것이라고 확신하게 된 것이다. 이에 그들은 1월 27일 대통령 면담을 요청했고, 맥나마라의 승인 아래 번디가 대통령에게 제출할 보고서를 작성했다.[44]

번디와 맥나마라는 남베트남 정부의 불안정이 심화된 이유를 관료층과 시민들이 미래를 낙관하지 못하는 상황에 놓였기 때문이라고 판단했다. 또한 최근 몇 주간 미국의 소극적인 태도가 남베트남 지도자들뿐 아니라 미국과 남베트남 사이의 관계 전반에 불안과 혼란을 키웠으며, 그 책임 역시 미국에 있다고 지적했다. 이들은 대통령이 남베트남 정부가 안정되기를 기다리면서 미국이 권력 싸움에 휩쓸린 정치인들에게 형식적인 지원만 제공한 채 상황을 주도하지 못하고 끌려가고 있다고 주장했다. 그러면서 대통령에게 지금의 정책이 '최악의 선택'이며, 이대로 가다간 미국은 수동적 위치에 머물다 결국 굴욕적으로 철수할 수밖에 없을 것이라고 경고했다.[45] 이후 번디와 맥나마라는 대통령에게 두 가지 중 하나를 선택해야 한다고 했다. 하나는 미국의 군사력을 투입해 공산 정권의 정책 변화를 이끌어내는 길이고, 다른 하나는 더 이상의 군사적 위험을 키우지 않으면서 최소한의 성과라도 보존하기 위해 철수 협상에 나서는 길이었다. 그들은 이 중 첫 번째, 즉 군사 행동을 선택해야 한다고 권고했다.

> "저희 두 사람은 지난 몇 달간 대통령께서 중도적 노선을 고수해 오신 점을 전적으로 지지해 왔습니다. 현지 작전을 개선하고 남베트남 정부를 최대한 지원하려는 모든 노력도 여전히 중요하다고 생각합니다. 하지만 이제는 그런 노력만으로는 부족하며, 보다 더 큰 결단이 필요한 시점에 도달했다고 확신합니다."

번디는 보고서를 마무리하며, 러스크는 이 견해에 동의하지 않지만 자신과 맥나마라는 더 이상 '희망이 있는 것처럼 보이기 위해' 침묵을 지킬 수 없었다고 대통령에게 분명히 밝혔다. 훗날 윌리엄 번디(William Bundy)는 이 보고서가 당시 모두가 느끼고 있던 위기감을 정확하게 대변했다고 회상했다.[46] 이로써 대통령의 최측근 보좌관들은 그를 명확한 '갈림길'에 내세우게 됐다.

이 보고서와 이어진 논의는 결국 대통령을 행동으로 이끌었다. 그는 선거 기간에는 정치적 부담 때문에, 이후에는 위대한 사회(Great Society) 입법 과제에 집중하느라 베트남과 관련된 결정을 미뤄왔지만, 이제 더는 중도적 유지만으로는 버틸 수 없다는 참모들의 단호한 요구와, 행정부 내 갈등이 심화될 수 있다는 경고 앞에서 결심을 굳혔다. 대통령은 "안정된 정부가 있든 없든, 우리는 해야 할 일을 할 것입니다. 우리는 강하게 움직일 것입니다"라고 선언했다.[47] 그러나 그는 여전히 미국의 군사 행동을 정당화할 결정적 명분이 필요했다.

존슨 대통령은 북베트남의 선제 공격이라는 명분을 만들기 위해, 통킹만(Tonkin Gulf)에서 구축함 순찰을 다시 시작하라고 지시했다. 합참은 즉각 움직였다. 1월 28일, 휠러 장군은 샤프 제독에게 2월 3일부터 DESOTO 순찰을 재개하라고 지시했다. 이는 1964년 9월 이후 처음이었다. 이 순찰의 주요 임무는 북베트남의 공격을 유도하고 그에 따른 미국의 보복을 정당화하기 위한 것이었다. 휠러 장군은 순찰 시작 전부터 보복 공격 부대를 미리 배치하라고 명령했고, 샤프 제독에게는 북베트남 남부의 보복 표적 5곳을 타격할 준비를 하라고 지시했다. 며칠 뒤 그는 워싱턴의 전략적 의도에 맞춰 표적을 조정하고 작전이 더 유연하게 이루어지도록 지침을 수정했다. 맥조지 번디(McGeorge Bundy)는 당시 상황을 두고 "마치 도로에서 전동차를 기다리는 기분이었다"고 회상했다. 즉, 대통령은 누구도 반박할 수 없는 확실한 보복 명분을 찾고 있었던 것이다. 그 결과, 이번 순찰은 1964년 8월 통킹만(Tonkin Gulf) 사건 이후 웨인 모스(Wayne Morse) 상원의원 등으로부터 제기된 비판을 피할 수 있도록 훨씬 신중하게 설계되었다. 당시에는 북베트남 해안 3마일 앞까지 접근해 OPLAN 34A 공습과 거의 같은 시간대에 이루어졌지만, 1965년 2월의 순찰은 의도적으로 해안에서 30해리 이상 떨어진 지점에서 수행되었다. 또한 해군은 오해를 살 수 있는 상황을 차단하기 위해 순찰 전후 48시간 동안 OPLAN 34A 공습을 중단하기로 했다.[48]

한편 DESOTO 순찰과 보복 준비에는 찬성했던 육군 참모총장 해럴드 존슨 장군은 정작 북베트남 폭격의 실효성에는 여전히 회의적이었다. 2월 1일 그는 참모총장들에게 북베트남에 대한 직접적인 군사 압박이 자칫 중국의 개입을 불러올 수 있다고 경고했다. 그는 한국전쟁 초기에 병력을 성급하게 투입해 생겼던 실수를 반복하지 않으려면 지상전 확대에 미리 대비해야 한다고 합참 동료들에게 강조했다. 그러나 그의 우려는 별다른 관심을 끌지 못했다. 동료들의 반응은 냉담했고, 그의 보고에 따른 추가 논의나 조치도 없었다.[49] 결국 북베트남 공습 계획은 예상되는 비용과 결과를 충분히 검토하지 않은 채 그대로 추진되어 갔다.

존슨 장군이 보고서에 서명한 바로 그 날, 굿패스터 중장과 맥조지 번디(McGeorge Bundy), 번디의 보좌관 체스터 쿠퍼(Chester Cooper), 맥노턴, 그리고 윌리엄 번디(William Bundy)의 부관 레너드 웅거(Leonard Unger)는 베트남으로 출발했다. 대통령은 1월 27일 맥나마라, 번디와 가진 회의에서 번디를 현지에 파견하기로 결정했다. 사실 대통령은 이미 북베트남에 대한 보복 공습을 승인했고, 공격을 유도하기 위한 계획도 세워둔 상태였다. 그러나 이 사실은 아주 소수의 측근들에게만 알려졌다. 쿠퍼는 훗날 "대통령은 자신이 뭘 할지 이미 다 마음속에 결정을 내려놓은 상태였죠"라고 회상했다. 번디의 현지 출장은 대통령이 여전히 다양한 선택지를 검토하고 있다는 인상을 주기 위한 일종의 외교적 연출에 가까웠다. 실제 목적은 북베트남 공습 결정에 대한 내부적 정당성을 확보하는 데 있었다.[50]

1965년 2월 6일, 번디와 팀원들이 사이공(Saigon)에 도착하자마자 대통령에게 보낼 보고서 초안부터 쓰기 시작했다. 같은 시기, 미국 대사관에서는 남베트남의 칸(Khanh) 장군을 권력에서 배제하려는 움직임이 이어지고 있었다. 남베트남 정치가 얼마나 불안정한지 보여주는 상황이었지만, 번디와 그의 팀은 이러한 혼란 속에서도 미국이 북베트남을 타격할 첫 기회를 반드시 활용해야 한다고 결론지었다. 다만 정책 전환이 성공하려면 미국 내 여론의 지지가 필수적이라는 점도 강조했다. 이들은 북베트남 공습을 정당화하려면 공산주의 쪽에서 극적으로 움직여주는 사건이 필요하다고 의견을 모았다. 쿠퍼는 이를 두고 "우리가 조금 피해를 보더라도, 결정적 사건이 터질 때까지 기다리자는 분위기였습니다"라고 회고했다.

2월 7일 일요일, 베트남 체류 마지막 날을 맞은 번디는 시골 지역을 둘러보며 경제 및 군사 원조 전략을 둘러보며 점검할 계획이었다. 그러나 그날 아침, 베트콩(Viet Cong)의 공격이 벌어지면서 모든 계획이 물거품이 되고 말았다.[51] 그날 이른 새벽 베트콩(Viet Cong)의 폭파조가 남베트남 중부 고지대에 위치한 플레이쿠(Pleiku)의 미군 고문단 숙소와 공항을 기습했다. 박격포 사격과 연쇄 폭발이 이어졌고, 이로 인해 미군 8명이 사망하고 100명 이상이 부상을 입었다. 활주로에 세워져 있던 항공기 20대도 순식간에 불길에 휩싸였다. 굿패스터와 맥조지 번디(McGeorge Bundy)는 웨스트모어랜드 장군과 함께 즉시 현장에 도착했다. 공항은 이미 폐허로 변해 있었고, 부상을 입은 미군 병사들 사이를 걸으며 번디는 평소와 달리 감정을 숨기지 못했다. 그는 그동안 워싱턴에서 미군 사상자 수를 D.C.의 교통사고 부상자와 비교하며 전쟁 피해가 과장되어서는 안 된다고 말하곤 했지만, 플레이쿠(Pleiku)에서 마주한 참혹한 광경은 그에게 큰 충격을 주었다.[52] 백악관의 무거운 분위기와는 전혀 다른 전장의 난장판 속에서, 번디는 "이대로 있을 수는 없어… 나라가 이렇게 망가져선 안 돼"라며 혼잣말을 내뱉었다. 웨스트모어랜드는 당시 번디에 대해 "극도로 예민하고, 더 거칠어졌으며, 마치 자신이 전장을 직접 지휘하는 총사령관이라도 된 듯한, 일종의 정신적 격앙 상태"였다고 회고했다.[53] 이번 플레이쿠(Pleiku) 사태는 번디에게 북베트남 공습을 강력히 주장할 수 있는 결정적 명분이자, 그동안 억눌렀던 감정을 폭발시키는 계기가 되어 주었다. 그가 기다려온 '전동차'가 마침내 도착한 셈이었다.

테일러와 합참의 참모총장들은 번디의 보복 공습 요구에 동의했다. 워싱턴에서는 국방부 부장관 사이러스 밴스(Cyrus Vance)가 존슨 대통령에게 플레이쿠(Pleiku) 공격 상황과 북베트남 남부 군사 표적을 겨냥한 보복 작전 계획을 보고했다. 테일러 역시 별도로 자신의 권고안을 전송했고, 존슨 대통령은 결국 베트남 현장을 총괄하는 테일러의 판단을 따르기로 결정했다. 다음 날, 휠러 장군은 태평양사령부에 명령을 하달했다. 미군은 북베트남의 병영시설 3곳을 타격하고, 남베트남 공군과 팜게이트(Farmgate)[3] 작전부대는 4번째 표적을 공습하기로 했다. 번디 일행이 태평

---

3 Farmgate : 베트남 전쟁 초기 미국이 남베트남을 지원하기 위해 수행한 비밀 공중 작전. 정

양을 건너 미국으로 귀국하는 비행기 안에서 라디오를 통해 곧바로 백악
관의 공식 성명이 흘러나왔다.

> "2월 7일, 미국과 남베트남 공군 부대는 북베트남 남부의 병영
> 및 병력 집결지를 대상으로 보복 공습 명령을 받았다. 첩보에 따
> 르면 해당 지역은 북베트남이 베트콩(Viet Cong) 요원을 훈련시
> 켜 남베트남으로 침투시키는 데 적극적으로 활용해 온 핵심 거점
> 이다. 오늘 미국과 남베트남 정부가 취한 행동은 결국 북베트남
> 정권의 지시에 따라 자행된 도발에 대해 정당하게 대응한 것이
> 다. 지난해 8월 북베트남의 통킹만(Tonkin Gulf) 공격에 대한 대
> 응과 마찬가지로, 이번 조치 또한 정당하고 적절한 대응이다. 미
> 국 정부는 이미 여러 차례 밝혀온 바와 같이, 전쟁의 확대를 원
> 하지 않는다. 이번 사태의 본질은 북베트남이 침투 활동을 중단
> 하고, 북베트남 정권이 주변 국가에 대한 공격을 멈출 의사가 있
> 음을 명확히 밝히는 데 있다."[54]

몇 달 동안 베트남 사안 때문에 '위대한 사회(Great Society)' 입법이 잠
식되어서는 안 된다는 대통령의 지침을 충실히 따르며 전면 개입을 억제
해 왔던 참모진은, 아이러니하게도 이번에는 베트콩(Viet Cong)의 공격을
계기로 마침내 대통령을 행동에 나서도록 만드는 데 성공했다.

식 명칭은 Operation Farm Gate이며, 이 작전은 1961년부터 시작되어 1964년 무렵까지 지
속되었다. 공식적인 임무는 남베트남 공군에 대한 조종 및 전술훈련을 제공하는 것이었지만,
실제 임무는 훈련이라는 명목 아래 미군에 의한 직접 전투 임무를 수행하였다.

11 첫 단추를 끼우다(1965. 2월–3월)

> 저는 부처 간의 협력이 원활하게 이루어지고 있다고 생각합니다. 이런 분위기 속에서 미국 정부는 오늘날 자유 세계가 직면한 가장 심각한 과제 중 하나인 반정부 세력의 선동과 반란에 대응하는 데 중요한 역할을 맡아가고 있다고 믿습니다.
>
> — 얼 휠러(Earle Wheeler) 장군, 1965년 3월 23일[1]

1965년 2월, 존슨 대통령은 베트남 내 갈등을 사실상 '미국의 전쟁 (American war)'으로 전환하는 일련의 중대한 결정을 내렸다. 2월 7일 베트콩(Viet Cong)이 플레이쿠(Pleiku) 기지를 공격하자, 국방부 장관 맥나마라가 준비해 온 점진적 압박 전략의 다음 단계가 즉각 가동되었다. 북베트남의 특정 표적을 향한 제한적 폭격이 본격적으로 시작된 것이다. 이 공습은 미국의 군사 개입 수준을 한 단계 끌어올렸고, 이어 2월 말 대통령이 미 지상군의 남베트남 투입을 승인하면서 전쟁은 되돌릴 수 없는 국면으로 접어들었다. 그럼에도 존슨 대통령은 자신이 내린 결정의 중대성을 온전히 직시하지 않았고, 여전히 미국이 본격적인 대규모 전쟁에 휘말리지 않으면서도 점진적 확대 전략을 유지할 수 있다고 믿고 있었다.

합참은 대통령의 전략 자체에 구조적 문제가 있다고 판단했지만, 정작 그들의 대응 방식은 의도치 않게 그 전략을 지지하고 정당화하는 결과를 낳았다. 각 군은 내부 의견을 하나로 모으지 못했고, 베트남 전쟁의 근본 원인과 최종 목표에 대해서도 일관된 결론을 내리지 못했다. 그 결과 합참은 전략적 관점보다는 개별 전술 조치들에 대한 부분적 합의만을 대통령에게 보고했고, 이는 대통령이 전쟁의 확대를 제대로 인식하지 못한 채 결정을 내리도록 만드는 데 영향을 미쳤다. 지상군 투입이 철수 가능성을 오히려 더 좁히고, 결국에는 추가 병력 파견이라는 악순환으로 이어질 것이라는 점도 명확히 인식하지 못했다.

반대로 합참은 대통령이 전쟁을 점진적으로 '미국의 전쟁(American War)'으로 전환하도록 유도했다. 당시 육군 작전참모부 소속이었던 아서 콜린스(Arthur Collins) 소장(당시에는 준장)은 훗날 "모든 군이 문턱 안으로 발을 들여놓고 싶어 안달이었어요. 낙타가 텐트 안에 코를 들이밀면 결국 온몸을 들이민다는 말이 생각나더군요"라고 회고했다. 콜린스는 "미국은 애초에 의도했던 것보다 훨씬 깊게 개입하게 될 게 분명했고, 민간 지도부가 전술과 전략까지 영향을 미치고 있는 상황에서 우리는 그저 베트남 문제에 조금씩 더 깊이 휘말리고 있었죠"라며 당시 상황을 분명하게 인식하고 있었다. [2]

■

1965년 2월 7일, 미 해군 항공모함 레인저(Ranger), 코럴씨(Coral Sea), 핸콕(Hancock) 세 척이 남중국해에 정박한 채 북베트남 폭격 명령을 기다리고 있었다. 같은 날, 베트콩(Viet Cong)의 플레이쿠(Pleiku) 기지 기습으로 인해 '플레이밍 다트 I (Flaming Dart I)'라는 보복 작전을 개시할 명분이 마련됐다. 이 작전은 북베트남 남부 지역에 있던 군 병영시설을 겨냥한 공습이었다. 레인저(Ranger)호는 빗투루(Vit Thu Lu) 지역 병영을, 코럴씨Coral Sea)호와 핸콕(Hancock)호는 동호이(Dong Hoi) 병영시설을 각각 타격할 예정이었고, 남베트남 공군도 세 번째 표적에 대한 폭격을 준비 중이었다. 이는 1964년 8월 통킹만(Tonkin Gulf) 사건에 대한 보복 이후 북베트남을 상대로 한 첫 공개 공습이었다.

하지만 모든 일이 계획대로 진행되지는 않았다. 레인저(Ranger)호의 목표 지역에는 짙은 구름층이 끼어 조종사들은 임무를 중단할 수밖에 없었다. 나머지 두 항공모함에서 출격한 조종사들도 악천후에 마주쳤지만, 구름 아래로 저공 돌입해 공격을 감행하기로 했다. 코럴씨(Coral Sea)호에서 출격한 29대의 항공기들은 빠른 속도로 접근해 동호이(Dong Hoi) 병영시설을 폭격했다. 북베트남의 대공포화와 지상의 소화기 사격은 저공 비행하는 미군기들을 집중적으로 겨냥했고, 결국 그중 한 대가 격추되어 조종사가 목숨을 잃었다. 강력한 방어 사격과 열악한 기상 상태 탓에 병영시설에 가해진 피해는 경미했다. 공습이 끝난 뒤 빗투루(Vit Thu Lu)는 어떠한 타격도 입지 않았으며, 동호이(Dong Hoi)에서는 275개 건물 중 16채만 파괴되었다.[3]

같은 날 2월 7일 일요일 늦은 밤, 맥조지 번디와 수행단은 남베트남 방문을 마치고 워싱턴으로 돌아왔다. 백악관에 도착한 번디는 곧장 대통령에게 보고서를 전달했다. 그는 이 보고서가 자신뿐 아니라 테일러 대사와 현지 지휘관들의 공통된 견해를 반영한 것임을 강조했다. 번디는 윌리엄 번디와 맥노턴과 마찬가지로, 베트남에서 미국의 신뢰와 위신을 지키는 것이 미국 외교정책의 핵심 과제라고 보았다. 그는 세계의 시선 속에서 미국이 베트남 전쟁의 결과에 책임을 질 수밖에 없으며, 미국의 국제적 위신과 영향력이 크게 위협받고 있다며"미국이 새로운 조치를 취하지 않는다면 패배는 불가피해 보입니다. 그 시점이 몇 주, 몇 달은 아닐 수 있지만, 아마 1년 안팎에 현실화될 가능성이 높습니다"라고 경고했다. 또한 그는 플레이쿠(Pleiku) 습격 사건이 미국에게 새로운 정책, 즉 북베트남 폭격을 중심으로 한, 보다 적극적인 전략을 시작할 수 있는 현실적 출발점을 마련해주었다고 평가했다. 번디는 지금 미국이 이 전쟁의 중대한 갈림길에 서 있다고 단언했다.[4]

번디는 맥노턴과 마찬가지로 이 전쟁에서 미국이 성공할 가능성은 높지 않다고 보았다. 그럼에도 그는 아무런 행동도 하지 않은 채 패배하는 것보다는 군사적 조치를 시도했다가 실패하는 편이 정치적으로도, 전략적으로도 더 유리하다고 판단했다. 그는 미국이 유리한 결과를 얻을 확률을 약 25% 정도로 낮게 평가하면서도, 설령 실패하더라도 그 정책은 시도할 가치가 있다고 단언했다. 미국의 신뢰를 유지하기 위해서는 점진적이고 지속적인 보복 전략이 그나마 가장 현실적인 선택이라고 대통령에게 강조했다.[5] 국내외 정치 상황 역시 번디의 확신을 더 굳히는 요인이 되었다. 그의 보고서는 "미국이 상당한 군사적 노력을 쏟은 끝에 패배하게 된다면, '우리가 할 수 있는 모든 일을 다 하지 않았다'는 비난을 어느 정도 막을 수 있을 것입니다. 이는 미국을 비롯한 여러 나라에서 중요한 정치적 의미를 갖게 될 것입니다"라는 논리를 담고 있었다.[6]

번디는 미군이 본격적으로 개입하기 훨씬 전부터, 남베트남을 잃게 될 경우 미국이 감당해야 할 대가에 대해 깊이 우려하고 있었다. 반면 군사 개입의 실제 결과에 대해서는 상대적으로 단순하게 바라봤다. 그는 미군의 전사자 수가 늘어나고 그 충격이 미국 여론에 직접적으로 영향을 미칠 것이라는 점을 인정하면서도, 그 대가는 미국이 철수했을 때 감당해야 할 정치·전략적 손실에 비하면 훨씬 작다고 판단했다. 이런 인식 속에서 번디와 그의 참모들은 군사 개입이 요구하는 비용보다 그로 인해 얻을 수 있는 가치가 더 크다는 결론에 이르렀다.[7]

그 무렵 존슨 대통령은 국내 입법 과제에 몰두하고 있었기 때문에, 번디가 제시한 전략을 깊이 있게 검토하지 않았다. 번디가 브리핑을 마치자 대통령은 그의 보고서에 새로운 점이 있는지 물었고, 그 질문에 번디는 잠시 당황한 모습을 보이면서, "글쎄요, 저희는 기존에 없었던 하나의 전략을 대략적으로나마 제시했다고 생각합니다"라고 대답했다. 그러나 대통령은 북베트남에 대한 체계적인 폭격 결정을 철저히 비밀에 부치길 원했기 때문에 그 의견을 받아들이지 않았다. "아닙니다. 우리는 이미 그 단계까지 와 있습니다. 그 이야기는 더 이상 하지 않는 게 좋을 것 같습니다"라고 잘라 말했다. 그런데 번디가 자리를 뜨려던 순간, 존슨 대통령이 다시 "이 보고서, 몇 부나 있습니까?"라고 물었다. 번디가 이미 여러 부 배포되었다고 답하자, 존슨은 "전부 회수해 오시오!"라고 격분하며 소리 쳤다.[8]

◼

다음 날인 2월 8일, 존슨 대통령은 테일러 대사에게 "남베트남 정부와 함께 나아갈 준비가 되었습니다. 따라서 오늘, 북베트남에 대한 지속적인 조치를 포함한 12월 계획을 실행하기로 결정했습니다"라는 내용의 전보를 보냈다. 그러면서 그는 테일러에게 이 결정은 절대 외부에 알려져서는 안 된다고 당부했다.[9]

테일러와 맥조지 번디(McGeorge Bundy)는 공개 토론이나 의회의 공식 심의 없이 전쟁을 확대하려는 대통령의 방침을 지지했다. 특히 테일러는 북베트남 폭격으로 국내외 여론을 자극하지 않도록, 이를 보복 조치로 설명해야 한다는 번디의 입장에 동의했다.[10] 대통령 측은 북베트남에 대한 지속적인 공습을 언제 공식 선언할지 적절한 시점을 저울질하고 있었고, 그 사이 번디는 NSC 참모 체스터 쿠퍼(Chester Cooper)에게 베트콩(Viet Cong)·북베트남의 도발 목록을 매주 정리해 보고하도록 지시할 계획이었다. 이는 공습의 정당성을 꾸준히 유지하기 위한 전략이었다. 시간이 흐르면서 미국 대중도 공습에 점차 익숙해졌고, 북베트남 폭격은 이제 특정 베트콩(Viet Cong) 도발과 연결되지 않은 일상적인 조치로 받아들여질 수 있었다.[11]

정책적 합의를 유지하고 베트남 문제로 정치적 갈등이 커지는 것을 막기 위해, 존슨 대통령은 자신의 입장을 의도적으로 모호하게 유지했다. 플레이쿠(Pleiku) 보복 공습 다음 날 아침, 그는 주요 상·하원 의원들을 NSC 회의에 초대했다. 맥나마라와 휠러는 미국의 전쟁 개입 수준이 이미 본질적으로 바뀌고 있다는 사실을 숨긴 채, 마치 의회와 긴밀히 협의하고 있는 듯한 인상을 주는 데 협조했다. 협상을 통한 해결을 선호하는 민주당 상원 원내대표 마이크 맨스필드(Mike Mansfield)와, 기상 악화로 공격하지 못했던 세 표적에 대한 추가 공습을 요구하는 공화당 하원 원내대표 제럴드 포드(Gerald Ford)를 모두 달래기 위해, 대통령 측은 이번 공습을 그저 단순한 보복 조치로 설명했다. 맥나마라는 공산주의자들이 미국이 먼저 공세를 시작했다고 오해하지 않도록 신경 써야 한다고 강조했다. 휠러 역시 통킹만(Tonkin Gulf) 사건 때처럼 맥나마라의 이런 설명에 동조하며 힘을 보탰다. 사실 그는 개인적으로 이미 또 다른 공습에 찬성하고 있었고, 그 무렵 북베트남을 대상으로 한 8주간 장기 공습 계획을 명령받은 상황이었다. 그럼에도 불구하고, 휠러는 의원들에게 이번 폭격은 단지 보복일 뿐이며, 따라서 남은 세 목표에 대한 추가 공습은 군사적으로 필요하지 않다고 설명했다. 하지만 이는 그의 실제 의도와는 거리가 먼 발언이었다. 그는 이미 대규모 공습 작전을 준비 중이었기 때문이다. [12]

북베트남 추가 공습을 두고 찬반 논쟁이 이어지던 가운데, 대통령은 남베트남군이 일부 목표를 제한적으로 공격하는 것만 허용하고 미군 항공기의 추가 공습은 승인하지 않았다. [13] 그러나 사흘 뒤 베트콩(Viet Cong)이 또 다시 공격을 감행하면서, 존슨 대통령은 그동안 준비해 온 점진적 압박 전략을 본격적으로 착수할 명분을 얻게 되었다. 표면적으로는 여전히 '보복'이라는 명분을 내세울 수 있었다. 2월 10일, 베트콩(Viet Cong) 소속 테러리스트들이 해안 도시 퀴논(Qui Nhon)에 주둔 중이던 미군 병사 숙소를 폭파해 23명이 사망하고 22명이 부상하는 사건이 발생했다. 같은 날 열린 NSC 회의에서 대통령은 북베트남 남부의 두 목표를 보복 차원에서 공습하기로 승인했다. 이 자리에서도 대통령과 참모들은 세부 계획을 외부에 공개하지 않기로 의견을 모았다. [14]

하지만 퀴논(Qui Nhon)에 대한 보복 공습 역시 플레이쿠(Pleiku) 사건 때와 마찬가지로 기대했던 성과를 거두지 못했다. 합참은 7개 목표에 대한 대규모 공습을 제안했지만, 맥나마라 장관은 그중 3곳만을 추천했고, 조지 볼(George Ball)은 대통령에게 목표를 2곳으로 더 줄이자고 건의했다. 결국 대통령은 볼의 의견을 받아들였다. [15] 공습 계획에 따라 미 해군 항공기는 찬호아(Chanh Hoa) 지역의 병영시설을, 남베트남 공군과 팜게이트(Farmgate) 작전 항공기는 부콘(Vu Con) 지역의 병영시설을 타격했다. 그러나 짙은 구름 때문에 해군 항공기들이 최적 고도에서 폭격을 하지 못했고, 북베트남의 강한 대공 사격까지 겹쳤다. 총 100대의 항공기가 투입되었지만, 목표로 삼은 76개 건물 중 실제로 파괴된 것은 23채에 불과했고, 항공기 3대가 격추됐다. 이어 미국은 2월 7일과 8일, 11일 세 차례에 걸쳐 북베트남에 있는 491개 목표물을 대상으로 총 267회 공습을 진행했지만, 실제로 파괴된 건물은 47채에 그쳤다. 북베트남 병영시설에 대한 작전은 큰 피해 없이 계속 진행되었다.[16]

실망한 맥나마라 국방부 장관은 공습 결과를 되돌아보며, 점진적 무력 사용 전략 자체가 혼란에 빠져 있음을 지적하는 메모를 휠러 합참의장에게 보냈다. 그는 공습이 군사적으로 더 큰 타격을 가했어야 한다는 판단과, 실제로 이번 작전의 핵심 목적이 '정치적 메시지 전달'에 있었다는 사실 사이에서 스스로의 기대와 현실이 어긋나 있음을 인식하고 있었다. 그러면서 휠러에게 "267번이나 출격했는데도 고작 이 정도 성과라면, 이런 식의 작전을 앞으로 몇 달씩 계속할 수는 없지 않겠습니까?"라고 말하고는 이어서 "물론 우리의 주된 목표는 정치적 결의를 보여주는 것이었고, 그 목적은 달성했다고 생각합니다"라고 말했다. 그럼에도 그는 휠러에게 보다 실질적인 개선책을 마련하라고 요구했다. 공습이 충분한 군사적 효과를 내지 못한다면, 미국이 보여주려는 단호한 메시지 자체가 약화될 수 있다는 우려에서였다. 공군 출신의 통계 전문가이기도 했던 맥나마라는 표적 선정 방식의 조정, 공격 집중도의 재설계, 공습 부대 편성과 전술 개편 등 여러 대안을 함께 검토해 보자고 제안했다.[17]

문제는 군사력 운용에만 있는 단순한 사안이 아니었다. 무력 사용에 대한 정치적 제약과 백악관 중심의 의사결정 구조는 악천후, 강력한 북베트남 방공망, 폭격 자체의 구조적 부정확성과 맞물려 상황을 더욱 복잡하게 만들었다. 퀴논(Qui Nhon) 공습 이전에도 보복 목표를 두고 합참, 맥나마라, 테일러가 서로 다른 의견을 냈고, 합참은 웨스트모어랜드 장군과 샤프 제독에게 명령을 여러 차례 수정해 가며 전달해야 했다. 이런 반복되는 변경 때문에 계획 수립 과정은 혼란에 빠졌다. 대통령이 최종 목표 조합을 결정하기 전까지는 항공 승무원들조차 제대로 된 작전 준비를 할 수 없었다. 웨스트모어랜드는 잦은 지시 변경으로 참모들이 지쳐가고 있다고 보고했고, 남베트남 공군도 계속해서 휘둘린다며 불만을 표했다.[18]

이처럼 초기 공습이 기대만큼 성과를 내지 못했음에도, 맥나마라 장관은 오히려 합참에 공습의 범위와 강도를 더 엄격하게 제한하는 지침을 내렸다. 2월 8일, 그는 휠러에게 북베트남과 베트콩(Viet Cong)의 도발에 대해 '보복'으로 보이는 형태의 8주 공습 계획을 마련하되, 주당 2~3회 이상 실행하지 말라고 지시했다. 목표 구역도 북위 19도 이남으로 좁혀졌으며, 푹옌(Phuc Yen) 공군 기지의 MIG 전투기들은 여전히 타격 금지 대상이었다.[19] 이 같은 제한은 애초에 맥나마라가 합참이 보다 큰 전략적 방향을 제시할 여지를 차단하기 위해, 요청의 틀 자체를 매우 좁게 설정해 둔 결과였다.

◼

맥나마라가 공습 작전을 강하게 통제하자, 일부에서는 르메이 장군이 이에 즉각 반발할 것이라고 예상했다. 그러나 불과 일주일 전, 르메이는 34년의 군 복무를 끝으로 전역했고, 그의 후임으로 존 P. 맥코넬(John P. McConnell) 장군이 임명되었다. 사실 대통령과 핵심 참모들은 르메이의 전역을 오래전부터 예상하고 있었고, 이미 10개월 전부터 맥코넬을 후임자로 점찍어 공군 참모차장에 미리 올려놓은 상태였다. 두 사람의 스타일 차이는 분명했다. 《뉴스위크》는 르메이와 맥코넬의 사진을 나란히 실으며, "맥코넬의 지성과 추진력이 르메이의 헌신과 강경함을 대신했다"고 평가했다. 거칠고 단호한 르메이와 달리, 맥코넬은 온화하고 사려 깊은 인상을 주는 인물이었다.《타임》지는 그의 임명을 두고 "군 지도부의 한 시대가 마무리되었다"고 보도했다. 펜타곤의 분석가들 또한 이 신세대 지휘관의 등장으로 각 군 간의 경쟁이 완화되고, 민·군 관계가 더욱 원만해질 것으로 전망했다. 실제로 맥코넬은 르메이보다 맥나마라나 다른 민간 관료들과 훨씬 더 우호적인 관계를 유지했다. 그는 유럽 나토 부사령관으로 일하던 시절, 간결하고 체계적인 브리핑으로 국방부 장관에게 강한 인상을 남긴 바 있었다. 맥코넬의 임명은 존슨 대통령이 군 지도부를 르메이 같은 '영웅형 지휘관'에서, 맥나마라 스타일의 '계획자이자 전략가'

로 변화시키겠다는 의지를 보여 주는 결정이었다. [20]

사실 테일러는 이미 1964년 1월, 르메이의 후임으로 맥코넬을 추천한 바 있었다. 맥코넬은 국방부 장관의 펜타곤 개혁을 적극 지지하는 인물로, 일찍부터 '맥나마라의 사람'으로 알려져 있었다. 그는 1957년 전략공군사령부 관련 보고를 위해 텍사스에 있는 존슨의 목장을 방문하면서 대통령과 개인적 친분을 쌓기 시작했다. 맥코넬은 훗날 이 시기를 떠올리며, 존슨은 손님을 세심하게 챙기면서도 상황을 정확히 파악하는 매우 예리한 성격의 사람이었다고 회고했다. 두 사람은 목장을 함께 돌아다니고, 수영을 하거나 권총을 쏘고, 이웃들을 방문하는 등 편안하고 유쾌한 분위기 속에서 자연스럽게 가까워졌다. [21] 대통령이 된 존슨은 자신에게 확실하게 힘이 되어 줄 사람이 필요했다. 군 내부에서 베트남 정책을 둘러싼 불만이 커질 가능성을 우려하고 있었기 때문이다. 그런 점에서 맥코넬은 신뢰할 만한 인물이었다.

다만 개인적 친분이 있다고 해서 곧바로 중요한 자리를 맡길 수는 없었기에, 존슨은 그의 충성심을 다시 한번 시험하고자 했다. 1964년 초, 공군 참모총장 후보로 맥코넬을 점찍어 둔 존슨은 그를 유럽에서 불러들여 백악관에서 면담을 가졌다. 그 자리에서 존슨은 단도직입적으로 "나와 군사적 입장이 다를 수도 있을 텐데, 그럴 때도 내 정책을 지지할 수 있겠는가?"라고 물었다. 이에 맥코넬은 "설령 정부의 정책에 전적으로 동의하지 않는다 해도, 저는 최선을 다해 대통령의 결정을 실행에 옮기고, 공군 전체가 그렇게 따르도록 하겠습니다"라고 대답했다. 공군 참모총장이 된 이후, 맥코넬은 자신이 맡은 역할을 이렇게 정의했다. 그는 맥나마라 장관과 존슨 대통령에게 군사력 운용에 대한 적절한 대안들을 제시함으로써, 두 사람이 각자의 입장에서 가장 효과적으로 문제를 풀어갈 수 있도록 돕는 것이 자신의 책임이라고 생각했다. [22] 맥코넬은 존슨 대통령이 듣고 싶어 하던 답을 정확히 내놓은 인물이었고, '조언자'라기보다는 '기술자로서 실행을 보장하는 사람'에 가까웠다. 그는 민간 지도자들의 요구가 크든 작든, 북베트남 폭격 작전을 언제든 수행할 준비가 되어 있었고, 대통령과 국방부의 전략을 충실하게 뒷받침하는 데 주저함이 없었다. 훗날 그는 자신도 휠러처럼 대통령과 매우 가까운 관계를 유지하게 되었음을 회상했다.[23]

■

하지만 맥코넬과 육군참모총장 해럴드 존슨(Harold Johnson) 장군 사이의 관계는 순조롭지 않았다. 두 사람은 군사력 운용에 대한 제도적 시각에서도 차이를 보였지만, 사실 갈등의 뿌리는 웨스트포인트 사관학교 시절까지 거슬러 올라간다. 아칸소 출신인 맥코넬은 1929년 고향의 헨더슨-브라운 대학교를 우등으로 졸업한 뒤, 동기인 휠러와 함께 웨스트포인트에 입학했다. 생도 시절 그는 최고 생도 계급인 '퍼스트 캡틴(First Captain)'까지 오르며 동기생들 사이에서 두드러지는 존재였다. 반면 해럴드 존슨(Harold Johnson)은 성적도 평범했고, 맥코넬이 웨스트포인트 졸업을 앞두고 풋볼팀 매니저를 맡았을 당시, 한 학년 아래였던 존슨은 부매니저를 맡았다. 존슨은 그 시절을 떠올리며, 맥코넬이 힘든 일은 자신에게 시키고 공은 혼자 가져갔다고 기억하고 있었다.[24] 또한 존슨은 맥코넬의 잦은 음주 습관도 불편하게 여겼던 것으로 보인다. 실제로 베트남전이 한창이던 시기, 맥코넬의 잦은 음주는 결국 알코올 중독으로 이어지게 된다. 갈등이 점점 깊어지자 두 사람 사이를 중재한 이는 웨스트포인트 동기였던 얼 휠러(Earle Wheeler)가 맡게 되었다.

존슨과 맥코넬은 단순한 성격 차원을 넘어 군의 역할과 운용에 대한 인식 자체가 근본적으로 달랐다. 르메이처럼 맥코넬은 대규모 공중 폭격만으로도 북베트남을 굴복시켜 미 지상군 투입 없이 전쟁을 끝낼 수 있다고 믿었다. 그는 이를 위해 태평양 지역에 15개 비행대대를 추가 배치해야 한다고 주장했다. 반면, 한국전쟁 당시 지상전의 참혹함을 경험한 해럴드 존슨(Harold Johnson)은 북베트남 폭격이 오히려 미국의 지상군 투입을 불러올 것이라 크게 우려했다. 그는 특히 중국의 개입 가능성을 다른 참모들보다도 심각하게 받아들였고, 전면전 확전을 막기 위해 공중 폭격은 더욱 신중해야 한다고 강조했다.

존슨은 이미 태평양 지역에 이미 865대의 미 항공기가 배치되어 있음을 들어, 15개 비행대대를 더 늘리는 건 지나치다고 반박했다. 실질적으로 필요성이 입증되기 전까지는 증원을 유예해야 한다고 주장했고, 공산 세력의 지상 공세를 억제하기 위해 북베트남 공습이 시작되기 전 육군 2개 사단을 태국에 배치할 것을 권고했다. [25]

이런 상황에서 국방부 장관과 대통령에게 노골적인 의견 충돌을 드러내지 않기 위해 휠러 장군은 해럴드 존슨(Harold Johnson)과 다른 참모총장들을 설득해 합참의 '공동 입장'을 만들고자 했다. 이는 불필요한 갈등을 피하면서 현실적인 결론을 도출하려는 휠러 특유의 신중하고 타협적인 성향이 드러난 행동이었다. 그는 만약 맥나마라와 대통령이 합참 내부의 이견을 알게 될 경우, 베트남 정책 결정 과정에서 합참의 영향력이 약해질 것을 우려했기 때문이다. [26] 한편 맥나마라는 주 1회 정도의 공습만으로도 작전 강도를 충분히 유지할 수 있다고 보았고, 휠러에게 합참 내 의견 조율을 더 적극적으로 추진하라고 압박했다. [27] 그는 휠러에게, 합참이 당분간 무력 사용을 제한하는 데 동의하더라도 초기 단계에서 가시적 성과가 나타나지 않을 경우 대통령이 직접 더 강도 높은 군사 행동 확대를 승인할 의사가 있음을 분명히 했다. 지금 시점에서 가장 중요한 건 존슨 대통령이 승인할 수 있는 수준의 공습 계획을 마련해 제출하는 것이라고 보았다. 아울러, 현재와 같은 제한적 공습이 효과가 없다고 단정할 근거도 없다고 덧붙였다. [28]

합의를 이끌어내기 위해 휠러는 맥나마라의 전쟁 확대 전략에 대한 합참의 우려를 완화하고자 노력했다. 장기적으로는 한계가 있다는 점을 알고 있었지만, 병력 배치 자체는 지지하는 방향으로 움직였다. 육군 참모진은 공습이 비효율적이며, 결국 미국 지상군이 동남아시아에 투입되는 결과를 낳을 것이라고 우려했지만, 당시 육군 기획·작전 차장이었던 브루스 파머(Bruce Palmer) 중장은 자신과 해럴드 존슨(Harold Johnson) 장군 모두 공습 방안 자체에 큰 반대가 없었고, 한 번 시도해 보더라도 크게 잃을 것이 없다는 생각에 그 방안을 수용하게 되었다고 회고했다. 휠러는 우선 소규모 항공기 전력과 지상 병력 배치 승인을 확보하는 데 집중하자고 제안했다. 일단 이 병력이 승인되어 현지에 배치되면, '우선 과제'라는 명분 아래 추가 병력 투입을 계속 논의해 나가자는 전략이었다. 훗날 파머는 전쟁의 점진적 확대에 대한 합참 내부의 우려를 의도적으로 드러내지 않은 것은 무책임한 행동이었다고 자평했다.[29]

이후 휠러는 베트남에서 공산주의를 반드시 저지해야 한다는 합참의 공통된 신념을 강조하며, 각 군(軍)의 입장을 반영한 절충안을 마련했다. 육군의 경우 항공 편대를 15개에서 9개로 줄였고, 북베트남 공습이 베트콩(Viet Cong) 억제에 직접적인 효과를 내기 어렵다는 점도 명확히 했다. 또 전쟁의 승패가 결국 지상에서 결정될 것이란 해럴드 존슨(Harold Johnson)의 관점을 고려해, 남베트남군이 라오스를 침공하는 방안도 함께 추진했다. 절충안에 따라 육군은 1개 여단(사단의 3분의 1 규모)을 태국에 파견하고, 해병대는 남베트남의 항구 도시 다낭(Danang)에 1개 여단을 배치할 계획이었다. 공군은 단기적으로 항공 편대 6개를 감축하고 제한된 공중 작전에 만족해야 했지만, 장기적으로는 더 많은 병력 투입과 보다 유연한 작전을 기대할 수 있었다. 해군은 공습에 참여하는 동시에 해상 포격으로 폭격 작전을 지원하는 역할을 맡게 되었다.[30]

2월 11일, 합참은 맥나마라가 제시한 제한 조건을 충족하는 8주간의 공중 작전계획을 제출했다. 이 계획에는 미국과 남베트남 공군이 매주 네 곳의 고정 목표에 공습하고, 두 도로 구간에 대해 공중·단 임무를 수행하는 내용이 담겨 있었다. 아울러 북베트남의 지속적인 지원 아래 반란이 계속될 경우에는 19도선 북쪽까지 표적을 넓히고 공습 강도를 올리겠다는 조건부 조항도 포함되었다. 대통령이 더 강력한 공습을 곧바로 승인할 때를 대비해, 합참은 매주 7개나 10개 표적에 공습을 가하는 대안 계획도 함께 내놓았다. 모든 목표물은 병영, 저장소, 다리 등 철저히 '군사적' 표적으로 한정되었고, 각 대안마다 표적당 예상 출격 횟수와 투입할 항공기

종류도 계산해 포함시켰다. 이 공중 작전의 암호명은 '롤링 썬더(Rolling Thunder)'였다.[31]

■

　대통령은 북베트남에 대한 공습을 계속 허용했지만, 이 결정이 결국 미국 지상 전투부대의 남베트남 파병을 앞당길 수 있다는 점까지는 고려하지 않았다. 몇 년 뒤, 맥나마라는 이 공중 작전이 예상과 달리 미 지상군 참전을 촉발하는 계기가 되었다고 인정했다.[32] 사실 해럴드 존슨(Harold Johnson) 장군은 이 결과를 이미 경고한 바 있었다. 그럼에도 맥나마라와 테일러는 1964년 11월과 12월 정책 검토 과정에서 지상군 투입 논의를 의도적으로 배제했다. 1965년 2월, 맥나마라는 북베트남에 대한 점진적 압박 전략을 집요하게 밀어붙였고, 롤링 썬더(Rolling Thunder) 작전을 시작하면서도 합참이 제안한 해병대와 육군 병력의 동남아 배치 요구에는 여전히 등을 돌렸다. 휠러의 절충안은 지상군 파병 권고의 맥락을 흐리게 만들었고, 맥나마라는 이 절충안을 자신에게 유리한 방식으로 통제하며 선택적으로 활용했다. 그 결과, 지상군 투입에 대한 논의는 사실상 거의 사라지게 되었다.[33]

　북베트남에 대한 지속적 조치가 승인된 이후에도 롤링 썬더(Rolling Thunder) 작전은 실제 실행까지 여러 번 차질을 빚었다. 합참은 2월 18일, 맥나마라에게 절충안 보고서를 제출한 지 일주일 만에 롤링 썬더(Rolling Thunder) I 작전 실행 명령을 하달했다. 이에 미국과 남베트남 공군은 2월 20일 북베트남 해군기지를 공습할 예정이었다. 그러나 작전은 첫 여섯 차례 모두 무산되었다. 사이공(Saigon)에서 일어난 쿠데타 시도, 악천후, 그리고 모스크바에서 열리는 공산권 회의 시점과 맞물리는 문제 등 정치적 이슈가 겹쳤기 때문이다. 결국 롤링 썬더(Rolling Thunder) 작전의 첫 임무는 여러 차례의 연기를 거듭한 끝에 3월 2일이 되어서야 실행되었다.[34]

남베트남 국민의 사기를 북돋우고 남베트남 정부의 안정을 도모하는 것 역시 공중 폭격 작전의 주요 목표 중 하나였지만, 남베트남의 만성적인 정치 불안정은 북베트남과의 전쟁을 확대하는 데 여전히 가장 큰 걸림돌이었다. 1965년 2월 중순 당시 남베트남은 사실상 정부 기능이 마비된 상태였음에도, 테일러 대사는 롤링 썬더(Rolling Thunder) 작전이 성공할 것이라 낙관적으로 전망했다.

존슨 대통령은 여전히 칸(Khanh) 장군을 남베트남의 실질적 지도자로 인식하고 있었지만, 테일러 대사는 전임 로지 대사와 달리 칸(Khanh) 장군에게 권력이 과도하게 집중된 현 구조가 오히려 정치적 불안정을 심화시키고 있다고 보았다. 1월 26일, 칸(Khanh) 장군은 응우옌쑤안오안(Nguyen Xuan Oanh)을 총리로 임명했다. 하버드 출신이며 미국 정부 근무 경험도 있었던 오안(Oanh)은 미국 측에서 친미 성향의 인물로 평가받았다. 그러나 집권 직후 오안(Oanh)은 격화되는 불교계 시위와 폭동을 마주했다. 학생들은 후에(Hue) 지역의 미 공보원을 불태웠고, 사이공(Saigon) 지역의 공보원도 습격당했다. 당시 CIA는 이러한 사태를 민족주의적 사회·정치 혁명의 연장선으로 분석했다. 하지만 테일러는 이 반미 감정의 폭발을 칸(Khanh) 장군의 책임으로 돌렸고, 그를 공산주의 동조자로 낙인찍으며 군 내부에서 그의 신뢰를 약화시키려 했다.[36]

칸(Khanh) 장군의 권위가 흔들렸지만, 그를 대체할 뚜렷한 후계자가 없었던 탓에 남베트남은 다시 권력 공백과 혼란에 빠졌다. 군 고위 장교들은 서로 앞다투어 권력을 잡으려 움직였고, 정치적 혼란은 걷잡을 수 없이 증폭되었다. U. 알렉시스 존슨(U. Alexis Johnson)은 2월 19일부터 27일까지의 상황을 몇 배속으로 재생되는 영화를 보는 듯해 전체 상황을 파악하기조차 어려웠다"고 묘사했다.[37] 이 혼란 속에서 파트(Phat) 장군과 북베트남의 간첩이었던 팜응옥타오(Pham Ngoc Thao) 대령은 칸(Khanh) 장군을 납치하고 군 최고회의로부터 권력을 무력으로 빼앗으려 시도했다. 칸(Khanh) 장군과 공군 부사령관 키(Ky) 장군은 가까스로 체포를 피했고, 키(Ky) 장군은 비엔호아(Bien Hoa) 공군 기지로 이동해 사이공(Saigon) 쿠데타 세력을 공습하라고 명령했다. 미국 측은 폭력 사태 확산을 막기 위해 긴박하게 움직였다. 대사관 상공에 폭격기가 저공비행을 하는 가운데, 웨스트모어랜드 장군이 직접 키(Ky) 장군을 설득하며 사이공(Saigon)에 대한 폭격을 막으려 했다. 결국 웨스트모어랜드와 알렉시스 존슨(U. Alexis Johnson)이 일시적 휴전을 이끌어냈고, 분위기가 조금 진정되자 칸(Khanh)과 군 최고회의는 각자의 충성 세력을 재정비하는 데 이 시간을 활용했다. [38]

하지만 쿠데타의 충격과 테일러의 압박은 칸(Khanh) 장군과 군 최고회의 간의 갈등을 더 깊게 만들었다. 최고회의는 칸(Khanh)이 자신들을 건너뛰고 하급 장교들의 지지를 끌어내려 한 점에 강한 불만을 드러내며, 그의 사임을 요구했다. 더 이상 자신을 지지해 줄 세력이 남지 않았다는 것을 깨달은 칸(Khanh)은 마지못해 사임에 동의할 수밖에 없었다. 2월 25일, 군의 예우를 받으며 칸(Khanh) 장군과 가족은 파리로 향하는 팬암 클리퍼(Pan Am Clipper) 여객기에 올랐다. 이 모습은 테일러에겐 하나의 승리처럼 느껴졌다. 알렉시스 존슨(Alexis Johnson)은 훗날 "그 자리에서 누구도 눈물을 흘리지 않았다"고 회상했다. [39]

테일러는 칸(Khanh)의 퇴진을 개인적 성과로 여겼고, 이후 북베트남에 대한 공습을 더 강하게 주장했다. 칸이 탑승한 비행기가 이륙하자마자, 그는 워싱턴으로 "칸(Khanh) 비행기 탔음. 꽈뜨(Quat) 총리가 2월 26일 폭격에 대한 정치적 승인 제공"이라는 짧은 전문을 보냈다. 칸(Khanh) 장군이 출국한 다음 날, 테일러 대사는 남베트남의 판후이꽈뜨(Phan Huy Quat) 총리와 고위 관리들에게 미국의 직접적인 군사 행동이 전쟁의 흐름을 바꿀 수 있는 전환점이 될 수 있다고 강조했다. 그는 같은 메시지를 남베트남 군 장성들에게도 전달했으며, 워싱턴에는 북폭 이후 남베트남 국민들 사이에서 희망의 조짐이 나타나고 있다는 점을 보고했다. 테일러는 남베트남 군 지휘부에 단결을 촉구하며 승리를 위해 힘차게 나아가야 한

다고 격려했다. 남베트남이 '승리하는 정부'가 될 수 있다는 자신감을 심어주려는 의도였다.[40]

하지만 칸(Khanh) 장군을 내쫓아 얻은 테일러의 성과는 오래가지 않았다. 당시 남베트남의 군사 상황은 사실상 절망적인 수준으로 악화되어 있었다. 베트콩(Viet Cong)은 이미 남베트남 국토의 절반 이상을 장악했고, 전투 강도는 이전과 비교할 수 없을 만큼 치열해졌다. 북베트남 지도부는 미국이 본격적으로 개입하기 전에 남베트남군을 궤멸시키겠다는 계획을 1월에 확정했고, 이후 베트콩(Viet Cong)은 고립된 전초기지와 보급로를 집중적으로 공격하기 시작했다. 그 결과 미군과 남베트남군의 사상자는 급증했다. 칸(Khanh) 장군이 물러나기 직전 단 일주일 동안 미군은 36명이 전사하고 196명이 부상을 입었으며, 1명이 실종됐다. 하지만 더 심각했던 것은 같은 기간 남베트남군이 1,555명이나 전사했다는 점이다. 연이은 전투 손실, 지휘부의 내부 정치 다툼, 그리고 외면 속에서 남베트남군의 사기는 바닥까지 떨어졌다. 테일러가 북폭 효과를 내세우며 워싱턴에 낙관적인 보고를 보내던 바로 그 시기, 남베트남군 병사들은 하루 평균 350명 이상 탈영했다.[41]

■

테일러는 북베트남 공습이 전세를 뒤집을 수 있으리라 기대했지만, 미국 정보위원회는 정반대의 전망을 내놓았다. 정보위원회는 북폭이 북베트남 정부로 하여금 남베트남 반란 지원을 중단하게 만들 가능성은 매우 낮으며, 오히려 베트콩(Viet Cong)이 조기 승리를 기대하며 전투를 더욱 가속화할 수 있다고 경고했다.[42] 테일러 대사는 북폭이 남베트남 정부를 안정시키는 데 도움이 될 것이라고 보았으나, CIA는 다른 분석을 내놓았다. 남베트남 정부 내에서 추가적인 권력 투쟁이 벌어질 것으로 예상했고, 칸(Khanh) 장군이 분명한 후계자를 남기지 않고 물러난 상황은 군 내부 여러 세력에게 '새로운 군사 지도자'를 노릴 기회를 제공했기 때문이다. CIA는 이러한 요인들로 인해 가까운 장래에 안정적이고 실질적인 정부가 구성될 가능성은 매우 낮다고 결론지었다.[43]

그럼에도 불구하고 테일러는 롤링 썬더(Rolling Thunder) 작전에 더욱 힘을 실었다. 웨스트모어랜드는 테일러가 점진적인 대응이 결국 효과를 낼 것이라고 확신했으며, 심지어 북베트남이 단순히 지원을 끊는 것을 넘어 반란 진압에도 협력할 것이라고 믿고 있었다고 회고했다. 테일러는 북폭이 북베트남 지도자들에게 침략을 중단해야 한다는 점을 자각하게 만들고, 베트콩(Viet Cong)에게도 파괴 행위를 지속하면 감당할 수 없는 대가를 치르게 된다는 경고가 될 것이라고 보았다. 폭격은 남베트남 정부의 사기를 높이는 동시에, 베트콩(Viet Cong)에게 더 이상 안전지대가 없음을 보여줌으로써 그들의 사기를 꺾는 데 효과적일 수 있다는 관점을 가지고 있었다. 웨스트모어랜드는 테일러의 이러한 낙관적 기대에 완전히 동의하지는 않았다. 그는 테일러의 기대가 다소 비현실적이라고 느끼면서도, 합참과 마찬가지로 북베트남에 대한 제한적 공습은 시도해볼 가치가 있다고 판단했다. 만약 공습이 성과를 내지 못하더라도 그때는 미국이 보다 직접적으로 개입해 남베트남을 지키면 된다는 계산이 있었다.[44]

한때 공군력에 대해 공개적으로 비판적인 모습을 보였던 테일러가 시간이 흐른 뒤에는 북베트남 폭격을 열렬히 옹호하게 된 것은 언뜻 보면 모순처럼 느껴진다. 그는 1961년 11월에 이미 남베트남에 미 지상군을 파병해야 한다고 주장한 적이 있었지만, 그럼에도 베트콩(Viet Cong)과의 직접 전투는 철저히 '최후의 수단'으로 제한해야 한다는 입장을 고수했다.[45] 테일러에게 베트남은 일종의 공산주의 반란을 억제하기 위한 실험실 같은 곳이었다. 그는 1961년 말부터 이 실험을 성공시키기 위해 모든 역량을 집중했다.[46] 그러나 미군 전투부대의 대규모 투입은 곧 이 실험이 실패했음을 보여주는 명백한 신호가 되었다. 알렉시스 존슨(U. Alexis Johnson)은 테일러가 북폭을 집요하게 옹호한 이유 중 하나는, 점점 강해지는 미 지상군에 대한 압박을 누그러뜨리려는 의도 때문이었다고 회고했다.[47] 테일러에게 북베트남 폭격은 단순한 군사 전략이 아니라, 대반란 작전의 성패뿐 아니라 자신의 명예와 정치적 유산이 걸린 문제였다. 이런 상황에서 폭격은 그가 선택할 수 있는 거의 유일한 수단처럼 느껴졌던 것이다. 웨스트모어랜드는 테일러가 롤링 썬더(Rolling Thunder) 작전을 비용이 비교적 적게 들면서도 어느 정도 성공 가능성이 있는 방안으로 보았다고 설명했다.[48] 그러나 테일러는 작전을 반드시 성공시켜야 한다는 압박감에 지나치게 사로잡혀, 객관적 판단에 부정적 영향을 미쳤다. 실제로 그는 CIA 보고서에서 폭격의 한계나 문제점을 지적한 부분을 대통령에게 보고하는 과정에서 삭제하기도 했다. 이는 대통령이 폭격 효과에 대한 확신을 잃지 않도록 하기 위한 조치였다.[49]

■

한편 웨스트모어랜드 장군은 미 지상군 투입에 신중했던 테일러와는 달리 주저함이 없었다. 해롤드 존슨(Harold Johnson) 육군참모총장과 마찬가지로 그는 롤링 썬더(Rolling Thunder) 작전이 시작되기 전부터 미군 전투부대를 남베트남에 전진 배치해야 한다고 확신하고 있었다. 플레이쿠(Pleiku) 공격 직후인 2월 9일, 웨스트모어랜드는 휠러 합참의장에게 보낸 전문에서 "상황이 더욱 악화될 경우 미군 병력과 시설을 보호하기 위해 사단 규모의 전투부대 투입이 불가피할 수 있다"고 경고했다. 이에 휠러는 어떤 부대와 병력이 필요한지 구체적인 정보를 알려 달라고 회신했다. 2월 17일, 웨스트모어랜드는 미군의 보호가 필요한 지역으로 다낭(Danang), 사이공(Saigon) 광역지대, 나트랑(Nha Trang) 등 세 곳을 우선순위에 따라 꼽았다. 샤프 제독 역시 이에 동의하면서, 다낭(Danang)에 해병원정여단을 파병하는 방안을 권고했다. 사실 합참은 이미 2월 11일 제출한 절충안 보고서에서도 해병원정여단의 파병을 제안한 바 있었고, 2월 18일에도 동일한 권고를 맥나마라 장관에게 재차 전달했다. 이제 남은 과제는 테일러 대사가 이 계획에 동의하도록 설득하는 일이었고, 이는 웨스트모어랜드에게 맡겨진 임무였다.[50]

그러나 테일러는 완강한 반대 입장을 고수했다. 2월 22일, 그는 주월 미국대사 자격으로 미군 전투부대의 남베트남 투입에 강하게 이의를 제기했다. 그는 백인 미군 병사들이 아시아의 숲과 정글에서 벌어지는 게릴라전에 적합하지 않으며, 이들이 10년 전 프랑스군이 겪었던 패배를 되풀이할 수 있다고 경고했다. 그는 또 미군이 직접 개입하면 남베트남군의 사기가 약해지고, 미군 병사와 베트남 민간인 사이에 긴장이 생길 것을 우려했다. 합참이 제안한 해병원정여단 투입 계획에 대해서도 단순히 안보를 위한 수준을 넘어선 과도한 조치이며 현실적이지 못하다고 비판했다.[51]

강한 반대에도 불구하고, 웨스트모어랜드는 테일러로부터 어느 정도의 타협을 이끌어냈다. 테일러는 소규모 병력 배치로 해병여단이나 다른 대규모 부대 투입 요구를 잠재울 수 있기를 기대했다. 그 결과 두 사람은 전체 여단이 아니라 약 1,200명 규모의 해병대 대대 상륙팀 한 팀만 다낭(Danang)에 보내는 것으로 합의했다. 테일러는 병력이 소규모일수록 기지 안에서 관리하거나 현지 다낭(Danang) 지역사회와 조화를 이루며 배치하는 데 훨씬 수월할 것이라고 설명했다. 하지만 그는 병력 규모와 상관없이 한 번 미 지상군이 투입되고 나면 이후 추가 파병을 막기가 매우 어려울 거라는 사실도 인지하고 있었다. 대대급 병력이 필요하다는 점은 인정했지만, 미국이 지상군을 직접 대반란(대게릴라) 임무에 투입하지 않는다는 기존 방침만큼은 반드시 지켜야 한다고 거듭 강조했다.[52]

2월 26일, 러스크, 맥나마라, 볼, 맥조지 번디(McGeorge Bundy)와 함께한 회의에서 존슨 대통령은 헬리콥터 중대 1개와 해병대 2개의 대대를 다낭(Danang)에 파병하기로 승인했다. 이는 테일러가 필요하다고 판단했던 병력의 두 배가 넘는 규모였다. 그러나 이 결정은 미군 지상 전투부대의 투입이 미국의 개입 성격을 근본적으로 변화시킬 수 있다는 점을 충분히 숙고하지 않은 채 비교적 쉽게 이루어졌다.[53] 대통령에게 이 결정은 큰 부담이 아니었다. 민간 보좌관들 사이에 이미 의견이 모아져 있었고, 무엇보다 미군 기지와 자국민을 보호한다는 명분이 강력했기 때문이다.

보좌관들은 병력 배치를 어디까지나 유사시 대비용 무력 시위 혹은 피해를 주지 않는 방어 조치 정도로 인식했다. 그러나 남베트남에 더 많은 미군을 투입하기를 원했던 군사 고문들의 시각은 달랐다. 그들은 이번 해병대 파병을 남베트남 전쟁이 사실상 미국의 전쟁으로 바뀌는 전환점으로 보았다.

실제로 테일러가 우려했던 대로 그의 원칙에서 물러난 타협은 결국 더 큰 규모의 병력 파병으로 이어지는 문을 열어주었다. 미국은 남베트남 땅에서 직접 전쟁에 개입하는 쪽으로 한 걸음 더 다가가게 됐다. 웨스트모어랜드 역시 소규모 병력 배치에는 동의했지만, 이후 추가 증원 가능성을 열어두고 있었다. 그는 테일러의 입장을 고려해 일단 해병대 1개 대대만 요청했지만, 궁극적으로는 해병여단 전체를 단계적으로 투입할 계획이었다. 대통령이 헬리콥터 중대와 해병대 대대의 배치를 승인했다는 사실은 웨스트모어랜드에게 확신을 심어줬을 것이다.[54]

웨스트모어랜드와 마찬가지로, 얼 휠러(Earle Wheeler) 합참의장도 이번 파병을 더 큰 규모의 지상군 투입을 위한 시작 단계로 보았다. 이는 결국 '전쟁의 미국화', 즉 미국이 전쟁의 주도권을 쥐게 되는 흐름을 의미했다. 합참은 2월 11일 맥나마라에게 제출한 보고서에서 태국에 육군 1개 여단과 서태평양 지역의 항공기 증원 정도만 공식적으로 권고했지만, 휠러는 이미 내부적으로 훨씬 큰 규모의 파병안을 구상하고 있었다. 그는 동남아시아에 육군 2개 사단과 항공편대 6개를 추가 투입하는 방안을 검토했으며, 심지어 북베트남과 남베트남을 가르는 비무장지대(DMZ) 인근에 '제3의 미 육군 사단'을 배치하는 안까지 검토하고 있었다.[55]

전체 병력 증원 구상은 단계별로 이루어졌다. 첫 번째 단계는 미군 기지와 병력을 보호하는 데 중점을 두었고, 세 번째 사단이 투입되는 단계에 이르면 본격적인 베트콩(Viet Cong) 공격 작전을 수행할 계획이었다. 샤프 제독 역시 휠러와 마찬가지로 병력 확대와 임무 확장에 적극적이었다. 휠러는 샤프에게 남베트남에 "미 육군 사단을 주둔시키는 핵심 목적 중 하나는 확전이 일어나기 전에 전방에 미리 충분한 규모를 확보해 두는 것"이라고 설명했다.[56] 샤프는 휠러의 제안에 전적으로 동의했다. 또, 테일러가 주장한 미군은 아시아의 정글 지형에 적합하지 않다는 의견에 반박하며, 그 주장은 해병대가 대게릴라전에서 거둔 성과를 무시하는 것이라고 꼬집었다.[57] 휠러는 곧 대통령이 해병대 추가 병력 파병을 승인할 것이라며 자신감을 드러냈다. 그는 해병여단 제3대대와 지휘·지원 부대의 투입이 "단지 향후 조치를 위해 잠시 보류된 상태일 뿐"이라고 말하며, 대통령이 전세를 뒤집기 위해 가능한 모든 군사적 수단을 사용할 것이라고 확신했다.[58] 한편 테일러가 남베트남 측의 미 해병대 요청을 조율하는 동안, 합참은 여전히 '롤링 썬더(Rolling Thunder)' 공습의 첫 공격 개시를 추진하고 있었다.[59]

■

대통령이 북베트남에 대한 지속적인 조치를 결심한 지 이미 3주가 지났지만, 남베트남의 불안정한 정세와 워싱턴의 엄격한 작전 통제로 실제 폭격 시점은 계속 미뤄졌다. 또 워싱턴이 기상 악화 시 작전을 취소할 수 있는 권한을 유지하면서, 합참은 2월 22일부터 3월 2일까지 여러 차례 예정된 공습을 취소해야만 했다. 웨스트모어랜드 장군은 휠러에게 베트남에서는 날씨가 워싱턴에 보고가 들어가는 속도보다 훨씬 빨리 변하기 때문에 워싱턴의 이 같은 통제는 현실적이지 않다고 지적했다. 워싱턴의 늦은 지시와 번복으로 인해 작전 참모진은 혼란에 빠졌고, 비상 대기 중인 조종사들도 점점 더 지쳐갔다. 이에 웨스트모어랜드는 자신이 더 많은 재량을 가졌던 다른 작전, 이를테면 라오스의 '배럴 롤(Barrel Roll)' 무장 정찰 작전이나 북베트남에서 진행된 OPLAN 34A 비밀공작 등을 예로 들며 공습을 더 유기적으로 조율할 수 있도록 더 큰 작전 권한을 요청했다. 그러면서 휠러에게 "경험상 작전 권한이 너무 멀리 떨어진 곳에 있으면 브리핑과 준비 부족, 유연성 상실, 그리고 통제력 부재로 인해 사고에 더욱 취약해집니다"라며 의미심장하게 경고했다.[60]

휠러는 워싱턴의 과도한 개입이 롤링 썬더(Rolling Thunder) 작전에 여러 정책적·절차적 문제를 초래하고 있다는 사실을 인지하고 있었다. 하지만 그 당시 이 문제를 대통령에게 직접 제기하기에 적절한 시기가 아니라고 판단했다. 휠러가 가장 중요하다고 본 것은 이번 롤링 썬더(Rolling Thunder) 작전을 실행에 옮겨 현재의 심리적·정치적 교착 상태를 타개하는 것이었다. 그는 작전 통제를 둘러싼 정치적 문제는 자신이 맡아 해결하겠다며, 웨스트모어랜드에게 당분간은 인내해 달라고 부탁했다. 또한, 휠러는 자신과 맥나마라가 협력해 제한을 완화하고 워싱턴의 엄격한 통제를 줄이기 위해 최선을 다하겠다고 웨스트모어랜에게 약속했다. 그러면서 베트남 주둔 미군사령부(MCAV) 사령관에게 국내외의 복잡한 정치적 상황에 신중하고 유연하게 대응해달라고 당부했다. 휠러는 일단 롤링 썬더(Rolling Thunder) 작전이 시작되기만 하면, 이후 제한을 점차 완화하는 과정에서 더 큰 성과를 거둘 수 있을 것이라 확신했다. 실제로 그는 과거 라오스에서 '배럴 롤(Barrel Roll)'이나 '양키 팀(Yankee Team)' 공중 작전에 대한 통제를 점진적으로 완화시켰던 자신의 경험을 웨스트모어랜드에게 상기시켰다.[61] 이는 남베트남에 미 지상 전투부대를 처음 투입할 당시와도 유사했다. 북베트남에 대한 대규모 폭격 역시, 향후 필요한 병력 규모조차 명확히 파악하지 못한 채 시작된 점에서 같은 맥락이었다. 당시 휠러가 무엇보다 중점을 둔 것은 작전을 시작할 수 있는 첫 승인을 얻는 것이었다.

그리고 마침내 3월 2일, 북베트남을 겨냥한 폭격 작전이 처음으로 실행에 옮겨졌다. 이 작전은 이후 3년 넘게 이어지며, 북베트남에 총 64만 3천 톤의 폭탄이 투하되는 대규모 작전으로 확대된다. 첫날 미 공군과 남베트남 공군은 북베트남의 솜방(Xom Bang), 꽝께(Quang Khe) 일대의 군사 시설을 집중적으로 공격했다. 그러나 북베트남은 통킹만(Tonkin Gulf) 사건 이후 8개월 동안 대공 방어 능력을 크게 끌어올린 상태였다. 그 결과 작전 첫날에만 미군 전투기 5대와 남베트남 전투기 1대가 격추되는 손실을 입었다.[62]

■

　롤링 썬더(Rolling Thunder) 작전은 시작과 동시에 기대와 현실 사이의 큰 간극을 드러냈다. '점진적 압박'이라는 전략 자체가 애초부터 매우 모호하게 설계된 탓에, 이 폭격을 어떤 방식으로 수행해야 하는지, 또 어떤 결과를 기대해야 하는지에 대해 의견이 엇갈릴 수밖에 없었다. 존슨 행정부와 군 지휘부 핵심 인사들조차 각기 다른 목표를 떠올리고 있었다. 북베트남을 협상장으로 이끌려는 의도에서부터, 북베트남이 남베트남 반란 지원을 줄이거나 아예 멈추게 만들려는 목적, 남쪽으로의 보급과 침투를 차단하거나 북쪽 지도부를 응징하려는 계산까지, 이해관계가 제각기 얽혀 있었다. 그 외에도 남베트남군과 국민의 사기를 높인다거나 북베트남의 군사 능력을 약화시키는 것, 그리고 미국이 남베트남을 위해 최선을 다하고 있다는 인상을 국제사회에 심어주는 것 또한 중요한 명분으로 제시되었다.[63]

　조지 볼(George Ball) 국무부 차관은 내부 기대와 현실 사이의 괴리를 비교적 일찍부터 인지하고 있었다. 본격적인 폭격이 시작되기 3주 전, 그는 존슨 대통령에게 참모들 사이의 견해차를 보고해야 한다고 주장했다. 볼 자신과 국무부의 르웰린 톰슨(Llewellyn Thompson) 역시 기본적으로 북베트남에 대한 공습을 지지했지만, 대통령 주변 핵심 보좌관들의 견해차이는 매우 뚜렷했다. 맥나마라, 맥조지 번디(McGeorge Bundy), 테일러 등은 공습이 단순히 북베트남의 침투를 줄이는 데 그치지 않고, 결국 북베트남이 남베트남에서의 반란을 포기하고 이미 파견한 병력까지 철수하는 상황을 만들 것이라고 믿고 있었다. 그러나 볼은 이러한 기대가 사실상 북베트남에 무조건 항복을 요구하는 것이나 다름없다고 경고했다. 지난 10여 년 동안 막대한 희생을 감수하며 남베트남 공산화를 위해 투쟁해 온 북베트남이 단순한 압박만으로 그런 목표를 포기할 가능성은 없다는 것이 그의 판단이었다.[64] 볼은 2차 세계대전 당시 미국 전략폭격조사단(1944-1945)에서 활동한 경험이 있었다. 당시 조사 결과, 공습이 독일 국민의 의지를 꺾기는커녕 오히려 더 굳게 만들었다는 사실이 드러난 바 있다. 그래서 공중 폭력의 효과에 대한 과도한 기대가 얼마나 쉽게 부풀려질 수 있는지 누구보다 잘 이해하고 있었다.

이러한 배경 속에서 볼은 북베트남 정부가 베트콩(Viet Cong) 지원을 철회하도록 강제로 압박하기보다는 공중 폭력의 초점을 보급로 차단에 맞춰야 한다고 주장했다. 그의 판단에 따르면 번디와 맥나마라가 기대하는 폭격 효과는 현실적으로 달성하기 어렵고, 이는 필연적으로 전쟁의 확대를 부를 수밖에 없었다. 전쟁이 더 격화되면 결국 지상전으로 이어질 가능성이 크고, 나아가 중국과의 핵 충돌 위험까지 초래할 수 있다고 그는 경고했다. 설령 공습이 전쟁의 흐름을 단번에 바꾸진 못하더라도, 북베트남의 보급 흐름을 줄이고 남베트남 국민과 군대의 사기를 높이면 남베트남 정부가 반란에 좀 더 효과적으로 맞설 수 있다고 봤다. 그리고 궁극적으로는 군사 행동보다는 외교 협상을 통해 전쟁 목표를 달성해야 한다고 보았다. 일정 시간이 지나 국제사회가 개입한 협상이 이루어지고, 그 결과 미국이 베트남에서 단계적으로 철수하며, 17도선 남쪽 지역이 반란 없이 남베트남 정부의 통제 아래 안정적으로 유지되기를 기대한 것이다.[65] 그러나 이러한 외교적 전망 역시, 맥나마라나, 테일러, 번디 등이 공중 폭격에 걸었던 기대만큼이나 현실과는 거리가 있어 보였다.

공습을 지지한 쪽도 볼의 협상론이 지나치게 낙관적이라고 판단했고, 볼 역시도 공중 폭력에 대한 기대가 비현실적이라는 점을 지적하고 있었다. 그럼에도 양쪽 모두, 일방적인 미군 철수보다는 군사력과 외교를 병행하는 방법이 더 나은 해법이라는 데는 생각이 같았다. 다만 서로가 생각하는 군사력과 외교의 적절한 비율이 달랐을 뿐이다. 논쟁의 핵심은 '언제 협상을 시작할 것인가'에 관한 것이었다. 볼은 가능한 한 빨리 유엔 안전보장이사회에 상정해 즉각적인 휴전과 북베트남의 베트콩(Viet Cong) 지원 중단을 요구해야 한다고 주장했다. 반면 테일러, 맥나마라, 러스크 등은 북베트남이 실질적인 타격을 입고, 이웃 국가들에 대한 공격을 중단

할 준비가 되었다는 신호가 명확히 포착될 때까지 협상은 연기되어야 한다고 보았다.[66]

볼의 주장은 북베트남 공습의 기본 방향을 바꾸는 데 큰 영향을 미치지 못했다. 결국 롤링 썬더(Rolling Thunder) 작전은 명확한 목표 설정 없이 계속 추진되었다. 볼은 맥조지 번디(McGeorge Bundy)와 맥나마라가 공습에 대해 지나치게 낙관적이고 동시에 모호한 태도를 보이고 있다고 느꼈다. 맥나마라는 볼의 우려를 진지하게 논의하지 않고 빠르게 일축했고, 번디 역시 맥나마라의 입장에 힘을 실었다. 번디는 오히려 번디는 정책 목표가 명확하지 않다는 점이 공습의 강점이 될 수도 있다고 주장했다. 그는 볼에게 "특정한 결과만을 얻기 위해 정해진 경로를 고집할 필요는 없다"고 말하기도 했다. 이러한 태도는 그가 1964년 11월 간략히 논의된, 윌리엄 번디(William Bundy)의 '후퇴를 위한 목표(Retreat Objectives)'라는 구상을 지지하게 된 배경이 되었다. 볼은 번디가 1964년 3월 17일 NSAM 288에 명시된 미국의 공식 목표, 즉 남베트남을 비공산 독립 국가로 유지하는 것을 사실상 조건부로 바꿔버리고 있다고 느꼈다. 번디가 애초부터 목표를 명확히 하기보다는 일부러 모호성을 남겨두고 유연하게 대응하려 한다고 보았기 때문이다. 볼은 훗날 이 상황을 대해 다음과 같이 회고했다. "우리는 어디로 가고 있는지, 또 어떤 기준에서 멈춰야 할지를 분명히 인식하지 못한 채 점점 더 깊은 수렁 속으로 빠져들어 가고 있었다."[67]

■

볼과 마찬가지로 맥노턴도 미국의 베트남 정책이 지나치게 모호하다는 점에 문제의식을 느끼고 있었다. 그는 미국이 베트남에서 무엇을 얻고자 하는지 스스로 명확히 하기 위해 개입 목적을 다음과 같이 백분율로 정리했다.

(70%) — 미국의 굴욕적인 패배를 피하고 패권국으로서의 명성
　　　 과 위신을 지키기 위함
(20%) — 남베트남과 이후 인접 국가가 중국의 영향권으로 넘어
　　　 가는 것을 막기 위해
(10%) — 남베트남 국민이 더 나은, 더 자유로운 삶을 누릴 수
　　　 있게 하기 위함
* 미국의 개입 목적은 위기 상황에서 오명을 남기지 않고 빠져
　 나오는 데 있으며, '우방을 돕는다'는 명분은 본질적인 목적이
　 아님.
* 만약 남베트남이 미국에 철수를 요청하는 상황이 온다면, 그
　 이후에도 미국이 계속 주둔하는 것은 정치적으로 사실상 어려
　 울 것임. [68]

　맥노턴은 국방부의 문민관료 출신 핵심 전쟁 기획자로서, 이미 '남베트
남을 자유롭고 독립된 국가로 유지한다'는 미국의 공식 목표는 사실상 실
현 가능성이 없다고 보고 있었다. 그의 판단에 따르면, 이제 미국이 지켜
야 할 가장 중요한 것은 남베트남의 자유가 아니라 미국의 신용과 국제적
명예였다.

　롤링 썬더(Rolling Thunder) 공습이 시작되고 미 해병대가 다낭
(Danang)에 상륙한 뒤에도, 맥노턴은 여전히 실패에 대비한 계획을 세우
고 있었다. 그는 미국이 체면을 잃지 않으려면, 최악의 경우 동남아시아
에 17만 5천 명 규모의 미 지상군을 투입하는 대규모 작전까지 감수할 준
비가 되어 있어야 한다고 결론 내렸다. 설사 공산주의 세력이 최종적으로
승리하더라도 미국은 국제사회에서의 신뢰, 즉 '약속을 지키는 국가'라는
이미지를 지킬 수 있을 것이라고 믿었다. 만약 미국이 전쟁에서 패배한다
면, 그 책임을 남베트남 정부의 만성적인 불안정, 이 특수한 상황, 그리
고 구조적으로 불가능했던 여건으로 돌릴 수 있다고 생각했다. 미국이 베
트남에서 철수하게 될 경우를 대비해, 미국이 세계 다른 지역에서 보다

공격적인 행동을 취하거나 국제사회의 이목을 돌릴 만한 다국적 협상에 나설 수도 있다고 보았다. 맥노턴은 베트남 전쟁에서 승리할 가능성이 크지 않다는 점을 여러 차례 인정했다. 그럼에도 미국이 할 수 있는 일은 피를 흘리며 북베트남과 베트콩(Viet Cong)에 피해를 입히는 것뿐이라고 보았다. 그것이야말로 미국이 동맹과 세계에 자신의 결의를 보여줄 수 있는 유일한 방법이라고 그는 믿었다.[69] 그러나 정작 그는, 그 신뢰를 지키기 위해 미국이 얼마만큼의 피를 흘려야 하는지는 끝내 따져보지 않았다.

휠러 장군 역시 워싱턴과 사이공(Saigon) 사이의 지휘 체계 내 혼선이 명확한 목표 부재에서 비롯됐다는 점을 인식하고 있었다. 그러나 국방부 장관이나 대통령에게 이에 대해 뚜렷한 설명을 요구하지는 않았다. 대신 1964년 3월에 설정되었던 비공산주의적이고 독립된 남베트남을 유지한다는 목표를 대통령과 참모진이 여전히 추구하고 있다고 가정하며, 베트남 개입을 더욱 심화시키는 계획을 계속 세워나갔다.[70] 이 목표를 전제로 한 휠러에게 가장 중요했던 것은, 북베트남이 남베트남 반란을 지원하는 능력을 반드시 무력화하는 것이었다. 휠러와 각 군 참모총장들은 '점진적 압박'이라는 기존 전략 틀 안에서 실현 가능한 작전만을 우선 적용하기로 했고, 19도선 이북의 핵심 표적을 공격할 수 있을 때까지는 레이더·통신 시설 공습과 항공 차단 임무 등을 뒤로 미루었다. 효과가 낮은 표적에 폭격 자원을 낭비할 수 없었기 때문이다. 이들은 결국 3월 11일로 예정되었던 롤링 썬더(Rolling Thunder) 작전을 연기했다. 그 무렵 가장 중요한 표적들이 악천후로 인해 공격이 불가능했기 때문이다.[71]

한편, 롤링 썬더(Rolling Thunder) 작전의 조기 실행을 원했던 테일러는 반복되는 지연 사태에 크게 분노했다. 각 군 참모총장들은 북베트남의 군사 능력을 무력화하는 데만 초점을 맞춘 반면, 테일러는 맥노턴과 마찬가지로 폭격이 단순한 군사 행위가 아니라 전략적으로 상대를 설득하는 수단이 되어야 한다고 보았다. 맥노턴이 공습을 미국의 결의를 보여주는 시위적 성격으로 이해했다면, 테일러는 공습을 통해 북베트남 지도부의 태도를 변화시키는 것, 다시 말해 미국의 목표에 더 수용적인 입장을 끌어내는 데 관심을 두었다. 테일러는 각 군 참모총장들이 단순히 군사적 성과만을 기준으로 과도하게 매달리고 있다며 비판했다. 테일러의 관점에서 정말 중요한 표적은 북베트남 지도자들의 의지라며, 그는 19도선 이북에 있는 어떤 표적이라도 필요한 메시지를 전달할 수 있으며, 지나친 작전 지연 때문에 애초의 점진적 압박 전략조차 제대로 구현되지 못하고 있다고 거듭 불만을 표했다.[72]

그러나 공습 작전의 목표와 성격이 모호하다는 점은 대통령에게 큰 문제가 되지 않았다. 오히려 존슨 대통령은 미국의 군사 개입이 점점 깊어지는 과정에서 일부러 방향성을 모호하게 하거나 혼란스러운 분위기를 조성했다. 그가 가장 중시한 것은 자신이 추진하는 베트남 정책과 국내 정책을 뒷받침할 수 있는 불안정하지만 유지 가능한 정치적 합의였기 때문이다. 이를 위해 존슨은 의도적으로 애매한 태도를 취하거나, 때로는 다소 기만적인 전략까지 동원했다. 베트남 정책이 불분명하다는 점은 국내 정치에서 오히려 그에게 유리하게 작용했다. 서로 다른 유권자 집단이 대통령의 입장을 각자의 기대에 맞게 해석할 수 있었기 때문이다. 미국의 개입 확대에 비판적인 이들에게는 존슨이 여전히 평화를 우선하며 신중한 태도를 유지하는 것처럼 보였고, 반대로 강경 조치를 요구하는 군 지도부와 매파에게는 초기의 제한적 군사 행동이 더 본격적인 전쟁 확대를 향한 출발점으로 받아들여졌다. 그는 양쪽 모두에게 자신이 이전 행정부의 정책 기조를 유지하고 있다는 점을 강조했다. 평화적 접근을 원하는 비둘기파에게는 현재의 군사 개입이 과거 케네디, 아이젠하워, 심지어 트루먼 시절의 정책과 본질적으로 다르지 않다고 말했고, 매파에게는 남베트남을 지키고 그곳 국민이 자유를 누릴 수 있도록 돕겠다는 강한 의지를 내세웠다.[73]

■

또한 대통령은 미국의 베트남 정책이 북베트남을 직접 겨냥한 조치로 전환되고 있다는 인상을 주는 언론 보도를 차단하고자 했다. 2월 15일, 《뉴욕타임스》의 기자 태드 술츠(Tad Szulc)는 행정부가 곧 베트남 정책에 대해 포괄적으로 정의를 내리고, 나아가 북베트남과의 조기 협상 가능성까지 열어둘 것이라는 내용을 1면에 보도했다.

이 기사는 즉각 대통령의 심기를 건드렸다. 존슨은 기사 내용이 이틀 전 조지 볼(George Ball)이 제출한 비공개 보고서와 비슷하다는 점에 주목하고, 즉시 볼에게 전화를 걸어 해당 기사가 보도된 것을 위기 상황으로 규정하여 국무부에 유출 경위를 철저히 조사하라고 지시했다. 존슨 대통령은 명확한 정책 성명을 발표할 경우 매파와 비둘기파 양측으로부터 동시에 비판을 받을 것을 우려했다. 그는 공화당 상원 소수당 대표 에버렛 매킨리 더크슨(Everett McKinley Dirksen) 같은 인사들이 보다 강경한 군사 행동을 요구할 것이고, 반면 민주당 내 평화주의자인 프랭크 처치(Frank Church)나 조지 맥거번(George McGovern) 상원의원은 어떤 형태의 무력 사용이든 과도하고 위험하다고 비판할 것이라고 예상했다. [74]

미국의 전쟁 개입이 점점 깊어지고 있다는 사실이 의회와 대중에게 알려질 위험이 높아지자, 존슨 대통령은 핵심 자문 그룹을 더욱 폐쇄적으로 운영하기 시작했다. 그는 조지 볼(George Ball)에게 국무부 내 핵심 인사들을 면밀히 살피라고 경고했고, 심지어 1950년대 위스콘신 주 상원의원이었던 조지프 매카시(Joseph McCarthy)가 국무부 내 공산주의 침투설을 주장했던 것이 어느 정도 사실일 수도 있다는 말까지 꺼냈다. 존슨은 볼에게 전쟁의 성격이 변하고 있다는 사실을 외부에 알리지 말라고 강하게 지시하며 다음과 같이 말했다.

> "가능한 한, 러스크, 볼, 그리고 맥나마라께서 우리가 어떤 입장을 취하고 있는지를 반복해서 설명하시오. 그래야 대중이 '정부가 아무런 말을 하지 않는다'고 느끼진 않을 것이오. 우리는 여전히 같은 정책을 고수하고 있고, 철군을 지지하지도 실제로 철군하지도 않는다는 점을 일관되게 밝히시오. 우리는 우리 스스로

를 지키려는 이들을 돕는 것을 신념으로 하고 있소. 이는 통킹만 (Tonkin Gulf) 사건 때도 그랬고, 우리 병사들이 막사에서 자고 있다 습격을 당했을 때도 마찬가지였소. 이번 조치가 우리의 정책이나 북쪽에 대한 태도를 바꾸는 것은 아님을 분명히 하시오.”

대통령은 필요하다면 모든 결정을 직접 내릴 것이며, 이에 단 한 사람만 남겨두고 나머지는 모두 내보낼 수도 있다고 볼에게 단호하게 말했다.[75]

존슨 대통령이 베트남 문제를 둘러싸고 자신의 생각을 명확히 밝히지 않자, 가장 가까운 참모들조차 혼란스러워했다. 2월 16일, 맥조지 번디 (McGeorge Bundy)는 대통령에게 “계속 군사 조치를 명령하고 계시면서도 정작 그 결단이 분명히 드러나지 않는다”고 언급했고, 이러한 중요한 결정을 원활히 실행하려면 최소한 핵심 인사들에게는 명확한 지침이 전달되어야 한다고 강조했다. 심지어 맥나마라조차 혼란을 느끼고 있다며, 대통령이 어떤 입장인지 분명히 밝혀야 현장에서 군사 계획을 세우고 지시를 내릴 수 있다고 강조했다. 번디는 또한 이번 정책은 이전 작전들과는 분명히 다르며, 북베트남 폭격은 미국 정책의 중대한 전환점이라는 사실을 대중에게도 분명히 알릴 필요가 있다고 조언했다.[76]

하지만 번디의 조언과 달리, 존슨 대통령은 자신이 펼치는 베트남 정책이 이전 행정부의 연장선상에 있다는 점을 강조하고 싶어 했다. 아이젠하워 전 대통령과 만난 뒤, 국가산업컨퍼런스위원회 연설에서 이 만남을 간단히 언급했다. 당시 연설의 주제는 ‘위대한 사회(Great Society)’였지만, 베트남 문제에 대해서도 다음과 같이 언급했다.

“제가 여러 번 밝혔듯이, 또 저보다 앞선 대통령들도 말해왔듯이, 베트남에서의 우리의 목적과 목표는 분명합니다. 우리는 외부 세력에 의해 공격받는 국민이 자유를 수호하고 보호하는 일에 동참하는 것입니다.”[77]

같은 날, 해리 S. 트루먼(Harry S. Truman)은 존슨 대통령의 베트남 정책을 공식적으로 지지하는 성명을 발표했다.[78]

존슨 대통령의 이런 전략은 나름 효과를 거두었다. 《뉴욕 타임스》는 아이젠하워와 함께한 그의 사진을 1면에 실었고, 기사에서는 베트남 문제를 둘러싼 공화당의 적극적 지지를 강조했다. 당시 공화당 상원의원들은 존슨에게 가장 중요한 정치적 변수였다. 그들이 베트남 정책에 반발하면, 보수 성향의 민주당원들과 손잡고 '위대한 사회(Great Society)' 입법을 좌초시킬 수 있었기 때문이다. 아이젠하워는 존슨과의 회담에서 "미국 정부는 국민에게 우리가 무엇을 하고 있으며 어떤 정책 기조를 따르고 있는지 명확히 알려야 한다"고 조언했다. 아이젠하워의 지지를 확보했음에도 불구하고, 존슨 대통령은 베트남 정책을 분명하게 정리해 밝히는 일을 계속해서 회피했다. 그의 모호한 발언은 비둘기파와 매파 모두에게 각기 다른 방식으로 해석되었다. 비둘기파는 존슨이 외부의 압력 때문에 불가피하게 대응하고 있으며 가능한 절제된 방식으로 행동하고 있다는 점에 주목했다. 반면 매파는 자유를 지키기 위해 계속 전진하겠다는 그의 표현에서 확고한 의지를 확인하며 안도감을 표했다.[79]

존슨 대통령의 정책 방향에 의문을 제기했던 인사들은 이후 베트남 관련 논의에서 하나둘씩 배제되었다. 험프리 부통령은 정보기관들의 최근 평가에서 "북베트남 폭격이 지도부를 설득해 남베트남 반란을 중단하게 만들 가능성은 낮다"는 회의적인 분석이 나온 점에 주목했다. 그는 과거 상원의원 보좌관이었던 토머스 휴즈(Thomas Hughes)에게 현재 베트남 상황을 정리한 보고서를 요청했다. 휴즈는 당시 국무부 정보조사국장이었으며, 2월 1일 휴가 중이던 험프리를 만나기 위해 최신 CIA 보고서와 특별 국가정보 평가자료를 들고 직접 조지아까지 찾아갔다. 워싱턴으로 돌아온 험프리는 보고서를 대통령에게 전달하며, 베트남과 관련한 대통령의 어떤 결정도 지지하겠다고 밝히는 동시에, 미국의 전쟁 개입이 점점 깊어지는 상황을 우려하지 않을 수 없다고 말했다. 그는 트루먼과 아이젠하워 행정부조차 한국전쟁 당시 대중의 지지를 끝까지 유지하지 못했으며, 베트남 상황은 그보다 훨씬 더 복잡하고 어려움이 많아 전쟁의 성공 가능성은 희박하다고 보았고, 앞서 조지 볼(George Ball)이 주장했던 것처럼 결국 미국이 베트남에서 주도권을 잃고 사면초가에 놓일 수도 있다고 경고했다. 또한 험프리는 러셀 상원의원이 11월에 언급했던 바와 같이, 대통령의 압도적인 선거 승리가 오히려 미국을 이 세기 어느 행정부보다 전쟁으로부터 벗어나게 할 유리한 기회를 제공했다고 강조했다. 그는 만약 행정부가 베트남에서 철수하더라도 정치적 위험은 거의 없을 것이며, 오히려 개입이 더 확대된다면 큰 정치적 반발에 직면할 수 있다고 경고했다. 하지만 존슨 대통령은 험프리의 의견에 반발하며, 이후 그를 베트남 관련 모든 주요 논의에서 배제했다.[80]

대통령의 다른 참모들은 험프리의 사례를 하나의 정치적 교훈으로 받아들였다. 볼은 훗날 "대통령 핵심 그룹 내에서 의견이 거의 완전히 동일해지던 시점부터는 나도 그 흐름을 따를 수밖에 없다고 느꼈다"고 회고했다. 그는 이후 폭격 강도를 낮추거나 속도를 늦추는 데엔 노력했지만, 더 이상 정책의 기본 방향이나 전제 자체에 대해 공개적으로 반대 의견을 내지 않았다.[81] 볼과 다른 참모들은 대통령과의 신뢰와 영향력을 계속 유지하려면, 정작 자신들이 가장 깊이 품고 있는 의구심은 드러내지 말아야 한다는 교훈을 얻었다. 만약 그런 의구심을 드러낸다면, 자신들 역시 험프리처럼 의사결정의 중심에서 배제될 수밖에 없었기 때문이다.

1962년 5월. 국방부 장관 로버트 맥나마라는 이틀간의 남베트남 방문 중 각종 전문을 검토했다. 그는 기자들에게 "진전 외에는 아무것도 보지 못했으며, 앞으로도 더 큰 진전을 기대할 만한 희망적인 징조들이 보였다"라고 자신 있게 밝혔다. 수많은 통계 자료가 정리된 노트를 들고 있던 맥나마라는 끈질기게 질문을 던지던 한 기자에게 한 기자에게 "우리가 가진 모든 정량적 지표는 우리가 이 전쟁에서 우위에 서 있으며 결국 승리할 것임을 보여준다"고 강조하며 안심시켰다." (미 육군 제공)

1963년 11월 23일. 존 F. 케네디 대통령이 암살된 다음 날, 린든 존슨은 부통령 관저에서 대통령으로서 첫 번째 베트남 관련 회의를 주재했다. 회의 테이블의 상석에 앉은 존슨의 좌측부터는 헨리 캐벗 로지 주월 대사, 딘 러스크 국무부 장관, 로버트 맥나마라 국방부 장관, 조지 볼 국무부 차관이 자리하고 있다. (사진: 세실 스토턴, LBJ 도서관 소장)

1964년 1월 10일. 맥나마라는 베트남 문제에 대해 존슨 대통령에게 조언하고 있다. 이 회의가 열린 지 며칠 뒤, 대통령은 북베트남을 대상으로 한 OPLAN 34A 비밀작전을 승인했다. (사진: 요이치 R. 오카모토, LBJ 도서관 소장)

1964년 3월 13일. 맥스웰 테일러 장군(맨 왼쪽), 맥나마라(왼쪽에서 세 번째), CIA 국장 존 맥콘(서 있는 인물)이 남베트남에서 5일간의 조사 임무를 마치고 대통령에게 보고하고 있다. 맥나마라가 작성한 이 보고서는 미국의 전쟁 개입 확대를 위한 청사진을 제시했다. 딘 러스크 국무부 장관(왼쪽에서 두 번째)도 함께 자리하고 있다. (사진: 세실 스토턴, LBJ 도서관 소장)

1964년 3월 22일. 합참의장의 영향력이 점차 주변부로 밀려나는 상황에서 존슨 대통령은 맥나마라를 "뭔가 확실히 해내는 친구"이자 "내가 정부에서 찾은 최고의 인재"라고 치켜세우며, 베트남 문제와 관련해 가장 신뢰하고 의지하는 핵심 인물로 자리매김 시켰다. (사진: 요이치 R. 오카모토, LBJ 도서관 소장)

1964년 8월. 항공모함 USS 미드웨이호 승조원들이 북베트남 해안에서 작전을 수행하기 위해 F-4 팬텀 II 전투기를 준비하고 있다. 같은 달 4일, 린든 B. 존슨 대통령은 통킹만에서 작전 수행 중이던 미 해군 구축함이 북베트남으로부터 공격을 받았다는 혐의에 대한 보복 조치로 북베트남 항구 시설에 대한 공습을 명령했다. (미 해군 제공)

1964년 10월. 선거 유세 중인 린든 B. 존슨의 모습이다. 당시 존슨은 공화당 대통령 후보인 배리 골드워터 상원의원과의 대조적인 이미지를 부각하고자 자신을 '평화 후보'로 내세웠다. 그러나 그와 동시에 그의 참모진은 베트남 전쟁의 미국화를 계획하고 있었다. (LBJ 도서관 소장)

1964년 12월 1일. 워싱턴을 방문한 테일러 대사를 맞아 각료 회의실에서 열린 회의. 왼쪽부터 윌리엄 번디, 딘 러스크, 린든 B. 존슨, 로버트 맥나마라, 맥스웰 테일러. 이 자리에서 대통령의 참모진은 윌리엄 번디가 제안한 미국의 베트남 군사 개입 점진적 확대 프로그램에 대해 합의된 입장을 형성했다. (사진: 세실 스토튼, LBJ 도서관 소장)

1964년 12월. 텍사스에 위치한 존슨 대통령의 목장에서 촬영된 사진이다.. 맥나마라 국방부 장관과 린든 B. 존슨 대통령 뒤편으로는 (왼쪽에서 오른쪽 순서로) 해럴드 존슨 육군 참모총장, 데이비드 맥도널 해군 참모총장, 커티스 르메이 공군 참모총장, 얼 휠러 합참의장, 사이러스 밴스 국방부 부장관, 월리스 그린 해병대 사령관이 자리하고 있다. (사진: 요이치 R. 오카모토, LBJ 도서관 소장)

1965년 2월 7일. 국가안보보좌관 맥조지 번디는 (오른쪽의) 윌리엄 웨스트모어랜드 장군과 함께 베트콩의 플레이쿠 공격 현장을 살펴보고 있다. 워싱턴으로 돌아온 후, 번디는 대통령에게 북베트남에 대한 "체계적인(systematic)" 폭격을 승인할 것을 권고했다. (미 육군 제공)

1965년 3월 2일. 로버트 맥나마라가 의회 의원들에게 린든 B. 존슨의 정치 전략에 대해 설명하고 있다. 이는 베트남전 추가 자금을 확보하기 위한 전략으로, 대통령은 이 요청을 도미니카 공화국 개입과 연계시키며, 부정적 표결은 곧 현장에 있는 미군을 외면하는 것과 다름없다고 주장했다. 린든 B. 존슨 대통령과 휴버트 험프리 부통령은 앞줄에 앉아있다. (사진: 요이치 R. 오카모토, 제공: LBJ 도서관 소장품)

1965년 3월 8일. 해병대 전차와 승무원들이 다낭 상륙을 준비하고 있다. 해병대가 전쟁에서의 공격적 역할을 준비하고 있었음에도 불구하고, 존슨 행정부는 이들의 파병을 방어적 안전 조치로 설명했다. (사진 제공: 미 해군)

1965년 4월 8일. 맥나마라가 합참의장단이 도착하기 직전, 백악관 집무실에서 존슨 대통령과 회담을 하고 있다. (사진: 요이치 R. 오카모토, 제공: LBJ 도서관 컬렉션)

1965년 4월 8일. 미 공군 참모총장 존 매코넬(왼쪽)과 합참의장 얼 휠러가 북베트남에 대한 롤링 썬더 초기 공습에 대해 지도와 함께 존슨 대통령에게 보고하고 있다. 뒷자리에는 육군 참모총장 해럴드 K. 존슨이 앉아 있다. 이 자리에서 존슨 대통령은 합참에게 "베트콩(Viet Cong)을 더 많이 사살하라"고 지시했다. (사진: 요이치 R. 오카모토, 제공: LBJ 도서관 컬렉션)

1965년 4월 8일. 백악관 정원에서 '감독/코치'와 그의 '팀'이 함께 포즈를 취하고 있다. 왼쪽부터 공군 참모총장 존 매코넬, 육군 참모총장 해럴드 K. 존슨, 합참의장 얼 휠러, 린든 B. 존슨 대통령, 국방부 부장관 사이러스 밴스, 해군 작전사령관 데이비드 맥도널드, 해병대 사령관 월리스 그린. (사진: 프랭크 비올라, 제공: LBJ 도서관 컬렉션)

1965년 4월. 펜타곤에서 맥나마라는 롤링 썬더 작전의 진행 상황에 대해 언론 브리핑을 하고 있다. 그는 세부 사항과 통계에 대한 확고한 이해력을 보여주며 청중들에게 깊은 인상을 남겼다. 맥나마라는 초기 폭격 임무를 성공적이라고 평가했지만, 실제 작전 성과는 기대에 미치지 못했다. (사진 제공: 미 육군)

1965년 7월 26일. 딘 러스크와 얼 휠러가 그의 어깨 너머로 지켜보는 가운데, 맥나마라는 존슨 대통령에게 동원령과 추가 예산 승인 없이 남베트남에 12만 5천 명의 병력을 증파하는 계획을 보고하고 있다. (사진: 요이치 R. 오카모토, 제공: LBJ 대통령 도서관 소장)

12 거짓의 수렁에 빠지다(1965. 3월 - 4월)

헌법은 전쟁을 선포할 권한을 의회에 부여하고 있다. 그런데 만약 국회의원들과 이들을 뽑은 시민들이 전쟁으로 이어질 수 있는 사안의 타당성에 대해 논의조차 할 수 없다면, 과연 의회가 그 역할을 제대로 할 수 있을까? 헌법은 전쟁 여부를 의회가 결정할 수 있도록 명시하고 있다. 그렇다면 의회와 이를 대표하는 국민들이 그 쟁점을 토론할 권리조차 없다면, 어떻게 이런 중요한 결정을 내릴 수 있겠는가? 한 나라에 가장 큰 영향을 미치는 사안들을 공개적으로 비판하고 토론할 수 없다는 것은, 결국 생사와 직결된 문제에 민주적 토론이나 결정이 허용되지 않는다는 뜻이나 다름없다. 그렇게 되면 국민은 자신의 운명에 대한 권한을 한 사람에게 통째로 넘겨주는 셈이다. 이러한 입장은 민주주의의 원칙에 위배될 뿐만 아니라, 정부의 오판을 바로잡을 수 있는 중요한 장치마저 없어지는 꼴이 된다.

– 한스 모르겐타우(Hans Morgenthau[1], 1965년 4월 3일[1]

돌이켜보면, 전쟁으로 향하는 흐름은 막을 수 없는 운명이었던 것처럼 보인다. 그 배경에는 존슨 대통령이 베트남에서 미국의 군사 개입을 확대하면서 의회의 견제를 차단한 점이 크게 작용했다. 1965년 봄과 초여름에 내려진 일련의 결정에 대해 맥나마라 국방부 장관은 훗날 "우리는 점점

---

1 한스 모르겐타우(Hans Morgenthau, 19041980) : 국제정치학 분야에서 현실주의(Realism) 이론을 정립한 가장 영향력 있는 학자 중 한 명이다. 그는 국제관계를 권력의 투쟁으로 이해했으며, 국가들은 도덕이나 이념보다는 자국의 국익과 힘을 중심으로 행동한다고 주장했다. 독일에서 태어났으며, 이후 미국 시카고 대학교(University of Chicago)에서 정치학 교수로 재직. 대표 저서로는 『국가 간 정치: 권력과 평화의 투쟁』(Politics Among Nations: The Struggle for Power and Peace, 1948)이란 책이 있으며, 1960년대에는 미국의 베트남 개입에 비판적 입장을 보였으며, 미국이 이상주의적 도덕론에 빠져 현실을 무시하고 있다고 경고했다.

늪으로 빠져들고 있었다"고 회고했다.[2] 하지만 그 늪은 사실 맥나마라와 존슨 대통령이 스스로 만들어낸 '거짓의 늪'이기도 했다. 합참의 지지는 미국이 베트남에 개입하는 방식이 본질적으로 달라지고 있다는 사실을 감추려는 두 사람의 시도를 든든히 뒷받침했다.

■

3월 1일, 《뉴욕 타임스》는 존슨 대통령이 "명예로운 조건에서 협상을 유도하기 위해 북베트남에 제한적 공중전을 실시했다"고 보도했다. 이어 하루 뒤인 3월 2일, 사이공(Saigon) 정부가 다낭(Danang)에 해병대를 상륙시키는 것을 승인하자마자, 기자 태드 슐츠(Tad Szulc)는 정부 관계자의 말을 빌려 "대통령이 1,200명 규모의 해병대 상륙부대를 파병하기로 결정했다"고 보도했다. 기사에 따르면, 이 해병대는 베트콩(Viet Cong) 게릴라가 활발히 움직이는 지역에서 비행장과 주요 시설을 경비하는 임무를 맡지만, 전투에는 투입되지 않을 것이라고 전했다.[3]

이 연이은 보도에 존슨 대통령은 크게 격분했다. 그는 국방부를 통해 언론에 강력한 경고 메시지를 전달했고, 맥나마라 장관 역시 바로 웨스트모어랜드 장군에게 직접 메시지를 보내, 이번 언론 유출이 매우 무책임한 행동이라고 질책했다. 맥나마라는 재발 방지를 위해 조치를 취하고 있으며, 중징계 방안까지 검토 중이라고 알렸다. 그리고 웨스트모어랜드에게도 사이공(Saigon)에서 같은 조치를 취해달라고 요청했다.[4] 대통령은 이후 육군 참모총장을 백악관으로 불러 이번 언론 유출에 대한 불만을 드러내며 베트남 상황 전반을 다시 평가하라고 지시했다. 이 자리에는 러스크, 맥나마라, 맥노턴도 동석했다. 존슨 대통령은 미 지상 전투부대의 추가 파병을 권고할 경우, 이를 긍정적으로 검토할 의사가 있음을 내비쳤다.[5] 2월의 맥조지 번디(McGeorge Bundy) 출장과 마찬가지로, 육군 참모총장의 남베트남 방문 역시 대통령과 그의 핵심 참모들이 이미 결정된 군사적 조치에 명분을 부여하는 절차에 불과했다.[6] 또, 합참이 실제로 정책 결정에 참여하고 있다는 인상을 외부에 주기 위한 것이기도 했다.

백악관에서 열린 아침 식사 자리에서 존슨 대통령은 육군 참모총장에게 남베트남 내 대반란 작전을 강화할 수 있는 방안을 마련하되, 전쟁의 확대가 대중의 주목을 받지 않도록 해야 한다고 지시했다. 그는 국내 정치적 부담을 이유로 대규모 병력 파병은 허용할 수 없다고 분명히 밝혔다. 또한 첫 해병대 대대가 이미 상륙한 만큼, 추가 병력은 해병대가 아닌 육군 소속 2개 대대로 구성하는 것이 바람직하다고 제안했다. 육군 부대를 투입하면 현지에 이미 주둔 중인 전투병력과 군사고문단 사이의 경계가 흐려져 대중의 민감한 반응을 완화할 수 있을 것이라는 판단에 따른 것이었다.[7]

아침 식사가 끝난 뒤, 육군 참모총장은 대통령과 함께 엘리베이터에 올랐다. 작별 인사를 나누려는 순간, 대통령은 몸을 앞으로 숙이며 손가락으로 그의 가슴을 콕 찌르며 "상황을 끓어오르게 만드세요!"라고 말했다고 장군은 회상했다.[8] 대통령이 전달한 지시에는 사이공(Saigon)에 도착한 뒤 웨스트모어랜드, 테일러, 그리고 그들의 참모들과 논의할 수 있도록 마련된 28가지의 가능한 조치들이 담겨 있었다. 존슨 대통령이 처음에는 육군 참모총장에게 지상군 투입 가능성까지 검토하라고 했지만, 이후 서면 지시문에서 해당 내용을 삭제하라고 명령했다.[9] 육군 참모총장의 수행단은 맥노턴과 굿패스터 중장을 포함해 총 11명이었다.

■

그러나 육군 참모총장의 남베트남 방문 일정은 너무 짧았고, 임무 또한 구체적이기보다 모호하고 포괄적이었기에 상황을 제대로 재평가하기는 어려웠다. 그에게 주어진 역할은 남베트남 안팎에서 고려할 수 있는 새로운 조치들을 가능한 한 많이 수집하는 것에 불과했다. 현지 체류 동안 존슨 장군은 60개가 넘는 주제에 대한 브리핑을 들으며 말 그대로 정보에 파묻혔고, 사이공(Saigon)에 도착한 지 나흘 만에 이미 정보가 포화 상태에 이를 정도였다. 현장 방문 일정도 극도로 제한적이었다. 미군 고문단과 남베트남 관계자들을 만나는 데 단 하루가 배정되었고, 그 하루 동안 무려 8곳을 방문, 각 장소에 머문 시간은 고작 30분 남짓이었다. 결국 대부분은 간단한 소개를 듣고 짧은 대화를 나누는 수준이었으며, 실질적인 평가나 의견 청취는 거의 불가능했다.[10]

테일러 대사와 웨스트모어랜드 장군 모두 상황 개선에 대해서는 비관적이었지만, 미국이 추가 조치를 취해야 한다는 데에는 전적으로 의견이 일치했다. 테일러는 베트콩(Viet Cong)이 목표 달성을 위해 극도로 헌신하고 있는 반면, 남베트남 국민들 사이에는 무관심이 팽배하다는 점을 지적했다. 하지만 그는 이 문제의 핵심은 북베트남에서 시작되는 침투라고 보았고, 이를 억제하기 위해 라오스와 북베트남을 겨냥한 배럴 롤(Barrel Roll)'과 '롤링 썬더(Rolling Thunder)'같은 공중 작전을 한층 더 강화해야 한다고 주장했다. 비록 미군의 추가 지상군 파병에는 여전히 반대했지만, 남베트남군만으로는 병력이 부족해 결국 미국 전투부대 투입이 불가피할 수 있다는 점도 인정했다.[11] 존슨 장군이 보기에는 웨스트모어랜드가 테일러보다 남베트남에 미군 병력을 더 적극적으로 투입할 의지가 있는 것으로 비쳤다.

하루 종일 이어진 브리핑이 끝나갈 무렵, 존슨 장군은 장성들만 자리에 남도록 요청했다. 그리고 그 자리에서 "존슨 대통령은 공군력만으로 남베트남 상황이 나아질 것이라고 확신하지 못하고 있습니다. 저는 대통령을 대표해 이 자리에 왔으며, 지금 대통령께서는 미국 지상 전투부대를 대규모로 파병할지에 대한 중대한 결정을 내리고 계십니다"라고 말했다. 이에 웨스트모어랜드 장군은 베트남에서의 패배가 가까워지고 있다고 경고하며, 존슨 장군에게 전선 붕괴를 최대한 늦추기 위해 추가 지상 전투부대 배치를 포함한 모든 필요한 조치를 취해야 한다고 권고했다.[12]

한편 육군 참모부는 이미 자체적으로 구체적인 작전계획을 마련해 두고 있었다. 존슨 장군은 오래전부터 북베트남에 대한 공습을 감행하기

전, 지상군을 동남아시아에 먼저 배치해야 한다고 생각해 왔다. 그는 남베트남의 상황이 계속 나빠질 것을 염두에 두고, 훈련이 잘되어 있고 무장도 완벽한 육군 부대가 전투 준비를 갖춰야 한다고 판단했다. 1965년 2월, 존슨 장군은 작전 담당 차장인 팔머 중장을 남베트남에 파견했다. 팔머는 현지 조사 끝에 남베트남군이 무능하고 지휘력이 부족해서 베트콩(Viet Cong)과 효과적으로 싸울 능력이 없다고 평가했다. 그는 존슨 장군에게 미국이 선택할 수 있는 길은 철수하거나 지상군을 직접 투입하는 두 가지뿐이라고 보고했다. 이에 따라, 육군 참모부는 최소 5개 사단의 병력이 필요하다고 결론지었다. 이 중 1개 사단은 중앙고원 지역을 점령하고 해안 지역에 안전한 거점을 확보하는 임무를 맡고, 나머지 4개 사단(미군 3개, 한국군 1개)은 라오스와 남베트남 내 비무장지대에 배치되어 주요 침투 경로인 호치민 루트(Ho Chi Minh Trail)를 차단하는 임무를 맡아야 한다고 보았다. [13]

존슨 장군의 베트남 방문은 팔머 중장이 내렸던 비관적 평가를 직접 확인하는 계기가 되었다. 당시 남베트남 북부에서는 베트콩(Viet Cong)이 주요 교통로 대부분을 이미 장악했고, 정부의 통제력은 해안 도시 일부에만 극히 제한되어 있었다. 꼰뚬(Kontum) 주에서는 정부군이 여러 행정 구역을 포기한 채 철수했고, 고원지대 보급은 오직 항공 수송에만 의존할 수밖에 없는 상황이었다. 남베트남 정부의 실질적 통제력은 전체 인구의 일부에만 영향을 미쳤고, 그마저도 주로 도시 중심부에 국한된 상태였다. 남베트남군이 베트콩(Viet Cong)에게 패배했다는 보고는 매일같이 올라왔고, 웨스트모어랜드 장군은 북베트남 정규군 사단이 중앙 고원에서 대규모 공세를 준비 중이라는 정보까지 전했다. 이에 귀국한 존슨 장군은 결국 미국 지상군이 대반란전에 직접 개입해야 한다고 보고했다. [14]

존슨 장군은 여전히 공습 작전에 회의적이었지만, 북베트남 폭격이 너무 느리게 진행되고 있으며, 워싱턴이 스스로 걸어둔 여러 제약 때문에 그 효과가 크게 약화됐다고 판단했다. 원래 주 4회로 계획된 롤링 썬더(Rolling Thunder) 작전을 정상적으로 수행되기 어렵다고 보았다. 이에 따라 워싱턴의 표적 선정과 탄약 사용의 통제를 철회하고, 헬리콥터 부대 추가 배치, 활주로 건설, 북베트남에 대한 비밀작전 강화 등 21가지의 권고안을 제출했다. 이 권고안은 맥노턴의 보고서와 웨스트모어랜드, 테일러 대사와의 논의를 반영한 것이지만, 전체를 아우르는 전략적 일관성은 부족했다. 아울러 테일러 대사가 지적한 남베트남 사회의 무관심과 정부에 대한 낮은 신뢰 같은 근본적 난제에 대해서도 뚜렷한 해결책을 제시하지 못했다. 그의 제안들은 대부분 즉각적인 재앙을 피하기 위한 임시방편에 불과했다.[15]

1965년 말, 존슨 장군은 베트남 전쟁에서 승리하려면 약 5년의 시간과 50만 명에 이르는 병력이 필요할 것이라고 예측했다. 동시에 그는 "시간을 벌기 위해 필요한 어떤 조치든 취해야 한다"는 웨스트모어랜드 장군의 의견에도 동의했다. 일단 최악의 상황만 피할 수 있다면, 이후에 추가 병력 증원도 가능할 것이라고 본 것이다. 웨스트모어랜드는 대통령의 정책이 점진적이고 단계적인 방식으로 전쟁을 확대하는 방향으로 움직이고 있으며, 대통령이 패배를 막기 위해 군사적 결단을 내리는 한 군은 그 지침을 따라야 한다고 강조했다. 존슨 장군 역시 이 점에 전적으로 동의했다. 그는 남베트남의 자유와 독립을 달성하기 위해서는 총 5개 사단이 필요하다고 대통령에게 보고했지만, 정치적 현실을 고려해 처음부터 전면 배치를 요구하지는 않았다. 대신 정치적으로 실현 가능한 수준인 1개 사단을 우선 파병하고, 이후 상황에 따라 병력을 단계적으로 확대하는 점진적 증원 방식을 제안했다.[16] 그러나 이후 그는 북베트남의 침투를 효과적으로 차단하기 위해서는 4개 사단 파병을 더 강하게 주장했어야 했다고 스스로 평가하며 아쉬움을 남겼다.[17]

합참 내에서 존슨 장군의 동료들은 군사작전을 강화할 수 있는 모든 방안을 최대한 살리고자 했다. 존슨 장군이 베트남에 체류하던 동안, 합참은 베트콩(Viet Cong)을 캄보디아 국경 너머까지 추적해 격멸하는 '핫 퍼슈트(hot pursuit)' 작전을 승인해달라는 별도의 보고서를 제출했다. 이와 함께, 팜게이트(Farmgate)² 작전, OPLAN 34A 활동, 그리고 남베트남 내 미군 공습에 대한 제한을 완화해 줄 것도 요청했다.[18] 이처럼 합참은 점점 더 단호한 군사 행동을 추진하려 하면서 그 과정에서 장벽을 하나씩 없애려고 했지만, 각 조치들이 전체 목표와 어떻게 연결되는지는 충분히 고려하지 못했다. 그들은 본질적으로 전략적 일관성을 확보하기 어려운 점진적 압박 전략의 틀에 갇힌 채 움직이고 있었던 것이다.

■

3월 12일, 존슨 장군과 그의 팀이 워싱턴으로 복귀했을 당시, 대통령은 이미 문민관료들과 추가 지상군 투입 문제를 논의한 상태였다. 앞서 3월 5일, 맥조지 번디(McGeorge Bundy), 맥나마라, 러스크는 베트남 상황이 급격히 악화될 경우를 대비한 비상 대응책을 논의하기 회동했다. 회의 종료 후 번디는 대통령에게 논의가 보좌관 한 명씩만 배석한 가운데 어떠한 공식 기록도 남기지 않은 채 비공개로 진행됐다고 보고했다. 3월 9일, 해병대가 다낭(Danang)에 상륙한 날, 베트남 방문 일정을 단축해 귀국한 맥노턴은 번디에게 현지 상황이 심각하게 악화되고 있으며 전망 역시 암울하다고 보고했다. 그는 남베트남의 붕괴를 막기 위해 대통령이 대규모 병력 투입 가능성을 진지하게 검토해야 한다고 조언했다. 번디는 같은 날 예정된 오찬에 맥노턴을 초대했고, 대통령과 맥나마라, 러스크가 함께 자리했다. 법학 교수 출신이었던 맥노턴은 이 자리에서 대통령에게 같은 의견을 직접 전달했다. 다음 날인 3월 10일, 대통령은 캠프 데이비드(Camp David)에서 번디, 맥나마라, 러스크와 회의를 가졌다. 이 자리에서 대통령은 미국이 베트남에서 철수할 경우, 이는 1938년 뮌헨에서 체임벌린이

---

2 Farmgate : 베트남 전쟁 초기 미국이 남베트남을 지원하기 위해 수행한 비밀 공중 작전입니다. 정식 명칭은 Operation Farm Gate이며, 이 작전은 1961년부터 시작되어 1964년 무렵까지 지속되었다. 공식적인 임무는 남베트남 공군에 대한 조종 및 전술훈련을 제공하는 것이었지만, 실제 임무는 훈련이라는 명목 아래 미군에 의한 직접 전투 임무를 수행하였음.

히틀러에게 유화 정책을 펼쳤던 사례와 다를 바 없다는 결론을 내렸다. 그는 무슨 일이 있어도, 어떤 대가를 치르더라도 베트남을 포기하지 않겠다는 강한 결심을 밝혔다. 맥조지 번디(McGeorge Bundy)는 훗날 "대통령은 해야 할 일은 하겠다고 마음먹었지만, 정확히 어디까지 해야 하는지는 아직 결정을 내리지 못한 상태였다"라고 회고했다.[19]

이틀 뒤인 3월 12일, 존슨 장군과 그의 팀이 베트남에서 귀국했다. 이어 3월 15일, 대통령은 백악관에서 합참을 소집해 회의를 열었다. 이 자리에서 추가 지상군 투입에 대한 최종 결정은 유보했지만, 대통령은 남베트남을 방어하기 위해 필요한 모든 조치를 취하겠다는 굳은 의지를 분명히 했다. 지상군 증원에는 신중한 태도를 보였으나, 다른 군사적 조치에 대해서는 합참의 권고를 폭넓게 수용하며 더 적극적인 행동 가능성을 시사했다. 대통령은 롤링 썬더(Rolling Thunder) 작전에 대한 백악관의 통제를 일부 완화했고, 존슨 장군의 보고서에 포함된 대부분의 조치를 승인했다. 또 남베트남 내 군사적 상황을 개선할 추가 방안을 강구하라고 합참에 지시했다. 회의 말미에 그는 장성들을 격려하며 베트콩(Viet Cong) 사살 수를 늘리기 위해 가용한 모든 수단을 동원하라고 명령했고, 사살 인원수를 매주 집계해 보고하도록 했다.[20] 비록 이 회의가 미국의 전쟁 목표나 그 목표를 달성하기 위해 필요한 군사력의 구체적 규모를 명확히 규정하지는 못했으나, 대통령의 확고한 태도는 합참에 강한 인상을 남겼다. 휠러 합참의장은 대통령이 상황 개선을 위해 취할 수 있는 모든 조치를 실행하겠다는 결심을 굳혔다고 확신했다.[21]

■

대통령의 지침에 따라 합참이 대책 마련에 착수하자, 곧바로 베트남전 수행 방식에 대한 각 군 간의 견해차가 다시 부각되었다. 해병대 사령관 그린은 1964년 2월에 제안했던 '6개 해안 거점 계획'을 다시 제출하며, 이는 해병대가 대규모 전투에 본격적으로 투입될 수 있는 구조를 확보하기 위한 전략이라고 강조했다. 그린은 육군이 해병대의 작전 반경과 역할을 축소하려 한다는 의구심을 품고 있었으며, 그가 구상한 전략은 미군이 내륙까지 진출할 수 있도록 해안에 안정적인 군수 기지를 확보하는 데 중점을 두고 있었다. 이에 휠러 합참의장은 실무진에게 해병 원정군의 잔여 병력을 다낭(Danang)에 배치하고, 남베트남 중부 고원지대에는 미 육군 1개 사단과 한국군 1개 사단을 투입해서 대반란 작전을 적극적으로 펼칠 방안을 검토하라고 지시했다. 그러나 공군 참모총장 맥코넬 장군은 휠러와 그린의 모든 계획에 반대했다. 그는 북베트남에 대한 폭격 제한이 해제되지 않는 한 공중전의 효과는 본질적으로 제한적일 수밖에 없다고 주장하며, 자신의 '무제한 공중 전략'을 실현하기 위해 동남아시아에 4개 비행대대를 신속히 추가 배치할 것을 제안했다. 그의 전략은 지상군 증원보다 공군력이 북베트남의 핵심 전력에 대해 즉각적이고 강력한 타격을 가하는 데 초점을 두고 있었다. 이 계획 아래서 해병대와 육군은 주로 공군 기지와 군수시설을 방어하고, 남베트남군의 대반란 작전을 지원하게 될 예정이었다.[22] 그러나 합참은 이러한 내부 갈등을 국방부 장관과 대통령에게 알리지 않았고, 결국 각 군의 이해관계를 조율하지 못해 의견 통합에 실패하고 말았다.

합참 내부의 분열이 계속되는 가운데, 대북 항공전 계획에 대한 주도권은 여전히 맥나마라 국방부 장관이 쥐고 있었다. 작전계획 수립이 지연되자, 합참 참모부는 전체 합참의 정식 승인 없이 맥나마라에게 직접 '12주간의 군사 작전계획'을 보고했다. 이 계획은 북위 20도 이남 지역에서 3주 동안 보급로를 차단하는 작전으로 시작하여 이후에는 북베트남 전역의 교통망과 레이더 시설까지 타격하는 이전보다 더 포괄적인 폭격 전략이었다.[23] 애초 맥나마라와 공군은 롤링 썬더(Rolling Thunder) 작전을 전략적 압박 수단으로 설계하여 공중 위협을 통해 남베트남의 반란을 억제하려 했다. 그러나 합참 참모부의 이번 계획은 전략적 압박이 아니라, 북베트남의 남침 지원 능력을 직접 약화시키려는 전술적 목표에 더 무게를 두고 있었다.[24]

한편 각 군 참모총장들 사이에서는 여전히 공습 목표와 범위를 두고 이견 충돌이 계속되었다. 3월 27일, 휠러 합참의장은 맥나마라에게 합참이 여전히 대안을 검토 중이라는 모호한 입장만 전달할 수 있었다. 4월 중순이 지나도록 합의는 이뤄지지 않았고, 문제는 다시 실무진에게 넘겨졌다.[25]

·

공중 작전에 대한 엄격한 제한은 여전히 유지되고 있었다. 대통령이 "더 많은 베트콩(Viet Cong)을 사살하라"고 지시한 발언은 실제로 군사작전의 제약을 해제하려는 의지라기보다는, 불만이 고조된 합참을 달래기 위한 정치적 메시지에 가까웠다. 존슨 장군의 보고 이후 처음으로 시행된 롤링-썬더(Rolling Thunder) VII 작전은 교차 표적[3]을 공격할 때 별도의 사전 승인이 면제되었으나, 대통령은 곧바로 새로운 포괄적 제한 조치를 부과해 그 효과를 사실상 무력화시켰다. 그는 합참에게 북베트남 상공에서 수행되는 작전 중 북베트남의 MIG기 전투기와 충돌 가능성이 있는 행동은 피하라고 지시했고, 이에 따라 휠러 합참의장은 공군의 작전 범위를 북위 20도선 이남으로 제한할 수밖에 없었다. 정찰기과 이를 호위하는 전투기들이 19도선과 20도선 사이에서 작전을 수행하는 것은 허용되었지만, MIG기가 탐지되는 즉시 철수해야 했다.[26]

대통령이 합참 회의에서 강경한 메시지를 반복하면서도 실질적인 무력

3　교차 표적(alternate target) : 원래 공격 대상으로 지정된 주 표적(primary target)이 기상 문제나 적의 방어망 등으로 인해 공격이 불가할 경우, 대체하도록 정해져 있는(=fixed) 보조 표적(alternate target)을 의미함. 즉, 작전 수행 중 돌발 상황이 발생했을 때, 시간 낭비 없이 즉시 전환해 공격할 수 있도록 사전에 정해둔 보조 공격 목표임. 베트남전에서 이것이 중요했던 이유는 베트남 전쟁 당시 워싱턴(백악관)의 사전 승인 체계는 매우 엄격했고, 조종사들은 어떤 표적을 공격할지 현장에서 자율적으로 결정할 수 없었고, 주 표적을 공격하지 못하면, 미리 승인된 교차 표적 외에는 건드릴 수 없었다. 이는 작전의 유연성 부족과 효율성 저하, 불필요한 임무 취소로 이어지곤 했던 것이다.

사용 제한을 유지한 점은 그린 장군을 혼란스럽게 만들었다. 3월 15일 대통령과의 회의 직후, 그는 동료들에게 다낭(Danang)에 배치된 해병대 병력이 24시간 내 공격 작전 개시가 가능하다고 보고했다. 그러나 3월 19일, 그린은 대통령이 내린 "더 많은 베트콩(Viet Cong)을 사살하라"는 지시가 현장에서 실제로 실행되고 있는지를 확인하려 했음에도 여전히 구체적인 명령이 내려오지 않고 있다는 점에 답답함을 토로했다.[27] 그린 장군만이 아니라 합참 내 다른 참모들 역시 같은 당혹감을 느끼고 있었고, 결국 합참은 대통령에게 지상군 병력 증원과 함께 작전 범위를 단순 방어에서 적극적 공격으로 전환할 것을 공식적으로 건의하기로 결정했다.

합참이 제안한 증원안의 핵심은 제3해병원정군 잔여 병력 약 3만 9천 명의 파병이었다. 여기에 남베트남 중부 고원 지역에 미 육군 1개 사단(2만 6천 명)과 한국군 1개 사단(2만 1천 명)을 추가 배치하자는 존슨 육군 참모총장의 '차선책'도 함께 제시되었다. 이전까지 육군 파병에 부정적인 입장을 보여왔던 맥코넬 공군 참모총장도 이번만큼은 합참의 보고서에 동의하며 힘을 보탰다. 다만 그는 그 대가로 북베트남에 대한 공중 공격 강화와 전투 비행대대 9개 편대 추가 투입을 요구했다. 당시 합참 전략은 여전히 DMZ(비무장지대)와 라오스 지역에 지상군을 투입하지 않고, 북베트남으로 향하는 보급 차단 임무 대부분을 공군에 맡기는 것을 기본 전제로 하고 있었다. 그러나 합참은 과거와 마찬가지로 전쟁 확대의 중간 단계에서 발생할 전략적 파급 효과를 충분히 검토하지 않은 채, 단기적 목적을 앞세워 확대 조치를 추진했다. 이 흐름 속에서 휠러 합참의장은 맥나마라에게 "패배를 피하려면 이 직접적인 군사 조치가 불가피합니다"라고 경고했다.[28]

■

한편 테일러 대사는 웨스트모어랜드 장군과 합참이 제안한 지상 전투 병력의 규모 및 역할 확대 방안에 지속적으로 반대했다. 이러한 상황에서 휠러 합참의장은 웨스트모어랜드에게 기존의 지원 중심 정책에 얽매이지 말고 보다 적극적으로 병력 증강을 요구하라고 압박했다. 그러나 베트남 주둔 미군 사령부(MCAV) 지휘관인 웨스트모어랜드는 쉽게 움직일 수 없었다. 다낭(Danang)에 첫 해병대 병력이 상륙했을 당시 테일러와 이미 심각한 마찰을 겪었고, 그 자리에서 테일러는 자신이 베트남 내 미군 작전의 최종 책임자임을 분명히 한 바 있었다. 이 일로 인해 웨스트모어랜드는 당분간 테일러의 승인 없이 병력 증원을 추진할 수 없었다.[29] 결국 3월 18일, 웨스트모어랜드는 설득 끝에 테일러의 승인을 얻어 세 번째 해병대 대대의 추가 파병을 요청할 수 있었다. 테일러는 이 병력이 미국의 마지막 파병이 되기를 바란다는 전제를 달고 승인에 동의했다.[30]

웨스트모어랜드는 즉시 자신의 요청을 합참에 전달했고, 그와 동시에 테일러 대사는 러스크에게 전문을 보내 추가 병력 파병의 문제점을 상세히 상기시켰다. 그는 병력 증원이 더 큰 인명 피해를 초래할 뿐 아니라, 미국이 프랑스가 과거 식민지 지배자로 비난받았던 역할을 대신 떠맡는 것으로 보일 수 있다고 우려했다. 이는 곧 공산권의 선전과 제3세계 국가들의 비판에 미국이 더욱 취약해질 수 있다는 점을 의미했다. 테일러는 미 육군 사단의 투입이 전술적 측면에서 일정 부분 기여할 수 있다는 점은 인정했으나, 미군의 직접 개입이 남베트남 정부로 하여금 베트콩(Viet Cong) 문제를 미국에 전가하는 유인을 제공할 수 있다고 경고했다. 또한 지상군 배치가 논의되고 있는 각 후보 지역에도 심각한 위험이 따르고 있다고 지적했다. 예컨대, 베트콩(Viet Cong)의 강한 영향력 아래 있는 중부 고원지대에 미군 사단을 투입하는 것은 프랑스군의 치명적 패배 사례인 디엔비엔푸(Dien Bien Phu)를 떠올리게 한다고 우려를 표했다. 해안 거점 확보 임무 역시 미군을 소극적·수세적 역할에 묶어둘 위험이 있으며, 이는 미군 병사들에게도 명예롭지 못하고 베트남인들의 인식에도 부정적 영향을 미칠 수 있다고 지적했다. 더불어 인구 밀집 지역에서의 작전은 현지 주민과의 충돌 가능성을 크게 높일 수 있다는 점도 덧붙였다. 반면 웨스트모어랜드 장군은 테일러 대사가 내세운 미군 파병 반대 이유보다 최근 전투에서 반복적으로 드러난 남베트남군의 연이은 패배에 대해 훨씬 더 큰 우려를 품고 있었다.[31]

휠러 합참의장과 웨스트모어랜드 장군은 지상 전투부대 파견에 반대하는 대사의 입장을 넘어설 방법을 찾아 함께 움직이기 시작했다. 합참은 맥나마라에게 제3해병원정군의 잔여 병력과 미 육군 1개 사단, 그리고 한국군 1개 사단을 추가 파병해 대반란(게릴라)전 작전에 투입할 것을 공식적으로 권고했다. 동시에 휠러는 웨스트모어랜드와 샤프 제독에게 이러한 작전을 실행하는 데 필요한 군수 지원과 지휘 체계에 대한 세부 평가를 제출하라고 지시했다. 아울러 휠러는 대통령에게 직접 보고할 기회가 오기 전까지 이번 권고안이 외부로 유출되지 않도록 철저히 비밀을 유지해 달라고 두 지휘관에게 당부했다. 관련 작전계획 또한 미군 내부의 극히 제한된 인원에게만 공유하며 조용히 진행할 것을 요청했다.[32]

■

한편, 존슨 대통령의 핵심 문민관료들은 미국 지상군의 추가 파병이 결국 불가피한 선택이라는 쪽으로 점점 더 기울고 있었다. 이들은 테일러 대사의 신중한 접근을 점점 비합리적이고 감정적으로 보이도록 묘사하며 그의 영향력을 약화시키려 했다. 이미 3월 6일, 베트남에서의 협상력을 확보하기 위해서는 지상군 투입이 필수적이라고 주장해 온 맥조지 번디(McGeorge Bundy)는 대통령에게 늦어도 6월 1일까지 테일러 대사를 교체할 것을 건의했다. 번디는 테일러가 한때 미국 내 여론 분열을 방지하는 데 중요한 역할을 했으나, 최근에는 지나치게 엄격하고 고립된 태도를 보이며 외교적 유연성을 저해하고 있다고 평가했다. 번디는 후임 대사로 당시 부(副)대사였던 알렉시스 존슨(Alexis Johnson)을 적임자로 지목했고, 새 부(副)대사 자리에는 맥노턴처럼 젊고 역동적인 인물이 적합하다고 보았다. 그는 테일러의 업무 방식을 대해 정중하게 비판하며, 대통령에게 "지금 미국이 필요로 하는 대사는, 이 문제가 본질적으로 정치적 성격을 지닌 문제임을 이해하면서 미국의 자문과 지원, 그리고 모든 수준에서의 원조를 바탕으로 현지에서 분권화된 실천을 수행할 수 있는 인물입니다"라고 조언했다.[33]

그러나 존슨 대통령은 테일러 대사의 1년 임기가 끝날 때까지는 그가 여전히 필요하다고 판단했다. 테일러는 대통령의 베트남 정책을 지탱하던 미묘한 내부 합의를 유지하는 데 핵심적 역할을 하고 있었으며, 미 지상군 파병에 대해 남베트남 정부로부터 공식 동의를 얻는 임무 또한 그의 책임이었기 때문이다. 후임 인선을 두고 고민하던 대통령은 3월 말 테일러에게 워싱턴으로 돌아와 베트남 문제를 논의하는 정부 부처 간 협의에 참석해 달라고 요청했다. 3월 29일, 테일러 대사는 워싱턴에서 맥나마라 국방부 장관과 합참과 함께 펜타곤 회의에 참석했다. 그러나 이 자리에서 테일러와 합참은 베트남에 투입할 미군 병력의 규모와 활용 방식에 대해 의견이 엇갈렸다. 테일러 대사가 도착하기에 앞서 웨스트모어랜드 장군은 휠러 합참의장의 제안을 지지한다는 입장을 워싱턴에 보고하며, 미군의 임무를 남부 지역의 단순 치안 유지에서 보다 적극적인 대반란 작전 수행으로 전환해야 한다고 주장했다. 그는 해안 지역 확보와 중부 고원지대에서의 공산군 격퇴를 위해 약 3개 사단 규모의 파병이 필요하다고 강조했다. 그러나 테일러 대사는 지상군 증원에 여전히 반대 입장을 고수했다. 그는 3개 사단 규모는 너무 크다고 판단했고, 남베트남 정부 역시 미군의 증원이 필요없다고 주장했다. 그는 추가 파병이 반미 정서를 자극하고 남베트남 정부의 책임 회피를 부추길 수 있다고 경고하면서, 만약 파병이 불가피하다면 그 임무와 역할은 명확히 제한되어야 한다고 주장했다. 구체적으로는 해안과 고원지대의 안전지대에 주둔시키고, 주요 전투는 남베트남군이 담당하게 하며, 미군은 기동 예비군 형태로 제한적 공세 작전에만 투입해야 한다는 것이었다.

이에 대해 존슨 장군은 반론을 제기했다. 그는 정보 부족 상황에서 신속한 대응 공격은 실효성이 낮아 실질적 타격을 주기 어렵다고 보았다. 대신 그는 사이공(Saigon) 북서쪽의 세 개 고원 주에 미 지상군을 주둔시커 안정화 프로그램을 모범적으로 수행하자고 제안했다. 이 프로그램에는 지역 치안 확보, 정치 개혁 추진, 경제 개발 촉진 등이 포함되어 있었다.[34]

이날 회의는 결론 없이 마무리되었다. 맥나마라는 일정 규모의 미군 파병이 필요하다는 점에는 합참과 의견을 공유했지만, 3개 사단 투입은 과하다는 테일러의 평가에도 동의했다. 그는 무력 사용 확대를 점진적으로 통제하길 원했기 때문에, 우선 해병대 2개 대대만 추가 파병하는 방안을 권고했다. 또한 상황이 악화될 경우를 대비해, 향후 해병대 증원뿐 아니라 여단 또는 사단 단위로의 추가 파병도 가능하다는 여지를 남겼다. 맥나마라는 이번 파병의 주요 목적을 하노이(Hanoi)에 미국의 결의를 알리는 신호로 간주했으며, 테일러가 제안한 '거점' 개념에 대해서도 일단 긍정적으로 평가했다.[35]

테일러 대사와 맥나마라 장관은 합참이 요구한 롤링 썬더(Rolling Thunder) 작전의 강화 요청을 공동으로 거부했다. 테일러는 최근 공습이 일정한 성과를 보이며 안정적인 흐름을 형성하고 있다고 평가하며, 현 단계에서 작전을 확대할 필요가 없다고 분명히 선을 그었다. 합참의 반발을 사전에 차단하기 위해, 맥나마라는 앞으로 필요하다면 추가적으로도 조치할 수 있음을 암시하며 잠정적인 회유책을 내놓았다. 그는 하이퐁(Haiphong) 항구에 기뢰를 매설하는 방안 등을 포함해 합참이 과거 제안했던 여러 가지 강화 조치들이 향후 4주에서 12주 사이에 실행 가능하다고 언급했다. 그러면서 단기적으로는 공중 작전에 대한 기존의 제한을 유지하더라도, 궁극적으로는 북베트남에 보다 강력한 압박을 가할 수 있을 것이라고 설명하며 합참을 설득했다.[36]

∎

한편 존슨 대통령은 베트남에 대한 미국의 개입을 최근 더욱 늘리고 강화했음에도, 대중에게는 그 사실을 최대한 축소하여 보이려 했다. 그러나

3월에 접어들면서 그의 베트남 정책을 둘러싼 국내 여론과 의회의 비판은 더욱 거세졌다. 특히 대학 캠퍼스와 자유주의적 성향의 지식인들 사이에서 반대 움직임이 뚜렷하게 확산되기 시작했다. 국무부는 남베트남 내 반란에 북베트남이 개입하고 있음을 입증하기 위한 백서를 공개했지만, 그 논거는 빈약했고 핵심적 증거 대부분이 비공개로 남아 신뢰를 얻지 못했다. 테일러 대사의 워싱턴 도착을 일주일 앞두고 미시간대학교에서는 학생들과 교수진은 최초로 대통령의 정책에 반대하는 '베트남 전쟁 티치-인(teach-in)[4]' 활동이 진행되었다.[37] 이처럼 비판 여론이 빠르게 확산되자, 존슨 대통령은 전쟁 개입의 실상을 대중에게 노출하지 않기 위해 정보 유출 차단과 여론 관리에 한층 더 집중하기 시작했다.

대통령은 자신이 11월 대선 이후 베트남 정책의 방향을 크게 바꾼 적이 없다고 강하게 부인했다. 4월 1일, 보좌관들과 베트남 문제를 논의하기 한 시간 전 그는 백악관 극장에서 즉석 기자회견을 열어 입장을 밝혔다. 대통령은 먼저 위대한 사회(Great Society) 입법 과제가 의회에서 실질적인 성과를 거두고 있음을 강조한 뒤, 베트남 정책 관련해서는 자신이 아이젠하워 대통령과 의회가 체결한 동남아시아 조약기구(SEATO, Southeast Asia Treaty Organization)의 약속을 충실히 이행하고 있을 뿐이라며, 정책의 연속성을 부각시켰다. 또한 베트남 정책이 통킹만(Tonkin Gulf) 결의안에 근거하고 있으며, 이는 의회의 지지를 반영하는 것이라고 설명했다. 이어 베트남 정책을 둘러싸고 미국 정부 내에 어떠한 분열도 존재하지 않는다고 단언하면서, 테일러 대사의 방미 기간 동안 자신이 중대한 군사 결정을 논의하고 있다는 일부 언론 보도에 대해 강하게 반박했다. 대통령

---

4 티치-인(teach-in) : 1965년, 베트남 전쟁에 대한 반대 운동의 일환으로 시작되었으며, 전통적인 수업과 달리, 교수, 학생, 활동가들이 밤늦게까지 캠퍼스나 공공장소에 모여 자유롭게 강의, 토론, 질의응답 등을 나누는 형태로 진행되었다. 처음엔 베트남 전쟁에 대한 주제를 중심으로 진행되었으며, 이후 환경, 인권, 젠더, 인종 문제 등으로 확장되었다. 베트남전과 관련하여 수백 명의 교수들과 수천 명의 학생들이 참여하며 전국적인 반전 운동의 물꼬를 트게 되었던 활동임.

은 제안되었거나 공표되고 있는 그 어떤 광범위한 전략에 대해 알지 못한다고 밝히며, 베트남 정책에 비판적이거나 이를 보도하는 언론이 "베트남에서 목숨을 걸고 싸우는 우리 병사들의 희생을 외면하고 있다"고 날을 세웠다.[38] 기자회견이 끝난 직후, 대통령은 맥콘, 러스크, 맥나마라, 휠러, 맥노턴, 테일러, 번디 등 핵심 참모들과 함께 베트남 사안을 논의하는 회의를 열었다.

이 자리에서 러스크 국무장관과 맥콘 CIA 국장은 북베트남에 대한 공습의 효과에 회의적인 입장을 내비쳤다. 두 사람은 설령 북베트남 지도부가 협상 의지를 갖고 있다 하더라도, 남베트남 내 반란을 실질적으로 진정시키기는 어렵다고 지적했다. 이에 대통령은 답답한 기색을 보이며 "도대체 어떻게 해야 그놈들(북베트남 지도자들)의 목덜미를 잡을 수 있을지 모르겠다"고 한탄했다. 기자회견에서 신중한 메시지를 강조했던 것과 달리, 회의가 막바지에 이르자 대통령은 "놈들을 찾아내서 없애버려야 한다"고 공격적인 표현까지 사용했다.[39]

대통령의 발언을 계기로 휠러 합참의장은 공중 폭격 확대와 함께 지상 전투부대의 파병이 필요하다는 주장을 한층 강하게 제기했다. 합참 내부의 이견으로 공식 권고안을 도출하지는 못했지만, 휠러는 맥나마라의 지침에 따라 작성된 12주 공습 계획만으로는 충분하지 않다고 평가했다. 특히 북베트남의 MIG기 기지를 공격하지 않는 점은 군사적으로 납득하기 어려운 제한이라고 지적하며, 현재의 접근 방식으로는 미국이 전쟁에서 점차 밀리고 있다는 위기의식을 드러냈다. 휠러는 대통령에게 해병대 사단 잔여 병력, 미 육군 1개 사단, 한국군 1개 사단을 추가 파병하는 합참의 제안을 반드시 수용해야 한다고 강조했다. 지상군 투입이 전쟁 양상을 근본적으로 변화시키는 동시에, 북베트남에 미국의 결연한 의지를 보여주는 강력한 신호가 될 것이라고 설명했다. 만일 이러한 신호가 기대한 효과를 내지 못하더라도, 전방 배치를 통해 미국이 즉각적인 대응 능력을 갖추게 되고, 이는 향후 협상 과정에서 중요한 지렛대로 작용할 것이라고 주장했다. 휠러는 조속한 결정을 촉구하며, 3개 사단과 병참 문제만 해결되면 대통령이 고민할 여지는 거의 사라진다고 설득했다. 이어 파병 비용도 크지 않으며, 예비군은 해외 파병이 아니라 전략적 예비 전력 보충 차원에서 활용할 수 있다고 부연했다.[40]

그러나 휠러의 이런 공세적 주장은 베트남 문제의 본질적 성격이나 미국의 장기 전략을 둘러싼 심층 논의로 이어지지 못했다. 오히려 대통령의 내부 합의 유지에 대한 집착과 미국의 전쟁 개입을 가능한 한 조용히 감추려는 정치적 계산에 부딪혔다. 결국 존슨 대통령은 모든 이해관계자를 일정 부분 만족시키려는 절충적 결정을 내렸다. 그는 휠러가 제안한 3개 사단 파병은 보류하는 대신, 해병대 2개 대대의 추가 파병을 승인했다. 이 부대들의 임무는 기존의 방어 위주의 기지 경비에서 벗어나 보다 적극적인 대(對)베트콩(Viet Cong) 작전 수행으로 확대되었다. 이는 장기적으로는 미군이 본격적인 공격 작전에 투입되는 중요한 분기점이 되었지만, 단기적으로는 병력 증원보다 정치적 부담이 적고 대중의 관심을 덜 끄는 선택이기도 했다. 대통령은 휠러를 달래기 위해 가까운 시일 내 추가 병력 파병 가능성을 열어두겠다고 약속하며, 미 육군 2개 사단에 대한 파병 준비를 지시했다.[41]

■

회의가 끝난 뒤, CIA 국장 맥콘은 대통령이 베트남 내 미 지상군 임무 확대가 가져올 결과를 충분히 검토하지 않은 채, 정보에 기반한 포괄적 평가 없이 결정을 내렸다는 사실을 뒤늦게 깨달았다. 그는 추가 지상군 투입 문제는 놔두고 당시 수행 중이던 롤링-썬더(Rolling Thunder) 공습 작전과 연계해 검토해야 한다고 보았으며, 테일러 대사가 공습 속도는 적당하다고 주장한 데에도 이의를 제기했다. 맥콘은 러스크, 맥조지 번디(McGeorge Bundy), 맥나마라, 그리고 테일러 대사에게 보낸 보고서에서 현재의 폭격이 북베트남에 충분한 실질적 피해를 입히지 못했을 뿐만 아니라 오히려 그들의 태도만 더욱 강경하게 만들었다고 비판했다. 테일러 대사는 CIA가 지적한 공습 효과의 한계와 문제점을 대통령에게 전달하는 과정에서 일부 내용을 삭제했으나, 사이공(Saigon) 주재 CIA 요원들은 수정되지 않은 원문 보고서를 비공식 경로로 본부에 송부하고 있었다. 맥콘 국장은 북베트남에 대한 타격을 더 강도 높고 빈번하게 실질적 피해를 가할 수 있는 수준으로 확대해야만 미 지상군의 임무를 본격적인 공격 작전으로 전환할 수 있다고 강조했다. 이어 다음과 같은 권고를 제시했다.

> "MIG기를 단순히 피하는 것이 아니라, 아예 제거해야 합니다. 다리 몇 개만 폭격해서는 아무런 효과가 없습니다. 그들의 공군 기지, 석유 저장시설, 발전소, 군사 기지까지 모두 타격해야 합니다. 제 생각에는 이 조치는 신속하고 최소한의 제약 내에서 실행되어야 합니다. 만약 우리가 지금 이 결정을 내릴 의지가 없다면, 지상군 임무의 확대 역시 애초에 고려해서는 안 됩니다."

맥콘 국장은 대통령이 협상을 통한 해결과 전면적 군사 개입 사이에서 분명한 결정을 내리지 않는 한, 미국은 전쟁에서 승기를 잡지 못한 채 점점 더 많은 병력을 투입할 수밖에 없는 상황에 직면하게 될 것이라고 경고했다.[42]

4월 2일 열린 NSC 회의에서 맥콘의 발언을 들은 대통령은 여전히 남베트남의 패배를 막기 위한 최소한의 조치만을 취하겠다는 기존 입장을 고수했다. 맥콘은 대통령에게 직접 접근할 수 있는 권한이 제한되어 있었고, 행정부가 정보기관의 경고를 받아들이지 않는 듯한 모습을 보이자 점점 더 깊은 좌절감을 느꼈다. 점진적 압박 전략과 달리, 맥콘은 복잡한 현실을 단순한 해법으로 축소해 제시하지 않았다. 오히려 그는 대통령에게 전면전 확대 또는 협상 철수라는 두 가지 전략적 선택지 중 하나를 명확히 결정해야 한다고 촉구했다. 그러나 대통령은 자신의 '위대한 사회(Great Society)' 정책을 지지하는 핵심 유권자층이 이탈할 우려 때문에, 이러한 중대한 결단을 내리는 것을 주저했다. 결국 맥콘 국장은 자신의 의견을 담은 보고서를 제출한 지 3주 후, 깊은 좌절감을 안고 사임했다.[43]

휠러 합참의장도 베트남 상황이 근본적인 결정을 요구한다는 점에서 맥콘과 동일한 결론에 도달했지만, 그는 사임까지 생각하지는 않았다. 대통령이 협상과 군사력 확대 사이에서 확고한 선택을 회피하고 있는 현실을 받아들이는 한편, 정치적 여건이 허락하는 선에서 점진적으로 전쟁을 확대하는 쪽으로 대응했다. 이러한 접근은 미국이 공식적으로 전쟁에 참전하지 않은 채, 점점 더 깊이 베트남 전쟁에 빠져들게 만드는 결과를 낳았다. 대통령은 베트남 문제의 본질적이고 구조적인 쟁점을 깊이 논의하기보다는 내부적으로 정책에 대한 정치적 합의 유지에 더 큰 관심을 기울였다.

■

워싱턴에서 열린 테일러 대사의 마지막 회의에서는 이번 방문의 실질적 목적이 베트남 정책을 둘러싼 대통령 핵심 참모들 간의 겉보기에 일관된 화합을 연출하고 표면적 합의를 유지하는 데 있었음이 분명하게 드러났다. 번디 형제와의 회의 자리에서, 러스크 국무장관은 "대통령은 정책을 지나치게 서두르지 말아야 한다고 생각하고 있습니다. 대통령이 그동안 어렵게 유지해 온 의회와 국민의 지지가 자칫하면 정부의 베트남 관련 조치들을 더 이상 받아들이지 않을 수 있기 때문입니다"라고 말했다. 러스크는 특히 대통령의 일부 결정은 가능한 한 조용하고 눈에 띄지 않게 처리해야 한다는 점을 여러 차례 강조했다. 러스크는 테일러 대사가 해병대 추가 병력을 남베트남에 배치하기 위해서는 현지 정부의 승인을 얻어야 한다는 현실을 인정하면서도, 파병이 공격적 성격의 확대 조치로 비치지 않도록 통제할 필요가 있다고 보았다. 그는 추가 병력이 도착하기 전까지는 주둔하고 있는 해병대가 공격 작전을 자제하고, 불가피한 경우에도 이를 '공세적 정찰'로 표현해 외형상 방어적 임무로 포장할 것을 제안했다. 어떠한 경우라도 테일러 대사는 남베트남 정부가 대통령이 대규모 미군 파병을 염두에 두고 있다는 인상을 받지 않도록 주의해야 했다. 회의 말미에서 번디는 대통령의 전쟁 확대 결정이 급격한 정책 전환이 아니라 기존의 정책 기조와 목표를 유지하는 범위 내에서 이루어졌다는 점을 강조하며, 이를 대통령의 개인적 성과라고 평가했다. 이어 그는 테일러에게 이러한 문제와 관련된 정보 통제는 극히 엄격하게 이루어져야 한다고 당부했다. 테일러 대사는 이때서야 비로소 국내 정치의 제약과 행정부 내부의 우려를 충분히 이해했다고 답했다. [44]

행정부 내부의 형식적 합의가 확보되자, 대통령은 즉각적인 협상을 지지하는 참모들의 반발을 잠재우기 위한 조치에 착수했다. 그는 2월 중순 북베트남에 대한 지속적인 군사 조치를 처음 승인한 이후, 협상 개시 요구를 꾸준히 회피해 왔다. 대통령은 조기 협상이 북베트남에 약하게 비칠 수 있다는 테일러 대사의 견해에 동조했고, 볼에게는 협상 요구가 자신을 궁지로 몰아넣는 듯하다며 이를 적극적으로 차단하는 역할을 맡으라고 지시했다. 영국 총리, 유엔 사무총장 등 외부 지도자들이 평화 중재를 제안하자, 대통령은 이들의 제안을 직접 받지 않겠다며 여러 핑계를 대고 만남 자체를 피하기도 했다. [45]

∎

3월 말이 되자, 존슨 대통령은 베트남 정책을 둘러싼 국민과 의회의 반대 여론이 빠르게 고조되고 있음을 실감하게 되었다. 민주당 상원의원 마이크 맨스필드(Michael Mansfield)와 조지 맥거번(George McGovern)은 미군 확대 정책이 심각한 파국을 초래할 수 있다고 경고했다. 특히 맨스필드는 동남아시아에서 미국이 확보할 수 있는 이익이 그 지역에서 감수해야 할 생명과 자원의 희생을 정당화할 수 없다며, 설령 불리한 조건이라도 협상에 나설 것을 촉구했다. [46]

합참을 상대로는 자신의 결의를 강조하기 위해 공격적이고 단호한 언사를 서슴지 않았던 대통령은, 이번에는 반전 여론을 잠재우기 위해 평화를 전면에 내세운 언어 전략을 택했다. 맨스필드의 보고서를 받은 지 이틀 뒤인 3월 25일, 미시간 대학교의 티치—인(teach—in) 행사 다음 날, 대통령은 성명을 발표했다. 그는 미국의 군사적 조치는 어디까지나 제한적이며, '명예로운 평화(honorable peace)'로 나아갈 수 있는 가능성이 있다면 언제 어디서든 누구와도 만날 준비가 되어 있다고 밝혔다. 또한 언젠가 동남아시아가 테러, 전복, 암살의 위협에서 벗어나 미국과 경제·사회적으로 협력하는 안정된 지역으로 성장하길 바란다고 말했다.[47]

일주일 뒤, 애버렐 해리먼(Averell Harriman)은 맥조지 번디(McGeorge Bundy)에게 보고서를 보내 대통령이 남북 베트남 모두를 대상으로 경제 개발 계획을 보다 적극적으로 추진해야 한다고 촉구했다. 해리먼은 베트남 정책에 대한 회의가 확산되는 국내 여론을 회복하기 위해 미국의 위대한 사회(Great Society) 비전을 북베트남에도 적용해 정치적·경제적 유인을 제공할 것을 제안했다. 번디 역시 대통령이 미국 국민에게 평화 달성의 조건과 동남아시아 미래에 대한 우리의 관점을 더 구체적으로 설명해야 한다고 판단해, 곧바로 대통령 연설문을 준비하기 시작했다. 대통령은 4월 7일, 볼티모어에 있는 존스홉킨스대학교에서 베트남 문제에 관한 대국민 연설을 하기로 결정했다.[48]

대대적인 주목을 받은 존스홉킨스 연설에서 대통령은 남베트남의 독립과 외부 공격으로부터의 자유를 보장하겠다는 약속을 다시 한번 명확히 했다. 또 이 정책이 1950년대 아이젠하워 정부부터 이어온 미국의 대외 정책 기조와 일관된 것임을 강조하며, 베트남에서 평화로운 해결을 이루기 위한 노력이 결코 미흡하지 않을 것이라고 다짐했다. 그는 군사력 사용 의지를 강조하는 한편, 동남아시아 전체를 겨냥한 포괄적인 경제 및 공공사업 개발 계획도 함께 내놓았다. 이 계획은 하원과 상원의원 시절 뉴딜(New Deal) 정책의 일환으로, 그의 고향 텍사스 힐컨트리에 이끌었던 지역 발전의 경험을 자연스럽게 떠올리게 하는 부분이었다. 이 계획은 TVA(테네시강 유역개발공사, Tennessee Valley Authority)를 능가하는 규모로 추진될 것이며, 식량, 전기, 깨끗한 물, 의료, 농업, 교육 등 생활 전반을 개선해 동남아시아 주민들의 전반적인 생활 수준을 끌어올리겠다고 약속했다. 북베트남 주민들 역시 미국의 원조를 통해 굶주림을 벗어나고 더 나은 의복을 제공받게 될 것이라고 언급했는데, 이는 전날 오찬에서 참모들이 논의한 바와 같이 미국 내 평화주의 세력과 반전 단체들을 의식한 정치적 제스처였다. [49]

그러나 대통령이 제시한 '외부 간섭 없이 남베트남이 자주적으로 다른 국가와 관계를 맺을 수 있어야 한다'는 목표는 북베트남 지도부에게 협상 자체가 성립될 수 없는 조건이었다. [50] 북베트남 정치국은 협상을 미국이 체면을 잃지 않고 철수할 수 있는 절차적 장치 정도로만 인식하고 있었으며, 남부에서의 혁명적 성과가 충분히 확보된 이후에야 협상에 임할 계획이었다. 연설 다음 날, 북베트남은 미국과의 협상에 앞서 4개 항을 전제 조건으로 제시했다. 그 핵심은 미국의 조건 없는 베트남 철수. 철수 이후 남베트남에서 연립 정부를 구성해 통일 문제를 협의한다는 것이었다. 또한 연립 정부가 출범하기 전까지는 베트콩(Viet Cong)의 정치조직인 민족해방전선(NLF, National Liberation Front)을 베트남 국민의 유일한 정당한 대표로 인정해야 한다고 주장했다. [51]

호치민(Ho Chi Minh)은 존슨 대통령이 내건 위대한 사회 수출 제안을 하루도 채 지나지 않아 거절했다. 그럼에도 미국 내 반응은 전반적으로 우호적이었다. 인도 주재 전 미국 대사이자 하버드대 경제학자인 존 케네스 갤브레이스(John Kenneth Galbraith)는 이후 베트남전의 대표적 비판자가 되었지만, 당시 《뉴욕타임스》에 보낸 공개서한에서는 대통령의 입장 변화를 긍정적으로 평가했다. 갤브레이스는 기존의 군사 중심 접근에서 벗어나려는 시도에 주목했고, 무엇보다도 미국이 아시아에서 본격적인 지상전 개시를 선언하지 않은 데에 안도감을 드러냈다. [52]

그러나 대통령이 대외적으로 평화적 메시지를 강조하던 바로 그 시점, 미 해병대는 이미 '공세적 살상 작전' 명령을 받은 상태였다. 2개 해병 보병대대와 1개 항공대대가 추가 투입을 준비하고 있었으며, 3개 전투사단을 지원할 수 있는 2만 명 규모의 병참 병력 역시 남베트남 파병을 위해 대기하고 있었다. 내부 합의를 무엇보다 중시하면서도 자신이 내린 결정이 가져올 구조적·전략적 파장을 끝내 직시하지 못한 대통령은, 의도와 달리 조용하지만 확실하게 미국을 전쟁으로 이끌고 있었다.[53]

■

대통령에게 군사 자문과 전략을 제공해야 할 핵심 기관들은 전쟁 수행에 따르는 비용과 결과를 충분히 평가하지 않은 채, 대통령이 개입 결정을 내리도록 사실상 방치했다. 필요한 병력에 대한 추산도 있었지만, 군 내부에서 권한 다툼이 일어나면서 합참은 자신들의 권고안이 채택될 가능성을 높이기 위해 병력 규모를 의도적으로 낮추거나 일부 정보를 축소하기도 했다. 1965년 1월 말, 해군 정보국장 루퍼스 테일러(Rufus Taylor) 제독은 맥도널드 제독에게 "미국은 신속히 승리를 보장할 만큼 충분한 병력을 투입하거나, 아니면 늦기 전에 철수해야 합니다"라고 보고했다. 해병대 참모부가 주도한 합참 연구 결과 역시 베트남에서 확실한 승리를 위해서는 약 70만 명이 필요하다는 결론에 이르렀다. 해롤드 존슨(Harold Johnson) 육군참모총장도 남베트남의 반란을 진압하려면 최소 5년의 기간과 약 50만 명의 병력이 필요하다고 판단했다.

이러한 전망을 고려하면, 롤링 썬더(Rolling Thunder) 작전의 초기 공습이 기대했던 성과를 내지 못한 것은 맥도널드 제독과 존슨 장군 모두에게 전혀 놀라운 일이 아니었다. 그럼에도 두 사람 모두 이런 우려를 민간 지도부에게 직접적으로 제기하지 않았다.[54] 그들은 자신들이 필요하다고 판단한 병력 규모를 공개적으로 요구하기보다는, 육·해·공군 전력을 통합한 일관된 군사 전략을 제시하지도 못한 채, 사실상 무제한적인 개입을 묵인하는 길을 선택했다. 합참 구성원들 역시 점진적 압박 전략의 문제점을 내심 인식하면서도, 외부적으로는 낙관적인 태도를 유지하며 각 군의 해법만을 제시하는 데 집중했다.

합참은 대통령에게 군사적 자문을 하긴 했으나, 실제 조언 내용은 대부분 대통령이 듣고 싶어 하는 수준에서 그쳤다. 대통령과 맥나마라는 합참을 중요한 전략 결정 과정에서는 사실상 배제했지만, 겉으론 형식적인 협의를 보여주면서 군 의견을 듣는 척했고, 필요할 때마다 더 강경한 대응도 할 수 있다는 약속으로 군의 지지를 얻었다. 그러나 롤링 썬더(Rolling Thunder) 작전이 본격화되고 전투부대가 남베트남에 배치되면서 이제 합참은 그동안 내비쳤던 약속의 실질적 이행을 요구하기 시작했다. 결국 대통령은 더 이상 모호한 태도를 유지할 수 없었고, 군 지도부에게서 정확히 무엇을 기대하는지 분명하게 알려줘야 할 때가 온 것이다.

13 코치, 그리고 팀(1965.4월-6월)

> "어쩌면 우리 군인들 모두가 너무 나약했을지도 모릅니다. 그때
> 우리가 벌떡 일어나 책상을 치며 적극적으로 항의했어야 했는데
> 말입니다. 저 역시 그 자리에 있었으니, 그 일을 떠올릴 때마다
> 스스로가 부끄럽다는 생각이 듭니다. 가끔은 '왜 나는 그때 그런
> 일에 순순히 따랐을까?' 하고 자책하게 됩니다."
>
> — 데이비드 라마르 맥도널드(David Lama McDonald) 제독, 1976년[1]

1965년 봄과 여름, 존슨 대통령은 정치적 압박에 시달렸다. 4월 7일 존스 홉킨스 연설로 국내 평화주의 단체들을 어느 정도 진정시킨 그는, 이제 군부의 핵심인 합참에서 가해지는 압박에도 맞서야 한다고 느꼈다. 실제로 연설 이틀 전, 맥나마라 국방부 장관은 합참에 가능한 한 빠르게 2~3개 사단을 베트남에 투입할 수 있도록 구체적인 일정을 달라고 요청했다. 대통령이 곧 파병을 승인할 것이라고 본 합참은 이미 준비 명령을 내렸고, 합참 본부장 버치널 중장은 태평양사령부에 베트남 주둔 미군사령부(MCAV)가 원하는 속도에 맞춰 가능한 신속히 병참 부대를 투입하라고 지시했다.[2] 북베트남 정규군 부대가 남베트남으로 침투했다는 최초의 공식 보고는 북폭 강화와 3개 사단 파병을 촉구하던 합참의 긴박함을 더욱 가중시켰다.[3]

그러나 존슨 대통령은 합참의 강경한 권고를 선뜻 받아들이지 않았다. 예상보다 격화된 반전 시위는 대통령을 당혹스럽게 했고, 대규모 파병이 전쟁에 대한 국민적 반대와 관심을 더욱 증폭시킬 것이라는 우려를 키웠다. 무엇보다 그는 의회와 대중으로부터 위대한 사회(Great Society) 정책의 관심이 멀어질 수 있다는 점을 염려했다. 이렇듯 여러 방향에서 압박이 몰려오자, 대통령은 비판 세력과 잠재적인 반대자들을 어느 정도 달래

거나 최소한 강한 반발을 피할 수 있는 절충적 해법을 모색했다. 존슨 대통령은 롤링 썬더(Rolling Thunder) 폭격을 더 강력하게 확대하는 방안은 처음부터 배제했다. 그런 조치는 더 큰 시위와 정치적 반발을 불러올 가능성이 너무 컸기 때문이다. 대신 남베트남에 주둔하는 미군 병력을 소폭 증강하거나, 임무를 점차 공격적으로 바꾸는 등 눈에 덜 띄는 방식으로 조심스럽게 전쟁을 확대하는 쪽을 택했다. 이미 해외에 배치된 사단 이하 규모의 부대는 본토에서 새 부대를 파견하는 것보다 훨씬 자연스럽게 남베트남으로 이동시킬 수 있었다. 또한 공격 작전 역시 '적극적 순찰(aggressive patrolling)'이라는 명칭을 사용함으로써, 행정부가 강조해 온 방어 중심 작전의 연장선으로 국민에게 설명할 수 있었다. 이처럼 대통령은 은폐와 완화된 메시지 전략에 기반한 중도적 확전 방식을 통해, 전쟁 확대를 반대하는 국내 여론과 더 과감한 군사 조치를 요구하는 군부 양쪽 모두의 불만을 최소화하려 했다.

미국 국민과 의회를 상대로 부분적으로 진실을 감추고 있는 상황에서 합참의 협조는 대통령에게 필수적이었다. 합참을 팀 안에 확실히 묶어두어야 한다는 필요성을 그 어느 때보다 크게 느꼈다. 합참 역시 점진적 압박 전략이 본질적으로 국내 정치 환경을 고려해 설계된 것임을 잘 알고 있었다. 특히 지상군 투입 결정은 행정부가 1964년 3월 점진적 압박 전략을 채택한 이후 처음으로 나타난 중대한 전환점이었으며, 미 지상군이 남베트남에서 베트콩(Viet Cong)을 상대로 공격 작전에 참여하기 시작한 것은 합참이 대통령의 베트남 정책에 공식적으로 이견을 제기할 수 있는 기회를 제공했다.

합참은 이를 계기로 대통령에게 동남아시아에서 보다 단호하고 일관된 조치를 취할 것을 촉구하고자 했다. 그들은 전쟁에서 실질적 우위를 확보하려면 3개 사단의 즉각적 파병이 필요하다는 데 의견을 모았고, 휠러 합참의장은 동료 참모들에게 해당 권고안을 강력히 지지해 달라고 요청했다. 그러나 합참은 대통령의 정책 방향 자체에 정면으로 의문을 제기할 수 있었던 이 명확한 기회를 끝내 충분히 활용하지 못했다. 지상군 배치 역시 점진적 압박 전략의 울타리를 벗어나지 못한 채 제한적 방식으로 이루어졌다. 대통령의 핵심 참모진 또한 전략적 방향성보다는 전술적 세부 조정에 집중하는 모습을 보였다. 1965년 4월부터 6월까지 대통령은 군사 행동이 초래할 수 있는 결과에 대해 깊이 검토하지 않았으며, 합참 역시 미국의 장기적 이익에 기반한 통합된 전략을 제시하지 못하면서 보다 광범위한 군사 개입만을 반복적으로 권고했다.

■

존슨 대통령은 미국 군사 개입이 점점 깊어지는 현실을 외부에 감추고 싶어했기에 합참의 권고를 쉽게 받아들이지 않았다. 그는 해병대 2개 대대와 1개 항공대대의 파병은 승인했지만, 의회의 사전 동의 없이 해병대의 임무를 방어에서 공격으로 전환하는 문제에 대해서는 특히 신중한 태도를 보였다. 4월 6일 발표된 NSAM에 따르면, 대통령은 베트남에 배치된 모든 해병대 대대의 임무를 보다 적극적으로 활용하는 쪽으로 바꾸는 방안을 승인했다. 대신 이것은 국무부 장관과 협의해 국방부 장관이 정한 조건 아래에서 이뤄져야 한다고 명시했다. NSAM 마지막 부분에서는, "실제 조치는 최대한 신속하게 이뤄져야 하지만, 정책이 갑자기 바뀌는 것처럼 보이지 않도록 신경 써야 한다"라고 기록하면서, 대통령이 자신의 최근 결정과 관련해 쏟아지는 성급한 언론 보도에 대해 경계심을 나타냈다. 병력 이동이나 임무 조정과 관련한 공식 발표 권한도 국방부 장관과 국무부 장관에게만 부여함으로써, 정보 흐름을 통제하고 개입 확대의 실상을 은폐하려 했던 의도가 드러났다. 마지막으로 NSAM은 병력 이동과 임무 조정이 서서히, 마치 기존 정책의 연장선상에서 자연스럽게 진행되는 것처럼 보이도록 해야 한다고 거듭 강조했다. [4]

한편 롤링 썬더(Rolling Thunder) 작전을 중단하라는 국내외의 정치적 압박이 거세지면서, [5] 존슨 대통령은 미국 국민에게 공습 작전이 앞으로도 신중하고 절제된 방식으로 지속될 것임을 거듭 다짐했다. [6] 이러한 압

력은 대통령에게 상당한 부담으로 작용했고, 결국 존슨은 1965년 4월 8
일, 존스 홉킨스 연설 바로 다음 날, 합참의장단과 맥나마라 국방부 장
관, 밴스 국방부 부장관을 소집해 회의를 열었다.[7] 이 자리에서 존슨 대
통령은 북베트남 폭격 확대 여부에 대한 논의를 의도적으로 회피하고, 자
신이 설정한 공군과 지상군 작전의 제약 범위 내에서 가시적인 성과를 내
줄 것을 합참에게 분명히 요구했다.

그러나 합참은 롤링 썬더(Rolling Thunder) 작전이 베트콩(Viet Cong)
과 북베트남군의 전반적 군사 능력을 실질적으로 약화시키지 못했다는 평
가를 근거로, 그동안 유지되어 온 각종 공습 제한 조치를 해제해야 한다
고 거듭 요구했다.[8] 휠러 의장은 확대된 항공사진을 보여주며, 베트남
의 주요 교량 2개를 대상으로 한 롤링 썬더(Rolling Thunder) 작전의 최근
공습 결과를 설명했다. 이어서 맥코넬 공군 참모총장은 미군 항공기가 첫
번째 교량에 폭탄 432발을 퍼부었지만, 교량이 조금도 무너지지 않았다
고 보고했다. 이 과정에서 미군 F-105 전투기 2대가 북베트남 MIG기에
격추되었다는 소식도 전했다.

대통령이 작전 실패의 원인을 묻자, 맥코넬은 임무 계획과 실행 과정
모두에 문제가 있었다고 조심스럽게 답변하며 향후 개선을 약속했다. 이
를 위해 네 명의 전문 인력을 베트남 현지에 추가 파견했다고도 덧붙였
다. 그러나 그는 당시 공군의 전투기가 격추된 배경에, 적 전투기 기지를
공격 대상으로 삼는 것이 금지되어 있었다는 사실은 언급하지 않았다. 대
통령은 장병들의 경험 부족을 지적했고, 맥코넬 장군은 고개를 끄덕이며
이에 동의했다.[9] 이날 합참은 작전이 실패한 구조적 원인, 즉 과도한 공
격 제한과 제약된 교전수칙이 공군의 전투력 운용을 얼마나 묶어놓았는
지를 대통령에게 명확히 짚어내지 않았다. 대신 대통령의 판단에 편승해
문제의 책임을 현장 장병과 전술적 수준에서 찾도록 유도했다. 결국 이는
대통령이 자신이 만든 정책 제약이 초래한 전략적 한계를 직면하지 않도
록 만들었고, 합참 또한 방어적이고 소극적인 태도를 유지함으로써 정책
의 근본적 문제를 해결할 기회를 스스로 좁혀 버린 셈이었다.

존슨 대통령은 합참에게 "나는 코치 같은 사람입니다. 그리고 여러분은 내 팀원입니다. 여러분 모두는 존슨의 사람들입니다"라고 말했다. 그러고는 베트남 상황을 스포츠 경기에 비유하며 "우리는 지금까지 전반전을 치렀는데, 점수는 지금 21 대 0으로 우리가 크게 뒤지고 있어요. 이제 여러분이 나에게 이기는 방법을 알려줘야 합니다"라는 말을 덧붙였다. 대통령은 합참의장을 바라보며 "여러분 모두가 육군사관학교 출신이니 답을 내줄 수 있겠지요. 다음 주 화요일에 다시 와서, 우리가 어떻게 하면 더 많은 베트콩(Viet Cong)을 사살할 수 있을지 설명해 주세요"라고 말했다.

대통령의 발언은 북베트남 공습 확대 논의는 차단하되, 남베트남 내 군사작전은 유동적으로 강화할 의지가 있음을 분명히 드러낸 것이었다. 그는 북베트남을 상대로는 여러 제약이 있지만, 남베트남에서는 비교적 자율적으로 작전을 펼칠 수 있으며 더 많은 베트콩(Viet Cong)을 소탕하고 싶다는 뜻을 밝혔다. 비록 대통령이 북베트남에 대한 공습 확대 논의는 사실상 차단했지만, 돈을 더 쓰는 것도, 필요하다면 합참 전원을 모두 사이공(Saigon)에 보내는 일도 마다하지 않겠다며 전황 개선에 대한 강한 의지를 보였다. 이어 그는 "승리하기 위해 우리가 무엇을 할 수 있는지 알려 달라"고 합참에 요청했다.

그러나 이러한 발언 뒤에는 국내 정치적 기반을 지키려는 대통령의 현실적 계산이 깔려 있었다. 그는 합참의 권고가 자신의 정치적 기대와도 부합하는 방식으로 제시되기를 원했으며, 특히 북베트남에 대한 군사적 조치를 제한해야 한다는 점에 대해 합참 내부에서 자연스러운 공감대가 형성되기를 바랐다. 이어 의회와 국민과의 관계에서 겪는 어려움을 토로했다. 의자에 몸을 기대고 책상 위에 쌓인 전보 더미를 가리키며 "이건 어젯밤 존스 홉킨스 연설에 대한 비판들뿐입니다. 저는 꽤 잘했다고 생각했어요. 40분 연설에 박수가 14번이나 나왔거든요. 그런데 이 편지들을 보면 꼭 그런 것 같지는 않네요"라고 말했다. 자신의 불안과 지지를 바라는 마음을 내비친 뒤, 대통령은 다시 '코치 존슨'으로 돌아가 자신이 이끄는 팀에 대한 기대를 표했다.

그는 먼저 합참에게 현장에서 제기된 비판이 언론이나 미국 대중에게 흘러나가지 않도록 단속하라고 지시했다. 최근 언론이 "전쟁이 워싱턴에서 지나치게 통제되고 있다"고 비판한 것을 언급하며, "내가 총사령관으로 있는 한, 통제는 워싱턴에서 이뤄질 겁니다"라고 못 박았다. 또 합참의장에게 기자들에게 불만을 흘린 인물이 누구인지 찾아 처벌하라고 명령했다. 그 후 대통령은 전략적 초점을 북베트남 폭격이라는 논쟁적 사안에서 남베트남 내 추가 군사 조치로 전환하라고 지시했다. 그러고는 최근 자신이 현장을 방문한 이후 몇 명의 베트콩(Viet Cong)이 사살되었는지를 물었다. 휠러 의장은 정확한 수치를 제시하지 못했고, 대신 밴스 국방부 부장관이 추정치를 보고했다. 대통령은 실망한 기색을 감추지 못했다. 그는 올해 1월 1일 이후 사살된 베트콩(Viet Cong)의 수뿐만 아니라, 베트콩(Viet Cong)에 의해 사망한 남베트남인과 미군의 수를 구체적으로 알고 싶어 했다. 대통령은 전쟁을 종종 미식축구 경기에 비유하곤 했는데, 이 자리에서도 양측의 사망자를 일종의 점수판처럼 바라보는 태도를 보였다.

이때 그린 해병대 사령관은 대통령의 강경한 언사와 실제 작전 운용의 제약 사이의 괴리에 깊은 좌절감을 느꼈다. 그리고 몸을 앞으로 숙이며 조심스레 대통령에게 말을 건넸다.

"대통령님, 제가 마지막으로 이곳에 온 건 지난달 3월 15일이었습니다. 그날 회의가 끝난 뒤 대통령께서 더 많은 베트콩(Viet Cong)을 사살하기를 원하신다는 인상을 강하게 받았습니다. 그런데 이제 거의 한 달이 지난 오늘, 4월 8일이 되어서야 우리는 비로소 경계 임무를 수정하고 베트콩(Viet Cong)을 공격할 수 있도록 승인받는 단계에 겨우 도달했습니다. 그리고 지금 막 베트남 정부에서 다낭(Danang) 지역에 해병대를 추가로 투입하는 것을 허가했다는 소식을 들었습니다. 아마 조만간 다낭(Danang) 해병부대에도 전투 임무가 주어질 것으로 보입니다."[10]

그린 사령관은 현재 남베트남에 주둔 중인 미 해병대 병력이 각 1,600 명 규모의 보강된 2개 대대에 불과하며, 이는 작전 수행에 필요한 최소 수준에도 미치지 못한다고 보고했다.

그는 대통령이 더 많은 베트콩(Viet Cong)을 사살하라고 요구한 점을 근거로 들어, 남베트남 전역에서 훨씬 더 대규모의 미 해병대 작전이 필요하다고 주장했다. 적에 대한 공세 작전을 효과적으로 수행하기 위해서는 추가 병력이 불가피하며, 이를 위해 현지 지휘관에게 오키나와(Okinawa) 주둔 제3해병원정대 병력을 필요 시 투입할 수 있는 재량권을 부여해야 한다고 제안했다. 또한 미 해병대와 남베트남 해병대를 공동 배치해 베트콩(Viet Cong) 소탕 작전을 함께 수행하는 방안도 내놓았다. 그는 해병대가 공중−지상 통합작전에 최적화된 훈련 체계를 갖추고 있음을 강조하며, 현재 다낭(Danang)에 해병대 항공대가 아직 완전한 상태로 배치되지 않은 상황을 지적했다. 나아가 첫 번째 항공대가 도착한 이후에는 지상 부대와 긴밀한 연합 작전을 펼칠 수 있도록 두 번째 항공대의 추가 투입이 반드시 필요하다고 덧붙였다.

그러나 대통령은 이런 구체적인 제안들을 곧바로 받아들일 생각이 없었다. 그는 북베트남에 대한 공습을 확대하기 어려운 이유를 합참에 설명하며, 자신의 입장을 이해하고 지지해줄 것을 요청했다. 그린 사령관의 제안은 다음 회의에서 다시 논의하기로 했고, 대통령은 "이런 제안이야말로 다음 주 화요일에 여러분이 다시 와서 제시해 주기를 바라는 바로 그 정보입니다"라고 말했다.

회의가 끝나갈 무렵, 참모총장들이 자리를 정리하자 사진기자들이 집무실을 돌며 대통령과 합참의 협의 장면을 촬영하고 있었다. 대통령은 기자들을 자신의 책상 앞으로 불러 모은 뒤, 책상 위에 쌓여 있던 전보 더미를 한 움큼 집어 들며 "이게 바로 내가 직면하고 있는 현실입니다. 대중으로부터 내가 받고 있는 반응들이죠"라고 말했다. 그리고 장군들에게 정원으로 나가 추가 사진 촬영을 하자고 제안했다. 두 번째 촬영 때 그린 사령관은 맥도널드 제독과 자리를 바꿔 대통령 옆에 섰다. 그는 아침 신문에서 대통령의 존스 홉킨스 연설문을 읽고 감명을 받았으며, 지금까지의 어떤 행정부보다 뛰어난 연설이었다고 칭찬하며 위로와 지지를 전했다. 그는 지금까지 모든 행정부들을 통틀어 가장 훌륭한 연설이었다고 했고, 자신처럼 생각하는 사람들이 많을 것임을 확신한다고 말했다.

대통령은 자신의 우려를 진지하게 전하며 장군들의 공감을 이끌어냈다. 그린 사령관은 대통령의 얼굴에 드러난 뚜렷한 근심이 깊은 인상을 남겼다고 기록했다. 대통령은 북베트남 폭격 제한에 대해 합참이 반대하는 분위기를 누그러뜨리려고 동정심을 유도하는 한편, 팀워크의 중요성도 강조했다. 그리고 합참이 자신의 지지 의사를 가볍게 여기지 않게끔 은근히 압박하기도 했다. 그는 은퇴한 해병대 사령관 슈프 장군을 남베트남 군사작전 총괄에 파견하는 방안도 검토했지만, 이미 그곳에 장군들이 너무 많다는 이유로 실행하지 않았다고 밝혔다. 북폭 강화나 대규모 지상군 파병에는 소극적이었던 대통령은 현재 가용한 병력과 장비만으로도 더 많은 베트콩(Viet Cong)을 사살하라며 합참에 강하게 독려했다.[11]

그린 사령관은 회의 중에는 별다른 이의를 제기하지 않았지만, 회의 후 "대통령은 베트남에서 무엇이 가능한지, 또 무엇이 불가능한지를 제대로 이해하지 못하는 것 같다"라는 기록을 남겼다. 그는 임시방편적인 조치로는 실질적인 성과를 기대할 수 없다고 판단했다. 이제 미국은 베트남에서 철수할지, 아니면 본격적인 전쟁에 나설지를 결정해야 하는 중대한 갈림길에 서 있다고 보았다. 대통령과의 회의를 앞두고 그린 사령관은 동료들과 공유한 보고서에서 몇 가지 제안을 내놓았다. 해병 원정군 1개 부대, 육군 1개 사단, 한국군 1개 사단을 즉각 남베트남에 투입하고, 존스 홉킨스 연설 이후 열흘간의 유예 기간이 끝나면 북베트남에 대한 강도 높은 지속적 압박 전략을 시행하자는 내용이었다. 구체적으로는 다음과 같은 조치들이 포함되었다.

① 북베트남의 군사 및 산업 시설에 대한 무제한 공습
② 하이퐁(Haiphong)항에 기뢰 설치

③ 해안 및 도서 지역에 대한 해상 포격 및 점령 (남베트남군과의
　합동 작전)
④ 북베트남 항구에 대한 완전 봉쇄 준비
⑤ 미국 경제의 '전시 체제로의 전환 [12]

하지만 대통령은 이 전면전 개시를 쉽게 결정하지 못했다. 정치적 기반
이 약화될 가능성을 우려했기 때문이다.

　　　　　　　　　　　　■

국방부 장관 맥나마라는 베트남에서 중도적 해법을 모색하던 존슨 대
통령의 핵심 참모로, 남베트남에서 미군 지상 작전이 확대되고 있다는 사
실을 의회와 국민에게 감추는 데 적극적으로 동참했다.[13] 그는 상원 외
교위원회에서, 전투병력 이동으로 전쟁이 확대될 가능성이 있는 어떠한
조치도 대통령이 의회 지도부와 위원회와 사전에 상의한 뒤에만 이뤄질
것이라고 강조했다.[14] 테일러 대사 역시 이런 기만적 행보에 협조했다.
사이공(Saigon)으로 복귀하기 전, 그는 상원 외교위원회에 출석해 "지금
이 순간 그런 중대한 결정을 내릴 준비를 하는 사람은 아무도 없으며, 만
약 대규모 병력 배치가 필요하다면 반드시 의회와 상의하게 될 것"이라고
단언했다. 국무부 장관 러스크 또한 처치 상원의원을 비롯한 여러 의원에
게 대규모 병력 투입은 전혀 검토 대상이 아니며, 만약 진지하게 논의된
다면 먼저 상원 지도부와 상의하겠다고 밝혔다.[15]
　테일러 대사와 논의한 뒤 웨스트모어랜드 장군은 당분간 사단급 병
력 배치는 이뤄지지 않을 것이라고 판단했다.[16] 이에 그는 대통령의 정
치적 구상에 맞춰 의회의 관심을 최소화하면서도 가급적 많은 병력을 베
트남에 투입할 수 있는 방안을 합참에 제안했다. 4월 11일에는 오키나와
(Okinawa) 주둔 제173공수여단을 남베트남 중앙고원으로 재배치할 것을
권고했다.[17] 웨스트모어랜드는 이전과 마찬가지로, 오키나와(Okinawa)

에서 부대를 이동시키는 것이 미국 본토에서 사단을 보내는 것보다 외부의 관심을 덜 불러일으킬 것이라고 보았다. 그는 대통령의 국내 정치 전략에 발맞춰 미군 개입을 급격히 확대하기보다는 점진적으로 늘려야 한다고 강조했다.

4월 13일, 합참과 맥나마라는 다시 백악관으로 호출되어 대통령과 오찬을 함께했다.[18] 대통령은 처음에는 합참을 격려하는 듯 보였지만 곧 태도를 바꾸어 그들의 업무 수행을 비판했다. 그는 지난 18개월 동안 모든 비난을 자신이 홀로 감당해 왔다며 불만을 드러냈고, 앞으로 베트남 상황이 악화된다면 이제는 조언을 제공해 온 이들과 책임을 나눌 것이라고 경고했다.

대통령은 여전히 북베트남 폭격 확대 논의를 사전에 차단하려는 강한 의지를 보였다. 군사작전에 대한 통제권을 워싱턴이 확고히 유지할 것임을 재차 강조하며, 향후 더욱 단호한 조치를 취하겠다고도 약속했다. 또한 북위 20도 이남 지역에 대한 폭격 빈도를 늘리겠다는 방침도 밝혔다. 대통령이 논의를 남베트남 내 작전으로 철저히 제한하고 북폭 문제를 단단히 통제하자, 맥코넬 공군 참모총장은 대통령 승인 없이도 시행 가능한 소규모 조정안만 제시했다. 해군 참모총장 맥도널드 제독도 해군이 북베트남 연안 감시를 위해 이미 조치를 취하고 있다고 보고했다.

비록 북폭 강화에 대한 논의는 차단되었지만, 대통령은 남베트남 내에서 전쟁을 확대하자는 합참의 제안에는 적극적으로 관심을 보였다. 그는 합참을 사이공(Saigon)으로 보내 직접 상황을 관리하게 하겠다고 했고, 전쟁에서 승리를 위해 필요한 돈과 장비, 그리고 노력을 아끼지 않겠다고 약속했다. 남베트남에서 주도권을 확보하고 베트콩(Viet Cong)을 본격적으로 타격하겠다는 점도 거듭 강조했다.

이어서 대통령은 휠러 합참의장에게 의견을 물었다. 휠러는 3월 20일 합참이 제안했던 '남베트남에 3개 사단 배치' 방안을 다시 강조했다. 대통령은 그 말을 들으며 남베트남에 배치될 총 병력을 계산해보니 18만 명에 달했다. 그는 합참이 필요하다고 한 병력을 투입하겠다고 약속하면서도,

그렇게 많은 병력은 의회가 승인하지 않을 것이라고 지적했다. 또, 대규모 병력 배치는 북베트남이나 중국의 반발을 불러올 위험도 있다고 덧붙였다.

휠러의 조언이 마음에 들지 않았던 대통령은, 3개 사단 배치에 필요한 9만 명 대신 5천 명 병력만 승인할 수 있다고 잘라 말했다. 그리고는 "당신이 맥나마라가 운영하는 은행에 가서 9만 달러 대출을 요청했다고 해봅시다. 그런데 그는 그만한 금액은 빌려줄 수 없지만, 대신 5천 달러는 가능하다고 말합니다. 이런 상황에서 사업을 그만두시겠습니까, 아니면 5천 달러라도 받아서 해볼 수 있는 일을 시도해 보겠습니까?"라고 말했다. 대통령은 합참이 남베트남의 악화된 전황을 빠르게 뒤집을 수 있는 실현 가능한 방안을 제시해 주길 바랐다. 그는 "필요하다면 남베트남에 보낼 병력은 기꺼이 더 보내겠지만, 당장 3개 사단을 투입하자는 주장에는 동의할 수 없다"며, 먼저 작은 규모의 증원부터 시도해야 한다고 못 박았다.

그렇게 자신의 입장을 밝힌 뒤 대통령은 육군 참모총장에게 의견을 물었다. 그러나 존슨 장군이 다시 합참의 최소 필요 병력이 3개 사단이라는 기존 평가를 반복하자, 대통령은 즉시 시선을 해병대 사령관에게 돌렸다. 맥나마라가 한때 미숙하다고 평가했던 그린 사령관이었지만, 대통령은 그가 다른 장성들과 달리 의회의 논란을 피할 수 있는 실용적인 제안을 내놓을 것이라 기대하고 있었다.[19] 합참이 백악관에 도착했을 때, 대통령은 그린 사령관의 손을 따뜻하게 붙잡으며 조용히 "오늘 당신에게서 좋은 제안을 듣고 싶습니다"라고 말했다. 그리고 존슨 장군이 또다시 3개 사단 배치를 주장하자, 대통령은 곧바로 "지난번 여기 오셨을 때, 그린 장군이 남베트남군과의 연합 작전과 관련해 우리에게 들려주려 했던 제안이 있었지요. 이제 그 이야기를 들어봅시다"라며 말을 돌렸다. 대통령의 이처럼 부드러운 회유 전략은 의도한 대로 효과를 발휘했다.[20]

그린 사령관은 대통령이 원하던 답을 내놓았다. 그는 연합 작전이 비용이 적게 들 뿐 아니라, 성공 가능성도 충분하다고 설명했다. 대통령은 이 말을 듣고 필요하다면 5,000명의 미 해병대를 더 보내겠다며 긍정적인 반응을 보였다. 맥나마라는 그 제안에 대해 좀 더 검토가 필요하다고 했지만, 대통령의 열의는 꺾이지 않았다. 그는 일단 이 방법을 시도해 보고, 혹시 실패하더라도 특별히 잃을 것은 없으니 다른 길을 찾아 나가면 된다고 생각했다.[21] 이 회의가 끝난 뒤, 대통령은 웨스트모어랜드 장군의 173공수여단 파병 요청을 승인했다.[22]

■

4월에 두 차례 열린 대통령과 합참의 회의는 이미 혼란스러웠던 전략 구상에 더욱 큰 혼선을 불러왔다. 대통령이 논의를 '더 많은 베트콩(Viet Cong)을 사살하는 것'이라는 단기 목표에만 집중시키면서, 전쟁 전체를 어떻게 이끌어갈지에 대한 전략적 고민은 뒷전으로 밀려난 것이다. 정책 목표를 명확히 설정하고 군사력이 그 목표 달성에 어떤 방식으로 기여해야 하는지 논의했어야 했지만, 대통령의 관심사는 당장 투입 가능한 병력이 얼마인지에 쏠려 있었다. 전쟁의 본질이나 장기 전략에 대한 숙고 없이, 어떤 조치든 전쟁에 진전을 가져올 것이라는 가정 아래 논의가 진행된 것이다. 결국 합참은 합의된 전략 목표에 따라 움직이기보다, 국내 정치 상황과 대통령의 의중에 맞춰 제한적으로 권고를 제시할 수밖에 없었다.

이처럼 분명한 전략적 방향이 부재한 상황에서, '더 많은 베트콩(Viet Cong)을 사살하는 것'이라는 전술적 과제가 합참의 계획과 권고의 핵심 기준이 되었다. 대통령과의 회의 후, 합참은 본부와 각 군 참모부에 현재 동남아에 배치된 병력 범위 안에서 어떻게 베트콩(Viet Cong) 사살률을 높일지 방안을 마련하라고 지시했다. 그 결과 합참은 병력 규모를 늘리지 않고도 남베트남에 대규모 공군력을 집중 투입하면 베트콩(Viet Cong) 사살 수를 늘릴 수 있다는 결론을 내렸다.[23] 그러나 민간인과 뒤섞여 있는 적을 상대로 한 대규모 공습이 과연 전쟁 종결을 위한 전략적 조건을 마련할 수 있는지, 그 핵심 문제는 여전히 불분명했다.

북베트남 폭격을 둘러싼 반발이 거세지자, 대통령에게는 소규모 지상군을 단계적으로 파병하는 방식이 가장 저항이 적은 선택으로 보였다. 이러한 접근을 통해 대통령은 더 많은 군사 조치를 요구하는 합참의 욕구를 어느 정도 충족시키는 동시에, 미국의 베트남 개입이 점차 확대되고 있다는 사실을 군사 개입 반대 세력의 시야에서 최대한 숨길 수 있었다. 한때 '저비용 전략'으로 평가받았던 북베트남 폭격은 국민과 의회, 국제사회의 비판 여론이 커지면서 이미 상당 부분 매력을 잃어가고 있었다.[24] 모스, 풀브라이트, 처치 상원의원 등으로 대표되는 반전파를 자극할 위험이 큰 추가 폭격 대신, 해병대 일부 병력이나 필리핀 주둔 육군 여단 한 부대를 남베트남에 조용히 투입하는 방안은 정치적 파장을 최소화할 수 있는 현실적 대안으로 여겨졌다.[25]

대통령은 과거에도 합참 내부의 이견을 자신의 정치적 입지에 활용해 왔고, 각 군의 이해관계가 엇갈리면서 합참은 좀처럼 의견을 하나로 모으지 못했다. 그린 해병대 사령관 역시 해병대의 역할을 확대하고자 하는 욕심 때문에 자신과 참모진이 작성한 상황 평가 보고서에 담긴 '냉혹한 현실'을 대통령에게 솔직하게 전달하지 못했다. 대신 그는 5,000명의 해병대를 비용을 최소화해 추가 파병하는 방안을 제안했는데, 이는 그가 실제로 필요하다고 판단했던 병력의 100분의 1에 불과했다.[26] 이처럼 대통령의 기대와 압박이 뒤섞인 분위기 속에서, 그린 장군은 결국 자신이 가진 판단을 솔직히 드러내기보다 대통령이 받아들일 수 있는 수준의 제안만을 내놓았다. 그린 장군은 훗날 "그가 얼마나 진지하게 임하고 있는지, 그리고 더 많은 베트콩(Viet Cong)을 소탕하길 바란다는 점에 대해서는 한순간도 의심한 적이 없었다"라고 회고했다.[27]

휠러 합참의장은 대통령이 합참을 의도적으로 조종하고 있다는 사실을 눈치챘지만, 총사령관에게 정면으로 맞서는 일은 피했다. 펜타곤으로 돌아온 그는 동료 장성들을 사무실로 불러 모았다. 격양된 그는 "우리는 함정에 빠진 겁니다"라고 말했다. 그린 장군이 무슨 뜻인지 묻자, 휠러 의장은 "우리가 3개 사단을 남베트남에 파병하자는 합참의 기존 합의를 스스

로 깨뜨렸습니다"고 답했다. [28]

그린 장군은 곧바로 이에 반박했다. 3개 사단 투입 방침이 재확인되기는 했지만, 대통령 앞에서 합참의 기존 입장을 강하게 주장할 수 있는 분위기가 아니었으며, 합참의장에게 대신 주장해달라고 요구할 수도 없는 상황이었다고 항변했다. 그는 자신이 제안한 대안이 충분히 타당했으며, 회의에 참석한 누구든지 이를 검토하고 반대할 수 있었지만 결국 어떤 이의를 제기하지 않았다고 덧붙였다. [29]

이미 전쟁의 점진적 확대 전략을 받아들이기로 결심한 휠러 의장은 분노를 억누른 채 남베트남 병력 증원 작업에 착수했다. 4월 14일, 그는 미 태평양사령부, 베트남 주둔 미군사령부, 그리고 대사관에 전보를 보내 4월 13일 합참 회의에서 대통령이 내린 결정을 상세히 전달했다. 이어 테일러 대사가 남베트남 정부의 승인을 받는 즉시 다음 조치를 시행하라고 지시했다.

> "173공수여단과 필요한 지원 부대를 비엔호아-붕따우(Bien Hoa
> – Vung Tau) 지역에 배치하여 미국 시설과 설치물의 경비를 초
> 기 임무로 수행하라. 이후 임무를 확대해 반란 진압 작전에도 참
> 여하라."

합참의 전보 마지막 단락에는 공식 성명은 금지한다는 지시와 함께, 병력 배치 문제는 로우-키(Low-Key)로 처리할 것을 명령했다. [30] 이어진 또 다른 전보에서 휠러 의장은 웨스트모어랜드 장군에게 해병대의 초기 공세 작전을 자신이 직접 통제하고 면밀히 감독할 것이라고 알렸다. 그는 작전을 소규모 정찰 활동부터 시작하라고 지시했으며, 특별한 비상상황이 없는 한 몇 주 동안은 대대급 작전이 시행되지는 않을 것이라고 내다봤다. [31]

결국 휠러 의장은 대통령이 합참을 덫에 빠뜨렸다고 느끼면서도, 전쟁에서 미국의 개입 방식이 변화하고 있다는 사실을 의회와 대중에게 감추

려는 대통령의 기만적 조치를 그대로 따랐다. 휠러의 지침에 따라 웨스트모어랜드 장군도 대통령의 결정에 맞춰 '로우-키(Low-Key)' 기조를 유지해야 한다고 강조하며, 미 지상군이 독자적으로 공세 작전을 펼치는 것이 아니라 남베트남군을 지원하는 역할에 머무른다는 점을 정부가 공식적으로 내세우도록 제안했다. [32]

14   지침없는 전쟁(1965.4월-6월)

존슨 대통령은 비둘기파(평화주의자)와 매파(강경론자) 사이에서 중재자 역할을 했는데, 그 방식은 그가 과거 상원 원내대표 시절에 일을 처리하던 방식과 매우 흡사했다. 그는 언제나 다수의 지지를 확보할 수 있는 중도 지점이 존재한다고 믿었고, 실제로 상원에서는 법안을 통과시키기 위해 그런 식으로 합의를 이끌어내야 했다. 베트남 문제는 단순히 중간에서 절충할 수 있는 정책 사안이 아니었다. 계속해서 그런 식의 접근을 고수한 탓에, 한편으로는 군부의 강경 목소리를 억누르면서도 궁극적으로는 전쟁을 확대하는 쪽으로 나아가게 되었다. 그는 좌우 양쪽에 손을 내밀며 어떻게든 실마리를 찾으려 애썼고, 결국에는 어떤 방식으로든 평화를 이루고 싶어 했다. 하지만 결국 주류의 흐름을 따를 수밖에 없었고, 그 위에서 합의를 만들어내려 했다.

– 프랭크 처치(Frank Church) 상원의원, 1969년[1]

전쟁이 한창임에도 불구하고, 린든 존슨(Lyndon Johnson) 대통령은 자신의 '중도 노선'에 지나치게 집착한 나머지 군사력을 어떻게 운용할지 명확한 목표를 세우지 못했다. 그 결과 미 육군, 공군, 해병대는 명확한 전략과 지침도 받지 못한 채 전장에 내몰렸다. 대통령은 의회와 국민을 속이고 있었기 때문에, 실제 정책 결정을 드러날 수 있는 내부 갈등이 표면화되는 것을 감당할 자신이 없었다. 합참의 반대를 정치적으로 차단한 후, 대통령은 이번에는 자신이 직접 임명한 사이공(Saigon) 주재 대사로부터 새로운 도전에 직면하게 되었다.

■

173공수여단의 파병 결정은 테일러 대사에게는 전혀 예상치 못한 일이었다.[2] 그는 미 지상 전투부대 투입이 필요하지 않을 뿐 아니라 오히려 상황을 악화시킬 것이라며 강하게 반대했다. 더 많은 병력 파병을 정당화하는 논리는 결국 향후 무제한적인 추가 파병으로 이어질 수 있다고 경고했다. 또한 지상 전투부대 투입은 남베트남 정부의 주도권을 약화시키고, 전쟁을 남베트남의 자주적 방어가 아닌 외세의 개입으로 보이게 만들 것이라며 기존의 반대 입장을 재차 강조했다. 테일러 대사는 향후 상황에 대비한 병참 지원 준비에는 찬성했지만, 미군 전투부대는 그 필요성이 명확하게 입증되기 전까지는 남베트남 외부에 머물러야 한다고 권고했다. 그는 173공수여단과 추가 해병대 파병은 불필요한 낭비라고까지 평가했다.[3]

맥조지 번디(McGeorge Bundy)는 대통령에게 테일러 대사가 합참이 미리 보낸 메시지로 173공수여단 파병 계획을 알게 되었고, 이미 이에 대해 문제를 제기했다고 보고했다. 이어 번디는 테일러 대사의 평가를 전하며, 지금 이 시점에서 그렇게 많은 병력이 정말 필요한지는 확신하기 어렵다고 말했다. 대통령 역시 당장 전투병력 1만~1만5천 명을 베트남에 투입하는 결정을 내리고 싶지는 않을 것이라고 덧붙였다. 번디가 이처럼 파병에 신중한 태도를 보인 가장 큰 이유는 테일러 대사의 반대 입장이 외부로 알려질 경우 여론과 의회가 반발하며 대통령에게 정치적 부담이 될 수 있다고 판단했기 때문이었다.[4]

번디는 테일러 대사가 173공수여단 파병에 반대한 점을 들어, 지금 당장 대통령이 직접 지시를 내리는 것은 상황을 더 악화시킬 수 있다며 시기를 조금 늦추자고 조언했다. 또 테일러의 반대가 자신과 사전에 협의하지 않은 데서 비롯된 불쾌감도 일부 작용한 것이라 설명하며, 시간이 조금만 주어지면 설득이 가능할 것이라고 대통령을 안심시켰다.[5]

테일러 대사에게 전달할 지시의 어조가 단호하게 들리지 않도록, 번디는 병력 배치나 기타 조치들을 '실험적 조치'라고 표현했다. 또한 이 결정이 남베트남에서 승리를 거두기 위해 고위 당국이 새로운 방식을 시도할 필요가 있다고 판단한 결과라는 점도 강조했다. 이 실험적 조치에는 그린 장군이 제안한 미군과 남베트남군의 연합 작전, 중앙고원 지역에 제173 공수여단을 배치해 미군 시설을 경비하면서 동시에 대반란 작전에 투입하는 방안, 그리고 2~3개 해안 지역에 대대 병력을 분산 배치해 미군이 실제 대반란 작전에서 어떤 역할을 할 수 있는지 시험하는 계획 등이 포함되어 있었다.[6] 그러나 번디의 설명에도 불구하고 테일러는 여전히 의심을 거두지 못했다.

테일러 대사는 미국의 정책이 통합된 전략이나 뚜렷한 목표 없이 여러 조치만 뒤섞여 이어지는 혼란스러운 모습으로 변하고 있다고 느꼈다. 그는 지상전 투입과 관련해 워싱턴의 정책 방향이 갑작스럽게 바뀌는 데 대해 당혹감을 드러내며, 새로운 지상전 정책 아래에서 미국의 목적과 목표를 명확히 밝혀달라고 요구했다.[7] 또한 워싱턴이 새로운 작전과 조치만 내놓으면 곧바로 베트남 상황이 개선될 것처럼 기대하는 태도에 큰 우려를 표했다. 그는 허약한 남베트남 정부를 설득해 21개 군사 프로그램, 16개 선전 프로그램, 12개 CIA 프로그램을 시행하고, 동시에 미군 지상전 병력 투입까지 조직하고 승인받아야 하는 현실에 깊은 답답함을 느꼈다. 워싱턴이 전쟁을 마치 '점수 내기 게임'처럼 치르고 있다고 지적하며, 본인은 지나친 지원이 오히려 숨통을 조인다고 항의했다.[8]

∎

테일러 대사의 반응이 보고될 당시, 대통령은 자신의 목장에서 의회의 입법 프로그램이 차질 없이 진행되고 있다는 소식에 잠시 여유를 느끼고 있었지만, 베트남 정책을 둘러싼 국내외 비판이 다시 커질 수 있다는 우려는 여전히 떨치지 못했다.[9] 존스 홉킨스 연설이 어느 정도 성공적으로 평가받기는 했으나, 북베트남 폭격 중단을 요구하는 여론을 잠재우기에는 역부족이었다.[10] 이에 맥조지 번디(McGeorge Bundy)는 워싱턴과 대통령의 목장 앞에서 예정된 반폭격 집회 분위기를 조금이라도 누그러뜨

릴 방법으로 대통령에게 보다 분명한 평화 메시지를 내놓을 것을 제안했다.[11]

4월 17일, 대통령은 자신의 농장 현관 앞에서 기자들을 만났다. 그는 이 자리에서 베트남 정책의 핵심 원칙이었던 '절제와 결단'을 다시 강조했다. 전쟁의 필요성 때문에 어쩔 수 없이 북베트남을 폭격해야 했던 점은 유감스럽다고 밝혔다. 다만, 폭격은 철근과 콘크리트 등 시설물에만 한정했고, 인명 피해를 막기 위해 충분한 조치를 취했다고 설명했다. 또 정책의 결단력이 부족하다는 비판을 의식한 듯, 대통령은 베트남 전쟁에서 반드시 승리하겠다는 강한 의지를 공개적으로 드러냈다. 공습 개시를 반대하는 사람들이 있다는 점을 알고 있다고 하면서도, 남베트남의 자유와 독립이 지켜질 때까지 누구도 미국을 베트남에서 물러나게 할 수 없다고 단언했다. 이어 필요하다면 어떤 위험과 대가를 감수하더라도 미국이 계속 남베트남에 주둔하겠다고 약속했다.

북베트남 공격을 반대하는 여론을 누그러뜨리기 위해 대통령은 다시 한번 평화의 메시지를 강조했다. 아울러 동남아시아의 가난하고 약한 나라들을 미국의 경제 개발과 기술로 돕겠다는 의지를 밝히며, 미국이 단순한 군사 개입을 넘어 지역 안정에 기여하고 있음을 강조했다. 미군 임무의 변화나 추가 파병 여부는 언급하지 않았지만, 베트남 전역의 농촌 지역에 전기를 공급해 '치유의 기적'을 전하기 위한 목적으로 사이공(Saigon)에 전기 시설팀을 파견했다고 알렸다.[12]

■

한편 테일러 대사는 제173여단의 파병이 새로운 군사 정책의 출발점으로 인식될 수 있다며 우려를 표했다. 이러한 움직임이 무력 점령으로 비칠 경우 언론의 집중 조명을 피하기 어렵다는 점도 지적했다.[13] 그가 미군 증강 중단을 촉구하는 동안, 합참 의장단은 맥나마라에게 테일러 대사의 반대 의견을 무시하라고 조언했다. 합참은 미군이 직접 적을 찾아 교전하게 해야 하며, 이를 위해 더 많은 병력이 필요하다고 주장했다. 기지 확보와 방어에도 병력이 추가로 필요하다며, 결국 더 많은 군수 기지가 필요하다는 논리를 내세웠다. 합참은 테일러 대사가 남베트남에서의 미군 증강에 지나치게 소극적이라며, 대통령에게 이미 최고위층의 승인을 받은 병력 배치를 그가 사실상 가로막고 있는지 확인해 보라고 제안하기까지 했다.[14] 테일러 대사가 점진적 증강이 초래할 위험을 경고했음에도, 합참은 우려에는 귀를 기울이지 않은 채 추가 병력 배치 승인을 얻는 데만 몰두하는 모습을 보였다.

대통령은 테일러 대사와 합참 중 어느 한쪽 편을 공개적으로 드는 모습은 피하고 싶어 했다. 이에 그는 맥나마라에게 두 진영의 입장을 조율해서 타협안을 마련하라는 임무를 맡겼다. 그 결과 맥나마라는 테일러, 맥노튼, 웨스트모어랜드, 휠러, 샤프, 윌리엄 번디(William Bundy)와 함께 하와이 호놀룰루에서 회의를 하는 동안 제173공수여단의 추가 배치를 일단 보류했다. 그는 한편으로 테일러 대사를 설득해 일정 수준의 증강을 수용하게 만들었고, 동시에 군부가 요구하던 북베트남 공습 확대는 제어하려 노력했다.

맥나마라는 대통령의 기대를 저버리지 않았다. 그는 하와이에서 돌아오는 길에 민간과 군 관계자들이 함께 만든 합의 내용을 정리해 대통령에게 보고했다. 미군이 남부에서 베트콩(Viet Cong)을 확실히 패배시키려면 1~2년쯤은 소요될 것으로 내다봤다. 참석자들 역시 현재 추천된 병력만으로는 충분하지 않을지 모른다는 데 의견을 같이했다. 또한 전쟁에 인위적 시한을 두려는 시도는 바람직하지 않다는 결론도 내렸다. 전략 목표역시 변화의 조짐을 보였다. 기존의 '제한적 공습과 압박을 통해 북베트남을 굴복시키겠다'는 접근에서, '북베트남이 남베트남을 장악하지 못하도록 공산권의 전체 계획을 좌절시키겠다'는 방향으로 무게중심이 이동하고 있었다. 맥콘 국장은 맥나마라가 하와이에서 돌아온 뒤 북베트남 폭격의 목적을 '지속적인 괴롭힘'으로 재정의하자고 주장했다고 기록했다. 또한 미군과 남베트남군이 남부에서 주도권을 확보함으로써 북베트남과 베트콩(Viet Cong)의 시도가 무의미하다는 신호를 줄 수 있을 것이라는 설명도 덧붙였다. 이 과정에서 맥나마라는 주월 미군 병력을 8만 2천 명으로 증강하는 데 테일러의 동의를 얻었고, 더 나아가 4만 1천 명을 추가로 배치할 가능성까지 열어두었다.[15]

호놀룰루 회담의 결과는 마치 의회 위원회에서 어렵게 만들어낸 타협안과도 비슷했다. 맥나마라는 대통령의 베트남 정책에 대한 폭넓은 지지를 확보하기 위해 각 주요 인사들을 일일이 설득하는 사실상의 위원장 역할을 맡고 있었다. 그는 테일러 대사와 협력해 휠러 의장과 웨스트모어랜드 장군이 요구한 3개 사단 규모의 대규모 추가 파병을 막아냈고, 대신 향후 병력 증강은 신중하게 검토하겠다는 약속을 제시해 테일러 대사로부터 일정 수준의 병력 증강 지지를 끌어냈다. 웨스트모어랜드와 휠러에게도 맥나마라는 나름의 양보안을 내놓았다. 당장은 파병을 권고하지 않지만 이후 검토가 가능하다는 조건으로 육군 항공 기동사단, 군단 사령부, 해병대 원정군 잔여 병력을 포함한 5만 6천 명 이상을 제안했다.[16] 웨스트모어랜드는 이 합의에서 자신이 요청했던 중부 고원 탈환을 위한 병력이 빠진 점을 아쉬워했지만, 향후 추가 파병 가능성이 공식 문서에 반영된 것만으로도 조금은 위안이 되었다고 회고했다.[17] 결국 합참이 요구했던 3개 사단 증파는 승인되지 않았지만, 그럼에도 베트남 파병 미군 숫자는 3만 3천 명에서 8만 2천 명으로 두 배 이상 확대되었다.

만약 회의에서 이견이 남아 있었다면, 맥나마라는 그것을 굳이 표면 위로 올리지 않았을 것이다. 실제로 샤프 제독은 대통령에게 제출된 보고서가 회의에서 도출된 공식 합의라기보다는 맥나마라 개인의 견해를 더 많이 반영하고 있다고 지적했다.[18] 휠러 의장과 샤프 제독이 북베트남에 대한 폭격 강화를 거듭 주장했음에도, 맥나마라는 대통령에게 "참석자 모두가 현재의 폭격 속도가 적절하다는 데 동의했다"라고 보고했다. 이후 샤프 제독은 이 보고를 두고 '왜곡'이라며 비판했다.[19]

조지 볼(George Ball)은 대통령이 베트남에 미군을 점진적으로 증원하기로 한 결정이 가져올 파급 효과를 충분히 숙고하지 않았다고 보았다.

그는 맥나마라가 하와이에서 귀국하기 직전, 대통령에게 "해결의 여지가 더 있는지 탐색도 하지 않은 채 이렇게 위험한 도박을 해서는 안 됩니다"라고 경고했던 일을 훗날 다시 회상했다.[20] 볼은 또한 험프리 부통령이 제기했던 우려를 상기시키며, 베트남 상황은 한국전쟁 때보다 훨씬 더 모호하고 불확실하다고 지적했다. 명확한 출구 전략이 보이지 않는 전쟁에서 미군 사상자가 계속 증가하는 상황을 미국 국민이 용납하지 않을 것이라는 경고도 덧붙였다. 하지만 그는 미국의 정책 방향에 대해 공개적으로 강경한 반대 입장을 밝힐 만큼 전면적으로 맞서지는 않았다. 대신 자신이 지상군 증파에 소극적인 태도를 보이는 이유를 '의도적인 시간 끌기 전략'이라고 설명했다.[21] 합참과 마찬가지로 볼 역시 대통령에게 대규모 개입과 철수 중 어느 한쪽을 명확히 선택하라고 압박하지는 않았다.

대통령의 참모들은 대통령이 취한 중도 노선에서 비롯된 혼란과 모순을 정면으로 지적하거나 공개적으로 맞서기를 주저했다. 그 결과 미국은 분명한 목표도, 체계적인 군사력 운용 전략도 없이 전쟁에 점점 깊숙이 빠져들고 있었다.[22] 샤프 제독에 따르면, 호놀룰루 회의가 시작될 무렵 이미 맥나마라는 북베트남에 대한 공습은 축소하고, 대신 남베트남 내에서의 공중전과 지상전을 강화하는 방향으로 마음을 정해 둔 상태였다.[23] 맥나마라는 훗날 자신의 회고록에서 자신과 합참의장단이 매일 쏟아지는 현안에 매몰된 나머지 장기적인 군사 전략이나 병력 운용 계획을 마련하지 못했음을 인정했다.[24] 더 정확히 말하자면, 대통령의 합의 지향적 성향을 충족시키려 했던 맥나마라의 접근이 오히려 행정부의 결정에서 장기적인 목표를 흐릿하게 만들었다고 볼 수 있다.

호놀룰루 회의에서 전략 목표 변경에 합의를 이끌어낸 대통령은 이 기조를 워싱턴의 모든 참모들에게도 적용하고자 했다. 4월 21일, 그는 맥나마라, 러스크, 볼, 맥조지 번디(McGeorge Bundy), 그리고 CIA 국장 맥콘을 불러 회의를 열었고, 이틀 뒤에는 맥콘을 대신해 부임한 윌리엄 레이본(William Raborn) 제독과 만났다. 이 자리에서 대통령은 합참이 제안한 롤링 썬더(Rolling thunder) 작전 확대를 의도적으로 제지하며 혼란스러운 태도를 보였고, 그러고는 맥나마라에게 "우리가 '폭격이 놈들을 멈추게 할 것이다'라는 전제에서 물러나는 겁니까?"라며 호놀룰루 회의 참석자들에게 왜 북베트남에 대해 더 강경한 군사 조치를 권하지 않았는지 물었다. 이에 점진적 압박 전략의 아버지로 불리는 맥나마라는 "그건 우리의 전제가 아니었습니다. 우리의 목표는 사기를 높이고 협상 국면으로 이끄는 것이었고, 그 목표는 달성했습니다"라고 답했다. [25]

이 자리에서 공개적으로 반대 의견을 제시한 사람은 맥콘 국장뿐이었다. 그는 이전과 마찬가지로 미 지상군 투입이 초래할 적의 반응 가능성을 반드시 고려해야 한다고 거듭 강조했다. 북베트남은 미국의 남베트남 개입에 맞서 병력을 대거 파병할 가능성이 높으며, 따라서 단순한 미군 병력 증강만으로는 전세를 뒤집기 어려울 것이라는 점도 재차 경고했다.[26] 휠러 합참의장과 볼 차관 역시 대통령의 결정에 의문을 품었지만, 끝내 그의 결정을 지지했다. 다만 그 이유는 서로 달랐다. 볼은 더 큰 규모의 군사 개입을 막기 위해 신중론을 유지한 반면, 휠러는 오히려 개입을 가속화하기 위한 발판으로 판단했기 때문이다.

다음 날, 남베트남에서 미 해병대가 첫 전투를 치른 가운데 대통령은 호놀룰루 회의의 권고안을 승인했다. 참모들은 이 결정을 의회에 보고할 것을 권고했지만, 의회와의 협의는 이루어지지 않았다. 그 결정은 의회 보고서에도, 대국민 발표로도 공개되지 않았다. 대통령은 테일러 대사에게 보낸 지시문에서 "지금은 전체 계획을 공개할 때가 아니며, 적절한 시기에 개별적 군사력 운용 계획을 단계적으로 발표하겠다"고 밝혔다. [27]

한편, 맥콘 국장이 우려했던 공산주의 전력 증강은 이미 본격적으로 진행되고 있었다. 남베트남의 민심은 더욱 흔들렸고, 사이공(Saigon) 정부 역시 정치적 혼란에서 벗어나지 못하고 있었다. 이러한 상황은 북베트남 지도부에게 결정적 승리를 거둘 수 있는 기회처럼 보였다. 미 지상군이 남베트남에 도착하자, 북베트남 정치국의 수장 레두안(Le Duan)은 베트콩(Viet Cong)과 북베트남군이 협력해 미군의 대규모 개입이 본격화되기 전에 반드시 승리를 거둘 공세를 감행해야 한다고 주장했다. 4월 중순,

미국 정보 당국도 북베트남이 단순한 병력 침투가 아니라, 정규군 부대를 편성해 조직적으로 남베트남에 파병하고 있다는 사실을 포착했다. 이 공세는 우기가 시작되는 5월에 시작될 예정이었다. [28]

■

베트남 공산군이 여름 공세를 준비하던 그 시기, 카리브해에서는 새로운 위기가 발생해 미국의 관심을 잠시 동남아시아에서 다른 지역으로 돌려놓았다. 4월 24일, 도미니카공화국에서는 전임(前任) 대통령 후안 보슈(Juan Bosch)를 지지하는 세력이 그를 권좌에서 쫓아낸 군사정권을 전복하려고 시도했다. 4월 28일, 존슨 대통령은 미국 시민 보호를 명분으로 미 해병대를 수도 산토도밍고(Santo Domingo)에 투입했다. 초기 명분이 무엇이었든, 작전은 곧 대규모로 확대되어 2만 명이 넘는 병력이 동원되었다. 행정부는 이 조치를 카리브해에서 또 다른 쿠바 사태를 막기 위해 불가피하다며 정당화했다. 대통령은 이번 개입이 총포를 활용한 무력 외교라는 비판을 받을 수 있다는 점을 알고 있었지만, 아무 대응 없이 도미니카공화국의 붕괴를 지켜본다면 훨씬 더 큰 비난을 받게 될 거라고 판단했다.[29] 그러나 베트남 개입에 대한 항의가 거세지고, 의회 또한 도미니카 개입을 강하게 비판하자 대통령은 이를 무마하는 데 몰두해야 했다. 윌리엄 번디(William Bundy)는 훗날, 도미니카 개입이 그 정당성 여부와 관계없이 국내외에서 이미 베트남 개입에 회의적이거나 적대적인 이들의 집중적인 공격 대상이 되었다고 회고했다. 그는 또한, 대통령이 의회의 거센 압박에 대응하는 과정에서 사실상 '기만적'이라고밖에 표현할 수 없는 방식으로 정당성을 설명하려 했다고 기록했다. [30]

결국 도미니카 위기는 대통령에게 베트남 정책에 대한 반대 여론을 돌파할 새로운 계기가 되었다. 5월 4일, 대통령은 베트남과 도미니카공화국에서의 추가 작전을 위해 7억 달러의 예산 승인을 의회에 요청했다. 이때 그가 의회에 남긴 메시지는 이러했다.

"이번 예산은 그저 매년 반복되는 정기 예산이 아닙니다. 이 요
청에 찬성표를 던지는 의원들은 남베트남에서 벌어지는 공산주
의 침략을 막기 위한 우리의 노력을 계속 이어가겠다는 의지를
함께 보여주는 것입니다. 동시에 이는 의회와 대통령이 남베트
남의 독립을 수호하고 공산주의 세력의 공격을 막아내겠다는 공
동의 결의를 전 세계에 보여주는 것이기도 합니다."[31]

대통령은 이미 400명이 넘는 미국인이 베트남에서 목숨을 잃었다며,
이 법안에 반대하는 것은 베트남에서 자유를 위해 싸우고 있는 용감한 이
들을 외면하는 일과 다르지 않다고 강조했다.[32] 윌리엄 번디(William
Bundy)는 당시를 "사실 이 예산 요청은 특정 전략과 직접 연결된 것도 아
니었고, 규모도 그리 크지 않았습니다. 그런데 대통령은 이를 마치 소규
모 '제2의 통킹만(Tonkin Gulf) 결의안'처럼 만들어버렸습니다. 그리고 이
모든 일이 벌어진 그 주, 미국 국민들은 '두 번째 쿠바', 즉 공산주의 위협
이 바로 코앞까지 다가왔다는 생각에 사로잡혀 있었습니다"라고 회상했
다.[33] 결과는 통킹만(Tonkin Gulf) 결의안 때와 크게 다르지 않았다. 예
산 법안 역시 압도적인 표차로 통과되었다. 하원에서는 408대 7, 상원에
서는 88대 3이었다. 로드아일랜드주의 민주당 하원의원인 클레이번 펠
(Claiborne Pell)은 "이번 예산안에 반대표를 던지는 건 마치 어머니에게
반대표를 던지는 것과 같다"고 밝혔다.[34] 대통령은 이미 되돌릴 수 없는
상황을 조성해 놓은 뒤, 의회가 선택할 여지를 제한했다. 미 지상 전투부
대가 베트남에 배치된 상황에서 그의 정책에 반대하는 표는 곧 전장에서
싸우는 미군 병사와 해병대를 저버리는 행위로 비칠 수밖에 없었다. 플로
리다주 민주당 하원의원 단테 파셀(Dante Fascell)은 "병사들을 지지해야
한다는 애국심이야말로 베트남 개입 확대를 가능하게 만든 핵심 연결고리
(linchpin)"라고 평가했다.[35]

대통령이 의회에서 승리를 거두었음에도, 국내외에서는 여전히 북베트남 폭격 중단을 촉구하는 압박이 이어졌다. 맥나마라는 맥노튼에게 평화롭고 독립적인 남베트남 건설을 지지한다는 남베트남과 미국의 공동 입장을 국제사회에 효과적으로 알릴 수 있도록 폭격 중단 방안을 마련하라고 지시했다.[36] 이와 동시에 새로 임명된 CIA 국장 레이본 해군 중장도 북베트남이 협상 의지가 있는지를 시험하기 위해 일시적인 폭격 중단을 대통령에게 권고했다. 그는 롤링 썬더(Rolling Thunder) 작전을 잠시 멈추면 국제사회의 비판을 누그러뜨리는 데 도움이 될 것이라고 보았다. 그러나 레이본 역시 전임자들과 마찬가지로 결국은 롤링 썬더(Rolling Thunder) 작전이 북베트남 정권에 충분한 실질적 타격을 입혀야만 북베트남이 협상 테이블로 나올 것이라고 믿고 있었다. 즉, 미국이 먼저 화해의 제스처를 보이고, 그 후 다시 강력한 압박을 가하는 방식으로 주도권을 확보할 수 있다고 판단한 것이다.[37]

5월 10일, 대통령은 '메이플라워(Mayflower)'라는 암호명이 붙은 5~7일간의 폭격 중단을 승인했다. 행정부는 이를 통해 모스크바와 하노이(Hanoi)에 미국이 협상에 열려 있다는 메시지를 전달하려 했다. 대통령은 폭격 중단 사실을 일단 비밀로 유지하면서, 설령 협상이 실패하더라도 미국이 평화적 해결을 먼저 시도했다는 점을 국제사회에 강조할 계획이었다.[38] 그러나 이번 폭격 중단은 실제 외교적 돌파구 마련보다는 국제 여론을 달래려는 의도가 더 강했고, 애초부터 성공 가능성도 낮았다. 준비 과정도 급하게 이루어졌으며, 미국이 북베트남에 전달한 메시지는 모호한 표현과 위협적 어조가 뒤섞여 있어 제대로 된 설득 효과를 내지 못했다. 소련 외무장관 안드레이 그로미코(Andrei Gromyko)는 이를 사실상 최후통첩으로 받아들이고 중재를 거부했다. 이후 모스크바 주재 미국 대사 포이 쿨러(Foy Kohler)가 직접 북베트남 측에 메시지를 전달했지만, 북베트남 대사관은 봉투를 열지도 않은 채 그대로 반송했다. 그 뒤 영국이 다시 중재에 나섰으나, 북베트남 정부는 제안을 단호히 거절했다.[39]

대통령은 이번 폭격 중단 사실을 러스크, 맥나마라, 레이본, 그리고 번디 형제에게만 공유했다. 합참에게는 실제 명령을 내려야 할 시점이 되어서야 통보했고, 그때조차 이 문제를 정부 안팎 누구와도 논의하지 말라는 엄격한 보안 지침을 함께 전달했다.[40] 5월 12일 폭격 중단이 시작되자, 대통령은 굿패스터 장군을 전임(前任) 대통령 아이젠하워에게 보내 이 조치의 배경을 직접 설명하도록 했다. 아이젠하워는 폭격 중단과 함께 전달된 최후통첩을 지지했으며, 자신이 한국전쟁 당시 중국에 "전쟁을 멈추지 않으면 미국이 핵무기를 사용할 수 있다"는 메시지를 보냈던 경험을 언급했다. 그는 대통령에게 베트남 문제의 핵심은 베트남 문제의 핵심은 결국 남베트남 국민의 의지에 달려 있다고 조언했다. 굿패스터 장군의 기록에 따르면, 아이젠하워는 무엇보다도 국민들이 진정한 진전의 희망을 느끼게 하는 것이 무엇보다 중요하다고 강조했다. 그의 마지막 조언은 다음과 같았다. "대통령께서 추진하고 계신 노선을 두고 초기 반발이나 잡음이 들린다고 해서 놀라거나 흔들릴 필요는 없습니다. 이 정도의 반발은 어느 정도 감수해야 하는 일입니다. 정책이 옳다면, 그런 소음에 지나치게 신경 쓰실 필요는 없다고 생각합니다."[41]

그러나 대통령과 참모진은 여전히 여론의 흐름에 민감하게 반응했다. 5월 16일 발표된 갤럽 여론조사에서는 응답자의 59%가 북베트남 폭격을 지지한다고 했고, 반대 의견은 21%에 그쳤다.[42] 같은 날 오후 6시 45분, 대통령은 러스크, 맥나마라, 애치슨, 볼, 레이본, 그리고 보좌관 잭 발렌티와 함께 '메이플라워(Mayflower)' 작전을 언제 종료할지에 대해 논의하는 회의를 열었다. 이 회의에도 합참은 배제되었다. 대통령은 애초에 롤링 썬더(Rolling Thunder) 작전에 대한 반대 여론을 누그러뜨리기 위한 것이었지만, 이제는 폭격 중단이 오히려 보수 진영으로부터 '유약한 대응'이나 '남베트남을 지키려는 의지가 약하다'는 비판을 초래할 수 있다고 우려하고 있었다. 반면 맥나마라는 대통령의 진보 지지층을 의식하며, 뉴욕 타임스 사설에서 기대하는 바에 부합하려면 중단 기간을 정확히 7일로 유지할 것을 권고했다.

대통령의 생각은 달랐다. 그는 "이건 전적으로 국내 여론 문제입니다.

폭격 재개를 더 미루면 사람들은 대체 무슨 일이 벌어지고 있는 거냐고 의문을 제기할 겁니다”라며 단호한 입장을 밝혔다. 이어 맥나마라에게 “내 생각에는 대중이 우리가 폭격을 중단하길 바란 적은 없소. 우리는 맨스필드와 풀브라이트를 존중하는 의미에서 폭격을 중단했지만, 만약 이 상황이 길어지면 우리의 지지 기반을 잃게 될 겁니다”라는 말을 덧붙였다. 이처럼 국내 여론을 둘러싼 장시간의 논의 끝에, 대통령과 참모들은 5월 18일 롤링 썬더(Rolling Thunder) 작전을 재개하기로 결정했다.[43]

■

레이본 국장은 폭격 재개 시 첫 공습을 더욱 강력하게 가해야 한다고 조언했지만, 공중 작전에 적용되던 기존의 엄격한 제한은 그대로 유지되었다. 5월 16일 대통령과의 회의에서, 맥나마라는 북베트남의 지대공 미사일 기지를 선제 타격하자는 합참의 제안을 반대했다. 그는 마치 노련한 공군 지휘관처럼 “우선 MIG 전투기의 이륙을 봉쇄하기 위해 활주로를 무력화하고 야간에는 B-52로 활주로를 초토화시켜야 합니다. 이 과정에서 민간인 피해 가능성도 염두에 두어야 합니다. 폭탄이 항상 목표물에만 정확히 떨어지지는 않기 때문입니다. 그다음 폭격기를 투입해 추가 타격을 가하고, 마지막으로 지대공 미사일 체계를 제거하는 순서가 되어야 합니다”라며 자신감 있게 자신의 의견을 설명했다. 맥나마라는 북베트남이 이를 대규모 작전으로 인식할 것이라고 내다봤다. 또 대통령에게 “미사일 기지 공격을 지금 미루었다가, 실제로 가동된 뒤에 타격하더라도 피해는 고작 승무원 3~4명에 그칠 것”이라고 설명했다.

하지만 이후 상황은 그의 예상과 전혀 다른 방향으로 흘러갔다. 1965년 8월, 합참은 이미 완전히 구축된 지대공 미사일 기지에 대한 공격 승인을 받아 작전을 실행했지만, 결과는 실패였다. 이 작전에서 미군 전투기 13대가 격추되었다. 이에 미국이 후퇴했다는 인식을 피하고자, 맥나마라는 미군이 한 번도 진입한 적 없는 북쪽으로 10마일 더 진출해 군 막사 폭격 승인을 받았다. 다만 첫날 공격 목표에는 이곳을 제외하겠다고 딘 러스크(Dean Rusk)에게 약속했다.[44]

맥나마라가 폭격을 제한적으로 유지하려는 동안에도 합참은 공습 확대를 지속적으로 요구했다. 하지만 그는 작전을 철저히 통제하며 모든 표적 선정을 러스크와 사전에 조율했다. 5월 22일, 합참은 태평양사령부가 준비한 새로운 계획을 전했다. 이 계획은 북베트남을 상대로 소규모 공습을 상시적으로 이어가다가, 어느 시점에는 대규모 강력한 타격을 가하는 방식을 골자로 했다. 초기에는 20도선 이남만 공격하고, 이후 점차 북쪽의 핵심 군사 표적으로 확대해 나간다는 전략이었다. 또한 태평양사령부에 더 큰 작전 자율권을 부여하고 주간 출격 횟수를 대폭 늘리는 방안도 포함되었다. 하지만 맥나마라는 한 달이 지나도록 이 제안에 답변하지 않았다. 뒤늦게 그는 합참에 "현재 롤링 썬더(Rolling Thunder) 작전의 계획 방식에는 특별한 결함은 없고, 공습 역시 군사적 효과뿐 아니라 정치적인 부분도 적절히 반영되고 있다. 그래서 작전계획을 지금과 다르게 바꿀 필요는 없다고 생각한다"라고 통보했다.[45]

그러나 롤링 썬더(Rolling Thunder) 작전에 필요한 주간 계획 수립 과정은 여전히 복잡하고 단편적이었다. 합참은 북에서 남으로 이어지는 병력과 물자 흐름을 차단하고, 북베트남의 전쟁 수행 의지와 능력을 약화시키는 보다 공세적 표적을 우선시했다. 반면 국무부와 국방부의 민간 관료들은 국내외 전쟁 반대 여론을 고려해 민간인 피해를 최소화하고 전면 확전을 피할 수 있는 제한적 공습 표적을 우선시했다.[46]

1965년 6월에 예정된 롤링 썬더(Rolling Thunder) 작전 20호(RT 20)계획을 수립하는 과정에서도 이러한 견해 차이는 분명하게 드러났다. 합참은 총 14개 표적을 작전 대상에 포함해야 한다고 제안했지만, 맥나마라는 이 가운데 6곳을 제외했다. 이후 휠러 의장은 태평양사령부에 계획 지침 초안을 송부하는 한편, 국무부와 국방부 국제안보국의 맥노튼에게도 검토를 요청했다. 국무부에서는 일부 표적이 하이퐁(Haiphong) 항구, 지대공 미사일 기지, 푹옌(Phuc Yen) 공군 기지와 지나치게 근접해 있다고 반대했다. 실제로 이 표적들은 미사일 기지에서 27마일, 공군 기지에서 51마일 떨어져 있었지만, 국무부는 인구 밀집 지역에 근접해 있어 민간인 피해가 날 수 있는 가능성을 우려했다. 맥노튼 역시 해당 표적이 휠러 의장이 제안한 대상 가운데 하노이(Hanoi)와 하이퐁(Haiphong)에 가장 인접해 있으며, 공습할 경우 민간인 약 30명이 사망할 수 있다고 예측했다. 그럼에도 그는 그 정도의 민간 피해는 감수할 만한 가치가 있다고 판단했고, 결국 맥나마라에게 표적 승인을 강력히 요청했다.[47]

그러나 맥나마라는 국무부의 우려를 받아들여 해당 표적을 제외하기로 했다. 대신 합참 측의 반발을 무마하기 위해, 딘 러스크(Dean Rusk)와 협의해 '신뢰할 수 있는 군사적 표적'이라는 새로운 대안을 마련했다. 6월 23일, 대통령은 표적 목록의 최종 승인을 위해 참모들과 회의를 열었다. 이 자리에서 맥나마라는 대형 지도를 펼쳐놓고 러스크와 함께 조정한 타협안을 설명했다. 회의에는 밴스와 맥노튼도 참석했지만 군 지휘관은 단 한 명도 초대되지 않았다.[48] 그렇게 합참이 첫 제안을 올린 지 불과 6일 만에 휠러 의장은 최종적으로 7개 표적을 포함한 롤링 썬더(Rolling Thunder) 작전 20호 지침을 태평양사령부에 발송했다.

이처럼 극히 짧은 기간 안에 결정이 내려지면서 군사적 검증이나 현장 판단을 충분히 검토할 시간적 여유는 거의 없었다. 국방부 문민관료들과 군 관계자들은 '어떤 표적을 공격할 것인가'라는 1차적 문제에만 몰두하게 되었고, 공중전 전체를 아우르는 전략적 평가나 일관된 작전 구상은 제대로 이루어지지 못했다. 이후 보고서에서 롤링 썬더(Rolling Thunder) 작전이 공산군의 보급을 실질적으로 차단하지 못했고, 북베트남의 남베트남 지원 의지도 약화시키지 못했다는 평가가 나온 것은 어찌 보면 당연한 일이었다. 합참은 작전 효과를 높이기 위해 폭격 제한을 점차 완화해야 한다고 재차 요구했다. 5월에서 7월 사이 맥나마라는 북베트남 보급로를 겨냥한 무장 정찰 임무를 몇 차례 승인했지만, 이 역시 꼭 필요하다고 판단될 때에만 허용되었다. 그럼에도 작전이 지속되면서 차단 임무와 특정 표적에 적용되던 지리적 제한은 점차 느슨해졌고, 폭격 범위는 이전보다 눈

에 띄게 확장되었다.[49]

■

　대통령은 합참이 요구한 공습 강화를 여러 차례 거부하는 한편, 점차 남베트남에서의 지상전에 더 무게를 두기 시작했다. 그는 미국이 직접 북베트남을 공격하는 것보다 남베트남에서 지상전을 확대하는 편이 국내 여론의 반발을 덜 불러올 것이라고 본 것이다. 그러나 맥나마라와 대통령 모두 지상전 확대가 자칫 미국을 끝이 보이지 않는 장기전으로 끌어들이고, 결국 패배라는 최악의 결과로 이어질 수 있다는 가능성을 인식하고 있었다. 5월 8일, CIA 국장 레이본은 대통령에게 보낸 서한에서 프랑스의 식민지 전쟁 경험을 근거로 "우리는 결국 진퇴양난의 상황에 빠지게 될 겁니다. 남은 선택이라곤 큰 희생을 감수하고 철수하든지, 아니면 전쟁을 훨씬 더 키우는 것밖에 없을 겁니다"라며 비관적인 전망을 내놓았다. 그는 행정부가 군사 행동에 몰두한 나머지 전쟁의 본질적인 정치적 요인을 간과해서는 안 된다며 경고했다. 레이본은 아이젠하워의 견해에 동의하며 전쟁의 승패는 궁극적으로 남베트남 국민의 충성심과 사기에 달려 있고, 최종 승부는 '마을 단위'에서 결정될 것이라고 강조했다.[50] 레이본이 이 서한을 작성할 때 사이공(Saigon)에 있는 CIA 지부에서 작성한 특별 분석 보고서를 참고했다. 당시 테일러 대사는 미국 대사관에서 작성한 정보 보고서 중 가장 우려되는 부분을 삭제했지만, CIA 요원들은 그 내용을 사이공(Saigon) 지부에서 본부로 직접 보고했다.[51]

　대통령은 레이본 국장의 평가를 심각한 경고로 받아들였고, 자신의 오랜 친구이자 조언자인 클라크 클리퍼드(Clark Clifford)에게 관련 내용을 공유했다. 워싱턴에서 변호사로 활동하던 클리퍼드는 단 한 장 분량의 편지로 핵심적인 조언을 보냈다. 그는 대통령에게 남베트남 내 미군 지상군 병력을 기지와 자산 보호에 필요한 최소한의 수준으로 유지할 것을 권고하며, "자칫하면 수렁에 빠질 수 있습니다. 개입이 끝없이 이어지다 보면 지상군을 계속 투입해야 하고, 결국 현실적으로 승리할 희망마저 사라질 수 있습니다"라고 경고했다. 미국은 수용 가능한 수준의 협상을 통한 해결책을 모색해야 한다고 덧붙였다.[52]

볼의 회고에 따르면, 당시 대통령과 맥나마라는 여전히 군사작전의 세부 사항에만 집중하고 있었다. 그 이유는 여러 정치적 타협에 근거한 결정들이 대통령을 난처한 상황으로 몰아 전략적 판단보다 단기적 조치에 의존하게 만들었기 때문이었다. 6월 초, 남베트남에 주둔 중인 미군은 이미 5만 명을 넘었고, 3만 명이 추가로 파병되고 있었다. 미 해병부대는 다낭(Danang) 지역에서 베트콩(Viet Cong)과의 근접 전투를 적극적으로 시도하고 있었다. 볼과 전임(前任) 국무부 장관 딘 애치슨(Dean Acheson) 역시 전쟁 확대를 막기 위한 방안을 모색하고 있었지만, 이미 상황이 걷잡을 수 없을 만큼 진행된 뒤였다.[53] 일단 대통령이 지상군 전투병력 파병을 결정한 이상, 남베트남 정부의 붕괴를 막는 데 필요한 미국의 개입 수준은 사실상 베트콩(Viet Cong)과 북베트남군의 손에 결정되는 구조가 되어버렸다.

공산군의 여름 공세는 5월 11일 시작되었다. 베트콩(Viet Cong)은 신속하게 사이공(Saigon) 인근 푸억롱(Phuoc Long) 지역의 도시인 송베(Song Be)를 점령했고, 이 공격으로 미국 고문단과 남베트남군은 큰 피해를 입었다. 같은 달 말, 베트콩(Viet Cong)은 꽝응아이(Quang Ngai) 지역에서 남베트남군 1개 대대를 매복 공격해 전멸시켰고, 곧이어 이어진 전투에서도 또 다른 대대가 전멸했다. 패배로 남베트남군의 사기와 전투력은 급격히 저하되었고, 북베트남군은 즉각 대응에 나섰다. 북베트남은 사단급 병력을 추가로 남베트남에 투입했으며, 또 다른 사단이 호치민 루트(Ho Chi Minh Trail)를 따라 남하 중이라는 사실도 미 정보 당국이 확인했다.[54]

설상가상으로 군사적 위기와 동시에 남베트남의 정치 상황도 다시 흔들리기 시작했다. 꽈뜨(Quat) 총리와 국가수반 수우(Suu) 가 내각 개편을 둘러싸고 갈등을 빚으면서 정부 기능은 사실상 마비되었다. 결국 6월 11

일, 꽈뜨(Quat)는 정권을 군부에 이양했다. 이로써 8개월간 이어진 민간 정부의 시대는 막을 내렸다. 테일러 대사는 보고서에서, 조용하고 겸손한 의사 출신의 꽈뜨(Quat) 총리가 남베트남의 분열을 수습하려 했으나, 끝내 사이공(Saigon) 특유의 권력 투쟁―'목줄을 노리는 정치'―의 희생양이 되었다고 평했다.[55] 이후 공군 부사령관 키(Ky) 장군이 총리직을 승계하면서 남베트남은 다시 군정 체제로 회귀했다.

이처럼 사이공(Saigon) 정부가 흔들리고 베트콩(Viet Cong)의 여름 공세가 빠르게 확산되는 가운데, 워싱턴의 정책 결정 과정은 여전히 모호했다. 대통령과 참모들은 미군을 베트남에서 어떤 방식으로, 또 어떤 목적을 위해 사용할 것인지에 대한 명확한 기준을 세우지 못하고 있었다. 6월 5일 토요일, 맥나마라, 러스크, 볼, 르웰린 톰슨(Llewellyn Thompson), 맥노튼, 번디 형제가 참석한 베트남 관련 포괄 회의가 열렸다.[56] 회의가 약 두 시간 진행된 시점, 대통령이 사전 예고도 없이 회의장에 들어섰다. 그의 표정에는 혼란과 불안이 묻어 있었다. 대통령이 던진 질문들은 그가 전쟁 확대 결정의 구조적 의미와 그 파급 효과를 충분히 숙고하지 못하고 있음을 보여주었다.[57] 그는 참석자들을 둘러보며 "여기 있는 사람들 가운데 정말 우리 계획이나 목표를 제대로 이해하는 사람이 있기는 합니까? 도대체 우리는 어떤 방식으로 이기기를 기대하는 겁니까?"라고 물었다. 이 질문은 단순한 확인이 아니라 전쟁의 목적 자체에 대한 근본적인 의문이었다. 대통령은 전쟁이 장기화될 경우 1968년 재선에 미칠 정치적 부담을 우려하고 있었다. 그는 1952년 대선에서 아이젠하워가 "한국전쟁을 끝내겠다"고 공언한 일을 언급하며 이렇게 말했다. "결국 '내가 한국에 가겠다'는 식의 이야기를 듣게 될 겁니다. 그럼 우리는 이 일을 어떻게 마무리할 수 있겠습니까?"[58]

표면적으로는 맥나마라가 롤링 썬더(Rolling Thunder) 작전을 확대하려는 군부의 요구를 제어하기 위해 점진적 압박 전략을 조정하는 듯 보였지만, 실제로 그는 여전히 '통제된 군사력 사용'이 북베트남을 협상 테이블로 유도할 수 있을 것이라는 기대를 버리지 않았다. 이는 군사적 승리가 어렵다는 판단 아래 외교적 협상으로 목표를 달성하려는 접근이었다. 그는 남베트남에서 군사적 교착 상태를 조성하는 것이 북베트남에 가하는 물리적 타격만큼 중요해졌다고 보았다. 러스크 역시 같은 입장이었다. 그는 미국의 군사력이 적에게 '이 전쟁에서 승리할 수 없다'는 확신을 심어주는 데 목적이 있다고 강조했다. 북베트남이 남침을 중단하고 정치적 방식으로 통일을 추구하는 방향으로 전환하기만 한다면 현재의 전략은 폐기할 수 있다고 주장했다.

러스크에 따르면, 미국 군사 개입의 목표는 남베트남을 1958년 수준으로 되돌리는 데 있었다. 즉, 북베트남이 대규모로 개입하기 이전처럼 남베트남이 토착 게릴라 세력만 상대하면 됐던 시기 말이다. 볼 역시 이러한 방향에 동의하며, 미국은 북베트남에게 협상을 통한 전쟁 종식의 기회를 명확하게 제시해야 한다고 덧붙였다. 회의는 결국 대통령과 참모들이 4월 22일 승인한 8만 2천 명 규모의 미군 병력으로 전쟁을 감당할 수 있기를 바라는 막연한 기대 속에서 마무리되었다. 회의 말미에 대통령은 이렇게 중얼거렸다. "가장 큰 위험은 어느 날 갑자기 정말 큰 문제가 터지는 겁니다."[59] 그리고 그가 말한 바로 그날은 정확히 48시간 뒤에 찾아왔다.

6월 7일, 웨스트모어랜드 장군은 태평양사령부에 전보를 보내 추가 병력 파병과 이 병력을 남베트남 내 공산군 탐색 및 섬멸 작전에 투입할 수 있도록 승인해 달라고 요청했다.[60] 그는 최근 이어진 베트콩(Viet Cong)의 승전 소식과 북베트남군의 활발한 활동을 근거로, 남베트남군이 거의 붕괴 직전에 있다고 경고했다. 재앙을 막으려면 즉시 4만 1천 명의 증원군 투입이 필요하며, 이후에도 5만 2천 명을 더 보내야 할 것이라고 보고했다. 이렇게 그가 요청한 총 병력 규모는 17만 5천 명에 달했다. 병력 구성은 육군 22개 대대, 해병대 12개 대대 등 총 34개 기동 대대와 전투 지원 대대, 그리고 해군과 공군 증원부대였다. 그는 여기에 한국과 호주군 10개 대대도 즉시 파병해 줄 것을 요청했다. 만약 제3국 병력을 확보하지 못할 경우 부족분은 미군이 직접 충원해야 하며, 그렇게 되면 미군 병력은 약 20만 명, 총 44개 대대 규모로 늘어난다는 계산이었다. 이 수치는 4월 22일 대통령이 승인한 수치의 2.5배를 넘는 규모였다. 웨스트모어랜드 장군은 이 병력을 남베트남의 해안과 내륙 전역에 고루 배치해 공격과 방어 양면에서 운용할 계획이었다. 그는 훗날 회고록에서 "그때는 더 이상 '방어 태세'나 '반응' 같은 말이 통하지 않았다. 방어 거점에 머물 것이 아니라, 이제는 우리가 직접 전쟁을 주도해야 할 시기였다"라고 기록했다.[61]

웨스트모어랜드 장군이 요청을 해왔을 때조차, 대통령은 미국의 개입 수위를 감추겠다는 의지를 굽히지 않았다. 예리한 기자들은 이미 미 지상군의 임무가 방어 중심의 경계 작전에서 공격 작전으로 사실상 전환되었음을 눈치채고 있었다. 대통령은 4월 13일 임무 전환을 승인했지만, 이를 철저히 함구하라고 지시했다. 이후 문민관료들과 군의 고위 인사들은 공개적으로 드러나지 않게 하려고 의도적으로 모호한 표현과 불명확한 설명을 반복했다.[62] 6월 8일, 한 기자가 국무부 대변인 로버트 맥클로스키(Robert McCloskey)에게 남베트남 주둔 미 지상군의 임무가 무엇인지 질문했다. 맥클로스키는 자신의 발언이 국무부의 신뢰뿐 아니라 본인의 평판에도 영향을 미칠 수 있음을 알고 있었지만, 결국 미군이 공격 작전에도 투입될 것이라고 인정했다. 다음 날 아침, 《뉴욕 타임스》 사설은 "미국 국민이 어제 국무부의 말단 공보 담당자로부터 아시아 대륙에서 지상전을 벌이고 있다는 사실을 들었다는 게 믿기지 않는다. 이 중대한 사실을 알린 이는 대통령도, 각료도, 차관도 아니었고, 단지 말단 공보 담당관이었다"라는 내용의 분노에 찬 논평을 실었다.[63]

맥클로스키의 발언이 파장을 일으켰음에도 대통령은 여전히 임무 변경 사실을 은폐하려 했다. 《뉴욕 타임스》 사설이 실린 직후, 백악관 대변인 조지 리디(George Reedy)는 기자들을 소집해 짧은 성명을 발표했다.

"최근 미 지상 전투부대의 임무에는 변동이 없었습니다. 대통령
은 이와 관련해 최근은 물론, 그 이전에도 웨스트모어랜드 장군
에게 별도의 명령을 내린 사실이 없습니다. 이 부대의 기본 임무
는 다낭(Danang) 공항처럼 중요한 군사 시설을 지키고 그 안전
을 확보하는 데 있습니다. 또한 이 임무의 연장선에서 해당 지역
과 주변에서 순찰 및 경계 활동을 수행하고 있습니다."

리디는 이어, 웨스트모어랜드 장군이 전반적인 군사 상황을 고려해,
필요할 경우 곤경에 처한 남베트남군을 제한적으로 지원할 권한만 부여받
았다고 밝혔다. 이어 비공식 브리핑에서 기자들에게 "전날 맥클로스키의
발언과 제가 발표한 성명에 차이가 있었던 것은 상황의 본질에 내재된 몇
가지 가정과 전제가 마치 이미 결정이 내려졌거나 명령이 하달된 것처럼
보이게 작용했기 때문입니다"라고만 밝혔다.[64]

∎

웨스트모어랜드 장군은 백악관의 성명을 다소 의아하게 받아들였지만,
미국 개입의 본질을 은폐하려는 대통령의 의도에 문제를 제기하기보다는
더 많은 군사적 권한을 확보하는 데 집중했다. 그는 태평양사령부와 워싱
턴 관계자들에게 "미군의 공세적 작전이 '미군은 군사 기지를 방어하기 위
해 남베트남에 있다'는 리디의 설명과 충분히 부합한다고 안심시켰다. 하
지만, 그는 이어서 "미군의 공세 작전은 이미 진행 중이며, 이제는 남베
트남 측도 이러한 형태의 미군 개입을 예상하고 기대하고 있습니다. 현재
우리는 미 지상군이 전투에 뛰어들 수밖에 없는 상황에 놓여 있습니다.
남베트남만으론 더는 공산군을 막아낼 힘이 없기 때문입니다"라며 실상은
솔직하게 보고했다.[65]

샤프 제독은 웨스트모어랜드 장군의 접근 방식에 힘을 실어주었다. 그
는 173공수여단을 투입해 대대 단위 공세 작전을 이어가라고 지시하면서,

"처음으로 대규모 미군 병력이 투입된 상황에서 만약 패배한다면, 그 정치적 파장이 얼마나 클지 분명히 알고 있었을 거라고 생각합니다"라고 경고했다.[66]

6월 8일, 테일러 대사는 다시 워싱턴을 방문해 대통령과 주요 참모들을 만났다. 논의의 핵심 의제는 웨스트모어랜드 장군의 병력 증강 요청이었다. 그러나 테일러는 추가 파병에도, 국무부가 제안한 협상 방안에도 소극적인 태도를 보였고, 이 때문에 행정부 고위층의 신뢰를 점차 잃어가고 있었다. 그는 여름 말이나 가을에 대사직에서 물러날 예정이었으나, 맥조지 번디(McGeorge Bundy)는 그가 가능한 한 빨리 떠나기를 원했다.[67]

테일러는 웨스트모어랜드의 요구에 공개적으로 반대하지는 않았지만, 호놀룰루 회담에서 맥나마라와 합의한 내용을 기준점으로 삼아 훨씬 적은 규모의 증원을 제시했다. 그는 남베트남의 상황이 웨스트모어랜드의 보고만큼 심각하게 악화된 것은 아니라고 판단한 것이다. 웨스트모어랜드 장군은 추가로 8만 5천 명의 병력이 필요하다고 했지만, 테일러는 기존 8만 2천 명에 8천 명을 더하는 정도면 충분하다고 대통령에게 건의했다. 이에 대해 휠러 의장은 합참이 웨스트모어랜드 장군의 요구를 전적으로 지지한다고 대통령에게 보고했다. 반면 맥나마라와 번디는 1만 8천 명 정도의 증원이 더 현실적이라고 보았고, 그렇게 되면 주월 미군 병력은 총 10만 명에 이르게 되었다.[68]

이 자리에서 조지 볼(George Ball)은 병력 규모 자체보다 증원 결정이 미국 개입의 성격을 어떻게 바꿀지에 주목했다. 그는 "도대체 이게 언제부터 백인의 전쟁이 된 겁니까?"라고 물으며, 볼의 질문은 본격적으로 군사 전략에 대한 논의가 필요하다는 의미심장한 지적이었다. 당시까지도 미군은 전초기지에 머무르며 경계·반응 임무를 수행할지, 혹은 적을 직접 찾아내 섬멸하는 대규모 공격 작전에 나설지에 대해 명확한 결정을 내리지 못하고 있었다. 테일러와 그린 장군은 전초기지 전략을 선호했고, 웨스트모어랜드와 합참은 적 병력이 몰려 있는 지역을 적극적으로 공격하자는 쪽에 무게를 뒀다.[69] 그러나 이런 중대한 전략적 선택지에 대해 심도 있는 논의나 실질적 실행 가능성 분석은 거의 이루어지지 않았다. 맥나마라는 대통령에게 포괄적 전략 재검토는 일단 미루고, 여름 동안 현상황을 어느 정도 유지할 수 있을 만큼의 병력만 추가로 파병하자고 조언했다.[70]

■

재앙을 막기 위해 필수적인 조치만 취하기로 한 존슨 대통령은 전쟁 확대에 국민과 의회의 지지를 확보하는 데 초점을 맞추기 시작했다. 그는 6월 9일 참모들을 다시 소집해 회의를 열었고, 오랜 친구이자 정치적 멘토인 조지아 주의 러셀 상원의원을 비롯해 러스크, 맥나마라, 볼, 밴스, 레이본, 리디, 모이어스 등이 참석했다.[71]

이번 회의에는 리디와 모이어스가 참여하고 휠러 장군이 빠지면서 자연스럽게 '여론 대응 전략'이 중심이 되는 분위기가 형성되었다. 맥나마라는 자신과 웨스트모어랜드 장군 사이의 견해 차이는 크지 않다며, 대통령에게 18개 대대의 추가 파병을 승인할 것을 제안했다. 이는 웨스트모어랜드의 요청보다 16개 대대가 적은 규모였다. 그는 이 정도 병력이면 최소한 연말까지는 남베트남의 전황을 유지할 수 있을 것이라고 전망했다. 회의 도중 대통령이 군부는 지금 무엇을 원하는지에 대해 묻자, 맥나마라는 군부 역시 단순한 파병 승인보다 왜 이런 규모의 결정이 내려지는지 납득할 수 있는 명확한 근거를 필요로 한다고 밝혔다. 조지 볼(George Ball)도 이제 동조하며, 결정을 서두르기보다 웨스트모어랜드의 요청에 대해 단기적이고 제한적인 대응에 집중하자는 맥나마라의 의견을 지지했다. 그는 대통령에게 "이번 결정이 향후 우리가 무엇을 할 수 있는지를 미리 규정하는 결정처럼 받아들여져서는 안 됩니다. 상황을 좀 더 지켜본 뒤에 판단하는 게 좋겠습니다"라고 조언했다.[72] 대통령이 맥나마라의 제안에 이견이 있는지 묻자, 러스크와 맥나마라는 국무부와 국방부 고위 인사들

모두 이에 동의했다고 보고했다.[73]

대통령이 14개 대대의 추가 파병을 단기 조치로 승인하자, 회의는 대통령의 정책에 대한 대외 비판에 어떻게 대응할지 모색하는 자리로 이어졌다. 대통령은 국민과 의회가 미군 개입 확대를 반대할 가능성을 염두에 두며, 이번 조치가 '아시아 대륙에서의 미국 지상전'으로 받아들여질 수 있는지 물었다. 이에 테일러 대사는 그렇지 않다고 하면서, 이번 파병은 한국전과 같은 형태로 이어질 성격이 아니라고 답했다. 이어 대통령은 폭격이 아무 성과도 없었다는 비판에 어떻게 대응해야 할지 물었다. 러스크는 처음부터 폭격만으로 북베트남을 굴복시킬 수 있으리라 기대한 적은 없었다면서, 군사적 측면에서는 충분한 효과를 거두었다고 주장했다. 테일러 대사는 이에 더해, 폭격이 남베트남 국민의 사기를 끌어올리는 데에도 중요한 역할을 했다고 강조했다. 맥조지 번디(McGeorge Bundy)의 회의록에 따르면, 대통령 역시 북폭의 목적을 '남베트남의 사기를 높이기 위한 조치'라고 참모들에게 설명했다고 기록되어 있다.

대통령은 이어 맨스필드 상원의원이 6월 5일에 보낸 보고서의 일부를 낭독하며, 그 안에 베트남 전쟁이 '미국의 전쟁'으로 비화되는 것을 반대하는 여러 논거가 정리되어 있다고 언급했다. 그러나 대통령은 그 논거의 타당성을 깊이 검토하기보다는 참모들에게 해당 주장들을 반박할 논리를 만들라고 지시했다. 결국 참모들은 대통령이 매우 신중하게 행동하고 있다는 인상을 국민에게 심어줄 수 있도록, 좌우 양측을 상대로 적극적인 여론전을 펼쳐야 한다는 데 의견을 모았다.[74]

이처럼 존슨 행정부의 고위 관료들은 점차 대통령에게 조언하는 역할이 아니라, 지지를 얻기 위해 해명을 담당하는 역할로 굳어지고 있었다. 그럼에도 대통령은 의회와의 공식적인 협의 절차 없이 베트남 개입 확대를 계속 추진할 생각이었다. 회의 중 그는 러셀 상원의원이 참석한 자리에서 미군 지상군의 역할을 충분히 설명했는지 물었고, 이에 러스크는 그렇다고 답했다. 이어 대통령은 국무부 법률고문 레너드 미커(Leonard Meeker)와 법무부 장관 니컬러스 카첸바흐(Nicholas Katzenbach)에게 통킹만(Tonkin Gulf) 결의안을 근거로, 맥나마라의 병력 증원이 법적으로 정당한 조치라는 점을 입증할 자료를 준비하라고 지시했다.[75] 헌법적 절차를 우회하면서도 정작 베트남 정책의 주도권은 점차 손에서 놓쳐가고 있었다.

대통령이 '중도 노선'을 정당화하려는 데 집착할수록 전체 전략은 더욱 혼란스러워졌다. 그가 참모들에게 "우리의 목표는 무엇인가?"라고 묻자, 일부는 남부 전선에서의 교착 상태라고 답했고, 또 다른 일부에서는 북베트남을 협상 테이블로 끌어내기 위해 군사적으로 압박해야 한다고 답했다. 하지만 이 회의는 뚜렷한 결론 없이 종료되었다. 볼은 지금 상황에서는 '당장 버텨내는 것'이 단기 목표가 되었고, 더 논의할 여지는 사실상 사라졌다고 결론지었다. 대통령과 참모들은 웨스트모어랜드 장군이 최소 12만 3천 명, 많게는 17만 5천 명 정도의 병력이 필요하다는 분석을 알고 있었다. 그러나 실제로는 9만 5천 명 정도의 병력만으로도 9월까지 남베트남의 붕괴를 막아낼 수 있기를 기대하고 있었다. 참모들은 "추가 병력이 미국을 큰 곤경에 빠뜨리지는 않을 것이며, 남베트남군이 계속 싸워낼 수 없다면 후퇴하거나 심지어 철수할 여지도 남아 있다"고 결론지었다.[76] 대통령이 "미 지상군이 얼마나 손실을 입을 수 있겠나?"라고 묻자, 맥나마라는 앞으로 10월까지 추가로 약 400명 정도가 희생될 것이라는 단기 추정치를 내놓았다. 그러나 그는 평소와 마찬가지로 이 수치가 어떤 정보나 분석에 기반한 것인지는 세부적으로 밝히지 않았다. 목표가 불분명한 만큼 미군이 어떤 군사 전략을 수행하게 될지도 여전히 불확실했다. 대통령이 "우리가 그 9만 5천 명의 병력으로 우리는 지금 무엇을 하고 있는 건가?"라고 묻자, 맥나마라는 "특별한 것은 없으며 단지 필요해서 그렇다"고 모호하게 답했다. 테일러 대사는 웨스트모어랜드의 구상에 선을 그으며, 자신이 3월부터 일관되게 주장해 온 공습·예비 전략을 재차 강조했다. 그는 공습을 통해 전황을 관리하면서, 지상군은 예비 전력으로 유지해야 한다고 강조했고, 공습과 병력 증강이 상호 보완 관계에 있다고 다소 모호한 방식으로 두 요소를 연결 지어 설명했다.[77]

맥나마라는 웨스트모어랜드 장군의 요청을 부분적으로만 수용한 결정을 합참에 어떻게 설명해야 할지 고민에 빠졌다. 그가 우려한 것은 단순히 전달 방식이 아니라, 대통령이 원하는 '중도 전략'과 합참이 요구하는 군사적 규모 사이에 존재하는 근본적인 간극이었다. 펜타곤으로 돌아온 그는 이러한 문제를 대통령과 직접 조율할 필요가 있다고 판단했고, 곧바로 대통령에게 전화를 걸어 두 입장 사이에 분명한 괴리가 있다고 솔직히 털어놓았다. 그는 "저는 제 머릿속에 개입의 분명한 한계가 있습니다. 하지만 합참은 그런 기준이 없는 것 같아요. 정말 그렇지 않은 게 확실합니다"라고 말했다. 대통령이 "그럼 웨스트모어랜드 장군의 요청도 그저 다음 단계일 뿐인가?"라고 묻자, 맥나마라는 그렇다고 답했다. 그러면서 웨스트모어랜드는 이미 그 다음 단계까지도 전보에서 언급했으며, 이번 요청이 마지막이라고 말한 적도 없다고 설명했다.[78]

그러나 맥나마라는 자신이 말한 '개입의 한계'를 합참에 명확히 전달하지 않았다. 나아가 이번에 승인된 병력으로 무엇을 달성할 수 있는지, 그 병력 수준에 맞는 군사 전략이 무엇인지에 대해서도 논의가 없었다. 실제로 6월 11일 열린 NSC 회의에서야 휠러 합참의장은 대통령이 "여름 동안 현상을 유지하는 데 필요한 최소 병력만 투입한다"는 결정을 이미 내렸다는 사실을 처음 알게 되었다. 이 회의는 어디까지나 대통령의 결정을 정당화하고 표면적 합의를 끌어내기 위해 소집된 자리였다. 참석자는 휠러, 맥나마라, 맥노튼, 러스크, 볼, 레이본, 카첸바흐, 유엔대사 아들레이 스티븐슨(Adlai Stevenson), 리디, 번디 형제 등 주요 고위 인사들이었다.[79]

회의는 통킹만(Tonkin Gulf) 결의안을 근거로 정책의 법적 정당성을 재확인하는 것으로 시작했다. 대통령은 논의 범위를 '현상을 유지할 수 있는 방안'으로 한정했고, 그보다 더 깊은 개입 확대 논의는 의도적으로 배제했다. 테일러 대사는 맥나마라가 제시한 10만 명 상한선에 동의하면서, 남베트남 상황의 심각성을 일부러 낮춰 설명했다. 그는 대중에게도 이번 베

트콩(Viet Cong) 공세는 큰 피해 없이 마무리될 것이라는 인상을 주려 했다. [80]

맥나마라는 베트남 상황이 어렵기는 하지만 결코 절망적이지는 않다는 전제를 내세우며 웨스트모어랜드 장군의 요청을 설명했다. 그는 요청 병력 규모도 실제보다 줄여 전달했으며, 두 번째 증원안(총 34개 대대, 17만 5천 명)은 아예 거론조차 하지 않았다. 그리고 "웨스트모어랜드 장군은 기존 승인 병력 13개 대대를 23개 대대로 늘려, 총 12만 3천 명을 제안했습니다"라고 말했다. 이어 그는 합참 내부의 의견 차이를 강조하며, 웨스트모어랜드가 요구한 공세적 전쟁 방식에 대해 합참이 전적으로 지지하는 것은 아니라는 인상을 주려 했다. 맥나마라는 합참이 남베트남 중앙 고원 지역에 미군을 보내는 데 반대하고 있으며, 신규 병력을 해안 근처의 기동 예비대로 두기를 원한다고 설명했다. [81]

그러자 휠러 장군이 조용히 반박했다. 그는 다음과 같이 밝혔다.

"합참은 웨스트모어랜드 장군의 병력 증강 필요성에 깊이 공감하고 있습니다. 그러나 지금 국방부가 제시한 안은 웨스트모어랜드 장군이나 합참이 권고한 규모보다 훨씬 적습니다. 합참은 요청된 병력을 즉시 파병할 것을 지지하며, 맥나마라 장관은 일단 병력을 줄여 파병하고 상황을 보고 추가 투입을 검토하자는 입장입니다."[82]

하지만 이는 헛수고였다. 결정은 이미 내려진 상태였고, 대통령은 이렇게 말을 정리하며 회의를 끝냈다.

"우리는 북베트남과 베트콩(Viet Cong)의 움직임을 가능한 한 단순하고 최소한의 방식으로 늦추고 막아야 합니다. 그러나 그들과 전면적으로 맞서서는 안 됩니다. 웨스트모어랜드 장군의 요청을 그대로 승인하면 개입은 훨씬 더 깊어지고, 철수는 더 어려워질 것입니다. 그들은 자신들이 우세하다고 믿고 있고, 우리도 그렇게 착각하게 될 수 있습니다. 그러니 가장 적은 비용으로 최대의 방어 효과를 얻을 수 있는 방안을 신중히 택해야 합니다."[83]

대통령은 점진적 압박 전략을 내세워 자신의 중도 노선을 계속 유지하려 했고, 이를 통해 정책을 정당화하고자 했다. 윌리엄 번디(William Bundy)는 당시를 회상하며 "존슨 대통령은 중도를 유지하려 했지만, 실제로 어느 정도의 미군 병력을 유지할 것인지에 대한 기준은 명확하게 정해진 적이 없었습니다"라고 말했다.[84]

대통령이 "선택지를 열어 두겠다"고 말하던 바로 그 시각, 베트콩(Viet Cong) 2개 연대가 동쏘아이(Dong Xoai)의 미 특수부대 기지를 점령했다. 이로 인해 남베트남군은 또 한 번 치명적인 패배를 겪었다.[85] 대통령이 그토록 고수해 온 중도 노선은 현실 앞에서 균열을 드러내고 있었다.

참모들 역시 군사적으로나 외교적으로나 승리를 위한 명확한 계획이 없다는 사실을 느끼고 있었다. 그럼에도 존슨 대통령은 베트남에서의 패배만은 피해야 한다는 강박 속에서 정말 불가피하다고 여겨지는 최소한의 대응만 선택했다. 그는 장기전이 가져올 비용을 충분히 따져보지 못한 채 당장의 위기에만 몰두하고 있었다. 철수를 결정했을 때 감당해야 할 정치적 손실에 지나치게 집착한 나머지 다른 가능성은 제대로 검토하지 못했던 것이다. 대통령은 "우리가 철수하면 그놈들이 뭐라고 떠들어댈지 상상만 해도 아찔하다"라고 하며 가장 신뢰하는 참모들에게 속마음을 털어놓았다.[86]

대통령은 남베트남에서의 패배를 막기 위해 병력 증강을 승인하면서도, 정작 정책의 근본 방향에 대한 결정을 계속 미뤘다. 그는 조지 볼(George Ball)에게 "우선 우기가 끝날 때까지 선택지를 열어두고 싶어요. 그 후에 의회의 분위기를 살펴보려고 합니다"라고 말했다.[87] 대통령은 9월 이후 자신의 정책을 둘러싸고 의회 내에서 최소한의 단일한 지지 기반을 구축하기를 원했다. 볼은 새 병력 파병을 가능한 한 적게 유지해 대통령이 스스로 결정권을 유지하고 상황의 주도권을 잃지 않도록 하라고 조언했다.[88]

■

하지만 병력이 추가될 때마다 미국은 클리퍼드가 경고했던 대로 수렁 속으로 더욱 깊이 빠져들고 있었다. 6월 18일, 대통령은 웨스트모어랜드 장군의 요청 중 일부를 공식 승인했다. 구체적으로는 제1기병사단(공중 기동사단) 소속 9개 대대, 즉 2만 3천 명을 남베트남에 파병하기로 결정한 것이다. 이미 승인된 2개 여단은 상황에 따라 나중에 철수할 수도 있었지만, 이들이 남게 될 경우 주월 미군 병력은 23개 대대, 총 12만 3천 명 규모로 확대된다. 이는 맥나마라가 일주일 전 제안한 구성과 동일한 수치였다.[89]

합참은 23개 대대 수준의 병력이라면 수용 가능하다고 판단했다. 맥나마라가 필요하면 일부 여단을 철수할 수도 있다는 여지를 남겨두었기 때문이다. 그러나 웨스트모어랜드 장군은 이 결정에 강하게 반발했다. 12만 3천 명을 미 지상군 파병의 상한선으로 삼겠다는 맥나마라의 생각은 현실성이 없다고 봤고, 이후 3~6개 대대를 감축할 수 있다는 제안 역시 받아들일 수 없다고 밝혔다.[90] 웨스트모어랜드 장군은 샤프 제독과 휠러 의장에게도 "상황을 안정시키려면 비상조치가 반드시 필요하고, 전쟁을 주도적으로 수행하기 위해서는 더 많은 전투력이 요구될 가능성이 높습니다"라며 한번 더 강조했다. 또한 자신의 요청이 부분적으로만 승인된 것이 작전 운용의 유연성이 확대되었다는 맥나마라의 주장에도 반박했다.[91]

한편 맥나마라는 미군 수뇌부가 대통령의 팀에서 이탈하지 않도록 관리하면서도, 자신이 실제로는 미국의 개입을 엄격히 제한하려는 방침을 갖고 있다는 사실을 의도적으로 숨겼다. 그는 대통령이 중도 노선을 유지할 수 있도록 돕기 위해 베트남에서 전쟁을 교착 상태로 만드는 전략을 구상하고 있었다.[92] 이 전략은 적을 완전히 굴복시키는 것을 목표로 하지 않았고, 오히려 적이 미국에 유리한 조건을 스스로 받아들이도록 시간을 끄는 방식에 가까웠다. 그 결과, 미국의 전쟁 개입은 명확한 전략적 비전 없이 지속적으로 확대되었고, 결정적인 성과를 낼 수 있는 구체적 실행 계획 역시 세워지지 않은 채 전쟁은 점점 더 깊어져 갔다.

■

맥나마라는 1965년 6월 말, 대통령이 베트남 문제로 깊은 고뇌와 갈등에 빠져 있었다고 회고했다. 이 시점에서 대통령은 지난 5개월 동안 자신이 내려온 결정들이 어떤 결과를 초래했는지 서서히 인식하기 시작했다.[93] 그는 이렇게 깨달았다. 일단 미국이 북베트남에 대한 공중 작전과 남베트남에서의 지상전에 직접 개입하고 나면, 더 깊이 개입하는 것 외에는 다른 선택지가 없으며 그만큼 전쟁의 책임 또한 그에 비례해 커질 수밖에 없다는 것이다. 점진적 압박 전략, 즉 전쟁의 단계적 확대는 언제든 되돌릴 수 있고 비용이 적게 든다는 이 전제는 대통령과 미국 국민이 그 개입이 과연 국가 이익에 부합하는지를 판단할 틈조차 주지 않은 채 미국을 이미 되돌리기 어려운 전쟁의 수렁으로 밀어 넣은 셈이었다. 당시 대통령은 위대한 사회(Great Society) 입법 과제를 통과시키는 데 집중한 나머지 베트남을 그저 사라지기를 바라는 부수적 골칫거리 정도로 여겼다. 이러한 태도를 간파한 핵심 문민 참모들은 대통령이 듣고 싶어 하는 말만을 골라 전달했고, 합참 역시 대통령 정책의 기본 전제에 이의를 제기하지 않은 채 그 한계 안에서 전쟁을 조금씩 확대할 방법을 찾는 데 주력했다. 그러나 6월 말이 되자, 이러한 '저항 없는 길'은 결국 존슨 대통령을 스스로 빠져나오기 어려운 막다른 골목으로 몰아넣었다. 그는 그동안 자신의 정책을 비판하는 것은 곧 최전선의 미군 병사를 버리는 행위라는 식의 수사적 논리로 반대 의견을 차단해 왔다. 하지만 이제는 군의 추가 병력 요청을 거부할 경우, 바로 그 비난이 자신에게 돌아올 상황에 처하게 된 것이다. 이후 몇 주 동안 대통령이 내린 일련의 결정들은 결과적으로 남베트남에 승인된 파병 병력을 12만 명 이상으로 끌어올렸다. 1964년 1월 OPLAN 34A 작전 개시를 시작으로, 통킹만(Tonkin Gulf) 사건에 대한 대응으로 시작된 북폭, 그리고 1965년 2월부터 6월까지 이어진 점진적 개입 결정들에 이르기까지 미국은 이미 본격적으로 전쟁에 발을 들인 상태였다. 1965년 7월이 되면서 논쟁의 초점은 미국이 베트남 개입을 확대할지에 대한 여부에서 벗어나, 대통령이 전쟁 수행의 압력과 위대한 사회가 제기하는 국내 정책상의 요구 사이에서 어떤 균형점을 찾을 것인가라는 문제로 재편되었다.

15   5명의 침묵자(1965.7월)

> "군 장교들은 정치권에서 요구하는 타협이 무엇인지, 그리고 그것을 어떻게 받아들이고 처리해야 하는지에 대해 따로 교육을 받은 적이 없습니다. 군인은 종종 누군가의 생명을 좌우하는 중대한 결정을 내려야 하죠. 이런 책임은 머릿속으로만 정책을 논의하는 민간인과는 분명히 다른 무게로 다가옵니다.
>
> — 해롤드 K. 존슨(Harold K. Johnson) 대장, 1973년[1]

조지 볼(George Ball)이 이미 '미국의 전쟁'으로 변질된 베트남 개입을 저지하기 위한 마지막 노력을 기울이던 시점에도, 대통령은 여전히 맥나마라에게 중도 노선을 유지할 수 있는 내부 합의를 이끌어내라는 임무를 맡기고 있었다. 6월 23일, 볼은 미국이 이제라도 베트남에서 손실을 줄이고 철수해야 한다고 제안했다. 그러나 맥나마라와 러스크는 이 제안을 즉각 반대하며 오히려 더욱 적극적인 군사 개입을 주장했다. 대통령은 두 사람에게 각자의 견해를 문서화해 제출하라고 지시했다.[2] 그러나 보고서가 완성되기 전, 맥나마라는 볼을 설득해 '철수'라는 급진적 제안을 철회하게 만들었다. 대신 미군 병력을 7만 2천 명으로 제한하고 전투 역할을 축소해 미국의 직접적 책임을 최소화하는 방향으로 수정하도록 했다.[3] 폭격은 계속 유지하되 하노이(Hanoi)와 하이퐁(Haiphong) 인근 지역은 제외하는 방식으로 조정되었다. 맥나마라는 볼의 제안을 현실적 출구 전략이 없는 이상 수용할 수 없다고 주장했고, 러스크 역시 같은 이유로 철수를 반대했다. 러스크는 미국이 베트남에서 물러나면 신뢰가 무너지고, 이는 곧 세계 평화를 지탱하던 기둥이 무너지는 셈이라고 강조했다. 그는 신뢰 상실이 미국의 몰락과 함께 대규모의 전쟁으로 번질 것이라고 경고했다.[4] 결국 볼의 제안은 묵살되었고, 맥나마라는 국방부 내에서 이

미 진행 중이던 새로운 정책 구상에 대한 내부 합의를 만들어가기 시작했다.[5]

맥나마라는 맥노튼에게 베트남 개입과 관련된 정치·군사적 시나리오를 마련하라고 지시했다. 대통령은 정보 유출 위험을 최소화하기 위해 가능한 소수만 이 작업에 관여하도록 했다.[6] 이에 따라 맥나마라는 합참 참모들에게 베트남에서 실행 가능한 구체적 군사 조치 목록을 작성하라고 요청했지만, 정책과 전략 논의에서는 합참 장성들을 의도적으로 배제했다. 실제로 그는 휠러 합참의장의 협조를 일부 받기는 했으나, 그 외 합참 위원들에는 최신 기획 작업을 철저히 비밀에 부쳤다.[7] 표면적으로는 휠러 의장이 계획에 참여한 것처럼 보였지만, 실제로는 볼, 러스크, 맥조지 번디(McGeorge Bundy), 맥노튼 등과의 회의 내용이 고의적으로 공유되지 않아 휠러 의장은 사실상 핵심 논의에서 배제된 상태였다.[8] 결국 합참 참모단은 기술적·전술적 조언만 제공하고, 정책 설계의 중심에서는 완전히 제외된 채 군사 조치 목록이 만들어졌다. 이 군사 조치 목록은 "더 많은 베트콩(Viet Cong)을 사살하라"는 대통령의 지시를 기준으로 설계되었다. 논의의 초점은 전략적 목표나 전쟁 종결 방안이 아닌 전술·수단에 치우쳐 있었고, 반란군을 상대하는 정치·군사적 복합성은 거의 고려되지 않았다. 계획의 핵심은 대규모 교전을 통해 가능한 많은 적을 제거하고, 베트콩(Viet Cong)이 전면전을 피할 경우에는 지속적 추격·교란·타격 작전을 수행하는 것이었다. 보고서는 추가 병력 파견과 함께 베트콩(Viet Cong) 은신처에 대한 800회의 B-52 폭격 이후 즉시 해당 지역에 지상군을 투입하는 전술을 강조했다. 그러나 이러한 계획에는 전쟁을 종결하기 위한 명확한 비전이 없었으며, 단지 작전 차원의 '조치' 그 자체를 진전으로 오해하는 접근에 가까웠다. 맥나마라는 대통령에게 보낸 보고서에서 이러한 군사적·정치적 확대 조치들이 북베트남과 베트콩(Viet Cong)으로 하여금 "승산이 없다"고 판단하게 만들 것이라고 주장했다.[9] 하지만 실제로는 소모전이 미국의 군사 전략으로 굳어졌고, 그 전략적 목표 역시 결국 '교착 상태의 유지'로 좁혀지고 있었다.

합참을 정책 논의에서 배제하면서도, 맥나마라는 그들을 '대통령의 팀' 안에 남겨두려 했다. 그는 국방부 문서 초안에 합참이 정리한 군사적 조치 목록을 거의 그대로 포함시켰는데, 그 안에는 자신이 설정해 둔 개입의 한계를 훌쩍 넘어서는 조치들까지 담겨 있었다. 이 초안에서 맥나마라는 40개 대대를 추가 파병해 미군 병력을 20만 명 규모로 확대할 것을 제안했다. 이는 합참의 동원 계획과도 일치하는 내용으로, 10만 명의 예비군 소집과 복무 기간 연장도 포함되었다. 또한 북베트남에 대한 공습 확대 방안에는 항만 시설 폭격, 항구 기뢰 설치, 하노이(Hanoi) 인근 교통·산업 시설 파괴, 공중차단 강화, 나아가 필요할 경우 북베트남 공군 기지와 지대공 미사일 기지에 대한 타격까지 포함되었다.[10] 하지만 맥나마라는 합참이 제안한 이 조치들을 실제로 실행할 의도는 없었다. 맥조지 번디(McGeorge Bundy)는 지상군의 주된 목적은 미국의 체면을 유지하며 최종 철수를 대비하는 데 있다고 보았고, 문서에 담긴 군사 행동을 무모하다 못해 어리석다고 비판했다.[11] 이에 맥나마라는 논란이 되는 합참의 권고안은 철회할 의사가 있다고 밝히면서도, 합참은 이보다 더 강경한 조치를 원하고 있다는 점을 덧붙였다.[12] 그는 문서상으로는 합참의 요구를 반영해 그들을 달래면서도, 비공식적으로는 해당 조치를 언제든 철회할 수 있다는 여지를 남겨두며 맥조지 번디(McGeorge Bundy)와 러스크에 암시하며 제한적 개입 노선을 선호하는 이들의 지지를 확보했다.

윌리엄 번디(William Bundy)는 6월 마지막 주를 '간청의 시간'이라고 표현했지만, 실상 대통령의 참모들은 공개 갈등을 피하고 조용히 의견을 조율하는 방식으로 움직였다. 7월 1일, 대통령이 참모 회의에 참석하기 직전 맥조지 번디(McGeorge Bundy)는 대통령에게 맥나마라, 볼, 러스크, 그리고 윌리엄 번디(William Bundy)의 입장을 정리한 보고서를 제출했다. 러스크는 베트남 철수 시 미국의 신뢰가 치명적으로 훼손될 것이라고 강조했고, 윌리엄 번디(William Bundy)는 상황 전개를 좀 더 지켜보자며 추가 병력 증파를 제한할 것을 제안했다.[13] 맥조지 번디(McGeorge Bundy)는 대통령에게 "조지 볼(George Ball)의 말을 경청하되, 그의 제안은 수용하지 않는 것이 좋습니다"라고 조언했다. 이어 그는 맥나마라나 윌리엄 번디(William Bundy)가 제시한 중간 단계의 방안 중 하나를 선택하는 것이 바람직하며, 특히 맥나마라는 자신의 안을 필요에 따라 조정할 준비가 되어 있다고 강조했다.[14] 그러나 이 보고서가 대통령에게 전달되기 이틀 전, 대통령은 이미 웨스트모어랜드 장군의 긴급 요청을 받아들여 해병대 3개 부대, 총 1만 1천 명을 즉각 파병하기로 승인한 상태였다. 이로써 볼과 윌리엄 번디(William Bundy)의 증파 제안은 사실상 시의성을 잃고 논의의 장에서 밀려났다.[15]

■

미국의 베트남 군사 개입이 점진적으로 심화되는 흐름으로 굳어지자 대통령은 행정부와 의회, 그리고 국민 사이에서 지지 기반을 확보하기 위해 더욱 적극적으로 움직였다. 7월 2일, 추가 파병된 미 해병대가 다낭(Danang)과 퀴논(Qui Nhon)에 상륙한 바로 그날, 대통령은 최측근 참모들과 긴급 회동을 가졌다.[16] 맥나마라가 제안한 완화된 군사 조치 방안을 그대로 유지하기 위해 맥나마라와 러스크는 이번 회의 참석 인원을 최대한 축소하길 원했다. 이에 대해 맥조지 번디(McGeorge Bundy)는 그 이유를 다음과 같이 설명했다.

"조지 볼(George Ball)의 보고 내용은 대통령, 러스크, 맥나마라, 볼, 그리고 저, 이 다섯 사람 외에는 절대 공유되어서는 안 된다고 두 사람 모두 강력하게 주장했습니다. 이런 가능성이 밖으로 퍼질 경우 매우 위험해질 거라는 우려 때문이었습니다. 또 두 사람 모두 대통령 앞에서 자신의 속내를 더 많은 이들 앞에서 드러내는 것에 큰 부담을 느끼고 있었습니다."

그러나 대통령은 이미 맥나마라가 마련한 합의안에 따라 움직이고 있었다. 그는 남베트남에는 조금씩 더 많은 병력을 파병하되, 북베트남에 대한 군사 조치는 철저히 제한하는 이 방침을 유지하고자 했다. 이를 위해 7월 중순 사이공(Saigon)을 방문해 웨스트모어랜드 장군의 추가 요청을 직접 검토할 계획까지 세워두고 있었다.[17]

한편, 합참은 6월 28일 맥나마라와의 마지막 회의 이후 정부의 대응 과정에서 거의 영향력을 행사하지 못했다. 합참 참모단이 맥노튼과 조율을 진행하는 동안에도, 휠러 의장은 맥나마라의 보고서가 완성될 때까지 다른 각 군 참모총장들에게 내용을 공유하지 않았다. 휠러 의장은 합참의 통일된 입장을 맥나마라에게 전달해 웨스트모어랜드 장군을 전폭적으로 지원하려 했으나, 그린 장군이 공산군 밀집 지역을 직접 공격하기보다 전초기지 중심 전략을 선호하고 있었기에 내부적으로도 의견 일치를 이루기 쉽지 않았다. 6월 28일, 그린 장군은 자신과 다른 참모들이 거의 일주일 동안 맥나마라의 보고서 작성 과정에서 완전히 배제되어 왔다는 사실을 뒤늦게 알게 되었다. 그는 이때 합참의 영향력이 그 어느 때보다 약해졌다고 실감했다.[18]

이러한 상황임에도 불구하고, 각 군의 이해관계가 여전히 얽혀 있어 합참은 국가안보와 관련된 중대한 사안에서도 효과적인 공조 체계를 구축하지 못했다. 잠시 워싱턴을 방문한 샤프 제독은 그린 장군에게 "웨스트모어랜드 장군과 테일러 대사는 해병대를 좋아하지 않습니다. 그래서 해병대가 남베트남에서 세운 성과에 대해 공로를 인정받지 못하도록 온갖 방법을 다 쓸 겁니다"라고 경고했다. 이 말을 들은 그린 장군은 추가 병력 파병의 타당성을 검토하는 대신, 해병대 작전에 대한 언론 보도를 어떻게 개선할지에 더 신경을 쓰게 되었다.[19]

한편, 전쟁을 수행하려면 대통령이 고려한 규모보다 최소 세 배에 달하는 병력이 필요하다고 판단한 합참은 병력을 점진적으로 증강하는 전략을 지속적으로 지지했다. 해롤드 존슨(Harold Johnson) 장군은 남베트남의 자유와 독립을 보장하려면 최소 60만~70만 명의 병력과 5년 이상의 전투가 필요하다고 추산했다. 그린 장군 역시 최대 70만 명의 병력이 필요하다고 보았다. 그러나 존슨 장군 훗날 이러한 내부 추산이 있었음에도 합참이 공식적으로 적정 총병력 규모를 대통령에게 권고한 적은 없었다고 회상했다. 더구나 미군을 어떻게 운용할지에 대한 합참 내 이견도 대통령에게 보고되지 않았고, 내부 조율도 이뤄지지 않았다. 이처럼 미국이 베트남 개입을 더욱 확대하던 시점에도 대통령은 전쟁을 실제로 어떻게 끌고 갈지, 또 남베트남의 자유와 독립이라는 목표를 달성하는 데 과연 어느 정도의 병력이 필요한지에 대해 군사 참모들로부터 명확한 설명을 듣지 못한 상태였다.[20]

7월 10일 열린 합참 회의에서 맥나마라는 대통령이 남베트남에서의 작전을 계속 이어가기로 결정했지만 구체적인 실행 방안은 아직 마련되지 않았다고 밝혔다. 그는 이날 합참에 이 자리에서 나눈 내용이 절대 언론에 새어 나가선 안 된다고 각별히 신경쓰라고 경고했다. 이어 맥나마라는 7월 8일 웨스트모어랜드 장군이 요청한 34개 대대 전체를 파병하기로 승인했으며, 11월 1일까지 미군 병력이 총 20만 명을 넘어설 것이라고 알렸다. 이어서 발표 직후 동원 및 파병의 구체적인 계획을 설명했다. 해병대는 제4해병사단과 항공여단을 동원하고 3개의 신설 여단(각 3개 대대)을 추가 편성할 예정이었다. 예비군과 신설 부대는 4~6개월 내 전투 준비를 끝내게 될 것으로 내다봤다. 육군도 예비군 27개 대대를 소집하고 이를 보충하기 위해 27개 정규군 대대를 새로 편성할 계획이었다. 상황에 따라 예비군은 장기 복무로 전환될 가능성도 있었다. 맥나마라는 합참에게 최우선 과제는 가능한 한 신속하게 병력을 남베트남에 투입하는 것이라고 강조했다. 이제 남은 과제는 공식 발표였고, 그 일정에 맞춰 의회와 국민이 이 결정을 받아들일 수 있도록 충분한 여론 조성이 필요하다고 설명했다. 이어 이번 베트남 출장의 핵심 목적도 바로 이러한 공보 전략을 마련하는 데 있다고 덧붙였다.[21]

그린 장군은 맥나마라의 발표를 몹시 당혹스럽게 받아들였다. 정규군과 예비군의 동원 필요성과 그 타당성이 충분히 논의되지 않았다고 본 것이다. 그는 또한 맥나마라가 회의를 거만하고 조급하게 이끌었고, 합참은 이미 결정된 정책을 그저 집행만 하는 역할로 전락해 계획이나 자문 과정에 실질적으로 참여하지 못하고 있다는 인상을 받았다고 회고했다.[22]

맥나마라와 휠러 의장은 병력 배치와 작전 구상을 마련하는 과정에서 다른 합참 위원들을 사실상 배제했다. 그린 장군은 7월 12일에 이르러서야 굿패스터 장군이 이끄는 임시 위원회가 7월 2일부터 미국이 가진 모든 수단을 투입했을 때의 승리 가능성을 평가하는 작업을 진행해 왔다는 사실을 뒤늦게 알게 되었다.[23]

그러나 굿패스터 위원회가 서둘러 베트남전 전략을 마련하는 동안 국방부의 문민관료들은 오히려 그 움직임을 제약하려 했다. 맥나마라는 대통령에게 미국의 개입에 명확한 한계가 있다고 보고했지만, 이런 제약이 있다는 사실을 굿패스터 장군이나 합참에는 알리지 않았다. 합참이 그 사실에 강하게 반발할 것을 우려했기 때문이다.[24] 사이공(Saigon)에 도착한 맥나마라는 웨스트모어랜드 장군에게 "적의 병력 증강이 없다는 전제하에, 34개 대대만으로 남베트남에서 베트콩(Viet Cong)과 북베트남군이 승리할 수 없다는 인식을 심어줄 수 있는가?"라고 물었다.[25] 그러나 애초부터 적의 대응 가능성을 배제하고 군사 전략을 '교착 상태 유지'에 두었던 맥나마라의 기대와 달리, 웨스트모어랜드는 완전히 다른 관점을 제시했다. 그는 군을 교착 상태에 두는 것 자체를 받아들일 수 없다고 했고, 이미 적이 깊이 개입된 상황에서 그들을 물러서게 할 수 있는 방법은 압도적인 군사력뿐이라고 주장했다. 웨스트모어랜드는 이번 증원이 단지 상황을 안정시키는 수준에 그칠 경우, 1966년에 주도권을 확보하려면 더 많은 병력이 필요할 것이라고 전망했다.[26] 맥나마라는 웨스트모어랜드가 교착 상태 유지에 필요한 최소 병력 규모를 제시해주기를 기대했지만, 웨스트모어랜드는 '적을 압도하겠다'는 목표를 고수하며 사실상 끝이 보이지 않는 병력 증강을 요구했다.

■

반대로 맥나마라가 굿패스터 위원회에 내린 지침을 살펴보면 문민관료들과 군이 추구한 목표가 근본적으로 달랐다는 점이 분명해진다. 맥나마라와 맥노튼은 베트남 정책의 핵심 목표를 '미국의 신뢰도와 위신 유지'로 규정했고, 이를 위해 남베트남에서 교착 상태 자체를 군사적 목표로 삼았다. 실제로 7월 2일, 맥나마라의 승인을 받은 맥노튼이 굿패스터 장군에게 보낸 보고서에는 "미국이 베트남에서 승리하려면 베트콩(Viet Cong)에게 그들이 결코 승산이 없다는 사실을 확실히 보여주는 것이다. 전쟁이 교착 상태에 빠지더라도 그 자체가 유리한 협상으로 이어질 수 있다면 결국 그것이 곧 승리라고 할 수 있다"라고 적혀 있었다.[27]

그러나 굿패스터 장군은 이 같은 접근을 사실상 전략으로 받아들이지 않았다. 그는 정책 목표를 '안정적이고 비공산화된 남베트남 정부 수립'으로 두고, 이를 위해 맥나마라와 맥노튼이 상정한 것보다 훨씬 많은 병력과 제한이 적은 작전이 필요하다고 판단했다. 굿패스터의 목표는 북베트남의 전쟁 수행 능력을 근본적으로 파괴하고 남베트남 내 베트콩(Viet Cong)과 북베트남 정규군을 없애는 것이었다. 다시 말해, 협상 압박을 위한 교착 상태가 아니라 적을 전쟁에서 손을 떼게 만들 만큼 압도적인 타격이 목표였다. 그는 훗날 자신의 군사 제안은 교착 상태를 전제로 한 것이 아니었다고 회고하기도 했다.[28] 문민관료들과 군 사이에 이렇듯 뚜렷한 목표 차이가 있었지만, 굿패스터 장군은 맥나마라와 맥노튼에게 정면으로 이의를 제기하지는 않았다.

한편 맥나마라는 굿패스터 위원회에 군사 행동을 제한해야 한다는 방향을 전달했지만, 구체적인 제한 내용은 명확하게 밝히지 않았다. 맥나마라의 의중을 파악한 맥노튼은 굿패스터에게 "롤링 썬더 작전(북폭 작전) 확대나 북베트남 항구에 기뢰 설치 같은 전략에 지나치게 분석하느라 팀의 창의력을 소모하지 마십시오"라고 요청했다. 이는 곧 가장 논쟁적이고 위험한 군사 조치는 검토 대상에서 사실상 제외하라는 암묵적 지시였다. 그럼에도 맥나마라가 굿패스터 장군에게 전달한 기본 지침은 '미국이 동원 가능한 모든 수단을 가정한 상태에서 군사 계획을 세우라'는 것

이었다.[29]

굿패스터 장군은 "미국이 베트남에서 승리할 수 있는가?"라는 핵심 질문에 대해, 특정 조건이 충족된다면 가능하다고 답했다. 그의 보고서에 따르면, 미국이 전쟁에서 승리하기 위해서는 몇 가지 예외를 제외한 거의 모든 군사적 제한과 통제를 해제해야 한다고 보았다. 여기서 말한 예외 사항은 다음과 같다.

    ① 북베트남 지상 침공 금지
    ② 핵무기 및 화학무기 사용 금지
    ③ 민간인 거주지 대규모 폭격 금지

이 세 가지 예외 조항을 제외하면 미군은 작전을 수행할 때 완전한 자유를 보장받을 수 있을 것으로 보았다. 즉, 라오스에서 지상 작전을 전개해 호치민 루트(Ho Chi Minh Trail)를 차단하고, 북베트남에 대한 전면적인 공중전과 남베트남 내 공세 작전을 자유롭게 수행할 수 있어야 한다고 보았다. 대통령이 이 전략을 수용한다면 앞으로의 군사작전은 어떤 제약이나 지연, 불확실성 없이 실행될 수 있다고 그는 판단했다.[30] 결국 굿패스터 장군은 베트남전에서 승리하려면 기존의 거의 모든 제한을 철폐해야 한다는 결론을 맥나마라에게 전달한 셈이었다.

그러나 맥나마라는 군사적 목표를 명확히 밝히지 않았고, 미군 병력 운용의 한계에 대해서도 굿패스터 장군에게 솔직하게 설명하지 않았다. 이 때문에 굿패스터 장군의 보고서는 정치적 지침이 결여된 채 작성된 군사적 조언 수준에 머물 수밖에 없었다. 나아가 맥나마라는 굿패스터에게 '미국의 개입에 대한 모든 제한을 철폐한다'는 가정 대신, '대규모 미군 투입이 적의 강력한 반발을 유발하지 않을 것'이라는 가정으로 대체하라고 요구하기까지 했다. 이에 굿패스터 장군은 미국이 어느 정도 규모까지 병력을 투입할 준비가 되어 있는지에 대한 전제가 없으면 승리 가능성을 논할 수 없다고 반박했다. 또 적의 의도가 아니라 실제 능력을 기준으로 평가

해야 한다고 강조했다.[31]

이처럼 전쟁 수행 방식에 대한 맥나마라와 굿패스터 장군의 근본적인 견해 차이는 끝내 조율되지 않았고, 그 결과 미국의 베트남 개입은 명확한 전략적 합의 없이 점차 확대되었다. 맥나마라는 굿패스터 장군의 보고서를 백악관에 바로 전달하지 않았고, 이 문건은 7월 21일이 되어서야 맥조지 번디(McGeorge Bundy)의 군사보좌관 리처드 보우먼(Richard Bowman) 대령에게 전달되었다. 보우먼 대령은 이 보고서가 맥나마라에게서 지지를 거의 얻지 못했으며 "제대로 된 분석이라 볼 수도 없다"고 평가했다. 그는 이 자료를 단지 베트남 논의 시 참고할 수 있는 보조 자료에 불과하다고 보고 그 수준으로만 번디에게 넘겼다.[32]

30년이 지나서야 맥나마라는 자신이 병력 증강을 전쟁 종결 전략과 연계하지 못했다는 사실을 인정했지만, 왜 그런 실패가 발생했는지는 끝내 명확히 이해하지 못했다. 그는 당시 사이공(Saigon)에서 웨스트모어랜드 장군과 나눈 대화가 지나치게 피상적이었다고 회고하며, 왜 베트남 문제에 대해 심도 있고 현실적인 사고를 하지 못했는지, 그리고 다른 선택지와 결과를 충분히 검토하지 않았는지를 스스로도 의문을 가졌다. 또한 웨스트모어랜드 장군이 어떤 전략과 전술을 구사해야 하는지, 베트콩(Viet Cong)의 예상 대응, 미군 사상자 규모, 미국의 행동이 불러올 반응과 그 시점 등 핵심 요소들을 명확히 제시하지 못한 책임도 있다고 지적했다.[33] 그러나 1965년 당시 맥나마라에게 중요한 것은 전략 구상이 아니라 병력·전술의 조정이었다. 그는 이번 7월 방문의 목적이 연말까지 필요한 병력 규모와 배치 일정, 이듬해 추가 투입해야 할 병력 규모를 파악하는 데 있다고 웨스트모어랜드 장군에게 분명히 밝혔다.[34] 맥나마라가 맡은 과제는 웨스트모어랜드 장군으로부터 대통령이 수용할 만한 수준의 병력 요청안을 받아내는 것이었다. 실제로 출국 전부터 맥노튼이 미리 작성해 둔 보고서가 있었고, 맥나마라는 귀국 후 이 보고서를 대통령에게 제출할 예정이었다. 맥노턴의 부관이었던 아담 야르몰린스키(Adam Yarmolinsky)는 훗날 맥나마라의 이번 출장은 이미 내려진 결정을 정당화

하기 위한 일종의 연극에 지나지 않았다고 평가했다.[35]

7월 14일, 맥나마라와 수행단은 웨스트모어랜드 장군과 병력 파견 문제를 논의하기 위해 사이공(Saigon)으로 향했다. 그러나 미국이 무력을 사용하려는 목적은 여전히 불분명한 상태였다. 사이공(Saigon)에 도착한 지 이틀 뒤, 맥나마라는 사이러스 밴스(Cyrus Vance)로부터 '개인 열람용'이라는 엄격한 제한이 붙은 비밀 전문을 받았다. 그 문건에는 대통령이 국내 입법 과제의 약화를 우려해 이미 남베트남에 34개 대대를 추가 파병하기로 마음을 굳혔다는 내용이 담겨 있었다.[36] 그럼에도 맥나마라는 '협의'라는 명목을 내세워 사이공(Saigon)에 사흘 더 머물렀다. 사실 그의 임무는 이미 국내 정치적 필요에 따라 내려진 파병 결정을 정당화하고 대통령이 의회에서 위대한 사회(Great Society) 입법안을 통과시키는 데 불필요한 정치적 부담이 생기지 않도록 이에 부합하는 군사 조치 목록을 확정해 오는 것이었다.

19세기 초 클라우제비츠가 "정치적 목적이 전쟁의 궁극적 목표이며, 전쟁은 그 목적을 달성하기 위한 수단이므로 양자는 분리해 사고할 수 없다"고 말했듯이,[37] 존슨 대통령에게는 위대한 사회 정책이 군사 전략의 핵심 판단 기준이 되고 있었다. 그러나 이 정치적 목적은 정작 전쟁의 성격이나 목표와는 직접적인 연관이 없었다. 그 결과, 군사력 확대는 전쟁 목표 달성에 어떤 의미가 있는지 충분한 검토 과정이 이뤄지지 않고 진행되었다.

7월 20일, 맥나마라는 베트남에서 귀국하자마자 대통령에게 준비된 보고서를 제출했다. 그는 군사력 운용의 목표를 "적으로 하여금 전쟁에서 승산이 없음을 인식하게 만드는 것"으로 규정하며, 이에 따라 일정 수준의 군사력 운용이 필요하다고 보고했다. 이러한 조치들이 일관되게 추진된다면 합당한 기간 내에 베트남에서 용인 가능한 결과를 얻을 수 있을 것으로 전망했다. 그러나 결국 그의 보고서는 이미 대통령이 동의한 방침을 다시 한번 확인하는 되풀이한 것에 가까웠다. 보고서에서 제시된 계획에 따르면 미 지상군 파병 규모는 34개 대대로 확대될 예정이었다. 만약 한국이 계획된 9개 대대를 제때 파견하지 못할 경우, 미국이 최대 43개 대대까지 충원해야 했다. 한편 북베트남 공습 작전에 대한 제한은 기존과 동일하게 유지되었고, 이전 보고서에 포함되었던 하이퐁(Haiphong) 항만 기뢰 설치와 같은 조치는 이번 보고서에서는 제외되었다. [38]

■

맥나마라가 사이공(Saigon)을 방문하자, 의회에서는 베트남 문제에 대한 관심이 더욱 높아졌다. 그가 휠러와 함께 해외에 머무는 동안 다른 합참 인사들은 하원 군사위원장인 L. 멘델 리버스(L. Mendel Rivers) 사무실을 찾아 군사위원회 의원들과 직접 면담을 가졌다.[39] 이 자리에서 의원들은 전쟁 수행에 실제로 어느 정도 병력이 필요한지 합참에 구체적인 추산을 요청했다.

존슨 대통령이 신뢰하던 참모진은 매우 전략적으로 대응했다. 의원들이 동원령 발동 필요성을 묻자, 장군들은 일제히 답변을 피했다. 사실 해롤드 존슨(Harold Johnson) 육군 참모총장은 이미 주요 육군 지휘관들에게 예비군 부대의 1년간 동원 준비를 지시하고 63개 대대 규모의 전력 증강 계획까지 세워둔 상태였다. 그럼에도 그는 위원회에 "지금도 그렇고 앞으로도 정확히 얼마나 필요할지는 모르겠습니다"라고 말했다. 반복되는 질문 끝에 그는 베트남에 약 25만 명 정도의 병력이 필요하다고 말했는데, 이는 그가 비공식적으로 '전쟁에서 승리하기 위해 필요하다'고 간주했던 병력의 절반 수준에 불과했다. 공군의 맥코넬 장군은 아예 추산 자체를 거부했고, 해군의 맥도널드 제독은 해군 병력 4만 명 증원을 언급하면서도 예비군 동원 문제에 대해서는 침묵했다. 그린 장군은 의원들이 이 대화를 통해 예비군 동원이 불가피하다는 점을 충분히 눈치챘을 것이라 보았지만, 합참은 끝내 이를 명확하게 밝히지 않았다. 회의 말미, 한 의원이 "전쟁에서 이기려면 도대체 얼마나 많은 병력이 필요한가"라고 묻자, 그린 장군은 50만 명이라고 답했다. 그러나 이미 제각각의 모호한 답

변이 이어진 뒤라 그의 발언은 큰 주목을 받지 못했다.[40]

이후 질문은 병력 요구와 동원 문제에서 벗어나, 북베트남을 상대로 한 군사적 조치로 옮겨갔다. 사우스캐롤라이나 출신의 민주당 하원의원 리버스는 자물쇠로 잠긴 캐비닛에서 하이퐁(Haiphong) 항구의 해도를 꺼내 들고는 위원회의 수석 고문인 존 R. 블랜포드(John R. Blandford)와 함께 합참에 "왜 하이퐁(Haiphong) 항구에 기뢰를 설치하지 않고, 항구 지역의 연료 저장시설도 폭격하지 않았던 거죠? 합참에서 그 조치를 권했었던 건가요?"라고 물었다. 그린 장군은 이 질문을 맥도널드 제독과 맥코넬 장군에게 넘겼고, 두 사람은 해당 표적들이 공격 후보에 포함되어 있었지만 구체적 공격 시점이 결정되지 않았었다고 답했다. 맥도널드 제독은 중립국 선박 피해 등 정치적 위험이 공격 지연의 이유라고 설명했고, 다른 표적에 대한 질문에도 비슷한 답을 반복했다. 이러한 답변은 합참이 줄곧 주장해 온 강경한 공세 방침과 어긋나는 내용이었지만, 그린 장군은 이를 바로잡지 않았다.[41] 이어 리버스는 그린 장군에게 "왜 지대공 미사일 기지와 공군 기지를 지금까지 공격하지 않았는가?"라고 물었다. 그러자 그린 장군은 두 표적 모두 즉각 공격해야 한다고 오랫동안 주장해 왔다고 솔직하게 답했다.

그린 장군의 이러한 직설적 태도는 다른 합참 위원들의 조심스러운 답변과 뚜렷한 대조를 이루었다. 합참 전체는 충분히 솔직하지 않았고, 이에 루이지애나 출신 민주당 하원의원 F. 에드워드 에버트(F. Edward Hbert)는 "당신들이 존경받는 위치에 있는 것은 사실이지만, 의회에 솔직한 의견을 전달하지 않는다면 그 신뢰는 무너질 것입니다"라고 경고했다. 리버스 역시 "당신들은 의회의 통제를 받는 대상이며, 행정부뿐 아니라 의회에도 책임이 있다"고 지적했다.

이에 해롤드 존슨(Harold Johnson) 장군은 방어적으로 대응하며, 자신에게 가장 중요한 것은 대통령에게 충성하는 것이라고 강조했다. 그는 국가안보법에 따르면 합참의 본래 임무는 대통령, 국가안전보장회의(NSC), 국방부 장관에게 군사적 자문을 제공하는 것이라는 점을 다시 한

번 상기시켰다. 그린 장군 역시 합참이 의회와 행정부 사이에서 매우 난처한 위치에 놓여 있다고 설명했다. 그러자 메사추세츠 출신 공화당 하원의원 윌리엄 베이츠(William H. Bates)는 국가안보법은 의회가 통과시킨법 중 가장 잘못된 법이라고 혹평했다. 그린 장군은 당시 합참의 모호하고 회피적인 답변 때문에 위원회가 깊은 좌절감을 느꼈다고 회고했다.

회의 동안 그린 장군은 복잡한 감정에 사로잡혀 있었다. 4월 백악관 회의에서 베트남 문제로 사방에서 압박받는 존슨 대통령을 보며 연민을 느끼는 동시에, 정작 국민의 대표자들인 의원들이 상황을 피상적으로만 파악하고 있다는 사실에 충격을 받았다. 그는 대통령에 대한 충성과 동료들과의 갈등을 피하기 위해 자신의 판단을 모두 드러내지는 않았다. 그러나 회의가 끝난 지 2시간 후, 그는 수석 고문인 블랜포드에게 전화를 걸었다.

그는 "미국은 현재 최소 50만 명의 병력을 필요로 하는 '본격적인 전쟁' 직전 단계에 와 있습니다. 전쟁은 최소 5년이 지속될 것이고, 그 과정에서 미국은 큰 희생을 치러야 할 것입니다. 전쟁에서 승리하려면 북베트남과 남베트남 양측에 대한 군사작전을 즉각적으로 확대해야 합니다."라며 회의에서 말하지 않았던 내용을 전했다. 이렇게 그는 의회나 행정부에 공식적으로 보고되지 않았던 현실적인 전망을 블랜포드에게 개인적으로 전달했다.[42]

당시 행정부는 미국이 베트남에 얼마나 깊이 개입하고 있는지를 국민과 의회에 사실상 숨기고 있었고, 합참 역시 매우 난처한 처지에 놓여 있었다. 헌법은 대통령을 군 통수권자로 규정하고 있지만, 합참 구성원들은 모두 미국 헌법을 수호하겠다고 선서한 군인이었다. 전쟁 선포 권한은 국민의 대표 기관인 의회에 있으며, 남베트남의 자유와 독립을 위해 미국이 감수해야 할 희생과 위험의 정당성 역시 원칙적으로 국민의 동의를 통해 확보되어야 했다. 그럼에도 그린 장군을 제외한 대부분의 합참 장군들은 대통령에 대한 충성을 이유로 베트남 전황에 대한 평가를 축소하거나 의도적으로 왜곡하는 태도를 보였다. 그린 장군은 대통령에 대한 충성과 헌법이 부여한 국민에 대한 책임 사이에서 깊은 갈등을 겪었고, 공식적으로는 행정부를 지지하면서도 비공식적으로는 의회와 보다 진실된 견해를 나누려는 절충적 방식을 선택했다. 이처럼 합참이 국민에 대한 책임을 다하려는 시도 자체가 상충하는 의무들로 인해 복잡하게 얽혀 있는 상황이었다. 미국의 베트남 개입이 점차 심화되는 상황에서도 대통령은 장군들이 예상하는 전면전의 양상을 국민에게 있는 그대로 드러내기보다, 보다 제한적이고 통제 가능한 국면으로 보이도록 관리하려 했다.

■

　전쟁을 지속적으로 수행하기 위해서는 예비군 동원과 추가 예산 확보에 대한 의회의 승인이 필수적이었다. 그러나 동원령 발동이나 대규모 추가 예산 요청은 곧바로 '총과 버터를 동시에 가질 수 없다'는 여론을 자극해, 의회 내에서 정치적 갈등을 촉발할 위험이 컸다. 대통령 보좌관 잭 발렌티(Jack Valenti)는 1965년 7월은 대통령 역사상 가장 치열한 입법 전투가 벌어졌던 시기였다고 회고했다.[43] 대통령은 이미 승인된 병력 증파에만 1966 회계연도 기준 최소 80억 달러가 필요하다는 사실을 인지하고 있었지만, 1966년 1월 이전에 3~4억 달러를 넘는 추가 예산안을 제출하는 것은 정치적으로 불가능하다고 판단했다.[44]

　그는 전쟁 비용을 공개하면 헌법상 세출 및 전쟁 선포 권한을 가진 의회와 충돌이 불가피해질 것을 우려했다. 그래서 사이러스 밴스(Cyrus Vance)에게 "국방부는 1월 전까지는 추가 자금이 필요 없다"는 취지로 설명을 준비하라고 지시했다. 그때쯤이면 좀 더 정확한 수치를 제시할 수 있을 거라고 덧붙였다.[45] 한편 맥나마라는 전쟁 재원을 확보하기 위해 증세를 검토해야 한다고 건의했다. 하지만 대통령은 국민적 동의를 얻지 못한 전쟁에서 세금을 올리면 의회 통과가 더 힘들어질 거라는 점에서 "젠장, 밥(맥나마라). 제가 몇 번이나 말해야 합니까? 루스벨트가 대법원 판사 수를 늘리는 사법개혁을 추진했다가 좌초된 뒤, 의회가 얼마나 냉랭하게 돌아섰는지 기억 못 합니까?"라며 강하게 반발했다. 이후 맥나마라는 의회 내 찬성표가 부족하다는 사실을 확인한 뒤 증세 제안을 철회했다.[46]

그러나 대통령은 국내 정치 상황을 감안할 때, 전쟁 수행에서 군사력 사용에 제한을 두는 행위 자체가 오히려 더 큰 정치적 논란을 불러올 수 있다는 점을 인지하고 있었다. 이에 대해 발렌티는 "존슨이 가장 꺼렸던 건 위대한 사회(Great Society) 정책과 전쟁 관련 전략을 공개하는 것이었다. 그는 절대 그렇게 할 생각이 없었고, 이 문제에 대해서도 조용히 넘어가길 원했다."라며 당시를 회고했다. 7월 19일, 맥조지 번디(McGeorge Bundy)는 핵심 상원의원들에게 보낼 보고서 초안을 대통령에게 제출했다. 그 내용에는 "베트남에 미군을 추가 파병한다고 해서 예산을 추가로 들여야 하는 건 아니다. 오히려 예산을 증액한다는 인상을 주면 '우리는 총만 원하지, 버터는 필요 없다'는 잘못된 메시지를 줄 수 있으며, 이는 대통령의 국내 입법 과제에 반대하는 세력에게 힘을 실어줄 수 있다."라는 내용이 담겨 있었다. 대통령은 번디에게 이 초안에서 위대한 사회(Great Society) 정책과 관련된 언급을 모두 삭제하라고 지시했다. 번디는 대통령이 위대한 사회(Great Society) 정책이 베트남 정책 결정에 어떤 영향을 미쳤다는 사실을 결코 인정하지 않을 것임을 잘 알고 있었다. 이를 인정한다는 건, 곧 자신에게 입법 과제를 추진할 자격이 없다는 뜻을 공개적으로 드러내는 셈이었기 때문이다.[47]

대통령은 전쟁 확대 가능성을 우려하면서도 국내 입법 정책을 지키기 위해 명분으로 중국의 개입 위험을 의도적으로 과장해 내세웠다. 그는 또 병력 동원이 오히려 전쟁 확대로 이어질 수 있으며, 예산안과 관련된 의회의 치열한 논쟁이 북베트남에 잘못된 신호를 줄 수 있다는 논리를 만들어냈다.[48]

　　7월 21일부터 27일까지 대통령은 베트남 관련 결정에 대한 잠재적 반대 여론을 무마하기 위해 회의를 소집했다. 7월 22일에는 합참과 각 군 장관들을 백악관으로 불러 회의를 열었다. 합참은 맥나마라가 제시한 병력 증원 제한에 여전히 불만이 컸지만, 대통령이 다른 대안으로 내놓은 '전면 철수'나 '현재 병력을 그대로 두고 점진적으로 패배를 받아들이는 방안'은 그들에게 더 받아들이기 어려운 선택이었다. 대통령은 만약 자신이 웨스트모어랜드 장군의 요구를 전폭 수용하고 합참이 권고하는 대로 공습을 확대할 경우 중국의 개입 가능성이 커질 수 있다고 우려했다. 이어 중국군은 수백만 명 규모이므로, 전쟁이 걷잡을 수 없이 확대될 위험이 있다고 덧붙였다.[49] 이때 맥나마라는 논의가 자신이 검토 중이던 세 가지 방안에 집중되도록 회의 흐름을 유도했다. 그는 회의 초반, 합참이 아직 자신의 보고서를 충분히 검토할 시간이 없었으며, 예비군 소집이나 예산 문제 등 대통령이 가장 우려하는 핵심 사안에 대해서는 논의를 준비할 여건이 되지 않았다고 보고했다.[50]

　　그러나 그린 장군은 맥나마라가 주도하던 회의 흐름에 따르지 않았다. 그가 조용히 말을 꺼내자, 대통령은 그린에게 "나는 보청기가 없어요"라고 말했다. 그러자 그린은 "좋습니다, 대통령님. 더 크게 말씀드려서 이 방에 있는 대통령님과 모든 분들이 제가 말하려는 바를 확실히 들을 수 있도록 하겠습니다"라며 목소리를 높였다. 이어 그는 군사력 사용에 가해진 각종 제한 조치에 대해 공개적으로 불만을 표했다. 그의 발언이 시작되자 맥나마라의 표정은 눈에 띄게 굳어졌다. 이어 그린은 롤링 썬더(Rolling Thunder) 작전 강화를 비롯해 북베트남 봉쇄와 하이퐁(Haiphong) 항에 대한 기뢰 부설을 요청했다. 또한 남베트남에서 전쟁에서 승리하려면 최소 5년, 그리고 육군과 해병대 병력 50만 명이 필요하다고 대통령에게 강조했다.[51]

　　그러나 대통령은 그린 장군의 병력 추산을 전혀 고려하지 않은 채, 확전에 대한 두려움을 앞세워 합참의 강경한 조치를 차단하는 데 집중했다. 대통령이 웨스트모어랜드 장군의 요청보다 8만 명이나 많은 해병대 병력 배치를 제안받자, 대통령은 즉각 "그렇게 하면 중국과 소련이 개입하지 않겠는가?"라고 반문했다. 이에 해롤드 존슨(Harold Johnson) 장군이 "그들이 직접 참전할 가능성은 낮습니다"라고 답하자, 대통령은 "맥아더도 그때는 그렇게 생각했었지"라며 반박했다. 훗날 맥조지 번디(McGeorge Bundy)는 1965년 7월 당시의 수기 노트를 회고하며, 대통령이 겉으로는 확전 위험을 강조했지만 실제로는 국내 입법 프로그램을 지키는 데 더 큰 목적이 있었다고 밝혔다.[52]

그린 장군을 제외한 각 군 참모총장들은 개입 확대에 내심 회의적이면서도 공산주의 확산 억제라는 국제적 명분을 우선시하며 반론을 자제했다. 맥도널드 제독은 총력전으로는 승리할 수 없다고 의문을 제기했지만, 미군 철수 시 국제적 신뢰가 무너질 것을 우려해 결국 추가 병력 파병이 불가피하다고 보았다. 그는 군사작전 확대가 "현 상황보다는 좀 더 나은 결과를 가져올 수 있을 것"이라는 소극적 입장을 제시하는 데 그쳤다.[53]

그러나 추가 병력을 어떻게 운용할지, 그러한 작전이 정책 목표 달성에 어떤 실질적 효과를 가져올지에 대해서는 사실상 아무런 논의가 이뤄지지 않았다. 그린 장군은 최후의 수단으로 해안 거점을 활용하는 전략의 재검토를 요청했으나, 이는 '적을 찾아내어 파괴한다'는 웨스트모어랜드 장군의 공격적 전략을 정면으로 부정하는 것으로 받아들여졌고, 결국 논의는 더 이상 이어지지 않았다. 휠러 합참의장은 '자유롭고 독립적인 남베트남 유지'라는 정책 목표를 몇 차례 언급했지만, 군사력을 교착 상태에 맞춰 운용해야 한다는 맥나마라의 제안에 대해서는 별다른 조정이나 이견도 제시하지 않았다.

이와 같이 토론이 깊이 있게 진행되지 않은 점은 오히려 대통령에게 유리하게 작용했다. 당시 공군성 장관 후보 자격으로 회의에 참석했던 해롤드 브라운(Harold Brown)은 대통령은 자신이 이미 내린 결정을 고위 참모들이 공식적으로 지지해 주기를 바라고 있었다고 회상했다.[54] 대통령의 요청을 받은 맥조지 번디(McGeorge Bundy)는 국방부 문민관료들과 합참이 의회에서 맞닥뜨릴 수 있는 반대 논점을 다음과 같이 정리했다.

"지난 10년 동안 우리가 취했던 모든 조치는 사실상 과거의 실패를 딛고 나온 결과였습니다. 하지만 그동안 시도했던 일들은 하나같이 뜻대로 되지 않았고, 결국 우리는 점점 더 깊은 수렁에 빠져들고 말았습니다. 현실을 지나치게 부풀려 말한 것도 있었지만, 그 기대조차 충족시키지 못했습니다. 지난 20년간 아시아에서 전쟁 위험에 대한 경고가 이어졌음에도, 지금 우리는 결국 맥아더 장군이 우려했던 그 상황 속으로 스스로 걸어 들어가고 있습니다."

"우리는 지금 승산 없는 전쟁을 시작하려는 처지에 있습니다. 우리가 돕고자 했던 남베트남조차 의지를 잃고 있으며, 우리는 게릴라전에 대한 준비도 부족한 채 정규군을 그대로 비정규전에 투입하고 있습니다. 앞으로 5년에 걸친 전투에서 얼마나 많은 희생을 감내해야 할까요? 겉으론 군사적 해법을 얘기하고 있지만, 정작 근본적인 해답은 정치적 영역에 있는 것 아닙니까? 왜 우리는 보급로 하나 제대로 차단하지 못하고, 폭격은 왜 효과가 없으며, 해안 봉쇄는 왜 시행되지 않고, 정보 활동은 왜 개선되지 않는지, 그리고 베트콩(Viet Cong)의 위치조차 파악하지 못하는지 답답할 뿐입니다."

번디가 정리한 이 논점들은 개입 반대 논리로서는 매우 설득력 있는 개요였지만, 실제 목적은 토론을 촉진하기 위한 것이 아니었다. 그보다는 대통령이 이미 정해 둔 방향을 지지하고 방어할 수 있도록 합참과 국방부 고위 인사들에게 미리 대비하게 만들려는 의도가 더 컸다.[55] 회의가 끝날 무렵, 대통령은 합참과 참모총장들에게 앞으로도 수많은 비판이 제기될 것이라며, 다가올 어려운 시기에도 자신을 지지해 주길 바란다고 당부했다.[56]

■

맥나마라는 이 회의에서 예산과 동원 문제에 대해서는 거의 언급하지 않았다. 그러나 대통령은 합참이 예비군 동원에 반대하는 결정을 미리 준비하도록 유도하는 듯한 태도를 보였다. 이전과 마찬가지로 존슨은 합참의 동의를 얻는 데 심혈을 기울였다. 그는 전쟁의 실상을 국민에게 그대로 공개할 경우 의회와 여론이 강하게 반발할 것이라며, "평범한 가정의 어머니들까지 거리로 나와 항의할 것"이라고 경고했다. 만약 미국의 개입 확대가 모두 드러나면 반대 여론이 걷잡을 수 없이 커지고, 그 결과 자신이 정치적으로 고립될 수 있다는 우려를 노골적으로 드러낸 것이다.[57]

초기에는 예비군 동원을 지지했던 맥나마라도 이 시점부터는 대통령에게 동원 계획을 추진하지 않겠다고 밝혔다.[58] 그러나 곧 대통령의 뜻에 맞추려는 압박에 휘말려, 합참에는 예비군 동원을 전제로 계획을 계속 마련하도록 하면서도 정작 대통령에게는 "예비군 없이도 전쟁을 치를 수 있다"고 단언하는 이중적 태도를 보였다.[59]

1965년 7월 23일 금요일 밤, 대통령의 국내 정치적 우선순위가 베트남 작전계획보다 우선한다는 사실을 명확히 보여주는 사건이 발생했다. 그날 밤, 그린 장군은 폴 니체(Paul Nitze)와 함께 해군성 장관 집무실에서 회동했다. 니체는 방금 국방부 장관에게서 새로운 지시를 받았다며 대통령이 확전에 따른 정치적 소음을 최소화하라는 명령을 내렸다고 전했다. 합참이 새로운 전투력 운용에 필요하다고 추산한 금액은 127억 달러였지만, 행정부는 이미 편성된 1966 회계연도 국방예산 중 10억 달러만으로 이를 충당하겠다는 계획이었다. 또한 예비군의 동원도 하지 않기로 방침을 정했다. 그린 장군은 제1해병사단과 항공단의 남베트남 파병 계획을 세우되, 파병으로 인해 발생하는 전략 예비 전력 공백을 메울 추가 병력은 없을 것이라는 지시를 받았다. 이에 충격을 받은 그린 장군은, 제1해병사단과 항공단이 파병될 경우 미국 본토에 전략적 예비 전력이 전혀 남지 않게 된다고 경고했다. 그러나 맥나마라는 이미 이런 반론을 예상하고 있었고, 니체에게 "시스템 분석가들의 평가에 따르면 제4해병사단(예비군)은 기존의 90일이 아닌, 2주 이내에 동원 가능하다"고 설명했다. 그린 장군은 이 주장을 믿기 어렵다며 즉각 반발했다. 남베트남의 위기를 사실상 전면전으로 확대할 기로에 놓인 상황에서 이 같은 방침은 중대한 오판이라고 지적했다. 그는 예비군을 조속히 동원하고 의회에 추가 예산을 정면으로 요청해야 한다고 주장했다.[60]

니체는 이번에 이렇게 조심스러운 결정을 내린 이유가 중국이나 소련을 자극할 수 있다는 우려 때문이라고 설명했다. 그러나 그린 장군은 실제로는 이러한 조치의 핵심 목적이 해외가 아니라 국내에서 발생할 정치적 반발을 최소화하려는 데 있다는 사실을 이미 간파하고 있었다. 마지막으로 니체는 다음 날 오전 7시 30분까지 대통령의 결정을 실행할 수 있는 구체적인 작전계획을 마련해 오라고 지시했다.[61]

7월 24일 토요일 정오, 참모총장들과 합참이 참석한 회의에서 맥나마라는 웨스트모어랜드 장군의 요청을 충족시키기 위한 구체적 실행 계획을 설명했다. 이 계획에는 예비군 동원 없이 진행한다는 내용과 필요한 예산 역시 의회에 추가로 요청하지 않는다는 방침이 포함되어 있었다. 예비군 동원, 현역병 복무 기간 연장, 추가 예산 확보 등은 모두 의회의 입법 절차를 필요로 했기 때문에 계획안에서 제외된 것이다. 대통령은 모든 추가 예산 요청을 1966년 1월까지 미루고, 그때조차도 필요한 예산의 절반 규모만 제출할 예정이었다.[62] 맥나마라는 합참에게 이번 계획의 목적이 중국과 소련의 정치적 반발, 즉 국제적 잡음을 줄이기 위한 조치라고 설명했다. 그러나 맥도널드 제독은 즉각 이의를 제기했다. 이 결정의 실제 목적이 국제적 반응을 의식한 조치라기보다는 국내 정치적 논란을 피하기 위한 것임을 지적했다. 맥나마라는 미소를 지으며 예비군 동원이 촉발할 국내적 파장이 매우 크다는 점을 인정했다. 이어 확전 위험을 과도하게 강조했던 태도를 다소 누그러뜨리며, 의회에서 격렬한 논쟁이 벌어질 경우 오히려 공산권에 미국의 결의에 대해 잘못된 신호를 줄 수 있다고 우려했다.[63] 30년이 지난 후, 맥나마라는 대통령이 위대한 사회(Great

Society) 정책을 보호하기 위해 베트남 개입의 실제 비용과 규모를 의도적으로 축소하고 숨기려 했음을 인정했다.[64]

반대 의견을 미리 차단하기 위해, 맥나마라는 합참에 앞으로 더 강경하게 대응하겠다고 약속하며 각 군의 이해관계도 고려하겠다고 강조했다. 과거 합참의 권고를 거절했던 사례를 들며, 대통령이 예비군 동원 거부 결정을 추후 다시 검토할 여지도 있다고 덧붙였다. 이어 1966년에 해병대 파병 규모가 확대되고 총병력 상한이 해제된다면, 그린 장군 역시 이번 배치 계획을 지지할 의향이 있는지 물었다. 그린 장군은 이전과 마찬가지로 해병대에 유리한 후속 조치가 뒤따른다면 행정부의 입장을 수용할 수 있다고 답했다.[65]

해롤드 존슨(Harold Johnson) 장군 역시 이번 결정이 육군과 전쟁 모두에 재앙이 될 수 있음을 알면서도 대통령의 방침을 따랐다. 그는 대통령이 위대한 사회(Great Society) 정책 통과를 최우선에 두고, 전쟁 비용을 최소한의 재정 부담으로 유지하려 했던 이유도 알고 있었다. 그러나 그는 당시 회의석상에서 아무 말도 잇지 못했다고 회상했다. 그가 할 수 있었던 유일한 말은 "이 결정으로 인해 육군의 수준이 지금으로서는 예측할 수 없을 만큼 떨어질 것입니다"라는 경고뿐이었다. 수년 뒤, 그는 '내 역할이 대체 무엇이었는가? 나는 그냥 민간인이 통제하는 군대에서 명령만 따르는 군인일 뿐이다. 내가 사임한다고 뭐가 달라질까? 그저 48시간 동안 언론에 보도되다 사라지는 불만 많은 장군이 되겠지'라며 스스로에게 물었다고 한다. 그는 평시의 관행을 유지한 채 전쟁을 수행하는 것이 도덕적으로 용납되기 어려운 일이라는 점을 인정했다. 또한 그들 스스로 설정한 제약이 실제로 이루고자 했던 목표보다 훨씬 지나치게 엄격했다고 돌아봤다. 그럼에도 그는 끝내 사임이나 공개적 저항이라는 선택을 하지 않았다. 대통령의 지명으로 예상치 못하게 지휘권을 맡게 되어 차라리 남아 상황을 수습하고 가능한 한 최선을 다해 싸워야 한다고 결심했다.[66] 그러나 결과적으로 그는 약화되고 붕괴해 가는 육군을 관리하는 장군이 되었고, 그 시작점은 대통령의 예비군 동원 거부 결정이었다.[67]

이 결정 앞에서 아무런 행동도 하지 않았다는 사실은 이후 평생 동안 그를 괴롭혔다.

■

한편 대통령은 합참에게 단순한 추인 이상의 역할을 기대하고 있었다. 특히 휠러 합참의장에게는 적극적인 협력을 요구했다. 그는 휠러 의장의 지지를 발판 삼아 의회를 기만하고, 베트남 개입의 성격과 비용에 대해 국민과 의회가 실제보다 온건하게 받아들이도록 유도하려 했다. 대통령이 대중에게 전하려는 메시지와 현장의 현실 사이의 괴리는 상당히 컸으며, 만약 결단력 있는 장군이 공개적으로 반대 목소리를 냈다면 존슨 행정부는 큰 위기에 직면했을 것이다.

1965년 7월 27일 저녁, 대통령은 자신의 결정을 대중에 발표하기에 앞서 NSC와 의회 주요 인사들을 상대로 마지막 설득에 나섰다. NSC 회의에서 그는 다섯 가지 선택지를 제시했다.

1. 전략공군사령부를 포함한 우리의 막강한 힘을 투입해 적을 무릎 꿇게 만든다. 그러나 이 방안을 지지하는 국민은 10%도 되지 않는다.

2. "더 이상 그곳에 있을 이유가 없다"는 명분으로 철수를 선택할 수도 있다. 그러나 이를 지지하는 사람은 많지 않다. 대부분은 나라의 명예와 그곳에서 한 약속을 중요하게 생각한다. 아이젠하워, 케네디, 그리고 나, 우리 모두가 그 약속을 했다.

3. 병력을 약 8만 명으로 유지하되, 하지만 이 경우 더 많은 영토를 잃고 더 큰 사상자를 감수해야 할 것이다. "당신 아들이

그곳에 있는데, 도움을 요청해도 오지 않는 상황을 원하겠는
가?"

4. 예산, 예비군 소집 권한, 추가 전투 대대 배치 승인을 모두 의
   회에 요청할 수 있다. 이는 비상사태 선포와 수십억 달러 규
   모의 추가 자금 조달을 수반하게 될 것이다. 많은 사람들이
   이 방안을 지지할 수도 있지만, 이렇게 전면적으로 나서면 하
   노이(Hanoi)는 중국과 소련에 더 많은 지원을 요청할 명분을
   얻게 된다. 나는 이런 극단적인 조치로 긴장을 높이고 싶지는
   않다. 우리는 자극적인 방법을 쓰지 않아도 국민의 지지를 얻
   을 수 있다고 본다.

5. 현재 상황을 통제할 수 있을 만큼만 필요한 조치를 취하되,
   러시아나 중국 공산당을 불필요하게 자극하지 않는다. 지휘
   관들이 필요하다고 판단하는 병력을 제공하고 필요한 예산
   은 새로운 예산안에 포함시키며, 그 전까지는 기존 예산을 최
   대한 활용한다. 우리가 하고 있는 일을 대대적으로 홍보하지
   도, 중국이나 러시아를 향해 도발적인 언사를 사용하지도 않
   을 것이다.

대통령은 1월까지 현 상태를 그대로 유지하겠다고 선언했다. 그는 예
비군 동원을 극적이며 불필요하게 도발적인 조치로 규정하고, 자신이 선
택한 노선이 외교적 해결 가능성을 더 높일 것이라고 주장했다. 이어 이
방안에 반대하는 사람이 있는지 물었으나, 휠러 합참의장을 포함해 누구
도 입을 열지 않았다.[68] 불과 10분 뒤 열린 상·하원 지도부 회의에서도
대통령은 휠러 장군의 침묵을 자신에 대한 묵시적 지지로 간주하며 더욱
의존하게 되었다.
의원들과의 회의에서 대통령과 맥나마라는 웨스트모어랜드 장군의 병

력 요청 규모를 축소해 보고했으며, 필요한 예산 역시 실제보다 약 100억 달러가량 낮춰 제시했다. 또한 군사적 관점에서 예비군 동원은 불필요할 뿐 아니라 바람직하지도 않다고 강조했다.[69] 맥나마라는 웨스트모어랜드 장군이 연말까지 남베트남에 배치해 달라고 요청한 10만 명의 병력 중 절반만을 언급했다. 레슬리 아렌즈(Leslie Arends) 하원 공화당 원내총무가 정확한 필요 병력 규모를 묻자, 그는 "요구를 충족할 수 있을 만큼"이라는 모호한 표현으로 답을 피했다. 이어 즉각 투입이 가능한 전력으로 13개 대대, 약 5만 명을 거론하며 결정만 내려지면 바로 파병할 수 있다고 덧붙였다.[70] 비록 초기에는 예비군 동원을 지지했던 맥나마라였지만, 이후에는 예비군을 '소모성 자산'으로 규정하며 비효율적이라고 평가했다. 그는 향후 병력 배치에 필요할 비용을 약 100억~120억 달러로 추산했으나, 대통령은 당분간은 기존 재정 범위 내에서 감당할 수 있다는 취지로 이를 일축했다.[71] 이에 더크슨 상원 공화당 원내대표가 "필요하다면 예산을 요청해야 하지 않겠느냐?"고 묻자, 대통령은 위대한 사회(Great Society) 법안이 통과된 이후인 다음 해 1월까지 예산 요청을 미룰 방침임을 밝혔다. 그러면서도 수십억 달러 규모의 추가 예산이 필요할 경우 이를 확보할 가능성을 암시적으로 내비쳤다.[72]

웨스트모어랜드 장군의 병력 요청 규모를 대폭 축소하고 전쟁 비용을 의도적으로 축소했음에도 불구하고, 대통령은 잠재적 반대 여론을 누그러뜨리기 위해 병사들과 지휘관에 대한 적극 지지를 호소했다. 그는 의원들에게 "웨스티(웨스트모어랜드의 애칭)가 지원을 원하니, 나 역시 그를 지원하는 것"이라고 말했다.[73]

맥나마라는 특유의 설득력 있는 화법으로 분위기를 장악했다. 그는 청중이 듣고자 하는 메시지를 기민하게 파악해 말을 이어 나갔고, 미국 병사들이 실제 전투에 직접 참여하지 않고 있다는 거짓말도 서슴지 않았다. 또한 이번 개입이 '약한 동맹을 대신한 일방적 개입'이 아니라는 점을 강조하며 의원들의 우려를 완화하려 했다. 헤일 보그스(Hale Boggs) 하원 민주당 원내총무가 남베트남군의 의지에 대해 질문하자, 그는 "남베트남군은 여전히 싸울 의지를 보이고 있으며, 심각한 피해에도 불구하고 전투 의지를 유지하고 있다”고 답했다. 이 과정에서 휠러 합참의장은 아무런 반박도 하지 않았다. 그의 침묵은 결국 대통령과 맥나마라의 발언에 대한 암묵적 동의로 받아들여졌다.[74]

대통령과 맥나마라의 전략은 성공적이었다. 상원의원 맨스필드를 제외하면 회의에 참석한 의원들 중 베트남 개입에 공개적으로 이의를 제기한 사람은 없었다. 하원의장 존 맥코맥(John McCormack)은 “군 당국이 더 많은 병력을 필요로 한다면, 우리 역시 그 결정을 따라야 한다”고 말하며 회의를 마무리했다. 그는 이 회의를 ‘역사적인 회의’라고 평가하면서, 대통령이 의회의 단합된 지지는 물론 국민적 지지도 얻게 될 것이라고 강조했다.[75] 의회 지도부가 자리를 뜬 뒤 이어진 대통령과의 짧은 회동에서 맥나마라는 존슨 대통령에게 자신감 넘치는 모습으로 자신은 상·하원 의원들을 다루는 방식에 대해 확신을 갖고 있다고 말했다.[76]

■

7월 28일, 미국의 베트남 개입 확대를 공식 발표하기 불과 90분 전, 대통령은 국방예산 절감 포상 행사에서 연설을 시작했다. 그는 자신과 맥나마라 사이의 깊은 신뢰를 강조하며 이렇게 말했다.

“이 부처(국방부)에서 그 누구보다도 내가 가장 깊은 애정과 존경을 보내는 인물은 바로 국방부 장관 밥 맥나마라입니다. 그는 나라에 봉사하기 위해 자신의 취미나 즐거움, 수십만 달러의 연봉, 그리고 앞으로 얻게 될 수많은 기회까지도 모두 내려놓았습니다. 언제나 성실하고 뛰어난 능력으로 국가를 위해 헌신해 왔죠. 혹여 실수가 있었다 하더라도, 그것은 마음이 아니라 머리에서 비롯된 실수였습니다.”

대통령은 정부 예산 절감에 기여한 국방부 직원들에게 상을 수여한 뒤, 휠러 합참의장에게 경의를 표하며 연설을 마무리했다.

"합참의장인 휠러 장군께서 내가 대통령이 된 이후로 늘 현명한 조언을 해주신 데 대해 이 자리를 빌려 감사의 말씀을 전하고 싶습니다. 합참의 이름을 빛낸 다른 존경받는 이들이 많지만, 지금 합참의장직을 맡고 있는 휠러 장군만큼 위대하고 깊은 지혜와 통찰을 보여준 이는 없다고 생각합니다. 저는 매일 밤 잠자리에 들 때마다 휠러 장군이 있다는 사실 덕분에 마음이 놓이고, 한결 편안하게 잠들 수 있습니다."[77]

이처럼 대통령은 의회와 국민을 기만하는 과정에 협력한 이들을 공개적으로 치하하고 나서 백악관 기자회견장으로 향했다.

오후 12시 30분이 조금 지난 시각, 텔레비전 시청률이 가장 낮은 시간대에 존슨 대통령은 백악관 이스트룸에 모습을 드러내며, "나는 웨스트모어랜드 장군에게 이렇게 거세지는 침략을 막기 위해 무엇이 더 필요한지 물었고, 그는 그 답을 내게 전했습니다. 우리는 그 요구를 반드시 충족시킬 것입니다"라고 발표했다. 그는 이번 증원이 미군 병력을 7만 5천 명에서 12만 5천 명으로 확대하는 조치임을 설명하고, 앞으로 추가 병력이 필요할 경우 즉시 파병하겠다고 덧붙였다. 그러나 이미 파병된 병력들이 실제 전투에 투입되고 있다는 사실은 부인했다. 이어 자신의 정책을 의심하는 것은 곧 그곳의 병사들을 버리는 일과 다름없다는 점을 암시하며 지지를 호소했다. 또한 이번 결정이 아이젠하워와 케네디 시절의 정책 기조와도 일관된 것이라며, 이번 발표가 정책의 근본적 변화가 아님을 강조했다. 또 행정부가 법적 권한을 넘어선 적이 없고, 의회와도 투명하게 소통해 왔다고 주장했다.

대통령은 전쟁의 잠재적 비용과 파급 효과를 의도적으로 축소하면서, 자신이 취한 '절제된 접근법'이 폭탄이 아닌 대화를 통해 해결책을 모색하게 만들 것이라고 강조했다. 또한 북베트남의 병력 증강 가능성에 대해서는 타국의 반응을 성급히 예단하지 않겠다고 했으며, 전쟁의 지속 기간 역시 섣불리 예언하거나 단정 짓지 않겠다는 입장을 밝혔다. 마지막으로 그는 7월 말 진행된 일련의 회의들이 충분한 숙고와 심사 끝에 이루어진 결정이라는 인상을 주기 위해 그간의 과정을 강조했다. 그는 많은 이들이 조언을 해주었다며, 지난 한 주간의 심사숙고 끝에 대동원은 불필요하다는 결론에 도달했다고 밝혔다.

■

이로써 미국의 베트남 개입은 한층 더 심화되었고, 그 실제 성격과 대통령이 국민과 의회, 심지어 행정부 내부에 전달한 설명 사이의 간극은 점점 더 벌어졌다. 결국 존슨 대통령은 맥나마라와 합참과 함께 미국이 베트남에서 맞이하게 될 장기적 재앙의 무대를 스스로 마련하고 있었던 셈이었다.

에필로그

1963년부터 1965년 사이에 이루어진 베트남 전쟁의 미국화(Americanization)는 독특한 성향을 지닌 개인들과 당시의 시대적 조건이 서로 맞물린 결과였다. 미국의 군사 개입 확대는 여러 사건이 복잡하게 얽히고, 다층적인 의사 결정 구조 속에서 진행되면서 베트남 전쟁은 점차 미국이 사실상 주도하는 전쟁으로 변모해 갔다.

기존 연구들은 흔히 '냉전 사고방식'이 린든 B. 존슨(Lyndon B. Johnson) 대통령에게 극심한 압박을 가해 전쟁의 미국화를 피할 수 없게 만들었다고 지적해 왔다.[1] 공산주의 확산을 저지해야 한다는 이념적 당위성은 분명 베트남 정책의 핵심 요소였으나, 미국의 개입 과정과 전쟁 수행 방식이 불가피했던 것은 아니다. 미국이 베트남 전쟁에 발을 들여놓은 방식은 그 자체로 역사상 이례적이었다. 이는 거대한 냉전 이데올로기의 소용돌이에 휘말려 억제로 떠안은 전쟁이라기보다는 고양이 발걸음처럼 은밀하게 스며든 전쟁이었다.

1963년 11월부터 1965년 7월까지 존슨 대통령은 연달아 중대한 결정을 내렸음에도 본격적인 전쟁으로 향하고 있다는 사실을 명확히 인식하지 못하고 있었다. 그가 내린 결정과 그 방식을 보면 이후 미국의 베트남 전쟁 수행 방향에 얼마나 큰 영향을 미쳤는지 알 수 있다. 물론 공산주의 확산에 대한 강박, 관료적 구조, 제도적 우선순위 같은 비인격적 요인들도 그의 판단에 일정한 제약을 가했다. 그러나 베트남과 관련된 핵심 결정들의 방향을 결정짓는 데 가장 중요한 역할을 한 것은 대통령 개인의 성격, 동기, 그리고 핵심 참모들과의 관계였다.

■

기존 연구들은 미국의 베트남 개입이 어떻게 확대되었는지에는 많은 관심을 기울였지만, 정작 존슨 대통령의 베트남 접근 방식을 형성하고 점진적 개입의 기반이 된 핵심 사건들에는 그리 많은 관심을 기울이지 않았다. 미국의 개입 확대를 이끄는 결정적 전환점은 응오딘디엠(Ngo Dinh Diem)과 존 F. 케네디(John F. Kennedy)가 거의 같은 시기에 암살된 사건이었다. 케네디 행정부가 남긴 유산은 두 가지였다. 하나는 공산 반란에 대응하기 위한 실험적 정책으로서 남베트남 개입을 확대해 놓았다는 점이고, 다른 하나는 군 수뇌부에 대한 깊은 불신이었다. 이러한 불신은 행정부의 방침에 말을 잘 들을 것 같은 장교들을 주요 직위에 앉히는 인사 방식으로 나타났다.

1963년 11월 이후 미국은 이전과 전혀 다른 양상의 남베트남 전쟁을 마주하게 된다. 미국은 디엠(Diem)과 그 형제 누(Nhu)의 정권을 전복시키는 데 관여했으며, 이들의 죽음을 사실상 방조함으로써 새롭게 등장한 남베트남 지도자들에 대한 책임까지 떠안게 됐다. 동시에 베트콩(Viet Cong)의 활동이 더욱 거세지면서 단순한 군사 자문이나 지원만으로는 더 이상 상황을 통제할 수 없다는 판단이 행정부 내에서 확산되었다. 결국 미국은 보다 직접적인 개입이 불가피하다는 결론에 도달하게 된다. 이후 1964년 봄, 존슨 행정부는 베트남 전략의 근간으로 '점진적 압박(Graduated Pressure)'을 채택했다. 이 전략은 맥스웰 테일러(Maxwell Taylor)가 내세운 '유연한 대응(Flexible Response)'이라는 국가안보 구상에서 출발한 것이었다. 점진적 압박은 이후 1년 동안 구체화되며, 남베트남의 독립을 유지하기 위해 미국이 군사 개입을 본격적으로 주도하는 청사진으로 자리 잡았다. 그리고 1964년 8월 통킹만(Tonkin Gulf) 사건이 발생하자 이에 대한 대응으로 미국은 북베트남을 상대로 본격적인 군사 행동에 나섰다.

통킹만(Tonkin Gulf) 결의안은 대통령에게 사실상 전쟁을 확대할 수 있는 백지수표를 쥐여 준 셈이었다. 겉으로는 잠잠해 보였던 1964년 9월부터 1965년 2월까지, 이른바 '현상 유지 기간(Holding Period)' 동안 존슨 대통령은 국내 정치 현안에 집중했고, 맥나마라 국방부 장관은 행정부 내부에서 '점진적 압박(Graduated Pressure)' 전략에 대한 합의를 공고히 다져 나갔다. 1965년 초가 되면서 대통령은 미국의 개입 수위를 한 단계 더 끌어올렸다. 2월 9일, 북베트남의 주요 표적을 겨냥한 조직적·제한적 공습 프로그램의 시작을 승인했고, 이어 2월 26일에는 미 지상군의 남베트남 파병을 승인했다. 이어 3월에는 미 지상군에 "베트콩(Viet Cong)을 사살하라"는 명령을 비밀리에 전달하기도 했다. 이렇게 단계적으로 내려진 각각의 결정들은 그 자체만 놓고 보면 뚜렷한 '전쟁 개시'의 신호로 보이지 않을 수 있지만, 이 모든 요인이 모여 미국의 베트남 개입이 본격적으로 시작된 중대한 분기점이 되었다.

∎

이러한 일련의 결정들을 모두 종합해 보면, 마치 존슨 행정부가 전쟁을 치르기를 명확히 결심한 것처럼 보이기도 한다. 그러나 실제로 존슨 대통령은 베트남에서 전쟁을 벌일 의사도, 구체적인 계획도 갖고 있지 않았다. 그는 이미 1964년 5월 무렵부터 군사 행동이 미국에 막대한 부담만 안길 뿐 성공 가능성은 낮다는 점을 인지하고 있었다. 당시 그는 국가안보보좌관 맥조지 번디(McGeorge Bundy)에게 "이건 또 하나의 한국 전쟁이 될 것 같아. 정말 걱정되네. 우리가 이 일에서 뭘 얻을 수 있을지 도무지 알 수가 없네"라며 속내를 털어놓기도 했다. 그리고 "내가 본 것 중에 가장 지독한 엉망진창이야. 전쟁에 휘말리는 건 쉽지만, 일단 휘말리면 빠져나오는 건 훨씬 더 어려울 거야"라고 말을 덧붙였다.[3] 존슨 대통령은 베트남 정세가 점차 자신에게 중대한 결단을 요구하고 있으며, 머지않아 피할 수 없는 선택의 순간이 다가오고 있다는 사실을 분명히 인식하고 있었다. 그럼에도 그는 '전쟁'이나 '철수'라는 명확한 선택지 중 어느 쪽도 쉽게 택하지 못한 채 결정을 미루거나 흐리려 했다. 하지만 이후 몇 달 동안 그가 내린 결정들은 하나같이 미국을 더욱 깊이 전쟁으로 끌어들였고, 정작 존슨 본인조차 그 흐름을 명확히 자각하지 못했다는 점은 아이러니했다.

이처럼 대통령의 단기적인 정치적 계산, 개인적 성향, 그리고 주요 보좌관들의 성격까지 얽히면서 존슨 행정부는 베트남이라는 다층적 문제에 제대로 대응하지 못하는 구조 속으로 점점 빠져들었다. 존슨 대통령의 자문 체계는 합의 도출과 정보 유출 차단을 최우선으로 두고 설계되어 있었고, 늘 불안감을 안고 있었기에 가까운 민간 핵심 참모들을 제외하고는 쉽게 신뢰하지 않았다. 그래서 합동참모본부에 대해서는 늘 경계심을 가졌고, 베트남에서 군사적 결단이 더 필요해 보일 때도 군의 조언보다는 민간 고문들에게 둘러싸인 채 결정을 늦추거나 미루는 방안을 찾으려 했다. 그 결과 대통령, 국방부 장관, 그리고 합참 사이에는 뒤틀린 관계가 자리 잡게 되었다. 즉, 국가가 전쟁에 들어섰는데도 정작 군사 문제를 공식적으로 조언해야 할 합참의 실질적인 의견 없이 정책이 추진되는 기형적 상황이 만들어진 것이다.

∎

1964년, 당시 존슨 대통령이 무엇보다 두려워했던 것은 대선에서의 패배였다. 그는 베트남 사태가 자신의 재선에 치명적인 악영향을 미칠 수 있는 위험한 정치적 변수라고 판단했다. 대선 이후에는 미국의 베트남 개입이 자신의 주력 입법 과제인 위대한 사회(Great Society) 정책이 의회에서 좌초될 가능성을 우려했다. 위대한 사회(Great Society)는 존슨 대통령이 꼭 남기고자 했던 가장 중요한 국내 정치적 유산이었고, 그가 실패를 절대 용납할 수 없었던 부분이기도 했다. 이런 맥락에서 맥나마라 국방부 장관이 제안한 전략은 대통령의 정치적 우선순위를 철저히 보완하는 방향으로 짜였다. 그의 구상은 우선 대선에서 승리를 확보하고, 이후 위대한 사회(Great Society) 입법이 순조롭게 통과될 수 있도록 베트남 문제를 가능한 한 조용히 관리하는 데 초점이 맞춰져 있었다. 핵심은 베트남에서 드러나는 비용과 부담을 최대한 숨기고, 국민과 의회의 주목을 피하면서 위기를 관리하는 전략이었다. 맥나마라가 구상한 점진적 압박(Graduated Pressure) 전략도 이러한 정치적 필요에서 탄생했다. 이 방식은 대통령이 베트남에서 명확한 패배를 피하게 만들면서도 결정적 국면을 계속 뒤로 미루도록 해주었고, 전쟁 문제를 즉각적인 국민적 논란으로 비화시키는 일을 상당 부분 차단해 주었다.

맥나마라는 자신이 대통령의 요구를 충분히 충족시킬 수 있다고 확신했다. 그는 냉전기 핵전략과 국제정치 환경 속에서 기존의 전통적 군사 사고방식이 오히려 위험하며 시대에 뒤처져 있다고 보았다. 이에 국방부의 시스템 분석가들과 국무부의 민간 전문가들을 중심으로 자신만의 베트남 전략을 마련했다. 특히 쿠바 미사일 위기에서 얻은 개인적 성공 경험은 그에게 강한 자신감을 주었고, 그는 그 접근 방식을 베트남에도 동일하게 적용할 수 있다고 믿었다. 그의 판단은 명확했다. 군사적 조치를 통제 가능한 범위 안에서 제한적으로 수행한다면 언제든 방향을 바꿀 수 있으며, 그만큼 비용과 위험도 최소화할 수 있다는 것이었다. 점진적 압박 전략은 바로 이런 믿음 위에서 탄생한 것으로, 전면전의 위험을 감수하지 않으면서도 전쟁 자체를 통제할 수 있는 방법이었다.

존슨 대통령과 맥나마라는 북베트남 공격 결정을 여러 선택지 중 하나처럼 보이도록 포장했다. 점진적 압박 전략은 군사 행동을 하나의 의사소통 수단으로 규정하며, 그 목적을 적의 이해관계를 조정하거나 특정 행동을 포기하게 만드는 데 두고 있었다. 그러나 폭격 대상이던 베트콩(Viet Cong)은 고정된 군사 기반 시설이 거의 없었고, 기동성도 뛰어났으며, 정치적·군사적 기반 역시 남베트남 내부에 깊게 자리 잡고 있었다. 이런 조건에서 북베트남을 폭격한다고 해도 실질적 효과를 기대하긴 어려웠다. 그럼에도 맥나마라와 그의 참모들은 병력과 물자가 북쪽에서 남쪽으로 침투하고 있다는 근거만으로 적의 힘의 중심이 17도선 북쪽, 하노이(Hanoi)에 있다고 주장했다. 그러나 이 역시 남베트남 내부 사정을 깊이 있게 살펴본 결과라기보다 그들이 이미 설정해 둔 전략적 틀에서 비롯된 정의에 가까웠다. 결과적으로 그 판단은 오판이었다.

점진적 압박 전략에는 더 심각한 문제가 있었다. 이 전략은 전쟁이 본질적으로 지닌 불확실성, 그리고 '죽음과 파괴'를 수반하는 군사적 조치가 사람들에게 야기하는 예측 불가능한 심리를 고려하지 않았다. 북베트남이 미국의 군사 조치를 받아들인 방식은 미국이 기대한 외교적 신호가 아니라, 본격적인 전면전의 개시로 인식되는 것이었다. 실제 전쟁은 인명 피해를 동반하고, 그 과정에서 발생하는 인간의 감정과 반응은 시스템 분석이나 계산 모델만으로는 결코 파악할 수 없다. 미국이 통킹만(Tonkin Gulf) 사건에 대한 보복 공습으로 전쟁의 문턱을 넘어선 순간, 이후의 전개는 더 이상 워싱턴의 결정만으로 통제될 수 없게 되었다. 적의 새로운 대응, 그리고 그에 담긴 예측할 수 없는 요소들이 앞으로의 판도를 좌우하게 된 것이다. 그러나 맥나마라는 전쟁 자체를 일종의 경영 과제처럼 다뤘다. 그는 합리적 판단과 이성적 계산만으로 전쟁의 흐름을 관리할 수 있다고 믿었고, 미국이 언제, 어디서, 얼마나 군사력을 투입해야 원하는 결과를 얻을 수 있는지 정밀하게 예측할 수 있다고 확신했다. 심지어 지구 반대편에서 벌어지는 군사작전조차 자신이 충분히 통제할 수 있다고 여겼다. 하지만 이미 많은 이들은 점진적 압박 전략이 북베트남의 의지를 꺾기는커녕, 오히려 전쟁을 더 확대할 위험이 있다고 경고하고 있었다. 또 일부는 남베트남에서의 전쟁을 유리하게 이끌기 위해 북베트남을 폭격하는 방식의 효용 자체에 강한 의문을 제기했다. 그럼에도 맥나마라는 자신의 권고가 초래할 결과에 대해 충분히 고찰하지 않았고, 전쟁이 지닌 인간적, 심리적, 정치적 복합성은 외면한 채 자신의 전략을 고집스럽게 밀어붙였다.

■

합참 역시 점진적 압박 전략의 근본적 결함을 알고 있었지만, 이를 공개적으로 반박하거나 대안을 제시하지는 못했다. 가장 큰 이유는 각 군 간의 치열한 경쟁이었다. 각 군 참모총장들이 자군(自軍)의 이해관계를 우선한 것은 어느 정도 이해할 수 있지만, 법적으로 그들은 대통령에게 최선의 군사적 조언을 제공해야 할 책임이 있었다. 그러나 실제로는 이 책무를 제대로 수행하지 못했고, 복잡한 상황을 종합적으로 판단하기보다는 자군(自軍) 중심의 관점에서 해결책을 제시하는 데 그쳤다. 그 결과 전략적 사고가 마비 하였고, 전체 전쟁 구도에 대한 균형 잡힌 평가를 내리지 못했다.

합참은 자신들이 정책 결정 과정에서 실질적 영향력을 거의 행사하지 못한다는 사실이 분명해졌음에도 불구하고, 맥나마라의 접근 방식에 직접 이의를 제기하지 않았다. 대신 이미 정해진 전략의 틀 안에서 움직이며, 점차 더 강경한 방향으로 정책을 바꾸려는 데 집중했다. 하지만 점진적 압박 전략을 대체할 구체적 대안을 마련하지 못한 채, 전쟁 수행 방식 그 자체에만 몰두했다. 그러다 보니 전략 자체를 재고하기 보다는 단계적 확대가 계속되면 이 전략이 자신들이 원하는 방향으로 이끌어 줄 수 있을 것이라는 막연한 기대만 커져갔다. 이에 합참은 전쟁 확대가 본격화되던 결정적 시기에도 사실상 점진적 압박 전략에 동의하는 위치에 서게 되었고, 스스로 필요하다고 판단한 병력 규모조차 적극적으로 대통령에게 건의하지 않았다. 결국 성공 가능성이 낮고 전략적 실효성도 부족한 대규모 개입을 장기간 수용하는 결과를 낳았다.

■

그러나 맥나마라와 존슨 대통령은 합참의 이러한 태도에 대해 특별히 실망감을 드러내지 않았다. 대통령에게는 국내 현안이 무엇보다 우선이었고, 이에 어긋나는 군사적 조언은 정치적으로 고려할 가치가 없다고 판단했기 때문이다. 반면 맥나마라와 국방부 문민관료들은 본인들의 지성과 분석 능력만으로 군사 경험의 부족을 충분히 보완할 수 있다고 생각했다. 오히려 군사 경험에 과도하게 의존할 경우 시야가 좁아지고 전쟁에 대한 구시대적 관념에 갇힌 조언이 나오기 쉽다고 경계했다. 이들은 지난 15년간 급격히 변화한 지정학적 환경과 기술 발전을 고려할 때, 단순히 과거의 전투 경험을 기준으로 한 조언은 무의미할 뿐 아니라 위험할 수 있다고 확신했다. 이처럼 군사 경험과 역사적 선례를 가볍게 여기다 보니 맥나마라는 결국 국방부 내부 문민관료들 외에는 의지할 만한 조언자를 사실상 갖지 못했다. 그 결과 그는 자신이 겪은 유일한 실전 경험인 쿠바 미사일 위기를 베트남 정책의 주요 교훈으로 삼게 된다.

한편, 존슨 대통령과 맥나마라는 미국의 베트남 군사 개입을 점진적으로 확대하면서도 합참이 독자적인 견해를 효과적으로 전달할 수 있는 제도적 구조는 사실상 존재하지 않았다. 합참의장조차 이런 역할을 충분히 수행하지 못했고, 국가안전보장회의(NSC) 역시 형식적 절차에 그쳤다. 대통령은 이미 내린 결정을 정당화하는 데 도움이 되는 형식적 합의에 더 큰 관심을 보였다. 존슨 대통령은 케네디 시절의 방식을 이어받아 가장 신뢰하는 소수의 핵심 참모들과 비공식적으로 논의하는 것을 선호했고, 실제로 매주 화요일 점심 모임에서 주요 결정이 내려졌다. 정기적으로 참석한 인물은 러스크, 맥조지 번디(McGeorge Bundy), 그리고 맥나마라였다. 대통령과 맥나마라는 실질적인 전략 수립의 권한을 합참이 아닌, 민간 분석가와 변호사들로 구성된 임시 위원회에 위임했다. 이 위원회의 주된 목표는 존슨 대통령이 바랐던 전쟁과 철수 사이의 중간 지대를 찾는 합의안을 마련하는 것이었다. 이들이 제출한 제안들은 마치 모든 부처가 동의한 것처럼 포장되어 실제보다 더 큰 신뢰를 얻게 되었고, 이는 반대 의견 제기를 어렵게 만드는 분위기를 형성했다. 맥나마라와 존슨 대통령은 합참으로부터 자신들이 원하는 결론을 얻기 위해 합참에 질문할 때 조건과 제한을 두어 답변 방향을 의도적으로 유도했다. 합참의 견해가 맥나마라의 권고와 다를 경우, 맥나마라는 합참의장과 협의해 NSC 회의에서 합참 입장을 왜곡하거나 사실과 다르게 보고하기도 했다.

맥나마라와 존슨 대통령이 합참으로부터 이끌어낸 것은 실질적인 군사적 조언이 아니라, 이미 내려진 결정을 사실상 묵인하는 침묵에 가까운 동의였다. 행정부는 합참을 정책 결정의 주변부로 밀어내면서도 겉보기에는 자문 절차를 유지해, 합참이 공개적으로든 비공개로든 정부의 베트남 정책에 반대 의견을 내기 어렵도록 만들었다. 베트남 전쟁에 미국의 개입이 심화될수록 존슨 대통령은 고위 장성들이 자신의 의견에 동참하지 않고 이탈할 가능성에 예민하게 반응했다. 이는 그가 의회와 국민에게 베트남 군사 개입의 실태를 일부러 축소하거나 감추고 있었기 때문이었다. 대통령과 국방부 장관은 결정의 핵심을 흐리면서도 군사력 사용의 한계를 명확히 밝히지 않았고, 심지어 실제로는 실행할 의도가 없는 조치들까지 합참에게는 마치 검토할 가치가 있는 방안인 것처럼 암시하기도 했다. 맥나마라와 참모진은 군사적 조치의 목적을 '의사소통'에 두었지만, 전쟁의 목표를 '승리'로 전제한 합참에게는 행정부의 실제 전략 의도를 철저히 감추었다. 마지막으로 존슨 대통령은 자신을 '감독', 합참을 '팀'에 비유하며 설득에 나서기도 했다. 그는 전쟁 확대 반대 여론으로 인한 정치적 압박과 심리적 부담을 합참도 이해하고 연민을 가져주기를 바랐다.

합참의 충성심이 본격적으로 시험대에 오른 것은 1965년 7월이었다. 미국의 베트남 개입이 본격화되면서 정부가 국민을 상대로 내놓는 거짓말도 덩달아 커졌다. 이러한 국민에 대한 기만은 합참이 묵인하거나 침묵하지 않았다면 불가능했을 것이다. 존슨 대통령은 미 지상군의 임무를 의도적으로 왜곡해 알렸으며, 예비군 동원을 거부한 결정을 정당화하기 위해 합참의 입장까지 조작해 내세웠다. 웨스트모어랜드 장군이 요청한 병력 규모도 실제보다 크게 축소해 발표했고, 이미 확정된 조치들과 향후 계획된 조치에 필요한 예산도 의회에 사실과 다르게 보고했다. 그럼에도 합참은 대통령의 기대에 부응했다. 특히 대통령이 웨스트모어랜드 장군의 병력 요청을 왜곡해 발표하던 시기, 해병대 사령관 그린 장군을 제외한 합참 구성원 모두는 베트남에 필요한 병력 규모에 대한 자신의 추정치를 의회에 밝히지 않음으로써 사실상 이에 동조했다. 통킹만(Tonkin Gulf) 사건 청문회에서와 마찬가지로 휠러 합참의장은 대통령의 전략을 적극적으로 뒷받침했다. 이로 인해 합창의 4성 장군들은 '침묵하는 다섯 사람(five silent men)'으로 불리며, 미국이 베트남 전쟁에 본격적으로 빠져들게 된 주요 원인 중 하나로 꼽힌다.[4]

∎

합참이 대통령의 기만 전략을 공개적으로 비판하지 못한 데는 여러 이유가 있었다. 그중 가장 큰 이유는 군 장교로서의 직업윤리였다. 군은 원칙적으로 정치 개입을 엄격히 금지하고 있었고, 행정부에 대한 신뢰를 훼손하거나 베트남 정책 자체를 위태롭게 만들 행동은 아무리 합참이라도 쉽게 할 수 있는 사안이 아니었다. 합참은 대통령에 대한 충성심을 유지했고, 한국전쟁 당시 트루먼 대통령과 맥아더 장군의 갈등은 민간 통제를 넘어설 경우 어떤 결과가 따르는지를 보여주는 역사적 교훈으로 남아 있었다.[5] 또한 각 장성들이 소속된 군(軍)에 대한 충성심 역시 합참이 대통령이나 국방부 장관에게 정면으로 반기를 들지 못하게 만든 요인 중 하나였다. 예를 들어 해롤드 존슨(Harold Johnson) 육군 참모총장은 육군의 이익을 수호하기 위해 자신의 직위를 유지해야 한다고 판단하며 사임을 선택하지 않았다. 맥도널 해군 참모총장과 해병대 사령관 그린 장군 또한 자신이 속한 군이 필요로 하는 전략적 이익을 확보하기 위해 베트남 관련 사안에서 행정부와 절충하는 쪽을 택했다. 그 결과 그린 장군은 해병대의 대규모 확장을 이루었고, 맥도널 제독은 해군이 태평양사령부에 대한 통제권을 유지할 수 있도록 했다. 그러나 이들 가운데 누구도 자신의 군에 대한 절대적 충성을 맹세한 적은 없었다. 그들이 진정으로 충성을 맹세한 것은 오직 "미국 헌법을 지지하고 수호하겠다"는 선서뿐이었다.

그린 장군은 과거 의회로부터 직접 평가를 요청받았던 일을 회고하며, 당시 자신이 매우 곤혹스러운 처지에 놓여 있었다고 밝혔다. 대통령이 사실과 다른 발언을 하고 있었고, 장성들에게는 거짓을 말하거나 적어도 진실을 온전히 밝히지 않는 것이 요구되었기 때문이다. 그는 이에 대해 "대통령이 우리를 그런 상황으로 몰아넣은 것도 잘못이지만, 그 상황을 묵인한 우리 장성들 역시 잘못이었다"고 인정했다.

헌법은 군에 대한 민간 통제 권한을 행정부뿐 아니라 의회에도 부여하고 있다. 따라서 합참이 베트남 문제와 관련하여 국민의 대표 기관인 의회를 기만한 행위는 어떠한 이유로도 정당화될 수 없다. 특히 휠러 합참의장은 대통령에 대한 충성을 헌법상 의무보다 우선시하도록 방조했다. 웨스트포인트 육군사관학교에서 강조하듯, 군 장교가 의회와 관계를 맺는 일은 본질적으로 쉽지 않으며, 이를 감당하기 위해서는 강인한 인격과 예리한 지성이 요구된다. 합참은 자신의 전문성과 경험, 그리고 교육을 바탕으로 의회에 독립적이고 최선의 조언을 제공해야 하며, 특정 군 조직의 이해관계에 치우쳐서는 안 된다.[6]

합참의장과 주베트남 대사를 역임한 맥스웰 테일러(Maxwell Taylor)는 미국의 베트남 개입이 확대되던 시기에 민·군 관계의 성격에 중대한 변화를 가져온 인물이다. 제2차 세계대전 초기에 조지 C. 마셜(George C. Marshall) 장군은 합참이 각 군의 이해관계를 넘어 국가 전체의 이익에 부합하는 조언을 해야 한다고 강조했지만, 테일러는 오히려 군 간의 분열과 경쟁을 심화시키는 방향으로 움직였다. 그 결과 맥나마라와 존슨 대통령은 분열된 합참을 효과적으로 통제할 수 있었고, 정책 결정 과정에서 그들의 영향력을 점차 축소시켜 나갔다.[7] 또한 테일러는 전임자들과 달리 행정부 정책에 비판적이지 않은 인물들을 합참의 요직에 추천했다. 그 결과 합참 내부에서는 정책에 근본적인 문제가 있더라도 이를 공개적으로 지적하기보다 조용히 따르는 분위기가 형성되었다. 이러한 테일러의 행보는 뒤에는 케네디 가문, 맥나마라, 그리고 이후 존슨 대통령과의 개인적 친분도 적지 않은 영향을 미쳤다. 한편 마셜은 프랭클린 루스벨트(Franklin Roosevelt) 대통령과 일정한 거리를 유지하며 군의 독립성과 전문성을 지키는 데 중점을 두었다. 그러나 테일러는 시간이 흐르면서 다른 길을 택했다. 초기에는 대통령과 일정한 거리를 두려 했으나, 시간이 흐르면서 긴장 관계보다는 신뢰와 협력, 즉 우정과 상호 존중에 기반한 유대가 형성되어야 한다고 믿게 된 것이다. [8]

■

1963년 11월부터 1965년 7월 사이 미국이 베트남 전쟁에 개입한 방식은 이후 전쟁의 전개와 결과에 중대한 영향을 미쳤다. 당시 미국 정부는 베트남 정책을 결정할 때 국내 정치에서 얻을 실용적인 이익을 우선 고려했다. 대통령은 자신이 옳다고 믿는 중도적 노선을 중심으로 합의를 이끌어내려 했고, 그 과정에서 정책 목표를 명확히 밝히는 일을 의도적으로 피했다. 전쟁에 투입할 병력 규모와 관련한 논의도 반복해서 뒤로 미뤄졌다. 나아가 행정부 내부에서는 대통령이 국내 정치적 합의를 중시하는 만큼 베트남에서의 목표를 일부러 모호하게 두는 편이 더 유리하다고 판단하기도 했다. 합참의 반발을 사전에 억제하기 위해 설정했던 대체 목표 역시 공개되지 않았다.

시간이 흐르면서 미국이 표방해 온 '자유롭고 독립적인 남베트남을 보호하고 지키는 것'이라는 공식 목표는 점차 퇴색하고, 그 자리를 '미국의 신뢰성을 유지하는 것'이라는 대외정치적 명분이 대신하게 되었다. 주요 민간 전략가들은 베트남 전쟁에서 완전한 승리를 거두지 못하더라도 미국의 신뢰성만 확보된다면 목적은 달성된다고 보았다. 여기에 '무력의 사용은 외교적 의사소통의 또 다른 수단'이라는 인식이 더해지면서, 군사작전의 초점은 더 이상 승리를 위한 것이 아니라 교착 상태를 이어가기 위한 쪽에 맞춰지기 시작했다. 실제로 전쟁 계획에 참여한 인사들 중에는 북베트남과 남베트남에 대한 제한적 무력 시위만으로도 어느 정도 피해를 감수한 뒤 철수한다면 미국의 체면은 유지될 것이라고 믿는 이들도 있었다. 그러나 미국의 개입이 본격화되고 전투 피해와 사망자가 급증하자, 단순히 철수 후 '미국의 신뢰성은 지켜졌다'고 선언하는 전략은 사실상 성립하기 어렵게 되었다. 이는 충분히 예견 가능한 결과였다. 합참은 목표가 바뀌고 있다는 점을 알아챘지만, 민간 전략가들의 결정에 정면으로 이의를 제기하지 않았다. 맥나마라와 존슨 대통령 역시, 일단 전쟁이 본격화되면 합참이 강경한 해결책 이외에는 받아들이지 않을 것이라는 점을 알고 있었다. 그래서 합참 역시 목표를 명확히 밝히는 것을 피했다. 결과적으로 미국이 본격적으로 전쟁에 뛰어들 무렵, 합참과 대통령은 서로 다른 목표를 바라보고 있었다. 합참은 목표 달성을 위해 필요한 재량권과 자원을 요구했지만, 대통령과 맥나마라는 정치적 제약과 자신들이 설정한 목표를 이유로 이를 거부하거나 부분적으로만 수용했다. 이러한 과정에서 합참과 맥나마라 모두 '목표'보다는 '수단'에 집착하게 되었고, 군사작전은 정책 목표와 자연스럽게 연계되어야 한다는 전략적 사고가 결여된 채 전쟁이 진행되었다.[9]

존슨 행정부에서는 민간과 군의 고위 당국자들 간에 솔직한 소통이 이루어지지 않았다. 그러한 조건에서는 승리가 불가능하다고 본 합참의 판단 사이의 갈등은 끝내 조율되지 못했다. 만약 양측이 그 과정에서 충분한 조정과 성찰을 거쳤더라면, 미국이 베트남 전쟁에 쏟아부은 노력이 근본적으로 무의미하다는 사실을 더 일찍 인식할 수도 있었을 것이다.

결국 합참은 대통령의 기만적 접근에 암묵적으로 동조하게 되었고, 전략적 목표 설정보다는 '적을 얼마나 사살 했는가?'와 같은 전술적 임무에만 집중하게 되었다. 웨스트모어랜드 장군의 이른바 '소모전 전략' 역시 이러한 전략의 부재의 산물이었다. 그 결과 북베트남 폭격이나 남베트남 내 적군 제거 같은 군사 활동이 명확히 정의된 정치·전략적 목표 없이 수행되었다. 맥나마라는 군사력 운용의 성과를 주로 양적 지표, 즉 몇 명의 적을 사살했는지에 따라 평가하려 했지만, 이 지표가 전쟁 종식이라는 궁극적 목표 달성에는 실질적으로 어떤 도움이 되었는지는 불분명했다. 그 와중에 미군 사상자가 급격히 늘어나고, 그 전략의 한계와 무의미함이 점차 드러나면서 미국 사회 전반에서는 전쟁에 대한 신뢰가 빠르게 식어갔다. 합참은 남베트남에서 확실한 군사적 승리를 내기 위해 병력이 더 많은 필요하다고 판단했지만, 공식적으로 증원을 요청한 시점은 1968년 구정 공세 이후였다.[10] 그러나 그때는 이미 대통령이 거센 반전 여론에 지쳐 있었고, 증원 요구를 검토하거나 받아들일 정치적 여력도 상실한 상태였다. 존슨 대통령은 1964년 대선에서 배리 골드워터(Barry Goldwater)를 상대로 압도적 승리를 거두기 위해 모든 정치적 수단을 동원했지만, 결국 1968년에는 자신이 속한 당의 대선 후보 경선에서 스스로 사퇴하겠다고 선언하게 되었다.

존슨 대통령은 미국의 베트남 개입을 자신이 통제할 수 있다고 믿었다. 하지만 이 믿음은 점진적 압박 전략의 기계적 논리와 맥나마라의 과도한 자신감에 의존한 것이었고, 결국 처참한 형태로 오판임이 드러났다. 만약 대통령이 1963년 11월부터 1965년 7월까지 자신의 결정이 초래한 결과를 뜻밖의 전개로 받아들였다면, 사실 그는 그렇게 느낄 자격이 없었다. 듣기 싫은 조언은 외면한 채 자신의 정치적 성공과 국내 정책 과제를 우선시하는 길을 선택했기 때문이다.

■

베트남 전쟁은 전장에서만 패배한 전쟁이 아니었다. 이 전쟁의 패배는 이미 워싱턴 D.C.에서 예고되어 있었다. 실제 전투가 벌어지기 전부터, 미국이 모든 부담을 짊어지기 전부터, 그리고 첫 미군 부대가 파병되기도 전에 이미 패배가 예정된 전쟁이었다. 베트남에서 벌어진 비극은 비인격적인 역사적 흐름이나 피할 수 없는 구조적 요인의 결과가 아니라, 철저히 인간의 잘못에서 비롯된 재난인 인재(人災)였다. 그 근원에는 인간의 오판과 책임 회피가 있었고, 그 결과의 무게는 존슨 대통령을 비롯해 핵심 문민관료들과 군을 책임졌던 고위급 장성들이 함께 짊어져야 할 몫이었다. 이 실패는 단 한 번의 그릇된 선택이 아닌, 수많은 판단 오류와 잘못된 결정들이 서로를 덮으며 누적된 결과였다. 그 바탕에는 오만과 나약함, 사익을 위한 기만, 그리고 무엇보다 국민 앞에서 요구되는 책무를 스스로 저버린 직무의 포기, 즉 '직무유기'가 자리하고 있었다.

Notes

저자 서문

1. 전쟁의 유산에 대해서는 아래를 참고. George Herring, 『America's Longest War: The United States and Vietnam, 1950~1975』, 제3판 (뉴욕: 맥그로-힐, 1996), 299~314쪽. Stanley Karnow, 『Vietnam: A History』, 제2판 (뉴욕: 펭귄북스, 1991), 26~59쪽.

2. 예를 들어, Phillip Caputo, 『A Rumor of War』(뉴욕: Holt, Rinehart & Winston, 1977), 서문 xiii쪽 참고.

3. 조지 헤링의 혁신적인 연구가 나오기 전까지, 미국의 베트남 개입 확대 과정에서 합참의 역할에 대한 평가는 대부분 개인적 일화와 기억에 기반한 인상, 비평적 연구에 지나지 않았으며, 체계적인 문서 자료 검토에 기반하지 않았다. 헤링, 『LBJ and Vietnam: A Different Kind of War』(오스틴: 텍사스대학교 출판부, 1994). 또한 다음 저작들도 참고할 것: 브루스 팔머, 『The 25 Year War』(렉싱턴: 켄터키대학교 출판부, 1984), 특히 17~46쪽; 마크 페리, 『Four Stars』(보스턴: 호턴 미플린, 1989), 97~155쪽; 해리 서머스 주니어, 『On Strategy: A Critical Analysis of the Vietnam War』(뉴욕: 델, 1982), 특히 71~83쪽. 특히 통찰력이 뛰어난 글로는 허버트 Y. 샌들러, "JCS Strategic Planning and Vietnam: The Search for an Objective," 수록: 『Military Planning in the Twentieth Century』, 해리 R. 보로우스키, 편집 (워싱턴 D.C.: 미국 정부출판청, 1986), 295~316쪽이 있다. 또한 로버트 부잔코, 『Masters of War: Military Dissent and Politics in the Vietnam Era』(뉴욕: 케임브리지대학교 출판부, 1996)도 참고할 것. 연구가 잘 되어 있지만, 린든 존슨의 민간 고문들과 군사 고문들 간의 관계 맥락 속에서 증거를 충분히 고려하지 않는다는 한계가 있다.

4. 『Statutes at Large』 제61권, 253쪽, 제211조; 제61권, 875쪽, 제211조; 제63권, 203쪽, 제1조; 그리고 제63권, 579쪽.

#1. 뉴프론티어맨과 올드가이

1. 『뉴프론티어의 사람들: 케네디 참모진 인물 탐구』, 이브닝 스타 편집 (워싱턴 D.C. : Public Affairs Press, 1961), vii~viii쪽.

2. 존 F. 케네디, 취임 연설, 1961년 1월 20일, 『대통령 공문집: 존 F. 케네디, 1961』(워싱턴 D.C. : 정부출판청, 1962), 2쪽.

3. 위의 책. 3쪽

4. 로버트 러벳 인용, 칼 W. 보클런드, 『펜타곤의 사람들: 포레스탈에서 맥나마라까지』(뉴욕: 프레거, 1966), 137, 207쪽; 아서 M. 슬레진거, Jr., 『천일동안』(보스턴: 호턴 미플린, 1965), 131~132쪽.

5. 보클런드, 『펜타곤의 남자들』, 207~209쪽; 더글라스 킨나드, 『미국 국방장관: 포레스탈에서 맥나마라까지』(렉싱턴: 켄터키대학교 출판부, 1980), 77쪽; 데보라 세이플리, 『약속과 권력: 로버트 맥나마라의 생애와 시대』(보스턴: 리틀 브라운 앤 컴퍼니, 1993), 28~37쪽; 폴 헨드릭슨, 『산 자와 죽은 자: 로버트 맥나마라와 잃어버린 전쟁 속 다섯 삶의 이야기』(뉴욕: 알프레드 A. 크노프, 1996), 98~101쪽.

6. 킨나드, 『국방부 장관』, 77쪽.

7. 세이플리, 『약속과 권력』, 84~86쪽.

8. 러스크의 소년 시절부터 국무장관 임명까지의 생애에 대해서는 다음 자료들을 참고할 것: 토마스 J. 쇼엔바움, 『평화와 전쟁을 지휘하다: 트루먼, 케네디, 존슨 시기의 딘 러스크』(뉴욕: 사이먼 앤 슈스터, 1988), 제1장~제7장; 시오도르 소렌슨, 『케네디』(뉴욕: 하퍼 앤 로우, 1965), 270~271쪽; 킨나드, 『국방부 장관』, 82~83쪽; 『뉴 프런티어맨』, 17~23쪽; 데이비드 할버스탐, 『최고의 엘리트들』(뉴욕: 랜덤하우스, 1969), 32~37쪽; 조셉 크래프트, 『권력의 초상』(뉴욕: 뉴아메리칸 라이브러리, 1966), 177~184쪽.

9. 소렌슨, 『케네디』, 270쪽; 할버스탐, 『최고의 엘리트들』, 43~46쪽; 크래프트, 『권력의 초상』, 163~175쪽. 번디는 헨리 L. 스팀슨과 함께 그의 회고록『평화와 전쟁 속의 현역이란』(뉴욕: 하퍼 앤 브라더스, 1947) 작업에 협력했다.

10. 할버스탐, 『최고의 엘리트들』, 36~37쪽; 소렌슨, 『케네디』, 256, 260쪽. 테일러는 케네디가 자신의 세계관을 공유하는 인물들과 업무를 진행하기를 선호했다고 관찰했다. 맥스웰 D. 테일러, "방위전략 세미나," 1963년 7월 8일 국방대학교 연설, 『테일러 대장의 연설문』, 문서함 20, 파일 T-415‑69, 맥스웰 D. 테일러 문서, 국가방위대학교 도서관 특별 컬렉션 소장(이하 "테일러 문서"로 약칭).

11. 테일러는 NSC가 "대통령이 오벌 오피스의 상대적 사적 공간에서 이미 내려버린 결정들을 단순히 등록하는 사무국과 다름없게 되었다"고 회상했다. 맥스웰 D. 테일러, "국가 안보 전략기획의 추세" 1963년 3월 14일 해군대학 연설, 『테일러 문서』, 문서함 20, 파일 T-415‑69; 윌리엄 P. 번디, 미출간 원고, 『윌리엄 P. 번디 Papers』, 제3장, 2~3쪽, 린든 베인스 존슨 대통령 도서관(이하 "윌리엄 번디, 미출간 원고" 및 "LBJ 도서관"으로 약칭) 소장. 앤드류 J. 굿패스터, 저자와의 인터뷰, 1993년 3월 9일, 워싱턴 D.C., 녹음본. 로저 힐스만, 『국가를 움직이기 위해서』(가든시티, 뉴욕: 더블데이, 1967), 55~56쪽. 린든 존슨 대통령도 케네디의 방식(비공식적 회의 중심)을 계승했다. 아이젠하워와 존슨의 국가안보 체계에 대한 통찰력 있는 비교 분석으로는 존 P. 버크와 프레드 I. 그린스타인, 『대통령은 어떻게 현실을 판단하는가: 1954년과 1965년의 베트남 결정』(뉴욕: 러셀 세이지 재단, 1989) 참고. 테일러는 케네디 행정부의 정책 결정 과정을 우호적으로 평가했다. 테일러, 『칼과 보습』, 279~280쪽. 인용된 테일러 발언은 그의 연설 "1947년 국가안보법과 국방부의 발전"에서 나온 것이다.

12. 빅터 H. 크룰락 장군, 저자와의 인터뷰, 1993년 7월 26일, 오디오 테이프, 캘리포니아 포인트 로마; 앤드루 J. 굿패스터, 저자와의 인터뷰,

1993년 3월 9일; 1962년 2월 6일, 유엘 대령이 테일러 장군에게 보낸 메모, 박스 17, 문서 T-257-69, 테일러 문서.

13. 윌리엄 번디는 피그스만 사건이 "행정부 내에 있었던 거의 들뜬 듯한 자신감을 영원히 흔들어 놓았다"고 회상했다. ― 윌리엄 번디, 미발표 원고, 제3장, 26쪽. 월트 로스토는 번디의 이러한 견해를 확인해 주었다. ― 월트 W. 로스토, 저자와의 두 번째 인터뷰, 1993년 10월 21일 (자필 메모), 텍사스 오스틴.

14. 트럼불 히긴스, 『완벽한 실패: 피그스 만에서의 케네디, 아이젠하워, 그리고 CIA』(뉴욕: W.W. 노턴, 1987), 61~62쪽, 90쪽.

15. 트럼불 히긴스, 『완벽한 실패』, 114~150쪽; 소렌슨, 『케네디』, 294~309쪽; 허버트 S. 파멧, 『JFK: 존 F. 케네디의 대통령직』(뉴욕: 다이얼 프레스, 1983), 157~179쪽; 리처드 리브스, 『케네디 대통령: 권력의 초상』(뉴욕: 터치스톤, 1993), 83~84쪽.

16. 앤드루 J. 굿패스터, 저자와의 인터뷰, 1993년 3월 9일. 굿패스터는 아이젠하워 대통령의 군사보좌관으로 근무하던 당시, 처음으로 쿠바 침공 제안을 대통령에게 보고한 인물이었다. 그는 행정부 교체기에 케네디 백악관에 몇 주간 머물며 인수인계를 지원했다. 굿패스터는 피그스만 사건의 주된 원인으로, 케네디 대통령이 국가안전보장회의(NSC) 구조를 전면 개편함에 따라 아이젠하워 행정부와의 정책 연속성이 단절된 점을 지적했다. 폴 니츠는 케네디 체제가 "장기적 목표를 향해 나아가기보다는 하나의 위기 뒤에 또 다른 위기에 반응하는 영속적인 위기 대응 상태"를 낳았으며, 과거의 실수로부터 배우지 못하는 특성을 지녔다고 비판했다. ― 폴 니츠, 『히로시마에서 글라스노스트까지: 결정의 중심에서』(뉴욕: 그로브 바이덴펠트, 1988), 252쪽.

17. 피에르 샐린저, 『케네디와 함께』(가든 시티, 뉴욕: 더블데이, 1966), 148쪽; 앤드루 J. 굿패스터, 저자와의 인터뷰, 1993년 3월 9일; 시어도어 C. 마택시스(1961년부터 1964년까지 렘니처 장군과 테일러 장군의 공보 담당관), 저자와의 인터뷰, 1993년 2월 19일, 녹음, 노스캐롤

라이나 채플 힐; 소렌슨, 『케네디』, 607쪽; 로버트 F. 케네디, 『로버트 케네디, 그의 말 속에서: 케네디 시절에 대한 미발표 회고록』, 에드윈 O. 거스먼 및 제프리 숄먼 편집(뉴욕: 밴탐 북스, 1988), 241쪽; 윌리엄 번디, 미발표 원고, 제3장, 26쪽.

18. 데이비드 M. 슈프, 구술 역사 기록, 1967년 4월 7일, 존 F. 케네디 도서관, 13~23쪽; 시어도어 C. 마택시스, 저자와의 인터뷰, 1993년 2월 19일; 커티스 르메이, 「조사(Inquiry)」, 『USA 투데이』 인터뷰, 1986년 7월 23일자, 9A면; 토머스 M. 커피, 『아이언 이글: 커티스 르메이 장군의 격동의 생애』(뉴욕: 크라운 퍼블리셔스, 1986), 353~356쪽.

19. 아나톨리 I. 그리브코프와 윌리암 Y. 스미스, 아나디르 작전: 미 · 소 장군들이 회고한 쿠바 미사일 위기 (시카고: 에디션 Q, 1994), p. 82.

20. 위의 책. pp.87~88

21. 월트 W. 로스토, 저자와의 인터뷰, 1993년 10월 21일, 텍사스 오스틴, 자필 메모.

22. 이 일화는 로저 힐스먼이 테드 기팅거 편, 『존슨 시대: 베트남 라운드 테이블』(오스틴: 텍사스 대학교 출판부, 1993), 8쪽에서 소개한 것이다.

23. 그리브코프 & 스미스, 『아나디르 작전』, 87~88쪽.

24. 월트 W. 로스토, 저자와의 인터뷰, 1993년 10월 21일; 맥스웰 테일러, 『칼과 보습』, 21~219쪽.

25. 찰스 A. 스티븐슨, 『끝없는 미로: 1954년 이후 미국의 라오스 정책』(보스턴: 비컨 프레스, 1972), 179, 181쪽.

26. 월트 W. 로스토, 저자와의 인터뷰, 1993년 10월 21일; 그리브코프 & 스미스, 『아나디르 작전』, 88쪽.

27. 모야 앤 볼, 『포토맥의 베트남』(뉴욕: 프레거, 1992), 90쪽.

28. 메모랜덤, 클리프턴 장군과 미인스 존슨 함장의 전화 통화 내용 기록, 1961년 6월 24일, 로버트 S. 맥나마라 개인 문서, 기록 그룹 200, 박스 63, 미국 국립문서관, 워싱턴 D.C. (이하 "맥나마라 문서"로 인

용). 케네디 대통령은 상륙부대에 대한 지원 철회 결정에 대해 깊은
죄책감을 느꼈다. 월트 W. 로스토, 저자와의 인터뷰, 1993년 10월
21일.

29. 테일러의 어린 시절과 군 경력에 대해서는 존 테일러,『맥스웰 테일러
장군: 검과 펜』(뉴욕: 더블데이, 1989), 11~31쪽 참조. 또한 맥스웰
테일러,『칼과 보습』(뉴욕: W.W. 노턴, 1972), 제1장부터 제10장까
지 참조.

30. 리지웨이는 아이젠하워와의 의견 차이로 인해 통상 4년 임기 중 2년 만
에 전역했다. 로렌스 코브,『합참의장단: 첫 25년』(블루밍턴: 인디애
나 대학교 출판부, 1976), 39쪽; E. 브루스 길호드,『찰스 E. 윌슨과
펜타곤에서의 논쟁, 1953~1957』(디트로이트: 웨인 주립대학교 출판
부, 1979), 121~126쪽.

31. 맥스웰 테일러,『불확실한 나팔소리』(뉴욕: 하퍼, 1959), 23쪽;『칼
과 보습』, 170~171쪽;「1947년 국가안보법과 국방부의 진화」, 1978
년 2월 13일 내셔널 워 칼리지에서 발표한 연설,『강연 및 기사 모음,
1946~1986』, 테일러 문서, 5~10쪽. 1957년 10월 9일, 닐 맥엘로이
는 찰스 윌슨을 대신하여 국방부 장관으로 임명되었다. 두 사람 모두
국방정책의 형성에 큰 영향을 미치지는 못했으며, 아이젠하워는 주로
합참의장 아서 래드퍼드 제독과 국무장관 존 포스터 덜레스를 통해 국
가안보 자문을 받았다. — 키너드,『국방장관』, 44~71쪽; 보클런드,
『펜타곤의 사람들』, 138~183쪽.

32. 맥스웰 테일러,「1947년 국가안보법과 국방부의 진화」.

33. 허버트 S. 파멧,『아이젠하워와 미국의 성전』(뉴욕: 맥밀런, 1972),
150~156쪽; 프레드 I. 그린스타인,『숨겨진 손의 대통령직: 지도자로
서의 아이젠하워』(뉴욕: 베이식 북스, 1982), 169쪽; 새뮤얼 헌팅턴,
『공통의 방위: 국가정치에서의 전략 프로그램』(뉴욕: 컬럼비아 대학교
출판부, 1961), 64~65쪽; E. 브루스 길호드,『찰스 E. 윌슨과 펜타곤
논쟁(1953~1957)』, 16, 100~104쪽.

34. 로버트 A. 디바인, 『아이젠하워와 냉전』(뉴욕: 옥스퍼드 대학교 출판부, 1981), 37쪽.

35. "뉴 룩(New Look)" 전략에 대한 간결한 요약은 다음을 참조: 듀에인 윈저, "아이젠하워의 뉴 룩 재조명: 30년 후의 시선," 조앤 P. 크리그 편, 『드와이트 D. 아이젠하워: 군인, 대통령, 국가인사』(뉴욕: 그린우드 프레스, 1987), 147~150쪽. 또한 다음도 참조할 것: 더글러스 키너드, 『아이젠하워 대통령과 전략 관리』(렉싱턴: 켄터키 대학교 출판부, 1977), 14~24쪽; 스티븐 E. 앰브로즈, 『아이젠하워: 대통령』(뉴욕: 사이먼 & 슈스터, 1984), 171~172쪽; 디바인, 『아이젠하워와 냉전』, 33~39쪽.

36. 존 포스터 덜레스 인용, 키너드, 『아이젠하워 대통령과 전략 관리』, 27쪽.

37. 디바인, 『아이젠하워와 냉전』, 33~34쪽; 윈저, "아이젠하워의 뉴 룩 재조명," 149쪽; 리처드 M. 손더스, "아이젠하워 대통령 외교정책에서의 군사력,"『정치학 계간지』제100권 (1985년 봄), 99쪽.

38. 테일러, 『불확실한 나팔소리』, 제8장 전반부, 특히 137, 146, 153쪽.

39. 존 F. 케네디가 에반 토머스에게 보낸 편지, 1959년 12월 17일자. 존 테일러, 『맥스웰 테일러 장군』, 8쪽에서 인용.

40. 존 F. 케네디, "국방예산에 관한 특별 메시지," 1961년 3월 28일, 존 W. 가드너 편, 『조류를 바꾸기 위하여』(뉴욕: 하퍼 브라더스, 1962), 59쪽.

41. 맥스웰 테일러는 「국가 안보 기획의 동향」에서, 1961년 6월 26일 케네디 대통령이 서명한 해당 직책(※ 합참의장 직속 특별보좌관)의 설치 지시 전문을 인용하였다. ― 테일러, 『칼과 보습』, 179~181쪽, 195~197쪽.

42. 테일러 장군의 어린 시절부터 1958년까지의 경력은 그의 자서전 『칼과 보습』제1장부터 제11장까지를 참조할 것. 또한 맥스웰 D. 테일러, 「1947년 국가안보법과 국방부의 진화」도 참고. 인용문은 『칼과 보습』

170쪽에서 발췌.

43. 이 딜레마에 대한 논의는 로버트 N. 긴스버그, "군사 전문성에 대한 도전," 『포린 어페어스』 제42권 (1964년 1월), 255~268쪽 참조. 아이젠하워의 인용문은 드와이트 아이젠하워, 『평화를 수행하며』(가든 시티, 뉴욕: 더블데이, 1956), 356쪽에서 발췌. 또한 테일러, 「1947년 국가안보법과 국방부의 진화」, 7쪽; 『불확실한 나팔소리』, 18~20쪽; 코브, 『합참의장단』, 57쪽 참조.

44. 앤드루 J. 굿패스터, "국가안보 구조 내에서의 합참의장단의 역할," 에이모스 A. 조던 주니어 편, 『1970년대 국가안보의 쟁점들』(뉴욕: 프레거, 1967), 222쪽. 포레스트 C. 포그, 『조지 C. 마셜』 전 4권(뉴욕: 바이킹 프레스, 1963~1987); 관련 내용은 제2권 『시련과 희망, 1939~1942』, 283, 298~300쪽 참조. 전후 국방조직 개편에 대한 논의는 1944년 3월 잠시 시작되었으나 전쟁이 끝날 때까지 연기되었다.

45. 합참의장단 역사실, 『합참의장단의 역할과 기능: 연표』(워싱턴 D.C.: 합참 역사실, 1987), 1~36쪽; 합참의장단 역사실, 『합참의장단 조직 발전사, 1942~1989』(워싱턴 D.C.: 합참 역사실, 1989), 17, 21쪽; 미 국방부, 『국방부 및 주요 구성 부서의 기능에 관한 국방부 지침 5100.1』, 1958년 12월 31일, 박스 17, 문서 T-259-69, 테일러 문서. 실제로 해병대 사령관은 자신의 병과와 관련된 사안에 대해 광범위한 재량권을 부여받았다. 국방 조직 개편 논쟁의 일부 내용은 다음을 참조: 미국 의회, 상원, 군사위원회, 『군 통합에 관한 청문회, 제79차 의회, 제2차 회기, 1946년, S. 84 및 S. 1482』.

46. 합참의장의 주요 책임은 다음 법률에 명시되어 있다: 『미국 연방 법령집』, 제61권 253쪽 제211조; 제61권 875쪽 제211조; 제63권 203쪽 제1조; 제63권 579쪽. 1942년부터 1989년까지의 합참 조직 변화 요약은: 『합참 조직 발전사, 1942~1989』 참조.

47. 미국 의회, 상원, 해군위원회, 『군 통합: 해군위원회 청문회, 제79차 의회, 제2차 회기, 1946년』, 31~35쪽.

48. 알레이 A. 버크, 구술 역사 기록, 1973년, 컬럼비아 대학교 구술 역사 프로젝트, 53~56쪽.

49. 1958년 8월 6일 제정된 공법 85 - 599. 또한,『합참의장단 조직의 주요 변화, 1942~1969』(워싱턴 D.C.: 합참 역사실, 1970), 24쪽 참조. 1945년부터 1960년 사이 국방부 구조의 진화에 대해서는: 존 찰스 빙클리,『국가 안보 정책 결정에서 합참의장의 역할: 전문성과 자기 인식, 1942~1961』, 박사학위논문, 시카고 로욜라 대학교, 1985 참조. 또한 굿패스터, "국가안보 구조 내 합참의장단의 역할," 230~231쪽 참조.

50. 이론적으로, 장성들과 소속 병과 간의 분리는 병과 이기주의를 완화시키기 위한 장치였다. — 테일러,『불확실한 나팔소리』제9장 전반, 특히 175~178쪽.

51. 메모랜덤, C. V. 클리프턴 장군과 미인스 존슨 함장의 전화 통화, 1961년 6월 24일, 박스 63, 맥나마라 문서.

52. 위의 책.

53. 유엘 대령이 테일러 장군에게 보낸 메모랜덤, 1962년 2월 6일, 문서 T-257 - 69, 박스 17, 테일러 문서.

54. 맥스웰 테일러,「1947년 국가안보법과 국방부의 진화」.

55. 맥스웰 테일러,「국가 안보 기획의 동향」.

56. 테일러,「1947년 국가안보법과 국방부의 진화」, 15~16쪽. 조사 과정에서 테일러와 함께한 인물들은 법무장관 로버트 F. 케네디, CIA 국장 앨런 덜레스, 퇴역한 해군작전참모 아레이 버크 제독이었다.

57. 테일러,「1947년 국가안보법과 국방부의 진화」, 15~18쪽. 또한 NSAM 55, 대통령이 합참의장에게 보낸 지시문, 1961년 6월 28일 참조. 해당 지시문은 맥스웰 D. 테일러가 1964년 2월 15일 시카고에서 열린 미국 변호사 재단 연례회의에서 발표한 연설「정부 내에서의 군사 자문」에서 인용됨. —『바이탈 스피치』제30권, 제11호 (1964년 3월 15일), 339쪽. 또한 윌라드 J. 웹 & 로널드 H. 콜,『합참의장들』(워싱

턴 D.C. : 합참 역사실, 1989), 16쪽; 소렌슨, 『케네디』, 605쪽 참조.

58. 테일러, 『불확실한 나팔소리』, 21쪽.

59. 테일러의 전·후기 입장 차이에 대해서는 『불확실한 나팔소리』, 18~21
쪽과 『칼과 보습(칼과 보습)』, 252쪽 비교.

60. 로버트 S. 맥나마라, 『안보의 본질: 재직 중 회고』(뉴욕: 하퍼 & 로우,
1968), x쪽.

61. 유진 주커트, 구술 역사 기록, 1969년 3월 18일, 제1부, 54쪽, LBJ 도
서관. 앤드루 J. 굿패스터, 저자와의 인터뷰, 1993년 3월 9일; 시어도
어 C. 마택시스, 저자와의 인터뷰, 1993년 2월 19일. 62 앤드루 J. 굿
패스터, 저자와의 인터뷰, 1993년 3월 9일. 굿패스터는 합참 조직을
"비효율적이고 경직되어 있으며 병과 이기주의에 강하게 영향을 받는
다"고 평가했다. 또한 다음 자료들 참조: 알레이 A. 버크, 구술 역사
인터뷰, 1969년 3월 18일, 컬럼비아 대학 구술 역사 프로젝트, 53~56
쪽; 헨리 W. 뷰스, 구술 역사 기록, 1971년, 미 해병대 역사기록센
터, 166~167쪽; 테일러, 『불확실한 나팔소리』, 88~129쪽; 로렌스 J.
코브, 『합참의장단』, 22~25쪽.

63. 얼 H. 틸포드 주니어, 『세팅업: 베트남전에서 공군이 한 일과 그 이유』
(앨라배마 맥스웰 공군기지: 공군대학교 출판부, 1991), 284쪽.

64. 버나드 로저스, 저자와의 인터뷰, 1993년 3월 12일, 워싱턴 D.C. 공
군과 해군 간의 항공전력 관련 긴장에 대해서는: 데이비드 버치널 중
장이 공군참모총장에게 보낸 메모, 1963년 4월 2일, 폴더 8, 박스
134, 커티스 르메이 문서, 미국 의회도서관 특별 소장부(이하 "르메이
문서"로 표기). 육군 관점에 대해서는: H. K. 존슨 장군, 구술 역사
기록, 1972~1974년, 미 육군 군사사 연구소, 시니어 장교 보고 프로
그램, 펜실베이니아 칼라일 병영, 제1권, 제3부, 3~4쪽(이하 "H. K.
존슨 구술 역사"로 표기). 또한: 노먼 폴, 구술 역사 기록, 1969년 2월
21일, 테이프 1, 20~22쪽, LBJ 도서관. 해병대의 육군 불신에 대해서
는: 뷰스, 구술 역사 기록, 1971년, 168쪽. 육군의 H. K. 존슨 장군

은 구술 역사에서 해병대의 "고개 숙이고 돌격하는" 식 사고방식을 이유로 그 규모가 작게 유지되어야 한다고 주장했다. 합참의장의 영향력 부족과 병과 이기주의 간의 연관성을 보여주는 문서로는: 줄리안 유엘, 테일러 장군에게 보낸 메모랜덤, 제목: 「참모 기능 검토: 과거와 미래의 시각에서」, 1962년 1월 31일, 문서 T-257-69, 박스 17, 테일러 문서 참조.

65. 1949년, 포레스터럴 국방장관은 병과 간 경쟁을 완화하기 위해 중앙집중화를 확대할 것을 권고했다.

66. 대통령 보좌관 월트 W. 로스토는 케네디가 맥나마라에게 "예외적이며 거의 제한되지 않은 권한"을 부여했다고 관찰했다. 맥나마라는 "펜타곤 내에서 논쟁의 여지 없는 최우선 권한"을 가졌다. — 월트 W. 로스토, 『권력의 확산(Diffusion of Power)』(뉴욕: 맥밀런, 1972), 161쪽. 맥나마라가 1947년 국가안보법의 개정을 어떻게 이용해 펜타곤 내 권한을 강화했는지에 대한 설명은: — 빙클리, "합참의장의 역할," 169쪽. 67. 메모랜덤, 제목: "국방부의 운영", 날짜 미상 (1961년 6월에 분류), 박스 13, 맥나마라 문서. 니츠는 해군 장관이 되었다. 68. 알랭 앙토벤, 구술 역사 기록, 1970년 7월 29일, 테이프 1, 6쪽, LBJ 도서관; 데이비드 라마 맥도널드, 『데이비드 라마 맥도널드 제독의 회고록』(아나폴리스, 메릴랜드: 미 해군연구소, 1976), 359~361쪽; 슈프, 구술 역사 기록, 1967년 4월 7일, 케네디 도서관, 3쪽; 시어도어 C. 마택시스, 저자와의 인터뷰, 1993년 2월 19일; 앤드루 J. 굿패스터, 저자와의 인터뷰, 1993년 3월 9일.

69. 콜린 S. 그레이, "RAND가 이룩한 것," 『포린 폴리시』 제4호 (1971년 가을), 111~129쪽. 테일러 인용문은: 맥스웰 테일러, 「국방 전략 세미나」, 1963년 7월 8일, 내셔널 워 칼리지 발표 연설, 문서 T-415-69, 박스 20, 12쪽, 테일러 문서.

70. 폴 니츠, 『히로시마에서 글라스노스트까지』, 243쪽; 마택시스, 굿패스터 인터뷰(동일).

71. 앙토벤, 구술 역사 기록, 1970년 7월 29일, 테이프 1, 6쪽, LBJ 도서관; 앙토벤 & 웨인 스미스, 『얼마나 충분한가: 국방 프로그램의 설계, 1961~1969』(뉴욕: 하퍼 & 로우, 1971), 73~116쪽. 인용문은 73, 89, 91쪽에서 발췌. 시스템 분석의 보편적 적용성에 대한 앙토벤의 견해는 307~308쪽 참조.

72. H. K. 존슨, 구술 역사 기록, 1972~1974, 제1부, 제6절, 2~3쪽; 맥도널드, 『회고록』, 359~361쪽; 슈프, 구술 인터뷰, 1967년 4월 7일, 케네디 도서관, 3쪽; 마택시스, 굿패스터 인터뷰(동일).

73. 커티스 르메이, 구술 역사 기록, 1971년 6월 28일, 7쪽, LBJ 도서관.

74. 해병대 사령관 데이비드 슈프 장군은 르메이 장군과 유사한 좌절감을 토로했다. 그는 맥나마라가 "수십 년 동안 병과들이 전투 속에서 다듬어온 조직들"의 기반 자체를 질문했다며, "그의 뻔뻔함에 정말 의문을 품었고… 그 점에서 그에게 아주 낮은 점수를 주었다"고 말했다. ― 슈프, 구술 역사 기록, 1967년 4월 7일, 케네디 도서관, 3쪽. 또한: H. K. 존슨, 구술 역사 기록, 1972~1974, 제2부, 제11절, 1~2쪽; 노먼 폴(맥나마라 보좌관), 구술 역사 기록, 1969년 2월 21일, 테이프 2, 2쪽.

75. 앤드루 J. 굿패스터, 저자와의 인터뷰, 1993년 3월 9일. 이 관료적 갈등에 대한 상세 설명은: 로버트 J. 아트, 『TFX 결정: 맥나마라와 군대』(보스턴: 리틀, 브라운, 1968); 셰이플리, 『약속과 권력』, 204~223쪽.

76. B-70 논쟁에 대해서는: 커티스 르메이, 『르메이와 함께한 임무』(가든 시티, 뉴욕: 더블데이, 1965), 4~13쪽; 마이클 E. 브라운, 『눈 가리고 비행하기: 미국 전략 폭격기 프로그램의 정치』(이타카: 코넬대 출판부, 1992), 223~224쪽. 공군은 맥나마라의 전략 핵 목표 수정 노력에도 저항했다. 셰이플리, 『약속과 권력』, 106~111쪽.

77. 로저 트래스크, 『국방장관들: 간략한 역사, 1947~1985』(워싱턴 D.C.: 국방부 역사실, 1985), 29쪽.

78. 굿패스터 인터뷰, 1993년 3월 9일; 맥도널드, 『회고록』, 359~360쪽.

79. 윌리엄 Y. 스미스 소령이 테일러 장군에게 보낸 메모랜덤, 제목: 「참모 기능 검토: 과거와 미래의 시각에서」, 문서 T-257-69, 박스 17, 테일러 문서.

80. 줄리안 J. 유엘 대령이 테일러 장군에게 보낸 메모랜덤, 1962년 2월 6일, 문서 T-257-69, 박스 17, 테일러 문서.

81. 테일러 장군에게 보낸 메모랜덤, 1962년 4월 16일, 문서 T-129-69, 박스 17, 테일러 문서. 맥나마라는 원자력에너지위원회 예산 삭감안에 대해 합참의 입장을 케네디 대통령에게 전달하지 않았다. 해당 메모에는 알랭 앙토벤이 "클럽"의 비공식 일원으로 명시되어 있다.

82. 케네디 백악관은 아이젠하워 행정부에서 이어받은 합참 구성원들을 "잔류 인사"라 불렀다. ― 소렌슨, 『케네디』, 607~608쪽; 테일러, 『칼과 보습』, 252쪽. 월트 로스토는 렘니처 의장 하의 케네디-합참 관계를 "악몽이었다. 정말 끔찍했다"고 말했다. ― 월트 로스토, 구술 역사 기록, 1969년 3월 21일, 제1부, 33쪽.

83. 라이먼 렘니처, 구술 인터뷰, 제2부, 『렘니처 문서』, 미 육군 군사사 연구소, 1972년 5월 4일, 56~57쪽.

84. 얼 G. 휠러, 구술 인터뷰, 1969년 8월 21일, 제1부, 3~4쪽, LBJ 도서관; 테일러, 『칼과 보습』, 252쪽.

85. 마택시스 인터뷰, 1993년 2월 19일. 앤더슨은 합참의장직을 승계하기 전 렘니처의 참모진을 유지할지를 결정하기 위해 인터뷰를 시작했다.

86. 데커 인용문은 에드워드 존슨의 회담 메모, 1961년 4월 29일, 에드워드 C. 키퍼 편, 『미국 외교문서, 1961~1963: 라오스 위기』(워싱턴 D.C.: 미국 정부 인쇄국, 1994), 150~154쪽.

87. 스티븐 F. 케니, 『베트남 정책결정: 미국 외교정책에 대한 심리학적 관점』(보스턴대 박사학위논문, 1978), 40~42쪽.

88. 굿패스터, 마택시스 인터뷰; 그리브코프 & 스미스, 『아나디르 작전』, 113~114쪽.

89. 버나드 W. 로저스, 저자와의 인터뷰, 1993년 3월 12일, 워싱턴 D.C., 녹음; 굿패스터, 1993년 3월 9일 인터뷰.

90. 테일러, 『불확실한 나팔소리』, 175~176쪽; 「국가 안보 기획의 동향」, 15쪽; 「1947년 국가안보법과 국방부의 진화」.

91. 로버트 S. 맥나마라 인용, 제임스 G. 블라이트 & 데이비드 A. 웰치 편, 『위기의 경계에서(On the Brink): 쿠바 미사일 위기를 되돌아보는 미 - 소 회고』(뉴욕: 힐 & 왕, 1989), 51쪽.

92. 테일러는 자신의 합참의장 재임 전까지 합참의 영향력이 매우 낮았음을 인정했다. ― 테일러, 『칼과 보습』, 260쪽; 마이클 찰턴 & 앤서니 몬크리프 편, 『많은 이유들: 베트남전에서 미국의 개입』(뉴욕: 힐 & 왕, 1978), 282쪽; 커피, 『아이언 이글』, 422, 427쪽; 뷰스, 구술 역사 기록, 1971년, 174, 179, 206~207쪽; 마택시스 인터뷰.

93. 로버트 디바인, "베트남: 냉전의 한 에피소드," 로이드 가드너 편, 『베트남: 초기 결정들』(출간 예정, 오스틴: 텍사스대 출판부), 4쪽.

94. 스탠리 카노우, 『베트남』, 265쪽.

#2. 하바나와 하노이

1. 윌리엄 E. 로이튼버그, "케네디 대통령과 전후 세계의 종말," 에이다 디 파체 도널드 편, 『존 F. 케네디와 뉴 프런티어』(뉴욕: 힐 & 왕, 1966), 131~132쪽; 최초 발표는 『아메리칸 리뷰』, 1963년 겨울호.

2. 도널드 케이건, 『전쟁의 기원과 평화의 유지』(뉴욕: 앵커 북스, 1994), 488~491쪽; 리브스, 『케네디 대통령』, 347쪽.

3. 그리브코프 & 스미스, 『아나디르 작전』, 118, 120쪽. 인용문은 118쪽에서 발췌.

4. 케이건, 『전쟁의 기원』, 493쪽.

5. 로버트 케네디 인용, 리브스, 『케네디 대통령』, 263쪽.

6. 위의 책, 366쪽. 그리브코프 & 스미스, 『아나디르 작전』, 91~93쪽, 113쪽.

7. 위의 책, 117, 122쪽.

8. 위의 책, 117~18, 123~24쪽.

9. 위의 책, 123~27쪽.

10. 그레이엄 T. 앨리슨, 『결정의 본질: 쿠바 미사일 위기 설명』(보스턴: 리틀, 브라운 & 컴퍼니, 1971), 57쪽.

11. 녹취록, 비공개 쿠바 관련 회의, 1962년 10월 16일 오후 6시 30분~7시 55분, 49쪽, 대통령 녹음록, 대통령실 문서, 존 F. 케네디 문서, 케네디 도서관. 비록 오디오 테이프의 음질은 낮지만, 녹취록을 보며 들으면 회의 당시 분위기를 느낄 수 있다.

12. 오디오 테이프, 쿠바 관련 회의, 1962년 10월 18일, 대통령 녹음록, 항목 #31.1, 케네디 도서관.

13. 그리브코프 & 스미스, 『아나디르 작전』, 115, 135쪽.

14. 시어도어 C. 마택시스, 저자와의 인터뷰; 제프리 G. 바로우, "케네디 대통령과 그의 합참의장단"(박사학위논문, 사우스캐롤라이나 대학교, 1976), 202~203쪽. 테일러의 권고에 대해서는 그리브코프 & 스미스, 『아나디르 작전』, 135쪽 참조.

15. 오디오 테이프, 쿠바 관련 회의, 1962년 10월 18일, 대통령 녹음록, 항목 #31.1, 케네디 도서관.

16. 오디오 테이프, 쿠바 관련 합참 회의, 1962년 10월 19일, 대통령 녹음록, 항목 #31.2, 케네디 도서관.

17. 그리브코프 & 스미스, 『아나디르 작전』, 115, 135쪽.

18. 녹취록, 쿠바 미사일 위기 회의, 1962년 10월 27일, 38~39, 41쪽, 케네디 도서관. 회의 중 웃음에 대한 언급은 오디오 테이프에서 확인되며, 이는 케네디 문서 중 대통령 문서, 대통령실 기록, 대통령 녹음록에서 확인할 수 있다.

19. 그리브코프 & 스미스, 『아나디르 작전』, 132~133쪽.

20. 슐레진저, 『천일동안』, 831쪽.

21. 테일러, 『칼과 보습』, 269쪽; 힐스먼, 『국가를 움직이기 위하여』, 205

쪽; 소렌슨, 『케네디』, 692, 705쪽; 엘리 에이블, 『미사일 위기』(뉴욕: 밴탐 북스, 1968), 83쪽; 로버트 F. 케네디, 『13일: 쿠바 미사일 위기에 대한 회고록』(뉴욕: W.W. 노턴, 1969), 36쪽.

22. 존 F. 케네디, 벤자민 C. 브래들리, 『케네디와의 대화』(뉴욕: W.W. 노턴, 1975), 122쪽에서 인용. 브래들리는 케네디 대통령이 테일러를 제외한 합참의장단에 대해 "뚜렷한 경멸의 감정"을 갖고 있었다고 회상했다. 그는 테일러를 "절대적으로 일류급"이라고 평가했다.

23. 도널드 케이건, 『전쟁의 기원』, 493~494쪽.

24. 위의 책, 545쪽.

25. 위의 책, 546쪽.

26. 위의 책, 27쪽. 그리브코프 & 스미스, 『아나디르 작전』, 137쪽.

28. 유엘 대령에게 보낸 메모랜덤, 1962년 2월 1일, 문서 T-257-69, 박스 17, 테일러 문서.

29. 로버트 S. 맥나마라, 제임스 G. 블라이트와의 인터뷰, 1987년 5월 21일, 블라이트 & 웰치 편, 『위기의 경계에서』, 196쪽.

30. 로버트 S. 맥나마라, 『위기의 경계에서』에서의 쿠바 미사일 위기 라운드테이블 토론, 62~64쪽; 바로우, "존 F. 케네디 대통령과 그의 합참의장단," 213쪽; 코브, 『합참의장단』, 61, 119쪽. 플래그 플롯에서 누가 무슨 말을 했는지를 두고 여전히 많은 논쟁이 있다.

31. 월터 S. 풀 박사, 합참 역사실, 저자에게 보낸 서한, 1996년 7월 30일.

32. 소렌슨, 『케네디』, 708쪽; 아서 슐레진저 주니어, 『위기의 경계에서』, 64쪽.

33. 앤드루 J. 굿패스터, 『국가안보 구조에서 합참의장의 역할』, 225쪽. 굿패스터는 이러한 개선 사항 중 다수가 "더 세밀한 수준에서 통제하려는 열망"에서 비롯되었다고 언급했다.

34. 그리브코프 & 스미스, 『아나디르 작전』, 136~137쪽.

35. 라오스 협정에 대한 논의는 윌리엄 P. 번디, 미발표 원고, 제4장, 20쪽 참조.

36. 존 F. 케네디 인용, 『뉴욕 타임스』, 1962년 6월 7일자, 26면.

37. 윌리엄 Y. 스미스(WYS), 테일러 장군에게 보낸 메모랜덤, 1962년 1월 31일, 문서 T-257‐69, 박스 17, 테일러 문서.

38. 호치민의 배경과 교육에 대해서는: 카노우, 『베트남』, 130~138쪽 참조.

39. 프랭클린 D. 루스벨트 인용, 마이클 헌트, 『린든 존슨의 전쟁: 1945~1968년 미국의 냉전 성전』(뉴욕: 힐 앤 왕, 1996), 6쪽.

40. 마이클 헌트, 『린든 존슨의 전쟁』, 5~9쪽 요약. 프랑스-베트남 전쟁 (1947~1954)의 배경은: 윌리엄 J. 듀이커, 『베트남에서 공산주의로 가는 길』(볼더, 콜로라도: 웨스트뷰 프레스, 1981), 57~125쪽 참조.

41. 헤링, 『미국의 가장 긴 전쟁』, 11~13쪽.

42. 바오다이 인용, 카노우, 『베트남』, 190쪽.

43. 「동남아시아에서의 공산주의 침략에 대한 미국의 목표 및 행동 방향에 관한 NSC 참모 연구」, 1952년 2월 13일, 마이크 그래블 상원 편, 『펜타곤 페이퍼스: 미국의 베트남 의사결정에 관한 국방부 역사』 제1권 (보스턴: 비컨 프레스, 1971), 375~381쪽.

44. 프랑스를 위한 군사 개입에 대한 미군의 소극적 입장에 대해서는: 로버트 버잔코, 『전쟁의 주인들』, 41~46쪽 요약 참조.

45. 카노우, 『베트남』, 213~214쪽; 버잔코, 『전쟁의 주인들』, 51쪽. 이 결정에 대한 평가 및 관련 역사 문헌은: 조지 C. 헤링 & 리처드 H. 이머만, "아이젠하워, 덜레스, 디엔비엔푸: '우리가 전쟁에 나서지 않은 날' 재조명," 『미국사학회지』 제71권 (1984년 9월), 343~363쪽 참조.

46. 카노우, 『베트남』, 197~198쪽.

47. 스펙터, 『초기 단계의 조언과 지원: 베트남 주둔 미 육군사』(워싱턴 D.C.: 미 육군 군사사 센터, 1983), 275~302쪽.

48. 전문 암호 문서: 국무장관이 대사에게 보낸 전문, 1954년 4월 5일, 476쪽; 국무장관이 차관에게 보낸 전문, 1954년 5월 12일, 507쪽; "1954~1955년 사이공 비밀 임무에 대한 랜즈데일 팀 보고서," 그래블

편, 『펜타곤 페이퍼스』 제1권, 573~583쪽; 헤링, 『미국의 가장 긴 전쟁』, 43~72쪽.

49. 윌리엄 J. 듀이커, 『성스러운 전쟁: 분단된 베트남의 민족주의와 혁명』(뉴욕: 맥그로 힐, 1995), 120쪽.

50. 윌리엄 번디, 미발표 원고, 제3장, 33쪽; 제4장, 5쪽 및 20쪽.

51. 리브스, 『케네디 대통령』, 280쪽. 초기 베트남 보도에 대해서는: 윌리엄 프로크나우, 『먼 전쟁의 시절』(뉴욕: 타임스 북스, 1995), 특히 210~211쪽 참조.

52. 듀이커, 『베트남에서 공산주의로 가는 길』, 205~206쪽.

53. 윌리엄 콘래드 기번스, 『미국 정부와 베트남 전쟁: 행정부와 입법부의 역할 및 관계, 제2부, 1961~1964』(프린스턴, 뉴저지: 프린스턴 대학교 출판부, 1986), 138~139쪽. 1963년 1월, 남베트남을 방문한 합참 조사단 보고서의 전문은 케네디 도서관 국가안보 문서, 국가별 파일, 베트남 항목에서 확인할 수 있다.

54. 러스크 장관에게 보낸 로지 대사의 전문, 1963년 8월 26일, 박스 1, 조지 맥티 카힌 문서, 국가 안보 문서 보관소, 워싱턴 D.C. 이 시기 디엠 정권에 대한 미국 내 불신 확대에 관한 논의는 다음 참조: 기번스, 『미국 정부와 베트남 전쟁』 제2부, 144~191쪽; 윌리엄 번디, 미발표 원고, 제9장.

55. 윌리엄 번디, 미발표 원고, 제9장, 3쪽. 또한 다음 참조: 월트 W. 로스토, 구술 역사 기록, 1969년 3월 21일, 제1부, 63~70쪽, LBJ 도서관.

56. 조지 볼과 마이클 포레스터릴 간의 전화 통화, 1963년 8월 25일, 볼 문서, 박스 7, 베트남 폴더 1, 문서 #58, LBJ 도서관. 프레더릭 놀팅, 『신뢰에서 비극으로: 디엠 정권 시기의 케네디 대사의 정치 회고록』(뉴욕: 프레거, 1988), 123~133쪽; 기번스, 『미국 정부와 베트남 전쟁』 제2부, 148~149쪽; 테일러, 『칼과 보습(칼과 보습)』, 292~296쪽; 크룰락, 저자와의 인터뷰, 1993년 7월 26일. 국방부 부장관 로즈웰 길패

트릭은 해당 전문이 이미 대통령의 승인을 받은 것으로 판단하고 "청구
서에 공동 서명하듯" 승인했다고 회상했다. — 로즈웰 길패트릭, 구술
역사 기록, 1982년 11월 2일, 제1부, 5쪽, LBJ 도서관.

57. 브롬리 스미스, 대통령과의 회의 메모, 1963년 8월 27일, 주제: 베트
남; 브롬리 K. 스미스, 대통령과의 회의 메모, 1963년 9월 3일, 주제:
베트남, 브롬리 K. 스미스 문서, "1963년 8~11월 베트남 회의(디엠
정권 전복)" 임시 박스 16, 문서 #36, #63, LBJ 도서관. 놀팅은 쿠데
타 계획에 반대했다. 케네디의 측근 중 한 명으로 쿠데타를 지지했던
마이클 포레스터럴은 놀팅의 해임에 관여한 인물이었다. 기번스, 『미
국 정부와 베트남 전쟁』제2부, 135쪽. 로지의 인용문은 합참 역사실,
『합참과 베트남 전쟁, 1960~1968』제1부, 제6장, 27쪽에서 발췌.

58. 러스크 장관이 로지 대사에게 보낸 전문, 1963년 8월 29일, 박스 1,
카힌 문서. 로지 대사가 러스크에게 보낸 "비공개 전문", 1963년 9월 2
일, 박스 1, 카힌 문서.

59. 장관이 대사에게 보낸 "비공개 전문", 1963년 9월 12일, 박스 1, 카힌
문서.

60. 윌리엄 번디, 미발표 원고, 제9장, 20~25쪽; 그래블 편, 『펜타곤 페이
퍼스』제2권, 258~262쪽.

61. 케네디 인용문은 대통령과 조지 볼 간의 전화 통화에서 발췌, 볼 문서,
박스 7, 베트남 폴더 I, 문서 #67, LBJ 도서관. 로지 대사에게 보낸 전
문, 1963년 10월 5일, 문서 143, 766~767쪽, CIA가 로지에게 보낸
전문, 1963년 10월 6일, 문서 145, 769쪽, 그래블 편, 『펜타곤 페이퍼
스』제2권, 766~769쪽.

62. 브롬리 K. 스미스, 대통령과의 회의 메모, 1963년 10월 29일 오후
4:20, 주제: 베트남, 브롬리 K. 스미스 문서, "1963년 8~11월 베트
남 회의(디엠 정권 전복)" 임시 박스 16, LBJ 도서관. 하킨스 장군이
쿠데타 계획을 몰랐다는 점은 다음 문서에서 확인됨: 하킨스가 테일러
장군에게 보낸 전문, 1963년 10월 30일, 그래블 편, 『펜타곤 페이퍼스』

제2권, 784~785쪽.

63. 합참 역사실, 『합참과 베트남 전쟁, 1960~1968』, 제1부, 제7장, 30
쪽.

64. 위의 책, 31쪽.

#3. 새로운 전쟁, 새로운 리더

1. 제임스 데이비드 바버, 『대통령의 성격: 백악관에서의 성과 예측』, 제2
판 (잉글우드 클리프스, 뉴저지: 프렌티스 홀, 1977), 14쪽.

2. 해당 내용은 법률 용지에 수기로 작성된 메모에서 발췌됨, 박스 50, 문
서 #T-645-71, 항목 15, 테일러 문서. 1963년 11월 1일 사건에 대한
간략한 설명은 테일러, 『칼과 보습(칼과 보습)』, 301쪽 참조.

3. 테일러 장군은 유능한 장교를 잘 알아보는 감각이 있었다. 그가 특히 신
뢰했던 두 장교는 로저스와 굿패스터로, 두 사람 모두 로즈 장학생 출신
이며 프린스턴 대학교에서 정치학 박사 학위를 받았다. 로저스는 테일
러가 웨스트포인트 교장을 지낼 당시 보좌관으로 일했으며, 굿패스터는
아이젠하워 대통령의 군사 보좌관으로 5년간 재직했고, 케네디 정부 초
기에는 몇 주 동안 백악관에 남아 안보팀 인수인계를 도왔다. 테일러가
합참의장이 되었을 때, 굿패스터를 유럽 지휘에서 펜타곤으로 전출시켰
다. ― 굿패스터, 저자와의 인터뷰, 1993년 3월 9일; 테일러, 『칼과 보
습』, 253쪽.

4. 법률용지 수기 메모, 박스 50, 문서 #T-645-71, 항목 15, 테일러 문
서; 테일러, 『칼과 보습』, 301쪽; 버나드 W. 로저스, 저자와의 인터뷰,
1993년 3월 12일.

5. 테일러는 공군을 "대규모 보복이라는 대단한 오류"를 옹호하는 존재로
간주했다. 그는 공군이 육군에 대한 근접 항공지원 책임을 제대로 이행
하지 않았다고 비판하며, 육군이 공군의 지도하에서 벗어나 독자적인
전술 항공지원 및 전술 공수 능력을 가져야 한다고 주장했다. ― 테일
러, 『불확실한 나팔소리』, 168~174쪽.

6. 커피,『아이언 이글』, 43쪽; 소렌슨,『케네디』, 608쪽; 리브스,『케네디 대통령』, 182쪽.

7. 맥스웰 D. 테일러, 구술 인터뷰, 1983년 10월 18일, 존 F. 케네디 도서관, 매사추세츠 보스턴; 시어도어 C. 마택시스, 저자와의 인터뷰, 1993년 2월 19일; 테일러,『칼과 보습』, 282~287쪽.

8. 르메이 인용, 커피,『아이언 이글』, 423쪽.

9. 맥스웰 테일러 인용, 디노 A. 브루지오니,『눈을 마주하다: 쿠바 미사일 위기의 내막』(뉴욕: 랜덤하우스, 1990), 226쪽.

10. 버나드 W. 로저스, 저자와의 인터뷰, 1993년 3월 12일.

11. 슈프, 구술 역사 기록, 케네디 도서관, 1967년 4월 7일, 4~5쪽; 슈프의 성격에 대한 간략한 묘사는 "윌리엄 존스 중장 인터뷰 요약," 해병대 역사센터, 워싱턴 해군 야드; 헨리 W. 뷰스 중장(슈프 및 그린 장군의 부관), 구술 인터뷰, 1986년, 해병대 역사센터, 180쪽. 인용문은 슈프의 구술 기록 35쪽에서 발췌.

12. 당시 관찰자들은 군 내부의 분열을 인식하고 있었다. ― 모리스 자노위츠,『직업 군인: 사회적 · 정치적 초상』(글렌코, 일리노이: 프리 프레스, 1960), 272~277쪽. 자노위츠는 경쟁하는 교리를 "절대주의적"과 "실용주의적"으로 구분했다. 냉전 2차 시기에는 제한전 이론에 관한 연구가 급증했으며, 대표적으로 로버트 E. 오스굿의『제한전: 미국 전략에 대한 도전』(시카고: 시카고대 출판부, 1957)을 들 수 있다. 또한: 시모어 J. 디치먼,『제한전과 국방정책』(케임브리지, 매사추세츠: MIT 출판부, 1964) 참조.

13. 힐스먼,『국가를 움직이기 위해』, 129쪽. 슈프는 1961년 라오스 위기 당시 군사 개입에 반대했다. ―『미국 외교문서, 1961~1963: 라오스 위기』, 170쪽.

14. 예를 들어 1961년 말, 테일러는 무력시위 차원에서 미군을 남베트남에 파병할 것을 권고했다. 그는 당시 "남베트남을 통해 아시아 대전에 말려들 위험이 존재하지만, 그것이 인상적이진 않다"고 언급했다. ― 테

일러가 케네디에게 보낸 전문, 1961년 11월 1일, 『뉴욕타임스판 펜타곤 페이퍼스』(뉴욕: 쿼드랭글 북스, 1971), 148쪽.

15. 테일러, 『불확실한 나팔소리』, 14~18쪽.

16. 길호드, 『찰스 E. 윌슨』, 125쪽.

17. 앤더슨 해군참모총장의 해임에 대한 해군의 반응은: 맥도널드, 『회고록』, 350, 378쪽 참조; 인용은 378쪽에서 발췌. 맥도널드는 구술 인터뷰에서 자신이 국방부, 행정부, 의회 내 민간 관리들에게 해군 입장을 "세일즈"하는 능력을 자랑했다. 그는 해군 안건 지지를 끌어내기 위해 "친분 형성"도 마다하지 않았다고 했다. 해군장관 니츠는 "워싱턴 관료 정치의 장"에서 맥도널드의 정치적 감각을 높이 평가했다. — 니츠, 『히로시마에서 글라스노스트까지』, 253쪽. 또한 코브, 『합참의장단』, 62쪽 참조.

18. 핸슨 W. 볼드윈, "맥나마라 군주제,"『새터데이 이브닝 포스트』, 1963년 3월 9일; "경영팀,"『타임』, 1965년 2월 5일, 22~33B쪽.

19. 웹 & 콜, 『합참의장들』, 143~144쪽.

20. 팔머, 『25년 전쟁』, 20쪽; 버나드 W. 로저스, 저자와의 인터뷰, 1993년 3월 12일.

21. 휠러 장군이 아프-박 보고서에서 맡은 역할에 대해서는: 닐 시핸, 『빛나는 거짓말: 존 폴 밴과 베트남의 미국』(뉴욕: 랜덤하우스, 1988), 298~304쪽, 341~342쪽 참조.

22. 쿠데타 가능성에 대한 합참의 입장에 대해서는: 해럴드 K. 존슨, 합참회의 수기 노트, 1963년 8월 19일, 박스 126, H. K. 존슨 문서 참조.

23. 하킨스 장군이 테일러 장군에게 보낸 전문, 1963년 10월 30일, 그래블 편, 『펜타곤 페이퍼스』 제2권, 784~785쪽. 또한 시어도어 C. 마택시스, 저자와의 인터뷰, 1993년 2월 19일.

24. 버나드 W. 로저스, 저자와의 인터뷰, 1993년 3월 12일; 앤드루 G. 굿패스터, 저자와의 인터뷰, 1993년 3월 9일.

25. 테일러, 『칼과 보습』, 301쪽; 브롬리 스미스, 대통령과의 회의 메모,

1963.11.1. am. 10:00, 브롬리 스미스 문서, 임시 박스 16, "1963년 8~11월 베트남 회의(디엠 정권 전복)", 문서 #8, LBJ 도서관.

26. 브롬리 스미스, 대통령과의 회의 메모, 1963년 10월 29일, 주제: 베트남, 브롬리 스미스 문서, 임시 박스 16, "1963년 8~11월 베트남 회의(디엠 정권 전복)", 문서 #11, LBJ 도서관.

27. 브롬리 스미스, 대통령과의 회의 메모, 1963년 11월 2일 오후 4시 30분, 주제: 베트남, 브롬리 스미스 문서, 임시 박스 16, "1963년 8~11월 베트남 회의(디엠 정권 전복)", 문서 #1, LBJ 도서관.

28. 브롬리 스미스, 대통령과의 회의 메모, 1963년 11월 2일 오전 9시 15분, 주제: 베트남, 브롬리 스미스 문서, 임시 박스 16, "1963년 8~11월 베트남 회의(디엠 정권 전복)", 문서 #4, LBJ 도서관.

29. 위의 책.

30. 그래블 편, 『펜타곤 페이퍼스』, 제3권, 27쪽.

31. 테일러, 『칼과 보습』, 302쪽.

32. 마택시스, 저자와의 인터뷰, 1993년 2월 19일; 버나드 W. 로저스, 저자와의 인터뷰, 1993년 3월 12일; 테일러, 『칼과 보습』, 302~303쪽.

33. 빌 모이어스가 회의 후 작성한 메모, 기팅어 편, 『존슨 시대』, 11쪽 인용. 맥조지 번디의 같은 페이지 발언도 참고.

34. 톰 위커, 『JFK와 LBJ: 성격이 정치에 미친 영향』(뉴욕: 윌리엄 모로, 1968), 198, 203, 205쪽; 기번스, 『미국 정부와 베트남 전쟁』 제2권, 209쪽; 린든 B. 존슨, 『관점』(뉴욕: 홀트, 라인하트 & 윈스턴, 1971), 43쪽.

35. 조지 리디, 『LBJ: 회고록』(뉴욕: 앤드루스 & 맥밀, 1982), 147쪽; 토마스 휴즈, 기팅어 편, 『존슨 시대』, 12~13쪽.

36. 린든 B. 존슨, 대통령 메모, 1961년 5월 23일, 제목: 동남아시아, 인도 및 파키스탄 방문 임무, NSF, 맥조지 번디 문서, 박스 18, 동남아시아 및 부통령의 대통령에 대한 메모, LBJ 도서관.

37. 1963년 11월 27일 의회 연설에서 존슨은 "존 케네디는 '시작합시다'라

고 말했고, 나는 '계속합시다'라고 말한다"고 발표했다. — 잭 발렌티,
기팅어 편, 『존슨 시대』, 12쪽. 러스크와 맥나마라에 대한 존슨의 인상
은 위커, 『JFK와 LBJ』, 197~198쪽 참조.

38. 브롬리 스미스, 국무부 회의 메모, 1963년 8월 31일 오전 11시, 주제:
베트남, 브롬리 스미스 문서, 임시 박스 16, "1963년 8~11월 베트남
회의", LBJ 도서관.

39. 대통령과 윌리엄 풀브라이트 상원의원 간의 전화 통화, 1963년 12월 2
일 오후 7시 1분, 린든 존슨 문서, 전화 통화 및 회의 녹취록, 박스 1,
LBJ 도서관. 로버트 케네디는 "존슨은 쿠데타에 강하게 반대했으며,
그에 대해 깊은 불만을 품었다"고 말했다. — 로버트 F. 케네디 인용,
멀 밀러, 『린든: 구술 전기』(뉴욕: 퍼트넘, 1980), 380쪽.

40. 국가안보결정지침 273, 1963년 11월 26일, 『미국 외교문서: 베트남,
1963』, 637~640쪽.

41. 테일러, 『칼과 보습』, 304쪽; 테일러 장군이 대통령에게 보낸 서한,
1963년 11월 26일, 박스 50, 폴더 36 - 71D, 문서 #2, 테일러 문서.

42. 테일러, 『칼과 보습』, 304~305쪽; 대통령과의 회의 메모, 1963년 11
월 29일 오전 10시, 박스 22, 문서 T-236 - 69, 테일러 문서.

43. 대통령과의 회의 메모, 1963년 11월 29일 오전 10시, 박스 22, 문서
T - 236 - 69, 테일러 문서.

44. 도리스 컨스, 『린든 존슨과 미국의 꿈』(뉴욕: 하퍼 & 로우, 1976), 170
쪽. 또한 멀 밀러, 『린든: 구술 전기』, 336쪽 참조.

45. 맥조지 번디 인용, 멀 밀러, 『린든: 구술 전기』, 386쪽.

46. 대통령의 충성심 집착에 대해서는 다음 문헌들 참조: — 컨스, 『린
든 존슨과 미국의 꿈』, 315~317쪽; — 로버트 F. 케네디, 『자신의 말
로 본 로버트 케네디』, 구트먼 & 슐만 편 (뉴욕: 밴텀 북스, 1988),
412~414쪽; — 체스터 쿠퍼, 『잃어버린 십자군』(뉴욕: 도드 미드,
1970), 223쪽; — 타운젠드 후프스, 『개입의 한계』(뉴욕: 데이비드 맥
케이, 1969), 31쪽; — 헨리 F. 그래프, 『화요일 내각』(잉글우드 클리

프스, N.J.: 프렌티스 홀, 1970), 6쪽; — 어빙 L. 재니스, 『집단사고의 희생자들』(보스턴: 호튼 미플린, 1972), 106쪽; — 알렉산더 조지, 『외교정책에서의 대통령 의사결정』(볼더: 웨스트뷰 프레스, 1980), 91, 95쪽; — 휴 시드니, 『아주 개인적인 대통령직』(뉴욕: 아테네움, 1968), 42, 70~96쪽. 존슨의 오랜 보좌관 해리 맥퍼슨은 대통령의 불안은 케네디 가문과 그 지지자들로부터의 정치적 반대라는 현실적 위협에서 기인했다고 말했다. — 해리 맥퍼슨, 구술 기록, 1968년 12월 19일, 테이프 3, 25~29쪽, LBJ 도서관. 또한 일부 학자들은 그의 충성 강박이 뿌리 깊은 불안감에서 비롯되었다고 주장한다. — 바버, 『대통령의 성격』, 78~87쪽; — 머슬린 & 조브, 『비극적 자아 린든 존슨』(뉴욕: 인사이트 북스, 1991), 84~85, 128~129, 183~200쪽; — 조지 헤링, 『LBJ와 베트남』, 48쪽.

47. 로랜드 에반스 & 로버트 노백, 『린든 존슨: 권력의 행위』(뉴욕: 뉴 아메리칸 라이브러리, 1966), 16, 47, 191쪽; 칼 빈슨, 구술 기록, 1970년 5월 24일, LBJ 도서관.

48. 요약 발췌: 로버트 A. 카로, 『린든 존슨의 시대』 제2권, 『상승 수단』(뉴욕: 앨프레드 A. 크노프, 1990), 35~53쪽.

49. 카로, 『상승 수단』, 35~53쪽 요약. 인용문은 47~49쪽에서 발췌.

50. 에반스 & 노백, 『린든 존슨』, 16, 47, 191쪽; 칼 빈슨, 구술 기록, 1970년 5월 24일, LBJ 도서관.

51. 에반스 & 노백, 『린든 존슨』, 55~58쪽.

52. 대통령과 길패트릭 간의 전화 통화, 1963년 12월 23일, 린든 존슨 문서, 전화 및 회의 녹취록, 박스 1, 문서 #149, LBJ 도서관. 존슨의 오랜 보좌관 해리 맥퍼슨은 존슨이 "많은 장성과 제독들을 별로 존중하지 않았다"고 회상함. — 해리 맥퍼슨, 『정치 교육: 워싱턴 회고록』(보스턴: 호튼 미플린, 1988), 118쪽.

53. 존슨 대통령이 1963년 12월 2일 상원의원 존 맥클레런(문서 #21), 하원의원 칼 빈슨(문서 #22), 하원의원 빌 도슨(문서 #24), 상원의원 존

스테니스(문서 #25), 하원의원 잭 브룩스(문서 #26)와 나눈 전화 통화. — 린든 존슨 문서, 전화 및 회의 녹취록, 박스 1, 1963년 12월 [1권 중 1], LBJ 도서관.

54. 아담 야르몰린스키, 구술 역사 기록, 1970년 7월 13일, LBJ 도서관.

55. 존슨 대통령 인용: 하원의원 조셉 캠벨과의 전화 통화, 1963년 12월 1일 오후 5시 30분, 린든 존슨 문서, 전화 및 회의 녹취록, 박스 1, 문서 #10, LBJ 도서관.

56. 대통령과 국방장관 간의 전화 통화, 1963년 12월 10일, 박스 1, 문서 #109, LBJ 도서관.

57. 대통령이 국방장관에게 보낸 메시지, 1963년 12월 12일, 박스 1, 문서 #140, LBJ 도서관.

58. 서전트 슈라이버와 린든 존슨 간의 전화 통화, 1964년 2월 1일 오후 6시 28분, 박스 2, 문서 #1815, LBJ 도서관.

59. 테일러, 『불확실한 나팔소리』, 176쪽.

60. 테일러, 『칼과 보습』, 253쪽; 앤드루 G. 굿패스터, 저자와의 인터뷰, 1993년 3월 9일. 굿패스터는 자신의 책임이 증가했음을 언급하면서도, 그 지위의 중요성은 과소평가했다.

61. 맥스웰 테일러가 맥조지 번디에게 보낸 서한, 1963년 12월 2일 및 리처드 B. 러셀에게 보낸 서한, 1963년 12월 9일, 박스 22, 문서 T-236-69, 테일러 문서. 이후 그는 하원 군사위원회 위원장에게 감사 서한을 보내 "굿패스터 장군 인준 과정의 장애물 제거"에 대해 감사를 표함.

62. 커티스 E. 르메이 장군이 테일러 장군에게 보낸 서한, 1962년 8월 28일; 조지 W. 앤더슨이 테일러에게 보낸 서한, 1962년 8월 30일, 박스 22, 문서 T-236-69, 테일러 문서.

63. 한슨 볼드윈, "합참, 의장 부의장 신설안 두고 분열," 『뉴욕 타임스』, 1963년 12월 6일, 17면.

64. 맥스웰 D. 테일러, 메모랜덤, 1963년 12월 6일, 주제: 볼드윈 기사 관

련 합참 회의 논의, 박스 22, 문서 T-236 - 69. 해당 메모는 볼드윈 기사 내용이 사실임을 확인한다. 테일러는 하원의원 칼 빈슨에게 두 차례 서한을 보내 우려를 진정시키려 했으며, 두 번째 서한은 그 노력이 성공했음을 나타낸다. 첫 번째 서한은 테일러 문서에서 누락되어 있음.

65. "1963년 12월 11일 수요일, 대통령의 펜타곤 연설," 국가안보파일, 기관 파일, 박스 11, 국방부 제1권 [2권 중 2], 문서 #91, LBJ 도서관.

66. 통신문: 미 태평양사령부가 국무장관에게 보낸 전문, "베트남공화국 정세," 1963년 12월 5일, 박스 1, 카힌 문서.

67. 로지 대사에게 보낸 국무장관 전문, 1963년 12월 6일, 국가안보파일— 국가별 파일—베트남, 박스 1, 베트남 케이블 제1권 11/63 - 12/63 [2권 중 2], 문서 #44; 톰 위커, "존슨, 러스크에 대한 신뢰 재확인하며 국제문제 인내 요청,"『뉴욕 타임스』, 1963년 12월 6일, 10면.

68. 1963년 12월 10일 백악관 참모 회의에서 맥조지 번디는 베트남 문제에 대한 생산적 논의가 부족함을 불평했다. 회의는 종종 "거짓말 회의"로 전락했으며, 가장 잘 모르는 이들이 가장 많이 발언했다고 함. 윌리엄 Y. 스미스, 일일 회의 메모, 1963년 12월 10일, 박스 25, 테일러 문서.

69. CIA 메모에 따르면, 하킨스와 로지 간의 관계는 긴장이 있었으며, 하킨스는 베트남 장군들에게 쿠데타는 시기상조라 했지만, 동시에 로지는 이를 지지하려 했다. — 전문: 주베트남 미국 대사관이 국장에게 보낸 전문, 1963년 11월 16일, 대통령실 문서, 국가별, 베트남 안보 1963, 박스 128U, 존 F. 케네디 도서관.

70. 합참 사무국 역사부,『합참과 베트남 전쟁』제1부, 제7장, 9, 11쪽.

71. 로버트 S. 맥나마라, 부통령 또와의 대화에 대한 기록 메모, 1963년 9월 30일, 박스 50, 폴더 10 - 71B, 문서 #22, 테일러 문서; 국방장관이 대통령에게 보낸 메모, 1963년 10월 2일, 제목: 테일러 - 맥나마라 남베트남 사절단 보고서, 그래블 편,『펜타곤 페이퍼스』제2권, 751~766쪽.

72. 그래블 편, 『펜타곤 페이퍼스』 제2권, 494~496쪽.

73. 로즈웰 길패트릭, 구술 역사 기록, 1982년 11월 2일, LBJ 도서관, 제1부, 12쪽; 윌리엄 번디, 미발표 원고, 제4장, 8쪽.

74. 윌리엄 번디, 미발표 원고, 제3장, 3쪽. 번디는 케네디가 베트남 문제에서 누구를 신뢰할지 확신이 없었으며, "아직 결정되지 않았다"고 회고했다.

75. 사이공 회의 요약, 1963년 12월 18~20일, 12월 21일, 박스 1, 카힌 문서. 맥나마라는 이전의 남베트남 시찰에서 미국의 자문 노력을 계량적 경영 기법으로 평가했으며, 1962년 5월 첫 방문 당시 "우리가 가진 모든 계량적 수치는 우리가 이기고 있다는 것을 보여준다"고 만족스럽게 언급했다. — 닐 시핸, 『빛나는 거짓말』, 290쪽 인용. 그러나 1963년 12월, 맥나마라는 "쿠데타는 실제보다 심각한 하강 국면에서 발생했으며, 이는 보고된 바보다 훨씬 심각했다"고 인정했다. — 로버트 맥나마라의 메모, 1963년 12월 21일, 개러스 포터 편, 『베트남: 인간의 결정에 대한 문서집』 제2권, 233쪽.

76. 주월미군사령부에서 태평양사령부로 보낸 주간 보고 전문, 1963년 12월 27일, NSFCF-VN, 박스 1, 베트남 케이블 제2권, 문서 #6, LBJ 도서관.

77. 로버트 맥나마라, 펠트 제독에게 보낸 전문, 1963년 12월 21일, 제목: 베트남 침투 상황, NSF-CF-Vietnam, 박스 1, 문서 #5, LBJ 도서관.

78. 그래블 편, 『펜타곤 페이퍼스』 제2권, 150~151쪽.

79. 커피, 『아이언 이글』, 427~428쪽; 해롤드 K. 존슨, 1963년 11월 18일 합참 회의 노트, '1963년 9~12월 합참 회의록', 박스 126, 존슨 문서. 존슨은 1964년 7월 육군참모총장이 되기 전까지 휠러 장군의 작전 담당 부관이었다.

80. 그래블 편, 『펜타곤 페이퍼스』 제3권, 151쪽.

81. 기번스, 『미국 정부와 베트남 전쟁』 제2권, 213쪽; 그래블 편, 『펜타곤 페이퍼스』 제2권, 151쪽; 마이클 포레스탈, 대통령에게 보낸 메모,

1963년 12월 11일, 박스 1, 카힌 문서.

82. 빅터 H. 크룰락, 저자와의 인터뷰, 1993년 7월 26일; 그래블 편, 『펜타곤 페이퍼스』제3권, 151쪽.

83. 커피, 『아이언 이글』, 422쪽.

84. 맥스웰 D. 테일러 장군이 대통령에게 보낸 서한, 1963년 12월 21일, 테일러 문서.

85. 로버트 맥나마라 인용, 헨리 L. 트루휘트, 『맥나마라: 펜타곤에서의 시련』(뉴욕: 하퍼 & 로우, 1971), 237쪽.

86. 존슨 대통령의 일에 대한 헌신에 대해서는: 해리 맥퍼슨, 구술 역사 기록, LBJ 도서관, 테이프 2, 29~32쪽. 존슨은 맥나마라에게서도 같은 성향을 존중했다. — 트루휘트, 『맥나마라』, 257쪽. 두 사람이 의회를 오도하는 데 능숙했다는 점은 1963년 12월, 대통령과 국방장관 간의 전화통화(10쪽), 문서 #109, LBJ 도서관 참조.

87. 대통령이 맥나마라에게 전화, 1963년 12월 25일, 박스 1, 문서 #160, LBJ 도서관.

88. 디엠 쿠데타 이후 공산주의 세력의 공세 강화에 대해서는: — 듀이커, 『베트남에서 공산주의로 가는 길』, 220~223, 227~231쪽 참조. 롱안 주의 상황은 남베트남 전반을 대표했다. — 제프리 레이스, 『전쟁이 롱안에 오다(War Comes to Long An)』(버클리: 캘리포니아대 출판부, 1972), 133~134쪽. 베트남 공산당(베트콩(Viet Cong))이 통제한 지역의 비율에 대해서는: — 듀이커, 『성스러운 전쟁(Sacred War)』, 164~165쪽.

#4. 점진적 압박

1. 사이러스 밴스, 구술 역사 기록, 1970년 3월 9일, 제3부, LBJ 도서관, 11쪽.

2. 맥조지 번디와 잭 발렌티, 기팅어 편, 『존슨 시대(The Johnson Years)』, 14쪽.

3. 민 장군에게 보낸 대통령의 공개 서한, 1963년 12월 31일, 『미국 외교 문서(FRUS): 베트남, 1963년 8월~12월』, 745~746쪽.

4. 대통령이 로지 대사에게 보낸 비공개 전문, 1963년 12월 30일, 박스 1, 카힌 문서.

5. 슈프, 구술 역사 기록, 1967년 4월 7일, JFK 도서관, 35쪽; 뷰스, 구술 역사 기록, 1971년, 236쪽.

6. 해롤드 K. 존슨, 합참 회의 노트, 1964년 1월 8일 오후 2시, 박스 126, '1964년 1월~4월 합참 회의록', H. K. 존슨 문서; 뷰스, 구술 역사 기록, 1971년, 217쪽.

7. 국가안보행동각서(NSAM) 273호, 1963년 11월 26일, 포터 편, 『베트남: 인간의 결정에 대한 결정적 문서집』, 제2권, 221쪽 (강조 표시 있음).

8. 합참 메모 46 - 64, 1964년 1월 22일, 제목: 베트남 및 동남아시아, 그래블 편, 『펜타곤 페이퍼스』 제3권, 496~499쪽. 또한 합참 사무국 역사부, 『합참과 베트남 전쟁』 제1부, 제8장, 27~31쪽 참조.

9. 존슨 행정부와 합참 간의 전략 목표 차이에 대한 통찰력 있는 분석은: 허버트 Y. 샌들러, "미국과 베트남: 전략의 실패, 1964 - 67," 피터 브래스트럽 편, 『역사로서의 베트남(Vietnam as History)』(워싱턴 D.C.: 아메리카 대학 출판부, 1984), 특히 23~24쪽. 필자는 샌들러 박사와의 대화로부터도 많은 도움을 받았다.

10. 로지 대사가 러스크 국무장관에게 보낸 전문, 1월 30일 오후 6시, 박스 1, 카힌 문서; 1월 31일 오전 10시자 로지 대사의 전문, 동일 박스; 린든 B. 존슨이 카인 장군에게 보낸 자필 서한, 1964년 2월 2일, 박스 1, 카힌 문서.

11. 마이클 포레스탈, 구술 역사 기록, 1969년 11월 3일, 제1부, LBJ 도서관, 23쪽; 맥조지 번디, 대통령에게 보낸 메모, 1964년 2월 4일, 제목: 러스크 및 맥나마라 장관과의 오찬, NSF-맥조지 번디 문서, 박스 19, '대통령과의 오찬' 제1권, 제2부, 문서 #130, LBJ 도서관.

12. 맥조지 번디, 대통령에게 보낸 메모, 1964년 2월 4일, 위 내용 동일.

13. 새뮤얼 자피리, 『웨스트모어랜드: 장군 윌리엄 C. 웨스트모어랜드 전기』(뉴욕: 윌리엄 모로, 1994), 91, 93~95쪽. 또한 테일러, 『칼과 보습(칼과 보습)』, 50쪽; 윌리엄 C. 웨스트모어랜드, 저자와의 인터뷰, 1995년 10월 27일, 오디오테이프, 웨스트포인트, 뉴욕.

14. 앤드루 J. 굿패스터, 저자와의 인터뷰, 1993년 3월 9일.

15. 맥조지 번디, 대통령에게 보낸 메모, 1964년 2월 4일, 위와 동일한 문서; 국가안보행동각서(NSAM) 280호, 1964년 2월 14일, NSF-NSAM 문서, 박스 2, 문서 #6, LBJ 도서관.

16. 합참 사무국 역사부, 『합참과 베트남 전쟁』 제1부, 제8장, 25쪽.

17. 해롤드 K. 존슨, 설리번 위원회와의 합참 회의, 1964년 2월 19일 오후 2시, '1964년 1~4월 합참 회의록', 박스 126, H. K. 존슨 문서.

18. 위의 책.

19. 마이클 포레스탈, 구술 역사 기록, 1969년 11월 3일, 제1부, LBJ 도서관, 27쪽.

20. 합참 사무국 역사부, 『합참과 베트남 전쟁(The Joint Chiefs of Staff and the War in Vietnam)』 제1부, 제8장, 26쪽, 29쪽.

21. 위의 책, 9장. 3~4쪽.

22. 존 존스(휠러 및 존슨 육군참모총장 하에서 육군 참모진으로 근무), 저자와의 인터뷰, 1993년 3월 11일, 미국 국방대학교, 워싱턴 D.C., 오디오 녹음. 최근 베트남에서 귀국한 존스는 육군 지휘참모대학 학생으로서 그린 장군의 낙관적 평가에 이의를 제기했다. → 참고: 뷰스, 구술 역사 기록, 1971년, 205쪽.

23. 뷰스, 구술 역사 기록, 1971년, 177~178쪽; 로저스 장군, 저자와의 인터뷰, 1993년 3월 12일.

24. 로지 대사가 대통령에게 보낸 전문, 1964년 2월 20일, 박스 1, 카힌 문서.

25. 마이클 V. 포레스탈, 기록 메모, 1964년 2월 20일, 제목: 남베트남,

NSF-CF-VN, 박스 2, 베트남 메모 및 기타 자료, 제4권 (1964년 2~3월), 문서 #99, LBJ 도서관; 앤드루 J. 굿패스터, 저자와의 인터뷰, 1993년 3월 9일.

26. 대통령이 로지 대사에게 보낸 전문, 1964년 2월 21일, NSF CF-VN, 박스 2, 베트남 케이블 제5권 (1964년 3월), 문서 #45, LBJ 도서관. 대통령은 다음과 같이 덧붙였다: "정책의 핵심 사안에 대해 당신과 직접 의견을 나눌 수 있어 고맙습니다. 이런 교류는 계속되어야 합니다."

27. 굿패스터 장군은 이번 방문의 목적 중 하나가 "추가 개입에 대한 압박을 완화"하는 것이었다고 인정했지만, 주된 목적은 "악화되는 군사 상황에 대한 해결책을 찾는 것"이었다고 밝혔다. 존슨 대통령이 선거에 집착했던 정황은 다음을 참조: 윌리엄 번디, 미발표 원고, 제1장, 2쪽; 월트 로스토, 저자와의 인터뷰, 1993년 10월 21일; 기팅어, 『존슨 시대(The Johnson Years)』, 24~25쪽.

28. 딘 러스크와 린든 존슨 간의 전화 통화, 1964년 3월 2일 오전 11시 35분, 회의 및 통화 녹음 기록, 백악관 시리즈, 테이프 WH6403.01, 인용번호 #2305, LBJ 도서관.

29. 로버트 맥나마라와 린든 존슨 간의 전화 통화, 1964년 3월 2일 오전 11시, 회의 및 통화 녹음 기록, 백악관 시리즈, 테이프 WH6403.01, 인용번호 #2301, LBJ 도서관.

30. 존슨 대통령은 해당 회의를 맥조지 번디와의 녹음된 전화 통화에서 회상했다. 맥조지 번디와 린든 존슨 간의 전화 통화, 1964년 3월 4일 오후 7시 26분, 전화 통화 및 회의 녹취록, 박스 3, 녹취문 #2347, LBJ 도서관.

31. 위의 책.

32. 동일 출처. 회의 기록 메모, 1964년 3월 4일, "대통령과 합참 회의", 박스 50, 문서 T-36-71, 테일러 문서.

33. 시밍턴 상원의원이 존슨 대통령에게 보낸 서한, 1964년 2월 12일, 및 잭 발렌티가 맥스웰 테일러에게 보낸 전달 서한, 1964년 2월 18

일; 대통령 서명을 위한 테일러 초안 서한(날짜 미상), 박스 50, 문서 T-36‑71, 테일러 문서.

34. 1964년 2월 쿠바 관련 회의에서 르메이가 카스트로 정권을 약화시키기 위한 강경 조치를 주장하자, 테일러는 합참에 새로운 대통령은 "의견 불일치를 싫어한다"고 경고했다. ― 해롤드 K. 존슨, 특별 합참 회의, 1964년 2월 8일 오전 10시, '1964년 1~4월 합참 회의록', 박스 126, 존슨 문서.

35. 해롤드 K. 존슨, 베트남 관련 특별 합참 회의, 1964년 2월 29일 오전 9시, 동일 출처.

36. 회의 기록 메모, 1964년 3월 4일, "대통령과 합참 회의", 박스 50, 문서 T-36‑71, 테일러 문서. 테일러는 군사 행동을 세 단계로 구분했다. 1단계는 북베트남에 대한 정찰만 실시해 향후 군사 조치의 "정당성"을 확보하는 데 중점을 두고, 2단계는 제한된 공중 공격 및 3단계 실행 준비를 포함하며, 3단계는 본격적인 군사 작전을 포함하는 계획이었다.

37. 딘 러스크와 린든 존슨 간의 전화 통화, 1964년 2월 25일 오전 11시 40분, 백악관 시리즈, 테이프 WH6402.21, 인용번호 #2190, LBJ 도서관.

38. 월트 로스토와 린든 존슨 간의 전화 통화, 1964년 3월 4일 오후 6시 5분, 전화 회의록, 박스 3, 문서 #2346, LBJ 도서관. → 관련: 월트 로스토, 대통령에게 보낸 초안 메모, 1964년 4월 25일, 박스 13, 동남아시아, 문서 #49a, 월트 로스토 문서, LBJ 도서관. → 로스토, 저자와의 인터뷰, 1993년 10월 21일.

39. 프랭크 스탠턴과 린든 존슨 간의 전화 통화, 1964년 2월 6일 오후 12시 31분, 백악관 시리즈, 테이프 WH6402.07, 인용번호 #1907, LBJ 도서관.

40. 로버트 맥나마라와 린든 존슨 간의 전화 통화, 1964년 2월 6일 오후 1시 1분, 동일 출처, 인용번호 #1912.

41. 맥조지 번디와 린든 존슨 간의 전화 통화, 1964년 3월 4일 오후 7시 26
분, 회의록, 박스 3, 문서 #2347, LBJ 도서관.

42. 로버트 맥나마라와 린든 존슨 간의 전화 통화, 1964년 2월 25일 오전
11시 45분, 백악관 시리즈, 테이프 WH6402.21, 인용번호 #2191,
LBJ 도서관.

43. 윌리엄 P. 번디, 설리번, 맥노튼, 야르몰린스키에게 보낸 메모, 1964
년 3월 2일, 제목: 첨부된 대통령 보고 메모, NSF-CF-VN, 박스 2,
베트남 메모 및 기타 자료, 제4권 (1964년 2~3월), 문서 #94; 번디,
국방장관 순방팀에 보낸 메모 및 대통령용 초안 메모 첨부, 1964년 3
월 5일, 문서 #69a, #69b, LBJ 도서관. 최종 보고서는 그래블 편, 『펜
타곤 페이퍼스』 제3권, 499~510쪽.

44. 국방장관이 맥나마라 - 테일러 베트남 사절단 구성원에게 보낸 메모,
1964년 3월 5일, 『미국 외교문서(FRUS): 베트남, 1964』, 133~134쪽.

45. 맥조지 번디가 대통령에게 보낸 전달 메모, 1964년 3월 8일, NSF-
CF-VN, 박스 2, 베트남 케이블 제5권, 문서 #69, LBJ 도서관; 해롤
드 K. 존슨, 합참 회의 노트, 1964년 3월 2일 오후 2시, 박스 126, 존
슨 문서.

46. 해롤드 K. 존슨, 합참 회의 자필 노트, 1964년 3월 13일 오후 2시, 박
스 126, 존슨 문서.

47. 노먼 S. 폴, 구술 역사 기록, 1969년 2월 21일, LBJ 도서관, 테이프 1,
62~65쪽. 국방부 입법 담당 차관보였던 폴은, 맥나마라가 인사 선발
기준으로 지능과 열의만을 중시하고, 군사 경험은 상대적으로 중요시
하지 않았다고 회고했다. → 맥도널드, 회고록, 360~361쪽.

48. 맥도널드, 회고록, 360~361쪽.

49. 해롤드 K. 존슨, 합참 회의 노트, 1964년 3월 2일, 박스 126, 존슨 문서.

50. 당시 가장 자주 사용되던 표현이 "점진적 압박(graduated pressure)"이
었기에 이 용어를 사용하였다. 일부는 이를 "점진적 대응(graduated
response)" 혹은 "단계적 접근(incrementalism)"이라고도 불렀다.

51. 맥나마라의 인용문은 제임스 G. 블라이트와의 인터뷰(1987년 5월 21
일)에서 나온 것이며, 블라이트와 웰치 편『On the Brink』193~194쪽
에 수록되어 있다.

52. 해당 문서는 예를 들어 고고도 정찰 비행을 제안하며, 그러한 조치가 "
북베트남의 주권에 심각한 타격"이 될 수 있으며 쿠바 사례와 유사한
보다 강력한 조치도 제시하고 있다. → 부속 문서 A, "대북 미군사행
동 분석(U.S. Military Action Against North Vietnam—An Analysis)",
폴 C. 워른키 문서, 존 맥노튼 파일, 박스 2, McNTN V-"Planning
Pressures"-1964(l), 문서 #5, LBJ 도서관.

53. 예를 들어 다음 문서를 참조: 로버트 맥나마라, 제임스 A. 포레스터
기념상 시상식 연설(1964년 3월), NSF-CF-VN, 박스 3, 베트남 케
이블 제6권, 문서 #51, LBJ 도서관; 딘 러스크, 구술 역사 기록, 1969
년 9월 26일, LBJ 도서관, 인터뷰 2, 테이프 1, 4~6쪽.

54. 로버트 S. 맥나마라 인용, 『On the Brink』194쪽; 딘 러스크, 구술 역
사 기록, 1969년 9월 26일, LBJ 도서관, 인터뷰 2, 테이프 1, 24쪽.

55. 유진 주커트, 구술 역사 기록, 1969년 3월 18일, LBJ 도서관, 제1부,
31쪽.

56. 토머스 M. 커피, 『Iron Eagle』, 427쪽.

57. 아서 W. 바버가 찰스 코크런에게 보낸 서신(LBJ 도서관), 1977년 2월
26일, 아서 W. 바버 문서.

58. 테일러, 『칼과 보습(칼과 보습)』, 310쪽.

59. 국방장관이 대통령에게 보낸 메모, 1964년 3월 16일, 그래블 편, 『펜
타곤 페이퍼스』제3권, 499~510쪽.

60. 합참 사무국 역사부, 『합참과 베트남 전쟁』제1부, 제9장, 18쪽.

61. 해롤드 K. 존슨, 합참 회의 노트, 1964년 3월 14일 오전 11시, 박스
126, '1964년 1~4월 합참 회의록', 존슨 문서. 해병대 장군 뷰스는 휠
러 장군을 "무기력하다"고 묘사했다. → 뷰스, 구술 역사 기록, 1971
년, 208쪽.

62. 국방장관에게 보낸 메모(JCSM-222-64), 1964년 3월 14일, 박스 50, 문서 T36-71, 테일러 문서. 참조된 메모는 JCSM-174-64(제목: 베트남, 1964년 3월 2일)로, 아직 기밀 해제되지 않았다.

63. 이 회의에 대한 기록은 브롬리 스미스, 국가안전보장회의(NSC) 제524차 회의 요약 기록, 1964년 3월 17일, NSF, NSC 회의, 제1권, 탭 5, 문서 #2, LBJ 도서관. → 맥스웰 테일러의 발언에 강조 표시가 있음. 맥나마라와 테일러의 발언은 해롤드 K. 존슨의 1964년 3월 14일 합참 회의 노트 및 국방장관에게 보낸 메모(JCSM-222-64, 1964년 3월 14일)와 비교됨.

64. 브롬리 스미스, NSC 제524차 회의 요약 기록, 1964년 3월 17일, NSF, NSC 회의, 제1권, 탭 5, 문서 #2, LBJ 도서관(강조 표시 있음). → 맥나마라가 카인 장군에게 대북 공격 자제를 설득하려 한 노력은 다음 자료 참조: 린든 존슨과 리처드 러셀 간의 전화 통화, 1964년 5월 27일 오전 10시 55분, 백악관 시리즈, 테이프 WH6405.10, 인용번호 #3519-3521, LBJ 도서관.

65. 윌리엄 Y. 스미스, 번디에게 보낸 메모, 1964년 3월 17일, 제목: 베트남, NSF-CF-VN, 박스 2, 베트남 케이블 제5권, 문서 #59b. → 커버레터 문서 #59a도 함께 참조, LBJ 도서관.

66. 위의 책.

67. 윌리엄 Y. 스미스, 번디에게 보낸 메모, 1964년 3월 17일, 제목: 베트남, NSF-CF-VN, 박스 2, 베트남 케이블 제5권, 문서 #58, LBJ 도서관.

68. C. V. 클리프턴, 번디에게 보낸 메모, 1964년 3월 19일, NSF, C. V. 클리프턴 문서, 박스 1, 문서 #11, LBJ 도서관.

69. 마이클 포레스탈, 번디에게 보낸 메모, 1964년 3월 18일, NSF-CF-VN, 박스 2, 베트남 케이블 제5권, 문서 #59, LBJ 도서관.

70. 이들 메모의 작성자인 윌리엄 스미스 대령은 1961년부터 1962년까지 백악관과 국방부에서 테일러 장군의 개인 참모로 근무했다.

71. 해롤드 K. 존슨, 합참 회의 노트, 1964년 3월 20일 오후 2시, 박스 126, '1964년 1~4월 합참 회의록', 존슨 문서.

72. 합참 사무국 역사부, 『합참과 베트남 전쟁』 제1부, 제9장, 22~23쪽.

73. 테일러, 『불확실한 나팔(The Uncertain Trumpet)』, 175~176쪽; 로저스, 저자와의 인터뷰, 1993년 3월 12일.

74. 로버트 맥나마라와 린든 존슨 간의 전화 통화, 1964년 3월 2일 오전 11시, 백악관 회의 및 통화 녹음, 테이프 WH6403.01, 인용번호 #2301, LBJ 도서관.

75. 이 분열 상황에 대한 회고적 설명은 다음을 참조: 해롤드 K. 존슨, 구술 역사 기록, 1972~1974년, 제2권, 제8부, 53~54쪽.

76. 국방장관에게 보내는 메모(JCSM-295-64), 1964년 4월 9일, 박스 208, 스플릿 문서, 합참의장 얼 G. 휠러 문서, 제220기록군, 미국 국립문서관, 워싱턴 D.C. (이후 "휠러 문서"로 인용); 합참 내에서 부사령관(COMUSMACV) 설치 논의 관련 기록 메모, 박스 50, 문서 36-71, 문서 #19, 테일러 문서. 르메이 장군의 불만에는 일리가 있었을지도 모른다. 1964년 5월 기준으로 육군이 MACV 참모직의 80%를, 공군은 단 10%만을 차지하고 있었다. → 제이콥 반 스타브렌, 『남베트남 및 라오스 내 미 공군의 계획과 정책, 1964』(미 공군사역사연구소, 1965년 12월), 65~68쪽.

77. 맥스웰 D. 테일러, 국방장관에게 보내는 메모(CM-1208-64), 1964년 2월 20일, 박스 22, 문서 T-236-69, 테일러 문서; 로버트 S. 맥나마라, 합참의장에게 보내는 메모, 1964년 2월 20일, 동일 문서 위치; 맥도널드, 『회고록』, 353~356쪽. → 해병대 지원을 거부한 후속 결정과 관련해, 맥도널드 제독은 자신은 단지 "그린 장군이 정한 규칙을 따랐을 뿐"이라고 밝혔다.

78. 맥도널드, 『회고록』, 353~356쪽, 395~396쪽.

79. 위의 책.

#5. 불신에서 기만으로

1. 뉴욕 타임스, 1964년 4월 25일자 기사 및 기번스, 『미국 정부와 베트남 전쟁』 제2권, 249쪽.

2. 토머스 제퍼슨, 1785년 8월 19일, 로버트 A. 피튼 편, 『군사 전통에서의 리더십 명언집(Leadership: Quotations from the Military Tradition)』(콜로라도 볼더: 웨스트뷰 프레스, 1990), 297쪽에서 인용.

3. 기밀 보고서 「클리프턴 전용용(Talking Paper, Clifton's Eyes Only)」, 1964년 3월 27일, 국가안보 파일, C. V. 클리프턴 문서, 박스 1, 합참 문서 제1권, 문서 #6a, LBJ 도서관. → 클리프턴의 여백 메모(예: "처리 완료") 및 존슨이 정확히 일주일 후 해당 문서의 경고에 따라 조치한 사실로 보아, 이 문서는 대통령에게 전달된 것으로 보인다.

4. 동일 문서 재인용.

5. 이 해석은 조지 C. 해링이 『LBJ와 베트남』 제2장에서 분석한 합참과 존슨 행정부 간 조언 관계와 일치한다. → 해링의 「냉혈(Cold Blood): 베트남에서 제한전쟁을 수행한 LBJ의 방식」(1990년 10월 17일, 미국 공군사관학교 제14차 군사사 심포지엄에서 발표된 하먼 군사사 강연 제33회) 및 「침묵의 공모: LBJ, 합참, 베트남 전쟁의 확대」, 로이드 가드너 편 『베트남: 초기 결정들』 수록 논문 참조.

6. 유진 주커트, 구술 역사 기록, 1969년 3월 18일, LBJ 도서관, 30~31쪽. 르메이 장군은 맥나마라 장관과 지속적으로 갈등을 겪었다. 로스웰 길패트릭, 구술 역사 기록, 1982년 11월 2일, LBJ 도서관, 14~15쪽; 길패트릭, 대통령에게 보낸 메모, 1964년 1월 20일, 제목: 르메이 장군의 전역 후 배치, NSF, C. V. 클리프턴 문서, 박스 1, 국방일반 제1권, 문서 #22, 존슨 도서관. 이 메모는 흥미롭다. 길패트릭은 르메이의 조사가 "매우 흥미로울 것"이라며, 르메이는 해당 임무에 "매우 적합하다"고 적었다. 이 조사는 4~6개월이 소요되어, 정확히 선거 기간 동안 르메이를 바쁘게 만들 수 있었다(그는 6월 30일 퇴역 예정이었다).

7. C. V. 클리프턴, 월터 젠킨스에게 보낸 메모, 1964년 1월 28일, NSF,

C. V. 클리프턴 문서, 박스 1, 공군, 문서 #6, LBJ 도서관; 맥스웰 테일러, 라임런 렘니처 장군에게 보낸 비공개 서한, 1964년 1월 14일, 박스 22, 문서 T-236-69, 테일러 문서. 존슨 대통령은 르메이를 선거 전까지 유임시키기로 결정한 후, 유럽에 있던 맥코넬을 공군 참모차장으로 데려와 후임 준비를 하게 했다. 존 P. 맥코넬, 구술 역사 기록, 1969년 8월 14일, LBJ 도서관, 2~7쪽.

8. 커피, 『Iron Eagle』, 432~433쪽.

9. 동일 출처, 432~434쪽. 르메이는 실제로 1965년 1월에 퇴역했다. 충성심, 군사 전문성, 민간 통제에 대한 르메이의 견해는 『르메이와 함께한 사명(Mission with LeMay: My Story)』(1965) 553~555쪽 참고. 인용문은 554쪽에 수록됨.

10. 포레스탈이 번디에게 보낸 메모, 1964년 4월 28일, 문서 #187, "베트남", 제7권, NSF-CF-VN, LBJ 도서관. 존슨은 재임 기간 내내 자신의 핵심 참모들과 회의를 지속했으며, 베트남이 항상 주요 의제였다. 합참은 1966년까지 회의에 참여하지 못했고, 이후 의회 압력으로 휠러 합참의장이 정기적으로 참석하게 되었다. 데이비드 험프리, 「존슨 백악관의 화요 오찬」, 『외교사(Diplomatic History)』 제8권(1984년 겨울), 88~92쪽. 월트 로스토, 『권력의 확산(The Diffusion of Power)』, 1972, 358쪽. 딘 러스크는 이 점심 회의가 "유용한 의사결정의 장"이었다고 언급했다. 딘 러스크, 구술 역사 기록, 1969년 7월 28일, 제1부, 23쪽, LBJ 도서관. 화요 점심 회의 의제는 NSF, 맥조지 번디 문서, 박스 19, "Lunch with the President", LBJ 도서관 참조.

11. 브롬리 스미스, 구술 역사 기록, 1969년 7월 29일, LBJ 도서관, 제2부, 19~20쪽. 존슨의 합의 집착 및 정보 유출에 대한 편집증은 동일 문서 제1부, 27쪽 및 버크 & 그린스타인, 『How Presidents Test Reality』, 139, 184~185쪽 참조.

12. 마이클 포레스탈, 구술 역사 기록, 1969년 11월 3일, 제1부, LBJ 도서관, 30쪽. 포레스탈은 사람들이 대통령의 의중이라 여겨지는 방향과

다른 의견을 내지 못했다고 언급했다.

13. 딘 러스크, 구술 역사 기록, 1969년 7월 28일, 제1부, LBJ 도서관, 8~9, 22~29, 36쪽. 러스크와 맥나마라는 케네디 시절부터 대통령과 단독 회의를 하는 습관을 들였다. NSC나 내각 회의에서는 참가자가 많아 발언이 제한되고 정보가 왜곡되거나 유출될 가능성이 크기 때문이었다. 러스크는 존슨과의 점심 모임을 "내부 전쟁 내각(inner war cabinet)"이라 불렀다. 대통령 회의 전에 베트남에 대한 공통 입장을 마련하는 러스크–맥나마라 회의의 사례는 윌리엄 P. 번디의 미출간 원고 1장, 8쪽 참조.

14. 월트 W. 로스토, 구술 역사 기록, 1968년 12월 22일, 제1부, 56쪽, LBJ 도서관.

15. 해리 맥퍼슨, 구술 역사 기록, 1968년 12월 5일, 4회차, 테이프 5, 33쪽, LBJ 도서관; 체스터 쿠퍼, 구술 역사 기록, 제1부, 9쪽, LBJ 도서관; 조지 볼, 『과거는 또 다른 패턴을 가진다(The 과거는 다른 패턴을 가진다)』, 1982, 390쪽. 볼은 "맥나마라가 한번 결정을 내리면, 어떤 방해물도 그의 단호한 추진력을 막을 수 없었다"고 기술했다.

16. 합참은 맥나마라의 초안 보고서를 읽은 직후 곧바로 해당 결정을 내렸다. 해롤드 K. 존슨, 자필 합참 회의 노트, 1964년 3월 13일 오후 2시, 존슨 문서.

17. 「시그마 1 - 64 최종 보고서(SIGMA 1 - 64 Final Report)」, NSF–기관 파일, 박스 30, 합참 워게임, 제1권 [1], 문서 #1, LBJ 도서관.

18. 위의 책.

19. 클리프턴 장군에게 보내는 메모, 1964년 5월 6일, 국가안보 파일, C. V. 클리프턴 문서, 박스 2, 대통령 회의 기록 제1권 [파일 1/2], 문서 #14; 클리프턴 장군에게 보내는 메모, 1964년 5월 20일, 국가안보 파일, C. V. 클리프턴 문서, 박스 1, 국방 일반 제1권, 문서 #6, LBJ 도서관.

20. 알렉산더 조지, 『외교정책에서의 대통령 의사결정: 정보와 조언의 효과적 활용』(콜로라도 볼더: 웨스트뷰 프레스, 1980), 61쪽.

21. 1964년 2월에 제작된 차트, "SVN Charts"로 표시된 폴더, 맥나마라 문서, 박스 33; 구드패스터, 1993년 3월 9일자 저자 인터뷰.

22. 알랭 엔소번, 구술 역사 기록, 1968년 12월 27일, LBJ 도서관, 테이프 1, 25쪽; 테이프 2, 2~3쪽, 7쪽.

23. 헨리 뷰스, 구술 역사 기록, 1971년, 178~179쪽.

24. 맥도널드, 『회상록』, 409쪽.

25. 해롤드 K. 존슨, 구술 역사 기록, 1972년, 제2권, 제11절, 3~4쪽. 르메이의 회상도 유사함. 커피, 『Iron Eagle』, 422쪽 참고.

26. 윌리엄 번디가 로지 대사에게 보낸 전보, 1964년 4월 4일, 카힌 문서, 박스 1.

27. 마이클 V. 포레스탈이 맥조지 번디에게 보낸 메모, 1964년 4월 16일, 국가안보 파일 - 베트남, "베트남 계획", 문서 #177, LBJ 도서관. 이 메모는 포레스탈이 11월 대선까지 베트남 관련 사안을 "통제 하에 두는 것"에 집착했음을 보여줌. 1964년 4월 20일자 초안, 문서 #178 참고.

28. 동일 문서.

29. 허버트 Y. 쉔들러의 해석과 일치함. "JCS 전략 기획과 베트남: 목표의 탐색" 참조.

30. 기번스, 『미국 정부와 베트남 전쟁』제2권, 241~242, 244쪽.

31. 합참사무국 역사부, 『합참과 베트남 전쟁』제1부, 제9장, 35~39쪽. 목표물 목록은 나중에 94개로 확대됨´.

32. 『펜타곤 페이퍼』제3권, 162~164쪽; 기번스, 제2권, 244~245쪽. 이 외 북베트남에 대한 외교적 접근 사례는 윌리스 J. 타이스의 『정부 충돌: 베트남 분쟁에서의 강압과 외교, 1964~1968』(버클리: 캘리포니아 대 출판부, 1980) 참고.

33. 윌리엄 C. 웨스트모어랜드, 『한 병사의 보고서』(가든 시티, 뉴욕: 더블데이, 1976), 109쪽.

34. 해롤드 K. 존슨, 합참 회의 노트, 1964년 4월 24일 오후 2시, '64년 1~4월 합참 회의록, 존슨 문서.

35. 윌리엄 번디, 미출간 원고, 제1장, 2쪽. 또한 맥조지 번디와 레이 클라인의 언급은 기팅거 편 『존슨의 해』, 24~25쪽; 도리스 커언스, 『린든 존슨과 아메리칸 드림』, 197~198쪽 참고.

36. 웨스트모어랜드, 『한 병사의 보고서』, 109쪽.

37. 윌리엄 C. 웨스트모어랜드, 『웨스트모어랜드 문서』, 박스 30, 찰스 B. 맥도널드와의 인터뷰, 1973년 2월 4일, 탭 A, LBJ 도서관. 그는 선거 때문에 정부가 "전쟁을 저강도로 유지하려 했다"고 회상함. 또한 존슨 행정부가 군 및 미국 대중을 상대로 "게임 플랜"을 세우고 있었다고 주장.

38. 헨리 카봇 로지, 국무장관, 해리먼, 번디 앞으로 보낸 전보, 5월 4일 오후 3시, 카힌 문서, 박스 1. 5월 2일, 로지는 남베트남 캄란만에 미 해군기지를 설립해 외교 협상 시 "유용한 협상 카드"로 사용할 것을 제안함. 헨리 카봇 로지, 5월 2일자 전보.

39. CIA 메모, 1964년 5월 15일, 국가안보 파일 제9권, 상황보고서 파일, 문서 #48, LBJ 도서관. 보고서는 남베트남 상황을 "극도로 불안정"하다고 묘사하고, "연말까지 악화 추세가 멈추지 않으면 반공 진영의 입지는 유지 불가능할 수 있다"고 경고.

40. 4월 말, 러스크 국무장관이 사이공을 방문한 후, 로지 대사는 하킨스 장군이 자신의 허가 없이 카인 장군과 접촉하지 못하도록 지시함. 이에 하킨스는 대사에게 항의서한을 보내, MACV(군사 원조 사령부) 사령관으로서의 책임을 들어, 카인과의 접촉 사실을 단지 "통보"하겠다고 밝힘. 폴 D. 하킨스, 로지 대사에게 보내는 메모, 1964년 4월 22일, 카힌 문서, 박스 1.

41. 로지 대사는 이미 "북진 열병"에 대해 워싱턴에 전보를 보낸 바 있다. 메모: 로지 → 러스크, 1964년 5월 4일, 카힌 문서, Box 1.

42. 팜게이트 작전은 1962년 1월에 시작되었다. 프로그램의 처음 18개월 동안, 남베트남 조종사들을 전투 중 훈련시키는 명목으로 28명의 미 공군 병력이 사망했다. 브롬리 스미스, 국가안보회의 회의 제532호 요약 기록, 1964년 5월 15일, Box 1, 카힌 문서.

43. 메모: 테일러 → 합참의장단 외, "국방장관 및 합참의장의 베트남공화국 방문, 5월 11~13일," 날짜 없음, Box 50, File T36‑71, 테일러 문서.

44. 정치적 문제에 초점을 맞춘 로버트 맥나마라 및 다른 민간 고문들은, 제한 완화를 요구하는 데 정당한 군사적 이유가 있다는 점을 이해하지 못했다. 이 어려움을 보여주는 전례는 1964년 3월 캄보디아 찬트레아에서 발생한 사건이었다. 미국 고문들은 국경 남베트남 측에 머물도록 지시받았고, 그 사이 베트남 병사들이 캄보디아를 급습했다. 이 공격으로 17명이 사망했고, 백인 남성이 공격 현장에 있었다는 사실이 큰 당혹감을 불러일으켰다. 백악관 집무실에서 마이클 포레스터는 이 사건을 "용서할 수 없는 일"로 판단하고, 관련 장교들에게 "이런 실수가 그들의 경력에 영향을 줄 수 있다는 점을 인식시키는 조치"를 취할 것을 권고했다. 메모: 포레스터 → 맥조지 번디, 1964년 4월 1일, #63a, "캄보디아-찬트레아 사건," 제6권, NSF-CF-VN, LBJ 도서관. ISA의 존 맥노턴 휘하에서 근무한 아모스 A. 조던 박사는, 이러한 제한이 "고위 군사 인사들이 야누스처럼 두 방향을 바라보게 만든다"고 언급했다. 아모스 A. 조던 박사 인용: 윌리엄 알렉산더 해밀턴, "1965~1968년 미국 군대의 외교정책에 대한 영향," 박사학위 논문, 네브래스카 대학교, 1978, p. 76.

45. 메모: 테일러 → 합참의장단 외, "국방장관 및 합참의장의 베트남공화국 방문, 5월 11~13일," 날짜 없음, Box 50, File T36‑71, 테일러 문서.

46. 메모: 테일러 → 합참의장단 외, "국방장관 및 합참의장의 베트남공화국 방문, 5월 11~13일," 날짜 없음, Box 50, File T36‑71, 테일러 문서. 맥나마라는 한 요청을 주저 없이 승인했다. 하킨스 장군은 그에게 700만 달러 규모의 "쇼핑 리스트"를 건넸다. 대통령이 하킨스를 의회에서 청문회에 세울 것을 우려했던 것을 기억하며, 맥나마라는 존 맥노턴에게 10일 이내에 이 목록의 서면 승인을 MACV에 보내도록 지

시했다. 베트남에서 돌아온 후 의회 청문회에 출석한 맥나마라와 테일러 장군은, 조지 마혼 의원에게 이렇게 말했다. "사이공을 떠나기 전, 장군 하킨스와 웨스트모어랜드 장군에게 우리가 항상 묻는 대로 물었습니다. '필요한데 없는 것이 있습니까?' 그들은 우리가 어렵지 않게 채울 수 있는 매우 짧고 사소한 목록을 주었습니다." 그러나 테일러 장군은 웨스트모어랜드 장군의 특수부대 추가 요청, 무어의 팜게이트 제한 완화 요청, 밴스 부장관의 "병력 요청 검증" 요구는 언급하지 않았다. 맥스웰 테일러 장군과 로버트 맥나마라 국방장관의 하원 마혼 위원회 증언 발췌, 날짜 없음, 잭 발렌티를 위한 커버 메모 포함, 1964년 6월 2일, NSF-CF VN, Box 5, 베트남 메모, vol. 11, 6/1‑13/64, item #41a, LBJ 도서관.

47. 로버트 맥나마라, 민주당 강령 위원회 증언, 1964년 8월 17일, Box 2, 맥나마라 문서.

48. 크루락, 저자 인터뷰, 1993년 7월 26일.

49. 로버트 맥나마라, "쿠바 브리핑 제2부," 1963년 1월 24일, Box 28, 쿠바 성명 폴더, 맥나마라 문서.

50. 예를 들어, 미 조종사에게 전투에 참여하지 말라는 맥나마라의 지시와, 7일 후 발표된 모호한 합참 명령 6399호를 비교해 보라. 합참 명령 6399호는 미군이 전투에 참여하지 않는다는 정책을 재확인하면서도, 팜게이트 항공기를 이용한 "실전 훈련 작전 임무"를 계속 허용했다. 합참은 헬기 무기가 "차량과 승객 보호용"임을 명시하고, 미군 병력은 "필요한 경우에만 전투 상황에 노출될 수 있다"고 했다. 합참 명령 6399 인용: 합참 사무국 역사과, 《공중 캠페인에서의 제한 및 목표 설정 연대표: 베트남, 1961~1966》, 6쪽.

51. 부속 문서 E, 메모: 테일러 → 합참의장단 외, "국방장관 및 합참의장의 베트남공화국 방문, 5월 11~13일," 날짜 없음, Box 50, File T36‑71, 테일러 문서.

52. "오류 위에 오류," 월스트리트저널, 1964년 5월 13일, 인용: 기븐스,

《미국 정부와 베트남 전쟁》제2권, 248쪽. 기븐스는 "미국 정책에 대한 의회 및 여론의 비판이 증가하고 있었다"고 지적했다.

53. 브롬리 스미스, 국가안보회의 회의 제532호 요약 기록, 1964년 5월 15일, 《미국 외교문서집: 베트남, 1964》, pp. 328 – 32; 앤드루 J. 굿패스터, 저자 인터뷰, 1993년 3월 9일. 맥나마라의 베트남 방문 후 대통령 보고서: "RMCN의 대통령 보고용 노트," 1964년 5월 14일, NSF-CF-VN, Box 4, 베트남 메모, vol. 9, 5/13 – 23/64, item #2, LBJ 도서관.

54. 더글라스 케이터 인용: 기팅어, 《존슨 시대》, pp. 21 – 22; 더글라스 브링클리, 《딘 애치슨: 냉전 시기, 1953~1971》, 예일대 출판부, 1992, 239쪽.

55. 기븐스, 《미국 정부와 베트남 전쟁》, 제2권, 254~255쪽.

56. 앤드루 J. 굿패스터, 저자 인터뷰, 1993년 3월 9일. 포레스터는 맥나마라에게 보낸 메모에서 군사 지휘관의 권한을 더욱 약화시킬 수 있는 베트남 정책의 변경을 권고했다. 메모: 포레스탈 → 맥나마라, 1964년 2월 14일, Box 1, 카힌 문서. 맥노턴이 처음 베트남을 방문했을 당시, 그는 찰스 J. 팀스 소장 부부의 초대를 받아 그들의 집에 머물렀다. 팀스 부인은 남베트남 상황의 복잡성을 설명하며, 베트남에 2년 반이나 있었음에도 "베트남 문화와 관습에 대해 거의 이해하지 못하고 있다"고 조심스럽게 말했다. 이에 맥노턴은 어떤 문제든 그것을 구성 요소로 나누어 분석하고 다시 조합하면 해결책을 찾을 수 있다고 확신했다. 맥노턴의 베트남 첫 방문에 대한 설명은 찰스 J. 팀스, 「순진했던 시절」, Army (1977년 5월호), 40쪽 참조. 포레스터와 맥노턴은 게릴라전 이해를 돕기 위해 서로 책을 교환했다. 그중에는 로저 트랭키에의 『현대전: 프랑스의 대반란전 시각』(뉴욕: 프래이저, 1964)과 데이비드 갈랄루의 알제리 전쟁 관련 RAND 연구가 포함되어 있었다. 메모: 포레스터 → 맥노턴, 1964년 5월 1일, 카힌 문서, Box 1.

57. 윌리엄 번디와 조지 볼 간의 전화 통화, 1964년 5월 22일, 조지 볼 문

서, Box 7, Vietnam I [1963년 12월 9일~1964년 12월 15일], 항목 #42, LBJ 도서관. 번디는 볼에게 "계획 그룹 회의가 두 차례 있었고 맥나마라도 참여하길 원한다"고 말했다. 또한 윌리엄 번디의 미출간 원고 제4장, 11쪽 참조.

58. 이 그룹은 5월 23일, 북베트남에 대한 중간 단계의 비공식 조치를 제거하되, 점진적인 압박을 통해 북베트남이 남베트남 개입을 중단하게 만드는 기본 틀은 유지하는 새로운 시나리오를 완성했다. 그레이블, 『펜타곤 페이퍼스』, 제3권, 167~168쪽. 기븐스, 『미국 정부와 베트남 전쟁』, 제2권, 255~256쪽도 참조.

59. 대통령에게 제출된 메모: 「동남아시아에 대한 기본 권고안 및 예상 행동 계획」, 1964년 5월 25일, 맥조지 번디의 NSF 파일, Box 19, 대통령 오찬 메모, 제1권, 제1부, 항목 #79, LBJ 도서관. 다음 날 화요일 오찬 의제는 항목 #77 참조.

60. 대통령에게 제출된 메모: 「동남아시아에 대한 기본 권고안 및 예상 행동 계획」, 1964년 5월 25일, 미국 외교문서집: 베트남, 1964, 374~377쪽.

61. 맥스웰 테일러, 「호놀룰루 회의 주요 내용」, 1964년 6월 2일, Box 50, File T-36-71, 테일러 문서.

62. 기븐스, 『미국 정부와 베트남 전쟁』, 제2권, 261~264쪽.

63. 맥스웰 테일러, 「호놀룰루 회의 주요 내용」, 1964년 6월 2일, Box 50, File T-36-71, 테일러 문서; 기븐스, 『미국 정부와 베트남 전쟁』, 제2권, 261~264쪽.

64. 맥스웰 D. 테일러, 기록용 메모, 1964년 5월 7일, 테일러 문서.

65. 맥나마라에게 보내는 로지 대사의 전보, 1964년 5월 28일, Box 1, 카힌 문서. 이 에세이 요청은 맥나마라가 주도한 것으로 보인다.

66. 윌리엄 번디, 미출간 원고, 제13장, 21쪽.

67. 합참 → 국방장관에게 보낸 메모 (JCSM-471-64), 1964년 6월 2일, 미국 외교문서집: 베트남, 1964, 437~440쪽. 테일러는 초안의 강경

한 표현을 완화하도록 합참을 설득했다. 5월 30일자 초안 발췌문은 그레이블,『펜타곤 페이퍼스』, 제3권, 126쪽 참조.

68. 합참 사무국 역사과,『합참과 베트남 전쟁』제1부, 제10장, 17쪽.

69. 월리스 그린, 기록용 메모,「합참 문건에 대한 의장의 조치」, 1964년 6월 1일, 그린 문서.

70. 월리스 그린,「크루락 중장과의 전화 통화 요약」, 1964년 6월 1일, 그린 문서.

71. 합참의장 → 국방장관에게 보낸 메모, 1964년 6월 2일, 미국 외교문서집: 베트남, 1964, 436~437쪽.

72. 합참의장 → 국방장관에게 보낸 메모, 1964년 6월 5일, 위의 책, 457~458쪽.

73. 국방장관 → 합참의장에게 보낸 메모, 1964년 6월 10일, 그레이블,『펜타곤 페이퍼스』, 제3권, 127쪽.

74. 회의 기록용 메모, 합참 회의, 1964년 6월 3일 오후 2시, 그린 문서. 회의 결론을 축소하려는 듯, 그는 합참의장단에게 맥나마라가 대통령에게 제출한 메모에 대해 "쥐 한 마리 들고 가는 것과 같다"고 말했다.

75.「남베트남 행동 계획 및 라오스와 남베트남에서 공산주의 확대를 막기 위한 미국의 의지를 보여주기 위한 군사 행동 예시」, 미국 외교문서집: 베트남, 1964, 461~464쪽.

76. 월리스 그린,「라오스 비상 상황에 대한 합참 및 백악관 조치 요약」, 1964년 6월 6일, 그린 문서.

77. H. K. 존슨,「합참 특별 회의」, 1964년 6월 6일 오전 9시, Box 126, 1964년 5~6월 합참 회의 관련 메모, H. K. 존슨 문서

78. 월리스 그린,「라오스 비상 상황에 대한 합참 및 백악관 조치 요약」, 1964년 6월 6일, 그린 문서.

79. 위의 책.

80. 마이클 포레스터, 국가안보회의 제533차 회의 요약 기록, 1964년 6월 6일, 국가안보파일(NSF), NSC 회의록, 제2권, 탭 6, 항목 #2, LBJ

도서관.

81. 기록용 메모, 1964년 6월 10일, 대통령과의 회의(1964년 6월 7일, 라오스 정찰 관련), NSF, 맥조지 번디 파일, 동남아 회의록 제1권, 항목 #24, LBJ 도서관.

82. 동남아 회의 요약 기록 (대통령 불참), 1964년 6월 10일, 백악관 내각 회의실, NSF, 맥조지 번디 파일, Box 18, 동남아 회의록 제1권, 항목 #14, LBJ 도서관.

83. 맥조지 번디 → 대통령 메모, 1964년 6월 6일, 「로지 대사의 후임 가능성」, Box 1, 카힌 문서.

84. 맥스웰 D. 테일러 → 로버트 S. 맥나마라 서한, 1964년 7월 1일, Box 22, File T-236-69, 테일러 문서.

85. 합참 대상 마지막 연설, 1964년 7월 2일, Box 22, File T-236-69, 테일러 문서. 또한 존 테일러, 『맥스웰 테일러 장군』, 297쪽 참조.

86. 존 테일러, 『맥스웰 테일러 장군』, 297쪽.

#6. 임계선을 넘어서

1. 테일러, 『검과 쟁기』, 252쪽.

2. 초대 합참의장인 오마 브래들리 대장은 제2차 세계대전 중 유럽 전선에서 군단, 야전군, 군집단을 지휘했다. 아서 래드퍼드 제독은 태평양 전역에서 항공모함 부대를 지휘했고, 네이선 트와이닝 장군은 태평양과 유럽 양 전선에서 공군을 지휘했다. 렘니처 장군은 제2차 세계대전 중 방공 여단을, 한국전에서는 보병 사단을 지휘했다. 휠러의 경력은 이들 및 그의 직전 선임자인 테일러와는 뚜렷한 대조를 이룬다. 테일러는 제2차 세계대전 중 노르망디에서 바스토뉴까지 낙하산 부대를 지휘했고, 한국전 말기에는 유엔군을 지휘했다.

3. 웹, 『합참의장들』, 74쪽; 휠러 장군의 이력서, 합참 역사실, 펜타곤; "참모 출신 수장," 뉴욕타임스, 1964년 6월 24일, 13쪽. 휠러는 조지아 포트 베닝의 보병 고급장교과정과 캔자스 포트 리번워스의 육군지휘참

모대학교 모두 수석으로 졸업했다.

4. 존 G. 노리스, "휠러 장군은 조건에 꼭 맞는다," 워싱턴포스트, 1962년 8월 26일, E3면. "참모 출신 수장," 뉴욕타임스, 1964년 6월 24일, 13쪽; 키나드, 『국방장관』, 79쪽도 참조.

5. 인용문 순서대로 출처: "경영팀," 타임, 1965년 2월 5일, 22쪽; "르메이에서 맥코넬로—'신세대'로의 전환," 뉴스위크, 1965년 1월 4일, 16쪽; 미 상원 세출위원회 국방소위원회 청문회 속기록, 1963년 4월 24일, Box 22, 테일러 문서.

6. 키나드, 『국방부 장관』, 79쪽.

7. 웨스트모어랜드 및 합참과의 회의 노트, 1964년 1월 7일 오후 2시, 합참 회의 노트, Box 126, H. K. 존슨 문서. 휠러 장군이 의회에서 행정부 입장을 대변하는 자신의 역할에 민감했다는 점은 다음 구술사에서 확인 가능하다: 얼 휠러 구술사, 제1부, 1969년 8월 21일, 2~3쪽, 10~11쪽, LBJ 도서관.

8. 얼 휠러 구술사, 제1부, 1969년 8월 21일, 12~13쪽, LBJ 도서관.

9. 앤드루 J. 굿패스터, 저자 인터뷰, 1993년 3월 9일.

10. 존 G. 노리스, "펜타곤 인사 이동, 합참의장 순환 관행 깨뜨려," 워싱턴포스트, 1964년 6월 24일, A12면.

11. 디노 A. 브루지오니, 『눈으로 대면한 순간』, 290쪽.

12. 윌리엄 코슨 대령 인용: 마크 페리, 『포스타(4성 장군들)』(보스턴: 호튼 미플린, 1989), 134쪽.

13. 테일러 및 휠러 장군의 보좌관이었던 버나드 로저스 장군은, 휠러가 최연소 합참의장이었음에도 불구하고 56세의 나이로 취임 당시 이미 피로해 보였다고 회상했다. 휠러는 심장 질환과 고혈압을 앓고 있었다. 휠러의 건강 상태를 몰랐던 작전부 부관은 장군이 "무기력하다"고 여겼다. 로저스, 저자 인터뷰, 1993년 3월 12일; 헨리 W. 뷰스, 구술사, 1971년, 208쪽.

14. 얼 휠러 구술사, 제1부, 1969년 8월 21일, 5쪽, LBJ 도서관.

15. 존슨 대통령 → 테일러에게 보낸 서한, 1964년 7월 2일, Box 51, Folder 161 - 69C, 테일러 문서.

16. 맥조지 번디 → 대통령에게 보낸 메모, 1964년 6월 25일, 미국 외교문서집: 베트남, 1964, 530쪽.

17. 테일러는 회고록에서 자신과 웨스트모어랜드, 휠러 사이의 관계가 조화로웠다고 기술했다. 그러나 이들 두 장군의 승진을 테일러가 주도했다는 점을 고려하면 그의 견해에 이들이 순응한 것은 놀랄 일이 아니다. 실제로 웨스트모어랜드와 휠러는 대통령과의 관계에서 테일러의 영향력이 크다는 사실을 인식하고 있었다. 테일러, 『검과 쟁기』, 316쪽.

18. 마셜 S. 카터 → 테일러에게 보낸 서한, 1964년 7월 2일, Box 51, Folder 161 - 69C, 테일러 문서.

19. 러스크 → 테일러에게 보낸 전보, 사이공 270, 1964년 7월 27일, NSF-CF VN, 제14권, LBJ 도서관. 맥조지 번디도 존슨 대통령을 대신해 비슷한 전보를 보냈다. 존슨 대통령 → 테일러에게 보낸 전보, 1964년 7월 10일, NSF-CF-VN, 제13권, LBJ 도서관.

20. 1965년 6월, 맥조지 번디는 대통령에게 대사 교체 시점이 도래했다고 조언했다. 이는 부분적으로, 테일러가 남베트남에서 린든 존슨 대통령의 결의를 상징하는 역할이라는 본래 임무를 이미 다했기 때문이었다. 맥조지 번디, 대통령에게 보낸 메모, 1965년 6월 30일, NSF-NSC 역사 파일, 주요 병력 배치, Box 43, 제6권, 항목 #21a, LBJ 도서관. 또한 번디의 자필 회의 노트, 1965년 6월 8일, Bundy Papers, Box 1, LBJ 도서관 참조.

21. 테일러, 『검과 쟁기』, 316쪽; 테일러 → 국무장관 전보, 1965년 7월 7일, NSF-CF-VN, Box 6, Vietnam Cables, 제13권 6/64 - 7/64, 항목 #5, LBJ 도서관.

22. 베트남 주재 미국 대사관 → 국무부 전보, 1964년 7월 15일 오후 4시, 미국 외교문서집: 베트남, 1964, 547~548쪽; 같은 날 오후 9시 전보, 위의 책, 548~549쪽.

23. 맥조지 번디 → 대통령 메모, 1964년 7월 15일, 위의 책, 552~553쪽.

24. 베트남 주재 미국 대사관 → 국무부 전보, 1964년 7월 17일 오후 6시, 위의 책, 553~554쪽; 주제: 남베트남 추가 지원에 대한 주월미군사령부 팩트 시트, 1964년 7월 27일, GVN/RVNAF (1964년 7월), Paul L. Miles Papers, 미국 육군 군사역사연구소; 국무장관 베트남 특별보좌관(마이클 포레스탈) → 국가안보담당 대통령 특별보좌관(맥조지 번디), 1964년 7월 22일, 미국 외교문서집: 베트남, 1964, 558~559쪽. 첨부 문서도 참조, 위의 책 559~561쪽.

25. 7월 17일자 테일러의 전보는 백악관의 맥조지 번디에게 직접 전달되었다. 해당 전보 사본: NSF-CF-VN, Box 6, 베트남 메모, 제14권, 항목 #119, LBJ 도서관.

26. JCSM-665 - 64, 휠러 장군 → 국방장관에게 보낸 메모, "남베트남에 대한 신속 지원," 1964년 8월 4일, Box 145, Split Files, 휠러 문서. 이 8월 4일자 메모는 7월 20일 회의를 언급하고 있다.

27. 대통령 오찬 안건, 1964년 7월 21일, NSF, 맥조지 번디 파일, Box 19, 대통령과의 점심 [제1권] [제1부], 항목 #65, LBJ 도서관.

28. 러스크 → 테일러 전보, 1964년 7월 21일, NSF-CF-VN, Box 6, Vietnam Cables, 제19권, 파일 2/2, 항목 #98, LBJ 도서관. 테일러의 7월 17일 요청에 대한 각주도 참조: 미국 외교문서집: 베트남, 1964, 554쪽.

29. JCSM-632 - 64, 합참 → 국방장관 메모, "미국 자문 지원 확대," 1964년 7월 24일, Box 145, 휠러 문서. 합참은 자문 활동 확대를 위해 700명의 병력 배치에만 제한적으로 승인하였다(대대 및 구역 수준).

30. JCSM-665 - 64, 1964년 8월 4일, Box 145, Split Files, 휠러 문서.

31. 1964년 여름, 합참은 육군 항공의 발전 및 운용을 둘러싸고 격렬한 논쟁 중이었다. 육군은 새로운 "에어모빌(공중기동)" 전쟁 교리를 실행하기 위해 자체 항공 전력이 필요하다고 주장했다. 미군 고문단은 이미 1961년에 병력을 수송하는 헬리콥터를 남베트남에 도입했다. 공중강

습 전술의 지지자들은 전장을 빠르게 이동하는 능력이, 게릴라전에 필요한 병력 비율(통상 10:1)을 크게 낮출 수 있다고 믿었다. 육군은 이를 지원하기 위해 UH-1("휴이")와 H-21("플라잉 바나나") 두 종류의 헬리콥터를 개발했다. 그러나 이미 지상기반 항공 전력을 보유하고 있던 공군과 해병대는 육군의 시도를 자신들의 "임무와 역할"에 대한 "불법 침해"로 간주했다. 각 군은 육군의 능력 확장이 자신들의 병력 감축으로 이어질 것을 우려했다. 브루스 팔머 주니어, 『25년 전쟁』, 26~27쪽. 1964년 2월, 테일러는 국방장관에게 보낸 메모에서 르메이의 의견을 요약하며, "르메이는 제안된 무기 체계에 대한 요구가 존재하지 않으며, 이는 공군 임무 및 능력의 불필요한 중복으로 이어질 것이라고 본다"고 적었다. JCSM-106-64, 1964년 2월 10일, Box 208, 휠러 문서.

32. 르메이와 존슨 사이의 설전을 다룬 내용은 팔머, 『25년 전쟁』, 27~28쪽 참조.

33. JCSM-665-64, 휠러 장군 → 국방장관 메모, "남베트남에 대한 신속 지원," 1964년 8월 4일, Box 145, Split Files, 휠러 문서.

34. 국방부 → 사이공 주재 미국 대사관 전보, 1964년 7월 23일, NSF-CF-VN, Box 6, Vietnam Cables, 제14권, 파일 2/2, 항목 #139, LBJ 도서관.

35. 국무부 → 라오스 및 남베트남 주재 미국 대사관 전보, 1964년 7월 26일, 미국 외교문서집: 베트남, 1964, 574~575쪽. 카인 장군의 북베트남에 대한 행동 촉구와 관련된 전보: 국무부 → 베트남 주재 대사관 전보, 1964년 7월 24일; 대사관 → 국무부 전보, 1964년 7월 25일 오후 4시 및 오후 5시; 국무부 → 대사관 전보, 같은 날 오후 4시 56분; 미국 외교문서집: 베트남, 1964, 562~571쪽.

36. 베트남 주재 미국 대사관 → 국무부 전보, 1964년 7월 27일, 미국 외교문서집: 베트남, 1964, 582~583쪽. 라오스 상공의 저고도 정찰 임무에 대해서는 그레이블, 『펜타곤 페이퍼스』, 제3권, 182쪽 참조.

37. JCSM-639 - 64, 합참 → 국방장관 메모, "남베트남 관련 조치," 1964
년 7월 27일, 미국 외교문서집: 베트남, 1964, 583~584쪽. 존슨 대
통령의 요청 관련 사항은 다음 문서 참조: 국무장관 베트남 특별보좌
관(포레스터) → 국무장관, 1964년 7월 31일, 위의 책, 588쪽.

38. JCSM-639 - 64, 합참 → 국방장관 메모, "남베트남 관련 조치," 1964
년 7월 27일, 미국 외교문서집: 베트남, 1964, 584~585쪽.

39. "부정적 목표"라는 개념은 마크 클로드펠터의 날카로운 분석에서 나온
것으로,『공중전의 한계: 북베트남 폭격에 대한 미국의 시도』(뉴욕: 프
리 프레스, 1989), 서문 xi쪽 참조.

40. 국무장관 베트남 특별보좌관(포레스탈, 윌리엄 설리번 후임) → 국무
장관 메모, 1964년 7월 31일, 미국 외교문서집: 베트남, 1964, 588쪽.
포레스탈은 이 메모와 함께 JCS 메모 사본을 맥스웰 테일러에게 보내
대사관의 계획 수립에 활용하도록 했다.

41. 대통령 오찬 안건, 1964년 7월 14일, NSF, 맥조지 번디 파일, Box
19, 대통령과의 점심 [제1권, 제1부], 항목 #67, LBJ 도서관; "1964년
공화당 강령에 대한 주장들," 날짜 미상, Box 2, 맥나마라 문서; "민주
당 강령 초안(1964)," 날짜 미상, Box 2, 맥나마라 문서.

42. 예를 들어, 대통령과의 오찬 일정은 1964년 7월 14일, 7월 28일, 8월
11일, 9월 1일에 진행되었다. NSF, 맥조지 번디 파일, Box 19, 대통
령과의 점심 [제1권, 제1부], 항목 #67, 63, 61, 55, LBJ 도서관 참
조.

43. 아래 인용문 및 이에 대한 논의는 다음 문서에서 발췌됨: W. P. 번디
와 M. V. 포레스탈, 「남베트남에서 북베트남으로의 미국 행동 확대에
대한 입장문서」, 1964년 7월 31일, NSF-CF-VN, Box 6, 베트남 메
모, 제14권, 항목 #205c. 윌리엄 번디는 이 문서를 자신의 미출간 원
고 제14장, 10~14쪽에 전면 수록하였다.

44. 잭 레이먼드, "미국, 남베트남 정권 지원 위해 병력 추가 파병," 뉴욕
타임스, 1964년 7월 15일, 1, 3쪽.

45. 대통령에게 보낸 메모, 맥조지 번디, 1964년 7월 15일, 「베트남 파병 관련 아침 신문 보도」, NSF-CF-VN, Box 6, 베트남 메모, 제13권, 항목 #17, LBJ 도서관.

46. 위의 책.

47. 조시아 맨닝 앞으로 보낸 조지 조시언의 전보, 1964년 7월 27일, Box 1, 카힌 문서.

48. AP 통신 뉴스 기사 사본, NSF-CF-VN, Box 6, Vietnam Cables, 제19권, 항목 #86, LBJ 도서관.

49. 맥조지 번디 → 대통령 메모, 1964년 7월 24일, Box 1, 카힌 문서; 윌리엄 번디 미출간 원고, 제14장, 15쪽.

50. 국무부 관리 마샬 그린은 공중투하 작전에 대해 "완전한 실패… 끔찍한 실망이었다"고 회고했다. 마샬 그린 인용: 톰 웰스, 『내부의 전쟁: 베트남 전쟁을 둘러싼 미국 내부의 투쟁』(로스앤젤레스: 캘리포니아대학교 출판부, 1994), 9쪽.

51. 에드워드 J. 마롤다 & 오스카 P. 피츠제럴드, 『미국 해군과 베트남 전쟁, 제2권: 군사 원조에서 전투까지, 1959~1965』(워싱턴 D.C.: 해군 역사센터, 1986), 335~342쪽. 은밀한 작전에 대한 맥나마라의 열정에 경제 분석이 미친 영향은: 그레고리 팔머, 『맥나마라 전략과 베트남 전쟁』(코네티컷: 그린우드 출판사, 1978), 108~109쪽 참조.

52. 그레이블, 『펜타곤 페이퍼스』, 제3권, 183쪽; 마롤다 & 피츠제럴드, 『미국 해군과 베트남 전쟁, 제2권』, 339~341쪽.

53. 마롤다 & 피츠제럴드, 『미국 해군과 베트남 전쟁, 제2권』, 340~342쪽.

54. 위의 책, 342~343쪽.

55. 마롤다 & 피츠제럴드, 『미국 해군과 베트남 전쟁』, 제2권, 410쪽; 유.에스. 그랜트 샤프, 『패배를 위한 전략』(캘리포니아: 프레시디오 출판사, 1978), 39쪽; 조셉 C. 굴든, 『진실은 가장 먼저 희생된다: 통킹만 사건—환상과 현실』(뉴욕: 랜드 맥널리, 1969), 124~125쪽.

56. 마롤다 & 피츠제럴드, 『미국 해군과 베트남 전쟁』, 제2권, 406~410쪽

에서 요약.

57. 북베트남 순찰정이 미 구축함을 공격, 1964년 8월 3일, 회의 노트 파일, Box 1, 통킹만 사건, 항목 #10d, LBJ 도서관; 전보, 태평양 함대 사령부 → 해군참모총장(CNO), "통킹만 상황 보고," 1964년 8월 2일, Box 1, 카힌 문서. 그레이블,『펜타곤 페이퍼스』, 제3권, 183~184쪽.

58. 백악관 상황실 당직장교 → 대통령 메모, 1964년 8월 2일, 미국 외교문서집: 베트남, 1964, 590쪽; 편집 주, 위의 책 590~591쪽; 존슨,『관점』, 112~113쪽.

59. 굴든,『진실은 가장 먼저 희생된다』, 23~24쪽.

60. 조지 볼,『과거는 또 다른 패턴을 가진다』, 379쪽.

61. 합참의장 → 태평양 사령관 전보, 1964년 8월 2일 오후 12시 25분, 미국 외교문서집: 베트남, 1964, 591쪽.

62. 베트남 주재 미국 대사관 → 국무부 전보, 사이공, 1964년 8월 3일 오전 11시, 미국 외교문서집: 베트남, 1964, 593~594쪽.

63. 로버트 맥나마라 ‒ 조지 볼 간 전화 통화, 1964년 8월 3일 오전 9시 55분, 조지 볼 문서, Box 7, Vietnam, 제1부 [1963년 12월 9일~1964년 12월 15일], 항목 #7b, LBJ 도서관.

64. 미국 외교문서집: 베트남, 1964, 597, 600쪽의 편집 주에 따르면, 맥나마라는 8월 3일 오전 11시 이전에 존슨 대통령과 대화했다. 대통령은 같은 날 오전 11시 30분에 즉석 기자회견을 열었다.

65. 편집 주, 미국 외교문서집: 베트남, 1964, 597쪽.

66. 로버트 맥나마라 ‒ 조지 볼 간 전화 통화, 1964년 8월 3일 오전 9시 55분, 조지 볼 문서, Box 7, Vietnam, 제1부, 항목 #7b, LBJ 도서관.

67. 국무부 → 베트남 주재 미국 대사관 전보, 1964년 8월 3일 오후 8시 49분, 미국 외교문서집: 베트남, 1964, 603~604쪽.

68. 조지 볼 ‒ 맥조지 번디 간 전화 통화, 1964년 8월 3일 오후 4시 30분, 조지 볼 문서, Box 7, Vietnam, 제1부, 항목 #81, LBJ 도서관. 번디는 이 이슈를 오후 6시 25분 회의에서 제기하겠다고 약속했다.

69. 마롤다 & 피츠제럴드,『미국 해군과 베트남 전쟁』, 제2권, 423~424쪽
에서 요약. 윌리엄 번디의 관련 언급은 미출간 원고, 제14장, 28쪽 참
조.

70. 편집 주, 미국 외교문서집: 베트남, 1964, 604~605쪽; 기븐스,『미국
정부와 베트남 전쟁』, 제2권, 289쪽; 존슨,『관점』, 114쪽; 알렉산더
M. 헤이그 주니어,『내부의 권력: 미국이 세상을 바꾼 방식, 회고록』
(뉴욕: 워너북스, 1992), 117쪽.

71. 기븐스,『미국 정부와 베트남 전쟁』, 제2권, 289쪽.

72. 브루스 E. 알츠슐러,『LBJ와 여론조사』(게인즈빌: 플로리다대학교 출
판부, 1986), 38쪽; 존 바틀로 마틴, "1964년 선거," 아서 M. 슐레진
저 주니어 편,『미국 대통령 선거사』, 제4권 (뉴욕: 맥그로-힐, 1971),
3590쪽.

73. "홀딩 전략"이라는 용어에 대해서는 윌리엄 번디 미출간 원고, 제15장
참조. 또한 알츠슐러,『LBJ와 여론조사』, 12쪽; 마틴, "1964년 선거,"
3588쪽, 3590쪽 참조.

74. 마틴, "1964년 선거," 3590쪽. 또한, 도리스 컨스 굿윈,『린든 존슨과
미국의 꿈』, 199쪽 참조.

75. 기븐스,『미국 정부와 베트남 전쟁』, 제2권, 289쪽; 앤서니 오스틴,
『대통령의 전쟁: 통킹만 결의안과 미국이 베트남에 갇힌 이야기』(뉴
욕: 리피코트, 1971), 30쪽.

76. 리처드 러셀 인용: 도리스 컨스 굿윈,『린든 존슨과 미국의 꿈』, 254쪽.

77. 편집 주, 미국 외교문서집: 베트남, 1964, 605쪽; 알렉산더 헤이그,
『내부의 권력: 미국이 세상을 바꾼 방식, 회고록』, 117쪽.

78. 기븐스,『미국 정부와 베트남 전쟁』, 제2권, 289쪽.

79. 알렉산더 헤이그,『내부의 권력』, 118~119쪽.

80. 편집 주, 미국 외교문서집: 베트남, 1964, 605~606쪽.

81. 위의 책, 607쪽.

82. 같은 문헌. 그는 르메이에게 이러한 추가 조치는 주로 증원에 집중해

야 한다고 말했으며, 예로는 B-57 폭격기의 남베트남 배치 및 요격 전
투기의 필리핀 배치를 들었다.

83. 위의 책, 607~608쪽.

84. 브롬리 스미스, 국가안전보장회의 제537차 회의 요약 노트, 1964년 8
월 4일 오후 12시 35분, 국가안보파일, NSC 회의록, Box 2, 제3권,
탭 19, 항목 #2, LBJ 도서관. 이 회의 기록은 미국 외교문서집: 베트
남, 1964, 608쪽의 편집 주에 일부 수록되어 있다.

85. 앤드루 J. 굿패스터, 저자 인터뷰, 1993년 3월 9일; 편집 주, 미국 외
교문서집: 베트남, 1964, 608쪽.

86. 맥조지 번디, 1964년 8월 4일 대통령 오찬 노트, Box 1, 맥조지 번디
문서, LBJ 도서관.

87. 맥조지 번디, 1964년 8월 4일 대통령 오찬 노트, Box 1, 맥조지 번디
문서, LBJ 도서관; 토머스 J. 쇤바움, 『평화와 전쟁을 수행하다: 트루
먼, 케네디, 존슨 시기의 딘 러스크』(뉴욕: 사이먼 & 슈스터, 1988),
430쪽.

88. 편집 주, 미국 외교문서집: 베트남, 1964, 609쪽.

89. 기븐스, 『미국 정부와 베트남 전쟁』, 제2권, 290쪽.

90. 위의 책, 290~291쪽.

91. 위의 책, 292쪽.

92. 편집 주, 미국 외교문서집: 베트남, 1964, 609~610쪽. 맥나마라와의
대화에 대한 샤프의 설명은: 샤프, 『패배를 위한 전략』, 44쪽 참조.

93. 1964년 8월 5일 백악관 참모 회의에서, 맥조지 번디는 의회 지도자들
과의 회의를 언급하며 "'리더십'이라는 말은 이 경우엔 좀 이상했다. 대
통령의 역할이 워낙 주도적이어서 의회 의원들이 주도적으로 할 수 있
는 일은 거의 없었다"고 말했다. 회의 기록용 메모, 백악관 참모 회의,
1964년 8월 5일 오전 8시, 미국 외교문서집: 베트남, 1964, 632쪽.

94. 국가안전보장회의 제538차 회의 요약 노트, 워싱턴, 1964년 8월 4일 오
후 6시 15분~6시 40분, 미국 외교문서집: 베트남, 1964, 611~612쪽.

95. 위의 책.

96. 의회 지도부 회의에 대한 요약은 다음 문헌에서 발췌됨: 백악관, 지도부 회의 노트, 1964년 8월 4일 오후 6시 45분, 미국 외교문서집: 베트남, 1964, 615~621쪽; 기븐스, 『미국 정부와 베트남 전쟁』, 제2권, 294~295쪽; 지도부 회의 메모, 1964년 8월 4일, NSF, 회의 노트 파일, Box 1, 항목 #4, LBJ 도서관.

97. 알렉산더 헤이그, 『내부의 권력』, 120쪽.

98. 편집 주, 미국 외교문서집: 베트남, 1964, 626쪽.

99. 마롤다 & 피츠제럴드, 『미국 해군과 베트남 전쟁』, 제2권, 444~448쪽; 카나우, 『베트남』, 373쪽.

100. 미국 공법 88 - 408호.

101. 기븐스, 『미국 정부와 베트남 전쟁』, 제2권, 293쪽.

102. 상원 청문회에 대한 다음 설명은 굴든, 『진실은 가장 먼저 희생된다』, 53~67쪽에서 발췌함.

103. 굴든, 『진실은 가장 먼저 희생된다』, 48쪽.

104. 기븐스, 『미국 정부와 베트남 전쟁』, 제2권, 307쪽.

105. 이 누락의 왜곡 효과에 대해서는 기븐스, 『미국 정부와 베트남 전쟁』, 제2권, 337~341쪽 참조. 예를 들어 앨버트 고어 상원의원은 미 군함들이 단순한 정기 순찰 중이었던 것으로 오해했다고 회고했다.

106. "베트남 상황 관련 국방장관 맥나마라 기자회견 속기록," 뉴욕타임스, 1964년 8월 7일, 6쪽. 또한 굴든, 『진실은 가장 먼저 희생된다』, 76~77쪽 참조.

107. 1995년 베트남 방문 중, 맥나마라는 2차 공격 발생 여부가 불확실했음을 마침내 인정했다. 팀 라리머, "하노이에서: 베트남전의 분수령을 돌아보다," 뉴욕타임스, 1995년 11월 10일, A3쪽.

108. 이 결론은 청문회 속기록을 분석한 결과에서 도출됨. 굴든, 『진실은 가장 먼저 희생된다』, 53~67쪽 참조.

109. 알츠슐러, 『LBJ와 여론조사』, 38, 40, 45쪽.

110. 윌리엄 번디, 미출간 원고, 제14장, 50쪽.

111. 회의 기록용 메모, 백악관 내각 회의실, 워싱턴, 1964년 8월 10일 오후 12시 35분, 미국 외교문서집: 베트남, 1964, 662~663쪽.

#7. 조작된 합의

1. 린든 존슨 인용: 헤링, 『LBJ와 베트남』, 62쪽.

2. 합참 사무국 역사과, 『합참과 베트남 전쟁』, 제2부, 제11장, 29쪽.

3. 린든 존슨 인용: 뉴욕타임스, 1965년 8월 6일, 1면; 맥스웰 테일러, 베트남 주재 미국 대사관 → 국무부 전보, 1964년 8월 7일, 미국 외교문서집: 베트남, 1964, 646~647쪽.

4. 국무부 『베트남 전쟁 연표』, 57쪽, NSF NSC 역사 문서—대통령 결정—통킹만 공격, 제1권, LBJ 도서관. 또한 윌리엄 번디 미출간 원고, 제14장, 44쪽 참조.

5. 합참 사무국 역사과, 『합참과 베트남 전쟁』, 제1부, 제10장, 5쪽. 제11장, 12쪽도 참조. 올든 K. 시블리, 미 육군 기동사령부 사령관 기록용 메모, 1964년 8월 14일, 미국 외교문서집: 베트남, 1964, 665~666쪽.

6. 합참 사무국 역사과, 『합참과 베트남 전쟁』, 제2부, 제11장, 33쪽; 맥스웰 테일러, 베트남 주재 미국 대사관 → 국무부 전보, 1964년 8월 10일, 미국 외교문서집: 베트남, 1964, 656~662쪽.

7. 맥조지 번디, 회의 기록용 메모, 위의 책, 662~663쪽; 맥조지 번디 인용: 기팅어, 『존슨 시대』, 24~25쪽; 합참 사무국 역사과, 『합참과 베트남 전쟁』, 제1부, 제11장, 12쪽.

8. 데이비드 핼버스탐, 『가장 뛰어나고 똑똑했던 사람들』, 393~398쪽.

9. 로버트 맥나마라, 『회고하며』, 151쪽.

10. 윌리엄 번디, 미출간 원고, 제15장, 2쪽.

11. 합참 사무국 역사과, 『합참과 베트남 전쟁』, 제2부, 제11장, 34쪽. 최초의 지침을 받은 후, 번디는 8월 11일 맥나마라 및 러스크와 함께 초안 조율에 들어갔다.

12. 윌리엄 번디, 「동남아시아에서의 향후 행동 방안」, 1964년 8월 13일, 미국 외교문서집: 베트남, 1964, 673~679쪽.

13. 합참 사무국 역사과, 『합참과 베트남 전쟁』, 제1부, 제11장, 37쪽; 합참 → 국방장관 메모, 주제:「동남아시아에서의 향후 행동 방안」, 1964년 8월 14일, 미국 외교문서집: 베트남, 1964, 681~682쪽.

14. 해럴드 K. 존슨, 구술사, 제2권, 제8부, 1972~1974년, 53~54쪽.

15. 해럴드 K. 존슨, 합참 회의 노트, 1964년 2월 8일 오전 10시, Box 126, 1964년 1~4월 합참 회의 노트, H. K. 존슨 문서

16. 합참 사무국 역사과, 『합참과 베트남 전쟁』, 제1부, 제12장, 16쪽; 르메이 장군 → 합참의장단 메모 및 RAND 보고서 요약, 1964년 8월 17일, NSF-CF-VN, Box 8, 베트남 메모, 제18권, 9/1 - 15/64, 항목 #90, #90a, LBJ 도서관.

17. 합참 사무국 역사과, 『합참과 베트남 전쟁』, 제1부, 제12장, 16쪽.

18. 태평양 사령부(미 태평양사령부) → 사이공 주재 미국 대사 전보, 1964년 8월 12일, NSF-CF-VN, Box 7, Vietnam Cables, 제10권, 8월호, 항목 #82, LBJ 도서관.

19. 빅터 H. 크루락, 저자 인터뷰, 1993년 7월 26일.

20. 아서 콜린스 중장, 구술사, 미 육군 군사역사연구소 고위 장교 해임 보고 프로그램, 1981년, 276쪽; 해럴드 K. 존슨, 구술사, 1972~1973년, 제8권 53~54쪽, 제9권 16쪽.

21. 맥스웰 테일러, 베트남 주재 미국 대사관 → 국무부 전보, 1964년 8월 18일, 미국 외교문서집: 베트남, 1964, 689~693쪽.

22. 휠러 일기, 휠러 문서; 합참 사무국 역사과, 『합참과 베트남 전쟁』, 제1부, 제12장, 9쪽; 합참 → 국방장관 메모, JCSM-746 - 64, 주제:「동남아시아에 대한 권고 행동 방안」, 1964년 8월 27일, 미국 외교문서집: 베트남, 1964, 713~717쪽.

23. 합참 사무국 역사과, 『합참과 베트남 전쟁』, 제1부, 제12장, 9쪽.

24. 위의 책, 9~10쪽; 합참 → 국방장관 메모, 1964년 8월 27일, 주

제: 「동남아시아에 대한 권고 행동 방안」, 미국 외교문서집: 베트남, 1964, 713~717쪽.

25. 합참 → 국방장관 메모, 1964년 8월 27일, 주제: 「동남아시아에 대한 권고 행동 방안」, 미국 외교문서집: 베트남, 1964, 713~717쪽.

26. 존 T. 맥노턴, 국방장관에게 보낸 메모, 주제: 「JCSM-729-64에 대한 응답: 북베트남 타격 연구」, 1964년 8월 29일, 그레이블, 『펜타곤 페이퍼스』, 제3권, 555~556쪽.

27. 위의 책.

28. 합참 사무국 역사과, 『합참과 베트남 전쟁』, 제1부, 제12장, 15쪽; 브루스 팔머, 구술사, 1976년, 제3부, 398쪽. 맥도널드 제독은 1964년 7월 말 대통령에게 "남베트남의 정치적 안정 문제가 군사 문제보다 더 우려된다"고 말했으며, 그린 장군은 맥도널드가 단지 "대통령이 듣고 싶어 하는 말을 했을 뿐"이라고 평가했다. 월리스 그린, "대통령과 합참 회의 요약," 1964년 7월 31일 오후 1시 30분, 항목 #36, 그린 문서.

29. 합참 사무국 역사과, 『합참과 베트남 전쟁』, 제1부, 제12장, 15쪽.

30. 위의 책, 15~16쪽.

31. 위의 책; 맥나마라, 『회고하며』, 153쪽.

32. 해럴드 존슨, 구술사, 1972~1974년, 제2권, 제9부, 1~3쪽; 해럴드 존슨, "군사 역사와 군 지도자," 미 육군전쟁대학 세미나 발표, 펜실베이니아 칼라일 병영, 1971년 12월 2일, Box 134, H. K. 존슨 문서 코브, 『합참』, 44쪽도 참조.

33. 워싱턴 주재 미국 대사관 → 국무부 전보, 1964년 9월 6일, 미국 외교문서집: 베트남, 1964, 733~736쪽.

34. 맥스웰 테일러, 개인 일지, 9월 7~8일자, Box 51, File T-163-69, 테일러 문서; 국가안보담당 대통령 특별보좌관 → 대통령 메모, 1964년 9월 8일, 미국 외교문서집: 베트남, 1964, 746~747쪽. 테일러가 대통령과 대화 후 입장을 바꾸었다는 결론은, 9월 6일자 전보와 9월 9일 NSC 회의에서의 입장 변화 및 두 회의 간 논쟁 비교를 통해 도출된

다. 첫 번째 회의에는 중앙정보국장 존 맥콘이 불참했으며, 두 번째 회의에는 참석했다.

35. 국가안보담당 대통령 특별보좌관 → 대통령 메모, 주제: 「남베트남을 위한 행동 방안」, 1964년 9월 8일, 미국 외교문서집: 베트남, 1964, 746~747쪽; 윌리엄 번디, "남베트남에서의 행동 방안," 1964년 9월 8일, 위의 책, 747~749쪽.

36. 윌리엄 번디, 미출간 원고, 제15장, 11쪽.

37. 맥조지 번디, 회의 기록 메모, 1964년 9월 9일 오전 11시, 미국 외교문서집: 베트남, 1964, 749~755쪽.

38. 맥나마라, 『회고하며』, 162쪽.

39. 맥조지 번디, 회의 기록 메모, 1964년 9월 9일 오전 11시, 미국 외교문서집: 베트남, 1964, 749~755쪽.

40. 미 상원 외교위원회 청문회 속기록, 국가안보파일, 국가파일—베트남, Box 8, Vietnam Cables, 9/1 - 15/64, 항목 #43, LBJ 도서관; 테일러, 『검과 쟁기(칼과 보습)』, 321쪽.

41. 국가안보행동지침 제314호, 1964년 9월 10일, 미국 외교문서집: 베트남, 1964, 758~760쪽.

42. 맥나마라, 『회고하며』, 155쪽; 맥조지 번디, 회의 기록 메모, 1964년 9월 9일 오전 11시, 위의 책, 749~755쪽; 국가안보행동지침 제314호, 1964년 9월 10일, 위의 책, 758~760쪽.

43. 휠러가 언급한 첫 번째 인용 내용은 전 육군 참모차장 바크스데일 햄릿 장군에게 전달한 것이다. 바크스데일 햄릿, 구술사, 미 육군 군사역사연구소, 1976년, 제6부, 32쪽. 두 번째 인용은 윌리스 그린, 회의 기록용 메모, 1964년 9월 12일 토요일 오전, 항목 #40, 109~112쪽, 그린 문서.

44. 카를 폰 클라우제비츠 인용: 피터 파레트, 『클라우제비츠와 국가: 인간, 그의 이론, 그리고 시대』(프린스턴, 뉴저지: 프린스턴대학교 출판부, 1985), 369쪽.

45. 헤링, 『LBJ와 베트남』, 62쪽.

#8. 거부된 예언, 최소 저항의 길

1. 맥나마라, 『회고하며』, 108쪽.

2. 린든 존슨은 1964년 3월 17일, 북베트남에 대한 "단계적 공개 군사 압박" 계획을 처음 승인했다. 국가안보행동지침 제288호, 1964년 3월 17일, 미국 외교문서집: 베트남, 1964, 172~173쪽.

3. 국방부 ISA가 준비한 로스토 논문 요약 초안, 1964년 8월 3일, 로스토우 문서, Box 13, 동남아시아, 항목 #30, LBJ 도서관. 이 요약은 그레이블, 『펜타곤 페이퍼스』, 제3권, 201~202쪽에 일부 수록됨.

4. 위의 책; 그레이블, 『펜타곤 페이퍼스』, 제3권, 190쪽.

5. 합동전쟁연습국, 합참, 「최종 보고서: 시그마 II-64」, 1964년 10월 5일, NSF-Agency File, Box 30, 항목 #1, p. B-1, LBJ 도서관. 참가자 명단, SIGMA II 팩트북, 휠러 문서. SIGMA II 초청장 및 회신, 휠러 문서.

6. 「Sigma II-64 최종 보고서」, 부록 D, 14~18쪽; 부록 G, 23쪽, LBJ 도서관. SIGMA II 팩트북, 휠러 문서.

7. 「Sigma II-64 최종 보고서」, 부록 G, 8쪽, LBJ 도서관. SIGMA II 팩트북, 부록 D, 13~15쪽, 휠러 문서.

8. 「Sigma II-65 최종 보고서」, 부록 G, 20~21쪽, LBJ 도서관.

9. "요약," 1964년 8월 3일, 로스토우 문서, Box 13, 동남아시아, 항목 #30, LBJ 도서관.

10. 도널드 V. 베넷, 구술사, 미 육군 군사역사연구소, 1976년, 인터뷰 #7, 26~27쪽; 윌리엄 번디, 미출간 원고, 제15A장, 2~3쪽; 조지 볼, 『탑 시크릿』, 39쪽.

11. 윌리엄 번디, 미출간 원고, 제15장, 부록, 2~3쪽.

12. 통킹만 사건 1주년 즈음, 헨리 키신저는 "현대 기술의 근본적 역설"에 대해 이렇게 기술했다. "힘은 그 어느 때보다 강력해졌지만, 동시에 그 어느 때보다 쓸모가 없어졌다. 과거 전략가들의 주된 과제는 우세

한 병력을 모으는 것이었으나, 현대의 과제는 이용 가능한 힘을 불확실한 목표와 어떻게 조화시킬 것인가에 있다." 그는 또한 "확전에 대한 두려움은 피할 수 없다"고 지적했다. 헨리 키신저 편, 『국가안보의 문제들』(뉴욕: 프래이저, 1965), 5쪽.

13. 캐나다 대사관에 전달된 지침, 1964년 8월 8일, 폴 C. 워언키 문서, Box 8, Book 1, 국무부 자료 [1964], 항목 #23a. 또한 조지 C. 헤링 편, 『베트남 전쟁의 비밀 외교: 펜타곤 페이퍼스의 협상 기록』(오스틴: 텍사스대학교 출판부, 1983), 33~34쪽 참조.

14. 흐루쇼프 소련 공산당 서기장 → 존슨 대통령 서한, 1964년 8월 5일, 미국 외교문서집: 베트남, 1964, 636~638쪽. 존슨 대통령 → 흐루쇼프 서기장 서한, 1964년 8월 7일, 위의 책, 648쪽.

15. 맥조지 번디 인용: 윌리엄 Y. 스미스, 회의 기록 메모, 백악관 참모 회의, 1964년 8월 5일, 미국 외교문서집: 베트남, 1964, 632쪽; 맥나마라, 『회고하며』, 160쪽.

16. 맥스웰 테일러, 베트남 주재 미국 대사관 → 국방장관실 전보, 1964년 11월 3일, 미국 외교문서집: 베트남, 1964, 884쪽.

17. 빅터 H. 크루락, 저자 인터뷰, 1993년 7월 26일. 마이클 포레스탈은 류웰린 톰슨 대사에게 "우리는 통킹만 사건을 통해 배웠다"며 "동남아에서 행동을 수반하는 모든 작전은 반드시 부처 간 검토 체계 하에 있어야 한다"고 밝혔다. 마이클 포레스탈 → 류웰린 톰슨 대사 메모, 1964년 9월 22일, 주제: OP 34A, NSF-CF-VN, Box 9, 베트남 메모, 제18권, 9/15 - 30/64, 항목 #256, LBJ 도서관.

18. OPLAN 34A 작전 관련 검토 절차에 대해서는 사이러스 R. 밴스 → 맥노턴 메모, 1964년 9월 30일, 그레이블, 『펜타곤 페이퍼스』, 제3권, 571쪽. 또한 합참 사무국 역사과, 『합참과 베트남 전쟁』, 제1부, 제13장, 5쪽 참조.

19. 해당 회의 기록은 맥조지 번디, 기록용 메모, 1964년 9월 20일, 미국 외교문서집: 베트남, 1964, 778~781쪽; 조지 볼, 『과거는 또 다른 패

턴을 가진다』, 379~380쪽. "날치" 인용은 카나우, 『베트남』, 390쪽.

20. 마이클 포레스탈 → 존 맥노턴 메모, 주제:「인도차이나의 향후 3개월」, 1964년 9월 24일, NSF-CF-VN, Box 9, 베트남 메모, 제18권, 9/15－30/64, 항목 #254a.

21. 맥노턴과 윌리엄 번디는 자신들의 계획을 종종 "정치-군사 각본"이라 불렀다. 존 맥노턴,「남베트남 행동 계획」, 1964년 9월 3일, 그레이블, 『펜타곤 페이퍼스』, 제3권, 556~559쪽; 윌리엄 번디, 미출간 원고, 제15장, 8~9쪽.

22. 팔머, 『맥나마라 전략과 베트남 전쟁』, 특히 111~112쪽 참조.

23. 토머스 C. 셸링, "적 행동에 대한 가정," 에드워드 S. 퀘이드 편, 『군사 결정을 위한 분석』(시카고: 랜드 맥널리, 1964), 특히 199~200쪽, 216쪽.

24. 월트 W. 로스토 → 국무장관 메모, 주제:「동남아 및 대(對)아시아 정책상의 모호성」, 1964년 9월 19일, 미국 외교문서집: 베트남, 1964, 782~785쪽.

25. 윌리엄 번디 & 존 맥노턴,「동남아시아 행동 방안 요약」, 그레이블, 『펜타곤 페이퍼스』, 제3권, 656~666쪽; 윌리엄 번디 → 러스크 국무장관 외, 메모, 주제:「동남아 관련 문서에서 제기된 쟁점들」, 1964년 11월 24일, 폴 C. 워언키 문서, Box 8, Book 4, 국무부 자료s [1964], 항목 #10, LBJ 도서관.

26. 앤드루 J. 굿패스터, 저자 인터뷰, 1993년 3월 9일.

27. 프랑스 주재 미국 대사(보흘렌) → 대통령 메시지, 1964년 4월 2일, 미국 외교문서집: 베트남, 1964, 216~219쪽.

28. 국무차관 → 국무부 전보, 1964년 6월 6일, 위의 책, 464~470쪽.

29. 조지 볼, 『과거는 또 다른 패턴을 가진다』, 378쪽.

30. 거절된 외교적 접근들에 대해서는 월리스 타이스, 『정부가 충돌할 때』, 48~49쪽 참조; 맥스웰 테일러, 베트남 주재 미국 대사관 → 국무부 전보, 1964년 8월, 미국 외교문서집: 베트남, 1964, 655쪽.

31. 합참 사무국 역사과, 『합참과 베트남 전쟁』, 제1부, 제12장, 1~4쪽; 테일러, 『검과 쟁기』, 321쪽; 베트남 주재 미국 대사관 → 국무부 전보, 1964년 9월 24일, 미국 외교문서집: 베트남, 1964, 787~789쪽.

32. 윌리엄 콜비, 『잃어버린 승리』(시카고: 컨템포러리 북스, 1989), 173쪽.

33. 베트남 주재 미국 대사관 → 국무부 전보, 1964년 10월 22일, 미국 외교문서집: 베트남, 1964, 843~845쪽; 1964년 10월 25일 전보, 위의 책, 845~846쪽; 테일러, 『검과 쟁기』, 323쪽; 『합참과 베트남 전쟁』, 제1부, 제13장, 3~4쪽.

34. 러셀 상원의원의 입장에 대해서는: 윌리스 그린, 회의 기록 메모, 주제: 해병대 사령관과 러셀 상원의원의 대화 요약, 1964년 10월 26일, Book 2, 114쪽, 그린 문서. 윌리엄 웨스트모어랜드 → 합참의장단 전보, 1964년 10월 17일, 미국 외교문서집: 베트남, 1964, 838~839쪽; U.S.G. 샤프 → 휠러에게 보내는 합참 전용 전보, 1964년 9월 25일, 그레이블, 『펜타곤 페이퍼스』, 제3권, 569~570쪽.

35. 맥조지 번디, 회의 기록용 메모, 1964년 9월 20일, 미국 외교문서집: 베트남, 1964, 778~781쪽.

36. 조지 볼 – 맥조지 번디 전화 대화 기록, 1964년 10월 8일 오후 2시 45분, Ball Papers, Box 7, Vietnam, 파일 1, 항목 #99, LBJ 도서관.

37. 웨스트모어랜드의 견해에 대해서는: 윌리엄 웨스트모어랜드 → 합참의장단 전보, 1964년 10월 17일, 미국 외교문서집: 베트남, 1964, 838~839쪽. 볼의 메모 인용은 그의 기사 "일급 비밀: 대통령이 거부한 예언" 애틀랜틱 먼슬리, 1972년 7월호에서 발췌.

38. 맥나마라, 『회고하며』, 154쪽.

39. 편집 주, 미국 외교문서집: 베트남, 1964, 813쪽. 또한 조지 볼, 『과거는 또 다른 패턴을 가진다』, 383~384쪽 참조.

40. 맥조지 번디 – 조지 볼 간 전화 통화 메모, 1964년 10월 8일 오후 2시 45분, Box 7, Vietnam I, 항목 #99, 조지 볼 문서, LBJ 도서관; 마이클 포레스탈 – 조지 볼 간 전화 통화 메모, 같은 날 오후 2시 50분, Box

7, Vietnam I, 항목 #100, 조지 볼 문서, LBJ 도서관; 딘 러스크, 구술사, 제2권, 1969년, 테이프 1, 33~34쪽.

41. 합참 사무국 역사과, 『합참과 베트남 전쟁』, 제1부, 제12장, 37~39쪽.

42. 위의 책, 37~38쪽

43. 위의 책, 39~41쪽.

44. 위의 책, 41쪽.

45. 위의 책, 35~36쪽.

46. 합참 → 국방장관 메모, 1964년 10월 27일, 미국 외교문서집: 베트남, 1964, 847~850쪽.

47. 위의 책.

48. JCSM-902-64, 「동남아시아 행동 방안」에 대한 부록 A "남베트남 내 조치" 및 부록 B "남베트남 외 조치", 1964년 10월 27일, 위의 책, 851~857쪽.

49. 합참 → 국방장관 메모, 1964년 10월 27일, 위의 책, 847~850쪽.

50. 위의 책.

51. 합참 → 국방장관 메모, 1964년 10월 27일, 위의 책, 847~850쪽. 인용된 합참 발언은 부록 B "남베트남 외 조치"의 "의견"란에서 발췌됨, 위의 책, 854~857쪽.

52. 카를 폰 클라우제비츠, 『전쟁론』, 마이클 하워드·피터 파레트 편집·번역 (프린스턴, 뉴저지: 프린스턴대학교 출판부, 1976), 585쪽; 조지 볼, 『과거는 또 다른 패턴을 가진다』, 382쪽.

53. 편집 주 #5, 합참 → 국방장관 메모, 1964년 10월 27일, 미국 외교문서집: 베트남, 1964, 850쪽.

54. 맥스웰 테일러 → 러스크 장관 전보, 1964년 10월 3일; 딘 러스크 → 테일러 전보, 1964년 10월 7일; 테일러 → 국무부 전보, 1964년 10월 9일 및 10일, 그레이블, 『펜타곤 페이퍼스』, 제3권, 576~580쪽. "상설군사위원회"는 이후 태평양 사령부 및 합참의 반대로 명목상 폐지되었다.

55. 샤프 제독 → 합참 전보, "동남아시아 조정," 1964년 10월 23일, NSF-CF-VN, 베트남 메모, 제20권, 10/15-31/64, Box 9, 항목 #147, LBJ 도서관.

56. 태평양 사령관 → 주월 미군사령부 사령관 전보, 1964년 8월 14일, 미국 외교문서집: 베트남, 1964, 680~681쪽.

57. 합참 사무국 역사과, 『합참과 베트남 전쟁』, 제1부, 제13장, 10쪽.

58. 맥스웰 테일러, 베트남 주재 미국 대사관 → 국무부 전보, 1964년 11월 1일 오전 10시 30분, 미국 외교문서집: 베트남, 1964, 873쪽; 같은 날 오후 4시 전보, 위의 책, 874~875쪽.

59. 휠러 일지, 1964년 11월 1~2일 항목, 휠러 문서; 월리스 그린, 기록 메모, 주제: "비엔호아 공군기지 공격 이후 남베트남에서 일어난 일들", 1964년 11월 2일, Book 2, 항목 #43, 그린 문서.

60. 휠러 일지, 1964년 11월 1~2일 항목, 휠러 문서; 월리스 그린, 같은 제목 메모, Book 2, 항목 #43 (115~119쪽), 그린 문서; 합참 사무국 역사과, 『합참과 베트남 전쟁』, 제1부, 제13장, 13~14쪽.

61. 국무부 → 베트남 주재 미국 대사관 전보, 1964년 11월 1일 오후 6시 28분, 미국 외교문서집: 베트남, 1964, 876~878쪽.

62. 국무부 → 베트남 주재 미국 대사관 전보, 1964년 11월 1일 오후 6시 29분, 위의 책, 878~879쪽.

63. 루이스 해리스, 『변화의 고통』(뉴욕: 노튼, 1973), 23, 73쪽. 보복을 포기한 주된 이유가 대통령의 선거에 대한 불안감이었다는 사실을 밝힌 다른 자료로는 다음을 참조: 시어도어 H. 화이트, 『대통령의 탄생, 1964』(뉴욕: 아테네움, 1965), 257쪽; 체스터 쿠퍼, 구술사, 제1부, 6쪽, LBJ 도서관; 월리스 그린, 기록 메모, 주제: "1964년 10월 31일과 11월 1일 남베트남 비엔호아 공군기지에 대한 베트콩(Viet Cong)의 공격 이후 일어난 일들," 1964년 11월 2일, Book 2, 항목 #43, 그린 문서. 국가안보행동지침 제314호는 "미국은 자국 부대에 대한 공격 발생 시, 북베트남에 대해 적절한 방식으로 대응할 준비가 되어 있어야 한

다”고 명시했다. NSAM 314, 1964년 9월 10일, 미국 외교문서집: 베트남, 1964, 758~760쪽.

64. 합참의장단 → 태평양사령관 전보, 1964년 11월 2일 오후 7시, 미국 외교문서집: 베트남, 1964, 881쪽.

65. 맥나마라, 『회고하며』, 159쪽.

66. 맥나마라가 밝힌 핵전쟁에 대한 두려움에 대해서는: 『회고하며』, 109쪽; 월리스 그린, “1964년 11월 2일 월요일 오전 10시 55분, 국방장관 주재 정례 참모회의 직후 열린 합참과 국방장관 간 회의 요약,” 그린 문서.

67. 국무부 → 베트남 주재 미국 대사관 전보, 1964년 11월 1일 오후 6시 28분, 미국 외교문서집: 베트남, 1964, 876~878쪽.

68. 베트남 주재 미국 대사관 → 국방장관실 전보, 1964년 11월 3일, 위의 책, 882~884쪽.

#9. 실패로 가는 계획

1. 얼 휠러 장군, 프린스턴 클럽 연설, 1965년 1월 14일, Box 126, 휠러 문서.

2. “위대한 사회”에 대한 설명은 도리스 컨스 굿윈, 『린든 존슨과 미국의 꿈』, 210~222쪽을 바탕으로 요약된 것임.

3. 맥조지 번디 → 대통령 메모, 1964년 11월 2일, NSF-맥조지 번디 문서, Box 16, “Management” 파일, 항목 #10, LBJ 도서관; 린든 존슨, 『관점에서(The Vantage Point)』, 110쪽; 윌리엄 번디, 미출간 원고, 제1장, 1쪽.

4. 윌리엄 번디, 미출간 원고, 제18장, 2~4쪽; 체스터 쿠퍼, 『잃어버린 성전』, 254~255쪽.

5. 사업 개요서, 1964년 11월 3일, 폴 C. 워언키 문서, Box 8, Book 2, 국무부 자료 [1964], 항목 #5a. 강조된 단어는 원문에서 손으로 밑줄 처리되어 있음.

6. 윌리엄 번디, 미출간 원고, 제18장, 2~3쪽.

7. 윌리엄 번디 메모, 주제: 「동남아시아 행동 방안 초안 검토」, 폴 C. 워언키 문서, Box 8, Book 3, 국무부 자료 [1964], 항목 #15; 합참 사무국 역사과, 『합참과 베트남 전쟁』, 제1부, 제14장, 1쪽; 윌리엄 번디, 미출간 원고, 제18장, 9쪽.

8. 로이드 머스틴 제독 → NSC 동남아 워킹그룹 위원장 메모, 주제: 「동남아 행동 방안 제2부 초안에 대한 의견—미국의 목표와 이해관계」, 1964년 11월 10일; 부속 문서 "베트남 및 동남아시아에 대한 미국의 목표와 이해관계에 대한 의견", 그레이블, 『펜타곤 페이퍼스』, 제3권, 621~628쪽. 11월 12일자 메모에서는 합참이 베트남 상황 정의 초안에 대해 의미상의 소폭 수정을 제안함. NSC 워킹그룹(베트남)용 메모, 주제: 「1부 '상황'에 대한 제안 수정안」, 1964년 11월 12일, 폴 C. 워언키 문서, Box 8, Book 2, 항목 #25, LBJ 도서관.

9. 「옵션 B 분석」, 1964년 11월 13일, 폴 C. 워언키 문서, Box 8, Book 2, 국무부 자료 [1964], 항목 #3, LBJ 도서관. 또 다른 「옵션 B 분석」, 1964년 11월 11일, 같은 Box, 항목 #23.

10. 휠러 사적 일지, 휠러 문서; 앤드루 J. 굿패스터, 저자 인터뷰, 1993년 3월 9일. 휠러는 "강력한 공격" 옵션을 C′으로 명명함. 합참 → 국방장관 메모, 주제: 「동남아시아에서의 행동 방안」, 1964년 11월 23일, 미국 외교문서집: 베트남, 1964, 932~935쪽.

11. 위의 책. 대통령은 이미 러스크, 맥나마라, 맥조지 번디로부터 보고를 받았고, 11월 11일에 메모 초안을 열람함. 윌리엄 번디, 미출간 원고, 제18장, 9쪽.

12. 조지 볼, 『과거는 또 다른 패턴을 가진다』, 388쪽.

13. 존 맥노턴, 「옵션 C 분석 초안」, 1964년 11월 8일, 폴 C. 워언키 문서, Box 8, Book 2, 국무부 자료s [1964], 항목 #19a.

14. 「옵션 B 분석」 및 「옵션 C 분석」, 1964년 11월 13일, 폴 C. 워언키 문서, Box 8, Book 3, 항목 #3, #6, LBJ 도서관; 로언 → 윌리엄 번

디 메모, 1964년 11월 23일, 그레이블, 『펜타곤 페이퍼스』, 제3권, 642~644쪽.

15. 존 맥노턴, 「남베트남을 위한 조치(제3초안)」, 1964년 11월 7일, NSF-CF-VN, Box 10, 베트남 메모, 제21권 [11/1‒15/64], 항목 #201a, LBJ 도서관; 포레스탈 구술사, 제1부, 30쪽; 윌리엄 번디, 미출간 원고, 제18장, 36쪽.

16. 포레스탈, 구술사, 제1부, 39~40쪽, LBJ 도서관.

17. 존 맥노턴, 「남베트남을 위한 조치(제3초안)」, 1964년 11월 7일, NSF-CF-VN, Box 10, 베트남 메모, 제21권 [11/1‒15/64], 항목 #201a, LBJ 도서관.

18. 위의 책.

19. 위의 책. 맥노턴의 초기 목표 초안은 다음을 포함함: "남베트남과 라오스가 독립 국가로 성장하도록 지원한다." 그러나 이후 메모들에서는 이 목표가 사라짐. 초기 초안들은 다음에 수록됨: 「남베트남을 위한 조치」, 1964년 11월 6일, 그레이블, 『펜타곤 페이퍼스』, 제3권, 598~599쪽; 「동남아시아에서의 목표와 선택지」, 1964년 10월 13일, 위의 책, 580~581쪽.

20. 존 맥노턴, 「옵션 C 분석」, 1964년 11월 8일, 그레이블, 『펜타곤 페이퍼스』, 제3권, 610~616쪽. 인용문은 611쪽에서 발췌.

21. 윌리엄 번디 & 존 맥노턴, 「동남아시아 행동 방안 요약」, 1964년 11월 26일, 그레이블, 『펜타곤 페이퍼스』, 제3권, 656쪽.

22. 국방장관에게 제출된 메모, 주제: 「동남아시아에서의 행동 방안」, 1964년 11월 18일, 그레이블, 『펜타곤 페이퍼스』, 제3권, 639~640쪽.

23. 합참 → 국방장관 메모, 1964년 11월 14일, 미국 외교문서집: 베트남, 1964, 902~906쪽. 또한 합참 사무국 역사과, 『합참과 베트남 전쟁』, 제1권, 제13장, 26쪽 참조.

24. 국방장관에게 제출된 메모, 주제: 「동남아시아에서의 행동 방안」, 1964년 11월 18일, 그레이블, 『펜타곤 페이퍼스』, 제3권, 639~640쪽.

25. 대통령과의 정오 회의 안건, 1964년 11월 19일, NSF-맥조지 번디 문서, Box 18, 기타 회의, 제1권, 항목 #10; 회의 기록용 메모, 백악관, 워싱턴, 1964년 11월 19일 (1964년 11월 24일 제임스 C. 톰슨 작성), 미국 외교문서집: 베트남, 1964, 914~916쪽.

26. 제임스 C. 톰슨, 회의 기록 메모, 백악관, 워싱턴, 1964년 11월 19일 (1964년 11월 24일 작성), 미국 외교문서집: 베트남, 1964, 914~916쪽.

27. 위의 책.

28. NSC 워킹그룹 위원장 → 국무장관 메모, 1964년 11월 24일, 주제: 「동남아 관련 문서에서 제기된 쟁점들」, 미국 외교문서집: 베트남, 1964, 938~942쪽. 이 메모는 맥나마라, 맥콘, 볼, 맥조지 번디에게도 전달됨. 번디의 주장은 마이클 포레스탈이 11월 14일에 보낸 첨부 서한에 기반한 것으로 보임. 관련 문서: 마이클 V. 포레스탈 → 윌리엄 번디 메모, 주제: 「11월 13일자 메모에 첨부된 초안에 대한 의견」, 1964년 11월 14일 및 토머스 J. 코코런 → 포레스탈 메모, 주제: 「옵션 5」, 1964년 11월 12일, 폴 C. 워언키 문서, Box 8, Book 3, 항목 #9, #9a, LBJ 도서관.

29. 태평양 사령관 → 합참의장단 전보, 1964년 11월 22일, 미국 외교문서집: 베트남, 1964, 930~932쪽.

30. 합참 사무국 역사과, 『합참과 베트남 전쟁』, 제1부, 제14장, 13~14쪽. 웨스트모어랜드 장군의 '합-탁(Hop Tac)' 평정 작전 및 당시 회고에 대해서는: 윌리엄 웨스트모어랜드, 『한 병사의 보고서』, 82~85, 105~106, 111~113쪽. 또한 "전략 및 정책", 웨스트모어랜드 문서, Box 30, 항목 #4, LBJ 도서관 참조.

31. 머스틴 제독은 11월 14일 워킹그룹 회의에서 JCS가 옵션 C와 실질적으로 동일한 군사 계획을 담은 "후퇴용" 방책을 완성 단계에 두고 있다고 보고함. 로이드 머스틴 → 윌리엄 번디 메모, 주제: 「동남아시아 행동 방안 프로젝트에 대한 추가 자료」, 폴 C. 워언키 문서, Box 8,

Book 3, 항목 #17, LBJ 도서관.

32. 합참은 행동 방안 C에 대해, "목표 달성을 위해 어느 정도까지 개입할 것인지를 사전에 결정하지 않았다"는 점을 주요 비판으로 삼음. 합참 → 국방장관 메모, 1964년 11월 23일, 주제:「동남아시아 행동 방안」, 미국 외교문서집: 베트남, 1964, 932~935쪽. 합참은 점진적 압박에 여전히 반대했으나, 이를 대통령에게 공식 표명하지는 않았음. 1964년 11월 24일 JCS 회의에서도 점진적 압박이 무대응보다 나쁘다고 명시적으로 말하지 못했음. 월터 풀 박사(합참 역사 사무국) → 저자 서한, 1996년 7월 30일.

33. 합참 사무국 역사과,『합참과 베트남 전쟁』, 제1부, 제14장, 9쪽; 윌리엄 번디, 행정부 위원회 회의 기록 메모, 1964년 11월 24일, 미국 외교문서집: 베트남, 1964, 943~945쪽.

34. 윌리엄 번디, 미출간 원고, 제18장, 34~36쪽.

35. 사업 개요서, 1964년 11월 3일, 폴 C. 워언키 문서, Box 8, Book 2, 국무부 자료s [1964], 항목 #5a, LBJ 도서관.

36. 합참 사무국 역사과,『합참과 베트남 전쟁』, 제1부, 제13장, 4~8쪽; 제12장, 26, 32~34쪽.

37. 얼 휠러 → 국방부 부장관 메모, 주제:「작전계획 34A—추가 조치」, 1964년 11월 14일, NSF-CF-VN, Box 11, 베트남 메모, 제23권, 파일 1/2, 항목 #102, LBJ 도서관.

38. "통제된 확전"에 대한 시나리오 제안서(날짜 미상), 미국 외교문서집: 베트남, 1964, 955~957쪽. 테일러의 주석에 따르면, 이 문서는 사이공에서 작성된 후 1964년 11월 말 워싱턴으로 가져옴.

39. 윌리엄 번디, 행정부 위원회 회의 기록 메모, 1964년 11월 27일, 미국 외교문서집: 베트남, 1964, 958~960쪽. 볼은 11월 28일까지 EXCOM 회의에 참여했으며 이후 유럽으로 출국. 윌리엄 번디, 미출간 원고, 제19장, 6쪽.

40. 맥스웰 테일러,「1964년 11월 현재 베트남 정세」, 날짜 미상, 미국 외

교문서집: 베트남, 1964, 948~957쪽. 원본은 테일러 문서, T-157 - 69에 있으며, 테일러는 이를 워싱턴 회의에서 사용함. 윌리엄 번디, 미출간 원고, 제19장, 6쪽.

41. 맥스웰 테일러, 「1964년 11월 현재 베트남 정세」, 날짜 미상, 미국 외교문서집: 베트남, 1964, 948~957쪽; 윌리엄 번디, EXCOM 회의 메모, 1964년 11월 27일, 위의 책, 958~960쪽. 또한 합참 사무국 역사과, 『합참과 베트남 전쟁』, 제1부, 제14장, 16~17쪽 참조.

42. 윌리엄 번디, 행정부 위원회 회의 기록 메모, 1964년 11월 27일, 미국 외교문서집: 베트남, 1964, 958~960쪽; 윌리엄 번디, 미출간 원고, 제19장, 7쪽.

43. 윌리엄 번디의 회의 노트 및 기억에는 휠러 장군의 발언이나 합참의 입장에 대한 논의가 언급되어 있지 않음. 위의 책, 958~960쪽; 미출간 원고, 제19장, 5~8쪽; 합참 사무국 역사과, 『합참과 베트남 전쟁』, 제1부, 제14장, 22~23쪽.

44. 윌리엄 번디, NSAM 초안: 동남아시아, 폴 C. 워언키 문서, Box 8, Book 4, 국무부 자료s [1964], 항목 #3, LBJ 도서관; 존 맥노턴, "점진적 군사 압박과 관련 조치," NSF-국제회의 및 출장 파일, Box 28, 맥조지 번디 사이공 출장, 제2권, 항목 #14, LBJ 도서관; 윌리엄 번디, 미출간 원고, 제19장, 12쪽.

45. 합참 사무국 역사과, 『합참과 베트남 전쟁』, 제1부, 제14장, 26, 29쪽. 테일러의 발언은 월터 풀 박사(합참 역사 사무국) → 저자 서한, 1996년 7월 30일에 인용됨.

46. 윌리엄 번디 → 동남아 주요 인사 메모, 1964년 11월 29일, 폴 C. 워언키 문서, Box 8, Book 4, 항목 #3, LBJ 도서관; NSAM 초안: 동남아시아, 1964년 11월 29일, 같은 박스, 항목 #3a.

47. 윌리엄 번디, 미출간 원고, 제18장, 31~32쪽.

48. 합참 사무국 역사과, 『합참과 베트남 전쟁』, 제1부, 제14장, 26쪽. 삭제된 문단과 11월 29일 초안의 기타 표현은 다음에서 확인 가능: 윌리

엄 번디, 동남아 정책 초안, 1964년 11월 29일, 그레이블,『펜타곤 페이퍼스』, 제3권, 678~683쪽. 로버트 맥나마라의 자필 메모 및 취소선 표시된 합참 문단이 포함된 사본은 폴 C. 워언키 문서, 같은 박스, 항목 #3에 있음. 윌리엄 번디는 미출간 원고 제18장에서 이 삭제를 정당화하려 함, 31~32쪽.

49. 존 맥노턴, 회의 노트, 1964년 12월 1일, 미국 외교문서집: 베트남, 1964, 965~969쪽; 합참 사무국 역사과,『합참과 베트남 전쟁』, 제1부, 제14장, 31~33쪽.

50. 합참 사무국 역사과, 위의 책, 33쪽.

51. 존 맥노턴, 회의 노트, 같은 날짜, 위의 책, 965~969쪽.

52. 합참 사무국 역사과, 위의 책, 33~34쪽.

53. 윌리엄 번디, 미출간 원고, 제19장, 14~15쪽; 대통령 → 주베트남 대사 지침, 1964년 12월 3일, 미국 외교문서집: 베트남, 1964, 974~978쪽. 최소 성과 기준은 11월 26일 테일러가 워싱턴으로 가져온 보고서에서 거의 그대로 발췌된 것임: 맥스웰 테일러,「1964년 11월 현재 남베트남 정세」, 위의 책, 948~955쪽. 마지막 인용은 맥조지 번디 자필 노트, 1964년 12월 1일, 맥조지 번디 문서, Box 1, LBJ 도서관.

54. 잭 발렌티 인용, 기팅거,『베트남 원탁회의』, 44, 66쪽.

55. 합참 사무국 역사과,『합참과 베트남 전쟁』, 제1부, 제14장, 35~36쪽; 국무부『베트남 전쟁 연표』, NSF−NSC 역사, 대통령의 결심 — 통킹만 공격, 1964년 8월, 제1권, 60쪽, LBJ 도서관; 윌리엄 번디, 미출간 원고, 제19장, 11~12쪽; 존 맥노턴, 회의 노트, 1964년 12월 1일, 미국 외교문서집: 베트남, 1964, 965~969쪽. 12월 7일 대통령은 맥나마라, 러스크, 맥콘에게 메모를 보내 "이 방침의 실질 내용이 나의 명시적 지시 없이 공개되는 일은 절대 있어서는 안 된다"고 강조함. 대통령 → 국무장관, 국방장관, CIA 국장 메모, 1964년 12월 7일, 위의 책, 984쪽.

56. 「뉴욕 타임스」, 1964년 11월 25일, 36면.

57. 합참 사무국 역사과, 『합참과 베트남 전쟁』, 제1부, 제15장, 11~14, 18~19쪽; 앤드루 J. 굿패스터, 저자 인터뷰, 1993년 3월 9일.

#10. 갈림길

1. 볼니 워너 장군, 구술사 기록, 고위 장교 해임 보고 프로그램(고위 장교 면담 보고 프로그램), 1983년, 미국 육군 군사사 연구소, 칼라일 병영, 펜실베이니아.

2. 조지 볼, "일급비밀: 대통령이 거부한 예언"

3. 회의 기록 메모, 주제: 존슨 장군의 남베트남 방문, 1964년 12월, Box 34, H. K. 존슨 문서 강조는 원문에 따름.

4. 위의 책; 회의 기록 메모, 주제: 남베트남 현지 시찰, Box 135, 동일 문서군. 남베트남 방문 중 접견한 장교들에게 보낸 서한들, Box 34, "존슨 장군의 남베트남 방문", 동일 문서군. 해롤드 K. 존슨, 국방장관에게 제출한 메모, 주제: 1964년 12월 2~17일 알래스카, 극동 및 동남아시아 순방 보고서, 동일 문서군.

5. 윌리엄 웨스트모어랜드, 『한 병사의 보고서』, 93~94쪽; 그레이블, 『펜타곤 페이퍼스』, 제2권, 342~345쪽.

6. 윌리엄 번디, 미출간 원고, 제20장, 4쪽.

7. 웨스트모어랜드, 『한 병사의 보고서』, 93~94쪽; 그레이블, 『펜타곤 페이퍼스』, 제2권, 346~348쪽. 구이엔 카오 키에 대한 인용은 체스터 쿠퍼, 『잃어버린 성전』, 251쪽.

8. 베트남 주재 미국 대사와 베트남군 총사령관 간의 대화 메모, 1964년 12월 21일, 미국 외교문서집: 베트남, 1964, 1020~1023쪽; 베트남 주재 미국 대사관 → 국무부 전보, 1964년 12월 25일, 위의 책, 1041~1043쪽.

9. 같은 대화 메모, 1964년 12월 21일, 위의 책, 1020~1023쪽; 그레이블, 『펜타곤 페이퍼스』, 제2권, 350쪽; 대사관 → 국무부 전보, 1964년 12월 25일, 위의 책, 1041~1043쪽; 같은 대사관 전보, 1964년 12월 23

일, 1031~1032쪽; 쿠퍼, 『잃어버린 성전』, 251쪽.

10. 합참 사무국 역사과, 『합참과 베트남 전쟁』, 제1부, 제15장, 19쪽.

11. 대사관 → 국무부 전보, 1964년 12월 25일, 위의 책, 1043~1044쪽; 같은 전보, 1964년 12월 28일, 1049쪽; 쿠퍼, 『잃어버린 성전』, 252쪽.

12. 합참 사무국 역사과, 『합참과 베트남 전쟁』, 제1부, 제15장, 21~22쪽.

13. 국가안보보좌관 작성 보고서, 1964년 12월 28일, 미국 외교문서집: 베트남, 1964, 1051~1053쪽; 윌리엄 번디, 미출간 원고, 제20장, 11~12쪽; 대통령 → 베트남 주재 대사 전보, 1964년 12월 30일, 위의 책, 1057~1059쪽.

14. 러스크의 인용은 1965년 1월 6일 대통령과의 회의에서 나온 발언. 기 븐스, 『미국 정부와 베트남 전쟁』, 제3권, 33쪽 참조. 국가안보보좌 관 작성 보고서, 1964년 12월 28일, 미국 외교문서집: 베트남, 1964, 1051~1053쪽; 윌리엄 번디, 미출간 원고, 제20장, 11~12쪽.

15. 대통령 → 베트남 주재 대사 전보, 1964년 12월 30일, 위의 책, 1057~1059쪽. 테일러에게 전문가 지원을 제공하자는 제안은 맥조지 번디로부터 나온 것으로 보임. 크리스마스에 번디는 에드워드 랜스데 일로부터 서한을 받았는데, 그는 "유능한 실무자들이 개인적 경쟁과 부차적 문제를 제쳐두고 베트남으로 돌아가 현지 문제 해결에 기여해 야 할 시점"이라 강조함. 에드워드 G. 랜스데일 → 국가안보보좌관 메 모, 주제: 베트남, 1964년 12월 24일, 위의 책, 1040쪽.

16. 대통령 → 베트남 주재 대사 전보, 1964년 12월 30일, 위의 책, 1057~1059쪽; 맥조지 번디 - 린든 존슨 간 전화 통화, 1964년 3월 2 일 오후 12시 35분, 대통령 통화 및 회의 녹음, 백악관 시리즈, 테이프 WH6403.01, 인용번호 #2309, LBJ 도서관.

17. 웨스트모어랜드, 『한 병사의 보고서』, 114쪽.

18. 윌리엄 번디, 미출간 원고, 제18장, 34쪽; 합참 사무국 역사과, 『합참 과 베트남 전쟁』, 제1부, 제16장, 2~3쪽.

19. 지상군 파병 언급은 다음 문서에 나타남: 윌리엄 번디 → 러스크 국무
    장관 외, 메모, 주제:「동남아 관련 문서에서 제기된 쟁점들」, 1964년
    11월 24일, 폴 C. 워언키 문서, Box 8, Book 4, 국무부 자료s [1964],
    항목 #10, LBJ 도서관. 옵션 C는 남베트남 내 방공부대와 자위부대
    파견을 요청했지만, "현재의 군사계획은 이 초기 조치와 연계하여 남
    베트남 또는 태국에 실질적인 지상군을 파병하는 것을 상정하고 있지
    않다"고 명시함. 윌리엄 번디, 존 맥노턴,「동남아시아 방책」, 1964년
    11월 26일, 같은 박스, 항목 #13. 11월 24일 회의에 대해서는 그레이
    블,『펜타곤 페이퍼스』, 제3권, 239쪽 참조. 최종 문서는 1964년 12월
    2일자 동남아 입장문, 미국 외교문서집: 베트남, 1964, 969~974쪽.
    인용된 윌리엄 번디 발언은 미출간 원고 제18장, 34쪽; 기팅거,『베트
    남 원탁회의』, 43쪽에서도 확인됨.

20. 로버트 존슨, 폴 캣텐버그,「북베트남 공습 대안: 외교 지원을 위한 미
    국 지상군 활용 제안서」, 1964년 11월 30일, 폴 C. 워언키 문서, Box
    8, Book 4, 국무부 [1964], 항목 #4a, LBJ 도서관.

21. 같은 문서; 정책기획위원장 → 국방장관 메모, 1964년 11월 16일,
    주제:「군사 배치와 정치적 신호」, 미국 외교문서집: 베트남, 1964,
    906~909쪽.

22. 합참 사무국 역사과,『합참과 베트남 전쟁』, 제2부, 제17장, 1~3쪽.

23. 맥스웰 테일러,『검과 보습(칼과 보습)』, 327쪽. 테일러가 "인공호흡
    기 처방이 필요할 수도 있다"고 언급한 내용은 테일러 → 국무부 전보,
    1964년 11월 10일, 미국 외교문서집: 베트남, 1964, 899~900쪽.

24. 맥스웰 테일러 → 대통령 전보, 1965년 1월 6일, NSF-국제 회의 및
    출장 파일, Box 29, 맥조지 번디 사이공 출장, Vol. III, 항목 #16,
    LBJ 도서관.

25 - 27. 위의 책.

28. 맥조지 번디, 회의 자필 노트, 1965년 1월 6일, 맥조지 번디 문서,
    Box 1, LBJ 도서관.

29. 린든 존슨 → 맥스웰 테일러 전보, 1965년 1월 7일, NSF-NSC 역사—
베트남으로 주력군 배치, Box 40, Vol. I tabs 1‐10, 항목 #10a, LBJ
도서관.

30. 존 맥노턴, 초안: 「남베트남 관련 관찰사항」, 1965년 1월 4일, 그레이
블, 『펜타곤 페이퍼스』, 제3권, 683~684쪽; 윌리엄 번디 → 국무장관
메모, 주제: 「남베트남 정세 및 대안에 대한 노트」, 1965년 1월 6일,
위의 책, 684~686쪽; 윌리엄 번디, 미출간 원고, 제20장, 19~23쪽.

31. Gibbons, 『미국 정부와 베트남 전쟁』, 제3권, 33쪽; 로버트 F. 케네디
→ 맥스웰 테일러 서한, 1965년 2월 8일 사이공 수신, 테일러 문서,
Box 50, 항목 #11.

32. 맥조지 번디 → 대통령 메모, 1965년 1월 4일, NSF-NSC 역사—미
군 배치, Box 40, Vol. I tabs 1‐10, 항목 #6, LBJ 도서관; 린든 존
슨 → 국방장관 메모, 1965년 1월 7일, NSF-Agency File, Box 11,
Defense Vol. II 1‐65, 항목 #28, LBJ 도서관; "미국은 베트남에서
승리할 수 있는가?", 「미국 뉴스 앤드 월드 리포트」, 1965년 1월 11일,
44~52쪽.

33. 체스터 쿠퍼 → 맥조지 번디 메모, 1965년 1월 22일; 주영 미국 대사
관 → 국무장관 전보, 1965년 1월 18일. 두 문서 모두 NSF-CF-VN,
Box 12, 베트남 메모 Vol. XXVI 1/10‐31/65 [1 of 2], 항목 #159,
#159a.

34. 맥나마라, 『회고하며』, 165쪽.

35. 합참 사무국 역사과, 『합참과 베트남 전쟁』, 제2부, 제15장, 22~24쪽.

36. 합참 역사과, 『합참의장단과 베트남에서의 전쟁』, 제2부, 제17장,
12~14쪽; 태평양군 사령관이 합동참모본부에 보낸 전보, 1965년 1월
26일, NSF CF-VN, Box 12, Vietnam Cables, Vol. XXVI [1965년 1
월 10일~31일], 문서 #21, LBJ 도서관; 합동참모본부가 태평양군 사
령관에게 보낸 전보, 1965년 1월 27일, 같은 Box 및 Vol., 문서 #26;
리처드 C. 보우먼(R.C.B.), 맥조지 번디에게 보낸 메모, 1965년 1

월 5일, 주제: 동남아 작전, NSF CF-VN, Box 12, Vietnam Cables, Vol. XXV [1964년 12월 26일~1965년 1월 9일], 문서 #155, LBJ 도서관.

37. 헨리 레이몬트, 「사이공 불교도들, 미국 도서관에 돌 던져」, 『뉴욕 타임스』, 1965년 1월 23일, 1, 3면; 시모어 토핑, 「베트남 승려들, 미 대사 비난…도서관 급습」, 같은 날, 1~2면; 합참 역사과, 『합참의장단과 베트남에서의 전쟁』, 제2부, 제17장, 12쪽.

38. 리처드 마이어 중장이 웨스트모어랜드에게 보낸 전보, 1965년 1월 14일, 전략/정책 파일, 마일스 문서; 프랭크 오스몬스키 인터뷰(채록: 찰스 B. 맥도널드), Box 31, 문서 #3, 웨스트모어랜드 문서; 존 맥노턴, 「남베트남 관련 관찰」, 『펜타곤 페이퍼스』 제3권, 683~684쪽.

39. 시모어 토핑, 「사이공 지도자 2인, 미국의 역할 비판」, 『뉴욕 타임스』, 1965년 1월 22일, 3면; 찰스 무어, 「존슨 대통령, 의회 지도자들에게 세계 정세 보고」, 같은 날, 1, 3면.

40. 회의 요약 및 당시 대중과 의회의 여론에 관해서는 기븐스, 『미 행정부와 베트남 전쟁』, 제3권, 36~43쪽을 참조하라.

41. 브롬리 K. 스미스, 1965년 1월 22일 회의 기록 노트, NSF, 맥조지 번디 문서함, Box 18, 기타회의 파일, Vol. 1, 문서 #6. 이 메모의 날짜는 잘못되었으며, 실제 회의는 1월 21일에 열렸다. 이에 대해서는 찰스 무어, 「존슨 대통령, 의회 지도자들에게 세계 정세 보고」, 『뉴욕 타임스』, 1965년 1월 22일, 1, 3면 참조.

42. 위와 같음.

43. 아서 실베스터(국방부 공보차관보)가 태평양 사령부에 보낸 메시지, 1965년 1월 23일, NSF-CF-VN, Box 12, Vietnam Cables, Vol. 26, 문서 #17.

44. 맥나마라, 『회고하며』, 166~168쪽; 존 맥노턴, 「카인의 '재쿠데타' 이후 남베트남 관찰」, 『펜타곤 페이퍼스』 제3권, 686~687쪽. 이 메모는 맥나마라와의 대화 중 작성된 노트를 포함하고 있다. 맥조지 번디 인

용은 기팅거, 『베트남 라운드 테이블』, 47~49쪽; Gibbons, 앞의 책, 제3권, 46~47쪽.

45. 맥조지 번디, 대통령에게 보내는 메모, 1965년 1월 27일, NSF ‑ NSC History ‑ 베트남으로 주력군 배치, Box 40, Vol. 1, Tabs 1 ‑ 10, 문서 #22.

46. 위와 같음; 윌리엄 번디, 미출간 원고, 제22장, 4쪽.

47. 기팅거, 앞의 책, 제3권, 51쪽. 강조는 1965년 1월 27일 대통령과의 회의 당시 번디의 자필 노트에서 인용됨.

48. 합참 사무국 역사과, 『합참의장단과 베트남에서의 전쟁』, 제2부, 제17장, 14~15쪽; 맥조지 번디 인용, 카노우, 『베트남』, 426쪽. 의회 비판을 피하려는 노력에 대해서는 기브스, 『미 행정부와 베트남 전쟁』, 제3권, 52~53쪽 참조.

49. 합참 사무국 역사과, 『합참의장단과 베트남에서의 전쟁』, 제2부, 제17장, 16~17쪽.

50. 기브스, 『미 행정부와 베트남 전쟁』, 제3권, 51쪽. 번디의 사이공 방문에 대해 테일러는 처음엔 반대했지만, 1965년 1월 6일에 번디에게 사이공 방문을 제안한 사람도 바로 테일러었다. 매크스웰 테일러가 대통령에게 보낸 전보, 1965년 1월 6일, NSF-CF-VN, Box 40, 미 주력군 배치, Vol. 1, Tabs 1 ‑ 10; 쿠퍼, 구술 역사 기록, 제1부, 9쪽, LBJ 도서관.

51. 쿠퍼, 구술 역사 기록, 제1부, 10~15쪽; 쿠퍼, 『잃어버린 성전』, 258쪽; 앤드류 J. 굿패스터, 저자 인터뷰, 1993년 3월 9일.

52. 1964년 7월 24일, 마이클 포레스탈은 맥조지 번디에게 베트남 전쟁 중 케네디와 존슨 대통령 시기 각각 전사한 미군 수와 워싱턴 D.C.에서의 교통사고 사망자 수를 비교한 메모를 보냈다. 마이클 포레스탈, 맥조지 번디에게 보낸 메모, 1964년 7월 24일, NSF-CF-VN, Box 6, 베트남 메모, Vol. 14, LBJ 도서관. 1963년 5월 번디는 존슨 부통령에게 베트남 관련 연설을 하자고 제안하면서 "그곳에서 72명의 미국인이

전사했습니다. 그 숫자에 깃발을 두르면 됩니다"라고 말했다. 맥조지 번디와 조지 볼 간의 통화 기록, Box 7, Vietnam, File 1, Item #40, Ball Papers, LBJ 도서관.

53. 앤드류 J. 굿패스터, 저자 인터뷰, 1993년 3월 9일; 윌리엄 웨스트모어랜드, 찰스 B. 맥도널드와의 인터뷰, 1973년 2월 3일, Box 30, 웨스트모어랜드 문서, LBJ 도서관. 또한, 웨스트모어랜드, 『한 병사의 보고서』, 115쪽 참조.

54. 쿠퍼, 『읽어버린 성전』, 259~260쪽.

#11. 첫 단추 끼우기

1. 얼 휠러, 「미주 방위 대학 연설」, 1965년 3월 23일, 휠러 문서함(Box 126).

2. 아서 S. 콜린스, 구술 역사 기록, 1981년, 309쪽, 미국 육군 군사사 연구소, 펜실베이니아주 칼라일 병영.

3. 마롤다 & 피츠제럴드, 『미국 해군과 베트남 분쟁』 제2권, 496~497쪽.

4. 맥조지 번디, 대통령에게 보내는 메모, 1965년 2월 7일, NSF-CF-VN, 문서함 13, 베트남 메모, 제27권, 항목 #118, LBJ 도서관. 번디가 해당 보고서를 테일러와 조율한 과정은 웨스트모어랜드의 『한 병사의 보고서』116쪽 참조.

5. 존 맥노튼, 「점진적 군사 압박과 관련 조치들(옵션 C)」, 1964년 11월 30일, NSF-CF-VN, 문서함 11, 베트남 메모, 제23권(12월 1일~18일), 파일 1/2, 항목 #155a, LBJ 도서관; 맥조지 번디, 「지속적 보복 정책」, 『펜타곤 페이퍼스』 제3권, 687~691쪽.

6. 맥조지 번디, 「지속적 보복 정책」, 1965년 2월 7일, 『펜타곤 페이퍼스』 제3권, 687~691쪽.

7. 위와 동일.

8. 맥조지 번디 인용, 기팅어 엮음, 『베트남 라운드테이블』, 59~60쪽.

9. 린든 존슨, 맥스웰 테일러에게 보낸 전보, 1965년 2월 8일, NSF-NSC

역사 - 주요 병력 배치, 문서함 40, 제1권, 탭 11 - 41, 항목 #65, LBJ
도서관. 번디는 다음과 같이 회고함: "존슨 대통령의 베트남 관련 의사
결정 방식은 20세기 단일 회기 중 가장 놀라운 입법 프로그램의 추진을
위한 여지를 남겨두고자 하는 강한 열망에 영향을 받았는가? 그렇다.
하지만 그가 이를 인정했는가? 아니다." 잭 발렌티 또한 유사한 견해를
표명함. (출처: 『베트남 라운드테이블』, 65~66쪽; 또한 기브스, 『미국
정부와 베트남 전쟁』 제3권, 115~116쪽 참조).

10. 합동참모본부 역사국, 『합동참모본부와 베트남 전쟁』, 제2부, 제18장,
    5~6쪽.

11. 맥조지 번디, 「지속적 보복 정책」, 1965년 2월 7일, 『펜타곤 페이퍼스』
    제3권, 687~691쪽.

12. 브롬리 스미스, 「제546차 국가안보회의 요약 노트」, 1965년 2월 7일,
    NSF - 회의 기록 파일, 문서함 1, LBJ 도서관.

13. 위의 책.

14. 브롬리 스미스, 1965년 2월 10일 제548차 NSC 회의 요약 노트,
    NSF—Meeting Notes File, Box 1, LBJ 도서관.

15. 제548차 NSC 회의 요약 기록, 1965년 2월 10일, NSF—NSC Meetings
    File, Box 7, 제3권, 탭 30, 항목 #2, LBJ 도서관.

16. 마롤다와 피츠제럴드, 『미국 해군과 베트남 분쟁』 제2권, 498~500쪽.

17. 합동참모본부 사무국 역사부, 『합동참모본부와 베트남 전쟁』 제2부,
    제17장, 23쪽; 마롤다와 피츠제럴드, 『미국 해군과 베트남 분쟁』 제2
    권, 500쪽.

18. 합동참모본부 사무국 역사부, 『합동참모본부와 베트남 전쟁』 제2부,
    제17장, 23쪽.

19. 동일 문서, 제18장, 15쪽.

20. "르메이에서 맥코넬로—'신세대'로의 변화,"『뉴스위크』, 1965년 1월 4
    일, 16쪽; "정상으로,"『타임』, 1965년 1월 1일, 29~30쪽; "경영팀,"
    『타임』, 1965년 2월 5일, 22~23A쪽.

21. 맥스웰 테일러, 라이먼 렘니처 장군에게 보내는 기밀 서신, 1964년 1월 14일, Box 22, 파일 T-236 - 69, 테일러 문서; 존 P. 맥코넬, 구술 역사 기록, 1969년 8월 14일, LBJ 도서관, 2~7쪽.

22. 맥코넬이 참모총장으로서의 역할에 대한 견해는 존 맥코넬, "근무 기간에 대한 몇 가지 성찰,"『공군대학교 리뷰』제21권, 제6호 (1969년 9~10월), 4쪽을 참조. 원문 강조 있음.

23. 존 P. 맥코넬, 구술 역사 기록, 1969년 8월 14일, LBJ 도서관, 2~7쪽.

24. 해럴드 K. 존슨, 구술 역사 기록, 고위 장교 해임 프로그램, 제1권, 테이프 2, 13쪽.

25. 합동참모본부 사무국 역사부,『합동참모본부와 베트남 전쟁』제2부, 제17장, 16쪽; 제18장, 6쪽.

26. 앤드루 J. 굿패스터, 저자와의 인터뷰, 1993년 3월 9일; 브루스 파머, 존 슐라이트 편,『제2차 인도차이나 전쟁 심포지엄』(워싱턴 D.C.: 미국 육군 군사 역사 센터, 1986년), 154쪽.

27. 1965년 2월 8일, NSC 회의 전에 모인 그룹과 대통령과의 회의 부분 기록, NSF-NSC Meetings File, Box 1, 제3권 탭 29, 1965년 2월 8일, 항목 #3, LBJ 도서관.

28. 맥나마라는 대통령이 공습 작전에 대한 엄격한 제한을 가하고자 하는 의도에 "여유"가 있을 수 있다고 제안하였다. 합동참모본부 사무국 역사부,『합동참모본부와 베트남 전쟁』제2부, 제18장, 6, 15쪽.

29. 합동참모본부의 입장은 동일 문서, 8쪽을 참조; 파머의 인용은 슐라이트,『제2차 인도차이나 전쟁 심포지엄』, 154쪽에서 발췌. 또한 파머,『25년 전쟁』, 34~35쪽을 참조.

30. 합동참모본부 사무국 역사부,『합동참모본부와 베트남 전쟁』제2부, 제17장, 16쪽; 제18장, 6쪽.

31. 위의 책, 제18장, 7쪽; 그래블,『펜타곤 페이퍼스』제3권, 318~320쪽.

32. 맥나마라,『회고록』, 174쪽.

33. 합동참모본부 사무국 역사부,『합동참모본부와 베트남 전쟁』제2부,

제18장, 6, 9쪽.

34. 위의 책, 11~14쪽.

35. 맥스웰 테일러, 국무장관에게 보내는 전보, 1965년 2월 14일, NSF-NSC History-Deployment, Box 40, 제1권, 항목 #10, LBJ 도서관.

36. 기븐스,『미국 정부와 베트남 전쟁』제3권, 45, 55쪽; 중앙정보국, 정보 메모, 1965년 2월 25일, NSF-CF-VN, Box 14, 베트남 메모, 제29권, 항목 #145, LBJ 도서관; 합동참모본부 사무국 역사부,『합동참모본부와 베트남 전쟁』제2부, 제17장, 8쪽; U. 알렉시스 존슨,『권력의 오른손』(뉴저지: 프렌티스-홀, 1984년), 418~419쪽.

37. 존슨,『권력의 오른손』, 421쪽.

38. 위의 책, 422~425쪽.

39. 위의 책.

40. 맥스웰 테일러 장군, 1965년 2월 26일 내부 안보 위원회에서의 발언에 사용된 자필 노트, 테일러 문서, 일지 파일, 항목 #22; 윌리엄 기븐스,『미국 정부와 베트남 전쟁』, 제3권, 113~114쪽.

41. 윌리엄 듀이커,『성스러운 전쟁』, 170~171쪽; 잭 랭거스, "베트남에서 전쟁 양측 모두에게 가장 많은 피해가 난 한 주",『뉴욕 타임스』, 1965년 2월 18일자, 10면; 합동참모본부 역사부,『베트남 전쟁에서의 합참』, 제2부, 제17장, 3쪽.

42. 기븐스,『미국 정부와 베트남 전쟁』, 제3권, 85쪽.

43. 중앙정보국(CIA),「남베트남 내 개인 및 파벌」, 1965년 2월 25일, NSF-CF-VN, Box 14, 베트남 메모, 제29권, 항목 #145, 린든 B. 존슨 대통령 도서관.

44. 기븐스,『미국 정부와 베트남 전쟁』, 제3권, 114쪽; 테일러가 국무부에 보낸 전문; 윌리엄 C. 웨스트모어랜드 장군, 찰스 B. 맥도널드와의 인터뷰, 1973년 4월 10일, 웨스트모어랜드 문서, Box 30, 항목 #4, LBJ 도서관.

45. 맥스웰 테일러, 대통령 군사대표가 작성한 문건, 1961년 11월 3일,

『미국의 외교관계: 베트남, 1961』, 479~481쪽.

46. 존 테일러, 『검과 펜』, 328쪽.

47. 유. 알렉시스 존슨, 『권력의 오른팔』, 427쪽.

48. 윌리엄 웨스트모어랜드 장군, 폴 마일스와의 인터뷰, 1971년 4월 10일, 마일스 문서, 인터뷰 파일, 9쪽.

49. 브루스 파머, 「미국 정보기관과 베트남」, 『정보연구』, 제28권(1984년 특별호), 34~35쪽.

50. 합동참모본부 사무국 역사부, 『합참과 베트남 전쟁』, 제3부, 제19장, 1~2쪽.

51. 맥스웰 테일러, 합참에 보낸 전문, 1965년 2월 22일, 『미국의 외교관계: 베트남, 1965』, 347~349쪽; 유. 알렉시스 존슨, 『권력의 오른팔』, 427~428쪽.

52. 맥스웰 테일러, 합참에 보낸 전문, 『미국의 외교관계: 베트남, 1965년 1~6월』, 347~349쪽.

53. 딘 러스크, 국무부에서 베트남 주재 대사관에 보낸 전문, 1965년 2월 26일, 앞의 책, 376쪽; 합참의장이 태평양사령부 사령관에게 보낸 전문, 1965년 2월 27일, 380~381쪽; 기븐스, 『미국 정부와 베트남 전쟁』, 제3권, 123쪽.

54. 유. 알렉시스 존슨, 『권력의 오른팔』, 427~428쪽; 웨스트모어랜드, 『한 병사의 보고』, 123쪽; 테일러, 『검과 쟁기(칼과 보습)』, 338쪽; 윌리엄 C. 웨스트모어랜드, 찰스 B. 맥도널드와의 인터뷰, 1973년 4월 10일; 웨스트모어랜드가 태평양사령부 사령관에 보낸 전문, 1965년 2월 22일, NSF-NSC Histories-미 주력군 배치 to Vietnam, Box 40, 제2권, 항목 #15a, 린든 B. 존슨 도서관.

55. 합참에서 국방장관에게 보낸 메모, 1965년 2월 11일, 『미국의 외교관계: 베트남, 1965년 1~6월』, 24CM3쪽; 합참이 태평양사령부 사령관에게 보낸 전문, 1965년 2월 12일, NSF-NSC Histories-미 주력군 배치 to Vietnam, Box 40, 제1권, 항목 #90, LBJ 도서관.

56. 위와 동일.

57. 태평양 사령부가 합참에게 보낸 전문, "다낭으로의 해병 원정여단 배치", 1965년 2월 24일, NSF-NSC Histories-Deployment, Box 40, 제2권, 항목 #23a, LBJ 도서관.

58. 합참이 태평양사령부 사령관 및 주월 미군사령관에게 보낸 전문, 1965년 2월 27일, NSF-NSC Histories-Deployment, Box 40, LBJ 도서관.

59. 딘 러스크가 맥스웰 테일러에게 보낸 전문, 1965년 2월 26일, NSF-NSC Histories-Deployment, Box 40, 제2권, 항목 #28a, 린든 B. 존슨 도서관.

60. 합동참모본부 사무국 역사부, 『합참과 베트남 전쟁』, 제2부, 제18장, 15~16쪽. 웨스트모어랜드와 휠러의 우려를 지지하는 듯한 발언에서, 아이젠하워는 2월 17일 존슨 대통령에게 "중앙집권은 공포의 피난처"라고 말하며, 북베트남 작전에 있어 군을 "신뢰하라"고 조언했다. 앤드루 굿패스터, 존슨 대통령과의 회의 메모, 1965년 2월 17일, 『미국의 외교관계: 베트남, 1965년 1~6월』, 376쪽.

61. 합동참모본부 사무국 역사부, 『합참과 베트남 전쟁』, 제2부, 제18장, 16~17쪽.

62. 에드워드 마롤다 및 로버트 피츠제럴드, 『미국 해군과 베트남 전쟁』, 제2권, 505쪽.

63. 공중작전 캠페인에 대한 기대와 개념을 둘러싼 혼란에 대해서는 다음 자료들을 참조: 윌리엄 번디의 발언, 기팅거 편 『존슨 시절』, 54쪽; 쿠퍼, 구술사 기록, 제1권, 16쪽; 기브스, 『미국 정부와 베트남 전쟁』, 제3권, 68, 88, 118~119쪽; 합참 사무국 역사부, 『합참과 베트남 전쟁』, 제3부, 제18장, 11, 19쪽. 또한 다음을 참조: 마크 클로드펠터, 『공군력의 한계』, 75~76쪽; 얼 틸포드, 『크로스 윈드』, 71쪽.

64. 기브스, 『미국 정부와 베트남 전쟁』, 제2권, 87~90쪽; 조지 볼, 『과거는 다른 패턴을 가지고 있다』, 390~392쪽.

65. 기브스, 『미국 정부와 베트남 전쟁』, 제3권, 87~90쪽; 볼, 『과거는 다

른 패턴을 가지고 있다」, 390~392쪽.

66. 기븐스, 『미국 정부와 베트남 전쟁』, 제3권, 89~90쪽; 맥스웰 테일
러가 딘 러스크에게 보낸 전문, NSF-CF-VN, Box 14, 베트남 메
모, Vol. 29 [1965년 2월 20~28일], 항목 150a, LBJ 도서관; 맥스
웰 테일러가 딘 러스크에게 보낸 전문, 1965년 2월 15일, NSF-NSC
Histories, Deployment, Box 40, 제1권, 항목 #106, LBJ 도서관. 마
지막 인용은 윌리엄 번디의 미출판 원고 제22B장, 23쪽에서 인용한 딘
러스크의 발언임.

67. 조지 볼과 맥조지 번디 간의 전화 통화, 1965년 2월 13일 오전 11시
30분, 조지 W. 볼 문서, 박스 7, 베트남 I [1965년 1월 3일~5월 24
일], 항목 #36. 국가안보각서(NSAM) 288, 1964년 3월 17일, 『미국
외교문서집(FRUS): 베트남, 1964』, 172~173쪽. NSAM 288은 맥나
마라 국방장관이 1964년 3월 16일 대통령에게 제출한 메모에 따라 베
트남에서의 미국의 목표를 승인했다. 해당 메모는 『미국 외교문서집:
베트남, 1964』154쪽에 수록되어 있다. 볼, 『과거는 다른 패턴을 가지
고 있다』, 390, 504~505쪽, 주석 8.

68. 존 맥노턴, 맥조지 번디에게 보내는 메모, 1965년 3월 10일, 「남베트
남을 위한 조치」, 『미국 정부와 베트남 전쟁』, 제3권, 157~158쪽. 전
체 문서는 NSF-CF-VN, 박스 14, 베트남 메모 제30권, 항목 #131,
린든 B. 존슨 대통령 도서관에 보관되어 있음.

69. 위와 동일한 문서.

70. 얼 휠러 장군이 윌리엄 웨스트모어랜드 장군에게 보낸 전보, 1965년 2
월 17일, 마일스 문서, 정책/전략 1965년 2월 16~20일. NSAM 288,
1964년 3월 17일, 『FRUS: 베트남, 1964』, 172~173쪽. 육군 참모본
부는 NSAM 288을 기준으로 계속 계획을 수립하였다. 육군 작전부
부참모총장실, 「남베트남의 평화화 및 장기 개발을 위한 프로그램」,
1966년 3월, 11쪽, 펜타곤 도서관.

71. 합동참모본부 사무국 역사부, 『합동참모본부와 베트남 전쟁』, 제2부,

제18장, 11, 19쪽.

72. 위와 동일한 자료, 19쪽; 맥스웰 테일러, 국무장관에게 보내는 전보, 1965년 3월 8일, 웨스트모어랜드 문서, 박스 5, 파일 #14 (역사 백업), 항목 #50, 린든 B. 존슨 대통령 도서관.

73. 체스터 쿠퍼, NSC 회의 노트, 1965년 2월 18일, NSF-NSC 회의 자료, 박스 2, 권 3, 탭 31, 항목 #2, 린든 B. 존슨 대통령 도서관(LBJ Library). 또한, 찰스 모어, "존슨, 미국이 베트남 정책을 지속할 것임을 주장,"『뉴욕 타임스』, 1965년 2월 18일, 1, 10면 참조. 베트남과 위대한 사회 간의 연관성에 대해서는 도리스 컨스 굿윈,『린든 존슨과 미국인의 꿈』, 309~310쪽 참조. 존슨 대통령의 계속된 통합 강박에 대해서는 조지 리디와 조지 볼 간의 전화 통화, 1965년 2월 12일, 볼 문서, 박스 7, 베트남 I [1965년 1월 5일~5월 24일], 항목 #35 참조. 2월 11일, 대통령의 핵심 참모들은 베트남에 대한 내각 회의를 준비하고 있었다. 조지 볼이 맥조지 번디에게 "이 회의를 어떻게 처리할 것인가"라고 묻자, 번디는 "의회와의 회의보다 더 솔직해야 한다"고 답했다. 또한, 1965년 2월 11일 조지 볼과 맥조지 번디 간의 전화 통화 참조. 볼 문서, 박스 7, 베트남 I [1965년 1월 5일~5월 24일], 항목 #33. 3월 26일 NSC 회의를 앞두고 번디는 대통령에게 다음과 같이 조언했다: "이번에 모인 인사들은 신중하게 선정되었지만, 규모가 꽤 클 것입니다. 따라서 당신께서 주지사들과 어제 내각 회의에서 밝히신 입장을 넘어서는 발언은 삼가시리라 봅니다." 맥조지 번디, 대통령에게 보내는 메모, 1965년 3월 26일, NSF-CF-NSC 회의 자료, 박스 1, 권 3, 탭 32, 항목 #4, LBJ 도서관.

74. 볼,『과거는 다른 패턴을 가지고 있다』, 391쪽; 태드 슐크, "워싱턴에서 베트남 정책 성명 발표 예상,"『뉴욕 타임스』, 1965년 2월 15일, 1, 3면; 린든 존슨과 조지 볼 간의 전화 통화, 1965년 2월 15일, 볼 문서, 박스 7, 베트남 I [1965년 1월 5일~5월 24일], 항목 #38, LBJ 도서관. 상원에서 존슨의 베트남 정책에 대한 반대 가능성에 대한 우려는 맥조

지 번디가 작성한 대통령과의 회의 수기, 1965년 2월 15일 및 18일, 번디 문서, 박스 1, LBJ 도서관 참조.

75. 린든 존슨과 조지 볼 간의 전화 통화, 1965년 2월 15일, 볼 문서, 박스 7, 베트남 I [1965년 1월 5일~5월 24일], 항목 #38, LBJ 도서관.

76. 맥조지 번디, 대통령에게 보내는 메모, 1965년 2월 16일, NSF-NSC 주요 병력 배치 기록, 박스 40, 권 1, 탭 42 - 60, 항목 #116, LBJ 도서관.

77. 린든 존슨, 국가 산업회의 위원회 연설, 1965년 2월 17일, 『미국 대통령 공적 문서: 린든 B. 존슨, 1965년, 제1권』(워싱턴 D.C.: 미국 정부인쇄국, 1966), 205쪽.

78. 찰스 모어, "존슨, 미국이 베트남 정책을 지속할 것임을 주장," 『뉴욕 타임스』, 1965년 2월 18일, 1, 10면.

79. 린든 존슨, 국가산업회의위원회 연설, 1965년 2월 17일, 『미국 대통령 공적 문서: 린든 B. 존슨, 1965년, 제1권』, 205쪽; 찰스 모어, "존슨, 미국이 베트남 정책을 지속할 것임을 주장."

80. 허버트 험프리, 1965년 2월 15일자 대통령을 위한 메모, 허버트 험프리, 『공직자가 되는 길』(뉴욕: 더블데이, 1979), 320~324쪽. 또한 Thomas Hughes 인용, Gittinger, 『베트남 라운드테이블』, 51~52쪽.

81. 맥나마라는 1995년 회고록에서 "우리 정부는 동남아시아에 대한 우리의 무지를 보완하기 위해 자문할 전문가들이 부족했다"고 주장했다(맥나마라, 『회고하며』, 32쪽). 그러나 "전문가들"의 존재 여부는 중요하지 않았다. 존슨 대통령은 자신에게 충성하는 소수의 측근들에게만 의존했고, 베트남에 대한 논쟁을 장려하기보다는 억제하고자 했다. 험프리, 『공직자가 되는 길』, 325쪽; 토마스 휴즈 및 맥조지 번디 인용, 기팅거, 『베트남 라운드테이블』, 51~52쪽; Ball, 『과거는 다른 패턴을 가지고 있다』, 390쪽. 대통령과의 회의 전 조율의 한 예로는 1965년 2월 18일 윌리엄 번디와 조지 볼 간의 전화 통화가 있으며, 이는 조지 볼 문서, 문서함 7, "Vietnam I", 문서 번호 44, LBJ 도서관 소장.

#12. 거짓의 수렁

1. 한스 J. 모겐소, 〈중국과의 전쟁?〉, 『더 뉴 리퍼블릭』, 1965년 4월 3일, 11쪽.

2. 맥나마라, 『회고하며』, 206쪽.

3. 「뉴스 요약 및 색인」, 『뉴욕 타임스』, 1965년 3월 1일, 1쪽; 태드 술츠, 〈더 많은 해병대 병력이 베트남으로 파병 예정〉, 『뉴욕 타임스』, 1965년 3월 2일, 1, 2쪽.

4. 맥나마라가 웨스트모어랜드에게 보낸 전보, 1965년 3월 2일, 웨스트모어랜드 문서, 문서함 5, #14 (역사 백업), 문서 번호 19, LBJ 도서관 소장.

5. 월리스 그린, 기록용 메모랜덤, 『남베트남의 상황 전개』, 1965년 3월 2일, 그린 문서.

6. 기븐스, 『미 행정부와 베트남 전쟁』, 제3권, 149쪽.

7. 월리스 그린, 기록용 메모랜덤, 『남베트남의 상황 전개』, 1965년 3월 2일, 그린 문서; 빈센트, 미공개 원고, "지상군 운용에 대한 제언, 1964년 6월~1965년 3월," 미 육군 군사사 센터, 워싱턴 D.C.

8. 해롤드 K. 존슨 인용, 기븐스, 『미 행정부와 베트남 전쟁』, 제3권, 149~150쪽.

9. 자신의 고위 참모들과의 회의에서, 존슨 장군은 맥노튼의 메모와 관련하여, LBJ가 "뇌물 관련 부분을 삭제했다. 진주만 조사를 받을 경우 그게 드러나는 걸 원치 않았다"고 언급했다. 존슨은 또한 비살상 화학 및 생물학 무기 사용 제안도 삭제했다. 해롤드 K. 존슨, 비공식 토의, 1965년 3월 7일, 문서함 35, 출장 및 방문, 1965년 3월 존슨 장군의 남베트남 방문, H. K. Johnson 문서. 기븐스, 『미 행정부와 베트남 전쟁』, 제3권, 149~153쪽; 해롤드 K. 존슨, 국방부 국제안보담당 차관보에게 보낸 메모랜덤, 제목: 『베트남의 군사 상황에 대한 조사』, 1965년 3월 (정확한 날짜는 판독 불가), 문서함 135, 해롤드 K. 존슨 문서.

10. 해롤드 K. 존슨, 비공식 토의, 1965년 3월 7일, 문서함 35, 해롤드 K.

존슨 문서, 출장 및 방문, 1965년 3월 존슨 장군의 남베트남 방문, 일
정표(날짜 없음); 웨스트모어랜드가 존슨에게 보낸 메모랜덤, 제목:
『논의할 항목들』, 문서함 35, 출장 및 방문, 1965년 3월 존슨 장군의
남베트남 방문, 동문서; , 맥도날드 제독와의 인터뷰, 1973년 4월 2
일, 웨슬모어랜드 문서, 문서함 30, 문서 번호 33, LBJ 도서관 소장.
또한 기븐스, 『미 행정부와 베트남 전쟁』, 제3권, 159~161쪽 참고.

11. 맥스웰 테일러가 딘 러스크에게 보낸 전보, NSF-CF-VN, 문서함
14, 『베트남 전보』, 제30권, 문서 번호 22, LBJ 도서관 소장; 합동참
모본부 사무국 역사과, 『합참의장단과 베트남에서의 전쟁』, 제3부, 제
19장, 7~8쪽.

12. 앤드루 크레피네비치, 『미 육군과 베트남 전쟁』(볼티모어, 메릴랜드:
존스 홉킨스 대학 출판부, 1986), 140쪽; 기븐스, 『미 행정부와 베트
남 전쟁』, 제3권, 159~161쪽; 웨스트모어랜드, 『한 병사의 보고서』,
128쪽.

13. 팔머, 『25년 전쟁』, 38~40쪽; 빈센트 데마, 〈지상군 운용에 대한 제
언, 1964년 6월~1965년 3월〉

14. 기븐스, 『미 행정부와 베트남 전쟁』, 제3권, 160쪽; 합동참모본부 사
무국 역사과, 『합참의장단과 베트남에서의 전쟁』, 제2부, 제19장,
7~8쪽; 제22장, 4쪽.

15. 해롤드 K. 존슨, "베트남 군사 상황 조사 보고서" 1965년 3월 14일,
및 존슨 보고서 개요, NSF-CF-VN, 존슨 장군 보고서, 문서 번호 1a
및 4a, LBJ 도서관 소장; 테일러가 존슨에게 전달한 입장은 다음 전보
에 나타남: 맥스웰 테일러가 딘 러스크에게 보낸 전보, 1965년 3월 7
일, NSF-CF-VN, 문서함 14, 『베트남 전문들』, 문서 번호 22, LBJ
도서관 소장.

16. 합동참모본부 사무국 역사과, 『합참의장단과 베트남에서의 전쟁』, 제2
부, 제19장, 9~10쪽; 해롤드 K. 존슨, 존슨 보고서 개요, NSF-CF-
VN, 존슨 장군 보고서, 문서 번호 1a 및 4a, LBJ 도서관 소장.

17. 기븐스, 『미 행정부와 베트남 전쟁』, 160쪽, 163쪽.

18. 웨스트모어랜드가 휠러 및 샤프에게 보낸 전보, 제목: 『남베트남에서 미군 항공기 운용』, 1965년 3월 6일, NSF-CF-VN, 문서함 14, 『베트남 전문집』, 제30권, 문서 번호 76, LBJ 도서관 소장; 얼 휠러, 국방장관에게 보낸 메모랜덤, 제목: 『베트콩(Viet Cong)을 캄보디아 국경 너머로 추격하는 것에 대한 제한』, 1965년 3월 6일; 얼 휠러, 국방장관에게 보낸 메모랜덤, 제목: 『미군 항공기 사용 제한의 해제』, 1965년 3월 6일; 얼 휠러, 국방장관에게 보낸 메모랜덤, 제목: 『베트남 내 FARMGATE 작전 제한』, NSF-CF-VN, 문서함 193, JCS 메모, 제1권 [2권 중 2권], 문서 번호 23, 25, 29, LBJ 도서관 소장. 또한 휠러 문서함 145, 맥조지 번디에게 보낸 메모랜덤, 제목: 『군사 문제』, 1965년 3월 9일, NSF-CF-VN, 문서함 14, 『베트남 전문집』, 문서 번호 120 참고. 합참의 동향 인식에 대해서는 합동참모본부 사무국 역사과, 『합참의장단과 베트남에서의 전쟁』, 제2부, 제18장, 19쪽 참고.

19. 기븐스, 『미 행정부와 베트남 전쟁』, 154~157쪽; 맥조지 번디, 1965년 3월 10일 회의 수기, McGeorge Bundy 문서, 문서함 1, LBJ 도서관 소장; 맥조지 번디 인용, 기팅거, 『The Johnson Years』, 53쪽.

20. 그래블, 『펜타곤 문서』, 제3권, 406쪽; 윌리스 그린, 기록용 메모랜덤, 1965년 3월 19일, 그린 문서; 기븐스, 『미 행정부와 베트남 전쟁』, 제3권, 165~166쪽; 휠러 일지, 1965년 3월 15일, 휠러 문서.

21. 얼 휠러 인용, 합동참모본부 사무국 역사과, 『합참의장단과 베트남에서의 전쟁』, 제2부, 제19장, 11쪽.

22. 위의 책, 제19장, 11~13쪽, 21쪽.

23. 위의 책, 22~23쪽.

24. 틸포드, 『크로스 윈드』, 71쪽.

25. 합동참모본부 사무국 역사과, 『합참의장단과 베트남에서의 전쟁』, 제2부, 제18장, 21~24쪽.

26. 위의 책, 20~21쪽.

27. 월리스 그린, 기록용 메모랜덤:『해군 정책 위원회 회의』, 1965년 3월
    19일, 그린 문서.

28. 얼 휠러, 국방장관에게 보낸 메모랜덤(JCS 1008 - 65), 1965년 3월 20
    일, Greene 문서; 합동참모본부 사무국 역사과,『합참의장단과 베트남
    에서의 전쟁』, 제2부, 제19장, 13~14쪽.

29. 합동참모본부 사무국 역사과,『합참의장단과 베트남에서의 전쟁』, 제2
    부, 제19장, 11쪽; 웨스트모어랜드, 맥도날드와의 인터뷰, 1973년 4
    월 10일, 웨스트모어랜드 문서, 문서함 30, LBJ 도서관 소장; 웨스트
    모어랜드 장군, 저자와의 인터뷰, 1995년 10월 27일.

30. 합동참모본부 사무국 역사과,『합참의장단과 베트남에서의 전쟁』, 제2
    부, 제19장, 11쪽.

31. 맥스웰 테일러, 딘 러스크에게 보낸 전보, 1965년 3월 18일, 윌리엄
    C. 기븐스 문서, 문서함 1, 국무부 문서, 문서 번호 4, LBJ 도서관 소
    장; 윌리엄 C. 웨스트모어랜드, 폴 마일스와의 인터뷰, 1970년 10
    월 10일, Miles 문서; 윌리엄 C. 웨스트모어랜드, 저자와의 인터뷰,
    1995년 10월 27일.

32. 얼 휠러, 웨스트모어랜드 장군과 샤프 제독에게 보낸 전보, 1965년
    3월 20일, 웨스트모어랜드 문서, 문서함 5, #13 (역사 백업) 2 21
    JAN - 28 FEB 65, 문서 번호 109, LBJ 도서관 소장. 문서는 날짜가 2
    월로 잘못 손으로 기재되어 있으나 실제는 3월임. 그린 문서에도 다른
    사본이 있음.

33. 맥조지 번디 인용, 기븐스,『미 행정부와 베트남 전쟁』, 제3권, 153,
    191쪽.

34. 합동참모본부 사무국 역사과,『합참의장단과 베트남에서의 전쟁』, 제
    2부, 제19장, 16~17쪽; 기븐스,『미 행정부와 베트남 전쟁』, 제3권,
    174~178쪽.

35. 로버트 S. 맥나마라 인용, 기븐스,『미 행정부와 베트남 전쟁』, 제3권,
    195쪽.

36. 합동참모본부 사무국 역사과, 『합참의장단과 베트남에서의 전쟁』, 제2부, 제18장, 25쪽.

37. 국무부 백서에 대한 논의는 윌리엄 번디의 미출간 원고, 제22B장, 36~39쪽 참고.

38. 『대통령 공문집: 린든 B. 존슨, 1965』, 제1권, 364~372쪽.

39. 맥조지 번디, 자필 노트, 1965년 4월 1일, 맥조지 번디 문서, 문서함 1, LBJ 도서관 소장.

40. 위의 책.

41. 위의 책; 합동참모본부 사무국 역사과, 『합참의장단과 베트남에서의 전쟁』, 제2부, 제21장, 3쪽.

42. 존 맥콘, 국무장관 등에게 보낸 메모랜덤, NSF-CF-VN, 문서함 16, 『베트남 메모』, 제32권 [2권 중 2권], 문서 번호 231d, LBJ 도서관 소장.

43. 기븐스, 『미 행정부와 베트남 전쟁』, 제3권, 200~201쪽. 맥콘의 실망과 사임에 대해서는 다음 자료들 참고: 레이 S. 클라인, 『비밀, 스파이, 그리고 학자들: 본질적인 CIA의 설계도』(워싱턴 D.C.: 아크로폴리스 북스, 1976), 199~201, 210~211쪽; 존 라넬라, 『CIA의 부상과 쇠퇴』(뉴욕: 사이먼 앤 슈스터, 1986), 422~423쪽.

44. 작성자 미상, 기록용 메모랜덤, 1965년 4월 6일, 웨스트모어랜드 문서, 문서 번호 15 (역사 백업) 파일 I, 문서 번호 11, LBJ 도서관 소장. 또한 레오나드 웅거, 기록용 메모랜덤, 1965년 4월 3일, 같은 문서함 참고. 번디가 대통령에게 한 발언은 다음 문서를 참고: 맥조지 번디, 대통령에게 보낸 메모랜덤, 1965년 3월 6일, NSF-CF-VN, 문서함 15, 『베트남 메모 (A)』, 제31권 [2권 중 2권], 문서 번호 204, LBJ 도서관 소장.

45. 조지 볼, 대통령과의 전화 통화에 대한 메모랜덤, 1965년 3월 6일, Ball 문서, 문서함 6, 『대통령 전화통화 기록』, 문서 번호 9, LBJ 도서관 소장.

46. 기븐스, 『미 행정부와 베트남 전쟁』, 제3권, 205~208쪽.

47. 『대통령 공문집: 린든 B. 존슨, 1965』, 『베트남에 관한 대통령 성명』, 1965년 3월 25일, 130쪽.

48. W. 애버렐 해리먼 맥조지 번디에게 보낸 메모랜덤 및 첨부 문서, 1965년 4월 1일, NSF - 백조지 번디 문서, 문서함 17, 『동남아시아 지역 개발』, 문서 번호 1 및 1a, LBJ 도서관 소장.

49. 『대통령 공문집: 린든 B. 존슨, 1965』, 존스홉킨스 대학 연설문: "정복 없는 평화," 1965년 4월 7일, 394~399쪽. 마지막 인용문은 다음 문서에서 발췌: 맥조지 번디, 점심 회의 안건에 대한 자필 노트, 1965년 4월 6일, 맥조지 번디 문서, 문서함 19, 『대통령과의 점심』[제1권] [제1부], 문서 번호 45, LBJ 도서관 소장.

50. 『대통령 공문집: 린든 B. 존슨, 1965』, 존스-홉킨스 대학 연설문: "정복 없는 평화," 1965년 4월 7일, 394~399쪽.

51. 두이커, 『성스러운 전쟁』, 172~174쪽.

52. 존 케네스 갈브레이스 인용, 기븐스, 『미 행정부와 베트남 전쟁』, 제3권, 218쪽 이하.

53. 30년이 지난 후 맥나마라는 베트남 문제에 대해 장기적 관점을 갖지 못했던 실패를 인정했다. 관련 내용은 『회고하며』, 182쪽 참고.

54. 테일러 제독의 보고서 발췌 내용은 마롤다 및 핏제랄드, 『미 해군과 베트남 분쟁』, 제2권, 486쪽에 수록됨. 해병대 연구에 대해서는 웨스트모어랜드 장군이 찰스 B. 맥도날드와 진행한 인터뷰, 1973년 3월 12일, 웨스트모어랜드 문서, 문서함 31, 탭 B, LBJ 도서관 소장 참고. 또한 앤드류 J. 굿패스터, 저자와의 인터뷰, 1993년 3월 9일.

#13. 감독, 그리고 그의 팀

1. 맥도날드, 『회고록』, 390, 393쪽.

2. 합동참모본부 사무국 역사과, 『합참의장단과 베트남에서의 전쟁』, 제2부, 제21장, 1~5쪽.

3. 합동참모본부가 태평양 사령부에 보낸 전보, 1965년 4월 6일, Taylor 문서, 문서함 52-D, 문서 번호 4; 합동참모본부 사무국 역사과, 『합참의 장단과 베트남에서의 전쟁』, 제2부, 제21장, 1~5쪽, 제18장, 25쪽.

4. NSAM 328, 1965년 4월 6일, 휠러 문서. 러스크가 "임무를 방어적으로 설명하고자" 한 점은 다음 문서 참고: 회의 회의록에 대한 기록용 메모랜덤, 1965년 4월 3일 회의, 웨스트모어랜드 문서, 문서 번호 15 (역사 백업), 문서 번호 11, LBJ 도서관 소장. 대통령이 정책 결정을 숨기고자 한 의도에 대해서는 다음 문서 참고: 맥조지 번디, 국무부 장관 및 국방부 장관에게 보낸 메모랜덤, 1965년 4월 10일, NSF - Agency File, 문서함 11, 『국방부』, 제2권, 문서 번호 9, LBJ 도서관 소장.

5. 윌리엄 번디, 미출간 원고, 제24장, 13~14쪽; 브라이언 반데마르크, 『수렁에 빠진 전쟁: 린든 존슨과 베트남전의 확대』(뉴욕: 옥스퍼드 대학 출판부, 1991), 119~120, 124쪽; 기븐스, 『미 행정부와 베트남 전쟁』, 제3권, 212쪽.

6. 『대통령 공문집: 린든 B. 존슨, 1965』, 제1권, 396쪽.

7. 왈리스 그린, 기록용 메모랜덤, 『대통령과의 회의, 1965년 4월 8일 15:30~17:30』, 1965년 4월 17일, Greene 문서.

8. 합동참모본부 사무국 역사과, 『합참의장단과 베트남에서의 전쟁』, 제2부, 제18장, 25쪽.

9. 이 회의에 대한 기록은 왈리스 그린의 기록용 메모랜덤, 『대통령과의 회의, 1965년 4월 8일 15:30~17:30』, 그린 문서에서 인용됨.

10. 이 회의에 대한 기록 및 이후 내용 모두 왈리스 그린의 기록용 메모랜덤, 『대통령과의 회의, 1965년 4월 8일 15:30~17:30』, 1965년 4월 17일, 그린 문서에서 인용됨.

11. 위의 책.

12. 위의 책.

13. "중간 지대"에 대한 인용은 1969년 프랭크 처치 상원의원의 발언으로, 기븐스, 『미 행정부와 베트남 전쟁』, 제3권, 220쪽에서 인용됨.

14. 4월 8일, 호놀룰루에 위치한 태평양 사령부 본부에서 전개 회의가 열렸다. 이 회의의 목적은 약 2만 명의 병참 지원 병력과 3개 사단에 대한 단계적 전개 일정을 요청한 맥나마라의 요청에 응답하는 것이었다. 이 계획은 4월 10일 합참에 제출되었으며, 미군 초기 부대가 주요 미군 시설을 확보하고 남베트남군 작전을 지원하기 위해 해안 거점을 확보하는 것으로 시작되었다. 미군이 거점을 확보한 후, 그 거점에서 공격 작전을 수행하며, 후속 부대는 내륙 기지 및 지역을 확보하게 된다. 마지막으로, 미군은 내륙에서의 공격 작전을 수행하며 중부 고원 지대를 주요 목표로 삼는다. 합동참모본부 사무국 역사과, 『합참의장단과 베트남에서의 전쟁』, 제2부, 제21장, 6~8쪽. 또한 JCSM-288-65의 부속 문서 A 참고, 제목:『동남아시아에 추가 병력을 신속 투입하기 위한 병참 조치 개념』, 1965년 4월 17일, Wheeler 문서, 문서함 182. 맥나마라, 1965년 4월 7일 상원 외교위원회에서의 증언, 기븐스, 『미 행정부와 베트남 전쟁』, 제3권, 214~215쪽에서 인용됨.

15. 기븐스, 『미 행정부와 베트남 전쟁』, 제3권, 212~214쪽.

16. 테일러가 워싱턴 방문 후 사이공으로 돌아왔을 때, 그는 웨스트모어랜드에게 사단급 미군 부대 전개 가능성에 대한 의회의 우려를 전달했다. 웨스트모어랜드, 태평양사령부 사령관 등에게 보낸 전보, 제목:『추가 전개 및 지휘 개념』, 1965년 4월 11일, 웨스트모어랜드 문서, 문서함 5, #15 (역사 백업 I), 문서 번호 31, LBJ 도서관 소장.

17. 웨스트모어랜드, 태평양사령부 사령관 등에게 보낸 전보, 제목:『추가 전개 및 지휘 개념』, 1965년 4월 11일, 웨스트모어랜드 문서, 문서함 5, #15 (역사 백업 I), 문서 번호 31, LBJ 도서관 소장. 또한 합동참모본부 사무국 역사과, 『합참의장단과 베트남에서의 전쟁』, 제2부, 제21장, 7쪽 참고.

18. 1965년 4월 13일 회의에 대한 다음 기록은 왈리스 그린의 기록용 메모랜덤, 제목:『백악관에서 열린 합참 오찬 및 대통령과의 회의』, 1965년 4월 13일, 그린 문서에서 인용됨.

19. 맥조지 번디, 회의 자필 노트, 1965년 4월 13일, 맥조지 번디 문서, 문서함 1, LBJ 도서관 소장.

20. 왈리스 그린, 기록용 메모랜덤, 제목:『백악관에서 열린 합참 오찬 및 대통령과의 회의』, 1965년 4월 13일, 그린 문서.

21. 위의 책.

22. 기븐스,『미 행정부와 베트남 전쟁』, 제3권, 226쪽.

23. 합동참모본부가 태평양 사령부에 보낸 전보, 1965년 4월 17일, NSF-CF-VN, 문서함 16,『베트남 전문집』, 제32권 [2권 중 2권], 문서 번호 153, LBJ 도서관 소장.

24. 윌리엄 번디, 미출간 원고, 제24장, 13~14쪽; 반데마르크,『수렁속으로』, 119~120, 124쪽; 기븐스,『미 행정부와 베트남 전쟁』, 제3권, 212쪽.

25. 폭격을 반대한 마이클 맨스필드 상원의원은 남베트남 해안의 거점 지역에 지상군을 배치하는 방안에는 비교적 수용적인 태도를 보였다. 기븐스,『미 행정부와 베트남 전쟁』, 제3권, 207쪽.

26. 해병대가 합동참모본부에 제출한 메모랜덤, 제목:『1965년 4월 7일 대통령 연설에서 명시된 정책을 실행하기 위한 미국의 제안된 행동 방안들』, 1965년 4월 8일, Greene 문서; 왈리스 그린, 기록용 메모랜덤, 제목:『백악관에서 열린 합참 오찬 및 대통령과의 회의』, 1965년 4월 13일, 그린 문서.

27. 왈리스 그린, 기록용 메모랜덤, 제목:『백악관에서 열린 합참 오찬 및 대통령과의 회의』, 1965년 4월 13일, 같은 문서함.

28. 위의 책.

29. 위의 책.

30. 합동참모본부가 태평양 사령부에 보낸 전보, 1965년 4월 14일, 테일러 문서, 문서함 52, 파일 D.

31. 휠러, 웨스트모어랜드에게 보낸 전보, 1965년 4월 11일, 마일스 문서.

32. 기븐스,『미 행정부와 베트남 전쟁』, 제3권, 235쪽.

#14. 지침없는 전쟁

1. 1969년 프랭크 처치 상원의원 발언, 기븐스, 『미 행정부와 베트남 전쟁』, 제3권, 220쪽에서 인용됨.

2. 맥스웰 테일러, 국무장관에게 보낸 전보, 1965년 4월 14일 오전 4시 42분, NSF-CF-VN, 문서함 16, 『베트남 전문집』, 제32권 [1권 중 2권], 문서 번호 30, LBJ 도서관 소장.

3. 맥스웰 테일러, 국무장관에게 보낸 전보, 1965년 4월 14일 오전 7시 47분, 같은 문서함.

4. 맥조지 번디, 대통령에게 보낸 메모랜덤, NSF - NSC『역사 - 미 주력군 배치』, 문서함 41, 제3권, 문서 번호 24a, 같은 문서함. 강조는 원문 그대로임.

5. 맥조지 번디, 대통령에게 보낸 메모랜덤, 1965년 4월 14일, NSF - NSC『역사 - 미 주력군 배치』, 같은 문서함.

6. 국무부와 국방부 공동 전문, 사이공 주재 미국 대사관 수신, 1965년 4월 15일, NSF-CF-VN, 문서함 16, 『베트남 전문집』, 제32권 [2권 중 2권], 문서 번호 157, 같은 문서함.

7. 맥스웰 테일러, 국무장관에게 보낸 전보, 1965년 4월 17일 오전 3시 10분, 같은 문서함.

8. 기븐스, 『미 행정부와 베트남 전쟁』, 제3권, 228~229쪽.

9. 클라우디아 알타 테일러 존슨, 『백악관 일기』(뉴욕: 홀트, 라인하트 앤 윈스턴, 1970), 257~261쪽.

10. 윌리엄 번디, 미출간 원고, 제24장, 13~14쪽.

11. 기븐스, 『미 행정부와 베트남 전쟁』, 제3권, 222쪽.

12. 『대통령 공문집: 린든 B. 존슨, 1965』, 제1권, 428~429쪽.

13. 기븐스, 『미 행정부와 베트남 전쟁』, 제3권, 228~229쪽.

14. 국방장관에게 보낸 메모랜덤의 부록, 날짜 미상, 제목:『미국의 베트남 공화국으로의 병력 배치』, NSF-CF-VN, 문서함 16, 『베트남 메모』, 제32권 [1권 중 2권], 문서 번호 20B, LBJ 도서관 소장. 또한 합

동참모본부 사무국 역사과, 『합참의장단과 베트남에서의 전쟁』, 제2
부, 제21장, 13~14쪽 참고.

15. 맥나마라, 대통령에게 보낸 메모랜덤, 1965년 4월 21일, NSF-CF-
VN, 문서함 16, 『베트남 메모』, 제3권, 문서 번호 103a, LBJ 도서관
소장. 또한 기븐스, 『미 행정부와 베트남 전쟁』, 제3권, 231~232쪽.
맥나마라의 메모는 맥노튼이 작성한 회의록에 기반함. 1965년 4월 20
일 호놀룰루 회의 회의록 참고, 웨스트모어랜드 문서, 문서함 5, #15
(역사 백업 II), 문서 번호 78, LBJ 도서관 소장. 맥콘의 노트는 『미 외
교문서: 베트남, 1965년 1월~6월』, 578~581쪽 참고.

16. 합동참모본부 사무국 역사과, 『합참의장단과 베트남에서의 전쟁』, 제2
부, 제21장, 16~17쪽; 맥나마라, 『회고하며』, 183쪽.

17. 웨스트모어랜드, 『한 병사의 보고서』, 132쪽.

18. 샤프, 『패배의 전략』, 80쪽.

19. 위의 책. 맥스웰 테일러가 기억하는 합동참모본부의 입장에 대해서는
『칼과 보습』, 342~343쪽 참고.

20. 볼, 『과거는 다른 패턴을 가진다』, 393쪽.

21. 기븐스, 『미 행정부와 베트남 전쟁』, 제3권, 232쪽.

22. 합동참모본부 사무국 역사과, 『합참의장단과 베트남에서의 전쟁』, 제2
부, 제23장, 1쪽.

23. 샤프, 『패배의 전략』, 79쪽. 또한 윌리엄 번디, 미출간 원고, 제25장,
4~6쪽 참고.

24. 맥나마라, 『회고하며』, 182쪽.

25. 기븐스, 『미 행정부와 베트남 전쟁』, 제3권, 233~234쪽.

26. 위의 책, 234쪽.

27. 합동참모본부 사무국 역사과, 『합참의장단과 베트남에서의 전쟁』, 제2
부, 제23장, 1쪽; 기븐스, 『미 행정부와 베트남 전쟁』, 제3권, 234쪽;
맥나마라, 『회고하며』, 183쪽.

28. 두이커, 『성스러운 전쟁』, 172, 175쪽; 필립 B. 데이비슨, 『전쟁에서

의 베트남』(노바토, 캘리포니아: 프레시디오 프레스, 1988), 348쪽.

29. 린든 존슨 인용, 반데마르크, 『수렁속으로』, 133쪽.

30. 윌리엄 번디, 미출간 원고, 제24장, 17쪽; 제25장, 18쪽.

31. 『대통령 공문집: 린든 B. 존슨, 1965』, 제1권, 494쪽.

32. 위의 책, 495, 498쪽.

33. 윌리엄 번디, 미출간 원고, 제25장, 19쪽.

34. 반데마르크, 『수렁속으로』, 134쪽.

35. 기븐스, 『미 행정부와 베트남 전쟁』, 제3권, 250쪽.

36. 존 맥노튼, 『정전 가능성 시나리오』, 1965년 4월 25일, 워언크 문서, 문서함 1, 맥노튼 I 초안 1965 (4), 문서 번호 66, LBJ 도서관 소장.

37. 윌리엄 레이본, 대통령에게 보낸 서한, 1965년 4월 28일, NSF-CF- VN, 문서함 17, 『베트남 메모』, 제34권, 제1파일, 문서 번호 282a, LBJ 도서관 소장.

38. 린든 존슨, 맥스웰 테일러에게 보낸 전보, 1965년 5월 10일, NSF - NSC『History － 미 주력군 배치』, 문서함 41, 제4권, 문서 번호 6a, LBJ 도서관 소장.

39. 윌리엄 번디, 미출간 원고, 제24장, 18~19쪽; 반데마르크, 『수렁속으로』, 136~137쪽.

40. 맥조지 번디, 러스크 국무장관 등에게 보낸 메모랜덤, 1965년 5월 11일, NSF - NSC『역사 － 미 주력군 배치』, 문서함 41, 제4권, 문서 번호 7a, LBJ 도서관 소장.

41. 앤드류 J. 굿패스터, 기록용 메모랜덤, 제목: 『아이젠하워 장군과의 회의』, 1965년 5월 13일, NSF - Name File, 문서함 3, 『아아젠하워 대통령』[2권 중 2권], 문서 번호 30a, 같은 문서함.

42. 반데마르크, 『수렁속으로』, 139쪽.

43. 잭 발렌티, 회의 노트, 1965년 5월 16일, NSF - 회의 기록 파일. 문서함 1, 문서 번호 18, LBJ 도서관 소장.

44. 위의 책; 합동참모본부 사무국 역사과, 『합참의장단과 베트남에서의

전쟁』, 제2부, 제26장, 4쪽.

45. 합동참모본부 사무국 역사과, 『합참의장단과 베트남에서의 전쟁』, 제2
부, 제25장, 7~8쪽.

46. 클로드펠터, 『공중전력의 한계』, 40~44쪽.

47. 합동참모본부 사무국 역사과, 『합참의장단과 베트남에서의 전쟁』, 제2
부, 제25장, 11~12쪽.

48. 대통령과의 회의, 1965년 6월 23일, NSF - NSC『역사 - 주력군 배
치』, 제5권, 문서 번호 60b, LBJ 도서관 소장.

49. 합동참모본부 사무국 역사과, 『합참의장단과 베트남에서의 전쟁』, 제2
부, 제25장, 9~11, 13~16쪽.

50. 윌리엄 레이본, 린든 존슨에게 보낸 서한, 1965년 5월 8일, NSF -
NSC『역사 - 주력군 배치』, 문서함 41, 제4권, 문서 번호 3b, LBJ 도
서관 소장.

51. 브루스 팔머, "미 정보와 베트남" 35쪽.

52. 클라크 클리포드, 린든 존슨에게 보낸 서한, 1965년 5월 17일, NSF -
NSC『역사 - 주력군 배치』, 문서함 41, 제4권, 문서 번호 3a, LBJ 도
서관 소장.

53. 기븐스, 『미 행정부와 베트남 전쟁』, 제3권, 259쪽.

54. 데이비슨, 『전쟁에서의 베트남』, 348쪽.

55. 반데마르크, 『수렁속으로』, 145~147쪽.

56. 조지 볼과 윌리엄 번디 간의 전화 통화 메모랜덤, 1965년 6월 4일, 볼
문서, 문서함 7, 『베트남 II』, 문서 번호 8, LBJ 도서관 소장.

57. 윌리엄 번디, 미출간 원고, 제26장, 3~4쪽.

58. 맥조지 번디, 회의 자필 노트, 1965년 6월 5일, 맥조지 번디 문서, 문
서함 1, LBJ 도서관 소장.

59. 이 회의에 대한 기록은 다음 자료에서 발췌됨: 윌리엄 번디, 미출간 원
고, 제26장, 3~6쪽; 맥조지 번디, 회의 자필 노트, 1965년 6월 5일,
맥조지 번디 문서, 문서함 1, LBJ 도서관 소장.

60. 기븐스, 『미 행정부와 베트남 전쟁』, 제3권, 277쪽.

61. 웨스트모어랜드 태평양 사령부에게 보낸 전보, 1965년 6월 7일, 마일스 문서, 『정책/전략 파일』; 기븐스, 『미 행정부와 베트남 전쟁』, 제3권, 277쪽; 웨스트모어랜드, 『한 병사의 보고서』, 140쪽.

62. 『베트남 주둔 미 전투부대 임무에 관한 성명들』, 날짜 미상, NSF-CF-VN, 문서함 18, 『베트남 메모 (B)』, 제35권, 문서 번호 285a, LBJ 도서관 소장; U. 알렉시스 존슨, 국무장관에게 보낸 전보, 1965년 6월 7일, NSF-CF-VN, 문서함 18, 『베트남 전문집』, 제35권, 문서 번호 98, 같은 문서함; 사이공 주재 미국 대사관에서 국무장관에게 보낸 전보, 1965년 5월 20일, NSF-CF-VN, 문서함 17, 『베트남 전문집』, 제34권, 문서 번호 84, 같은 문서함.

63. 기븐스, 『미 행정부와 베트남 전쟁』, 제3권, 278~279쪽.

64. 기자회견, 1965년 6월 9일, NSF - NSC 『역사 – 주력군 배치』, 문서함 41, 제4권, 문서 번호 53a, LBJ 도서관 소장.

65. 웨스트모어랜드, 태평양 사령부에게 보낸 전보, 1965년 6월 12일, NSF - NSC 『역사 – 주력군 배치』, 문서함 42, 『베트남』 제5권, 문서 번호 14a, 같은 문서함. 또한 U. 알렉시스 존슨, 국무장관에게 보낸 전보, 1965년 6월 7일, NSF-CF-VN, 문서함 18, 『베트남 전문집』, 제35권, 문서 번호 78, 같은 문서함.

66. 웨스트모어랜드, 태평양 사령부에게 보낸 전보, 1965년 6월 12일, NSF - NSC 『역사 – 주력군 배치』, 문서함 42, 『Vietnam』 제5권, 문서 번호 14a, 같은 문서함; 샤프 제독, 웨스트모어랜드 장군에게 보낸 전보, 1965년 6월 13일, NSF-CF-VN, 문서함 18, 『베트남 전문집 (B)』, 제35권, 문서 번호 237, 같은 문서함.

67. 번디가 테일러가 최대한 빨리 떠나길 바란 정황은 다음 문서에서 확인됨: 맥조지 번디, 대통령에게 보낸 메모랜덤, 1965년 6월 30일, NSF - NSC 『역사 – 주력군 배치』, 문서함 43, 제6권, 문서 번호 21a, 같은 문서함; 조지 볼과 맥조지 번디 간의 전화 통화 메모, 1965년 5

월 31일, 볼 문서, 문서함 7, 『베트남 II』, 문서 번호 5, 같은 문서함; 또한 맥조지 번디, 회의 자필 노트, 1965년 6월 8일, 번디 문서, 문서 함 1, 같은 문서함.

68. 기븐스, 『미 행정부와 베트남 전쟁』, 제3권, 279쪽.

69. 거점 개념에 대한 요약은 데이비슨, 『전쟁에서의 베트남』, 346~347쪽 참고. 왈리스 그린, 기록용 메모랜덤, 제목: 『6월 8일 남베트남 방문』, 그린 문서.

70. 윌리엄 번디, 미출간 원고, 제26장, 8~9쪽.

71. 맥조지 번디, 자필 노트, 1965년 6월 10일, 맥조지 번디 문서, 문서함 1, LBJ 도서관 소장.

72. 위의 책.

73. 윌리엄 번디, 미출간 원고, 제26장, 11쪽.

74. 맥조지 번디, 자필 노트, 1965년 6월 10일, 맥조지 번디 문서, 문서함 1, LBJ 도서관 소장. 맨스필드 메모는 기븐스, 『미 행정부와 베트남 전 쟁』, 제3권, 276쪽에 일부 재수록됨.

75. 기븐스, 『미 행정부와 베트남 전쟁』, 제3권, 288~289쪽.

76. 윌리엄 번디, 미출간 원고, 제26장, 13~14쪽.

77. 맥조지 번디, 자필 노트, 1965년 6월 10일, 맥조지 번디 문서, 문서함 1, LBJ 도서관 소장.

78. 로버트 맥나마라와 린든 존슨 간의 전화 통화 내용, 맥나마라, 『회고하 며』, 189쪽에서 인용됨.

79. 윌리엄 번디, 미출간 원고, 제26장, 15A쪽; 기븐스, 『미 행정부와 베 트남 전쟁』, 제3권, 292쪽.

80. 브롬리 스미스, 제552차 NSC 회의 요약 노트, 1965년 6월 11일, NSF - NSC 『회의 파일』, 문서함 1, 제3권, 문서 번호 2, LBJ 도서관 소장.

81. 위의 책.

82. 위의 책.

83. 위의 책.

84. 윌리엄 번디, 미출간 원고, 제26장, 15A쪽.

85. 데이비슨, 『전쟁에서의 베트남』, 348~349쪽.

86. 로버트 맥나마라와 린든 존슨 간의 전화 통화, 맥나마라, 『회고하며』, 189쪽에서 인용됨.

87. 린든 존슨과 조지 볼 간의 전화 통화, 1965년 6월 14일, Ball 문서, 문서함 6, 『대통령 통화기록』, 문서 번호 14, LBJ 도서관 소장.

88. 조지 볼, 대통령에게 보낸 메모랜덤, 1965년 6월 18일, NSF - NSC 『역사 - 미 주력군 배치』, 문서함 42, 제5권, 탭 314 - 325, 문서 번호 48a, 같은 문서함.

89. 기븐스, 『미 행정부와 베트남 전쟁』, 제3권, 317쪽.

90. 합동참모본부가 국방장관에게 보낸 메모랜덤, 제목: 『남베트남으로의 병력 배치』, 1965년 6월 18일, 휠러 문서, 문서함 182.

91. 웨스트모어랜드, 샤프 및 휠러에게 보낸 전보, 1965년 6월 24일, 『베트남을 위한 정책/전략』, Miles 문서.

92. 맥조지 번디, 자필 노트, 1965년 6월 21일, 맥조지 번디 문서, 문서함 1, LBJ 도서관 소장.

93. 맥나마라, 『회고하며』, 191, 195쪽.

#15. 5명의 침묵자

1. 해롤드 K. 존슨, 구술 역사 기록, 1972~1974년, 제2권, 제9절, 22~23쪽.

2. 기븐스, 『미 행정부와 베트남 전쟁』, 제3권, 327쪽.

3. 조지 볼의 원본 메모는 다음에서 확인할 수 있음: 조지 볼, 국무장관 등에게 보낸 메모랜덤, 1965년 6월 28일, 워언크 문서, 문서함 1, 맥노튼 I 초안 1964 (4), 문서 번호 60a, LBJ 도서관 소장.

4. 기븐스, 『미 행정부와 베트남 전쟁』, 제3권, 326~327쪽.

5. 7월 2일, 맥조지 번디는 볼의 수정안이 "위험하다"고 표현했다. 위의

책, 342쪽.

6. 위의 책, 319~320쪽.

7. 왈리스 그린, 기록용 메모랜덤, 제목:『베트남 상황 보고』, 1965년 6월
   28일, Greene 문서.

8. 맥조지 번디와 조지 볼 간의 전화 통화, 1965년 6월 28일 오전 9시 45
   분 및 오후 2시, 볼 문서, 문서함 7, 『베트남 2』, 문서 번호 36, 37, LBJ
   도서관 소장. 번디는 볼에게 맥나마라가 휠러가 결정적 회의에 참석하
   지 못하도록 거짓말을 했다고 알림. 해당 회의에서는 대통령 보좌관들
   이 볼안과 맥나마라안을 조율함.

9. 맥나마라, 대통령에게 보낸 메모랜덤, 제목:『베트남에 대한 군사 및 정
   치 확대 조치 프로그램』, 1965년 6월 26일, NSF‑NSC『역사 ‑ 미 주
   력군 배치』, 문서함 43, 제6권, 문서 번호 13b, 같은 문서함.

10. 기븐스,『미 행정부와 베트남 전쟁』, 제3권, 327~328쪽.

11. 맥조지 번디, 국방장관에게 보낸 메모랜덤, 1965년 6월 30일, NSF‑
    NSC『역사 ‑ 미 주력군 배치』, 제6권, 탭 341~356, 문서 번호 13a,
    LBJ 도서관 소장.

12. 맥조지 번디, 대통령에게 보낸 메모랜덤, 1965년 7월 1일, NSF‑
    NSC『역사 ‑ 주력군 배치』, 문서함 43, 제6권, 문서 번호 32a, 같은
    문서함.

13. 기븐스,『미 행정부와 베트남 전쟁』, 제3권, 327쪽; 윌리엄 번디, 미출
    간 원고, 제26장, 26쪽.

14. 맥조지 번디, 대통령에게 보낸 메모랜덤, 1965년 7월 1일, NSF‑
    NSC『역사 ‑ 주력군 배치』, 문서함 43, 제6권, 문서 번호 32a, LBJ
    도서관 소장.

15. 맥조지 번디, 회의 자필 노트, 1965년 6월 29일, 맥조지 번디 문서,
    문서함 1, 같은 문서함.

16. 국무부/국방부 공동 메시지, 제목:『미 해병대 병력 배치』, 1965년 7월
    1일, NSF‑NSC『역사 ‑ 주력군 배치』, 문서함 43, 제6권, 문서 번호

30a, 같은 문서함; 맥스웰 테일러, 국무장관에게 보낸 전보, 1965년 7월 1일, 같은 문서함, 문서 번호 26a.

17. 기븐스, 『미 행정부와 베트남 전쟁』, 제3권, 342~343, 345쪽.

18. 거점 전략에 대한 그린의 견해는 왈리스 그린, 기록용 메모랜덤, 1965년 6월 8일, 그린 문서 참조. 휠러와의 대화는 왈리스 그린, 『베트남 상황 보고』, 1965년 6월 28일자 메모랜덤에서 기록됨.

19. 왈리스 그린, 기록용 메모랜덤, 1965년 6월 28일, 같은 문서함.

20. 해롤드 K. 존슨, 구술 역사 기록, 1973년, 8~9쪽; 에드윈 H. 시몬스, 저자와의 인터뷰, 1993년 7월 8일.

21. 왈리스 그린, 기록용 메모랜덤, 제목: 『남베트남에서의 노력 확대』, 1965년 7월 10일, 그린 문서.

22. 위의 책.

23. 왈리스 그린, 자필 노트, 1965년 7월 12일, 같은 문서함; 기븐스, 『미 행정부와 베트남 전쟁』, 제3권, 359쪽.

24. 맥나마라와 린든 존슨 간의 전화 통화 내용, 맥나마라, 『회고하며』, 189쪽에서 인용됨.

25. 기븐스, 『미 행정부와 베트남 전쟁』, 제3권, 356쪽.

26. 위의 책, 357쪽.

27. 존 맥노튼, 굿패스터 장군에게 보낸 메모랜덤, 1965년 7월 2일, 『그래이블 편, 펜타곤 문서』, 제4권, 291~293쪽 수록.

28. 기븐스, 『미 행정부와 베트남 전쟁』, 제3권, 364쪽.

29. 존 맥노튼, 굿패스터 장군에게 보낸 메모랜덤, 1965년 7월 2일, 『그레이블편, 펜타곤의 문서』, 제4권, 291~293쪽.

30. 『남베트남 내 군사작전 강화: 개념과 평가』에 대한 합동참모본부 및 특별연구팀 보고서 요약, 기븐스, 『미 행정부와 베트남 전쟁』, 제3권, 469쪽.

31. 앤드류 J. 굿패스터, 저자와의 인터뷰, 1993년 3월 9일.

32. R. C. 바우만, 맥조지 번디에게 보낸 메모랜덤, 제목: 『굿패스터의

베트남 연구』, 1965년 7월 21일, NSF-CF-VN, 문서함 20, 『베트남 메모』, 제37권, 1965년 7월 [1권 중 2권], 문서 번호 413, LBJ 도서관 소장.

33. 맥나마라, 『회고하며』, 189, 203쪽.

34. 맥나마라, 사이공 주재 미국 대사관에 보낸 전보, 1965년 7월 7일, NSF - NSC 『역사 - 주력군 배치』, 문서함 43, 제6권, 문서 번호 38b, LBJ 도서관 소장.

35. 기븐스, 『미 행정부와 베트남 전쟁』, 제3권, 369쪽.

36. 위의 책, 381쪽.

37. 클라우제비츠, 『전쟁론』, 87쪽.

38. 맥나마라, 대통령에게 보낸 메모랜덤, 제목:『베트남에 대한 추가 병력 배치에 대한 권고안』, 1965년 7월 20일, NSF - NSC『역사 - 주력군 배치』, 문서함 43, 제6권, 문서 번호 56a, LBJ 도서관 소장.

39. 해당 회의에 대한 기록은 왈리스 그린, 기록용 메모랜덤, 제목:『하원 군사위원회 정책소위와의 첫 합참 회의』, 1965년 7월 15일, 그린 문서에서 발췌됨.

40. 위의 책.

41. 위의 책.

42. 위의 책.

43. 잭 발렌티 인용, 기팅거, 『베트남 라운드테이블』, 72쪽. 또한 윌리엄 번디, 미출간 원고, 제27장, 14쪽 참고.

44. 기븐스, 『미 행정부와 베트남 전쟁』, 제3권, 381쪽.

45. 밴스는 맥나마라에게 대통령의 결정을 의회에 숨기기 위한 계획은 자신과 맥조지 번디, 국방부 예산국장 찰스 히치, 그리고 국방부 시설 및 물류 담당 차관 폴 R. 이그나티우스 네 명만 알고 있었다고 밝혔다. 기븐스, 『미 행정부와 베트남 전쟁』, 제3권, 381쪽.

46. 맥나마라, 『회고하며』, 205쪽.

47. 잭 발렌티 인용, 기팅거, 『베트남 라운드테이블』, 66쪽; 맥조지 번디,

대통령에게 보낸 메모랜덤, 제목: 『베트남에서 10억 달러 예산 요청을 피해야 하는 이유』, 1965년 7월 19일, NSF - NSC『역사 - 주력군 배치』, 문서함 43, 제6권, 문서 번호 53a, LBJ 도서관 소장; 맥조지 번디 인용, 기팅거, 위의 책, 65쪽.

48. 맥조지 번디, 1968년 11월 2일 작성한 메모랜덤 (1965년 7월 27일 오후 6시 작성된 노트에 기반), NSF - 회의록, 문서함 1, 『1965년 7월 회의』, 문서 번호 24a, LBJ 도서관 소장. 당시 그는 대통령이 전쟁 수행에 필수적인 동원이나 예산 요청을 꺼린다는 사실을 알고 있었음에도 합참 및 의회 구성원들을 속였으며, 30년 후 맥나마라는 대통령이 "위대한 사회 프로그램을 보호하고자 했다"고 시인했다. 맥나마라, 『회고하며』, 205쪽. 1965년 7월 당시 정보 보고는 중국이 직접 공격을 받지 않는 한 개입하지 않을 것임을 나타냈다. 윌리엄 번디, 미출간 원고, 제28장, 3쪽. 또한 기브스, 『미 행정부와 베트남 전쟁』, 제3권, 461~462쪽 참고. 7월 23일자 CIA 평가서는 미국이 북베트남을 침공하거나 중국 내 공군기지를 공격할 경우에만 중국이 개입할 것이라고 결론지었으며, 웨스트모어랜드의 전면 배치 요청에 따른 병력 증강은 단지 미국의 패배를 지연시키고 악화시킬 뿐이라는 중국의 판단을 예측했다.

49. 잭 발렌티, 회의 노트, 1965년 7월 22일, NSF - 회의 기록 파일, 문서함 1, 『베트남에 관한 1965년 7월 21~27일 기록』, 문서 번호 119a, LBJ 도서관 소장.

50. 왈리스 그린, 백악관에서 열린 동남아시아 회의 기록, 1965년 7월 22일, 그린 문서.

51. 위의 책.

52. 잭 발렌티, 회의 노트, 1965년 7월 22일, NSF - 회의기록 파일, 문서함 1, 『베트남에 관한 1965년 7월 21~27일 기록』, 문서 번호 119a, LBJ 도서관 소장; 맥조지 번디, 1965년 11월 2일자 메모랜덤 (1965년 7월 27일 오후 6시 작성된 노트 기반), NSF - 회의기록 파일, 문서함

1, 같은 제목, 문서 번호 24a, LBJ 도서관 소장.

53. 잭 발렌티, 회의 노트, 1965년 7월 22일, 같은 문서함, 문서 번호 119a.

54. 헤롤드 브라운, 구술 역사 기록, 12쪽, 같은 문서함.

55. 잭 발렌티, 회의 노트, 1965년 7월 22일, 같은 문서함, 문서 번호 119a.

56. 왈리스 그린, 백악관에서 열린 동남아시아 회의 기록, 1965년 7월 22일, 그린 문서.

57. 위의 책.

58. 맥나마라와 대통령 간의 전화 통화, 1965년 7월 14일 오후 6시 15분, 테이프 6507.02, PNO 22, PR, LBJ 도서관 소장. 이 통화는 맥나마라, 『회고하며』, 201쪽에 전사되어 있음.

59. 맥나마라는 동원 문제에 있어 다른 보좌관들을 배제한 채 존슨 대통령과 긴밀히 협력했다. 맥조지 번디 인용, 기팅거, 『베트남 라운드테이블』, 60, 69쪽. 맥나마라가 웨스트모어랜드의 요청을 동원 없이 충족하기 위해 개발한 계획은 다음에서 확인 가능: Robert 맥나마라, 『Plan』, 제3권, NSF‑NSC『역사 – 주력군 배치』, 문서함 43, 제7권, 문서 번호 12a, LBJ 도서관 소장.

60. 왈리스 그린, 기록용 메모랜덤, 제목:『베트남 상황 전개』, 1965년 7월 24일, 그린 문서.

61. 위의 책.

62. 맥나마라, 『계획』제3권, 1965년 7월 24일, NSF‑NSC『역사 – 주력군 배치』, 문서함 43, 제7권, 문서 번호 12c, LBJ 도서관 소장.

63. 왈리스 그린, 기록용 메모랜덤, 제목:『베트남 상황 전개』, 1965년 7월 24일, 그린 문서.

64. 맥나마라, 『회고하며』, 205쪽.

65. 왈리스 그린, 기록용 메모랜덤, 제목:『베트남 상황 전개』, 1965년 7월 24일, 그린 문서.

66. 해롤드 K. 존슨, 구술 역사 기록, 1973년, LBJ 도서관 소장, 6, 12~13, 16~18, 30쪽.

67. 로날드 H. 스펙터, 「베트남 전쟁과 미 육군의 자아상」 쉴라이트 편, 『제2차 인도차이나 전쟁 심포지엄』, 169~185쪽.

68. 이 회의 내용은 두 개의 노트 기록을 종합한 것이다. 잭 발렌티, NSC 회의 노트, 1965년 7월 27일, NSF‒회의 자료 파일, 문서함 1, 『베트남에 관한 1965년 7월 21~27일 기록』, 문서 번호 119e, LBJ 도서관 소장; 브롬리 스미스, 제목: 『베트남으로의 주요 병력 배치 ‒ 1965년 7월』, 날짜 미상, NSF‒NSC 『역사 ‒ 주력군 배치』, 문서함 40, 『July '65』, 제1권, 문서 번호 1, 같은 문서함.

69. 회의 참석자 명단과 회의 요약은 다음 참고: 반데마르크, 『수렁속으로』, 208~210쪽.

70. 맥조지 번디, 양원 지도부 회의 자필 노트, 1965년 7월 27일, 맥조지 번디 문서, 문서함 1, LBJ 도서관 소장.

71. 잭 발렌티, 의회 지도부 회의 노트, 1965년 7월 27일, NSF‒회의 기록 파일, 문서함 1, 『베트남에 관한 1965년 7월 21~27일 기록』, 문서 번호 119f, LBJ 도서관 소장.

72. 맥조지 번디, 양원 지도부 회의 자필 노트, 1965년 7월 27일, 맥조지 번디 문서, 문서함 1, 같은 문서함.

73. 맥조지 번디, 1968년 11월 2일자 메모랜덤 (1965년 7월 27일 오후 6시 작성된 노트 기반), NSF‒회의에 관한 기록 자료, 문서함 1, 『회의, 1965년 7월』, 문서 번호 24a, 같은 문서함.

74. 1965년 7월 27일 NSC 회의와 의회 지도부 회의에 대한 잭 발렌티의 노트를 비교하라. NSF‒회의기록 파일, 문서함 1, 『베트남에 관한 1965년 7월 21~27일 기록』, 문서 번호 119e 및 119f, 같은 문서함. 7월 11일, 맥스웰 테일러는 국무부와 국방부에 보낸 전보에서 탈영률 증가, 사기 저하, 훈련 부족, "남베트남 공화국 전투 역량 저조" 등을 보고함. 맥스웰 테일러, 국무장관에게 보낸 전보, 1965년 7월 11일,

문서함 51, T-160 - 69H, 테일러 문서.

75. 맥조지 번디, 1968년 11월 2일자 메모랜덤 (1965년 7월 27일 오후 6시 작성된 노트 기반), NSF - 회의에 관한 기록 파일, 문서함 1, 『1965년 7월 회의』, 문서 번호 24a, 같은 문서함.

76. 맥조지 번디, 양원 지도부 회의 자필 노트, 1965년 7월 27일, 맥조지 번디 문서, 문서함 1, 같은 문서함.

77. 린든 존슨, 국방부 비용 절감 시상식에서의 연설, 1965년 7월 28일, 『대통령 공문집: 린든 B. 존슨, 1965』, 제2권, 793쪽.

78. 다음 내용은 린든 존슨 대통령의 기자회견에서 발췌됨, 1965년 7월 28일, 『대통령 공문집: 린든 B. 존슨, 1965』, 제2권, 794~803쪽.

[Notes #Epilogue]

1. 조지 헤링의 고전으로 평가받는 미국의 베트남 개입에 관한 연구는 이 해석을 가장 명확하게 제시한다. "미국의 베트남 개입은 주로 정책 결정 자들의 판단 착오나 성격적 결함 때문은 아니었다. 물론 그런 요소들이 풍부하게 존재했지만, 그것보다는 세계관과 정책—즉, 미국 내외에서 20년 넘게 거의 의문 없이 받아들여진 '봉쇄 정책'—의 논리적, 비록 필연적이지는 않더라도 당연한 결과였다. " 헤링, 『미국의 가장 긴 전쟁』, 서문 xi쪽. 또한 브라이언 반데마르크, 『수렁속으로』, 특히 vii~viii쪽과 215~216쪽 참고. 미국 외교사학자협회 연례 회장 연설에서 역사학자 이자 존슨 대통령 전기 작가인 로버트 달렉은 "존슨 대통령과 그의 보좌 관들이 베트남을 미국의 전쟁으로 전환하지 않았을 가능성을 상상하는 것은 어렵다"고 주장했다. 관련 내용은 로버트 달렉, "린든 존슨과 베 트남" 『외교 역사』 20 (1996년 봄호): 특히 147~149쪽 참고. 존슨의 전 쟁 확대와 "냉전 논리의 필연성"에 대한 가장 설득력 있는 분석은 마이 클 헌트, 『린든 존슨's 전쟁』 참고. 또한 로버트 디바인, "베트남: 냉전 의 한 장면"도 참고할 것.

2. 언론인 스탠리 카나우도 『베느탐』에서 유사한 결론에 도달했다. 이 문제 는 또한 프레드 로게발의 저서에서 다뤄지며, 미국의 전쟁화 과정에서

국제적 맥락과 협상을 위한 노력을 분석하고 있다(버클리: 캘리포니아 대학 출판부 출간 예정).

3. 린든 존슨과 맥조지 번디 간의 전화 통화, 1964년 5월 27일 오전 11시 24분, 『백악관 녹음 시리즈』, 테이프 WH6405.10, 인용 번호 #3522, LBJ 도서관 소장. 또한 린든 존슨과 리처드 러셀 간의 전화 통화, 같은 날 오전 10시 55분, 테이프 WH6405.10, 인용 번호 #3519 – 3521, 같은 소장처.

4. 헤링, 『린든 존슨과 베트남』, 54쪽. 1967년까지 펜타곤 내 일부 하급 장교들은 합동참모본부를 "침묵하는 다섯 사람"이라고 부르기 시작했다.

5. 위의 책, 38, 40~41, 49쪽.

6. 이 개념은 미국 육군사관학교인 웨스트포인트에서 찰스 F. 브라우저 IV 대령이 강의한 『미국 민군관계사』 수업에서 발췌한 것이다.

7. 포레스트 포게, 『조지 C. 마샬』, 제2권, 『시련과 희망, 1939~1942』(뉴욕: 바이킹 프레스, 1966), 372쪽.

8. 위의 책, 제1권, 『장군의 길, 1860~1939』(뉴욕: 바이킹 프레스, 1963), 323~324쪽. 또한 테일러, 『칼과 보습』, 252쪽 참고.

9. 베트남에서의 군사 전략의 모호성에 관해서는 Palmer, 『25년 전쟁』, 45~46쪽; 앤드류 크레피네비치, 『육군과 베트남』, 161쪽; 클로드펠터, 『공중전력의 한계』, 74~76쪽 참고. 육군 참모부는 1966년 3월까지 이 전쟁에 대한 포괄적 전략을 수립하지 못했다. 당시 작전 기획은 여전히 NSAM 288에서 제시된 정책 목표, 즉 "자유롭고 독립적이며 비공산주의적인 남베트남"에 기반하고 있었다. 참고 문헌: 미 육군 작전참모부, "남베트남의 평정 및 장기 개발을 위한 프로그램(PROVN)," 미국 육군 군사사 센터, 워싱턴 D.C., 1쪽.

10. 그때조차도 합동참모본부는 추가로 요청된 20만 6천 명의 병력이 결정적인 효과를 낼 수 있다는 점을 입증하지 못했다. 헤링, 『린든 존슨과 베트남』, 179쪽.